JN323710

# 全国地方史誌総目録

北海道
東北
関東
北陸
甲信越

日外アソシエーツ編集部 編
明治大学図書館 協力

日外アソシエーツ

# Complete List of Local History Books in Japan

## Hokkaidô, Tôhoku, Kantô, Hokuriku, Kôshin-etsu

Compiled by
Nichigai Associates, Inc.

In Collaboration with
Meiji University Library

©2007 by Nichigai Associates, Inc.
Printed in Japan

本書はディジタルデータでご利用いただくことができます。詳細はお問い合わせください。

●編集スタッフ● 星野 裕／松本 千晶／山本 幸子／須藤 隆／小倉 聡子／桑尾 光太郎
装 丁：赤田 麻衣子

# 刊行にあたって

　奈良時代の「風土記」に始まる地誌の編纂は、近世には藩や幕府などによって多く行われるようになった。明治中期になると「大阪市史」「堺市史」を始めとする本格的な地方史誌(自治体史)が登場するようになる。大正〜昭和(戦前)にも地方史誌はいくつか刊行されているが、戦後からは刊行する自治体数と刊行点数が増え、今日では膨大な数の地方史誌が存在している。

　一方、日本の市区町村はこれまでさまざまな変遷をたどってきた。平成の大合併は現在も進行中だが、これに先立ち「明治の大合併」「昭和の大合併」があり、市町村の数は減少の一途をたどっている。明治政府が1888年(明治21年)に市制と町村制を施行したため、7万以上あった町村数が1万6千弱に激減した。以後、市町村は廃止・設置・分割・統合をくり返し、2007年4月末現在で1800の市町村にまとめられた。

　地方史誌は郷土史や地域を研究する上で欠かすことのできない一級の資料であるが、点数が多い上、市町村の廃置分合による体系的な混乱が少なからず見て取れる。原本を見なければ内容を知ることができないのはもちろんだが、刊行されている地方史誌を地域別に一覧することすら困難な状況となりつつある。

　本書はこれら地方史誌を現行の都道府県・市区町村の下に集め、現物確認による内容情報を付した総目録である。全体を「北海道・東北・関東・北陸・甲信越」と「東海・近畿・中国・四国・九州・沖縄」の2巻に分け、便宜を図った。

　現物の調査・確認には、地方史誌を広く収集している明治大学図

書館の全面的な協力をいただき、書庫内での作業についても快く許諾をいただいた。同館の協力なしに今回の企画は実現しなかった。この場を借りて深くお礼を申し上げる。

　制作に際しては遺漏のないよう努めたが、不十分な点やお気づきの点などご教示いただければ幸いである。本書が、郷土史研究や地域研究などの場で、広く活用されることを願っている。

　2007年5月

　　　　　　　　　　　　　　　　　　　　　　日外アソシエーツ

# 目　次

凡　例 ………………………………………………… (6)

見出し一覧 …………………………………………… (8)

## 全国地方史誌総目録　　北海道・東北・関東・北陸・甲信越

北海道 ……………………………………………………… 1
青森県 ……………………………………………………… 49
岩手県 ……………………………………………………… 70
宮城県 ……………………………………………………… 92
秋田県 ……………………………………………………… 112
山形県 ……………………………………………………… 130
福島県 ……………………………………………………… 147
茨城県 ……………………………………………………… 178
栃木県 ……………………………………………………… 205
群馬県 ……………………………………………………… 226
埼玉県 ……………………………………………………… 255
千葉県 ……………………………………………………… 295
東京都 ……………………………………………………… 329
神奈川県 …………………………………………………… 367
新潟県 ……………………………………………………… 397
富山県 ……………………………………………………… 432
石川県 ……………………………………………………… 447
福井県 ……………………………………………………… 468
山梨県 ……………………………………………………… 484
長野県 ……………………………………………………… 502

自治体名索引 ……………………………………………549

# 凡　　例

1．本書の内容

　　本書は、北海道・東北・関東・北陸・甲信越の地方史誌（自治体史）を収録した図書目録である。原本を確認できたものについては、収録内容・範囲を調査し、記載した

2．収録の対象

(1) 収録範囲は北海道、青森県、岩手県、宮城県、秋田県、山形県、福島県、茨城県、栃木県、群馬県、埼玉県、千葉県、東京都、神奈川県、新潟県、富山県、石川県、福井県、山梨県、長野県の20都道県とした。対象期間は明治時代から2007年3月までとした。

(2) 基本的に自治体が編纂・発行したものを対象としたが、例外的に町・村役場や教育会（教育委員会）などが編纂したものも含めた。

(3) 資料集、資料目録、分野史、時代史、副読本、報告書等は採録していない。

3．見出し

(1) 全体を都道府県別に分け、さらに市区町村と郡の小見出しを立てた。市区町村名は2007年4月末現在のものを採用し、市区町村合併前の市町村史誌についても、それぞれ小見出しの下に収めた。

(2) 市区町村と郡（小見出し）の下に地方史誌（図書）を排列した。

4．排　列

(1) 都道府県と市区町村は全国地方公共団体コードにより排列した。郡は市区町村の後ろに、読みの五十音順に排列した。

(2) 各見出しの下は、書名ごとに刊行年月の新しい順で排列した。同一シリーズはひとつの書名としてまとめ、最も新しい巻の刊行年月で排列した。

## 5．記載内容

記載内容と順序は以下の通りである。
書名／副書名／版表示／著者表示
巻次／各巻書名／出版者／出版年月／ページ数または冊数／大きさ
収録内容・範囲

## 6．自治体名索引

小見出しとして採用されていない古い市区町村名・郡名を五十音順に排列し、現行の市区町村名(小見出し)と掲載ページを示した。見出しとして採用されている市区町村名・郡名は掲載ページのみ示した。

## 7．書誌事項等の出所

本書に掲載した各図書の書誌事項ならびに内容情報は、主に次の資料に拠っている。
明治大学図書館蔵書データ
JAPAN/MARC
「全国市町村史刊行総覧」名著出版　1989.2
「地方史文献総合目録」阿津坂林太郎編　巖南堂　1970
各都道府県立図書館のOPAC

# 見出し一覧

北海道 ･････････････････････････ 1

札幌市 ････････････････････････ 2
札幌市北区 ････････････････････ 3
札幌市東区 ････････････････････ 3
札幌市白石区 ･･････････････････ 4
札幌市豊平区 ･･････････････････ 4
札幌市南区 ････････････････････ 4
札幌市西区 ････････････････････ 4
札幌市手稲区 ･･････････････････ 4
函館市 ････････････････････････ 4
小樽市 ････････････････････････ 6
旭川市 ････････････････････････ 7
室蘭市 ････････････････････････ 8
釧路市 ････････････････････････ 9
帯広市 ････････････････････････ 10
北見市 ････････････････････････ 10
夕張市 ････････････････････････ 12
岩見沢市 ･･････････････････････ 12
網走市 ････････････････････････ 13
留萌市 ････････････････････････ 13
苫小牧市 ･･････････････････････ 13
稚内市 ････････････････････････ 14
美唄市 ････････････････････････ 14
芦別市 ････････････････････････ 14
江別市 ････････････････････････ 15
赤平市 ････････････････････････ 15
紋別市 ････････････････････････ 16
士別市 ････････････････････････ 16
名寄市 ････････････････････････ 16
三笠市 ････････････････････････ 17
根室市 ････････････････････････ 17
千歳市 ････････････････････････ 17
滝川市 ････････････････････････ 17

砂川市 ････････････････････････ 18
歌志内市 ･･････････････････････ 18
深川市 ････････････････････････ 18
富良野市 ･･････････････････････ 18
登別市 ････････････････････････ 19
恵庭市 ････････････････････････ 19
伊達市 ････････････････････････ 19
北広島市 ･･････････････････････ 19
石狩市 ････････････････････････ 20
北斗市 ････････････････････････ 20
当別町 ････････････････････････ 20
新篠津村 ･･････････････････････ 21
松前町 ････････････････････････ 21
福島町 ････････････････････････ 21
知内町 ････････････････････････ 22
木古内町 ･･････････････････････ 22
七飯町 ････････････････････････ 22
鹿部町 ････････････････････････ 22
森町 ･･････････････････････････ 22
八雲町 ････････････････････････ 22
長万部町 ･･････････････････････ 23
江差町 ････････････････････････ 23
上ノ国町 ･･････････････････････ 23
厚沢部町 ･･････････････････････ 24
乙部町 ････････････････････････ 24
奥尻町 ････････････････････････ 24
今金町 ････････････････････････ 24
せたな町 ･･････････････････････ 24
島牧村 ････････････････････････ 25
寿都町 ････････････････････････ 25
黒松内町 ･･････････････････････ 25
蘭越町 ････････････････････････ 25
ニセコ町 ･･････････････････････ 25
真狩村 ････････････････････････ 26

## 見出し一覧

| | | | |
|---|---|---|---|
| 留寿都村 | 26 | 南富良野町 | 33 |
| 喜茂別町 | 26 | 占冠村 | 33 |
| 京極町 | 26 | 和寒町 | 33 |
| 倶知安町 | 26 | 剣淵町 | 33 |
| 共和町 | 26 | 下川町 | 34 |
| 岩内町 | 27 | 美深町 | 34 |
| 泊村 | 27 | 音威子府村 | 34 |
| 神恵内村 | 27 | 中川町 | 34 |
| 積丹町 | 27 | 増毛町 | 34 |
| 古平町 | 27 | 小平町 | 34 |
| 仁木町 | 27 | 苫前町 | 34 |
| 余市町 | 27 | 羽幌町 | 34 |
| 赤井川村 | 28 | 初山別村 | 35 |
| 南幌町 | 28 | 遠別町 | 35 |
| 奈井江町 | 28 | 天塩町 | 35 |
| 上砂川町 | 28 | 幌延町 | 35 |
| 由仁町 | 29 | 猿払村 | 35 |
| 長沼町 | 29 | 浜頓別町 | 35 |
| 栗山町 | 29 | 中頓別町 | 35 |
| 月形町 | 29 | 枝幸町 | 35 |
| 浦臼町 | 29 | 豊富町 | 36 |
| 新十津川町 | 29 | 礼文町 | 36 |
| 妹背牛町 | 30 | 利尻町 | 36 |
| 秩父別町 | 30 | 利尻富士町 | 36 |
| 雨竜町 | 30 | 美幌町 | 36 |
| 北竜町 | 30 | 津別町 | 36 |
| 沼田町 | 30 | 斜里町 | 37 |
| 幌加内町 | 31 | 清里町 | 37 |
| 鷹栖町 | 31 | 小清水町 | 37 |
| 東神楽町 | 31 | 訓子府町 | 37 |
| 当麻町 | 31 | 置戸町 | 37 |
| 比布町 | 31 | 佐呂間町 | 38 |
| 愛別町 | 32 | 遠軽町 | 38 |
| 上川町 | 32 | 上湧別町 | 38 |
| 東川町 | 32 | 湧別町 | 39 |
| 美瑛町 | 32 | 滝上町 | 39 |
| 上富良野町 | 32 | 興部町 | 39 |
| 中富良野町 | 33 | 西興部村 | 39 |

(9)

見出し一覧

| | | | | |
|---|---|---|---|---|
| 雄武町 | 39 | 弟子屈町 | 47 |
| 大空町 | 39 | 鶴居村 | 47 |
| 豊浦町 | 39 | 白糠町 | 47 |
| 壮瞥町 | 40 | 別海町 | 48 |
| 白老町 | 40 | 中標津町 | 48 |
| 厚真町 | 40 | 標津町 | 48 |
| 洞爺湖町 | 40 | 羅臼町 | 48 |
| 安平町 | 41 | 上磯郡 | 48 |
| むかわ町 | 41 | 沙流郡 | 48 |
| 日高町 | 41 | | |
| 平取町 | 41 | | |
| 新冠町 | 42 | **青森県** | **49** |
| 浦河町 | 42 | | |
| 様似町 | 42 | 青森市 | 51 |
| えりも町 | 42 | 弘前市 | 53 |
| 新ひだか町 | 42 | 八戸市 | 55 |
| 音更町 | 43 | 黒石市 | 56 |
| 士幌町 | 43 | 五所川原市 | 56 |
| 上士幌町 | 43 | 十和田市 | 57 |
| 鹿追町 | 43 | 三沢市 | 58 |
| 新得町 | 43 | むつ市 | 58 |
| 清水町 | 44 | つがる市 | 59 |
| 芽室町 | 44 | 平川市 | 60 |
| 中札内村 | 44 | 平内町 | 60 |
| 更別村 | 44 | 今別町 | 60 |
| 大樹町 | 44 | 蓬田村 | 61 |
| 広尾町 | 45 | 外ヶ浜町 | 61 |
| 幕別町 | 45 | 鰺ヶ沢町 | 61 |
| 池田町 | 45 | 深浦町 | 61 |
| 豊頃町 | 45 | 西目屋村 | 61 |
| 本別町 | 46 | 藤崎町 | 62 |
| 足寄町 | 46 | 大鰐町 | 62 |
| 陸別町 | 46 | 田舎館村 | 62 |
| 浦幌町 | 46 | 板柳町 | 63 |
| 釧路町 | 46 | 鶴田町 | 63 |
| 厚岸町 | 46 | 中泊町 | 63 |
| 浜中町 | 47 | 野辺地町 | 63 |
| 標茶町 | 47 | 七戸町 | 64 |

(10)

見出し一覧

| | | | | | |
|---|---|---|---|---|---|
| 六戸町 | …… | 65 | 奥州市 | …… | 81 |
| 横浜町 | …… | 65 | 雫石町 | …… | 84 |
| 東北町 | …… | 65 | 葛巻町 | …… | 84 |
| 六ヶ所村 | …… | 66 | 岩手町 | …… | 85 |
| おいらせ町 | …… | 66 | 滝沢村 | …… | 85 |
| 大間町 | …… | 66 | 紫波町 | …… | 85 |
| 東通村 | …… | 66 | 矢巾町 | …… | 85 |
| 風間浦村 | …… | 67 | 西和賀町 | …… | 85 |
| 佐井村 | …… | 67 | 金ケ崎町 | …… | 86 |
| 三戸町 | …… | 67 | 平泉町 | …… | 86 |
| 五戸町 | …… | 67 | 藤沢町 | …… | 87 |
| 田子町 | …… | 67 | 住田町 | …… | 87 |
| 南部町 | …… | 68 | 大槌町 | …… | 88 |
| 階上町 | …… | 68 | 山田町 | …… | 88 |
| 新郷村 | …… | 68 | 岩泉町 | …… | 88 |
| 上北郡 | …… | 69 | 田野畑村 | …… | 89 |
| 北津軽郡 | …… | 69 | 普代村 | …… | 89 |
| 三戸郡 | …… | 69 | 川井村 | …… | 89 |
| 中津軽郡 | …… | 69 | 軽米町 | …… | 89 |
| 西津軽郡 | …… | 69 | 野田村 | …… | 89 |
| 東津軽郡 | …… | 69 | 九戸村 | …… | 89 |
| 南津軽郡 | …… | 69 | 洋野町 | …… | 89 |
| | | | 一戸町 | …… | 90 |
| | | | 岩手郡 | …… | 90 |
| **岩手県** | …… | **70** | 江刺郡 | …… | 90 |
| | | | 九戸郡 | …… | 91 |
| 盛岡市 | …… | 71 | 下閉伊郡 | …… | 91 |
| 宮古市 | …… | 71 | 紫波郡 | …… | 91 |
| 大船渡市 | …… | 73 | | | |
| 花巻市 | …… | 74 | **宮城県** | …… | **92** |
| 北上市 | …… | 76 | | | |
| 久慈市 | …… | 77 | 仙台市 | …… | 94 |
| 遠野市 | …… | 77 | 仙台市青葉区 | …… | 96 |
| 一関市 | …… | 78 | 仙台市宮城野区 | …… | 96 |
| 陸前高田市 | …… | 80 | 仙台市太白区 | …… | 96 |
| 釜石市 | …… | 80 | 仙台市泉区 | …… | 96 |
| 二戸市 | …… | 81 | 石巻市 | …… | 96 |
| 八幡平市 | …… | 81 | | | |

(11)

# 見出し一覧

| | |
|---|---|
| 塩竈市 | 98 |
| 気仙沼市 | 99 |
| 白石市 | 99 |
| 名取市 | 100 |
| 角田市 | 100 |
| 多賀城市 | 100 |
| 岩沼市 | 101 |
| 登米市 | 101 |
| 栗原市 | 102 |
| 東松島市 | 103 |
| 大崎市 | 104 |
| 蔵王町 | 105 |
| 七ケ宿町 | 106 |
| 大河原町 | 106 |
| 村田町 | 106 |
| 柴田町 | 106 |
| 川崎町 | 106 |
| 丸森町 | 106 |
| 亘理町 | 107 |
| 山元町 | 107 |
| 松島町 | 107 |
| 七ヶ浜町 | 107 |
| 利府町 | 107 |
| 大和町 | 108 |
| 大郷町 | 108 |
| 富谷町 | 108 |
| 大衡村 | 108 |
| 色麻町 | 108 |
| 加美町 | 108 |
| 涌谷町 | 109 |
| 美里町 | 109 |
| 女川町 | 109 |
| 本吉町 | 110 |
| 南三陸町 | 110 |
| 伊具郡 | 110 |
| 刈田郡 | 110 |
| 加美郡 | 111 |
| 栗原郡 | 111 |

| | |
|---|---|
| 黒川郡 | 111 |
| 柴田郡 | 111 |
| 遠田郡 | 111 |
| 名取郡 | 111 |
| 宮城郡 | 111 |
| 本吉郡 | 112 |
| 桃生郡 | 112 |
| 亘理郡 | 112 |

## 秋田県 …… 112

| | |
|---|---|
| 秋田市 | 113 |
| 能代市 | 116 |
| 横手市 | 117 |
| 大館市 | 118 |
| 男鹿市 | 119 |
| 湯沢市 | 119 |
| 鹿角市 | 120 |
| 由利本荘市 | 120 |
| 潟上市 | 122 |
| 大仙市 | 123 |
| 北秋田市 | 124 |
| にかほ市 | 125 |
| 仙北市 | 125 |
| 小坂町 | 127 |
| 上小阿仁村 | 127 |
| 藤里町 | 128 |
| 三種町 | 128 |
| 八峰町 | 128 |
| 五城目町 | 128 |
| 八郎潟町 | 128 |
| 井川町 | 128 |
| 美郷町 | 129 |
| 羽後町 | 129 |
| 東成瀬村 | 129 |
| 北秋田郡 | 129 |
| 南秋田郡 | 129 |

見出し一覧

| | | |
|---|---|---|
| 山本郡 | …… | 129 |

## 山形県 …… 130

| | | |
|---|---|---|
| 山形市 | …… | 131 |
| 米沢市 | …… | 132 |
| 鶴岡市 | …… | 133 |
| 酒田市 | …… | 135 |
| 新庄市 | …… | 137 |
| 寒河江市 | …… | 137 |
| 上山市 | …… | 138 |
| 村山市 | …… | 138 |
| 長井市 | …… | 138 |
| 天童市 | …… | 139 |
| 東根市 | …… | 139 |
| 尾花沢市 | …… | 139 |
| 南陽市 | …… | 139 |
| 山辺町 | …… | 140 |
| 中山町 | …… | 140 |
| 河北町 | …… | 140 |
| 西川町 | …… | 141 |
| 朝日町 | …… | 141 |
| 大江町 | …… | 141 |
| 大石田町 | …… | 141 |
| 金山町 | …… | 142 |
| 最上町 | …… | 143 |
| 舟形町 | …… | 143 |
| 真室川町 | …… | 143 |
| 大蔵村 | …… | 143 |
| 鮭川村 | …… | 144 |
| 戸沢村 | …… | 144 |
| 高畠町 | …… | 144 |
| 川西町 | …… | 144 |
| 小国町 | …… | 145 |
| 白鷹町 | …… | 145 |
| 飯豊町 | …… | 145 |
| 三川町 | …… | 145 |
| 庄内町 | …… | 145 |
| 遊佐町 | …… | 146 |
| 西村山郡 | …… | 146 |
| 東置賜郡 | …… | 146 |
| 東村山郡 | …… | 146 |
| 南村山郡 | …… | 146 |
| 最上郡 | …… | 146 |

## 福島県 …… 147

| | | |
|---|---|---|
| 福島市 | …… | 148 |
| 会津若松市 | …… | 149 |
| 郡山市 | …… | 152 |
| いわき市 | …… | 153 |
| 白河市 | …… | 154 |
| 須賀川市 | …… | 155 |
| 喜多方市 | …… | 156 |
| 相馬市 | …… | 157 |
| 二本松市 | …… | 158 |
| 田村市 | …… | 159 |
| 南相馬市 | …… | 160 |
| 伊達市 | …… | 161 |
| 本宮市 | …… | 162 |
| 桑折町 | …… | 163 |
| 国見町 | …… | 164 |
| 川俣町 | …… | 164 |
| 飯野町 | …… | 164 |
| 大玉村 | …… | 164 |
| 鏡石町 | …… | 165 |
| 天栄村 | …… | 165 |
| 下郷町 | …… | 165 |
| 檜枝岐村 | …… | 165 |
| 只見町 | …… | 165 |
| 南会津町 | …… | 166 |
| 西会津町 | …… | 167 |
| 磐梯町 | …… | 168 |
| 猪苗代町 | …… | 168 |

# 見出し一覧

| | |
|---|---|
| 会津坂下町 | 168 |
| 湯川村 | 169 |
| 柳津町 | 169 |
| 三島町 | 169 |
| 金山町 | 169 |
| 昭和村 | 169 |
| 会津美里町 | 169 |
| 西郷村 | 170 |
| 泉崎村 | 170 |
| 中島村 | 170 |
| 矢吹町 | 170 |
| 棚倉町 | 171 |
| 矢祭町 | 171 |
| 塙町 | 171 |
| 鮫川村 | 171 |
| 石川町 | 172 |
| 玉川村 | 172 |
| 平田村 | 172 |
| 浅川町 | 172 |
| 古殿町 | 173 |
| 三春町 | 173 |
| 小野町 | 173 |
| 広野町 | 174 |
| 楢葉町 | 174 |
| 富岡町 | 174 |
| 川内村 | 174 |
| 大熊町 | 174 |
| 双葉町 | 175 |
| 浪江町 | 175 |
| 新地町 | 175 |
| 飯舘村 | 175 |
| 石川郡 | 176 |
| 岩瀬郡 | 176 |
| 大沼郡 | 176 |
| 信夫郡 | 176 |
| 相馬郡 | 176 |
| 田村郡 | 176 |
| 伊達郡 | 176 |
| 西白河郡 | 177 |
| 東白川郡 | 177 |
| 双葉郡 | 177 |
| 南会津郡 | 177 |
| 耶麻郡 | 177 |

## 茨城県　178

| | |
|---|---|
| 水戸市 | 180 |
| 日立市 | 181 |
| 土浦市 | 182 |
| 古河市 | 182 |
| 石岡市 | 183 |
| 結城市 | 184 |
| 龍ケ崎市 | 185 |
| 下妻市 | 185 |
| 常総市 | 186 |
| 常陸太田市 | 186 |
| 高萩市 | 187 |
| 北茨城市 | 187 |
| 笠間市 | 188 |
| 取手市 | 188 |
| 牛久市 | 190 |
| つくば市 | 190 |
| ひたちなか市 | 191 |
| 鹿嶋市 | 192 |
| 潮来市 | 193 |
| 守谷市 | 193 |
| 常陸大宮市 | 194 |
| 那珂市 | 194 |
| 筑西市 | 194 |
| 坂東市 | 195 |
| 稲敷市 | 197 |
| かすみがうら市 | 197 |
| 桜川市 | 197 |
| 神栖市 | 199 |
| 行方市 | 199 |

## 見出し一覧

鉾田市 …… 200
つくばみらい市 …… 201
小美玉市 …… 201
茨城町 …… 202
大洗町 …… 202
城里町 …… 202
東海村 …… 202
大子町 …… 202
美浦村 …… 203
阿見町 …… 203
河内町 …… 203
八千代町 …… 203
五霞町 …… 203
境町 …… 203
利根町 …… 204
猿島郡 …… 204
筑波郡 …… 205
東茨城郡 …… 205

### 栃木県 …… 205

宇都宮市 …… 208
足利市 …… 209
栃木市 …… 209
佐野市 …… 210
鹿沼市 …… 211
日光市 …… 212
小山市 …… 214
真岡市 …… 215
大田原市 …… 215
矢板市 …… 216
那須塩原市 …… 216
さくら市 …… 217
那須烏山市 …… 218
下野市 …… 218
上三川町 …… 219
河内町 …… 220

西方町 …… 220
二宮町 …… 220
益子町 …… 220
茂木町 …… 221
市貝町 …… 221
芳賀町 …… 221
壬生町 …… 222
野木町 …… 223
大平町 …… 223
藤岡町 …… 223
岩舟町 …… 224
都賀町 …… 224
塩谷町 …… 224
高根沢町 …… 224
那須町 …… 225
那珂川町 …… 225
下都賀郡 …… 225
那須郡 …… 225
芳賀郡 …… 226

### 群馬県 …… 226

前橋市 …… 230
高崎市 …… 231
桐生市 …… 234
伊勢崎市 …… 236
太田市 …… 238
沼田市 …… 239
館林市 …… 241
渋川市 …… 242
藤岡市 …… 243
富岡市 …… 244
安中市 …… 245
みどり市 …… 246
富士見村 …… 247
榛東村 …… 247
吉岡町 …… 248

| | | | | |
|---|---|---|---|---|
| 吉井町 | 248 | さいたま市岩槻区 | 261 |
| 上野村 | 248 | 川越市 | 262 |
| 神流町 | 248 | 熊谷市 | 263 |
| 下仁田町 | 248 | 川口市 | 263 |
| 南牧村 | 249 | 行田市 | 264 |
| 甘楽町 | 249 | 秩父市 | 264 |
| 中之条町 | 249 | 所沢市 | 266 |
| 長野原町 | 249 | 飯能市 | 267 |
| 嬬恋村 | 249 | 加須市 | 267 |
| 草津町 | 249 | 本庄市 | 268 |
| 六合村 | 250 | 東松山市 | 269 |
| 高山村 | 250 | 春日部市 | 269 |
| 東吾妻町 | 250 | 狭山市 | 270 |
| 片品村 | 251 | 羽生市 | 271 |
| 川場村 | 251 | 鴻巣市 | 271 |
| 昭和村 | 251 | 深谷市 | 272 |
| みなかみ町 | 251 | 上尾市 | 272 |
| 玉村町 | 251 | 草加市 | 273 |
| 板倉町 | 252 | 越谷市 | 274 |
| 明和町 | 253 | 蕨市 | 274 |
| 千代田町 | 253 | 戸田市 | 275 |
| 大泉町 | 253 | 入間市 | 275 |
| 邑楽町 | 253 | 鳩ヶ谷市 | 276 |
| 吾妻郡 | 253 | 朝霞市 | 276 |
| 邑楽郡 | 253 | 志木市 | 276 |
| 甘楽郡 | 253 | 和光市 | 277 |
| 勢多郡 | 254 | 新座市 | 278 |
| 多野郡 | 254 | 桶川市 | 278 |
| 利根郡 | 254 | 久喜市 | 278 |
| 新田郡 | 254 | 北本市 | 279 |
| | | 八潮市 | 279 |
| **埼玉県** | **255** | 富士見市 | 280 |
| | | 三郷市 | 280 |
| さいたま市西区 | 258 | 蓮田市 | 281 |
| さいたま市大宮区 | 258 | 坂戸市 | 282 |
| さいたま市中央区 | 259 | 幸手市 | 282 |
| さいたま市浦和区 | 259 | 鶴ヶ島市 | 283 |
| | | 日高市 | 284 |

| | | | |
|---|---|---|---|
| ふじみ野市 | 284 | **千葉県** | 295 |
| 伊奈町 | 285 | | |
| 三芳町 | 285 | 千葉市 | 298 |
| 毛呂山町 | 286 | 千葉市中央区 | 299 |
| 越生町 | 286 | 千葉市花見川区 | 299 |
| 滑川町 | 286 | 千葉市緑区 | 299 |
| 嵐山町 | 286 | 銚子市 | 300 |
| 小川町 | 286 | 市川市 | 300 |
| 川島町 | 287 | 船橋市 | 301 |
| 吉見町 | 288 | 館山市 | 302 |
| 鳩山町 | 288 | 木更津市 | 302 |
| ときがわ町 | 288 | 松戸市 | 302 |
| 横瀬町 | 288 | 野田市 | 303 |
| 皆野町 | 288 | 茂原市 | 303 |
| 長瀞町 | 289 | 成田市 | 304 |
| 小鹿野町 | 289 | 佐倉市 | 306 |
| 美里町 | 289 | 東金市 | 307 |
| 神川町 | 289 | 旭市 | 307 |
| 上里町 | 290 | 習志野市 | 308 |
| 江南町 | 290 | 柏市 | 309 |
| 寄居町 | 290 | 勝浦市 | 310 |
| 騎西町 | 291 | 市原市 | 310 |
| 大利根町 | 291 | 流山市 | 311 |
| 宮代町 | 292 | 八千代市 | 312 |
| 白岡町 | 292 | 我孫子市 | 312 |
| 菖蒲町 | 292 | 鴨川市 | 313 |
| 鷲宮町 | 292 | 鎌ケ谷市 | 314 |
| 杉戸町 | 293 | 君津市 | 314 |
| 松伏町 | 293 | 富津市 | 315 |
| 入間郡 | 293 | 浦安市 | 315 |
| 大里郡 | 293 | 四街道市 | 316 |
| 北葛飾郡 | 294 | 袖ケ浦市 | 316 |
| 北埼玉郡 | 294 | 八街市 | 317 |
| 児玉郡 | 294 | 印西市 | 317 |
| 秩父郡 | 294 | 白井市 | 317 |
| 南埼玉郡 | 294 | 富里市 | 318 |
| | | 南房総市 | 318 |
| | | 匝瑳市 | 319 |

見出し一覧

| | | | | |
|---|---|---|---|---|
| 香取市 | 319 | 港区 | 338 |
| 山武市 | 321 | 新宿区 | 339 |
| いすみ市 | 322 | 文京区 | 340 |
| 酒々井町 | 322 | 台東区 | 341 |
| 印旛村 | 323 | 墨田区 | 341 |
| 本埜村 | 323 | 江東区 | 342 |
| 栄町 | 324 | 品川区 | 343 |
| 神崎町 | 324 | 目黒区 | 344 |
| 多古町 | 324 | 大田区 | 344 |
| 東庄町 | 324 | 世田谷区 | 346 |
| 大網白里町 | 324 | 渋谷区 | 347 |
| 九十九里町 | 324 | 中野区 | 347 |
| 芝山町 | 325 | 杉並区 | 348 |
| 横芝光町 | 325 | 豊島区 | 349 |
| 一宮町 | 325 | 北区 | 350 |
| 睦沢町 | 325 | 荒川区 | 351 |
| 長生村 | 326 | 板橋区 | 351 |
| 白子町 | 326 | 練馬区 | 352 |
| 長柄町 | 326 | 足立区 | 353 |
| 長南町 | 326 | 葛飾区 | 353 |
| 大多喜町 | 326 | 江戸川区 | 354 |
| 御宿町 | 326 | 八王子市 | 354 |
| 鋸南町 | 326 | 立川市 | 354 |
| 夷隅郡 | 327 | 武蔵野市 | 354 |
| 印旛郡 | 327 | 三鷹市 | 355 |
| 香取郡 | 327 | 青梅市 | 356 |
| 君津郡 | 327 | 府中市 | 356 |
| 山武郡 | 328 | 昭島市 | 356 |
| 匝瑳郡 | 328 | 調布市 | 357 |
| 千葉郡 | 328 | 町田市 | 357 |
| 長生郡 | 328 | 小金井市 | 357 |
| 東葛飾郡 | 328 | 小平市 | 357 |
| | | 日野市 | 358 |
| 東京都 | 329 | 東村山市 | 358 |
| | | 国分寺市 | 359 |
| 千代田区 | 337 | 国立市 | 359 |
| 中央区 | 337 | 福生市 | 359 |
| | | 狛江市 | 360 |

| | | | |
|---|---|---|---|
| 東大和市 | 360 | 横浜市保土ケ谷区 | 374 |
| 清瀬市 | 361 | 横浜市磯子区 | 374 |
| 東久留米市 | 361 | 横浜市港北区 | 375 |
| 武蔵村山市 | 361 | 横浜市戸塚区 | 375 |
| 多摩市 | 361 | 横浜市港南区 | 375 |
| 稲城市 | 362 | 横浜市旭区 | 375 |
| 羽村市 | 362 | 横浜市緑区 | 375 |
| あきる野市 | 362 | 横浜市瀬谷区 | 376 |
| 西東京市 | 363 | 横浜市泉区 | 376 |
| 瑞穂町 | 363 | 横浜市都筑区 | 376 |
| 日の出町 | 363 | 川崎市 | 376 |
| 檜原村 | 364 | 川崎市幸区 | 377 |
| 奥多摩町 | 364 | 横須賀市 | 377 |
| 大島町 | 364 | 平塚市 | 378 |
| 利島村 | 365 | 鎌倉市 | 379 |
| 新島村 | 365 | 藤沢市 | 380 |
| 神津島村 | 365 | 小田原市 | 381 |
| 三宅村 | 365 | 茅ヶ崎市 | 382 |
| 八丈町 | 365 | 逗子市 | 383 |
| 青ヶ島村 | 366 | 相模原市 | 384 |
| 小笠原村 | 366 | 三浦市 | 385 |
| 荏原郡 | 366 | 秦野市 | 385 |
| 北多摩郡 | 366 | 厚木市 | 386 |
| 北豊島郡 | 366 | 大和市 | 387 |
| 豊多摩郡 | 366 | 伊勢原市 | 387 |
| 西多摩郡 | 366 | 海老名市 | 388 |
| 南葛飾郡 | 366 | 座間市 | 388 |
| 南多摩郡 | 366 | 南足柄市 | 389 |
| | | 綾瀬市 | 389 |
| **神奈川県** | **367** | 葉山町 | 390 |
| | | 寒川町 | 390 |
| 横浜市 | 370 | 大磯町 | 391 |
| 横浜市鶴見区 | 373 | 二宮町 | 392 |
| 横浜市神奈川区 | 374 | 中井町 | 392 |
| 横浜市西区 | 374 | 大井町 | 392 |
| 横浜市中区 | 374 | 松田町 | 393 |
| 横浜市南区 | 374 | 山北町 | 393 |
| | | 開成町 | 393 |

## 見出し一覧

| | |
|---|---|
| 箱根町 | 394 |
| 真鶴町 | 394 |
| 湯河原町 | 394 |
| 愛川町 | 394 |
| 清川村 | 395 |
| 城山町 | 395 |
| 藤野町 | 395 |
| 愛甲郡 | 395 |
| 足柄上郡 | 396 |
| 足柄下郡 | 396 |
| 中郡 | 396 |
| 三浦郡 | 396 |

### 新潟県　397

| | |
|---|---|
| 新潟市 | 399 |
| 新潟市北区 | 400 |
| 新潟市江南区 | 401 |
| 新潟市秋葉区 | 401 |
| 新潟市南区 | 402 |
| 新潟市西区 | 402 |
| 新潟市西蒲区 | 403 |
| 長岡市 | 405 |
| 三条市 | 408 |
| 柏崎市 | 408 |
| 新発田市 | 410 |
| 小千谷市 | 410 |
| 加茂市 | 411 |
| 十日町市 | 411 |
| 見附市 | 412 |
| 村上市 | 413 |
| 燕市 | 413 |
| 糸魚川市 | 414 |
| 妙高市 | 415 |
| 五泉市 | 416 |
| 上越市 | 416 |
| 阿賀野市 | 420 |
| 佐渡市 | 421 |
| 魚沼市 | 424 |
| 南魚沼市 | 425 |
| 胎内市 | 425 |
| 聖籠町 | 426 |
| 弥彦村 | 426 |
| 田上町 | 426 |
| 阿賀町 | 427 |
| 出雲崎町 | 427 |
| 川口町 | 428 |
| 湯沢町 | 428 |
| 津南町 | 428 |
| 刈羽村 | 429 |
| 関川村 | 429 |
| 荒川町 | 429 |
| 神林村 | 430 |
| 朝日村 | 430 |
| 山北町 | 430 |
| 中蒲原郡 | 430 |
| 中頸城郡 | 430 |
| 西頸城郡 | 431 |
| 東頸城郡 | 431 |

### 富山県　432

| | |
|---|---|
| 富山市 | 433 |
| 高岡市 | 436 |
| 魚津市 | 437 |
| 氷見市 | 438 |
| 滑川市 | 439 |
| 黒部市 | 439 |
| 砺波市 | 440 |
| 小矢部市 | 441 |
| 南砺市 | 442 |
| 射水市 | 443 |
| 舟橋村 | 445 |
| 上市町 | 445 |

見出し一覧

| | |
|---|---|
| 立山町 | 445 |
| 入善町 | 446 |
| 朝日町 | 446 |
| 下新川郡 | 446 |
| 東礪波郡 | 446 |
| 氷見郡 | 447 |

**石川県** ………………………… 447

| | |
|---|---|
| 金沢市 | 449 |
| 七尾市 | 451 |
| 小松市 | 453 |
| 輪島市 | 455 |
| 珠洲市 | 456 |
| 加賀市 | 456 |
| 羽咋市 | 458 |
| かほく市 | 458 |
| 白山市 | 459 |
| 能美市 | 461 |
| 川北町 | 462 |
| 野々市町 | 463 |
| 津幡町 | 463 |
| 内灘町 | 463 |
| 志賀町 | 464 |
| 宝達志水町 | 464 |
| 中能登町 | 465 |
| 穴水町 | 465 |
| 能登町 | 465 |
| 石川郡 | 466 |
| 鹿島郡 | 466 |
| 河北郡 | 466 |
| 能美郡 | 466 |
| 羽咋郡 | 467 |
| 鳳至郡 | 467 |
| 鳳珠郡 | 467 |

**福井県** ………………………… 468

| | |
|---|---|
| 福井市 | 470 |
| 敦賀市 | 472 |
| 小浜市 | 473 |
| 大野市 | 474 |
| 勝山市 | 475 |
| 鯖江市 | 475 |
| あわら市 | 477 |
| 越前市 | 477 |
| 坂井市 | 478 |
| 永平寺町 | 479 |
| 池田町 | 479 |
| 南越前町 | 480 |
| 越前町 | 480 |
| 美浜町 | 481 |
| 高浜町 | 482 |
| おおい町 | 482 |
| 若狭町 | 482 |
| 大野郡 | 483 |
| 遠敷郡 | 483 |
| 坂井郡 | 483 |

**山梨県** ………………………… 484

| | |
|---|---|
| 甲府市 | 487 |
| 富士吉田市 | 488 |
| 都留市 | 489 |
| 山梨市 | 490 |
| 大月市 | 491 |
| 韮崎市 | 491 |
| 南アルプス市 | 491 |
| 北杜市 | 492 |
| 甲斐市 | 494 |
| 笛吹市 | 494 |
| 上野原市 | 495 |
| 甲州市 | 496 |

| | | | | |
|---|---|---|---|---|
| 中央市 | 497 | | 塩尻市 | 522 |
| 市川三郷町 | 497 | | 佐久市 | 524 |
| 増穂町 | 497 | | 千曲市 | 525 |
| 鰍沢町 | 498 | | 東御市 | 526 |
| 早川町 | 498 | | 安曇野市 | 527 |
| 身延町 | 498 | | 小海町 | 528 |
| 南部町 | 498 | | 川上村 | 528 |
| 昭和町 | 499 | | 南牧村 | 529 |
| 西桂町 | 499 | | 南相木村 | 529 |
| 忍野村 | 499 | | 北相木村 | 529 |
| 山中湖村 | 499 | | 佐久穂町 | 529 |
| 鳴沢村 | 500 | | 軽井沢町 | 530 |
| 富士河口湖町 | 500 | | 御代田町 | 530 |
| 小菅村 | 500 | | 立科町 | 530 |
| 丹波山村 | 500 | | 青木村 | 531 |
| 北巨摩郡 | 500 | | 長和町 | 531 |
| 東八代郡 | 501 | | 下諏訪町 | 531 |
| 東山梨郡 | 501 | | 富士見町 | 532 |
| 南巨摩郡 | 501 | | 原村 | 532 |
| 南都留郡 | 501 | | 辰野町 | 532 |
| | | | 箕輪町 | 532 |
| **長野県** | **502** | | 飯島町 | 533 |
| | | | 南箕輪村 | 533 |
| 長野市 | 506 | | 中川村 | 533 |
| 松本市 | 509 | | 宮田村 | 533 |
| 上田市 | 511 | | 松川町 | 534 |
| 岡谷市 | 514 | | 高森町 | 534 |
| 飯田市 | 515 | | 阿南町 | 534 |
| 諏訪市 | 516 | | 清内路村 | 534 |
| 須坂市 | 517 | | 阿智村 | 534 |
| 小諸市 | 517 | | 平谷村 | 535 |
| 伊那市 | 518 | | 根羽村 | 535 |
| 駒ヶ根市 | 519 | | 下條村 | 535 |
| 中野市 | 520 | | 売木村 | 535 |
| 大町市 | 520 | | 天龍村 | 535 |
| 飯山市 | 521 | | 泰阜村 | 536 |
| 茅野市 | 522 | | 喬木村 | 536 |
| | | | 豊丘村 | 536 |

# 見出し一覧

| | | |
|---|---|---|
| 大鹿村 | …………………… | 536 |
| 上松町 | …………………… | 536 |
| 南木曽町 | ………………… | 536 |
| 木祖村 | …………………… | 537 |
| 王滝村 | …………………… | 537 |
| 大桑村 | …………………… | 537 |
| 木曽町 | …………………… | 537 |
| 麻績村 | …………………… | 538 |
| 生坂村 | …………………… | 538 |
| 波田町 | …………………… | 538 |
| 山形村 | …………………… | 538 |
| 朝日村 | …………………… | 538 |
| 筑北村 | …………………… | 539 |
| 池田町 | …………………… | 539 |
| 松川村 | …………………… | 539 |
| 白馬村 | …………………… | 539 |
| 小谷村 | …………………… | 539 |
| 坂城町 | …………………… | 540 |
| 小布施町 | ………………… | 540 |
| 山ノ内町 | ………………… | 540 |
| 木島平村 | ………………… | 541 |
| 野沢温泉村 | ……………… | 541 |
| 信州新町 | ………………… | 541 |
| 信濃町 | …………………… | 541 |
| 小川村 | …………………… | 541 |
| 中条村 | …………………… | 541 |
| 飯綱町 | …………………… | 541 |
| 栄村 | ……………………… | 542 |
| 上伊那郡 | ………………… | 542 |
| 上高井郡 | ………………… | 542 |
| 上水内郡 | ………………… | 542 |
| 木曽郡 | …………………… | 543 |
| 北安曇郡 | ………………… | 543 |
| 北佐久郡 | ………………… | 543 |
| 更級郡 | …………………… | 544 |
| 下伊那郡 | ………………… | 544 |
| 下高井郡 | ………………… | 545 |
| 諏訪郡 | …………………… | 545 |
| 小県郡 | …………………… | 545 |
| 東筑摩郡 | ………………… | 545 |
| 南安曇郡 | ………………… | 546 |
| 南佐久郡 | ………………… | 546 |

# 北海道

**新撰北海道史　北海道庁編纂**

◇第 1 巻　概説　清文堂出版　1990.9
227p　図版 32 枚　22cm
内容 斉明天皇 4 年(658)から大正 11 年(1922)まで

◇第 2 巻　通説 1　清文堂出版　1990.10
820p　図版 28 枚　22cm

◇第 3 巻　通説 2　清文堂出版　1990.11
886p　図版 34 枚　22cm

◇第 4 巻　通説 3　清文堂出版　1990.12
1076p　22cm

◇第 5 巻　史料 1　清文堂出版　1991.1
1546p　22cm
内容 嘉吉 3 年(1443)から文久 2 年(1862)まで

◇第 6 巻　史料 2　清文堂出版　1991.2
1064p　22cm

◇第 7 巻　管轄略譜・年表・統計・索引・編纂略程　清文堂出版　1990.9　454p　22cm
内容 斉明 4 年(658)から大正 10 年(1921)まで

**新北海道史　北海道編**

◇第 1 巻　概説　北海道　1981.3　367p　22cm
内容 縄文時代(B.C.6000 年)から昭和 49 年(1974)

◇第 2 巻　通説 1　北海道　1970　902p　図版　22cm
内容 先史時代(旧石器後期=18,000 年前)から慶応 4 年(1868)

◇第 3 巻　通説 2　北海道　1971　1000p　図冊　22cm
内容 明治元年(1868)から明治 12 年(1879)

◇第 4 巻　通説 3　北海道　1973　1255p 図　22cm
内容 明治 12 年(1879)から大正 8 年(1919)

◇第 5 巻　通説 4　北海道　1975　1441p 図　22cm
内容 大正 9 年(1920)から昭和 20 年 8 月(1945)

◇第 6 巻　通説 5　北海道　1977.3　1490p 図　22cm
内容 昭和 20 年 8 月(1945)から昭和 51 年(1976)

◇第 7 巻　史料 1　北海道　1969　1426p 図版　22cm
内容 欽明天皇 30 年(569)から明治 18 年(1895)

◇第 8 巻　史料 2　北海道　1972　1371p 図　22cm
内容 明治 42 年(1909)から昭和 26 年(1951)

◇第 9 巻　史料 3　北海道　1980.11　1350p　22cm
内容 欽明天皇 5 年(544)から昭和 45 年(1970)

**北海道志　開拓使**

◇上　歴史図書社　1973.10　4, 5, 16, 478p　22cm
内容 総叙、地理、風俗/明治 17 年大蔵省刊の復刻

◇下　歴史図書社　1973.10　438p　22cm
内容 政治、外事、物産、雑記/明治 17 年大蔵省刊の復刻

**北海道のあゆみ　北海道総務部文書課編**

◇北海道　1968　180p(図版共) 地図　22cm
内容 無土器(旧石器)時代(15,000 年前)から昭和 43 年(1968)

**北海道略史　北海道総務部文書課編**

◇北海道　1962.3　4, 257p, 図版 20 枚

全国地方史誌総目録　1

21cm
　内容 斉明天皇4年(658)から昭和20年(1945)

**上川開發史**　上川開発史刊行委員会
- ◇北海道上川支庁　1961.3　1053p 図版　22cm
  内容 旧石器時代から昭和33年

**日高開発史**　北海道日高支庁編
- ◇北海道日高支庁　1954.3　11, 287p, 図版13枚　22cm
  内容 新石器時代から昭和28年(1953)までの日高支庁開発史と同庁の歩み

**開道七十年**　北海道庁編
- ◇北海道庁　1938　266p　A5

**新撰北海道史**　北海道廳編
- ◇第1巻 概説　北海道廳　1936　227p 図版, 地図　23cm
  内容 斉明天皇4年(658)から大正11年(1922)
- ◇第2巻 通説1　北海道廳　1937　820p 図版　23cm
- ◇第3巻 通説2　北海道廳　1937　886p　23cm
- ◇第4巻 通説3　北海道廳　1937　1076p 図版　23cm
- ◇第5巻 史料1　北海道廳　1936　1546p 図版　23cm
  内容 嘉吉3年(1443)から文久2年(1862)
- ◇第6巻 史料2　北海道廳　1936　1064p 図版　23cm
- ◇第7巻 管轄略譜, 年表, 統計, 索引, 編年略程　北海道廳　1937　454p 図版　23cm

　内容 斉明4年(658)から大正10年(1921)

**十勝概観**　十勝支庁編
- ◇十勝統計協会　1936　153p　B6

**北海道史**　北海道廳編
- ◇第1　北海道廳　1918　958p　22cm
- ◇附録 地図　北海道廳　1918　1冊　23cm
  内容 慶長年中(1590年代)から寛政文化年中(17世紀末から18世紀初)

**北海道要覧**　北海道庁編
- ◇北海道庁　1918　145p　A5

**北海道発達史各村誌**　博光社出版部編
- ◇博光社　1911.11　643p 図版　22cm

**北海道志**　北海道編
- ◇上, 下巻　北海道同盟著訳館　1892　2冊　A5

**北海道志**　開拓使庁編
- ◇巻1—35　大蔵省　1884　25冊　B5

## 【札幌市】

**新札幌市史**　札幌市教育委員会編
- ◇第1巻 通史1　札幌市　1989.3　1039p 図版　22-27cm
  内容 自然史, 先史, および古代からおおよそ明治2年(1869)開拓使設置頃まで
- ◇第2巻 通史2　札幌市　1991.10　1047p 図版　22-27cm
  内容 明治2年(1869)開拓使設置から明治32年(1899)北海道区制の施行に至るころまで
- ◇第3巻 通史3　札幌市　1994.3　915p 図版　22-27cm
  内容 明治32年(1899)北海道区制の施行から大正11年市制施行に至るころまで

北海道　　　　　　　　　　　　　　　　　　　　　　　　　　　　　札幌市東区

◇第4巻 通史4　札幌市　1997.3　1147p 図版　22-27cm
内容 大正11年(1922)市制施行から昭和20年の敗戦に至るまで

◇第5巻 通史5 上　札幌市　2002.3　1021p 図版　22-27cm
内容 昭和20年(1945)敗戦から昭和47年(1972)の政令都市指定以前まで

◇第5巻 通史5 下　札幌市　2003.3　1053p 図版　22-27cm
内容 昭和47年(1972)の政令指定都市への移行から平成16年(2004)まで

◇第6巻 史料編1　札幌市　1987.3　1040p 図版　22-27cm
内容 近世から明治初期にいたるあいだの基本史料を収録

◇第7巻 史料編2　札幌市　1986.3　1123p 図版　22-27cm
内容 明治初年から明治32年(1899)の区制施行に至る間の基本史料(公文書類)

◇第8巻 1 統計編　札幌市　2000.2　637p 図版　22-27cm
内容 1869年(明治2)から1945年(昭和20)までの統計表

札幌區史　札幌区役所編
◇名著出版　1973　1029p 図版 52p　22cm
内容 石器時代から明治42年(1909)

札幌百年の年譜　札幌市史編纂委員会編
◇札幌市　1970.5　149p　22cm
内容 明治2年(1869)から昭和43年(1968)

札幌百年のあゆみ　札幌市史編さん委員会編
◇札幌市　1970　553p　22cm
内容 先史時代から昭和43年(1968)

札幌市史　札幌市史編集委員会編
◇産業経済篇　札幌市　1958.4　676p 22cm
内容 安政初年から昭和32年(1957)

◇政治行政篇　札幌市　1953　772p 22cm
内容 慶応3年(1867)から昭和25年(1950)

◇文化社会篇　札幌市　1958.4　726p 22cm
内容 明治2年(1969)から昭和30年(1955)

札幌市史 札幌市史概説年表　札幌市史編集委員会編
◇札幌市　1955.8　451p　22cm
内容 明治元年(1868)から昭和28年(1953)

札幌区史　札幌区役所編
◇札幌区役所　1911　1029p　A5

【札幌市北区】

琴似町史　札幌市史編集委員会編
◇札幌市　1956　621p　22cm
内容 先史時代から昭和30年(1955)

新琴似兵村史　佐佐木俊郎著
◇新琴似兵村五十年記念会　1936　208,21p　19cm

【札幌市東区】

札幌村史　本田辰雄編纂
◇札幌村史編纂委員會　1950.9　15,386p, 図版2枚, 折り込み図1枚　22cm
内容 平安朝時代から昭和25年(1950)

札幌村誌　札幌村役場編
◇札幌村役場　1927　184p　A5

## 【札幌市白石区】

白石村誌　鷲田弥太郎著
◇白石村役場　1940　158p　A5

白石村誌　渥美兵二郎著
◇白石村役場　1921　292p　A5

## 【札幌市豊平区】

豊平町史　豊平町史編纂会編
◇豊平町　1959　936p　図版　22cm
◇補遺　札幌市　1967　573p　図版　22cm

## 【札幌市南区】

簾舞沿革志考　簾舞村役場編
◇簾舞村役場　1927　45p

## 【札幌市西区】

新琴似百年史　新琴似百年史編纂委員会編
◇新琴似開基百年記念協賛会　1986　1297p　図版　22cm
　内容　明治20年(1887)前後に始まり、昭和60年(1985)末をもって最終とした

手稲町誌
◇上　札幌市　1968.3　920p　22cm
　内容　縄文時代から昭和41年(1966)、手稲町のあらましの姿、北海道の歴史と手稲、手稲町自治の事情を記述
◇下　札幌市　1968.3　2231p　22cm
　内容　安政4年(1857)から昭和41年(1966)、産業経済の事情、交通通信の事情、手稲町の教育の歩み、宗教の事情、文化の事情他を収録

琴似町史　札幌市史編集委員会編
◇札幌市　1956　621p　22cm
　内容　先史時代から昭和30年(1955)

手稲町誌
◇手稲町役場　1951.11　6, 8, 278p　図版2枚　22cm
　内容　平安朝時代から昭和26年(1951)

新琴似兵村史　佐佐木俊郎著
◇新琴似兵村五十年記念会　1936　208,21p　19cm

琴似兵村誌　琴似兵村五十年記念會編
◇琴似兵村五十年記念會　1924.9　90p　図版　19cm
　内容　文化4年(1807)から明治38年(1905)

## 【札幌市手稲区】

手稲町誌
◇上　札幌市　1968.3　920p　22cm
　内容　縄文時代から昭和41年(1966)、手稲町のあらましの姿、北海道の歴史と手稲、手稲町自治の事情を記述
◇下　札幌市　1968.3　2231p　22cm
　内容　安政4年(1857)から昭和41年(1966)、産業経済の事情、交通通信の事情、手稲町の教育の歩み、宗教の事情、文化の事情他を収録

手稲町誌
◇手稲町役場　1951.11　6, 8, 278p　図版2枚　22cm
　内容　平安朝時代から昭和26年(1951)

## 【函館市】

函館市史　函館市史編さん室編
◇史料編　第1巻　函館市　1974　947p　図23枚　22cm
　内容　延享5年(1748,寛延元)から明治2年(1869)

◇史料編 第2巻　函館市　1975　905p 図21枚　22cm
　内容 享保20年(1735)から明治12年(1879)

◇通説編 第1巻　函館市　1980.3　706,18p　22cm
　内容 縄文時代から慶応2年(1866)

◇通説編 第2巻　函館市　1990.11　1505p　22cm
　内容 安政2年(1855)から明治37年(1904)

◇通説編 第3巻　函館市　1997.3　1289p　22cm
　内容 明治37年(1904)から昭和20年(1945)

◇通説編 第4巻　函館市　2002.3　924p　22cm
　内容 昭和20年(1945)から昭和63年(1988)

◇都市・住文化編　函館市　1995.3　612p　22-27cm
　内容 寛保元年(1741)から昭和20年(1945)

◇統計史料編　函館市　1987.5　1285p　27cm
　内容 明治元年(1868)から昭和55年(1980)までの諸統計を累年編さん

◇別巻 亀田市編　函館市　1978.11　1205p　22cm
　内容 縄文時代から昭和48年(1973)

◇別巻 銭亀沢編　函館市　1998.2　521p　27cm
　内容 寛文9年(1669)から昭和46年(1971)

鍛冶町誌　鍛冶町誌編集委員会編
◇函館市鍛冶町会　1995.7　227p, 図版3枚　26cm
　内容 斉明天皇5年(659)から平成7年(1995)

函館 都市の記憶　市制施行70周年記念写真集　函館市史編さん室編
◇函館市文化・スポーツ振興財団　1992.8　145p　26cm
　内容 大正11年(1922)から昭和18年(1933)

赤川町誌
◇赤川の歴史を探る会　1989.11　239p　26cm

椴法華村史　椴法華村編
◇椴法華村　1989.5　36, 1354p　22cm
　内容 縄文時代から昭和60年(1985)

南茅部町史　南茅部町史編集室編
◇上巻　南茅部町　1987.3　1210p　22cm
　内容 先土器時代から昭和60年(1985), 郷土の自然, 先史, 郷土への渡海, 戸口と地名, 行政他を記述

◇下巻　南茅部町　1987.9　1034p　22cm
　内容 弘化2年(1845)から昭和61年(1985), 産業, 交通, 通信・電力, 公安, 災害他を記述

戸井町史　戸井町史編纂委員会編
◇戸井町　1973　1305p　22cm
　内容 縄文時代から昭和48年(1973)3月

尻岸内町史　尻岸内町々史編さん委員会編
◇尻岸内町　1970　1304p 図　22cm
　内容 縄文時代から昭和40年(1965)

函館市誌　函館日日新聞社編
◇函館日日新聞社　1935　1230p 図版

地図　23cm

**尻岸内村郷土誌　尻岸内村教育会編**

◇尻岸内村教育会　1913　82p　A5

**函館區史　函館区編**

◇函館区　1911.7　3, 10, 790, 24, 3p, 図版3枚　23cm
[内容] 文治5年(1189)から明治43年(1910)

## 【小樽市】

**小樽市史**

◇第1巻　国書刊行会　1981.10　770p　22cm
[内容] 旧石器時代から明治14年(1881)/昭和33-44年刊の複製

◇第2巻　国書刊行会　1981.10　742p　22cm
[内容] 明治19年(1886)から明治31年(1898)/昭和33-44年刊の複製

◇第3巻　国書刊行会　1981.10　540p　22cm
[内容] 明治32年(1899)から明治38年(1905)/昭和33-44年刊の複製

◇第4巻　国書刊行会　1981.10　810p　22cm
[内容] 明治38年(1905)から大正11年(1922)/昭和33-44年刊の複製

◇第5巻　国書刊行会　1981.10　794p　22cm
[内容] 大正11年(1922)から昭和40年(1965)/産業経済、原産業、工業、商業、小売業、商品取引所、海運地/昭和33-44年刊の複製

◇第6巻　国書刊行会　1981.10　848p　22cm
[内容] 大正11年(1922)から昭和44年(1965)、金融、小樽市の地価の変遷、衛生・清掃、労働、公安他を記述/昭和33-44年刊の複製

◇第7巻(行政編：上)　小樽市　1993.3　1222p　図　肖像　22cm
[内容] 昭和30年(1955)から昭和60年(1985)までの事柄、総合計画と市勢、議会、委員及び委員会、市政30年を記述

◇第8巻(行政編：中)　小樽市　1994.3　1280p　図　肖像　22cm
[内容] 昭和30年から昭和60年までの事柄、市政30年(続き)を記述

◇第9巻(行政編：下)　小樽市　1995.3　1647p　図　肖像　22cm
[内容] 昭和30年(1955)から昭和60年(1985)までの事柄を記述、文化財と歴史的建造物

◇第10巻　社会経済編　小樽市　2000.2　1071p　図　肖像　22cm
[内容] 昭和30年から昭和60年までの事柄を記述

◇第10巻　文化編　小樽市　2000.2　1026p　図　肖像　22cm
[内容] 昭和30年(1955)から昭和60年(1985)、文化について記述

**新高島町史　高島小学校開校百周年記念協賛会編**

◇高島小学校開校百周年記念協賛会　1986.10　395p　22cm
[内容] 旧石器時代から昭和60年(1985)

**小樽文化史　渡辺悌之助執筆**

◇小樽市　1974　355p　図　22cm
[内容] 斉明天皇4年(658)から昭和49年(1974)

**忍路郡郷土誌　忍路郡郷土誌編纂委員会編**

◇塩谷村　1957.12　299p　図版9枚　22cm
[内容] 応永年間から昭和32年(1957)

**小樽市史　小樽市役所編**

◇第1—3巻　小樽市役所

〔1933-1944〕 3冊　A5

## 高島町史
- ◇高島尋常高等小学校　1941　394p　図版　表　22cm

## 小樽市史稿本
- ◇第1冊　[小樽市]　1939　275p　22cm
  - 内容 松前藩政時代から明治維新(1868)
- ◇第2冊　[小樽市]　1939　396p　22cm
  - 内容 開拓使時代(1867)から明治14年(1881)
- ◇第3冊　[小樽市]　1939　372p　22cm
  - 内容 明治14年(1881)から明治19年(1886)
- ◇第4冊　[小樽市]　1939　380p　22cm
  - 内容 明治4年(1871)から明治18年(1885)
- ◇第5冊　[小樽市]　1939　456p　22cm
  - 内容 明治2年(1869)から明治14年(1881)

## 小樽市郷土誌　小樽市小学校郷土研究部編
- ◇〔1～4〕　小樽市教育会　〔1925-1933〕　4冊

## 朝里村史　朝里村役場編
- ◇朝里村役場　1916　28丁　B5　和（膳）

## 小樽区史　渡部義顕著
- ◇左文字書房　1914　578,40p　22cm

## 【旭川市】

## 新旭川市史　旭川市史編集会議編
- ◇第1巻　旭川市　1994.6　963p　22cm
  - 内容 先史時代から明治23年(1890)の開村前後に至る間の歴史を記述
- ◇第2巻　旭川市　2002.3　1236p　22cm
  - 内容 明治23年(1890)から明治35年(1902)に至る歴史を叙述
- ◇第3巻　旭川市　2006.3　1500p　22cm
  - 内容 明治35年(1902)から大正11年(1922)
- ◇第6巻　旭川市　1993.3　979p　22cm
  - 内容 寛政10年(1798)から大正11年(1922)
- ◇第7巻　旭川市　1996.3　1244p　22cm
  - 内容 明治24年(1891)から明治37年(1904)、屯田兵関係史料を収録
- ◇第8巻　旭川市　1997.9　984p　22cm
  - 内容 明治25年(1892)から昭和15年(1940)、旭川兵村中隊記録、第七師団関係記録を収録

## 目で見る旭川の歩み　開基100年記念誌　旭川市総務局総務部市史編集事務局編
- ◇旭川市　1990.9　274p　27cm
  - 内容 文化4年(1821)から平成2年(1990)

## 永山町史　旭川市永山町史編集委員会編
- ◇国書刊行会　1981.12　1149p　22cm
  - 内容 先史時代から昭和36年(1961)/昭和37年刊の複製

## 旭川市史　旭川市史編集委員会編
- ◇第1巻　旭川市　1959.4　792p

22cm
  　内容 先史時代から昭和30年(1955)自然環境と人口の推移, 先住民族, 探検期, 創業期, 自治と行政について記述
 ◇第2巻　旭川市　1959.4　869p　22cm
  　内容 明治22年(1889)から昭和30年(1955), 建設と治水, 産業と経済, 保健と衛生, 治安について編年記述
 ◇第3巻　旭川市　1959　902p　22cm
  　内容 明治35年(1902)から昭和33年(1985), 社会と労働, 交通と通信, 教育と宗教について記述
 ◇第4巻　旭川市　1960.3　1142p　22cm
  　内容 寛永9年(1632)から昭和28年(1953), 年表(斉明天皇4年から昭和30年), 資料を収録
 ◇第5巻　旭川市　1971.11　956p　22cm
  　内容 昭和31年(1956)以降昭和44年(1969)までの自然環境と戸口, 行財政と選挙, 交通運輸通信, 都市開発他について記述
 ◇第6巻　旭川市　1972.3　528p　22cm
  　内容 昭和30年(1955)から昭和45年(1970), 総説, 自治のあゆみ, 交通運輸通信, 産業, 経済, 教育文化と住民生活, 年表を記述
 ◇第7巻　旭川市　1973.12　823p　22cm
  　内容 昭和31年(1956)から昭和45年(1970)までの資料, 主要統計, 年表(寛政9年から昭和46年)を収録

**東鷹栖町史**　東鷹栖町史編集委員会編
 ◇東鷹栖町　1971　469p　図　22cm

**旭川市史稿**　旭川市編纂
 ◇上巻　旭川市　1931.12　734p　23cm
  　内容 先史時代から大正2年(1913)
 ◇下巻　旭川市　1931.12　548p　23cm
  　内容 大正3年(1914)から昭和2年(1927)

**東旭川村沿革**　上川郡東旭川村役場編
 ◇上川郡東旭川村役場　1911

## 【室蘭市】

**新室蘭市史**　室蘭市史編さん委員会編
 ◇第1巻　室蘭市　1981.3　686p　22cm
  　内容 縄文時代から明治17年(1864), 自然と環境, 先史時代, 幕藩時代, 明治維新と室蘭を記述
 ◇第2巻　室蘭市　1983.3　676p　22cm
  　内容 明治5年(1872)から昭和47年(1972), 行政, 港湾と海運を記述
 ◇第3巻　室蘭市　1985.11　831p　22cm
  　内容 明治5年(1872)から昭和47年(1972)/陸運と鉄道, 郵便・電信・電話, 産業経済, 教育と文化
 ◇第4巻　室蘭市　1987.8　885p　22cm
  　内容 明治5年(1872)から昭和47年(1972)/建設, 公害と災害対策, 戦争と室蘭, 治安, 労働他を記述
 ◇第5巻 付録：室蘭市年表　室蘭市　1989.3　459p　22cm
  　内容 斉明天皇4年(658)から昭和60年(1985)
 ◇第5巻 絵図写真　室蘭市　1989.3　315p　22cm
  　内容 正保年間から昭和61年(1986)
 ◇第5巻 史料編　室蘭市　1989.3　303p　22cm
  　内容 享保10年(1725)頃から明治40年(1907), 江戸時代, 明治時代を収録
 ◇第6巻 年表・資料　室蘭市　2006.10　494p　22cm
  　内容 昭和61年(1986)から平成14年

(2002)

室蘭のうつりかわり　室蘭市史編集室編
- ◇室蘭市　1977.7　508p　折り込み図2枚　22cm
  - 内容　縄文時代から昭和52年(1977)

室蘭市史　室蘭市役所編
- ◇[本編]　室蘭市役所　1963.10　911p　図版　27cm
  - 内容　養老2年(718)から昭和36年(1961)
- ◇年表　室蘭市役所　1963.10　911p　図版　27cm
  - 内容　第一氷河期から昭和37年(1962)

新編室蘭市史　室蘭市史編さん委員会編
- ◇室蘭市　1955　733,46p　図版33p　23cm
  - 内容　明治元年(1868)から昭和28年(1953)

室蘭市史
- ◇室蘭市　1941　2冊　図版　肖像　22cm

室蘭支庁管内誌　室蘭支庁編
- ◇室蘭支庁　1911　176p　A5

【釧路市】

新修釧路市史　釧路市史編さん員会議編
- ◇第1巻　釧路市　1993.3　629p　22cm
  - 内容　昭和40年(1965)から昭和63年(1988)、政治行政を記述
- ◇第2巻　釧路市　1995.3　651p　22cm
  - 内容　昭和40年(1965)から昭和63年(1988)、経済産業を記述
- ◇第3巻　釧路市　1996.3　4冊　22cm
  - 内容　昭和40年(1965)から平成元年(1989)、教育文化、市民生活を記述
- ◇第4巻　釧路市　1997.3　617p　22cm
  - 内容　昭和20年(1945)から昭和63年(1988)、資料、総合的年表、主要引用参考文献を収録

阿寒町百年史　阿寒町史編纂委員会編
- ◇阿寒町　1986.10　25,996p　22cm
  - 内容　縄文時代から昭和61年(1986)

音別町史　音別町史編さん委員会編
- ◇音別町　1985.12　1367p,図版[15]p　22cm
  - 内容　先史時代から昭和58年(1983)

新釧路市史
- ◇第1巻　釧路市　1974.9　1093p
  - 内容　先土器時代から昭和26年、自然・先史・近世・政治行政を記述
- ◇第2巻　釧路市　1973　1240p　22cm
  - 内容　明治2年(1869)から昭和45年(1970)、北海道東部の開発、水産業、林業、主畜農業、鉱業他を記述
- ◇第3巻　釧路市　1972.12　971p　22cm
  - 内容　明治5年(1872)から昭和46年(1971)、教育、文化と芸術、宗教、社会労働運動他を記述
- ◇第4巻　釧路市　1974.11　947p　22cm
  - 内容　享和2年(1802)から昭和40年(1965)、基本的史料、文献史料所在目録、総合的年表を収録

阿寒町史　阿寒町史編纂委員会編
- ◇阿寒町　1966.10　13,1136p　図版1枚　22cm
  - 内容　縄文時代から昭和41年(1966)

釧路市史　渡辺茂編
- ◇釧路市　1957.9　726p,図版14枚

22cm
- 内容 縄文時代から昭和 30 年(1955)

**鳥取町誌**　鳥取町誌編纂委員會編
- ◇釧路郡鳥取町役場　1943.6　7, 200, 27p 図版　22cm
- 内容 明治 9 年(1876)から昭和 17 年(1932)

**釧路行幸誌**　吉田仁吉編
- ◇釧路巾役所　1938　701p

**釧路郷土史考**　佐々木米太郎著・編纂
- ◇釧路市　1936.1　6, 8, 403p, 図版 4 枚　23cm
- 内容 寛永年間から昭和 7 年(1932), 凡例に参考資料一覧を収録

**鳥取村五十年誌**　鳥取村誌編纂委員會編
- ◇鳥取村役場　1934.6　4, 188p, 図版 4 枚　23cm
- 内容 明治元年(1968)から昭和 7 年(1932)

**釧路国郷土誌**　釧路教育会編
- ◇釧路教育会　1917　295p　A5

## 【帯広市】

**帯広市史　平成 15 年編**　帯広市史編纂委員会編
- ◇帯広市　2003.12　21, 1189p 図版 6 枚　27cm
- 内容 旧石器時代から平成 14 年(2002)年

**帯広市史**　帯広市史編纂委員会編
- ◇帯広市　1984.2　31, 15, 1005p, 図版 [5] p　27cm
- 内容 寛永 20 年(1643)から昭和 58 年(1983)3 月

**西帯広郷土史**　西帯広郷土史編集委員会編
- ◇西帯広郷土史編集委員会　1980　906p

27cm
- 内容 縄文時代から昭和 54 年(1979)

**帯広市史**　帯広市史編纂委員会編
- ◇帯広市　1976.3　28, 14, 1015p, 図版 3 枚　27cm
- 内容 先土器文化から昭和 50 年(1975)

**川西村史**　帯広市史編纂委員会編
- ◇帯広市　1964.11　540p　22cm
- 内容 明治 8 年(1875)から昭和 31 年(1956)

**大正村史**　帯広市史編纂委員会編
- ◇帯広市　1964.11　504p　22cm
- 内容 明治 8 年(1875)から昭和 31 年(1956)

**帯廣の生い立ち**　帯廣市史編纂委員会編
- ◇帯広市　1952.9　269p 図版, 地図　22cm
- 内容 寛永 20 年(1643)から昭和 26 年(1951)

**帯広市史稿**　帯広市役所編
- ◇1―5　帯広市役所　1943　5 冊　A5 (謄)

## 【北見市】

**新端野町史**
- ◇端野町　1998.10　1578, 115p, 図版 8 枚　22cm
- 内容 旧石器時代から平成 8 年(1996)

**富岡区史**　留辺蘂町富岡区史編集委員会編
- ◇留辺蘂町富岡区史編集委員会　1997.3　114p　22cm

**端野小史 端野の夜明け**　端野小史編集委員会編
- ◇第 1 集　端野町　1988.3　257p

26cm
- 内容 先土器時代から明治40年(1907)の中央道路, 駅逓, 屯田兵村, 民話

◇第2集　端野町　1989.3　236p　26cm
- 内容 寛政12年(1800)から大正6年(1917)の拓殖, 交通・道路, 通信

◇第3集　端野町　1990.8　181p　26cm
- 内容 明治30年(1897)から大正15年(1926)の教育, 行政管轄

◇第4集 戦時下の村びと　端野町　1993.3　356p　26cm
- 内容 昭和元年(1926)から昭和11年(1936)

常呂町百年史　常呂町百年史編さん委員会編

◇常呂町　1989.3　929p　27cm
- 内容 先縄文時代後期(20,000前), 慶長9年(1604)から天明6年(1786), 寛政元年(1789)から昭和58年(1983)

新留辺蘂町史　新留辺蘂町史編さん委員会編

◇留辺蘂町　1985.3　998p　22cm
- 内容 先史時代, 明治16年(1883)から昭和58年(1983)

北見市史　北見市史編さん委員会編

◇資料編　北見市　1984.11　468p　22cm
- 内容 安政5年(1858)から昭和36年(1961)

◇年表編　北見市　1981　463p　22cm
- 内容 地質時代, 先史時代, 寛文7年(1667)から昭和62年(1987)

◇上巻　北見市　1981　1199p　22cm
- 内容 原始, 古代, 幕末(1843年以後)から大正14年(1925)

◇下巻　北見市　1983.12　967p　22cm

- 内容 明治30年(1897)から昭和57年(1982)

小史常呂　常呂町開基百年記念　常呂町百年史編さん委員会編

◇常呂町　1984.2　206p　31cm
- 内容 先史時代から昭和58年(1983)

常呂町史　常呂町史編さん委員会編

◇常呂町　1969.3　685, 131p, 図版[23]p　27cm
- 内容 先史時代から昭和42年(1967)

端野町史　端野町史編集委員会, 鈴木三郎編

◇端野町　1965　18, 530p, 図版2枚　22cm
- 内容 先史時代から昭和40年(1965)

留辺蘂町史

◇留辺蘂町　1964　739p 図版 地図　22cm

北見市史　安藤武雄編

◇北見市　1957　18, 460p, 図版[17]p 図　22cm
- 内容 先史時代, 旧石器時代, 慶応3年(1867)から昭和32年(1957)

相内村史　河原鶴造編

◇相内村　1950.3　292p　22cm
- 内容 明治6年(1873)から昭和24年(1949)

常呂村史　渡邊要編

◇常呂郡常呂村役場　1937.12　5, 210p　23cm

内容 文化3年から昭和12年(1937)

相内村誌　相内村役場編
　◇相内村役場　1927　478p　A5

野付牛町誌　野付牛町誌編纂委員編
　◇北海道常呂郡野付牛町　1927
　　156,94p　図版16枚　23cm

端野村誌
　◇常呂郡端野村　1926　218p　図版
　　22cm

## 【夕張市】

夕張市史　増補改訂　夕張市史編さん委員会編
　◇上　夕張市　1981.3　760p　22-27cm
　　内容 氷河時代から昭和54年(1979)
　◇下　夕張市　1981.3　875p　22-27cm
　　内容 明治2年(1869)から昭和53年(1978)年
　◇追補　夕張市　1991.3　300p　22-27cm
　　内容 昭和54年(1979)から昭和63年(1988)

夕張市史　更科源蔵, 富樫酉壱郎編著
　◇夕張市　1959.1　789p, 図版8枚　22cm
　　内容 元久2年(1205)から昭和30年(1955)

角田村史　丹野嶽二著
　◇北海道夕張郡角田村　1940.5　5, 330p, 図版[22] p　22cm
　　内容 鎌倉時代から昭和14年(1939)

夕張町史　北海道夕張郡夕張町役場編
　◇夕張町　1937.12　4, 9, 228p, 図版7枚　22cm
　　内容 石器時代から昭和12年(1937)

## 【岩見沢市】

北村百年史　北村百年史編さん委員会編
　◇北村役場　2004.3　1512p, 図版16枚　31cm
　　内容 明治2年(1869)から平成11年(1999)

栗沢町史　栗沢町町史編さん委員会編
　◇上　栗沢町　1993.3　859p　図版　22cm
　　内容 後期旧石器時代から昭和20年(1945)
　◇下　栗沢町　1993.10　1240p　図版　22cm
　　内容 昭和20年(1945)から平成5年(1993)

西川町郷土誌　西川町郷土誌編さん会編
　◇西川町　1987.11　559p　図版　22cm
　　内容 明治16年(1884)から昭和62年(1987)

北村史　北村史編纂委員会編
　◇上巻　北村　1985.8　1268p　27cm
　　内容 中石器時代から昭和54年(1979)
　◇下巻　北村　1985.8　2521p　27cm
　　内容 明治28年(1895)から昭和54年(1979)

岩見沢百年史　岩見沢百年史編さん委員会編
　◇岩見沢市　1985.3　2257p　21cm
　　内容 明治11年(1878)から昭和58年(1983)

岩見沢市史　岩見沢市総務部庶務課編
　◇岩見澤市　1963　1756p　22cm
　　内容 先史時代から昭和37年(1962)

北海道　　　　　　　　　　　　　　　　　　　　　　　　　　　苫小牧市

◇資料第1集　岩見沢市　1964　1冊　26cm

◇資料第2集　岩見沢市　1971　141p(図共)　26cm

◇資料第3集　岩見沢市　1973　203p　図　26cm

◇資料第4集　岩見沢市総務部企画室　1975　171p　図　26cm

◇資料第5集　岩見沢市　1979.3　152p　26cm

栗沢町史　稲童丸謙二編集

◇栗沢町役場　1964　1173p　22cm

北村村史　北村村史編纂委員会編

◇北村　1960　660p　図版　地図　22cm
  内容　縄文時代から昭和34年(1595)

【網走市】

新網走史年表　網走小史編集委員会編

◇網走市総務部　1987.12　86p　21cm
  内容　貞享2年(1685)から昭和62年(1987)

新網走小史　網走小史編集委員会編

◇網走市総務部　1987.12　309p　22cm
  内容　縄文時代, 長禄元年(1457), 天正18年(1590), 慶長4年(1599)から昭和52年(1977)

網走市史　網走市史編纂委員会編

◇別冊附録1　網走ノ天気　1890～1970　網走市　1970　50p　22cm

◇別冊附録2　網走市戦後年表　網走市　1970　47p　22cm
  内容　昭和20年(1945)から昭和45年(1970)

◇上巻　先史時代篇　原史時代篇　網走市　1958　1411p　図版　22cm
  内容　先史時代から明治13年(1880)

◇下巻　開拓時代篇　網走市　1971　1615p　22cm
  内容　明治13年(1880)年から昭和22年(1947)

網走小史　網走市史編纂委員会編

◇網走市役所　1955.3　203p　図版　22cm
  内容　先史時代(7,000年前)から昭和29年(1954)

網走町之現況　網走町役場編

◇網走町役場　1922　46p　A6

【留萌市】

新留萌市史　留萌市編

◇留萌市　2003.3　1129p　図版　12p　27cm
  内容　先史時代から平成12年(2000)までを対象

◇資料編　留萌市　2003.3　514p　27cm
  内容　年表範囲：縄文時代(7000年前)から平成14年(2002)

留萌市史

◇留萌市　1970　862p　図　27cm
  内容　縄文時代から昭和43年3月(1968)

留萌町の趨勢　留萌町役場編

◇留萌町役場　1928　88p　B6

【苫小牧市】

苫小牧市史

◇資料編1　苫小牧市　1977　1458p　22cm
  内容　寛政9年(1797)から昭和26年(1951)

◇資料編2　苫小牧市　1977.3　225p　22cm

全国地方史誌総目録　13

内容 文化3年(1806)から昭和50年(1975), 絵図, 地図・図面, 民俗絵図, 先史・自然関係図を収録

◇追補編　苫小牧市　2001.3　1730p　22cm
内容 昭和50年(1975)から平成12年(2000), 政治, 行政, 産業・経済, 教育・文化, 社会・衛生, 交通・通信他を記述

◇上巻　苫小牧市　1975.3　1906p　22cm
内容 縄文時代から昭和49年(1974), 自然環境, 先史時代, アイヌ時代, 幕藩時代他を記述

◇下巻　苫小牧市　1976.3　1982p　22cm
内容 明治2年(1869)から昭和56年(1975)3月, 経済, 社会・文化, 交通・通信, 公安・災害, 港湾・建設他を記述

◇別巻 苫小牧市史年表　苫小牧市　1977.3　212p　22cm
内容 斉明天皇4年(658)から昭和51年(1976)

**苫小牧町史**　苫小牧町編
◇苫小牧町　1940　488p　23cm

## 【稚内市】

**稚内市史**　稚内市史編纂室編
◇稚内市　1968　1264p 図版 地図　22cm
内容 先土器文化時代(旧石器文化時代)から昭和43年(1968)

◇第2巻　稚内市　1999.1　1121p 図版　22cm
内容 先史文化の時代から平成9年(1997)

◇年表　稚内市　1965　266p　27cm

**稚内百年史**　稚内市百年史編さん委員会編
◇稚内市　1978.10　477p　27cm

内容 明治12年(1879)から昭和53年(1978)

**新しき稚内**　稚内町教育会編
◇稚内町教育会　1923　220p　B6

## 【美唄市】

**美唄市百年史**　美唄市百年史編さん委員会編
◇資料編　美唄市　1991.9　273, 49p　27cm
内容 明治23年(1890)から昭和64年(1989)まで/自然環境, 財政, 選挙, 行政, 産業・経済, 年表他を収録

◇通史編　美唄市　1991.9　1600p　27cm
内容 地質時代から平成2年(1990)9月

**美唄町史**　瀧昇之助著
◇北海道空知郡美唄町　1940.10　6, 441, 13p, 図版 [30] p　22cm
内容 明治2年(1869)から昭和13年(1938)

**沼貝村史**　大枝蓮蔵著
◇田岡美盛堂　1915　136,16p 図版　19cm

## 【芦別市】

**新芦別市史**　第一法規出版株式会社北海道支社編
◇第1巻　芦別市　1994.10　705p　27cm
内容 先史時代から昭和20年(1945)

◇第2巻　芦別市　1994.10　1223p　27cm
内容 昭和20年(1945)から平成4年

(1992)

芦別市史
　◇芦別市　1974　1497p　図　肖像　27cm

芦別町開町五十年史　芦別町史編纂委員会編
　◇芦別町役場　1950.9　450p　図版 7 枚　22cm
　　内容　安政年間から昭和 25 年(1950)5 月

## 【江別市】

新江別市史　江別市総務部編
　◇資料編　江別市　2005.3　344p　27cm
　　内容　先史時代から平成 15 年(2003)、自然環境、地名の由来、地域の生いたち、本編の関連資料、市勢要覧(昭和 30 年復刻)、年表他
　◇本編　江別市　2005.3　761p　27cm
　　内容　先史から平成 15 年(2003)3 月頃まで

えべつ昭和史　1926-1993　江別市総務部編集
　◇江別市　1995.3　1027p　図版 6 枚　27cm
　　内容　昭和元年(1926)から平成 5 年(1993)

野幌 戦後のあゆみ　野幌開基百年記念事業協賛会記念誌編集委員会編
　◇野幌開基百年記念事業協賛会　1989.7　374p　22cm
　　内容　明治 11 年(1878)から平成元年(1989)

江別屯田兵村史　江別市編
　◇国書刊行会　1982.8　716p　図版 37 枚　22cm
　　内容　寛文年間から昭和 38 年(1963)/昭和 39 年刊の複製

篠津屯田兵村史　江別市篠津自治会編
　◇国書刊行会　1982.8　759p　図版 21 枚　22cm
　　内容　明治 14 年から明治 44 年/昭和 46 年刊の複製

野幌屯田兵村史　江別市編
　◇国書刊行会　1982.8　849p　図版 15 枚　22cm
　　内容　明治 7 年(1874)から昭和 41 年(1966)

江別市史　渡辺茂編著
　◇上巻　江別市　1970.3　594p　22cm
　　内容　先史時代から昭和 44 年(1969)、先史時代、場所、時代、行政と人口を記述
　◇下巻　江別市　1970.3　719p　22cm
　　内容　明治 15 年(1882)から昭和 44 年(1969)、産業と経済、教育と学校、社会と文化を記述

野幌兵村史
　◇札幌郡江別町字野幌兵村開村五十年記念祭典委員会　1934.7　137, 32p　図　19cm
　　内容　明治 18 年(1885)から昭和 8 年(1933)

対雁村史　斎藤庸而編
　◇斎藤庸而　1928　75p　19cm

## 【赤平市】

赤平市史　赤平市史編纂委員会編
　◇上巻　赤平市　2001.1　1330p　27cm
　　内容　旧石器文化時代から平成 12 年(2000)まで赤平の自然、空知川流域の調査と探検、赤平とアイヌ、入植、自治
　◇下巻　赤平市　2001.1　1480p　27cm
　　内容　明治 32 年(1899)から平成 12 年(2000)、農林業、石炭産業、交通、運輸・通

信, 学校教育, 公安他を記述

## 【紋別市】

新紋別市史　紋別市史編さん委員会編
- ◇上巻　紋別市　1979.7　1180p　22cm
  内容 旧石器(1万9000年前)から昭和29年(1954)/「紋別市史」(1960年刊)の改題改訂版
- ◇下巻　紋別市　1983.3　1260p　22cm
  内容 昭和30年(1955)から昭和58年(1983)2月/「紋別市史」(1960年刊)の改題改訂版

紋別市史　紋別市史編纂委員会編
- ◇紋別市　1960　1584p 図版　22cm

紋別町史
- ◇紋別町　1944　53p 図版 肖像 地図　19cm

紋別町史　塩見為紀治著
- ◇紋別町役場　1944　266p　A5

北見紋別町誌　新沼文治郎著
- ◇新沼文治郎　1921　115p　22cm

## 【士別市】

私たちの歩み　士別市史抄　士別市史編纂審議委員会編
- ◇士別市　1989.7　188p　26cm

新士別市史　士別市史編纂室編
- ◇士別市　1989.7　1271p　22cm
  内容 昭和40年度(1965)以降, 昭和60年度(1985)までの事項を収録

朝日町史　北海道上川郡朝日町編
- ◇朝日町　1981.11　1193p　22cm
  内容 寛文9年(1669)から昭和54年(1979)

士別市史　士別市編
- ◇士別市　1969　1689p 図版 表　22cm
  内容 先史時代から昭和40年(1965)

## 【名寄市】

新名寄市史　名寄市史編さん委員会編
- ◇第1巻　名寄市　1999.11　774p　27cm
  内容 先史時代から昭和20年(1945)までを対象として記述
- ◇第2巻　名寄市　2000.11　920p　27cm
  内容 昭和20年(1945)から平成9年(1997年)までを対象として記述
- ◇第3巻　名寄市　2002.3　538p　27cm
  内容 文化元年(1804)から平成11年(1999), 自然, 史料, 統計, 年表を収録

風連町史　風連町史編さん事務局編
- ◇風連町　1967　867p 図版　27cm
  内容 先史時代から昭和41年(1966)
- ◇第2巻　風連町　1999.8　985p　27cm
  内容 明治30年(1897)から平成9年(1997)

名寄市史　名寄市役所編
- ◇名寄市　1971.12　1461p 図版, 肖像　22cm
  内容 昭和20年(1945)から昭和43年(1968)

名寄町誌　名寄町誌編纂委員会編
- ◇名寄町　1956.3　527p 図版, 地図　22cm
  内容 旧石器時代から昭和30年(1955)

## 【三笠市】

続 新三笠市史 21世紀へのかけはし
1991～2000　三笠市史編さん委員会編
- ◇三笠市　2001.12　469, 87p, 図版7枚　27cm
  - 内容 縄文時代から平成13年(2001)3月

新三笠市史　三笠市史編さん委員会編
- ◇資料編　三笠市　1993.1　369p　27cm
  - 内容 明治元年(1868)から平成3年(1991),統計,記録資料,年表を収録
- ◇通史編　三笠市　1993.1　1250p　27cm
  - 内容 15世紀から平成3年(1991)

三笠市史
- ◇三笠市　1971　1037p　図　27cm

## 【根室市】

根室市史　渡辺茂編著
- ◇史料編　根室市　1968.7　524p　22cm
  - 内容 安永4年(1775)から明治12年(1879)
- ◇年表編　根室市　1988.3　326p　22cm
- ◇上巻　根室市　1968.7　705p　22cm
  - 内容 慶長9年(1604)から昭和42年(1967),幕藩時代,行政と教育を記述
- ◇下巻　根室市　1968.7　828p　22cm
  - 内容 明治2年(1869)から昭和42年(1967),産業と経済,社会と文化を記述

和田村誌　再版　伊藤初太郎著
- ◇根室市教育委員会　1966.12　72p　21cm
  - 内容 寛永年間から昭和10年(1935)

根室郷土誌　根室教育会編
- ◇根室教育会　1918　147p　B6

## 【千歳市】

千歳市史
- ◇増補　千歳市　1983.3　1301p　22cm
  - 内容 昭和44年(1969)から昭和56年(1981)
- ◇本編　千歳市　1969.8　927p　22cm

## 【滝川市】

滝川市史　滝川市史編さん委員会編
- ◇上巻　滝川市　1981.3　857p　27cm
  - 内容 縄文時代から昭和54年(1979),北海道抄史,自然,開拓,屯田兵制,行政他
- ◇下巻　滝川市　1981.3　1032p　27cm
  - 内容 明治21年(1888)から昭和54年(1979)/産業,経済,教育,宗教,交通・運輸・治水,治安他
- ◇続巻　滝川市　1991.3　884p　27cm
  - 内容 昭和55年(1980)1月から平成2年(1990)12月末までの記事

滝川市史　滝川市史編さん委員会編
- ◇滝川市役所　1962　1517p　図　図版　22cm
  - 内容 旧石器時代から昭和36年(1961)3月

江部乙町史
- ◇江部乙町　1958　945p　図版　22cm
  - 内容 658年から昭和28年(1953)

瀧川町史　瀧川町史編纂委員会編
- ◇北海道空知郡瀧川町役場　1940　240p　23cm

内容 鎌倉時代から昭和14年(1939)

江部乙村史　江部乙村役場編
- ◇江部乙村役場　1932　466p　A5

## 【砂川市】

私たちの砂川市史　砂川市史編纂委員会編
- ◇DATA 砂川　砂川市　1991.3　376p　22cm
  内容 安政4年(1857)から平成2年(1990)、砂川できごと年表、位置・地勢・気候、人口の動き、行政、財政他を収録
- ◇上巻　砂川市　1990.3　635p　22cm
  内容 先土器時代から昭和20年(1945)
- ◇下巻　砂川市　1991.3　561p　22cm
  内容 昭和20年(1945)から平成2年(1990)

砂川市史　砂川市史編纂委員会編
- ◇砂川市　1971　1779p　図　22cm
  内容 先史時代から昭和45年(1970)

砂川町史　砂川町史編纂委員会編
- ◇砂川町　1940　158p　図版　22cm

## 【歌志内市】

新歌志内市史　歌志内市史編さん委員会編
- ◇歌志内市　1994.3　1964p　22cm
  内容 明治2年(1869)から平成2年(1990)3月

歌志内市史　歌志内市史編さん委員会編
- ◇歌志内市　1964　1281p　図版　地図　22cm

## 【深川市】

新深川市史
- ◇深川市　1994.3　1054p　27cm
  内容 旧石器時代から平成4年(1992)

深川市史
- ◇深川市　1977.3　1283,61p　27cm

多度志町史　白山友正編集
- ◇雨竜郡多度志町役場　1965.9　774p　26cm
  内容 永仁4年(1296)から昭和37年度(1962)

音江村開村五十年史　音江村村史編纂委員会編
- ◇音江村　1954　414p　図版19p　22cm
  内容 鎌倉時代から昭和24年(1949)

一已村沿革史　一已村役場編
- ◇一已村役場　1933　210p　A5

一已村沿革史
- ◇一已村　1924　109p　地図　図版　22cm
  内容 文化4年(1807)から大正12年(1923)

## 【富良野市】

富良野市史
- ◇第1巻　富良野市　1968.12　657p　27cm
  内容 先史時代から昭和43年(1968)、開拓以前、開拓時代、明治・大正・昭和部落誌他を記述
- ◇第2巻　富良野市　1969.2　679p　27cm
  内容 明治36年(1903)から昭和43年(1968)、自治行政、産業、経済・金融、農業団体、教育・宗教・文化、社会を記述

◇第 3 巻　富良野市　1994.5　864p　27cm
　内容 旧石器時代から昭和 43 年(1968)、自然、通史、富良野に生きた女性たち、自治行政、地域史を記述

下五区郷土誌(富良野町)　下五区郷土誌編纂委員会編

◇下五区郷土誌編纂委員会　1963.9　200p, 図版 23 枚　22cm
　内容 明治 29 年(1896)から昭和 34 年(1959)

山部村誌

◇山部村誌刊行所　1930　243p　20cm

## 【登別市】

市史ふるさと登別　登別市史編さん委員会編

◇資料編　登別市　1985.9　481p　22cm
　内容 寛永 20 年(1643)から昭和 59 年(1984)、時どきの資料、市勢のあゆみ、時の流れ(年表)を収録

◇上巻　登別市　1985.9　479p　22cm
　内容 斉明天皇 4 年(658)から大正 7 年(1918)

◇下巻　登別市　1985.9　978p　22cm
　内容 大正 8 年(1919)から昭和 59 年(1984)

登別町史　登別町史編纂委員会編

◇登別町役場　1967.4　1337p 図 13 枚　22cm
　内容 縄文時代から昭和 41 年(1966)

## 【恵庭市】

恵庭市史

◇恵庭市　1979.7　1231, 21p, 図版 14 枚　22cm
　内容 縄文時代から昭和 53 年(1978)

## 【伊達市】

伊達市史　伊達市史編さん委員会編

◇伊達市　1994.10　1426p　22cm
　内容 縄文時代から平成 5 年(1993)

大滝村史　大滝村企画財政課編

◇大滝村　1985.8　617p 図版 8 枚　22cm
　内容 斉明天皇 5 年(659)から昭和 60 年(1985)

伊達町史　伊達町編

◇伊達町　1949.12　8, 9, 576p, 図版 8 枚　22cm
　内容 安政 6 年(1859)から昭和 24 年(1949)

## 【北広島市】

郷土誌北の里の歩み(札幌郡広島町)　郷土誌編集委員会編

◇郷土誌作成委員会　1996.9　253p 図版 2 枚　22cm
　内容 明治 6 年(1873)から平成 8 年(1996)

広島町の歩み　「広島町の歩み」編さん委員会編

◇「広島町の歩み」刊行会　1972　834p 図版　22cm
　内容 明治 4 年(1872)から昭和 47 年(1972)

廣島村史　広島村史編さん委員会編

◇広島村役場　1960.9　12, 562p, 図版 4 枚　22cm
　内容 明治 4 年(1871)3 月から昭和 35 年(1969)4 月

広島村史　札幌郡広島村役場編

◇札幌郡広島村役場　1920　167p　A5

## 【石狩市】

### 石狩市史　河野本道編
- ◇資料編1 石狩市年表　石狩市　2003.1　504p　27cm
  - 内容 1万年前頃以前から平成12年(2000)

### 石狩町誌
- ◇上巻　石狩町　1972　409p　図　22cm
- ◇中巻1　石狩町　1985.3　520p　22cm
  - 内容 明治5年(1872)より大正末までの行政, 産業
- ◇中巻2　石狩町　1991.3　565p　22cm
  - 内容 昭和初期より昭和50年(1975)に至る間の行政, 産業に関する内容
- ◇下巻　石狩町　1997.3　442p　22cm
  - 内容 明治4年(1871)から昭和60年(1985), 社会・文化編

### 浜益村史　石橋源編著
- ◇浜益郡浜益村役場　1980.3　1261p　22cm
  - 内容 先史時代から昭和46年(1971)

### 厚田村史　谷内鴻ほか編著
- ◇厚田村　1969.9　540p　27cm
  - 内容 寛文9年(1669)から昭和43年(1968)

### 石狩町沿革史 増訂版　石狩町役場編
- ◇石狩町役場　1891

## 【北斗市】

### 上磯町史　上磯町
- ◇上巻　上磯町　1997.3　677p　22cm
  - 内容 縄文時代から慶応3年(1867)
- ◇下巻　上磯町　1997.3　1484p　22cm
  - 内容 明治元年(1868)から昭和61年(1986)

### 上磯町年表　上磯町
- ◇上磯町　1997.3　459p　21cm
  - 内容 斉明天皇4年(658)から平成2年(1990)

### 道程(みちのり)　上磯町史写真集　上磯町編
- ◇上磯町　1982.3　204p　31cm
  - 内容 地質時代から昭和56年(1981)

### 上磯町史 年史編　上磯町史編纂委員会編
- ◇上磯町　1975　1123p　図　22cm

### 大野町史　大野町編
- ◇大野町　1970.11　989p　図版4枚　22cm
  - 内容 寛文9年(1669)から昭和45年(1970)

### 大野村沿革　大野村役場編
- ◇大野村役場　〔1921頃〕　19丁　B5(騰)

## 【当別町】

### 当別町史　当別町史編さん委員会
- ◇当別町　1972.5　1092p　図版　27cm
  - 内容 文治5年(1189)から昭和45年(1970)

### 〔当別村〕開村七十年　当別役場編
- ◇当別役場　1940　100p　A5

### 當別村史　吾妻阿蘇男編輯
- ◇當別村　1938.3　16, 464p, 図版34枚　23cm
  - 内容 文治5年(1189)から昭和10年(1935)

20　全国地方史誌総目録

## 【新篠津村】

新篠津村百年史　新篠津村史編纂委員会編集

- ◇資料編　新篠津村　1996.9　167p　26cm
  - 内容 明治5年(1872)から平成7年(1995)9月、むらの自然、百年を俯瞰する、時代の証言、むらの人びと、年表他を収録

- ◇上巻　新篠津村　1996.9　501p　26cm
  - 内容 旧石器時代から昭和20年(1945)

- ◇下巻　新篠津村　1996.9　667p　26cm
  - 内容 昭和20年(1945)から平成7年(1995)

篠津兵村史　長谷部春立〔編〕

- ◇篠津開基100周年記念事業実行委員会〔1982〕　45p　18cm

新篠津村史　新篠津村史編さん委員会編

- ◇新篠津村　1975.9　921p　22cm
  - 内容 氷河時代から昭和47年(1972)

## 【松前町】

松前町史　松前町史編集室編

- ◇史料編　第1巻　第一印刷出版部　1974.12　1039p　22cm
  - 内容 永享3年(1431)から明治4年(1871)、藩政関係、家臣団関係、藩法、御触書他を収録

- ◇史料編　第2巻　第一印刷出版部　1977.3　1190p　22cm
  - 内容 文化5年(1808)から安政年間、家中日記、松前町年寄詰所日記并番日記、一揆関係史料を収録

- ◇史料編　第3巻　第一印刷出版部　1979.3　1485p　22cm
  - 内容 元文4年(1739)から明治33年(1900)、経済関係概要史料を収録

- ◇史料編　第4巻　第一印刷出版部　1980.3　946p　22cm
  - 内容 明治9年(1986)から大正10年(1921)、海産干潟、地租創定関係文書、概要関係史料、主要統計資料を収録

- ◇通説編　第1巻　上　第一印刷出版部　1984.8　1036p　22cm
  - 内容 自然地理的環境と旧石器時代から寛政11年(1799)までを対象として叙述

- ◇通説編　第1巻　下　第一印刷出版部　1988.8　1433p　22cm
  - 内容 寛政11年(1799)から明治4年(1871)までを対象として叙述

- ◇通説編　第2巻　第一印刷出版部　1993.3　1936p　22cm
  - 内容 明治4年(1871)から、昭和29年(1954)までを歴史叙述した

- ◇年表　第一印刷出版部　1997.3　1794p　22cm
  - 内容 斉明天皇4年(658)から平成8年(1996)

福山五百年史　福山教育会編

- ◇名著出版　1973　232p　図　22cm
  - 内容 斉明天皇4年(658)から明治40年(1908)/大正2年刊の複製　限定版

松前郡史　松本隆述

- ◇松前町教育委員会　1956.2　87p、図版3枚　21cm
  - 内容 天正10年(1582)から弘化2年

福山五百年史　福山教育会編

- ◇福山教育会　1913　232p　A5

福山誌　福山町役場編

- ◇福山町役場　1911　131p　A5

## 【福島町】

福島町史　福島町史編集室編

- ◇第1巻　史料編　福島町　1993.2　1122p　図版27枚　22cm

内容 享保2年(1717)から昭和18年
　　(1943)
　◇第2巻 通説編(上) 福島町 1995.3
　　677p 22cm
　　内容 縄文時代から明治5年(1872)
　◇第3巻 通説編(下) 福島町 1997.3
　　1469p 22cm
　　内容 明治6年(1873)から平成8年(1996)

## 【知内町】

　知内町史　JICC編集
　◇知内町 1986.6 1020p 図版2枚
　　27cm
　　内容 旧石器時代から昭和53年(1978)

## 【木古内町】

　木古内町史　木古内町史編さん委員会編
　◇木古内町 1982 1016p 図版 22cm

## 【七飯町】

　七飯町史　七飯町編
　◇七飯町 1976.11 1217p 22cm
　　内容 縄文時代から昭和49年(1974)

　七飯村史　七飯村教育会編
　◇七飯村教育会 1916 172p A5

## 【鹿部町】

　鹿部町史　鹿部町史編集室編
　◇鹿部町 1994.3 1294p, 図版[16]p
　　22cm
　　内容 旧石器時代から平成5年(1993)

## 【森町】

　ふるさとサワラ　海とお山と人びとと
　町制施行30周年記念 砂原町史写真
集　砂原町史編さん室編
　◇砂原町 2000.3 196p 挿図 26×
　　31cm
　　内容 寛文6年(1666)から平成12年
　　(2000)

　砂原町史　砂原町史編さん室編
　◇第1巻 砂原町 2000.3 1215p
　　22cm
　　内容 縄文時代から平成11年(1999)
　◇第2巻 砂原町 2000.3 968p
　　22cm
　　内容 寛政3年(1791)から昭和15年
　　(1940)

　砂原町史年表　砂原町史編さん室
　◇砂原町 2000.3 175p 21cm
　　内容 建保4年(1216)から平成11年
　　(1999)

　森町史
　◇森町 1980.3 1279p 図版10枚
　　22cm
　　内容 縄文時代から昭和54年(1979)3月

## 【八雲町】

　熊石町史　熊石町史編さん委員会編
　◇熊石町 1987.9 1331p 22cm
　　内容 縄文時代から昭和60年(1985)

　八雲町史　改訂　八雲町史編さん委員
会編
　◇上巻 八雲町 1984.6 804p 22cm
　　内容 旧石器時代から昭和57年(1982), 自
　　然環境, 先史時代, 行政, 産業と経済を
　　記述
　◇下巻 八雲町 1984.6 799p 22cm
　　内容 明治6年(1873)から昭和57年
　　(1982), 運輸・通信, 公安・消防・保健衛

生, 教育, 建設他を記述

八雲町史

◇八雲町　1957　819p 図版 地図　22cm

## 【長万部町】

長万部町史　長万部町史編集室編

◇長万部町　1977.10　776p, 図版 [6]p　27cm
内容 縄文時代から昭和50年(1975)

## 【江差町】

江差町史　江差町史編集室編

◇第1巻　江差町　1977.12　1348p　22cm
内容 慶応元年(1865)から明治11年(1878), 沖ノ口, 海官所関係, 檜山関係, 口蝦夷場所関係, 江差問屋関係

◇第2巻　江差町　1978.10　1526p　22cm
内容 延享4年(1747)から明治19年(1886), 北前船商取引関係文書, 金融・地場企業・仕込・魚非漁業関係史料を収録

◇第3巻　江差町　1979.11　1515p　22cm
内容 文化3年(1806)から明治30年(1897), 藩政・町政関係資料, 明治戊辰乙巳戦争関係資料他を収録

◇第4巻　江差町　1981.3　1546p　22cm
内容 貞応2年(1223)から明治23年(1890), 関川家文書を収録

◇第5巻　江差町　1982.3　1108p　22cm
内容 縄文時代から明治16年(1883)

◇第6巻　江差町　1983.8　1087p　22cm
内容 慶応2年(1866)から明治18年(1885)

◇第6巻 通説2 別冊 江差町史年表 [江差町]　1983.8　181p　22cm
内容 斉明天皇6年(660)から明治33年(1900)

◇第7巻 資料編5　江差町　1994.12　559, 340p　22cm
内容 明治31年(1898)から昭和56年(1981), 町村政関係資料, 交通運輸関係資料, 産業関係資料他を収録

◇第8巻 索引　江差町　1997.3　386p　22cm
内容 人名, 事柄各索引

◇第8巻 年表　江差町　1997.3　386p　22cm
内容 斉明天皇6年(660)から平成3年(1991)

◇第9巻 通説3　江差町　1994.3　481p　22cm
内容 明治21年(1889)から昭和20年(1945)

◇第10巻 通説4　江差町　1995.3　637p　22cm
内容 昭和20年(1945)から昭和36年(1961)

◇第11巻 通説5　江差町　1997.3　1071p　22cm
内容 昭和37年(1962)から平成2年(1990)

写真で見る江差町史　写真で見る江差町史編集委員会編集

◇北海道江差町　1997.3　179p　31cm
内容 明治11年(1879)から平成4年(1992)

## 【上ノ国町】

上ノ國村史　松崎岩穂著

◇[正]　上ノ国村　1956.6　320p　22cm
内容 嘉吉3年(1443)から昭和28年(1953), 歴史, 伝記を記述

◇續　上ノ国村　1962.10　595p　22cm
[内容]明治元年(1868)から昭和36年(1961)

## 【厚沢部町】

櫻鳥　厚沢部町の歩み　復刻版　厚沢部町史編纂委員会編

◇[第1巻]　厚沢部町　1981.12　[14], 828p, 図版5枚　22cm
[内容]天正年間から昭和39年(1964)

## 【乙部町】

乙部町史　乙部町史編さん審議会編

◇上巻　乙部町　2001.3　999p　22cm
[内容]縄文時代から平成5年(1993)、自然環境、原始・古代、中世、近世他を記述

◇下巻　乙部町　2001.3　1412p　22cm
[内容]明治10年(1877)から平成5年(1993)、産業発展の歩み、教育・文化、福祉・保健・衛生他を記述

乙部町抄史　乙部町(北海道)

◇乙部町　1979.11　287p　22cm

## 【奥尻町】

新奥尻町史　佐藤忠雄, 河野本道, 奥尻町町史編さん委員会編集

◇上巻　奥尻町　1997.11　526p　25cm
[内容]気候、地形・地質、自然災害、動植物ほか

◇下巻　奥尻町　2003.2　518p　25cm
[内容]縄文時代から平成13年(2001)

奥尻町史　奥尻町史編さん委員会編

◇北海道奥尻郡奥尻町　1969.7　325p　図　27cm
[内容]縄文時代から昭和41年(1966)

## 【今金町】

今金町史　改訂　今金町史編集委員会編

◇上巻　今金町役場　1991.1　1180p　22cm
[内容]旧石器時代から昭和22年(1947)

◇下巻　今金町役場　1994.3　1064p　22cm
[内容]昭和23年(1948)から昭和62年(1987)

今金町史　今金町史編集委員会編

◇今金町役場　1958.4　475p, 図版3枚　22cm
[内容]寛永年間から昭和32年(1957)

## 【せたな町】

北檜山町五十年のあゆみ　北檜山町町史編集室編

◇北檜山町　2004.12　[26], 1073p　31cm
[内容]昭和20年(1945)から平成16年(2004)

瀬棚町史「二十一世紀への歩み」　一九八一年～二〇〇〇年　開基百二十年記念　瀬棚町企画商工課編

◇瀬棚町　2000.11　134p　31cm

瀬棚町史　瀬棚町史編纂委員会編

◇[本編]　瀬棚町　1991.3　1503p　22cm
[内容]旧石器時代から昭和55年(1980)

◇年表　瀬棚町　1991.3　86p　22cm
[内容]大化元年(645)から昭和55年(1980)

大成町史　大成町史編集委員会編

◇大成町　1984.9　857p　22cm
[内容]永享4年(1432)から昭和58年

(1983)

北檜山町史　北檜山町編

◇北檜山町　1981.12　1008p 図版 5 枚　22cm
　内容 明治 2 年(1869)から昭和 55 年(1980)

瀬棚町史概説

◇瀬棚町史編纂委員会　1963

東瀬棚町史　東瀬棚町教育研究所編

◇東瀬棚町　1953.10　17, 212p 図版　22cm
　内容 享禄 2 年(1529)から昭和 28 年(1953)

【島牧村】

島牧村史　島牧村教育委員会編

◇島牧村　1990.1　1170p　22cm
　内容 縄文時代から昭和 62 年(1987)

西島牧村史　西島牧村役場編

◇西島牧村役場　1915　24 丁　A5 和(謄)

【寿都町】

寿都町史　寿都町教育委員会編

◇[1]　寿都町　1974.3　587p　22cm
　内容 旧石器時代から昭和 48 年(1973)

◇2　寿都町　1987.3　808p　22cm
　内容 縄文時代から昭和 60 年(1985)

【黒松内町】

黒松内町史　黒松内町編

◇上巻　黒松内町　1987.3　1286p　22cm
　内容 安政 3 年(1856)から大正 15 年(1926)

◇下巻　黒松内町　1993.6　1617p　22cm
　内容 昭和初期から平成 4 年

【蘭越町】

新蘭越町史　蘭越町史編集委員会編

◇蘭越町　1999.12　12, 1205p, 図版 9 枚　27cm
　内容 元禄 13 年(1700)から平成 11 年(1999)

蘭越町史

◇蘭越町　1964.9　622p　27cm
　内容 縄文時代から昭和 38 年(1963)

【ニセコ町】

ニセコ町百年史　ニセコ町史編さん委員会編

◇上巻　ニセコ町　2002.3　675p　27cm
　内容 旧石器時代から平成 12 年(2000), 自然, 開拓前史, 開拓, 行政, 産業を記述

◇下巻　ニセコ町　2002.3　698p　27cm
　内容 明治 5 年(1872)から平成 12 年(2000), 交通運輸, 通信と報道, 教育, 文化, 信仰と宗教他を記述

ニセコ町史　ニセコ町史編さん委員会編

◇ニセコ町　1982.3　851p, 図版 11 枚　27cm
　内容 縄文時代から昭和 56 年(1981)

狩太町史

◇狩太町役場　1960.11　12, 757p 図版地図
　内容 斉明天皇 5 年(659)から昭和 35 年(1960)

## 【真狩村】

真狩村史　真狩村史編さん委員会編
- ◇真狩村　1994.12　1690p　22cm
  - 内容 旧石器時代から平成4年(1992)

真狩村史　70周年記念村史編さん委員会編
- ◇真狩村役場　1965.1　590p　22cm
  - 内容 縄文時代から昭和38年(1963)

## 【留寿都村】

そり負山は見てきた　留寿都村歴史物語
- ◇留寿都村教育委員会　2003.2　169p　26cm
  - 内容 旧石器時代から平成12年(2000)

留寿都村百年史　留寿都村史編纂委員会編
- ◇[本編]　留寿都村　2001.9　920p　27cm
  - 内容 安政3年(1856)から平成11年(1999)
- ◇資料編　留寿都村　1999.9　449p　27cm
  - 内容 安政3年(1856)から平成11年(1999)、統計・史料を収録

留寿都村史　留寿都村史編集委員会編
- ◇留寿都村　1969.10　458p　27cm
  - 内容 明治2年(1869)から昭和44年(1969)

## 【喜茂別町】

新喜茂別町史　喜茂別町編さん委員会編
- ◇上巻　喜茂別町　1997.3　813p　27cm
  - 内容 縄文時代から平成11年(1999)
- ◇下巻　喜茂別町　1997.3　549p　27cm
  - 内容 明治6年(1873)から平成11年(1999)、交通・運輸の変遷、社会、保健・衛生、教育他を記述

喜茂別町史　喜茂別町史編さん委員会編
- ◇喜茂別町　1969.8　975p、図版8枚　27cm
  - 内容 斉明天皇5年春(659)から昭和43年(1968)

## 【京極町】

追補京極町史　京極町史編さん委員会編集
- ◇京極町　1998.3　518p　27cm
  - 内容 昭和52年(1977)から平成8年(1996)ごろ

京極町史　京極町史編纂委員会編
- ◇京極町　1977.3　1037p　図12枚　27cm

## 【倶知安町】

倶知安町史　倶知安町史編纂委員会編
- ◇倶知安町　1961.8　980p, 図版[9]p　22cm
  - 内容 旧石器時代から昭和36年(1961)

倶知安町史　倶知安町史編纂委員会編
- ◇倶知安町史刊行期成会　1951.9　564p　22cm
  - 内容 明治15年(1882)から昭和25年(1950)

## 【共和町】

共和町史　共和町史編さん委員会編
- ◇共和町　1972.1　919p　27cm

|内容| 縄文時代から昭和46年(1971)

共和村史　共和村史編纂委員会編

　◇第1編　岩内郡地方と共和村落丁　共和町教育委員会　1960　218p　21cm

## 【岩内町】

岩内町史　佐藤彌十郎編著

　◇岩内町　1966　758p 図版14枚　26cm

　　|内容| 享徳2年(1453)から昭和30年(1955)

岩内古宇二郡誌　桂源五編

　◇桂源五　1894.2　159p　22cm

## 【泊村】

泊村史　[再版]　泊村教育委員会, 泊村史編纂委員会

　◇1　泊村　1967　713p, 図版7枚　27cm

　◇1　泊村　2003.3　722p　27cm

　　|内容| 縄文時代から昭和40年(1965)

泊村史

　◇2　泊村　2001.3　931p　27cm

　　|内容| 記録は昭和40年(1965)から平成12年(2000)までをおよその内容とした

## 【神恵内村】

神恵内村誌　神恵内村役場編

　◇神恵内村役場　〔1921頃〕　25丁　B5（謄）

## 【積丹町】

積丹町史　積丹町史編さん委員会編

　◇積丹町　1985.3　940p 図版12枚　27cm

　　|内容| 縄文時代から昭和58年(1983)

## 【古平町】

古平町史　古平町史編さん委員会編

　◇第1巻　古平町　1973.3　986p　22cm

　　|内容| 縄文時代から明治38年, 自然環境, 先史時代, 松前藩時代, 明治の行政, 産業と経済他を記述

　◇第2巻　古平町　1977.3　927p　22cm

　　|内容| 明治35年(1902)から大正15年(1926), 産業と経済, 教育, 社会と文化, 明治の行政補遺他を記述

　◇第3巻　古平町　1998.3　855p　22cm

　　|内容| 昭和2年(1927)から昭和50年(1975), 行政, 産業, 教育, 道路と交通, 災害他を記述

北海道後志国古平郡古平町沿革誌　古平町役場編

　◇古平町役場　1932　88p　A5

## 【仁木町】

新仁木町史　仁木町教育委員会編

　◇仁木町　2000.3　20, 1246p, 巻頭図版[8]p 挿図　27cm

　　|内容| 旧石器時代から平成10年(1998)

仁木町史　川端義平編

　◇仁木町　1968.9　799p, 図版14枚　27cm

　　|内容| 旧石器時代から昭和41年(1966)

## 【余市町】

余市郷土史　余市町史編纂室編

　◇第1巻 余市漁業発達史　余市教育研究所　1966　316p 図版　22cm

　◇第2巻 余市農業発達史　余市教育研究所　1968.4　382p　22cm

[内容] 1700年代から昭和40年(1965)

- ◇第3巻 余市文教発達史　余市教育研究所　1982.9　401p　22cm
- ◇第4巻 余市文教発達史 戦後編　余市教育研究所　1987.11　530p　22cm
- ◇第5巻 史料2 余市自治発達史　余市町　1993　918p 図版　22cm
- ◇第6巻 史料2 余市商工鉱業発達史　余市町　1995.12　1052p　22cm
  [内容] 寛文期から平成4年(1992)
- ◇第7巻 史料2 余市生活文化発達史　余市町　1998.5　995p　22cm
  [内容] 寛文期から平成4年(1992)

**余市町史**　余市町総務課, 余市町史編集室編

- ◇第1巻　余市町　1985.12　1731p, 図版7枚　22cm
  [内容] 宝暦11年(1761)から慶応3年(1867), 林家古文書

**余市町郷土誌**　余市町教育会編

- ◇余市町教育会　1933　365p　A5

## 【赤井川村】

**赤井川村史**　赤井川村教育委員会編

- ◇[本編]　赤井川村　2004.2　1221p　22cm
  [内容] 明治27年(1894)から平成11年(1999)
- ◇資料　赤井川村　2004.2　310p　22cm
  [内容] 明治元年(1868)から平成11年(1999), 年表, 資料集を収録

**郷土のあゆみ**　赤井川村教育委員会

- ◇赤井川村教育委員会　1957　103p　25cm

## 【南幌町】

**南幌町百年史**　南幌町史編さん委員会編集

- ◇上巻　[南幌町]　1993.10　1097p 図　27cm
  [内容] 旧石器時代から平成4年(1992), 北海道の沿革概要, 町の概観, 町の発祥, 行政, 世帯と人口他を記述
- ◇下巻　[南幌町]　1993.10　1096p 図　27cm
  [内容] 明治4年(1871)から平成5年(1993), 治水と災害, 教育, 宗教, 民生, 保健・衛生・公害他を記述

**南幌町史**　南幌町史編さん委員会編

- ◇北海道南幌町　1962.12　966p　22cm
  [内容] 旧石器時代から昭和36年(1961)

## 【奈井江町】

**奈井江町百年史**　奈井江町百年史編さん委員会編

- ◇上巻 通史編　奈井江町　1990.9　917p　27cm
  [内容] 縄文時代から平成元年(1989)12月
- ◇下巻 資料編　奈井江町　1990.9　398p　27cm
  [内容] 安政3年から平成元年12月まで
- ◇追史編　奈井江町　1991.3　95p　27cm
  [内容] 奈井江町100周年の事業内容

**奈井江町史**　奈井江町史編さん室編

- ◇奈井江町　1975.4　1077p 図版9枚　27cm
  [内容] 縄文時代から昭和48(1973)年3月

## 【上砂川町】

**新上砂川町史**　上砂川町史編纂委員会

- ◇上砂川町　1988　44, 1755p 図版12p

22cm

内容 縄文時代から昭和 62 年(1987)

上砂川町史　上砂川町史編纂委員会編

◇上砂川町　1959.9　605p　22cm

内容 明治 22 年(1889)から昭和 34 年(1959)

## 【由仁町】

由仁町史　由仁町編

◇由仁町　1973　1355p(図共)　22cm

◇上巻　由仁町　1994.3　999p　27cm

内容 斉明天皇 4 年から平成 4 年(1992), 北海道のあゆみ, 空知のあゆみ, 古代の由仁, 由仁町のあゆみ, 由仁町のすがたを記述

◇下巻　由仁町　1994.3　336p　27cm

内容 前 3000 年頃から平成 4 年(1994)

東三川郷土誌　東三川郷土史発刊委員会編

◇角幸男　1976　423p, 図版 30p　22cm

内容 縄文時代から昭和 49 年(1974)

由仁村郷土誌　空知教育会由仁村支部編

◇空知教育会由仁村支部　1934　84p　A5

## 【長沼町】

長沼町の歴史　長沼町史編さん委員会編

◇上巻　北海道長沼町　1962.9　665p　22cm

内容 寛永 12 年(1635)から昭和 37 年(1962), 夜明け前, 長沼の誕生と初期の開拓, 自治と町のあゆみ, 国保事業と社会・衛生他を記述

◇下巻　北海道長沼町　1962.9　658p　22cm

内容 先史時代から昭和 37 年(1962), 長沼町の先史時代, 低湿地に生きて, 交通, 移民と土地, 農民と農地, 商工と風俗

長沼村史　大枝連蔵著

◇長沼村　1916　151,60p　19cm

## 【栗山町】

栗山町史　栗山町史編さん委員会編

◇栗山町　1971.3　1502p　27cm

内容 先史時代から昭和 45 年(1970)

## 【月形町】

月形町史　月形町史編さん委員会編

◇月形町　1985.4　1213p 図版 12 丁　22cm

内容 奈良・平安時代から昭和 58 年(1983)

月形町沿革史　月形町史編纂委員会編

◇月形町　1951　86p　22cm

月形村史　月形村史編纂委員会編

◇月形村　1942　175p 図版 肖像　22cm

## 【浦臼町】

浦臼町史　浦臼町史編さん委員会編

◇浦臼町　1967　27, 844p, 図版 6 枚　22cm

内容 縄文時代から昭和 40 年(1965)

浦臼村史　大枝連蔵著

◇樺戸郡浦臼村役場　1919　148p　A5

## 【新十津川町】

新十津川百年史　新十津川町史編さん委員会編

◇新十津川町役場　1991.3　20, 1356p　27cm

新十津川町史
- ◇新十津川町　1966　1065p 図版 地図 22cm
  - 内容 斉明天皇4年(658)から昭和39年(1964)3月

〔新十津川村〕開村五十年史　新十津川村役場編
- ◇新十津川村役場　1940　156p　A5

## 【妹背牛町】

妹背牛町百年史　妹背牛町百年史編纂専門委員会, 北海道みんぞく文化研究会編
- ◇上巻　妹背牛町　1993.11　1114p 27cm
  - 内容 先土器時代から平成3年(1991)
- ◇下巻　妹背牛町　1994.2　677p 27cm
  - 内容 安政4年から平成3年(1991)

妹背牛町史　妹背牛町編
- ◇妹背牛町　1979.4　968p　27cm
  - 内容 旧石器時代から昭和52年(1977)

妹背牛村誌
- ◇妹背牛村　〔1942〕　130p 図版 肖像 22cm

## 【秩父別町】

秩父別町史　秩父別町史編さん委員会編
- ◇[正]　秩父別町　1987.3　1751p 22cm
  - 内容 先史時代から昭和61年(1986)
- ◇続巻　秩父別町　1996.3　494p 22cm
  - 内容 昭和62年度から平成6年

秩父別村史　秩父別村史編纂委員会編
- ◇秩父別村役場　1954　298p 図版 22p 23cm
  - 内容 斉明天皇5年(659)から昭和28年(1953)

## 【雨竜町】

雨竜町百年史　雨竜町百年史編纂委員会編纂, 雨竜町百年史編集委員会編集
- ◇雨竜町　1990.11　1162p 図版　27cm
  - 内容 先史時代から昭和63年度(1988)

雨竜町史　雨竜町史編纂委員会編
- ◇雨竜町役場　1969.9　595p 27cm
  - 内容 享保16年(1731)から昭和43年(1968)

雨竜村史　雨竜村史編集委員会編纂
- ◇雨龍村　1956.4　281p, 図版 24枚 22cm
  - 内容 寛永20年(1643)から昭和30年(1955)

## 【北竜町】

北竜町史
- ◇北竜町　1968.3　807p　27cm
  - 内容 氷河期から昭和40年(1965)
- ◇第2巻　北竜町　1993.8　566p 27cm
  - 内容 昭和41年(1966)1月から平成3年(1991)12月まで

## 【沼田町】

新編沼田町史
- ◇沼田町　1982.12　1229p 27cm
  - 内容 旧石器時代から昭和57年(1982)

## 【幌加内町】

幌加内町史　幌加内町史編さん委員会編
- ◇幌加内町　1971.9　1073p　図　27cm
  - 内容 大正7年(1918)から昭和45年(1970)

私たちの幌加内　幌加内町教育委員会編
- ◇幌加内町教育委員会　1969　115p　図　22cm

幌加内村史　幌加内村史編さん委員会編
- ◇雨龍郡幌加内村役場　1958.11　656p　図版14p　22cm
  - 内容 斉明天皇4年(658)から昭和33年(1958)3月

## 【鷹栖町】

鷹栖町史　鷹栖町編
- ◇[第1巻]　鷹栖町　1973.7　589p　22cm
  - 内容 石器・土器文化時代から昭和47年(1972)
- ◇第2巻　鷹栖町　1992.7　799p　22cm
  - 内容 昭和47〜8年(1972〜3)ごろから平成4年(1992)初めまで

鷹栖村史　鷹栖村史刊行委員会編
- ◇鷹栖村　1963.11　1378p　22cm
  - 内容 石器文化時代から昭和37年(1962)

東鷹栖村史　東鷹栖村史編集委員会編
- ◇東鷹栖村史編集委員会　1955.3　385p　図版24枚　22cm
  - 内容 徳川幕府時代から昭和29年(1954)

鷹栖村史　貞光公明編
- ◇鷹栖村　1914.5　248p　23cm
  - 内容 旧土人部落時代(文政5年)から明治44年

## 【東神楽町】

東神楽町百年史　東神楽町編
- ◇東神楽町　1994.3　797p　27cm
  - 内容 先史時代から平成5年(1993)

東神楽町史　堀口喜三郎編
- ◇東神楽町　1973.8　1015p　22cm
  - 内容 先史時代から昭和47年(1972)

東神楽村開基六十年史　神楽村東神楽村村史編集委員会編
- ◇神楽村東神楽村村史編集委員会　1951.8　16,886p　図版　22cm
  - 内容 縄文時代から昭和25年(1950)

神居村神楽村村史　安達利三郎編
- ◇神楽村神居村組合　1916　1105,113p　図版　23cm

## 【当麻町】

当麻百年史　当麻町史編さん委員会編
- ◇当麻町　1993.11　10,825p,図版5枚　27cm
  - 内容 明治18年(1875)から平成4年(1992)

当麻町史　当麻町史編纂委員会編
- ◇[当麻町]　1974.12　1308p　図　27cm
  - 内容 安永7年(1778)から昭和48年(1973)

当麻村史　山下竜門編
- ◇上巻　当麻村　1945　522p　22cm
- ◇下巻　当麻村　1945　468p　22cm

## 【比布町】

それからの10年　ぴっぷ110年記念誌　比布町総務企画課広報係編
- ◇比布町　2004.12　63p　21cm

内容 寛政 10 年(1798)から平成 16 年(2004)

比布町史　　比布町史編さん委員会編

- ◇比布町　1964　1170p 図版　22cm
- ◇第 2 巻　比布町　1986.11　1264p　22cm
  　内容 昭和 37〜8 年(1962〜3)ごろから始まり昭和 59 年(1984)末まで
- ◇第 3 巻　百年記念史　比布町　1997.9　1304p　22cm
  　内容 先史時代から平成 7 年(1995)3 月

比布村郷土史　　北海道上川郡比布村編

- ◇北海道上川郡比布村　1936　112p　A5

【愛別町】

愛別町百年記念史

- ◇愛別町　1994.8　20, 734p　22cm
  　内容 昭和 58 年(1983)から平成 5 年(1993)11 月までの期間を記述

愛別町史　　〔愛別町史編集委員会編〕

- ◇愛別町　1969　1129p 図版　22cm
- ◇第 2 巻　愛別町　1985.3　897p　22cm

【上川町】

上川町史　　都竹一衛, 青野績編さん

- ◇[第 1 巻]　上川町　1966.10　1315p　22cm
  　内容 先史時代から昭和 40 年(1965)
- ◇第 2 巻　上川町　1984.8　866p　22cm
  　内容 昭和 40 年度(1965)以降, 昭和 57 年度(1982)まで

【東川町】

東川町史　　東川町史編集委員会編

- ◇東川町　1975　799p 図版　22cm
- ◇第 2 巻　東川町　1995.8　1199p 図版　22cm
  　内容 明治 27 年(1894)から平成 6 年(1994)

東川村史

- ◇東川村村史編集委員会　1954.10　13, 724p, 図版　22cm
  　内容 文政 5 年(1822)から昭和 27 年(1952)
- ◇東川村　1955　512p　19cm

【美瑛町】

美瑛村史

- ◇美瑛町郷土史料保存会　1985　326, 45p 図版 36 枚　22cm
  　内容 松前藩時代から明治 45 年(1912 年)/大正 6 年刊の復刻版

美瑛町史　　美瑛町史研究編纂会編

- ◇〔第 1 巻〕　美瑛町　1957　685p 図　22cm
- ◇第 2 巻　美瑛町　1959　312p 図　22cm
- ◇第 3 巻　美瑛町　1970　1150p 図　22cm

【上富良野町】

上富良野町史　　岸本翠月編

- ◇上富良野町　1967.8　802p　27cm
  　内容 先史時代から昭和 42 年(1967)

## 【中富良野町】

中富良野町史　中富良野町史編さん委員会編
- ◇上巻　中富良野町　1986.3　539p　22cm
  - 内容　先史時代から昭和59年(1984)、総合沿革、郷土別沿革を記述
- ◇下巻　中富良野町　1986.3　1632p　22cm
  - 内容　明治23年(1890)から昭和59年(1984)、行政、財政、産業・経済、社会福祉他を記述

中富良野村史　中富良野村編
- ◇中富良野村　1954　780p　図版　地図　肖像　22cm

## 【南富良野町】

南富良野町史　南富良野町史編纂委員会編
- ◇上巻　南富良野町　1991.3　692p　27cm
  - 内容　先土器時代から平成2年(1990)、地誌、開拓前史、移住と開拓、戸口と行財政、農業他を記述
- ◇下巻　南富良野町　1991.3　620p　27cm
  - 内容　天正18年(1590)から平成2年(1990)、観光と内水面漁業、交通・運輸と通信、教育、生活と宗教、民生・労働他を記述

目で見る南富良野の歴史　南富良野町史編纂委員会編
- ◇南富良野町　1991.3　112p　27cm
  - 内容　先土器時代から昭和61年(1986)

南富良野村史
- ◇南富良野村　1960　847p　図版　22cm

## 【占冠村】

占冠村史
- ◇勇払郡占冠村役場　1963　47,960p　図版10p　22cm
  - 内容　明治12年(1879)から昭和38年(1963)

## 【和寒町】

和寒町百年史　北海道上川郡和寒町編
- ◇北海道上川郡和寒町　2000.3　959p、図版15枚　27cm
  - 内容　13世紀初頭から平成10年(1998)

和寒町史　北海道上川郡和寒町編
- ◇北海道上川郡和寒町　1975.9　769p　図版8枚　27cm
  - 内容　縄文中期から昭和49年(1974)

和寒村沿革概誌　置村二十周年記念出版　和寒村役場編
- ◇和寒村役場　1935　54p　A5

和寒村概説　和寒村役場編
- ◇和寒村役場　1925

## 【剣淵町】

剣淵町史　剣淵町史編さん委員会編
- ◇続史1百年のあゆみ　剣淵町　1999.12　1175p　図版　27cm
  - 内容　旧石器時代から平成11年(1999)3月

西岡百年史　西岡開基百年史編集委員会編
- ◇西岡開基百年記念祝賀協賛会　1991　544p　22cm
  - 内容　先史時代から昭和63年(1988)

## 【下川町】

下川町史　下川町史編さん室編

- ◇第 1 巻　下川町　1968　1465p 図　22cm
  内容　先史時代から昭和 43 年 4 月(1968)
- ◇第 2 巻 自昭和 43 年 至昭和 53 年　下川町　1980　559p 図　22cm
- ◇第 3 巻 自昭和 54 年至平成元年　下川町　1991　1024p 図版 10p　22cm
- ◇第 4 巻 自昭和 54 年至平成元年　下川町　2002.3　1057p 図版　22cm

## 【美深町】

美深町史　美深町史編さん事務局編

- ◇昭和 26 年版　美深町　1951.11　341p　22cm
- ◇昭和 46 年版　美深町　1971.11　859p　27cm
  内容　縄文時代から昭和 46 年(1971)

## 【音威子府村】

音威子府村史　音威子府村史編さん委員会編

- ◇音威子府村　1976.12　744p　22cm
  内容　寛政 9 年(1797), 安政 4 年(1857), 明治 5 年(1872)から明治 31 年(1898), 明治 34 年(1901)から昭和 50 年(1975)

## 【中川町】

中川町史

- ◇中川町　1975.4　881p, 図版 10 枚　27cm
  内容　明治 36 年(1903)から昭和 49 年 10 月(1974)

## 【増毛町】

新増毛町史　新増毛町史編さん委員会編

- ◇増毛町　2006.3　35, 1302p, 図版 6 枚　22cm
  内容　昭和 49 年(1974)以降平成 12 年(2000)までの事項の集録

増毛町史　増毛町史編纂委員会編

- ◇増毛町役場　1974.4　1310p 図版 10 枚　22cm
  内容　先土器時代から昭和 48 年(1973)

増毛町郷土史　増毛町史編纂委員会編

- ◇増毛町編纂委員会　1970

## 【小平町】

小平町史　小平町史編集室編

- ◇[正]　小平町役場　1976.10　923p　27cm
  内容　縄文時代から昭和 45 年(1970)
- ◇続　小平町役場　2001　923p　27cm
  内容　昭和 46 年(1971)から平成 8 年(1996)を記述
- ◇資料編　小平町役場　2001.3　215p　27cm
  内容　昭和 46 年(1971)から平成 8 年(1996)までの本町の重要と思われる資料を収録

## 【苫前町】

苫前町史　苫前町史編さん委員会編

- ◇苫前町　1982.11　10, 881p, 図版 4 枚　27cm
  内容　先史時代から昭和 55 年(1980)

## 【羽幌町】

新羽幌町史　羽幌町史編纂委員会編

- ◇羽幌町　2001.2　1261p, 図版 8 枚　27cm

|内容| 縄文時代から平成12年(2000)

羽幌町史　羽幌町史編纂委員会編
- ◇羽幌町　1968.7　800p, 図版5枚　22cm
- |内容| 縄文時代から昭和41年(1966)

## 【初山別村】

初山別村史　初山別村史編集室
- ◇初山別村役場　1972.8　914p　22cm
- |内容| 先史時代から昭和45年(1970)

## 【遠別町】

遠別町史　遠別町史編纂委員会
- ◇遠別町　1957.8　1004p 図版10枚　22cm
- ◇第2巻 開拓記念百年史　遠別町　2003.2　1114p, 図版4枚　27cm
- |内容| 明治2年(1869)から平成9年(1997)

## 【天塩町】

新編天塩町史　新編天塩町史編纂委員会編
- ◇天塩町　1993.3　787p, 図版4枚　27cm
- |内容| 先史時代から平成3年(1991)

天塩町史　天塩町史編さん委員会編
- ◇天塩町役場　1971　833p　22cm

## 【幌延町】

新幌延町史　新幌延町史編さん委員会編
- ◇幌延町　2000.12　1387p, 図版16p　27cm
- |内容| 縄文時代から平成11年(1999)

幌延町史　白山友正編さん
- ◇幌延町　1974.4　929p, 図版10枚　27cm
- |内容| 縄文時代から昭和45年(1970)

## 【猿払村】

猿払村史　猿払村史編纂発行委員会編
- ◇猿払村役場　1976.3　693p, 図版[23]p　27cm
- |内容| 先土器時代から昭和50年(1975)

## 【浜頓別町】

浜頓別町史　浜頓別町史編集委員会編
- ◇北海道出版企画センター　1995.3　1092p, 図版12p　27cm
- |内容| 先史時代から昭和60年(1985)

## 【中頓別町】

中頓別町史　中頓別町史編纂委員会編集
- ◇中頓別町　1997.5　1086p, 図版8p　22cm
- |内容| 白亜紀(1億4000万年前)から平成8年(1996)

## 【枝幸町】

歌登町史　富澤英編
- ◇歌登町　1980.11　1293p 図版11枚　22cm
- |内容| 文化4年(1807年), 明治2年(1869), 明治30年(1897)から昭和54年(1979)
- ◇第2巻　歌登町　1996.7　799p(図版)　22cm
- |内容| 昭和55年(1980)から平成6年(1994)

枝幸町史　日塔聰編著, 枝幸町史編纂委員会編纂
- ◇上巻　枝幸町　1967.7　1219p(図版共)　22cm
- |内容| 先史時代からアイヌ時代を経て, 明治末年までを記述

◇下巻　枝幸町　1971.7　1017p(図共)　22cm
[内容] 大正元年(1912)から昭和45年(1970)

枝幸村沿革概要　枝幸村役場編

◇枝幸村役場　〔1918頃〕　10丁　B5和（謄）

## 【豊富町】

豊富町史　豊富町史編さん委員会編

◇豊富町　1986.3　1146p　22cm
[内容] 先史時代(旧石器・縄文),文禄2年(1593)から昭和46年(1971)

◇第2巻　豊富町　2002.10　731p　22cm
[内容] 昭和47年(1972)から平成9年(1997)

## 【礼文町】

礼文町史

◇礼文町　1972　906p　図　肖像　22cm
[内容] 原始時代から昭和47年(1972)

## 【利尻町】

利尻町史　利尻町史編集室編

◇史料編　利尻町　1989.3　648p　22cm
[内容] 文化4年(1807)から昭和63年(1998)

◇通史編　利尻町　2000.3　1162p　22cm
[内容] 先史時代,正保元年(1644)から平成11年(1999)

## 【利尻富士町】

利尻富士町史　利尻富士町史編纂委員会編集

◇利尻富士町　1998.3　1583p, 図版3枚　22cm
[内容] 寛文10年(1670)から平成8年(1996)

## 【美幌町】

美幌町史年表　美幌町役場編

◇美幌町役場　1989.12　187p　21cm
[内容] 先土器時代(20,000年前)から平成元年(1989)

美幌町百年史　美幌町役場編

◇美幌町役場　1989.9　1504p　22cm
[内容] 先史時代(16,000年前)から昭和62年(1988)

美幌町史　美幌町史編さん委員会編

◇美幌町　1972　1360p, 図　22cm
[内容] 先史時代から幕末,明治元年から昭和45年(1970)

美幌町史　美幌町史編さん委員会

◇美幌町　1953.9　317p 図版47p　22cm
[内容] 安政3年(1856)から昭和28年(1953)4月

美幌町誌　美幌町開基五十年記念準備委員会編

◇美幌町開基五十年記念準備委員会　1937　196p　23cm

美幌村誌　附・訓美線問題之経過　新沼文治郎著

◇新沼文治郎　1915　140,18p　23cm

## 【津別町】

津別町百年史　津別町百年史編さん委員会編

◇津別町　1985.12　1458p　22cm

津別町史　新訂
◇津別町　1971　1065p 図　27cm
内容 明治20年(1887)から昭和44年(1969)4月1日／町史のほか、自然、社会、集落のうつりかわり、自治など

## 【斜里町】

斜里町史　斜里町史編纂委員会編
◇[第1巻]　斜里町　1955　939p 図版 地図　22cm
内容 先史時代から昭和29年(1954)

◇第2巻　斜里町　1970.3　1053p 図版　22cm
内容 昭和21年(1946)から昭和43年(1968)

◇第3巻　斜里町　2004.11　1242p 図版　22cm
内容 旧石器時代から平成13年(2001)

## 【清里町】

清里町百年史　清里町百年史編さん委員会編
◇清里町　1998.6　638p 図版　27cm
内容 先史時代から平成9年(1997)

清里町史　清里町史編纂委員会編
◇清里町　1978.8　748p　22cm
内容 縄文前・中期時代から昭和50年(1975)

## 【小清水町】

新小清水町史　小清水町史編さん委員会編集
◇小清水町　2000.3　30, 833p, 図版[14]p　27cm
内容 明治19年(1886)から平成10年(1998)

小清水町百年史　小清水町史編さん委員会編
◇小清水町　1981.1　1212p　22cm
内容 明治23年(1900)から昭和53年(1978)

小清水町史　小清水町史編纂委員会編
◇小清水町役場　1955　222p 図　22cm
内容 白雉4(653)から昭和28年(1953)

## 【訓子府町】

訓子府町史　飯田政章編
◇[正]　訓子府町　1967　1192p 図版　27cm

◇続　訓子府町　1998.3　983p　27cm
内容 旧石器時代から平成8年(1996)

訓子府村史
◇〔訓子府村史編さん委員會〕　1951印刷　348p 図版11枚　21cm

## 【置戸町】

置戸町史　置戸町史編纂委員会編
◇上巻 戦前編　置戸町　1985.8　974p　22cm
内容 石器時代, 土器時代, 正保元年(1644), 貞享2年(1685), 寛政2年(1790), 安政(1858)から昭和20年(1945)

◇下巻 戦後編　置戸町　1987.12　1022p　22cm
内容 昭和20年(1945)から昭和62年(1987)

置戸町史　置戸町史編纂委員会編
◇置戸町役場　1957.5　12, 532p 図版10枚　22cm
内容 先史時代、貞享2年(1685)頃、明治

16年(1863)から昭和32年(1957)

置戸村誌　置戸村役場編

◇置戸村役場　1925　96p　A5

## 【佐呂間町】

佐呂間町百年史　佐呂間町史編さん委員会編

◇佐呂間町　1995.9　1776p　22cm
　内容　先史文化時代から平成6年(1994)

佐呂間町史　佐呂間町史編纂委員会編

◇佐呂間町　1966　1080p　図版　22cm
　内容　旧石器文化時代から昭和40年(1965)

## 【遠軽町】

生田原町史　生田原町史編さん委員会編

◇生田原町　1981.3　1031p　22cm
　内容　天明6年(1786)から昭和52年(1977)

◇続　生田原町　1997.2　626p　22cm
　内容　天明6年(1786)から平成7年(1995)

新丸瀬布町史　丸瀬布町史編集委員会編

◇上　丸瀬布町　1994.5　1027p　図版　22cm
　内容　旧石器時代から平成3年(1991)の環境、開拓前史、行政(通史)、集落、産業経済他

◇下　丸瀬布町　1994.5　p1029～1683　図版　22cm
　内容　明治40年(1907)から平成4年(1992)の教育、交通・通信. 社会, 保健衛生, 生活文化

遠軽町史　遠軽町編

◇遠軽町　1977.10　1291p(図共)　22cm
　内容　古代(旧石器・新石器・金石併用・アイヌ文化時代)、明治元年(1868)から昭和

51年(1976)

丸瀬布町史　丸瀬布町史編集委員会編

◇上　丸瀬布町　1974　768p　22cm
　内容　先史時代から昭和47年(1972)の環境、開拓前史、行政(通史)、集落、産業経済他

◇下　丸瀬布町　1974　p769～1392　22cm
　内容　明治5年(1872)から昭和47年(1972)の教育,交通通信, 社会, 保健衛生,生活文化

◇別冊　丸瀬布町　1974　41p　22cm
　内容　長禄元年(1457)から昭和49年(1974)

白滝村史　白滝村史編さん委員会編

◇白滝村　1971.8　576p　22cm
　内容　旧石器時代から昭和46年(1971)

## 【上湧別町】

開基百年上湧別町史

◇上湧別町　1997.9　915p　27cm
　内容　慶長9年(1604)から平成9年(1997)3月

上湧別町史

◇上湧別町役場　1979.11　1545p　27cm
　内容　斉明天皇4年(658), 寛永12年(1635)から慶応3年(1867), 明治元年(1868)から昭和53年(1978)/行政史・財政史・集落史・産業経済史など分野別史

北海道湧別兵村誌　北海道紋別郡上湧別村役場編

◇北海道紋別郡上湧別村役場　1921　142p　A5

湧別兵村誌　新野尾国之等編

◇上湧別村　1921　105,94p　図版

26cm

上湧別村誌　上湧別村役場編
- ◇上湧別村役場　1920.4　16, 281p 図版 23cm
  - 内容 明治5年(1872)から大正8年(1919)

## 【湧別町】

湧別町百年史　湧別町史編さん委員会編
- ◇湧別町　1982.12　1540p　22cm
  - 内容 先史時代から昭和55年(1988)

湧別町史　湧別町史編さん委員会編
- ◇湧別町　1965.6　735p 図版　22cm
  - 内容 無土器文化時代から昭和38年(1963)

## 【滝上町】

新撰滝上町史　滝上町史編さん委員会編
- ◇滝上町　1976.8　817p　22cm
  - 内容 先史時代(20,000年前)から昭和49年(1974)

瀧上町史
- ◇滝上町役場　1962.5　378p 図版13枚　22cm
  - 内容 先史時代(20,000年前)から昭和34年(1959)

## 【興部町】

興部町百年史　興部町史編さん委員会編
- ◇興部町　1993.3　1375p　22cm
  - 内容 氷河時代から昭和63年(1988)

興部町史　興部町史編纂委員会編
- ◇興部町　1961　686p 図版　22cm

## 【西興部村】

西興部村史　西興部村史編纂委員会
- ◇西興部村役場　1977.11　936p　22cm
  - 内容 先史時代から昭和52年(1977)12月の行政、農業、畜産、林業、商業など分野別編年記述

## 【雄武町】

雄武町百年史　雄武町史編纂委員会編
- ◇雄武町　2006.3　1516p, 図版11枚　22cm
  - 内容 先史時代から平成17年(2005)

雄武町の歴史　日塔聰編著
- ◇北海道紋別郡雄武町役場　1962.10　1173p　22cm
  - 内容 先史時代から昭和36年(1961)

## 【大空町】

女満別小史　女満別町史編纂委員会編纂
- ◇女満別町　1992.2　549p　22cm
  - 内容 先土器文化から平成2年(1990)
- ◇資料編　女満別町　1993.3　462p　22cm
  - 内容 諸統計、年表(1457年から1991年)

東藻琴村史　東藻琴村史編集委員会編
- ◇東藻琴村　1972　681p 図　22cm
  - 内容 明治22年(1889)から昭和45年(1970)

女満別町史　女満別町史編さん委員会編
- ◇女満別町　1969　941p 図版　22cm
  - 内容 先土器時代から昭和43年(1968)

## 【豊浦町】

新・豊浦町史　新・豊浦町史編纂委員会編
- ◇豊浦町　2004.3　541p, 図版9枚

27cm
　　内容 昭和46年(1971)から平成13年度(2001)

豊浦町史 続　岩木昭直編
◇豊浦の歴史あれこれ 昭和編　豊浦町　1991.3　529, 165p, 図版5枚　22cm
　　内容 昭和46年(1971)から平成元年(1989)

豊浦町史　渡辺茂編
◇豊浦町　1972.9　848p, 図版14枚　22cm
　　内容 縄文時代から昭和46年(1971)

## 【壮瞥町】

壮瞥町史　壮瞥町史編さん委員会編
◇壮瞥町　1979.3　1716p, 図版21p　22cm
　　内容 斉明天皇4年(658)から昭和53年(1978)

壮瞥村史　壮瞥村史編纂委員会編
◇壮瞥村　1958　401p 図版 地図 表 肖像　22cm

## 【白老町】

新白老町史　白老町町史編さん委員会編
◇上巻　白老町　1992.11　1609p　22cm
　　内容 先史時代から昭和63年度(1988)、郷土の自然, 先史時代とアイヌ文化, 幕藩時代, 行政他
◇下巻　白老町　1992.11　1478p　22cm
　　内容 昭和63年(1988)まで/観光と史跡, 教育と文化, 宗教, 交通と通信, 公安と福祉

白老町史　井戸次雄編
◇白老町　1975.3　1193p　22cm

　　内容 先史時代から昭和49年(1974)

## 【厚真町】

厚真町史 増補　増補厚真町史編集員編
◇厚真町役場　1998.3　1323p 図版　22cm
　　内容 慶長8年(1603)から平成8年(1996)

厚真町史　厚真町史編集室編
◇厚真町　1986.12　1265p　22cm
　　内容 昭和31年(1956)から昭和61年(1986)

厚真村史　厚真村広報委員会編
◇厚真村　1956.9　955p 図版　22cm
　　内容 寛永17年(1640)から昭和30年(1955)

## 【洞爺湖町】

物語虻田町史　虻田町町史編集委員会編
◇第1巻 行政編・資料編　虻田町　[2004]　763p　21cm
◇第2巻　虻田町　1981.4　362p　21cm
　　内容 寛政3年(1791)から慶応3年(1867)
◇第3巻 教育・文化編　虻田町　2001.5　642p　21cm
◇第4巻　虻田町　1986.5　393p　21cm
　　内容 明治2年(1869)から昭和59年(1984)
◇第5巻 洞爺湖温泉発展史　虻田町　1983.3　428p　21cm
　　内容 10万年前から昭和57年(1982)
◇別巻　虻田町　[2002]　688p　21cm
　　内容 2000年有珠山噴火・その記録と教訓

洞爺村史　洞爺村編纂
◇[正]　洞爺村　1976.10　639p　21cm
　　内容 縄文時代から昭和46年(1971)

◇資料編　洞爺村　1976.10　298p　21cm
　内容　斉明天皇4年(658)から昭和50年(1975), 年表, 統計

虻田村誌　森谷秀一郎著, 虻田村編
◇[虻田村]　1919.7　202p 図17枚　23cm
　内容　天正18年(1590)から大正7年(1918)

## 【安平町】

早来町史　早来町史編集委員会編
◇[本編]　早来町　1973.3　1707p　22cm
　内容　縄文時代から昭和45年(1970)

◇[本編]年表　早来町　1973.3-1998.2　175p　22cm
　内容　慶応4年(1868)から昭和44年(1969)

◇続刊　早来町　1998.2　1897p　22cm
　内容　昭和45年(1970)から平成元年(1989)

◇続刊年表　早来町　1998.2　468p　22cm
　内容　昭和45年(1970)から平成(1980)

追分町史　追分町史編さん委員会編
◇追分町　1986.8　1509p　22cm
　内容　縄文時代から昭和57年(1982)

## 【むかわ町】

新穂別町史　穂別町史編纂委員会編
◇穂別町　1991.3　1790p　22cm
　内容　縄文時代から昭和63年(1988)

鵡川町史　鵡川町史編纂委員会編
◇[正]　鵡川町　1968.11　1040p　22cm
　内容　縄文時代から昭和42年(1967)

◇続 資料編　鵡川町　1991.1　338p　22cm
　内容　明治6年(1873)から平成元年(1989), 行政のあゆみ, 産業と経済, 福祉と医療, 生活と安全他を収録

◇続 通史編　鵡川町　1991.1　1202p　22cm
　内容　収録記事は昭和44年(1969)以降, 平成元年(1989)3月まで

穂別町史　穂別町史編さん委員会編さん
◇穂別町　1968.3　452p　27cm
　内容　縄文時代から昭和40年(1965)

## 【日高町】

日高町史　北海道沙流郡日高町　日高町史編纂委員会編
◇日高町役場　1977.12　1075p 図版4枚　27cm
　内容　縄文時代から昭和50年(1975)

三方村誌稿本　日高町史編さん研究会三方部会編
◇日高町史編さん研究会三方部会　1970.6　151p　25cm
　内容　霊亀元年(715)から明治44年(1911)

門別町史　門別町史編纂委員会編
◇門別町　1961　441p　22cm
　内容　縄文時代から昭和33年(1958)

日高村五拾年史　土屋宗達編著
◇日高村　1956.12　9, 677p, 図版8枚　22cm
　内容　縄文時代から昭和31年(1956)

## 【平取町】

平取町史
◇平取町　1974　835p(図共) 肖像　22cm

内容 縄文時代から昭和48年(1973)

**平取村開村五十年史**　平取村開村五十周年史編纂委員会編
- ◇平取村　1952　277p 図版15枚　22cm
  - 内容 元和6年(1620)から昭和24年(1949)

## 【新冠町】

**新冠町史**　新冠町史編さん委員会編
- ◇[正]　新冠町　1966.11　1243p　22cm
  - 内容 縄文時代から昭和40年(1965)
- ◇続　新冠町　1996.12　1399p　22cm
  - 内容 昭和41年(1966)以降、平成6年(1994)までの記事を収録

**節婦郷土史**　節婦郷土史編集委員会編
- ◇[本編]　節婦自治会　1991.3　113p　26cm
  - 内容 縄文時代から平成2年(1990)
- ◇地図編　節婦自治会　1991.3　地図8枚　26cm
  - 内容 大正6年(1927)から平成3年(1991)

**新冠村郷土史**　新冠村役場編
- ◇新冠村役場　1932　157p　B5 (謄)

## 【浦河町】

**新浦河町史**　浦河町町史編さん委員会編
- ◇上巻　浦河町　2002.12　812p　27cm
  - 内容 縄文時代から平成12年(2000)、自然、先史時代、幕藩時代、行政、産業を記述
- ◇下巻　浦河町　2002.12　816p　27cm
  - 内容 正保元年(1644)から平成12年(2000)、交通・通信、公安・防災、福祉、保健・衛生、官公庁他を記述

**浦河町史**　浦河町史編纂委員会編
- ◇上巻　浦河町　1971.4　1242p　27cm
  - 内容 縄文時代から昭和40年(1965)、自然環境、歴史的環境、住民とその生活、浦河町政他を記述
- ◇下巻　浦河町　1971.4　2101p　27cm
  - 内容 1700年頃から昭和45年(1970)、産業、教育、宗教、交通・運輸・通信、文化他

## 【様似町】

**改訂様似町史**　様似町史編さん委員会編
- ◇[様似町]　1992.8　21, 874p 図版6枚　22cm
  - 内容 縄文時代から昭和37年(1962)

**様似町史**　様似町史編さん委員会編
- ◇様似町　1962.11　785p　22cm
  - 内容 縄文時代から昭和37年(1962)

## 【えりも町】

**えりも町史**　渡辺茂編著
- ◇えりも町　1971.3　1099p　22cm
  - 内容 縄文時代から昭和45年(1970)

## 【新ひだか町】

**静内町史 増補改訂**　静内町史編さん委員会編集
- ◇上巻　静内町　1996.3　984p 図版、肖像　22cm
  - 内容 旧石器時代から平成2年(1990)、自然環境、先史時代とアイヌ文化、幕政時代、行政と人口他を記述
- ◇下巻　静内町　1996.3　979p 図版、肖像　22cm
  - 内容 明治元年(1868)から平成2年(1990)、漁業・鉱業、商工・観光、社会と文化を

記述

みついし百年　三石町開基百年記念誌　三石町開基百年記念事業推進委員会編

◇三石町開基百年記念事業推進委員会　1976.3　153p　図版　27cm
内容 縄文時代から昭和51年(1976)

静内町史　増補改訂版　静内町史編さん委員会編

◇静内町　1975.7　1301p, 図版 [20]p 肖像　22cm
内容 旧石器時代から昭和45年(1970)

静内町史　静内町史編纂委員会編

◇静内町　1963　1135p　22cm

歌笛開拓五十年史　山形作次郎著

◇三石村役場　1940　166p　A5

【音更町】

音更町史　音更町史編さん委員会編

◇音更町　1980.12　9, 1160p, 図版 [5]p　22cm
内容 明治12年(1879)から昭和55年(1980)

音更町史　音更町史編さん委員会編

◇音更町役場　1961　857p　図 図版　22cm
内容 明治12年(1879)から昭和36年(1961)

【士幌町】

続士幌のあゆみ　町制施行三十年史　士幌町史へんさん委員会編

◇士幌町　1992.3　387p　26cm
内容 明治31年(1898)から平成3年(1991)

士幌のあゆみ　町制施行二十年史　町制二十年史編さん委員会編

◇士幌町　1981.10　364p　26cm
内容 明治31年(1898)から昭和56年(1981)

士幌村史　士幌村史編纂委員会編

◇士幌村　1962.10　648p 図版3枚　折込み地図1枚
内容 明治29年(1896)から昭和37年(1962)

しほろ村史　士幌村史編纂委員会編

◇士幌村　1962　648p 図版 地図　22cm

【上士幌町】

上士幌町史　上士幌町史編さん委員会編

◇上士幌町　1970.9　1120p　27cm

◇補追版　上士幌町　1992.1　539p　27cm
内容 明治40年(1907)から平成2年(1990)

【鹿追町】

鹿追町七〇年史　鹿追町史編纂委員会編

◇鹿追町　1994.10　1104p, 図版8枚　27cm
内容 縄文時代から平成4年(1992)

鹿追町史　鹿追町史編纂委員会編

◇鹿追町　1978.3　1375p　22cm
内容 縄文時代から昭和50年(1975)

【新得町】

新得町百年史　新得町百年史編さん委員会編

◇新得町役場　2000.1　1155p 図版　31cm

内容 縄文時代から平成10年(1998)

新得町史　新得町史編さん委員会編
- ◇新得町　1955.5　424p 図版 肖像 22cm
- ◇新得町　1990.11　1042p, 図版25p 27cm
  内容 縄文時代から平成元年(1989)

新得町七十年史　新得町史編さん専門委員会編
- ◇新得町　1972.3　497p 図版　27cm
  内容 寛文6年(1666)から昭和45年(1970)

## 【清水町】

清水町百年史　清水町史編さん委員会編
- ◇清水町　2005.2　1341p 図版12枚 31cm
  内容 寛永12年(1635)から平成16年(2004)

清水町史　清水町編
- ◇清水町　1982.1　999p　27cm

清水町五十年史　清水町史編纂委員会, 土屋宗達編
- ◇清水町役場　1953.3　16, 940p 図版2枚　22cm
  内容 明治元年(1868)から昭和27年(1952)

## 【芽室町】

芽室町百年史
- ◇芽室町　2000.3　757p, 図版8枚 27cm
  内容 旧石器時代から平成11年12月(1999)

芽室町八十年史
- ◇芽室町　1982.9　736p　27cm

内容 旧石器時代から昭和55年3月(1980)

芽室町五十年史　芽室町五十年史編纂委員会編集
- ◇芽室町　1952.12　6, 12, 716p, 図版49p 22cm
  内容 明治元年(1868)から昭和27年(1952)

## 【中札内村】

新中札内村史　新中札内村史編纂委員会編
- ◇中札内村　1998.3　1131p 27cm
  内容 明治2年(1869)から平成9年(1997)

中札内村史　中札内村史編纂委員会編
- ◇中札内村　1968.11　524p 図版 22cm
  内容 明治元年(1868)から昭和42年(1967)

## 【更別村】

更別村史　更別村史編さん委員会編
- ◇　[正]　更別村　1972.9　748p 図　27cm
  内容 安政5年から昭和46年(1971)3月
- ◇続　更別村　1998.3　916p 図　27cm
  内容 昭和47年度(1972)から平成6年度(1994)末までの内容を記述

## 【大樹町】

新・大樹町史　新・大樹町史編さん委員会編
- ◇大樹町役場　1995.3　1223p, 図版11p 27cm
  内容 縄文時代から平成6年(1994)

大樹町史　大樹町史編さん委員会
- ◇大樹町役場　1969.3　861p　27cm

内容 安政5年(1858)から昭和43年(1968)

## 【広尾町】

新広尾町史 年表史　広尾町企画情報課編集

◇広尾町　1993.12　16, 203p　26cm
内容 長禄元年(1457)から平成4年(1992)

新広尾町史　広尾町史編さん委員会編

◇第1巻　広尾町　1978.10　622p　22-26cm
内容 地質時代から明治39年(1906)までをとり扱う

◇第2巻　広尾町　1980.3　571p　22-26cm
内容 明治39年(1906)から昭和2年(1927)

◇第3巻　広尾町　1982.9　871p　22-26cm
内容 昭和2年(1927)から昭和56年(1981)

広尾町史　広尾町史編纂委員会編

◇広尾町役場　1960.12　30, 1040, 26p, 図版[4]枚, 折り込み図[5]枚　22cm
内容 幕政時代から昭和34年(1959)

## 【幕別町】

忠類村史　忠類村史編さん委員会編

◇忠類村　2000.12　7, 1144p, 図版15枚　27cm
内容 13万年前から平成11年(1999)

幕別町百年史　幕別町編

◇幕別町　1996.10　1446p 図版[11]枚　22cm
内容 斉明天皇4年(658)から平成7年(1995)

忠類村の二十年

◇北海道広尾郡忠類村役場　1969.10　138p 図版[1]p　26cm
内容 昭和24年(1949)から昭和44年(1969)

幕別町史　幕別町史編纂委員会編

◇幕別町　1967.9　927p　22cm
内容 斉明天皇4年(658)から昭和41年(1966)

幕別村誌

◇幕別村役場　1919　102p　A5

## 【池田町】

池田町史　池田町史編集委員会編

◇上巻　池田町役場　1988.10　771p 図版　27cm
内容 旧石器文化から昭和53年(1978), 自然と先史, 行政, 産業

◇下巻　池田町役場　1989.3　818p 図版　27cm
内容 寛永10年(1633)から昭和53年(1978), 交通・通信, 治水, 教育, 社会

◇追補　池田町役場　1998.10　634p 図版　27cm
内容 昭和54年(1979)から平成8年(1996)まで

## 【豊頃町】

豊頃町史　豊頃町史編さん委員会編

◇豊頃町　1971.2　1308, 9, 5p 図　22cm
内容 先史時代から昭和44年(1969)

豊頃村郷土誌　中川郡豊頃村教育研究会編

◇中川郡豊頃村教育研究会　1935　130p　B5 (膳)

## 【本別町】

本別町生活文化誌　開町100年を記念して　本別町町史編さん委員会編
- ◇本別町　2002.6　1083p, 図版7枚　22cm
  - 内容 明治2年(1869)から昭和40年(1965)

本別町史　本別町町史編さん委員会編
- ◇本別町役場　1977.3　970p　22cm
  - 内容 明治元年(1868)から昭和50年(1975)

## 【足寄町】

足寄町史　足寄町史編纂臨時専門委員会編
- ◇足寄町　1973.7　1229p 図版　22cm
  - 内容 蝦夷時代から昭和46年(1971)

## 【陸別町】

陸別町史　陸別町役場広報広聴町史編さん室編
- ◇史料編　陸別町　1991.3　511p　22cm
  - 内容 寛政10年(1798)から昭和63年(1988)/年表, 沿革史料を収録
- ◇通史編　陸別町　1994.3　873p　22cm
  - 内容 旧石器時代から平成5年(1993)
- ◇別巻　陸別町　1994.3　379, 67p　22cm
  - 内容 平成元年(1989)から平成5年(1993), 年表, 史料, 統計他を収録

陸別町小史　五十年のあゆみ　陸別町小史編集委員会編
- ◇陸別町役場　1968.9　83p　21cm

淕別村史　岩佐幸治著
- ◇淕別村研究会　1938　423p 図版　23cm

## 【浦幌町】

浦幌町百年史　浦幌町百年史編さん委員会編
- ◇浦幌町役場　1999.12　823p　27cm
  - 内容 先史(古代・中世・近世)から平成10年(1998)11月

浦幌町史　浦幌町史編さん委員会編
- ◇浦幌町役場　1971.3　922p 図版　22cm
  - 内容 昭和初期から昭和44年(1969)

浦幌村五十年沿革史　浦幌村社會教育協會編
- ◇浦幌村役場　1949.5　424p 図版　22cm
  - 内容 寛文年中から昭和23年(1948)

## 【釧路町】

釧路町史　釧路町史編集委員会編
- ◇釧路町　1990.8　34, 1423p　22cm
  - 内容 縄文時代から平成元年(1989)

釧路村誌　釧路村誌編纂委員會編
- ◇釧路村　1949.7　219p　21cm

## 【厚岸町】

新厚岸町史　厚岸町史編集委員会編
- ◇資料編1 日鑑記 上　厚岸町　2003.3　926p 図版9p　22cm
  - 内容 文化元年(1804)から天保8年(1837), 初代日鑑記全から日鑑記18を収録

## 【浜中町】

浜中町史

- ◇浜中町　1975.3　833p　22cm
  - 内容 縄文時代から昭和49年(1974)

## 【標茶町】

標茶町史　標茶町史編さん委員会編集

- ◇資料編 年表　標茶町役場　2006.3　151p　22cm
  - 内容 寛永年間から平成17年(2005), 年表・出典を収録
- ◇通史編 第1巻　標茶町役場　1998.3　1036p　22cm
  - 内容 自然環境や先史時代, 幕藩時代を経て明治・大正期に至るまでの歴史
- ◇通史編 第2巻　標茶町役場　2002.3　1001p　22cm
  - 内容 明治41年(1908)から昭和45年(1970)
- ◇通史編 第3巻　標茶町役場　2006.3　958p　22cm
  - 内容 昭和30年代前期から平成17年(2005)初頭までの歴史

標茶町史考　標茶町史編さん委員会編

- ◇前篇　標茶町　1966.11　353p　22cm
  - 内容 寛政12年(1800)から昭和2年(1927)
- ◇後篇　標茶町　1978.1　749p　22cm
  - 内容 昭和2年(1927)から昭和20年(1945)
- ◇続編　標茶町　1985.2　644p　22cm
  - 内容 昭和20年(1945)から昭和36年(1961)

## 【弟子屈町】

弟子屈町史　弟子屈町史編さん委員会編

- ◇弟子屈町役場　1981.3　893p　22cm
  - 内容 縄文時代から昭和50年(1975)

弟子屈町史　更科源蔵編

- ◇弟子屈町役場　1949　15, 310p　22cm
  - 内容 安政3年(1856)から昭和22年(1947)

## 【鶴居村】

鶴居村史　鶴居村史編さん委員会編

- ◇鶴居村役場　1987.9　1162p 図版13枚　22cm
  - 内容 縄文時代から昭和61年(1986)

鶴居村史

- ◇鶴居村役場　1966　267p 図版　22cm
  - 内容 明治18年(1885)から昭和12年(1937)

## 【白糠町】

白糠町史　白糠町史編集委員会編

- ◇上巻　白糠町役場　1987.10　1431p　22cm
  - 内容 縄文時代から昭和50年(1975), 今日の白糠, 自然と先史, 「蝦夷地」の時代の白糠, 政治と行政他を記述
- ◇下巻　白糠町役場　1989.3　1139p　22cm
  - 内容 明治5年(1877)から昭和60年(1985)/教育と文化, 産業と経済, 年表を記述

白糠町史　渡辺茂編

- ◇白糠町役場　1954.10　410p 図版　22cm
  - 内容 寛政3年(1791)から昭和28年(1953)

白糠村沿革概要　白糠村役場編

- ◇白糠村役場　1933　56p　B5 和

## 【別海町】

別海町三十年史　町制施行三十周年
- ◇別海町　2003.3　830p, 図版 17 枚　22cm
  - 内容 内容は、昭和 46 年度(1971)から平成 13 年度(2001)までとした

別海町百年史　別海町百年史編さん委員会編
- ◇[本編]　別海町　1978.10　1636p　22cm
  - 内容 縄文時代から昭和 51 年(1976)
- ◇別冊附録　別海町　1978.10　80p　22cm
  - 内容 長禄元年(1457)から昭和 52 年(1977)

## 【中標津町】

中標津町五十年史　中標津町五十年史編さん委員会編集
- ◇中標津町　1995.7　1085p 図版 14 枚　22cm
  - 内容 縄文時代から平成 6 年(1994)

中標津町史
- ◇中標津町　1981.6　1311p 図版 10 枚　22cm
  - 内容 縄文時代から昭和 54 年(1979)

## 【標津町】

標津町史　標津町史編纂委員会編
- ◇[第 1 巻]　標津町　1968.10　1102p　22cm
- ◇第 2 巻　標津町　1979.3　754p　22cm
  - 内容 昭和 42 年(1967)から昭和 52 年(1977)

## 【羅臼町】

羅臼町史　羅臼町史編纂委員会編
- ◇[第 1 巻]　羅臼町　1970　859p 図版　22cm
  - 内容 元和元年(1615)から昭和 44 年(1969)
- ◇第 2 巻　羅臼町　1983.9　590p(図版共)　22cm
  - 内容 昭和 42 年(1967)から昭和 57 年(1982)

羅臼村郷土史　佐藤盛雄編
- ◇羅臼青年連盟　1950　114p 図版 4 枚　19cm
  - 内容 寛政元年から昭和 24 年の開発、沿革、地勢、気候、人口・面積、産業他

## 【上磯郡】

上磯亀田各村沿革史　函館県編
- ◇函館県　〔明治期〕　55 丁　B5 (和)

## 【沙流郡】

平取外八箇村誌 再版　藤村幹治編
- ◇平取外八箇村戸長役場　1920　184p　A5

# 青森県

青森県史　青森県史編さん近世部会編

◇資料編 近世 学芸関係　青森県
2004.3　858, 10p, 図版 [16p]　31cm
内容 藩主の教養/藩士の言説/さまざまな学術知と思想/国学の展開と幕末の北奥/生活の知

◇資料編 考古 3 弥生から古代　青森県
2005.3　821p　31cm
内容 青森県内で発見された遺跡などを対象とした考古資料編のうち, 弥生時代から平安時代のものについて資料提示および解説

◇資料編 考古 4 中世・近世　青森県
2003.3　710p　31cm
内容 青森県内で発見された遺跡などを対象とした考古資料編のうち, 中世・近世について資料提示および解説

◇資料編 古代 1 文献史料　青森県
2001.3　911p　31cm
内容 大化以前から藤原秀衡死去の文治 3 年(1187)までの文献史料

◇資料編 古代 1 補遺　青森県　2003.2　310p　30cm + CD-ROM1 枚
内容 『青森県史 資料編 古代 1 文献史料』に収録できなかった文学作品と追加史料

◇資料編 中世 1 南部氏関係資料　青森県
2004.3　730, 8, 22p 図版 22p　31cm
内容 中世南部氏とその家中に伝えられた史料

◇資料編 中世 2 安藤氏・津軽氏氏関係資料　青森県　2005.3　761, 4p, 図版 30p　31cm
内容 安藤(安東)氏とその関係文書・記録と, 津軽(大浦南部)氏及び浪岡北畠氏関係の文書, くわえて中央系大寺社所蔵の北奥関係文書・記録

◇資料編 近世 1 近世北奥の成立と北方世界　青森県　2001.3　705p, 図版 11 枚　31cm

内容 第 1 部：近世初期北奥の情勢(天正 15 年から寛永 20 年)/第 2 部：近世北奥史料にみるアイヌ民族関係史料集成(編年史料・寛文蝦夷蜂起一件史料)

◇資料編 近世 2 津軽 1 前期津軽領　青森県　2002.3　748, 5p 図版 [24] p　31cm
内容 弘前藩と津軽黒石領の成立をはじめとして, 藩政確立から中期藩政の展開までを収録

◇資料編 近世 3 津軽 2 後期津軽領　青森県　2006.3　720, 19p, 図版 [24]p　31cm + 付図 3 枚
内容 近世中後期の藩政の展開を基軸として享保から天保に至る時期

◇資料編 近世 4 南部 1 盛岡藩領　青森県　2003.3　694, 19p 図版 12 枚　31cm
内容 盛岡藩の領域に関する史資料(17 世紀より幕末まで)

◇資料編 近現代 1 近代成立期の青森県　青森県　2002.3　23, 761p, 図版 16p　31cm
内容 明治 4 年(1871)の廃藩置県前後から明治 22 年(1889)の大日本帝国憲法発布前後まで

◇資料編 近現代 2 日清・日露戦争期の青森県　青森県　2003.3　16, 809p　31cm
内容 明治 23 年(1890)の帝国議会開設から, 明治 45 年(1912, 大正元年)の「明治」の終焉まで

◇資料編 近現代 3 「大国」と「東北」の中の青森県　青森県　2004.3　25, 777p, 図版 32p　31cm
内容 大正元年(1912)から大正 15 年(1926, 昭和元年)大正時代の終りまで

◇資料編 近現代 4 昭和恐慌から「北の要塞」へ　青森県　2005.3　32, 815p　31cm
内容 昭和の戦前・戦中期, 金融恐慌が起きた昭和 2 年(1927)前後から, 日本が敗戦した昭和 20 年(1945)前後まで

◇自然編 地学　青森県　2001.3　625p　31cm
　内容 北緯41度の自然/地形/地質/地史/気象と気候/海/天変地異

◇自然編 生物　青森県　2003.3　804p　31cm
　内容 本州北端の風土と生物研究/植物相/動物相/生物の地域性/人々のくらしと生物/豊かな生物相の保全のために

◇自然編 生物 別冊 青森県の生物呼称　青森県　2003.3　238p　30cm
　内容 植物の部/動物の部

◇別編 三内丸山遺跡　青森県　2002.3　501p, 図版4枚　31cm
　内容 特別史跡三内丸山遺跡についての発掘調査の成果及び研究成果

◇民俗編 資料 南部　青森県　2001.3　9, 819, 18p, 図版4枚　31cm
　内容 南部地方の民俗資料(民俗の諸相/民俗研究のあゆみ/民俗関連の記録資料)

## 青森縣誌　西田源蔵著

◇歴史図書社　1977.6　492p 図　22cm
　内容 藩政以前の青森県の沿革を主とする:青森県史(先史時代より南部史まで)/名勝旧蹟/県の現況

## 青森縣史　青森県編

◇第1巻　歴史図書社　1971.5　721p　22cm
　内容 王朝時代:斎明天皇元年(655)から永禄5年(1562)/藩政時代【津軽篇】:永禄10年より延宝2年(1674)までの青森県に関する史料

◇第2巻　歴史図書社　1971.6　701p　22cm
　内容 藩政時代【津軽篇】:延宝3年(1675)より,寛政3年(1791)までの史料

◇第3巻　歴史図書社　1971.7　705p　22cm
　内容 藩政時代【津軽篇】:寛政3年(1791)より天保10年(1839)までの史料

◇第4巻　歴史図書社　1971.8　703p　22cm
　内容 藩政時代【津軽篇】:天保10年(1839)より,明治2年(1868)までの史料

◇第5巻　歴史図書社　1971.9　709p　22cm
　内容 藩政時代【津軽篇】:明治2年(1869)より明治4年(1871)まで/藩政時代【南部篇】:天正10年(1582)より享保12年(1727)までの史料

◇第6巻　歴史図書社　1971.10　701p　22cm
　内容 藩政時代【南部篇】:享保13年(1728)より文化7年(1810)までの史料

◇第7巻　歴史図書社　1971.11　702p　22cm
　内容 藩政時代【南部篇】:文化8年(1811)より明治2年(1869)までの史料

◇第8巻　歴史図書社　1971.12　607, 154p　22cm
　内容 藩政時代【南部篇】:明治3年(1870)より明治4年(1871)まで/近世篇:明治5年(1872)より明治6年(1873)まで

◇第9巻　歴史図書社　1972.1　525, 199p　22cm
　内容 近世篇:明治7年(1874)より明治10年(1877)までの史料

◇第10巻　歴史図書社　1972.2　573, 153p　22cm
　内容 近世篇:明治11年(1878)より明治

23年(1890)まで

**青森県史** 青森県編

◇第1―8巻 青森県 1926 8冊 A5

**青森県志** 青森県編

◇青森県 1908 52p A5

**青森県管轄陸奥国町村誌** 青森県編

◇青森県 1884 14冊 (写)

**陸奥国津軽郡大邑誌** 青森県編

◇青森県 1878

## 【青森市】

**新青森市史** 青森市史編集委員会編

◇資料編1 考古 青森市 2006.3 566p 図版 31cm

◇資料編2 古代・中世 青森市 2005.3 670p 図版 31cm

◇資料編3 近世 青森市 2002.12 711p 22cm

[内容] 寛永3年(1626)の青森開港から、廃藩置県が行われた明治4年(1871)ころまでを対象として、主に青森湊に関する資料を編集・掲載

◇資料編4 近世2 青森市 2004.12 791p 図版 22cm

◇資料編5 近世3 青森市 2006.12 785p 図版 22cm

◇資料編6 近代1 青森市 2004.3 709p 22cm

[内容] 明治期における青森市の成立と産業・社会の発展や地域の諸相を示す資料

◇資料編7 近代2 青森市 2006.3 753p 図版 22cm

◇別編1 青森市 1998.10 13, 386p 22cm

[内容] 近世から大正期までの青森市の教育の歩み

◇別編2 青森市 1999.3 21, 478p 22cm

[内容] 昭和初期から現代(平成11年)までの青森市の教育の歩み

◇別編 教育(別巻) 青森市 2000.3 326p 22cm

[内容] 教育に関わる年表と青森市内諸学校の沿革

**浪岡町史** 浪岡町史編纂委員会編纂, 浪岡町史編集委員会(町史編さん室)編

◇第1巻 浪岡町 2000.3 8, 871p 22-27cm

[内容] 第I部:浪岡の環境/第II・III部:旧石器時代より中世まで

◇第2巻 浪岡町 2004.3 8, 609p 22-27cm

[内容] 第IV部:浪岡城と北畠氏(中世)

◇第3巻 浪岡町 2005.2 681p 22-27cm

[内容] 第V部:近世の浪岡(藩政の成立より廃藩置県まで)

◇第4巻 浪岡町 2004.12 911p 22-27cm

[内容] 第VI部:浪岡の近・現代(明治維新より昭和期)/第VII部:二十一世紀を迎えて/第VIII部:記憶に残る浪岡(民俗の視点から)

◇別巻1 浪岡町 2002.3 551p 22-27cm

[内容] 絵図, 神社・寺院資料, 絵馬, 伝説資料, 文化財, 文書目録

◇別巻2 浪岡町 2003.3 631p 22-27cm

[内容] 石造記念物, 棟札, 紀行文, 生活の技, 生活のきまり, 新聞と写真で見る浪岡

**青森市の歴史** 青森市史編さん委員会編

◇青森市 1989.1 448p 22cm

[内容] 縄文時代から昭和37(1962)、青森市

に大野村、野田村などが合併するまで

**浪岡町史資料編　浪岡町史編纂委員会編**

◇第 1 集　浪岡町　1974.3　89p　26cm
◇第 2 集　浪岡町　1975.3　107p　26cm
◇第 3 集　浪岡町　1976.3　121p　26cm
◇第 4 集　浪岡町　1977.3　123p　26cm
◇第 5 集　浪岡町　1977.3　143p　26cm
◇第 6 集　浪岡町　1978.3　134p　26cm
◇第 7 集　浪岡町　1978.11　119p　26cm
　内容 波岡北畠氏とその城・館址、南部諸城の研究
◇第 8 集　浪岡町　1978.12　111p　26cm
　内容 藩制年間の資料(津軽史に浪岡を知る,他)
◇第 9 集　浪岡町　1979.3　129p　26cm
　内容 浪岡北畠氏とその城・館址考/浪岡に吹く維新の嵐他
◇第 10 集　浪岡町　1980.3　100p　26cm
　内容 浪岡に吹く戊辰の嵐/新田閑暇 新目録・増舘村百川家「内見秘書」(天保 3 年から 8 年)
◇第 11 集　浪岡町　1981.3　117p　26cm
　内容 津軽史に浪岡を知る/紀行文及び道中記他
◇第 12 集　浪岡町　1982.3　110p　26cm
　内容 浪岡山の紛争(弘化 3 年頃から)他
◇第 13 集　浪岡町　1983.3　128p　26cm

　内容 浪岡山の紛争/津軽藩林政要項他
◇第 14 集　浪岡町　1984.3　109p　26cm
　内容 郷村高辻帳(文禄元年から明治 2 年)/貞享御検地水帳(貞享 4 年)/藩日記(寛文 2 年から正徳 5 年)他
◇第 15 集　浪岡町　1980.3　134p　26cm
　内容 藩日記(享保元年から寛政 10 年)
◇第 16 集　浪岡町　1986.3　109p　26cm
　内容 藩日記(寛政 11 年から慶応 3 年)
◇第 17 集 三春藩における浪岡氏(北畠氏) 1　浪岡町　1987.3　95p　26cm
　内容 通史篇、資料篇
◇第 18 集 三春藩における浪岡氏(北畠氏) 2　浪岡町　1988.3　139p　26cm
　内容 通史篇、史料篇(第 18 集)
◇第 19 集　浪岡町　1988.12　166p　26cm
　内容 農民を中心とした関係資料(安政 4 年(1857)差引帳 他)

**青森市史　[復刻版]　青森市役所編**

◇第 1 巻　国書刊行会　1982.2　14, 617p　22cm
　内容 教育編：寛永元年(1624)青森開港より昭和 28 年度末まで
◇第 2 巻　国書刊行会　1982.2　4, 402p　22cm
　内容 港湾編上：寛永元年(1624)開港以降、近世における青森港
◇第 3 巻　国書刊行会　1982.2　8, 527p　22cm
　内容 港湾編下：明治以降昭和 31 年(1956)までの青森港および諸航路
◇第 4 巻　国書刊行会　1982.2　480p　22cm
　内容 前編：藩政時代の青森の商工業/後編：明治以後の青森の産業(商社・金融)

◇第5巻　国書刊行会　1982.2　673p　22cm
　内容 産業編下　後編：明治以後の青森の産業(続,商業・工業・農業等)
◇第6巻　国書刊行会　1982.2　27, 1133p　22cm
　内容 前編：藩政時代(青森開港から幕末まで)/後編：近代(明治維新より昭和35年までの市政・行政・財政)
◇第7巻　国書刊行会　1982.2　1053p　22cm
　内容 (資料編1)伊東善五郎家文書(伊藤彦太郎筆「家内年表」嘉永6年から明治4年)
◇第8巻　国書刊行会　1982.2　558p　22cm
　内容 (資料編2)伊東善五郎家文書「御用留」(明和4年から文化6年)
◇第9巻　国書刊行会　1982.2　674p　22cm
　内容 (資料編3)伊東善五郎家文書「御用留」(文政11年(1828)から明治4年(1871)
◇第10巻　社寺編　国書刊行会　1982.2　39, 834p　22cm
　内容 神社(善知鳥神社など82社)、仏寺(各宗派、キリスト教)/昭和47年刊行分の復刻
◇第11巻　国書刊行会　1982.2　249p　22cm
　内容 索引
◇別冊　人物編　国書刊行会　1982.2　4, 370p　22cm
　内容 寛永元年(1624)青森開港以来,昭和28年までの青森市に功労のあった人物64名を収録
◇別冊　年表編　国書刊行会　1982.2　300p　22cm
　内容 青森市年表：寛永元年(1624)より昭和33年(1958)まで

**青森市誌**　東北通信社編
◇東北通信社　1940　200p 図版 肖像　23cm
◇歴史図書社　1977.11　292p　22cm
　内容 青森市誌：青森市の明治以来の市政、商業等の沿革、名所旧跡、社寺等/東津軽郡町村誌：22ヶ町村の沿革、地名考、名所旧跡、伝説等

**七和村誌**　御即位記念　藤田紋太郎編
◇藤田紋太郎　1928.3　10, 24, 348p, 図版25枚　22cm
　内容 近世から大正まで

**油川町誌**　西田源蔵著
◇油川町誌刊行会　1928　290p　23cm

**青森市沿革史**　青森市役所市史編纂係編
◇上,中,下巻　青森市役所　1909　3冊　A5

## 【弘前市】

**新編弘前市史**　「新編弘前市史」編纂委員会編
◇資料編2　弘前市市長公室企画課　1996.3　1255p　22cm
　内容 近世編1：天正17年(1859)から18世紀後半、宝暦改革期に至る津軽領を中心とした資料
◇資料編3　弘前市市長公室企画課　2000.3　1627p　22cm
　内容 近世篇2：18世紀中葉の宝暦期から明治4年(1871)の廃藩置県に至る、弘前市を中心とした津軽領に関わる資料
◇資料編4　弘前市市長公室企画課　1997.8　1339p　22cm
　内容 近・現代編1：明治4年(1871)の廃藩置県以降、大正15年(1926)に至るまでの史料

◇資料編 5　弘前市市長公室企画課
2002.12　1639p　22cm
|内容| 近・現代編 2：昭和元年(1926)以降，平成元年(1989)に至るまでの時期の史料

◇資料編 1-1　弘前市市長公室企画課
1995.1　649p, 図 5 枚 p　22cm
|内容| 考古篇：地形と地質および旧石器時代より近世にわたる時代についての解説・遺跡・遺物集成・図版

◇資料編 1-2　弘前市市長公室企画課
1995.1　681p　22cm
|内容| 古代・中世編：文献史料・中世城館調査資料・金石文資料を収録, 文献資料は天正 18 年(1590)まで

◇通史編 1(自然・原始)　弘前市市長公室企画課　2001.3　425p　22cm
|内容| 自然・原始：弘前市を取り巻く自然環境及び先史時代

◇通史編 1(古代・中世)　弘前市市長公室企画課　2003.11　553p　22cm
|内容| 古代・中世：古代蝦夷の時代より中世後期戦国時代まで

◇通史編 2(近世 1)　弘前市市長公室企画課　2002.6　765p　22cm
|内容| 十六世紀末における大浦氏の豊臣政権との接触から, 幕末期安政年間の箱館開港の時期まで

◇通史編 3(近世 2)　弘前市市長公室企画課　2003.6　767p　22cm
|内容| 維新期の政治動向(幕末の政局から藩体制の解体まで)と, 藩政期津軽領の人々の生活, 文化

◇通史編 4(近・現代 1)　弘前市市長公室企画課　2005.10　689p　22cm
|内容| 明治 4 年(1871)の廃藩置県から大正期まで

◇通史編 5(近・現代 2)　弘前市市長公室企画課　2005.11　965p　22cm
|内容| 昭和初期より平成 15 年(2003)

◇年表・索引編　弘前市市長公室企画課
2006.2　369, 141p　22cm

|内容| 年表：旧石器時代から平成 17 年(2005)

**弘前市馬屋町史　津軽の発祥から現在の馬屋町まで　馬屋町町会五十周年記念誌　馬屋町町史研究会編**

◇馬屋町町史研究会　2001.3　409p　26cm

**在府町相良町町誌　在相町誌編集委員会編**

◇在相町会　1993.7　232p　19cm

**相馬村誌　相馬村誌編集委員会編**

◇相馬村　1982.3　431, 137p, 図版 [18]p　22cm
|内容| 相馬村の歴史(縄文時代から藩政時代まで)/神社仏閣/教育(藩政時代から昭和まで)/風俗と慣習/政治誌/産業

**弘前市史　弘前市史編纂委員会編**

◇[1] 藩政編　名著出版　1973.11　814p　21-22cm
|内容| 津軽藩祖為信誕生の天文 19 年(1550)より廃藩置県に及ぶ約 320 年間/昭和 38-39 年刊の複製

◇[2] 明治・大正・昭和編　名著出版　1973.11　814p　21-22cm
|内容| 明治元年(1868)から昭和 34 年(1959)まで/昭和 38-39 年刊の複製

**津軽弘前城史　森林助著**

◇名著出版　1973.11　166p　21cm
|内容| 弘前図書館昭和 6 年刊の複製

**岩木町誌**

◇岩木町　1972　29, 1054p, 図版 7 枚　27cm
|内容| 古代から昭和 45 年(1970)まで：地誌/生物誌/住民/部落誌/教育/政治/通信, 交通/文化/産業経済/太平洋戦争/人

物誌/時点断想

清水村郷土誌　桜庭健吉編
◇桜庭健吉　1955.8　169p　21cm
内容　近世初期から昭和29年まで

青森県中津軽郡藤代村郷土史　中村良之進著
◇藤代村役場　1943　80p　A5

弘前市誌
◇東北通信社　1941　325p　23cm

青森縣中津輕郡船澤村郷土史
◇船澤村　1928.5　4, 19, 90p　24cm
内容　村の沿革(鎌倉時代から大正まで)/有史以前から奈良時代頃の遺跡ほか

青森縣南津輕郡石川町郷土史　中村良之進著
◇石川町役場　1925.12　166p　図版　23cm

町制記念石川　小野善二編
◇石川町役場　1913　40p　B6

【八戸市】

新編八戸市史　八戸市史編纂委員会編
◇別編 自然編　八戸市　2005.3　535p　27cm
内容　第1部：八戸の自然環境/第2部：八戸の自然と人間のかかわり

南郷村誌　南郷村誌編纂委員会編
◇南郷村　1995.6　19, 887p, 図版　22cm
内容　自然/原始時代/歴史時代：奈良・平安時代から平成5年(1993)まで/教育/民俗/文化財

八戸市史　八戸市史編さん委員会編
◇史料編 近世1　八戸市　1969.3　580p　22cm
内容　寛文2年(1662)より元禄5年(1692)まで/八戸藩日記を主体に収録

◇史料編 近世2　八戸市　1970.12　640p　22cm
内容　元禄6年(1693)より宝永3年(1706)まで/八戸藩日記を主体に収録

◇史料編 近世3　八戸市　1972.3　599p　22cm
内容　宝永4年(1707)より正徳5年(1715)まで/八戸藩日記を主体に収録

◇史料編 近世4　八戸市　1979.3　523p　22cm
内容　享保元年(1716)より享保10年(1725)まで/八戸藩日記を主体に収録

◇史料編 近世5　八戸市　1977.3　619p　22cm
内容　享保11年(1726)より宝暦6年(1756)まで/八戸藩日記を主体に収録

◇史料編 近世6　八戸市　1978.3　593p　22cm
内容　宝暦7年(1757)より安永9年(1780)まで/八戸藩日記を主体に収録

◇史料編 近世7　八戸市　1979.3　604p　22cm
内容　天明元年(1782)より享和3年(1803)まで/八戸藩日記を主体に収録

◇史料編 近世8　八戸市　1980.3　593p　22cm
内容　文化元年(1804)より文政12年(1829)まで/八戸藩日記, 八戸藩勘定所日記などより収録

◇史料編 近世9　八戸市　1981.3　595p　22cm
内容　天保元年(1830)より嘉永6年(1853)まで/八戸藩日記, 八戸藩勘定所日記などより収録

◇史料編 近世10　八戸市　1982.3　571p　22cm
内容　安政元年(1854)より明治4年(1871)まで/八戸藩日記, 八戸藩勘定所日記などより収録

◇通史編　八戸市　1976.3　499p　22cm
[内容] 考古(旧石器時代)より現代(昭和20年)まで

南郷村史　南郷村誌編纂委員会編
◇南郷村教育委員会　1972.12　1180p, 図版14p　27cm

大館村誌　大館村誌編集委員会編
◇八戸市　1959　289p 図版 地図　22cm

八戸町誌　笹沢魯羊著
◇石橋福太郎　1912.4　115p 図版　20cm

## 【黒石市】

二双子村史　鳴海静蔵著
◇二双子村史刊行委員会　1992.2　105p　27cm
[内容] 鎌倉時代から現代まで

黒石市史
◇資料編1 寺社・金石文　黒石市　1985.9　693p　22cm
[内容] 前編：寺社(寺院・神社の概要および史料)／後編：金石文(信仰の部・文学の部・記念碑の部)

◇資料編2 文書　黒石市　1986.10　749p　22cm
[内容] 中世より明治22年(市町村制施行)までの文書

◇通史編1 古代・中世・近世　黒石市　1987.11　695, 17p　22cm
[内容] 古代より幕末まで／明暦2年の「信英分知」以前については概説にとどめる

◇通史編2 近代・現代　黒石市　1988.12　997, 14p　22cm
[内容] 明治維新から昭和29年(1954)の黒石市制施行前後まで

黒石百年史　鳴海静蔵著
◇黒石市　1962.5　6, 269p 図版　22cm
[内容] 明治維新前後から昭和30年代まで

六郷村誌　六郷村役場編
◇六郷村役場　1941　438p　A5

黒石地方誌　佐藤耕次郎著
◇黒石町　1934.5　16, 545p 図版 8枚　23cm
[内容] 黒石藩前史から明治時代まで／現今の黒石町ほか

## 【五所川原市】

五所川原市史　五所川原市編
◇史料編1　五所川原市　1993.5　586p　23-27cm
[内容] 考古編：遺物・遺跡、中世城館など／民俗編：社会構成, 人生儀礼, 生業, 虫送りなど

◇史料編2 上　五所川原市　1995.3　1024p　23-27cm
[内容] 古代・中世編：古代から16世紀までの北方史(主に蝦夷及び安藤氏)に関する史料／近世編I：近世初期から天明期まで

◇史料編2 下　五所川原市　1996.7　923p　23-27cm
[内容] 近世編II：寛政期から藩政解体期(慶応)まで

◇史料編3 上　五所川原市　1996.1　969p　23-27cm
[内容] 近代編I：明治4年(1871)の廃藩置県以後の明治期および大正期の史料

◇史料編3 下　五所川原市　1997.3　972p　23-27cm
[内容] 近代編IIおよび現代編：昭和戦前から平成6年(1994)まで／民俗編

◇通史編1　五所川原市　1998.3　908p　23-27cm

内容 総説/原始時代から明治4年(1871)の廃藩置県まで

◇通史編2　五所川原市　1998.3　951p　23-27cm
　　内容 明治4年(1871)より現代まで

◇文化財編　五所川原市　1994.10　185p　23-27cm
　　内容 美術・工芸、歴史資料、建造物、民俗、自然

## 市浦村史

◇第1巻　市浦村教育委員会　1984.3　434p　23cm
　　内容 「遺跡・蝦夷時代」(第1章：市浦村の遺跡/第2章：蝦夷の時代)

◇第2巻　市浦村教育委員会　1996.3　647p　23cm
　　内容 第3章：前九年の役/第4章「後三年の役」「藤原氏三代の文化」/第5章：中世津軽の安倍・安藤(東)氏

## 五所川原町誌　五所川原町編

◇国書刊行会　1982.5　37, 450p, 図版13枚　22cm
　　内容 正保2年(1645)から昭和9年(1934)まで

## 市浦村史資料編　東日流外三郡誌　市浦村史編纂委員会編

◇上巻　市浦村史編纂委員会　1975　374p　図　23cm

◇中巻　市浦村史編纂委員会　1976　657p　図　23cm

◇下巻　市浦村史編纂委員会　1977.7　474p　図　23cm

## 金木郷土史　金木郷土史編纂委員会編

◇金木町役場　1940.8　26, 367p　図版8枚　23cm
　　内容 廃藩以前を前編とし、以後を中編、断片史料を後編とする

◇金木町役場　1976.12　1192p　図版8p　22cm

## 青森県北津軽郡三好村郷土誌　長尾角左衛門編

◇三好郷土誌刊行会　1957.12　397p　22cm
　　内容 第1編：自然界/第2編：人文界：居住戸口・教化・郷土沿革(太古から昭和30年(1955)頃まで)

## 長橋村誌　福士貞蔵編

◇長橋村役場　1941　416p　A5

## 五所川原町誌　福士貞蔵編

◇五所川原町　1935　450p　図版26p　23cm

## 七和村誌　御即位記念　藤田紋太郎編

◇藤田紋太郎　1928.3　10, 24, 348p, 図版25枚　22cm
　　内容 近世から大正まで

## 金木村誌　金木村役場編

◇金木村役場　1912　57p　A5

# 【十和田市】

## 十和田湖町史　十和田湖町史編纂委員会編

◇上巻　十和田湖町　2004.12　706p　27cm
　　内容 自然編/原始古代編/中世編/近世編1〔旧石器時代より近世後期まで〕

◇中巻　十和田湖町　2004.12　562p　27cm
　　内容 近世編2/近現代編(漁業)/産業編(養蚕・炭)〔近世初期より平成まで〕

◇下巻　十和田湖町　2004.12　343, 96p　27cm
　　内容 文化編：明治より現代まで/文化財編(オシラサマ)/生活編：明治前期より終

戦まで/資料編

**十和田市史　十和田市史編纂室編**

◇資料篇　十和田市　1978.3　1311p
22cm
[内容]近世の遺文資料を中心に十和田市史本篇において触れることのできなかった資料, 本篇発刊後に発見された資料

◇上巻　十和田市　1976.9　924p
22cm
[内容]第1篇：自然環境/第2篇：通史/第3篇：政治行政/第4篇：教育/第5篇：公安・運輸・通信

◇下巻　十和田市　1976.9　923p
22cm
[内容]第6篇：産業・経済・観光/第7篇：生活/第8篇：文化財/第9篇：年表

**十和田村史　中道等著**

◇上巻　十和田村　1955.3　630p 図版
22cm
[内容]古代より近世まで/地勢/自然/十和田村の修験宗徒ほか

◇下巻　十和田村　1955.3　735p 図版
22cm
[内容]近世より昭和20年代まで/交通/産業/行政/民俗ほか

**藤坂村誌　川合勇太郎編**

◇藤坂村経済更生委員会　1939　246p
23cm

## 【三沢市】

**三沢市史　復刻版　西村嘉編**

◇通史編　三沢市　1989.8　526p
22cm
[内容]明治元年(1868)より昭和63年(1988)まで

◇上巻　三沢市教育委員会　1964.6
550p　22cm
[内容]三沢市の形象/地名と其発祥/三沢の生活史(一)/木崎牧(一)

◇中巻　三沢市教育委員会　1965.5
690p　22cm
[内容]古代より昭和35年(1960)頃まで

◇下巻　三沢市教育委員会　1967.8
617p　22cm
[内容]明治より昭和35年(1960)頃まで/補遺(昭和41年(1966)まで)

## 【むつ市】

**川内町史　川内町史編さん委員会編**

◇近・現代, 林野, 教育編　川内町
2001.3　1350p　22-26cm
[内容]明治維新から平成12年度(2000)まで

◇原始・古代 中世 近世編　川内町
2005.3　1013p　22cm

◇史料編1　川内町　2004.3　790p
22-26cm
[内容]川内町検断所日記(嘉永4年から安政元年)

◇史料編2　川内町　2003.3　770p
22-26cm
[内容]川内町検断所日記(安政2年から安政4年)/安永以来諸書留, 町方必要留写/龍野周一郎と安部城鉱山関係資料

◇民俗, 自然1編　川内町　1999.7
1012p　22-26cm
[内容]民俗編/自然1(気象, 地形地質)編

**川内町史 川内町方言集　川内町史編さん委員会編**

◇川内町　1999.12　787, 37p　26cm
[内容]川内町方言集/方言アクセント

**大畑町史　工藤睦男編**

◇大畑町役場　1992.2　1292p　27cm
[内容]旧石器時代から平成2年(1990)まで

**むつ市史　むつ市史編さん委員会編**

◇近世編　むつ市　1988.3　754p
22cm

青森県　　　　　　　　　　　　　　　　　　　　　　　　　　　　　　　　つがる市

◇近代編　むつ市　1986.11　1206p　22cm
　内容 明治(戊辰戦争)より大正時代まで/付記：昭和以降における地域の概況
◇原始・古代・中世編　むつ市　1988.3　757p　22cm
　内容 原始より中世末期まで/アイヌの足跡と地名
◇自然編　むつ市　1989.3　798p　22cm
　内容 第1章：自然のすがた/第2章：自然の移り変わり/第3章：むつ市民と自然
◇年表編　むつ市　1988.12　892p　22cm
　内容 年表
◇民俗編　むつ市　1986.12　1029p　22cm
　内容 民俗編

脇野沢村史　脇野沢村史調査団編
◇民俗編　脇野沢村　1983.4　737p, 図版 [8] p　27cm
　内容 生業とくらし/社会のしくみ/社寺と祭祀/行事と儀礼/民間信仰/芸能/口承文芸
◇民俗編 資料集　脇野沢村役場　1983.4　136p　21cm
　内容 口承文芸資料(第1部：昔話・世間話/第2部：歌謡)

大畑町誌　笹沢魯羊著
◇下北新報社　1934　120p　19cm
◇下北新報社　1937.12　12, 206p　17cm
　内容 沿革、秩父宮御成、北部王家、前南部氏ほか
◇改訂第5版　下北郷土会　1963　223p　18cm
◇訂3版　下北新報社　1939　224p　19cm
◇補4版　下北郷土会　1939　252p　19cm

田名部町誌　訂3版　笹沢魯羊編
◇下北郷土会　1939　250p　19cm

田名部町誌　2版
◇下北新報社　1937　163p　19cm

川内町誌　笹沢魯羊編
◇下北新報社　1936.11　169p 図版8p　19cm
　内容 古代より昭和10年まで

大湊町誌　笹沢魯羊編
◇下北新報社　1935　134p　19cm

田名部町誌
◇下北新報社　1935　152p　19cm

下北郡地方誌　訂正再版　笹澤善八編
◇下北新報社　1926　251p　19cm
　内容 郡勢之部, 記録の部, 伝説の部, 評論の部

【つがる市】

森田村誌　豊島勝蔵編
◇上巻　森田村教育委員会　1980.3　506p　23cm
　内容 第1部・通史：日本列島の形成から阿倍比羅夫の北進まで/第2部：村の神さま・仏さま
◇中巻　森田村教育委員会　1982.2　643p　23cm
　内容 第1部 通史：奈良時代から, 幕末維新期まで/第2部 民間信仰
◇下巻(1)　森田村教育委員会　1989.9　754p　23cm
　内容 津軽第4代藩主信政以降の農業およ

全国地方史誌総目録　59

び商工業に関する歴史

木造町誌　「新田木造郷土カルタ」をよりどころにした　盛滝春編

◇木造町教育委員会　1989.3　122p　26cm

木造町史　工藤睦男編

◇近世編　上巻　木造町　1984.7　638p　22cm
  [内容]近世初期における木造新田の開村状況ならびに貞享・元文・宝暦年間における村の状況

◇近世編　下巻　木造町　1987.3　433p　22cm
  [内容]屏風山植林,土淵堰開さく,天明・天保の飢饉,荒田復興の状況など

車力村史　車力村史編集委員会編

◇車力村　1973　634p(図共)　27cm

稲垣村史　稲垣村史編纂委員会編

◇稲垣村　1969.4　310p　22cm
  [内容]近世初期から昭和42年(1967)まで

木造町沿革史　笹森直一著

◇木造町役場　1915　233p　A5

## 【平川市】

尾上町誌　尾上町編

◇資料編1　尾上町　1992.3　900p　22cm
  [内容]第1章：行政(近世から明治まで)

◇資料編2　尾上町　1992.3　630p　22cm
  [内容]第2章から第6章：産業経済/教育/宗教/通信交通/人物・旧家(近世から昭和まで)

◇通史　尾上町　1992.3　1176p　22cm
  [内容]縄文時代より平成3年(1991)まで(自然環境/行政/産業経済/教育ほか)

平賀町誌　平賀町町誌編さん委員会編

◇上巻　平賀町　1985.3　1334p　27cm
  [内容]沿革/自然環境/行政/産業・経済/教育/厚生(古代より昭和59年(1984)まで)

◇下巻　平賀町　1985.3　1335p　27cm
  [内容]文化/宗教/民俗/生活(藩政時代より昭和57年(1982)まで)/人物/通信・交通/旧蹟・観光/資料編

金屋郷土史　金屋郷土史編纂委員会編

◇金屋文化会　1958.8　290p　図版10枚　21cm
  [内容]中世後期から昭和32年まで

尾崎村誌　成田末五郎編

◇尾崎村文化研究同志会　1956.3　506p,図版7枚　22cm
  [内容]上代より昭和30年(1955)の合併による平賀町設置まで

## 【平内町】

平内町史

◇上巻　平内町　1977.4　16,1337p　図版p　22cm
  [内容]町のあゆみ(先史時代より昭和30年平内町誕生前後まで)/平内の各村々の歴史他

◇下巻　平内町　1977.4　1010p　22cm
  [内容]各家由緒書など藩政時代の文献資料より昭和41年(1966)大水害に至る収集資料

## 【今別町】

今別町史　肴倉弥八編

◇今別町　1967.3　709p　図版3枚　22cm
  [内容]石器時代より昭和30年代まで

青森県　　　　　　　　　　　　　　　　　　　　　　　　　　　　　　　西目屋村

## 【蓬田村】

蓬田村史　肴倉彌八編

◇蓬田村　1973.3　856p　22cm
[内容] 縄文式時代から昭和47年(1972)まで

## 【外ヶ浜町】

蟹田町史　蟹田町史編纂委員会編纂

◇蟹田町　1991.10　1623p　22cm
[内容] 旧石器時代から現在(平成2年(1990)まで)

三厩村誌　種市悌三編

◇三厩村　1979.12　606p　22cm
[内容] 縄文時代から昭和36年(1961)まで

平館村史　肴倉弥八編纂

◇平館村　1974.6　12,948p, 図版41p　22cm
[内容] 縄文時代より昭和49年(1974)まで：各部落の沿革の概要／産業／民俗／人物／ほか

## 【鰺ヶ沢町】

鰺ヶ沢町史　鰺ヶ沢町史編さん委員会編

◇史料編　鰺ヶ沢町　2005.3　516p　21-22cm
[内容] 鰺ヶ沢湊海海運史料、種里城跡、発掘調査報告、明治初年地価調帳

◇第1巻　鰺ヶ沢町　1984.11　925p　21-22cm
[内容] 第1編：町の移り変わり(先史時代より昭和まで)

◇第2巻　鰺ヶ沢町　1984.11　940p　21-22cm
[内容] 第1編：町の移り変わり(明治より昭和まで)／第2編：産業と経済(湊と交易交通、漁業)

◇第3巻　鰺ヶ沢町　1984.11　928p　21-22cm

[内容] 第2編：産業と経済(山林業・農業)／第3編：教育と文化／第4編：民俗・風習／第5編：神社・仏閣

鰺ケ沢　青森県鰺ケ沢町役場編

◇青森県鰺ケ沢町役場　1925　112p　A5

## 【深浦町】

岩崎村史　岩崎村史編集委員会編

◇年表　岩崎村　1992.1　332p　22cm
[内容] 年表

◇上巻　岩崎村　1987.3　1295p　22cm
[内容] 原始・古代より昭和戦後(昭和30年頃)まで

◇下巻　岩崎村　1989.10　1336p　22cm
[内容] 藩政時代より昭和期までの農業・漁業・山林業・教育／文化／神社仏閣

深浦町史　深浦町編

◇年表 ふるさと深浦の歩み　深浦町　1985.7　696p　22cm
[内容] 大化元年(645)の大化の改新から昭和60年(1985)まで

◇上巻　深浦町　1985.3　920p　22cm
[内容] 旧石器時代から昭和49年(1974)まで／教育／水産業／民俗／自然ほか

◇下巻　深浦町　1985.3　616p　22cm
[内容] 中世より昭和58年(1983)まで／農業／芸能・俚謡／寺院／文化財／人物

深浦町誌　石崎伝三郎編

◇深浦町役場　1934　142p　A5

## 【西目屋村】

西目屋村誌　品川弥千江編著

◇西目屋村　1991.2　202p 図版14枚　30cm
[内容] 政治編／産業・経済・林業編ほか(縄文後期から平成元年(1989)まで)

全国地方史誌総目録　61

## 【藤崎町】

### 常盤村史　常盤村史編さん委員会編

◇史料編1　常盤村　1999.3　892p　22cm
　内容　編年体で寛永20年(1643)から明治20年(1869)まで

◇史料編2　常盤村　2003.12　882p　22cm
　内容　編年体で宝暦9年(1759)から明治11年(1878)まで

◇通史編1　常盤村　2003.3　792p　22cm
　内容　沿革・自然環境・行政・産業経済・教育/縄文時代から平成13年(2001)まで

◇通史編2　常盤村　2004.5　778p　22cm
　内容　福祉厚生・文化・民俗・信仰・交通通信の分野の六篇

### 藤崎町誌　藤崎町誌編さん委員会編

◇第1巻(古代～近世)　藤崎町　1996.3　488p　図版　22cm
　内容　先史時代から幕末まで

◇第2巻(近代)　藤崎町　1996.3　501p　図版　22cm
　内容　明治維新から第二次世界大戦まで

◇第3巻(現代)　藤崎町　1996.3　410p　図版　22cm
　内容　終戦から平成8年(1996)まで

◇第4巻(地誌)　藤崎町　1996.3　450p　図版　22cm
　内容　地域にかかわる記録(地図類/自然/各町名の由来/伝説・伝承/神社・寺院・信仰等/文化財・金石文ほか)/年表・索引

### 常盤村誌　合併記念

◇常盤村　1958　649p　図版14枚　22cm

## 【大鰐町】

### 大鰐町史

◇上巻　大鰐町　1991.1　651p　22cm
　内容　地質・原始・古代・中世

◇中巻　大鰐町　1995.3　1027p　22cm
　内容　近世江戸時代編(戦国時代より幕末期まで)

◇下巻(1)　大鰐町　1997.1　859p　22cm
　内容　現代：大鰐のスキー(明治末より平成8年(1996)まで)/大鰐の温泉(近世より平成8年1996)まで)

◇下巻(2)　大鰐町　1998.12　955p　22cm
　内容　現代(通史)：明治維新より平成まで

### 大鰐町誌　外崎義雄編著

◇大鰐郷土史研究会　1965.9　288p　図　22cm

## 【田舎館村】

### 田舎館村誌　田舎館村編

◇上巻　田舎館村　1997.3　848p　22cm
　内容　田舎館村のあゆみ(上, 縄文時代から明治維新まで/自然(上)/村民生活(上)/交通・通信/文化財と旧跡

◇中巻　田舎館村　1999.3　925p　22cm
　内容　田舎館村のあゆみ, 明治時代から昭和戦前まで/自然/村民生活/教育/文化

◇下巻　田舎館村　2000.7　1100p　22cm
　内容　田舎館村のあゆみ(下, 昭和戦前から平成12年(2000)まで/垂柳遺跡/産業/村民生活(下)/教育(下)/田舎館組垂柳代官所文書抄

## 【板柳町】

板柳町誌　板柳町町誌編さん委員編

- ◇板柳町　1977.3　1001, 203p, 図版5枚　26cm
  内容 古代から昭和50年頃まで

板柳町郷土史　板柳町編

- ◇板柳町　1940.12　20, 464p, 図版5枚, [26]p　23cm
  内容 前編(藩政時代まで)/後編(明治以降昭和15年(1940)まで)

板柳町誌　林柾次郎編

- ◇板柳町　1920　52p　18cm

## 【鶴田町】

鶴田町誌　鶴田町町誌編纂委員会編

- ◇上巻　鶴田町　1979.3　938p　22cm
  内容 先史時代から昭和30年(1955)の町村合併による新鶴田町の誕生前後まで
- ◇下巻　鶴田町　1979.3　1097p　22cm
  内容 明治から昭和戦後までの政治・行政, 産業, 教育/生活/神社・仏閣

水元村誌　折登岩次郎編

- ◇水元支所　1956　493p　図版 地図　22cm

鶴田村郷土史

- ◇鶴田村役場　1940.11　19, 400p, 図版10枚　23cm
  内容 前編:藩政以前より昭和14年(1939)まで

## 【中泊町】

小泊村史磯野家文書集　小泊村の歴史を語る会編

- ◇青森県北津軽郡小泊村教育委員会　2001.2　507p　22cm
  内容 西国旅行記(仮題)/諸品値段帳/慶応4年(1868, 明治元年)「当座帳」/昭和17年(1942)当座覚帳ほか

小泊村史　小泊村史編纂委員会編

- ◇資料編　小泊村　1999.3　520p　18-22cm
  内容 伊藤文書他、明治以降資料、小泊村の中世城館跡と中世遺跡など
- ◇年表　小泊村　1999.3　358p　18-22cm
  内容 有史以前から平成11年(1999)まで
- ◇上巻　小泊村　1995.3　1525p　18-22cm
  内容 先史時代から昭和戦前まで
- ◇中巻　小泊村　1998.3　1146p　18-22cm
  内容 産業と経済:藩政時代から昭和戦後まで
- ◇下巻　小泊村　1998.3　684p　18-22cm
  内容 終戦から平成まで/教育・文化・民俗/宗教/小泊村の未来

中里町誌　成田末五郎編纂

- ◇中里町役場　1965.1　1064, 70p　22cm
  内容 先史時代から昭和30年代まで

## 【野辺地町】

野辺地町史　野辺地町史編さん刊行委員会編

- ◇資料編 第1集　野辺地町　1991.3　206p　21-22cm
  内容 廻船問屋の資料(「永記録」元禄15年(1702)から明治9年(1876)まで)ほか
- ◇資料編 第2集　野辺地町　1991.3　154p　21-22cm
  内容 盛岡市中央公民館所蔵の旧南部藩資料, 野辺地町立歴史民俗資料館所蔵の資料

◇資料編 第 3 集　野辺地町　1991.3
149p　21-22cm
内容 「公私用書記」安永 2 年(1773)から文化 4 年(1807)まで

◇資料編 第 4 集　野辺地町　1991.11
190p　21-22cm

◇資料編 第 5 集　野辺地町　1992.1
194p　21-22cm
内容 海運に関わる資料の中, 御用銅輸送の資料

◇資料編 第 6 集　野辺地町　1992.3
185p　21-22cm
内容 野村治三郎家文書(文政 7 年(1824)から明治 22 年(1889)まで)

◇資料編 第 7 集　野辺地町　1992.9
168p　21-22cm
内容 野坂勘左衛門家文書「勘定牒」(寛保元年(1741)から明治 10 年(1877)まで)

◇資料編 第 8 集　野辺地町　1992.11
163p　21-22cm
内容 移入塩の資料(文政 7 年(1824)から明治 9 年(1876)まで)

◇資料編 第 9 集　野辺地町　1993.3
175p　21-22cm
内容 魚粕の集荷と輸出の資料(天保 14 年(1843)・弘化 2 年(1845)から 3 年(1846)・文久 3 年(1863))

◇資料編 第 10 集　野辺地町　1993.8
151p　21-22cm
内容 幕府巡見使と藩主巡視の資料(宝暦 11 年(1761)から安政 3 年(1856)まで)

◇資料編 第 11 集　野辺地町　1993.11
169p　21-22cm
内容 野辺地代官所管内の林業関係資料(天保 15 年(1844)から文久 3 年(1863)まで)

◇資料編 第 12 集　野辺地町　1994.3
165p　21-22cm
内容 検地名寄帳(延享 5 年)と土地売買関係の証文(貞享 3 年から明治 9 年まで)

◇資料編 第 13 集　野辺地町　1994.9
159p　21-22cm
内容 大豆の集荷と海送に関する資料(天明 8 年・天保 4 年・嘉永 5 年)

◇資料編 第 14 集　野辺地町　1994.12
161p　21-22cm
内容 立花勘兵衛家文書(貞享元年(1684)から明治 4 年(1971)まで)/家屋敷証文(元禄 12 年(1699)から明治 8 年(1875)まで)

◇資料編 第 15 集　野辺地町　1995.9
166p　21-22cm
内容 酒造業資料(享保 2 年(1717)から安永 5 年(1776)まで)

◇資料編 第 16 集　野辺地町　1996.3
171p　21-22cm
内容 元禄・享保期を中心にした商業資料(延宝 3 年(1675)から享保 19 年(1734)まで)

◇資料編 第 17 集　野辺地町　1996.11
178p　21-22cm
内容 明治初期行政関係資料(明治 2 年(1869)から明治 22 年(1989)まで)

◇資料編 第 18 集　野辺地町　1997.2
176p　21-22cm
内容 明治の海運資料(万延元年(1860)から明治 31 年(1898)まで)

◇資料編 総目次・索引　野辺地町　1997.3　126p　21-22cm

◇通説編 第 1 巻　野辺地町　1996.3
601p　21-22cm
内容 野辺地の自然と旧石器時代から近世までの時代

◇通説編 第 2 巻　野辺地町　1997.8
712p　21-22cm
内容 野辺地の明治以降から昭和初期までの時代と文化

## 【七戸町】

七戸町史　七戸町史刊行委員会編

◇1　七戸町　1982.3　538p　22cm
内容 自然環境・考古(旧石器時代から古代・中世)・民俗・文化財

◇2　七戸町　1984.7　1073p　22cm

内容 古代から近世末まで

◇3　七戸町　1985.3　895p　22cm
　内容 明治2年(1869)の七戸藩創設より昭和40年代まで

◇4　七戸町　1986.8　1023p　22cm
　内容 教育,文化,福祉・官公衙・公安・運輸・通信・医療等

天間林村史　「天間林村史」編纂委員会編

◇上巻　天間林村　1981.3　569p　22cm
　内容 原始時代・古代・中世・近世(旧石器時代から幕末まで)

◇下巻　天間林村　1981.3　1593p　22cm
　内容 近代・現代(七戸藩の創設から昭和54年(1979)まで)

## 【六戸町】

六戸町史　六戸町史編纂委員会編

◇上巻　六戸町史刊行委員会　1993.3　794p　22cm
　内容 第1編：自然/第2編：信仰/第3編：民俗

◇中巻　六戸町史刊行委員会　1993.10　1212p　22cm
　内容 旧石器時代から明治3年七戸通百姓一揆まで

◇下巻　六戸町史刊行委員会　1993.3　1180p　22cm
　内容 第8編：明治・大正期から/第9編：昭和期まで/第10編：教育

## 【横浜町】

横浜町誌資料　横浜町史編纂委員会編

◇第1集　神社編　横浜町役場総務企画課　1978.4　569p　22cm

◇第2集　寺院編　横浜町役場総務企画課　1981.6　346p　22cm

◇第3集　横浜町郷土史年表　横浜町役場総務企画課　1982.12　185p　22cm
　内容 斉明天皇3年(657)から昭和56年(1981)まで

(横浜町)ふるさと物語　横浜町誌編纂委員会編

◇横浜町　1978.11　189p,図版2枚　肖像　22cm
　内容 先史時代から昭和初期まで

## 【東北町】

東北町史　東北町史編纂委員会編

◇年表編　東北町　1995.3　344p　22cm
　内容 旧石器時代から平成6年(1994)まで

◇上巻1　東北町　1994.3　683p　22cm
　内容 旧石器時代から戦国時代まで

◇上巻2　東北町　1994.3　674p　22cm
　内容 近世編：明治3年七戸通百姓一揆まで

◇中巻　東北町　1993.10　756p　22cm
　内容 近代・現代編(政治/産業・経済・社会,明治から平成初年まで)

◇下巻1　東北町　1994.3　593p　22cm
　内容 教育編：明治前期から現代まで/口頭伝承編

◇下巻2　東北町　1994.3　594p　22cm
　内容 民俗編/信仰編/文化財編

上北町史　上北町史編纂委員会編

◇上巻　上北町　1986.5　1100p　22cm
　内容 第1編：自然/第2編：先史時代/第3編：古代から第5編：近世(奈良時代以前より幕末まで)

◇下巻　上北町　1987.5　2冊　22cm

内容 第6編から第7編：明治から昭和(七戸藩創設より現況まで)/第8編：小川原湖の漁業/第9編：教育/第10編：民俗

甲地村史　講和記念　中道等著

◇甲地村役場　1951　364p　22cm
内容 古代から昭和25年(1950)まで

## 【六ヶ所村】

六ヶ所村史　六ヶ所村史編纂委員会編

◇年表　六ヶ所村史刊行委員会　1997.4　202p　22cm
内容 旧石器時代から平成17年(1995)まで

◇上巻1　六ヶ所村史刊行委員会　1997.4　926p　22cm
内容 旧石器時代より中世末期まで

◇上巻2　六ヶ所村史刊行委員会　1997.4　722p　22cm
内容 近世：天正期より幕末期まで

◇中巻　六ヶ所村史刊行委員会　1997.4　1295p　22cm
内容 近代：明治・大正期/現代：昭和戦前期より平成まで

◇下巻1　六ヶ所村史刊行委員会　1997.4　718p　22cm
内容 教育：学制以前より現代まで

◇下巻2　六ヶ所村史刊行委員会　1997.4　829p　22cm
内容 自然/信仰/民俗/文化財

## 【おいらせ町】

百石町誌　百石町誌編纂委員会編

◇資料編　百石町　1984.4　903p　22cm
内容 南部盛岡藩諸資料、小比類巻家文書、新渡戸家文書、三浦家文書、百石村外一ヶ村聯合戸長役場文書、村内学校郷土誌

◇上巻　百石町　1985.4　1545p　22cm

内容 自然環境/通史(旧石器時代より昭和59年(1984)まで)/教育/自然災害/百姓一揆/民俗

◇下巻　百石町　1985.10　1538p　22cm
内容 政治行政(藩政初期より昭和59年(1984)まで)/公安・運輸・通信/産業・経済/諸資料

下田町誌　下田町誌刊行委員会編

◇下田町　1979.8　1066p　22cm
内容 自然/先史時代/歴史時代(奈良時代から昭和53年(1978)まで)/教育/民俗

## 【大間町】

大間町史　大間町史編纂委員会編

◇大間町　1997.3　970p　22cm
内容 大間町の自然環境,歴史,行財政,産業経済,教育,社会福祉,文化など/縄文時代より平成6年(1994)まで

## 【東通村】

東通村史　村制施行百周年記念　東通村史編集委員会編集,東通村史編纂委員会編纂

◇遺跡発掘調査報告書編　東通村　1999.2　391p　27cm
内容 村史編纂に伴い平成6年度(1994)から平成8年度(1996)に実施された遺跡の発掘調査報告書

◇民俗・民俗芸能編　東通村　1997.3　958p　27cm
内容 東通村の民俗/民家/民俗芸能/地名誌

◇歴史編1　東通村　2001.8　887p　27cm
内容 東通村の地質/原始・古代から近世(廃藩置県)まで/東通村の集落/東通村各地区の遺跡

◇歴史編2　東通村　1999.2　831p　27cm

内容 近代・現代(廃藩置県から平成まで)/附章(特別寄稿・古文書ほか)

東通村誌　改訂版　笹沢魯羊著
◇下北郷土会　1964　162p　19cm

東通村郷土史
◇東通村　1960

【風間浦村】

風間浦村史　[補正版]　工藤睦男編
◇風間浦村役場　2000.3　780p 図版8枚　27cm
内容 旧石器時代から平成7年(1995)まで

風間浦村誌　笹沢魯羊編
◇下北新報社　1938　172p　19cm

【佐井村】

佐井村誌
◇上　佐井村　1971.3　867p　22cm
内容 第1章:村のあゆみ(先史時代から昭和45年(1970)まで/第2章:自然/第3章:村の生活

◇下　佐井村　1972.10　710p　22cm
内容 第4章:佐井村の経済のあゆみ(藩政時代から昭和45年(1970)まで)/第5章:いまの佐井村/第6章:人物/ほか

【三戸町】

三戸町史　三戸町史編纂委員会編
◇上巻　三戸町　1997.3　605p　22cm
内容 第1編 三戸の通史:原始・古代から、昭和30年の町村合併まで

◇中巻　三戸町　1997.3　815p　22cm
内容 第2編:三戸の考古・文化・宗教/第3編:三戸の産業・商業・交通・通信

◇下巻　三戸町　1997.3　567p　22cm

内容 第4編:三戸の教育・年中行事(古代から平成まで)

三戸町通史　三戸町史編纂委員会編
◇三戸町　1979.11　574p, 図版5枚　22cm
内容 縄文時代から昭和戦後

【五戸町】

倉石村史　倉石村史編纂委員会編
◇上巻　倉石村　1983.7　1565p　22cm
内容 第1編:郷土の自然環境/第2編:郷土の歴史的変遷(縄文時代から近世末期まで)

◇中巻　倉石村　1989.4　1520p　22cm
内容 第3編:近代的行政制度下の郷土(明治から昭和59年(1984)までの政治・行政, 産業, 経済)

◇下巻　倉石村　1989.3　1272p　22cm
内容 第3編:近代的行政制度下の郷土(明治から昭和末までの交通・通信, 教育・文化, 社寺・兵事, 治安と厚生, 民俗)

五戸町誌
◇上巻　五戸町誌刊行委員会　1967.6　683p　22cm
内容 古代・中世・近世編(縄文時代から幕末期まで)

◇下巻　五戸町誌刊行委員会　1969　1139, 118p(付録共) 図版p　22cm
内容 明治維新より大正期まで(一部昭和30年代まで)

【田子町】

田子町誌　小井田幸哉編
◇上巻　田子町　1983.5　850p　22cm
内容 総説/自然/原始時代/歴史時代(奈良時代から幕末まで)

◇下巻　田子町　1983.5　965p　22cm
内容 歴史時代(近世から太平洋戦争まで)/教育/民俗/文化財

## 【南部町】

福地村史　福地村編さん委員会編纂
- ◇上巻　黎明から光芒へ　先史から中世　福地村　2005.11　16, 565p　27cm
  - 内容 先史・古代・中世(旧石器時代から戦国・安土・桃山時代まで)
- ◇下巻　照臨から光彩へ　近世から近現代・自然・民俗　福地村　2005.11　16, 687p　27cm
  - 内容 近世から近現代(八戸藩の誕生から平成16年(2004)の福地村・南部町・名川町三町村合併決定まで)/自然/民俗

山河永遠に　名川町50年のあゆみ
- ◇青森県名川町役場　2005　71p　30cm＋DVD1枚
  - 内容 昭和30年(1955)の名川町誕生から平成17年(2005)の南部町合併まで

名川町誌　名川町誌編集委員会編纂
- ◇第1巻　本編1　名川町　1993.8　726p　22cm
  - 内容 第1編:町の現況/第2編:町の歴史(縄文時代から昭和60年(1985)頃まで)
- ◇第2巻　本編2　名川町　1995.3　1229p　22cm
  - 内容 産業と経済(明治前期から平成まで)/教育(寺子屋教育から平成まで)/宗教と民俗/文化財/地名/人物/災害
- ◇第3巻　史料編1(正保元年~宝暦11年)　名川町　1985.11　756p　22cm
  - 内容 正保元年(1644)から宝暦11年(1761)までの編年資料
- ◇第4巻　史料編2(宝暦12年~明治元年)　名川町　1987.12　1270p　22cm
  - 内容 宝暦12年(1762)から明治元年(1868)までの編年史料
- ◇第5巻　史料補遺　年表編　名川町　1997.3　354p　22cm
  - 内容 史料補遺:承応元年(1652)から明治2年(1869)まで/年表:無土器時代から平成7年(1995)まで

南部町誌　工藤祐薫編
- ◇史料編　花厳院文書　南部町　1995.3　276p　22cm
  - 内容 天和元年(1681)から明治2年(1869)まで
- ◇上巻　南部町　1995.3　689p　22cm
  - 内容 第1編:総説/第2編:自然/第3編:先史・古代/第4編:歴史(古代から近世まで)
- ◇下巻　南部町　1995.3　625p　22cm
  - 内容 第4編:歴史(戊辰戦争から町政施行まで)/第5編:教育/第6編:民俗/第7編:方言/第8編:産業

福地村郷土誌　田中藤次郎著
- ◇福地村　1971.3　244, 18p　22cm
  - 内容 旧石器時代から近世までの沿革,宗教,民俗など

## 【階上町】

階上村誌
- ◇階上村教育委員会　1977.11　891p　図肖像　22cm

## 【新郷村】

新郷村史　新郷村史編纂委員会編纂
- ◇新郷村　1989.3　605, 53, 2p　22cm
  - 内容 郷土の概要/古代遺跡/中世より昭和63年まで(1988)

野澤村誌　野澤中学校編著
- ◇野澤村役場, 野澤村教育委員会　1956.10　470p, 図版7枚　22cm
  - 内容 原始時代より昭和29年まで

野沢村誌　葛西賢造編
- ◇野沢村役場　1934　355p　A5

## 【上北郡】

陸奥国北郡村誌　青森県編
◇青森県　1878　8冊　(写)

## 【北津軽郡】

陸奥国津軽郡村誌(北郡)　青森県編
◇青森県　1878　6冊　(写)

## 【三戸郡】

三戸郡誌　三戸郡教育会〔編〕
◇第4編　三戸郡教育会　1927　252p　23cm

陸奥国三戸郡村誌　青森県編
◇青森県　17冊　(写)

## 【中津軽郡】

陸奥国津軽郡村誌　青森県編
◇青森県　1878　7冊　(写)

## 【西津軽郡】

西津軽郡史　西津軽郡史編集委員会編
◇名著出版　1975　869p 図版42枚　22cm
　内容 原始社会(縄文以前・縄文時代)から、近代社会(昭和27年)まで/西津軽郡町村史

西津軽郡誌
◇西津軽郡役所　1929　867p　A5

西津軽郡誌　島川観水編
◇青森県西津軽郡　1916　219p　23cm

陸奥国津軽郡村誌　青森県編
◇青森県　1878　8冊　(写)

## 【東津軽郡】

東津軽郡誌　西田源蔵編
◇明治文献　1974.6　14, 290p 図版 [2]p　22cm
　内容 第1編：東津軽郡史(中世より昭和3年まで)/第2編：名勝旧蹟/第3編：郡の地理

東津軽郡町村誌
◇東北通信社　1943　292p 肖像　22cm

## 【南津軽郡】

南津軽郡町村誌　今田清蔵
◇歴史図書社　1977.9　4, 14, 592p　22cm
　内容 昭和17年刊の復刻、郡内の沿革から黒石地方の豪族の興亡、黒石藩史話、史蹟・名勝、人物など

南津軽郡町村誌
◇東北通信社　1942　592p 図版 肖像　22cm

陸奥国津軽郡村誌(南部)　青森県編
◇青森県　1878　12冊　(写)

## 岩手県

**岩手県志　[復刻版]　岩手県教育会編**
◇歴史図書社　1980.1　246p　22cm
[内容] 県全域の沿革,地誌の大要をはじめ、各郡別に名勝、古跡を記し、さらに著名人物について詳述

**岩手県町村誌　高橋嘉太郎**
◇名著出版　1979.12　8,1212,4p　22cm
[内容] 大正14年刊「岩手県下之町村」を解題復刻、岩手郡、紫波郡、稗貫郡、和賀郡、胆沢郡、江刺郡ほか

**岩手県郷土誌　岩手県教育会**
◇大和学芸図書　1978.3　6,464p　22cm
[内容] 昭和15年刊の復刻、2市、12郡、27町、208か村の昭和10年の地誌

**岩手近代百年史　森嘉兵衛著,岩手県広報課編**
◇岩手県　1974　811p　図　22cm
[内容] 明治2年(1869)から昭和20年(1945)まで(年表は昭和45(1970)年まで)

**岩手県史　岩手県編纂**
◇第1巻　杜陵印刷　1961.1　860p　22cm
[内容] 上古編：旧石器時代から弥生式文化まで/上代編：古墳期から平泉藤原氏の滅亡まで

◇第2巻　杜陵印刷　1961.3　1128p　22cm
[内容] 中世篇上：鎌倉期から室町期(天正7年)まで

◇第3巻　杜陵印刷　1961.10　1100p　22cm
[内容] 中世篇下：室町期(県南篇続・天正7年)から、秀吉の国内統一(天正20年)まで/生活文化

◇第4巻　杜陵印刷　1963.5　1629p　22cm
[内容] 近世篇1 仙台藩附一ノ関藩：総説/高野の宿坊・社寺建築・災害・産業/支配租税構造/財政・経済・交通/産業/田村藩/文教

◇第5巻　杜陵印刷　1963.2　1590p　22cm
[内容] 近世篇2 盛岡藩附八戸藩：行政/戸口/財政/産業/交通/寺社/文教/八戸藩治

◇第6巻　杜陵印刷　1962.5　931p　22cm
[内容] 近代篇1：明治維新期(慶応から明治初年代まで)

◇第7巻　杜陵印刷　1962.9　981p　22cm
[内容] 近代篇2 江刺県治・盛岡藩治・盛岡県治・水沢県治(明治2年から明治9年)

◇第8巻　杜陵印刷　1964.8　983p　22cm
[内容] 近代篇3：水沢県治(つづき：明治9年(1876)まで)/岩手県篇(県体制・郡村体制・都市町村・県会：明治4年(1871)から昭和16年(1941)まで)

◇第9巻　杜陵印刷　1964.8　1343p　22cm
[内容] 近代篇4 岩手県篇 その2 財政産業(明治4年(1871)から昭和16年(1941)まで)

◇第10巻　杜陵印刷　1965.8　1116p　22cm
[内容] 近代篇5 岩手県篇 その3 商業・交通通信・教育・社寺と兵事・警察厚生(明治初期から昭和16年(1941)まで

◇第11巻　杜陵印刷　1965.1　952p　22cm
[内容] 民俗篇(居住関係・衣服装身・食習・農作業・舞踊と歌謡の大要)

◇第12巻　杜陵印刷　1966.11　420p　22cm
[内容] 斎明元年(655)から昭和16年(1941)

まで

岩手県郷土誌　岩手県教育会編
　◇日本書房　1940　472p　A5

巌手県志　巌手県教育会編
　◇巌手県教育会　1908　246p　A5

## 【盛岡市】

朝曦に額づく　太田村誌　太田村誌編纂委員編纂
　◇臨川書店　1987.6　847p　22cm
　　内容 縄文時代から昭和9年(1934)まで

盛岡市史　復刻版　盛岡市著
　◇第1巻　トリョー・コム（発売）
　　1978.7　324p　22cm
　　内容 第1分冊1：総説 先史期/第1分冊2：開拓期(古代)/第2分冊：中世期(安倍氏支配時代から盛岡市街地誕生まで)
　◇第2巻　トリョー・コム（発売）
　　1979.1　472p　22cm
　　内容 第3分冊1：近世期上(社会経済前期—南部藩の成立から元禄期まで)/第3分冊2：近世期上2(社会経済後期1—藩政の展開から天保期まで)
　◇第3巻　トリョー・コム（発売）
　　1979.5　521p　22cm
　　内容 第3分冊3：近世篇上3(商業の展開・庶民生活)/第4分冊：近世期中(文教)/第5分冊：近世期下(生活)
　◇第4巻　トリョー・コム（発売）
　　1980.12　693p　22cm
　　内容 第6分冊：明治期上(明治元年(1868)の盛岡開城より明治22年(1889)の市政施行まで)/第7分冊：明治期下(市制施行より明治末年に至る行政、明治初年以来の教育・公安・社会運動)
　◇第5巻　トリョー・コム（発売）
　　1982.1　595p　22cm
　　内容 第7分冊：明治期経済篇/第8分冊：大正期上(市庁、選挙、市会ほか)、大正期下(産業、金融、鉄道、物価)
　◇第6巻　トリョー・コム（発売）
　　1980.2　619p　22cm
　　内容 第9分冊：昭和期上(市庁・選挙・市会ほか)、昭和期上2(大正末の不況期から今日まで)/第10分冊：昭和期下(財政・公安・厚生ほか)
　◇第7巻　トリョー・コム（発売）
　　1980.12　523p　22cm
　　内容 第11分冊：文教(明治・大正・昭和)/第12分冊：生活(明治・大正・昭和)
　◇第8巻　トリョー・コム（発売）
　　1982.3　841p　22cm
　　内容 別篇：人物誌/続人物誌/再続人物誌/総目次

都南村誌　都南村誌編集委員会編
　◇都南村　1974.12　22,1140p　22cm
　　内容 自然環境/通史(縄文時代から昭和48年(1973)まで)/交通・通信/産業/災害/教育/厚生/軍事・治安/宗教/旧跡/民俗/人物

盛岡市通史　盛岡市史編纂委員会編
　◇盛岡市　1970　667p 図版　22cm

朝曦に額づく　太田村誌　岩手県太田村誌編纂委員編
　◇太田村　1935　847p　23cm

岩手の盛岡　岩手市役所編
　◇岩手市役所　1932

九戸中野村史　中野村役場編
　◇中野村役場　1925

## 【宮古市】

田老町史　田老町教育委員会編
　◇津波編(田老町津波誌)　田老町教育委

員会　2005.5　212p　22cm

**田老町史資料集**　田老町教育委員会編

　◇近世 1　田老町教育委員会　1990.2
　　618p　22cm
　　内容 旧乙部村の御用書留帳・往来御用書留帳、天保 12 年(1841)より明治 4 年(1871)までのうち 13 年間分 14 冊を収録

　◇近世 2　田老町教育委員会　1991.3
　　747p　22cm
　　内容 旧乙部村の肝入文書、租税関係を中心に天保 15 年(1844)から明治 5 年(1872)まで

　◇近世 3　田老町教育委員会　1992.3
　　809p　22cm
　　内容 旧田老・乙部・摂津村が所有する古文書を収録

　◇近世 4　田老町教育委員会　1993.3
　　699p　22cm
　　内容 旧末前村の諸家が所蔵する古文書を収録

　◇近世 5　田老町教育委員会　1995.3
　　681p　22cm
　　内容 町外で刊行された史書、文献、記録ならびに公的、指摘に所蔵される古文書

　◇近代 1　田老町教育委員会　2001.8
　　717p　22cm
　　内容 明治時代の史書、文献ならびに公的、指摘に所蔵された古文書

**新里村史**　新里村史編纂幹事会, 新里村史編纂委員会編

　◇新里村　2001.3　28, 928p, 図版 8 枚　22cm
　　内容 本村の自然と風土、過去・現在における政治・経済・社会及び文化について全 11 編と年表で構成:旧石器時代から平成 11 年(1999)まで

**宮古市史**　宮古市教育委員会編

　◇資料集 近世 1　宮古市　1984.1　799p　22-27cm
　　内容 行政:天正 20 年(1592, 文禄元年)から明治 2 年(1869)まで

　◇資料集 近世 2　宮古市　1985.10　860p　22-27cm
　　内容 検地・検見:幕府・藩・地元関係と分類し編年体で整理(寛永 11 年(1634)から明治 2 年(1869)まで)

　◇資料集 近世 3　宮古市　1986.10　904p　22-27cm
　　内容 年貢・役銭:元和 2 年(1616)から明治 6 年(1873)まで

　◇資料集 近世 4　宮古市　1988.3　902p　22-27cm
　　内容 一揆・騒動:延宝 2 年(1674)から明治 9 年(1876)まで

　◇資料集 近世 5　宮古市　1989.3　811p　22-27cm
　　内容 農業・災害(地震・津波・洪水)・凶作・火災:慶長 16 年(1611)から明治 2 年(1869)まで

　◇資料集 近世 6　宮古市　1990.1　889p　22-27cm
　　内容 山林:寛永 6 年(1629)から慶応 3 年(1870)まで

　◇資料集 近世 7-1　宮古市　1992.3　850p　22-27cm
　　内容 漁業編(川魚・海漁・製塩・造船):慶長 13 年(1608)から明治 15 年(1882)まで

　◇資料集 近世 7-2　宮古市　1993.3　988p　22-27cm
　　内容 交易・海難:文禄 5 年(1596, 慶長元年)から明治 6 年(1883)まで

　◇漁業・交易　宮古市　1981.11　550p　22-27cm
　　内容 宮古の近世における漁業と交易について, 資料を採択し通史的に解明することに努める

　◇民俗編 上巻　宮古市　1994.3　764p　22-27cm
　　内容 総論編(社会伝承・経済伝承・儀礼伝承・信仰伝承)

岩手県　　　　　　　　　　　　　　　　　　　　　　　　　　　　　　大船渡市

◇民俗編　下巻　宮古市　1994.3　977p　22-27cm
　内容　総論編(芸能伝承・言語伝承)/地域編/論考編/資料編

◇年表　宮古市　1991.3　600p　22-27cm
　内容　旧石器時代から平成元年(1989)まで

**田老町誌**　田老町誌編纂委員会編集

◇第1集　防災の町　田老町教育委員会　1971　119p 図　21cm

## 【大船渡市】

**大船渡市五十年の歩み　幸福を実感できる市をめざして**　大船渡市市制施行五十周年記念誌編集委員会編

◇大船渡市　2005.3　294p, 図版5枚　27cm
　内容　大船渡市の歩みを三陸村・町の歩みも併せてまとめ、市の歩み・現状と展望・大船渡市と三陸町の合併の三部により構成

**大船渡市史**　大船渡市史編集委員会編

◇第1巻　大船渡市　1978.12　461p　22cm
　内容　地質編/考古編(旧石器時代から古墳時代まで)

◇第2巻　大船渡市　1980.11　769p　22cm
　内容　沿革編：前編―気仙史考(古代から近世まで)/後編―大船渡市の歩み(明治時代から昭和54年(1979)まで)

◇第3巻 1　大船渡市　1979.4　631p　22cm
　内容　資料編1：気仙郡古記ほか、文書資料(元禄11年から明治13年)

◇第3巻 2　大船渡市　1979.9　731p　22cm
　内容　資料編2：寛永19年(1642)の御竿答から大船渡市設置申請書(昭和27年,1952)まで/金石文/史談・伝承

◇第4巻　大船渡市　1980.1　802p　22cm
　内容　民俗編：衣・食・住から民間信仰まで十章に分けて記述

◇第5巻　大船渡市　1982.4　598p　22cm
　内容　教育・宗教信仰編：大船渡市の学校・寺院・神社・信仰石碑等の沿革と住民との対応のしかた等を記述

◇第6巻　大船渡市　2002.4　911p　22cm
　内容　通史編：原始から平成13年(2001)の三陸町編入合併まで

**三陸町史**　三陸町史編集委員会編

◇第1巻 自然・考古編　三陸町　1990.3　627p　22cm
　内容　自然：地勢・地質・地形・気候・生物/考古：三陸町の黎明・縄文時代の文化・弥生時代の文化

◇第2巻 歴史編　三陸町　1992.3　1096p　22cm
　内容　原始時代から平成4年(1992)まで

◇第3巻 教育・社会編　三陸町　1989.3　938p　22cm
　内容　岩手県及び三陸町の教育・人物・宗教・治安(軍事)・厚生：近世から昭和末まで

◇第4巻 津波編　三陸町　1989.3　516p　22cm
　内容　三陸の津波(昭和三陸地震津波まで)/海難, 風水害

◇第5巻 民俗一般編　三陸町　1988.3　894p　22cm
　内容　三陸町の民俗を「衣・食・住」から「民間信仰」までの十章に分け叙述

◇第6巻 産業編 別刷 三陸町林業史　三陸町　1991.3　p387-535　21cm
　内容　江戸時代から昭和62年(1987)まで

◇第6巻 産業編　三陸町　1991.3　649p　22cm

全国地方史誌総目録　73

内容 漁業・農業・林業・鉱業・商工業：近世から昭和戦後まで

## 【花巻市】

花巻市史　花巻市教育委員会編
 ◇資料・管轄地史篇　花巻市教育委員会　1982.3　368p　21cm
　内容 「岩手県管轄地誌第3号・稗貫郡編」「第4号・和賀郡編」のうち花巻市管内分を抽出して収録
 ◇資料編 花巻城代日誌 [1] 第1巻-第6巻　花巻市教育委員会　1983.3　492p　21cm
　内容 文政5年(1822)から天保9年(1838)まで
 ◇資料編 諸御用早見日記1　花巻市教育委員会　1993.3　149p　21cm
　内容 弘化4年(1847)から嘉永4年(1851)まで
 ◇資料編 御次留書帳1　花巻市教育委員会　1997.3　132p　26cm
　内容 御次留書帳1：正徳3年(1713)から享保5年(1720)まで
 ◇資料編 花巻城代日誌 [2] 第7巻-第10巻　花巻市教育委員会　1984.3　344p　21cm
　内容 文政3年(1820)から天保9年(1838)まで
 ◇資料編 諸御用早見日記2　花巻市教育委員会　1994.3　137p　21cm
　内容 弘化4年(1847)から嘉永4年(1851)まで
 ◇資料編 矢沢地区地方文書 其之一　花巻市教育委員会　1991.3　243p　21cm
　内容 藩制時代の安俵高木通り、現在の矢沢地区を範囲に肝入関係資料を主に収録
 ◇資料編 矢沢地区地方文書 其之二　花巻市教育委員会　1992.3　310p　21cm

内容 藩制時代の安俵高木通り、現在の矢沢地区を範囲に肝入関係資料を主に収録
 ◇資料編 花巻城代日誌 3 第11巻-第14巻　花巻市教育委員会　1985.3　332p　21cm
　内容 文政3年(1820)から天保9年(1838)まで
 ◇資料編 花巻城代日誌 4 第15巻-第17巻　花巻市教育委員会　1986.3　307p　21cm
　内容 文政3年(1820)から天保9年(1838)まで
 ◇資料編 花巻城代日誌 5 第18巻-第21巻　花巻市教育委員会　1987.3　372p　21cm
　内容 文政3年(1820)から天保9年(1838)まで
 ◇資料編 花巻城代日誌 6 第22巻-第24巻　花巻市教育委員会　1988.3　284p　21cm
　内容 花巻城代日誌第22巻から第24巻：文政3年(1820)から天保9年(1838)まで
 ◇資料編 花巻城代日誌 7 第25巻-第26巻　花巻市教育委員会　1989　177p　21cm
　内容 文政7年(1827)から天保2年(1831)まで
 ◇資料編 御次留書帳 第1巻2　花巻市教育委員会　1999.3　91p　26cm
　内容 享保5年(1720)から享保7年(1722)まで
 ◇資料編 御次留書帳 第2巻2　花巻市教育委員会　2001.3　80p　26cm
　内容 享保8年(1723)から享保9年(1724)まで
 ◇資料編 御次留書帳 第2巻3　花巻市教育委員会　2002.3　89,5p　26cm
　内容 享保9年(1724)から享保13年(1728)まで
 ◇資料編 御次留書帳 第54巻　花巻市教育委員会　2004.3　169p　26cm
　内容 文久2年(1862)1月から12月まで

岩手県　　　　　　　　　　　　　　　　　　　　　　　　　　　花巻市

◇資料編 御次留書帳 第6巻　花巻市教育委員会　2005.3　145p　26cm
内容 寛延2年(1749)から寛延3年(1750)

◇資料編 御次留帳書 第1巻3第2巻1　花巻市教育委員会　2000.3　88, 7p　26cm
内容 享保7年(1722)から享保8年(1723)

◇資料編 和賀稗貫両家記録　花巻市教育委員会　1995.3　99p　21cm
内容「和賀稗貫両家記録(乾・坤)」(東京大学史料編纂所蔵)

大迫町史　大迫町史編纂委員会編

◇教育・文化編　大迫町　1983.3　836p　22cm
内容 原始・古代から現代(昭和56年(1981)頃)まで

◇交通編　大迫町　1979.3　708p　22cm
内容 原始・古代から現代(昭和53年(1978)頃)まで

◇行政編　大迫町　1986.11　1046p　22cm
内容 古代から現代(昭和50年)まで

◇産業編　大迫町　1985.3　923p　22cm
内容 古代から現代(昭和50年)まで

◇民俗資料編　大迫町　1983.12　890p　22cm
内容 昭和15年(1940)現町域内の各尋常高等小学校が編纂した「郷土教育資料」の民俗編を主体にまとめ、旧町村ごとの民俗資料編とする

花巻市史　[復刻版]　花巻市教育委員会編

◇第1巻　国書刊行会　1981.9　778p　22cm
内容 古代中世編・近世篇1・近世篇2・近代篇：縄文文化の時代から花巻市制施行(昭和戦後)まで

◇第2巻　国書刊行会　1981.9　670p　22cm
内容 史蹟花巻城篇・寺院篇・神社篇・文化財篇

◇第3巻　国書刊行会　1981.9　492p　22cm
内容 人物誌・民俗篇・郷土芸能篇

◇第4巻　国書刊行会　1981.9　552p　22cm
内容 年表史料篇・資料篇1(記録類)・資料篇2(中世資料など)

東和町史　東和町史編纂委員会編

◇民俗編 付年表　東和町　1979.11　725p　22cm
内容 民俗/東和町史年表：縄文期から昭和30年(1955)まで

◇上巻　東和町　1974.12　1320p　22cm
内容 上代・中世・近世：縄文時代から南部藩政末期まで

◇下巻　東和町　1978.3　1382p　22cm
内容 近代：明治初期から昭和30年(1955)1月合併にいたるまで

花巻市史　熊谷章一著

◇近世編1　花巻市教育委員会　1972.2　249p　21cm
内容 北氏(特に松斎)と花巻との関係、および行政関係

◇近世編2　花巻市教育委員会　1974.2　180p　21cm
内容 花巻市(町)の形成および商業(産物)関係・温泉関係

◇資料編1　花巻市教育委員会　1975.4　192p　21cm
内容 記録類を内容と地域を勘案して収録(近世)

◇資料編2　花巻市教育委員会　1977.3　133, 30p　21cm
内容 花巻地方に所在し、かつ関係のある中世資料及び中世を知るための資料

◇人物誌　花巻市教育委員会　1979.3
160p　21cm
　内容　鶴陰碑に出ている人物194名のうち8名の略伝・家譜・関係史料

◇年表史料　花巻市教育委員会　1970
165p　21cm
　内容　「花巻年契」「花印」(抄)「花巻古事記」

◇文化財篇　花巻市教育委員会
1972.12　126p　21cm
　内容　花巻市内にある国指定・県指定の文化財及び市指定の文化財

## 石鳥谷町史　石鳥谷町史編纂委員会編

◇上巻　石鳥谷町　1979.3　1356,6p
22cm

## 谷内村郷土誌　和賀郡谷内村教育会編

◇和賀郡谷内村教育会　1932　624p
A5

## 八重畑村誌　八重畑教育支會編

◇八重畑村教育支會　1921.2　5,208p
22cm
　内容　地理・人文・名稱古跡・宗教・人事・雑録・沿革

## 岩手県稗貫郡湯本村誌　全　岩手県稗貫郡湯本村役場編

◇岩手県稗貫郡湯本村役場　1920　228p
A5

# 【北上市】

## 相去村誌　北上市合併までの歩み　相去村誌編集委員会編

◇相去村誌編集委員会　1992.7　336p
27cm

## 江釣子村生誕百年記念誌　岩手県江釣子村編

◇江釣子村　1989.11　376p, 図版10枚
27cm

　内容　明治初期から平成元年(1989)まで

## 岩崎村史集　復刻版

◇和賀町教育委員会　1989.9　88p
26cm
　内容　「岩崎村郷土史」「岩崎村教育沿革史」(大正14年)の復刻

## 北上の歴史　北上市編

◇北上市史刊行会　1987.6　349p
22cm
　内容　北上市の原始時代から昭和40年(1965)頃までの歴史のあらましを平易に記述

## 北上市史　岩手県北上市編

◇第1巻・原始・古代(1)　北上市史刊行会　1968.3　496,18p　22cm
　内容　無土器時代から平安時代(12世紀末)までの考古資料

◇第2巻・古代(2)・中世　北上市史刊行会　1970.3　732p　22cm
　内容　記録(古代：8世紀から12世紀まで)/文書・記録(中世：13世紀から16世紀まで)/考古資料/彫刻・工芸/絵画/石造遺品

◇第3巻・近世(1)　北上市史刊行会
1976.3　972p　22cm
　内容　和賀氏の終末(和賀氏一揆に関する資料)/百姓一揆(南部藩・伊達藩：慶安5年)から明治4年まで)

◇第4巻・近世(2)　北上市史刊行会
1973.3　930p　22cm
　内容　南部・伊達境領に関する資料：天正18年(1590)から明治3年(1870)まで

◇第5巻・近世(3)　北上市史刊行会
1979.3　903p　22cm
　内容　知行・新田1(南部藩)：天正19年(1591)から明治17年(1884)まで

◇第6巻・近世(4)　北上市史刊行会
1980.12　763p　22cm
　内容　検地1(南部藩)：寛永11年(1634)から明治2年(1869)まで

◇第7巻・近世(5)　北上市史刊行会
1981.7　773p　22cm
内容 知行・新田2(伊達藩)/検地2(伊達藩)：慶長6年(1601)から文久元年(1861)まで

◇第8巻・近世(6)　北上市史刊行会
1983.2　759p　22cm
内容 南部藩,伊達藩の北上川舟運資料：慶長16年(1611)から明治5年(1872)まで

◇第9巻・近世(7)　北上市史刊行会
1983.12　681p　22cm
内容 書類留1(黒沢尻・二子・更木・成田・村崎野・下鬼柳・相去・下門岡の各村に該当する資料)：寛文6年(1666)から明治9年(1876)まで

◇第10巻・近世(8)　北上市史刊行会
1984.8　849p　22cm
内容 書留類2(上口内・小池・水押の各村に該当する資料)：正徳元年(1711)から慶応4年(1868)まで

◇第11巻・近世(9)　北上市史刊行会
1985.8　632p　22cm
内容 人別帳・租税・経済・塩酒造・産業・交通1：慶長17年(1612)から明治2年(1869)まで

◇第12巻・近世(10)　北上市史刊行会
1986.12　671p　22cm
内容 交通2,学芸・宗教：慶長9年(1604)から明治35年(1902)まで

## 和賀町史　岩手県和賀町編

◇岩手県和賀町　1977.9　804p 図37枚　22cm

## 江釣子村史

◇江釣子村　1971.11　975p, 図版5枚　22cm
内容 縄文時代から昭和44年(1969)まで

## 和賀郡飯豊村誌　復刻版　八重樫四郎著

◇八重樫四郎　1970.10　36p　25cm

## 【久慈市】

### 久慈市史　久慈市史編纂委員会編

◇第1巻 通史 自然・原始・古代・中世　久慈市史刊行会　1984.11　570p　22cm
内容 久慈市の自然,原始から中世までの通史：天正19年(1591)の九戸政実の乱まで

◇第2巻 通史 近世　久慈市史刊行会
1993.11　553p　22cm
内容 天正19年(1591)の九戸政実の乱以降,戊辰戦争の終結まで

◇第3巻 通史 近代　久慈市史刊行会
1998.3　583p　22cm
内容 慶応3年(1867)の大政奉還から昭和29年(1954)の久慈市の誕生まで

◇第4巻 史料編1(天正18年-安永9年)　久慈市史刊行会　1987.12　864p　22cm
内容 現在の久慈市域に関係する史料,編年体で天正18年(1590)から安永9年(1780)まで

◇第5巻 史料編2(天明元年-文政12年)　久慈市史刊行会　1987.12　865p　22cm
内容 編年体で天明元年(1781)から文政12年(1829)まで

◇第6巻 史料編3(天保元年-明治元年)　久慈市史刊行会　1987.12　冊　22cm
内容 編年体で天保元年(1830)から明治元年(1868)まで

### 九戸郡誌　県教育会九戸郡部会編

◇名著出版　1972.9　18, 616, 12p, 図版[19]p　22cm
内容 序説・沿革・地理・郡治・教育・産業・社寺・名蹟・人物：先史時代から昭和9年(1934)頃まで

## 【遠野市】

千年の森へ　宮守村合併50周年記念

誌　宮守村総務部総務管理室編

◇宮守村　2005.2　225p　30cm＋CD1枚(12cm)
[内容]宮森村50年史年表：昭和30年(1955)から平成16年(2004)ほか

遠野町誌　遠野郷土研究会編

◇国書刊行会　1984.12　234,52p,図版[4]p　22cm
[内容]沿革・自然・行政・社会・産業経済/文化/社寺・名蹟・人物/民俗：昭和29年(1954)まで

宮守村誌　森嘉兵衛著

◇宮守村教育委員会　1977.9　24,1066p,図版2枚　22cm
[内容]歴史編：縄文文化から近世末期まで/民俗編/近代編：明治期を前期とし,大正─終戦までを後期とし,関連的に現代まで言及

遠野市史　遠野市史編修委員会編修

◇第1巻　萬葉堂書店　1974.10　506p　22cm
[内容]原始・古代・中世：縄文式土器時代より戦国時代まで

◇第2巻　萬葉堂書店　1975.11　662p　22cm
[内容]近世(遠野南部氏時代)：遠野南部氏の由来から天保元年(1830)まで

◇第3巻　萬葉堂書店　1976.5　685p　22cm
[内容]近世(遠野南部氏時代)続：義茂時代から済賢時代(文政13年(1830,天保元年)から明治12年(1879)まで/近代：明治元年(1868)から大正15年(1926,昭和元年)まで

◇第4巻　萬葉堂書店　1977.3　1008p　22cm
[内容]近代続：大正15年(1926,昭和元年)から終戦まで/現代：昭和21年(1946)から昭和43年(1968)まで/文化/年表

定本附馬牛村誌　附馬牛村誌編集委員会編

◇附馬牛村　1954　490p　図　22cm
[内容]自然/歴史条件/政治/社会条件ほか：昭和29年(1954)の遠野市合併まで

上郷村誌　岩手県上閉伊郡上郷村教員会編

◇上郷村教育会　1935　160p　23cm

遠野町誌　上閉伊郡遠野郷土研究会編

◇遠野町役場　1933　286p　A5

上閉伊郡綾織村郷土誌　綾織村教育会編

◇綾織村教育会　1932

## 【一関市】

千厩町史　千厩町史編纂委員会編

◇第1巻　千厩町　1999.3　848p　22cm
[内容]自然編/歴史編：旧石器時代から葛西氏滅亡・仙台藩政まで/特別編：千厩の地質

◇第2巻　千厩町　1986.10　678p　22cm
[内容]近世1：伊達藩治政の組織,制度,及び構成を主体に編集

◇第3巻　千厩町　1993.3　970p　22cm
[内容]近世2：産業/農村と農民/金融と商業/交通と通信/宗教と信仰/教育と文芸

◇第4巻　千厩町　2000.7　1021p　22cm
[内容]近代編：明治維新から第二次世界大戦まで

◇第5巻　千厩町　2005.9　966p　22cm
[内容]現代編：昭和20年(1945)から平成

17年(2005)新一関市合併まで

大東町史　大東町編纂
- ◇上巻　大東町　1982.3　1170p　22cm
  内容 原始古代史/中世史/近世史：旧石器時代から近世後期まで
- ◇下巻　大東町　2005.9　1214p　22cm
  内容 近代(明治期)/近代(大正戦後から戦後)/現代(大東町50年の歩み)：幕末期から平成17年(2005)まで

花泉町史　花泉町史編纂委員会編
- ◇資料編　花泉町史刊行会　1988.11　1258, 157p　22cm
  内容 花泉町史編さんは始まった昭和50年より収集した，文献，古文書，記録などの中から時代毎に編集：原始古代/中世/近世/近代
- ◇通史　花泉町史刊行会　1984.9　610p　22cm
  内容 先史時代から昭和30年(1955)の花泉町誕生まで

奥玉村誌　奥玉村誌「まとめる会」実行委員会編
- ◇奥玉愛林公益会　1988.5　561p, 図版2枚　22cm
  内容 縄文文化から昭和31年(1956)の町村合併までの地誌・沿革・行政・産業・教育等

東山町史　東山町史編纂委員会編
- ◇東山町　1978.11　1013p 図4　22cm

一関市史　一関市史編纂委員会編
- ◇第1巻 通史　一関市　1978.8　1079p 図　22cm
  内容 一関の自然史/原始時代/中世/近世/近代・現代：旧石器時代から昭和42年(1967)まで
- ◇第2巻 各説1　一関市　1978.3　873p 図　22cm
  内容 民政(藩政時代)/教育・学問(藩政期から昭和期まで)/文芸・美術/武芸・武器/産業・土木(近世から昭和戦後まで)/経済(田村藩前期から昭和初期まで)
- ◇第3巻 各説2　一関市　1977.12　780p 図　22cm
  内容 交通(古代から現代まで)/宗教/民俗・習慣/災害/金石志/民話(伝説)/方言
- ◇第4巻 地域史　一関市　1977.3　1028p 図　22cm
  内容 一関市合併(昭和23年，昭和30年)以前の町村について，各地区毎の歴史を第2次合併まで記述
- ◇第5巻 自然編　一関市　1975.10　397p 図　22cm
  内容 動植物/気象
- ◇第6巻 資料編1　一関市　1976.10　961p 図　22cm
  内容 中世文書/近世のうち天和元年(1681)田村家移封以前の文書/一関藩主田村家奥秘録類のうちから重要なもの
- ◇第7巻 資料編2　一関市　1977.6　773, 45p 図　22cm
  内容 近世における民間資料を主とする：風土記書上/封内風土記/検地帳ほか

門崎村史　門崎村史編纂委員会編
- ◇門崎村　1956　391, 5p 図版5枚　22cm
  内容 主として藩政期から昭和29年(1954)まで

萩荘村史　小岩孝一郎, 千葉庄松共著
- ◇萩荘村　1955.1　297p 図版　22cm
  内容 先史時代から昭和29年(1954)の萩荘村閉庁まで

大原町誌　大原町編
- ◇上巻　大原町　1931.11　677p　23cm
  内容 古代から近世まで(安倍氏から徳川氏の時代)
- ◇下巻　大原町　1931.11　309p　23cm

陸前高田市　　　　　　　　　　　　　　　　　岩手県

　　内容 明治維新から昭和初年まで

**復刻眞瀧村誌**　眞瀧村誌復刻刊行委員会編

　◇眞瀧村誌復刻刊行委員会　1916.12
　　344p　26cm
　　内容 沿革・地勢ほか20章、大正5年（1916）まで

## 【陸前高田市】

**陸前高田市史**　陸前高田市史編集委員会編

　◇第1巻　陸前高田市　1994.2　662p　22cm
　　内容 自然編：地形と気象/植物/海産動物/陸産動物

　◇第2巻　陸前高田市　1994.3　672p　22cm
　　内容 地質編：古生代から新生代に至る地層の形成と地質構造・岩石・化石の分布状況等/考古編：旧石器時代から中近世までの遺跡の特徴と生活文化、出土遺物の形式等

　◇第3巻　陸前高田市　1995.3　882p　22cm
　　内容 沿革編（上）：原始・古代・中世・近世（旧石器時代から戊辰戦争まで）

　◇第4巻　陸前高田市　1996.3　868p　22cm
　　内容 沿革編（下）：近代（明治から終戦まで）/現代（終戦から現在まで）

　◇第5巻　陸前高田市　1991.3　664p　22cm
　　内容 民俗編（上）：衣・食・住/農山村の民俗/漁村の民俗/年中行事/人生儀礼

　◇第6巻　陸前高田市　1992.3　738p　22cm
　　内容 民俗編（下）：俚諺と俗信/言語・方言/民謡・童唄/昔話・伝説/民間信仰/民俗芸能と祭り

　◇第7巻　陸前高田市　1998.5　898p　22cm
　　内容 宗教編：修験・神社・仏教・切支丹宗/教育編：近世・近代・戦後

　◇第8巻　陸前高田市　1999.6　800p　22cm
　　内容 治安・戦役・災害・厚生編：警察/消防/戦役/災害/福祉/医療

　◇第9巻　陸前高田市　1997.3　846p　22cm
　　内容 産業編（上）：農業・養蚕業・林業・漁業（古代から現代まで）

　◇第10巻　陸前高田市　2000.5　790p　22cm
　　内容 産業編（下）：産金・製鉄・商業・工業・気仙大工（古代から現代まで）

　◇第11巻　陸前高田市　2001.3　882p　22cm
　　内容 資料編1：古代・中世・近世・近代、日本書紀から明治43年（1910）まで

　◇第12巻　陸前高田市　2002.3　944p　22cm
　　内容 資料編2：近世（藩政時代）の政治・経済・産業・文化・宗教等に関する地方史料集、寛永19年（1642）から明治4年（1871）まで

## 【釜石市】

**釜石市誌**　釜石市誌編纂委員会編

　◇鵜住居小史資料編　釜石市役所　1966.3　397p　25cm

　◇栗橋小史資料編　釜石市役所　1970.7　476p　25cm

　◇甲子小史資料編　釜石市　1986.3　424p　22-26cm
　　内容 釜石市甲子町（昭和30年（1955）に甲子村が合併）の村誌、自然環境・歴史的性格ほか

　◇史料編1　1960　618p　22cm
　◇史料編2　1961　841p　22cm
　◇史料編3　1962　822p　22cm

岩手県　　　　　　　　　　　　　　　　　　　　　　　　奥州市

◇史料編 4　1963　987p　22cm

◇通史　1977.3　665p　22cm

◇年表　1965.7　192, 21p　22cm

## 【二戸市】

二戸市史　二戸市史編さん委員会編集

◇第 1 巻　二戸市　2000.6　761p　22cm
　内容 先史・古代・中世：縄文時代から九戸政実の乱(天正 19 年)まで

◇第 2 巻　二戸市　2001.3　1084p　22cm
　内容 近世・近代・現代：天正 19 年(1591)から平成 12 年(2000)まで

◇第 3 巻　人物二戸史　二戸市　1998.11　239p, 図版 4p　22cm
　内容 「古代糠部人たち」から「農民知事国分謙吉」まで

浄法寺町史　浄法寺町史編纂委員会編

◇上巻　浄法寺町　1997.3　613p　22cm
　内容 先史時代から平成 8 年(1996)の浄法寺町の自然・歴史・産業経済・浄法寺の漆

◇下巻　浄法寺町　1998.3　616p　22cm
　内容 天台寺・交通通信・教育・民俗

金田一村誌　金田一尋常高等小学校, 長川尋常小学校, 釜沢尋常小学校共編

◇金田一村教育委員会　1966　287p　27cm

## 【八幡平市】

西根町史　西根町史編纂委員会編

◇民俗資料編　西根町　1990.8　363p　22cm
　内容 地名・家号の由来/民間伝承/ことばと伝承文化

◇上巻　西根町　1986.9　1226p　22cm
　内容 自然環境, 町の行財政, 先史, 古代, 中世, 藩政下時代, 民俗

◇下巻　西根町　1989.9　1232p　22cm
　内容 明治・大正時代/昭和時代/農業/社会・教育：戊辰戦争から昭和末まで

松尾村誌　松尾村誌編纂委員会

◇松尾村　1989.9　16, 489p, 図版 6 枚　27cm
　内容 旧石器時代から平成元年(1989)まで

荒沢村郷土誌　荒沢村役場編

◇荒沢村役場　1925

## 【奥州市】

胆沢町史　胆沢町編集

◇1　胆沢町史刊行会　1981.3　570p　22cm
　内容 原始古代編：旧石器時代から古墳時代まで

◇2　胆沢町史刊行会　1982.9　409p　22cm
　内容 古代編：胆沢の古代征夷開拓から奥州藤原氏まで/中世編：頼朝の奥州平定から天正期まで/古代編資料/古代編年表

◇3　胆沢町史刊行会　1982.9　480p　22cm
　内容 中世編：在家等による農耕管理及び太閤検地・仏教文化と信仰・社寺修験/史料

◇4　胆沢町史刊行会　1997.12　653p　22cm
　内容 近世編 1：統制と機構/水沢伊達家の軍列/仙台藩の支配機構/中世末より幕末までの領主給人らの知行地と領主の交代状況/資料(検地帳)

◇5　胆沢町史刊行会　2002.2　868p　22cm
　内容 近世編 2：家臣・農民条目/林業と馬産/土地と検地・村高/仙台藩の租税と買米/災害と一揆・争乱

全国地方史誌総目録　81

◇6　胆沢町史刊行会　2002.3　754p　22cm
[内容] 近・現代編1：胆沢開発と用水/仙台藩と蝦夷地/戊辰の役/軍事と国防

◇7 前編　胆沢町史刊行会　2004.12　783p　22cm
[内容] 近・現代編2 前編：維新以降の県治/新郡村体制の確立/土林対策/土地税制/消防警察

◇7 中編　胆沢町史刊行会　2006.2　642p　22cm
[内容] 近・現代編2 中篇：出稼移民/教育/社会教育

◇7 後編　胆沢町史刊行会　2006.2　592p　22cm
[内容] 近・現代編2 後編：産業経済/納税と年金組合/胆沢町総目次

◇8　胆沢町史刊行会　1985.3　766p　22cm
[内容] 民俗編1：衣食住/生産/生活/通過儀礼/年中行事/算学/紋章

◇9　胆沢町史刊行会　1987.11　876p　22cm
[内容] 民俗編2：単位/交通運輸及び通信/電気/鉱山/体技/信仰/俗信/方言

◇10　胆沢町史刊行会　1991.10　681p　22cm
[内容] 民俗編3：生活芸能

◇11　胆沢町史刊行会　1994.10　733p　22cm
[内容] 民俗編4：娯楽芸能/里謡と童唄・なぞかけ/口承・伝説

## 水沢市史　水沢市史編纂委員会編

◇1　水沢市史刊行会　1974.11　723p　22cm
[内容] 原始古代編：風土の特性/原始時代より平泉滅亡の文治5年(1189)まで

◇2　水沢市史刊行会　1976.11　1032,50,4p　22cm
[内容] 中世編：前編 中世の水沢地方/後編 中世の留守氏（鎌倉期から戦国期まで）

◇3 上　水沢市史刊行会　1981.8　1066p　22cm
[内容] 近世編(上巻)：仙台藩制/水沢伊達市/郷村と役人/奥州街道と水沢宿ほか

◇3 下　水沢市史刊行会　1982.3　1050p　22cm
[内容] 近世編(下巻)：産業/人物/百姓一揆/戊辰戦争と水沢藩ほか

◇4　水沢市史刊行会　1985.11　1252p　22cm
[内容] 近代編(1)：明治維新期から昭和戦前期まで

◇5　水沢市史刊行会　1990.3　1628p　22cm
[内容] 近代編(2)：昭和20年(1945)から平成2年(1990)まで

◇6　水沢市史刊行会　1978.12　1020p　22cm
[内容] 民俗編：総論/衣食住/生産交易/社会生活/民間信仰ほか

◇7　水沢市史刊行会　1993.3　820p　22cm
[内容] 古代蝦夷史料(宝亀7年,776)より現代の選挙記録(平成4年,1992)まで

## 江刺市史　江刺市史編纂委員会編

◇第1巻 通史篇 原始・古代・中世　江刺市　1983.3　625p　22-27cm
[内容] 本編(通史篇：原始時代から中世後期まで)/別編(特論篇：江刺市の自然・北上川・江刺の宗教)

◇第2巻 通史篇 近世　江刺市　1985.11　639p　22-27cm
[内容] 元和元年(1615)から廃藩置県前後まで

◇第3巻 通史篇 近代・現代　江刺市　1987.2　944p　22-27cm
[内容] 慶応3年(1867)の大政奉還から昭和60年(1985)まで

◇第4巻 社寺旧跡篇　江刺市　1990.3　236, 8p　22-27cm

岩手県　　　　　　　　　　　　　　　　　　　　　　　　　　　　　奥州市

内容 江刺市合併以前の一町十二ヶ村毎に町村の概要・神社小祀・寺院・仏閣・旧跡を記述/附録

◇第5巻 考古資料篇 原始・古代・中世　江刺市　1981.12　574p　22-27cm
内容 江刺市内に発見された旧石器時代から鎌倉時代以降までの考古資料(遺跡・遺構・遺物)

◇第5巻 資料篇 近世1　江刺市　1974.11　655p 図4p　22-27cm
内容 1：江刺の概要(寛永の検地帳・風土記・巡見使案内書・藩境関係」/2：支配(支配者の系譜，家臣団，知行状等)

◇第5巻 資料篇 近世2　江刺市　1975.8　610p　22-27cm
内容 村(町)/土地・山林/水利/普請/貢租/塩・買米

◇第5巻 資料篇 近世3　江刺市　1976.3　642p　22-27cm
内容 災害・救恤/百姓一揆/治安・訴訟/百姓戸口・民政

◇第5巻 資料篇 近世4　江刺市　1977.2　693p　22-27cm
内容 産業/交通運輸/宗教/教育/藩財政窮迫/幕末関係/諸犯判決例/日誌及年表

◇第5巻 資料篇 近代1　江刺市　1978.3　756p　22-27cm
内容 伊達藩の崩壊と新政府の統治/三陸会議と其後の施策/宗教政策/戸籍制度/地検制度/学制：慶応4年(1868, 明治元年)から明治42年(1909)まで

◇第5巻 資料篇 近代2　江刺市　1979.7　711p　22-27cm
内容 明治期の経済/交通運輸通信/町村制・郡制及議会/警察・消防/災害/小作制度・入会制度/大正・昭和期の経済/第二次大戦後の改革/江刺町誕生：明治2年(1909)から昭和45年まで

◇第5巻 資料篇 古代・中世　江刺市　1982.10　469p　22-27cm
内容 古代(大化前代)から戦国時代(藩政確立期の初め)まで

衣川村史　衣川村編

◇1 通史編　衣川村　1989.9　440p　22cm
内容 旧石器時代から昭和17年(1884)まで

◇2 資料編1　衣川村　1987.1　606p　22cm
内容 村外資料(古代)/考古資料

◇3 資料編2　衣川村　1988.3　568p　22cm
内容 村外資料(続)：中世から近世まで/村内既刊転載資料：「衣川誌」「衣川村誌」ほか

◇4 資料編3　衣川村　1988.12　607p　22cm
内容 村内に現存する古文書のうち，概ね文化年間末(文政元年)頃までの資料

◇5 資料編4　衣川村　1989.3　604p　22cm
内容 村内に現存する古文書のうち，近世から明治17年までの資料

前沢町史　前沢町史編集委員会編

◇上巻　前沢町教育委員会　1974.8　397p　22cm
内容 旧石器時代から頼朝の奥州征伐まで

◇中巻　前沢町教育委員会　1976.7　651p　22cm
内容 中世の東北と前沢/近世の前沢史：鎌倉時代から天保期まで

◇下巻1　前沢町教育委員会　1981.1　781p　22cm
内容 近世の前沢史(その2)/幕末の動揺と前沢/現代の前沢史：近世中期から明治9年(1876)まで

◇下巻2　前沢町教育委員会　1988.9　1365p　22cm
内容 現代の前沢史(明治9年(1876)の岩手県成立から昭和30年まで)/交通運輸

通信/上野原開拓史/信仰

南都田郷土史　南都田村史編纂委員会編
◇前編　南都田村史編纂委員会　1968.8
404p 図版　27cm
[内容] 自然と人口/沿革(先史時代から近世まで)/行政・教育・産業経済(近・現代)

◇後編　南都田村史編纂委員会
1968.11　355p 図版　27cm
[内容] 生活文化・交通通信・人物・宗教・入会地・災害・伝説

郷土の歴史　玉里郷土教育資料　改版
玉里郷土教育資料編纂委員会編
◇岩手県江刺市玉里公民館　1968.1
636p　26cm
[内容] 古代から昭和14年(1939)まで

姉体の歴史　姉体村誌編纂委員会編
◇姉体村誌編纂委員会　1957.10　12,
418p, 図版 7 枚　22cm
[内容] 原始時代から昭和29年(1954)の水沢市制施行まで

眞城村誌　高橋三太編
◇眞城村　1954.3　143p, 図版 2 枚
21cm
[内容] 原始時代から昭和29年(1954)の水沢市制参加まで

水澤町誌　水澤町編
◇水澤町　1931　492p, 図版 [30] p
22cm
[内容] 沿革・地理・政治・風俗・宗教・人物・名所旧蹟等：昭和5年(1930)頃まで

江刺郡志　復刻版　岩手県教育会江刺郡部会編纂
◇臨川書店　1925.6　396, 31, 38p 図版 25 枚　22cm
[内容] 江刺郡の地理及び沿革その他を記

述：大正13年(1924)まで

衣川村誌　衣川村蹟調査会編
◇衣川村史蹟調査会　1925　183p　A5

佐倉河村誌　佐倉河村役場編
◇佐倉河村役場　1922　63p　A5（謄）

【雫石町】

雫石町史　雫石町史編集委員会編
◇[第1巻]　雫石町　1979.1　1399p
22cm
[内容] 先史時代から昭和30年(1950)の町村合併まで/現況(昭和53年(1978)前後)

◇第2巻　雫石町　1989.10　1365p
22cm
[内容] 昭和30年(1955)の新雫石町発足前後から昭和60年(1985)まで

雫石町誌史料
◇第1,2集　雫石町教育委員会
1963-1967　2 冊　22cm
[内容] 雫石蔵代日記、雫石街道の歴史

【葛巻町】

葛巻町郷土史年表　葛巻町誌編纂委員会編
◇葛巻町　2005.3　145p, 図版 2 枚
26cm
[内容] 旧石器時代から平成15年(2003)まで

葛巻町誌　葛巻町誌編纂委員会編
◇第1巻　葛巻町　1987.6　647p
22cm
[内容] 地誌：自然環境・社会と人口世帯/通史：旧石器時代から明治20年(1887)前後まで

◇第2巻　葛巻町　1989.12　997p
22cm
[内容] 明治22年の市制・町村制施行前後から大正末期まで/村政の歩みを中心に記述

◇第 3 巻　葛巻町　1992.3　982p　22cm
　内容 通史 3 大正期(2)・通史 4 昭和前期：大正期の水道・電気事業から大東亜戦争(一部)まで

◇第 4 巻　葛巻町　1998.9　870p　22cm
　内容 通史 4 昭和初期・戦後編：昭和前期から戦後まで/各論：自然、戦争・政治

◇別巻 鎮魂の賦　葛巻町教育委員会　1985.12　385p　21cm
　内容 戦争を語り継ぐ資料：明治前期から昭和 20 年(1945)まで

## 【岩手町】

翔　岩手町 30 年の歩み 町制施行 30 周年記念誌　岩手県岩手町企画調整課編

◇[岩手町]　1985.7　255p　26cm
　内容 昭和 29 年(1954)から昭和 59 年(1984)まで(縄文時代から昭和戦後までの前史あり)

岩手町史　岩手町史編纂委員会編

◇岩手町史刊行会　1976　19, 1006p, 図版 2 枚＋地図 2 枚(袋入)　22cm
　内容 現況/町の歴史(先史時代から昭和 40 年代まで)/産業・経済/教育と文化

御堂村誌　御堂村誌調査委員会編

◇御堂村誌調査委員会　1928

## 【滝沢村】

農民生活変遷中心の滝沢村誌　福田武雄編著

◇滝沢村　1974.4　25, 1306p, 図版 3 枚　27cm
　内容 縄文式文化から昭和 45 年(1970)前後まで

## 【紫波町】

紫波町史　紫波町史編纂委員会編

◇第 1 巻　紫波町　1972.3　1203p　22cm
　内容 先史時代から近世まで(縄文時代から幕末期)

◇第 2 巻　紫波町　1984.3　1193p　22cm
　内容 明治維新(慶応 3 年,1867)以降の近代・現代編(昭和 50 年代まで)

◇第 3 巻　紫波町　1988.1　1222p　22cm
　内容 資料編：通史編さんに参考引用した資料のうち、主として町在住の諸家所蔵の近世・近代の文書/年表：旧石器時代から昭和 60 年(1985)まで

彦部村誌　岩手県紫波郡彦部村編

◇岩手県紫波郡彦部村　1921　332p　22cm

## 【矢巾町】

矢巾町史　矢巾町史編纂委員会編

◇上巻　矢巾町　1985.3　1104p　21cm
　内容 自然環境・先史時代・古代・中世・近世・民俗：旧石器時代から幕末期まで

◇下巻　矢巾町　1985.3　1301p　21cm
　内容 近代：明治維新(慶応 3 年)から、昭和 58 年頃まで

図説矢巾村誌　矢巾村教育委員会編

◇矢巾村　1965　104p　19×26cm

徳田村自治五十周年誌　徳田村役場編

◇徳田村役場　1938

## 【西和賀町】

沢内村史　沢内村史編纂委員会編纂

◇資料編　沢内村教育委員会　1994.3　308, 13p　22cm

内容 年表：旧石器時代から平成元年(1989)まで/村内各学校の沿革ほか

◇上巻　沢内村教育委員会　1991.3　1646p　22cm
内容 村の現状の概説・原始・古代・中世・近世まで

◇下巻　沢内村教育委員会　1994.3　1609p　22cm
内容 近代：戊辰戦役から日本国憲法施行まで/民俗

和賀郡誌　岩手県教育会和賀郡部会編纂

◇臨川書店　1986.12　295p　20cm
内容 沿革・地理・町村・産業・政治・教育風俗宗教・社寺名蹟・人物：大正7年(1918)まで

湯田町史　湯田町史編纂委員会編

◇湯田町　1979.8　842p 図版　22cm
内容 旧石器時代から昭和59年(1984)まで

和賀郡誌　岩手県教育会和賀郡部会編

◇岩手県教育会和賀郡部会　1914　295p　B6

【金ケ崎町】

金ヶ崎町史

◇資料編　金ヶ崎町　2006.7　206p　22cm
内容 各巻目次, 年表, 町史の編さん経過

◇1 原始・古代・中世　金ヶ崎町　2006.7　893p　22cm
内容 原始編：旧石器時代から弥生時代まで/古代・中世編：古墳時代から戦国時代まで

◇2 近世　金ヶ崎町　2006.7　947p　22cm
内容 秀吉の奥州仕置から戊辰戦争まで

◇3 近・現代　金ヶ崎町　2006.7　947p　22cm
内容 明治維新から平成16年度末まで

◇4 民俗　金ヶ崎町　2006.7　703p　22cm
内容 明治初期から昭和20年代までの衣食住, 生産, 交通, 民間信仰など

金ケ崎町史　[増補改訂版]

◇近・現代編　金ヶ崎町　1991.1　1104p　22cm
内容 明治維新から昭和60年(1985)まで(一部は昭和63年(1988)まで)

金ケ崎町史　金ケ崎町町史編さん委員会編

◇金ヶ崎町　1965.5　24, 733, 38p　22cm
内容 原始時代から昭和40年(1965)3月末まで/資料編(風土記)

膽沢郡誌　[復刻版]　岩手縣教育會膽澤郡部會著

◇明治文献　1927.1　358p 図 地図　19cm
内容 沿革・地理・交通・町村・産業・経済・政治・教育・風俗・宗教・社寺名蹟・天然記念物・人物/大正15年(1926, 昭和元年)まで

胆沢郡誌　岩手県教育会胆沢部会編

◇岩手県教育会胆沢部会　1927　358p　B6

金ケ崎村誌　金ケ崎村役場編

◇金ケ崎村役場　1921　131p　B5（謄）

【平泉町】

平泉町史　平泉町史編纂委員会編

◇史料編1　平泉町　1985.4　776p 図版25枚p　22cm
内容 奥州藤原氏史料、中尊寺所蔵の中世文書など、近世史料(中尊寺・毛越寺および両山支院などの文書・記録)

◇史料編2　平泉町　1993.8　888p　22cm

岩手県　　　　　　　　　　　　　　　　　　　　　　　　　　　　　　　　住田町

　　内容 紀行・地誌/人別・宗門改牒/補遺・付録：元禄 2 年(1689)から明治 36 年(1903)まで

◇自然編・民俗編(1)　平泉町　1997.3　779, 205p　22cm
　　内容 自然編：地形地質・化石・動植物・災害/民俗編 1：方言・民話・民謡・年中行事・人生儀礼

◇第 3 巻 総説・論説編　平泉町　1988.2　919p　22cm
　　内容 総説編：古代から室町期まで/論説編：奥州藤原氏三代の事蹟と平泉文化論を基調に、平泉の歴史・文化の各般にわたる論説を収載

**稿本西磐井郡郷土史**　岩手県教職員組合西磐井支部編集

◇名著出版　1973　387p　22cm
　　内容 先史時代から藩政時代まで

## 【藤沢町】

**藤沢町史**　藤沢町史編纂委員会編纂

◇本編 上　藤沢町　1979.3　711p　27cm
　　内容 地理/古代・中世・近世(蝦夷時代から明治初年まで)/藤沢町の地質/考古学から見た藤沢町の原始・古代

◇本編 中　藤沢町　1984.2　847p　27cm
　　内容 近代・現代(明治維新から昭和 54 年(1979)まで)

◇本編 下　藤沢町　1981.3　710p　27cm
　　内容 教育・文化・金石文・人物・年表/研究編(Ⅰ・Ⅱ・Ⅲ)

**東磐井郡誌**　岩手県教育会東磐井郡部会編

◇名著出版　1974　203, 84p, 図版 11 枚 地図 1 枚　22cm
　　内容 沿革・地誌・名蹟・人物：大正 13 年(1924)まで

**黄海村史**　黄海村史編纂委員会編

◇藤沢町　1960.3　572p　22cm
　　内容 原始時代より昭和 30 年(1955)の藤沢町合併まで

**磐清水村誌**　岩手県東磐井郡磐清水村 磐清水村誌編纂委員会編

◇岩手県千厩町清水公民館　1957.3　5, 348, 12p　22cm
　　内容 地誌・沿革・行政・産業経済ほか：昭和 31 年(1956, 千厩町に合併)まで

**岩手藤澤誌**　藤澤町郷土研究会編

◇藤沢町郷土研究会　1941.5　8, 305p 図版 7 枚　22cm
　　内容 地理的環境・郷土史的発達・社会経済・町政・教化・郷俗・懐古：史前及古代から昭和 15 年(1940)まで

**東磐井郡誌**　岩手県教育会東磐井郡部会編

◇岩手県教育会東磐井郡部会　1925　287p　A5

## 【住田町】

**住田町史**　住田町史編纂委員会編

◇第 1 巻　住田町　1997.3　1012p　22cm
　　内容 自然・考古編：自然/考古(旧石器文化, 縄文文化, 弥生文化, 土師器時代, 報告書及び史料紹介)

◇第 2 巻　住田町　2000.3　950p　22cm
　　内容 通史編：原始(旧石器時代)から平成 11 年(1999)まで

◇第 3 巻　住田町　2001.7　1150p　22cm
　　内容 産業・経済編：農業、畜産・養蚕、林業、鉱業、商工業、木炭業/古代から平成まで

◇第 4 巻　住田町　1994.12　924p　22cm
　内容 宗教教育編：宗教(神社, 寺院・仏閣, 修験・祀堂, 庚申・巳待)/教育(藩政時代から昭和戦後)

◇第 5 巻　住田町　1998.3　909p　22cm
　内容 災害・厚生・治安編：災害(火災・天災・疫病・鉱山災害等)/厚生(医療・福祉等)/治安(警察・消防・軍事等)

◇第 6 巻　住田町　1994.3　797p　22cm
　内容 民俗編：「衣・食・住」から「民間信仰」までの 10 章に分け叙述

◇別巻　住田町　2002.3　593p　22cm
　内容 資料編：原始・古代・中世・近世・五葉山と気仙川・アイヌ語彙・住田町の現況に区分して収録

気仙郡誌　岩手県教育会気仙郡部会編

◇[NSK 地方出版社]　1978　101, [9]丁　23cm
　内容 天然部(位置・地形・気候ほか)/人事部(政治・公共事業・交通・生業・教育ほか)：明治 42 年(1909)まで

下有住村誌　菊池武毅編

◇下有住村役場　1934　276p　B5

【大槌町】

大槌町史　復刻版　大槌町史編纂委員会編

◇上巻　大槌町　1991.5　1400p 図版 6 枚　22cm
　内容 原始時代・古代・中世・近世：縄文時代から大槌代官所時代の終末まで

大槌町史　大槌町史編纂委員会編

◇下巻　大槌町　1984.2　1471p　22cm
　内容 明治維新以降昭和 30 年(1955)の大槌町と金沢村の合併までを基本：自然と環境・行政・財政・産業と経済・教育・医療衛生・災害

上閉伊郡志 下閉伊郡志　岩手県教育会上閉伊郡会, 岩手県教育会下閉伊郡部会編

◇名著出版　1972.12　339, 211, 8p 図版 11 枚　22cm
　内容 上閉伊郡志：地理・沿革・町村・産業ほか(古代から明治まで)/下閉伊郡志：沿革, 地文及びその他の事項(上代から大正 10 年(1921)まで)

上閉伊郡誌　岩手県教育会上閉伊郡部会編

◇岩手県教育会上閉伊郡部会　1913　339p　A5

【山田町】

山田町史　山田町史編纂委員会編

◇上巻　山田町教育委員会　1986.3　1095p　22cm
　内容 自然/原始・古代/中世/近世/人物編：先縄文文化から幕末まで

◇中巻　山田町教育委員会　1997.1　1251p　22cm
　内容 明治時代から昭和 30 年(1955)町村合併前まで

【岩泉町】

岩泉地方史　大上和良著

◇地質編　岩泉町教育委員会　1992.3　303p　22cm
　内容 先宮古統堆積岩類/花崗岩類/宮古層群・上部白亜系/古第三系/鍾乳洞ほか

◇上巻　岩泉町教育委員会　1980.3　871p　22cm
　内容 原始・古代/中世/近世/信仰・宗教・神社・仏閣/文教/農業経営状態/林業/水産/商工業/鉱業

◇下巻　岩泉町教育委員会　1980.3　862p　22cm

農民の金融及び賃労化/交通運輸/百姓一揆/海嘯災害/郷土芸能, 俚謡/民謡民話/方言/地名

## 【田野畑村】

田野畑村史　田野畑村史編さん委員会, 田野畑村教育委員会編

- ◇1 考古編・近世資料編・近代資料編・年表　田野畑村　1985.3　1031p　22cm
  - 内容 考古編：旧石器時代から土師器時代まで/近世資料編・近代資料編：享保3年(1718)から明治44年(1911)まで/年表：正保2年(1645)から昭和59年(1984)まで

## 【普代村】

普代村郷土史　普代村郷土史編纂委員会編

- ◇普代村　2003.4　54, 1160p, 図版3枚　22cm
  - 内容 自然と風土/歴史：旧石器時代から平成15年(2003)まで

普代村史　普代村教育委員会編

- ◇普代村　1984.1　362p　21cm

## 【川井村】

川井村郷土誌　川井村郷土誌編纂委員会編

- ◇上巻　川井村　1962.7　1532p　22cm
  - 内容 自然環境/沿革(縄文時代から昭和35年(1960)まで)/産業経済/教育/交通通信
- ◇下巻　川井村　1962.10　1069, 286p　22cm
  - 内容 宗教/治安/厚生/民俗/軍事/官公署, 各種団体/観光/社会/いろいろの出来事/附録

## 【軽米町】

軽米町史　軽米町史編纂委員会編

- ◇上巻　軽米町　1987.3　151p　27cm
  - 内容 第1編：原始(旧石器時代・縄文時代)
- ◇中巻　軽米町　1991.3　175p　27cm
  - 内容 古代：弥生時代から平安時代まで/中世：文治5年(1189)から天正9年(1591)まで
- ◇下巻　軽米町　2000.2　409p　27cm
  - 内容 近世：奥州再仕置(天正19年,1591)から廃藩置県(明治4年,1871)まで/近代・現代：廃藩置県から1980年代頃まで

軽米町誌　軽米町誌編纂委員会編

- ◇軽米町　1975.1　14, 1465p　22cm
  - 内容 地誌/歴史(先史時代から昭和40年代まで)産業経済/交通・通信/文化/福利厚生/公安/民俗

## 【野田村】

野田村誌　細井計監修, 田村栄一郎編

- ◇通史・史料　岩手県九戸郡野田村　1992.3　786, 465p, [11] p　27cm
  - 内容 通史編：現況・歴史(旧石器時代から昭和戦後まで)・産業と経済・教育と社会・交通と通信・宗教と民俗/史料編：建武元年(1334)から明治2年(1869)まで

## 【九戸村】

九戸村史　九戸村史編集委員会編

- ◇第1巻　九戸村　1993.5　682p　22cm
  - 内容 先史・古代・中世編

## 【洋野町】

種市町史　種市町史編さん委員会編著

- ◇第1巻 史料編1　種市町　1996.3　732p　22cm

[内容] 編年体で正安3年(1301)から安永9年(1780)まで

◇第2巻 史料編2　種市町　1996.3
676p　22cm
　　[内容] 天明元年(1781)から文化14年(1817)まで

◇第3巻 史料編3　種市町　1997.3
591p　22cm
　　[内容] 文政元年(1818)から天保14年(1843)まで

◇第4巻 史料編4　種市町　1998.3
594p　22cm
　　[内容] 弘化元年(1844)から慶応3年(1867)まで

◇第5巻 史料編5　種市町　1998.3
722p　22cm
　　[内容] 内容別に江戸時代のものを収録, 土地売買証文・売買御山留帳・税金関係ほか

◇第6巻 通史編(上)　種市町　2006.3
856p　22cm
　　[内容] 自然環境：地勢・地質・生物/歴史：原始・古代・中世・近世

◇第7巻 史料編7　種市町　2000.3
678p　22cm
　　[内容] 明治元年(1868)から明治15年(1882)まで

◇第8巻 史料篇8　種市町　2001.3
805p　22cm
　　[内容] 明治16年(1883)から明治30年(1897)まで

大野村誌　岩手県教育会九戸郡部会第五支会編

◇岩手県教育会九戸郡部会第五支会　1925　〔謄〕

## 【一戸町】

二戸郡誌　二戸郡誌編集委員会編纂

◇臨川書店　1986.12　1123p　27cm

　　[内容] 地理, 歴史(史前時代から明治20年まで), 社会経済(明治から昭和40年頃まで), 文化, 民俗

一戸町誌　一戸町町誌編纂委員会編纂

◇上巻　一戸町　1982.11　907p　27cm
　　[内容] 地誌/歴史：旧石器時代から昭和55年(1980)頃まで

◇下巻　一戸町　1986.8　1431p　27cm
　　[内容] 江戸時代から現代まで：産業・経済/交通・通信/文化/福利厚生/公安・消防/民俗

二戸志・九戸戦史　岩館武敏

◇歴史図書社　1978.1　6, 214, 4, 150p　22cm
　　[内容] 明治42年刊「二戸志」(沿革、地理、名所古跡、人物等)、明治40年刊「九戸戦史」の復刻

二戸郡誌　二戸郡誌編集委員会編

◇二戸郡誌編集委員会　1968　1123p 図版14枚 地図　27cm

鳥海村誌　鳥海村教育会編

◇鳥海村教育会　1933　〔謄〕

## 【岩手郡】

岩手郡誌　岩手県教育会岩手郡部会編纂

◇臨川書店　1987.3　1344p 図版16枚　22cm
　　[内容] 沿革・地理・行政・産業・教育・社寺・民俗・名蹟・人物：有史以前から昭和15年(1940)まで

岩手郡誌　岩手県教育会岩手郡会編

◇岩手県教育会岩手郡会　1941　1344p　A5

## 【江刺郡】

〔江刺郡〕郷土の歴史　岩手県江刺郡

部会編

◇岩手県江刺郡部会　1934

江刺郡志　岩手県教育会江刺郡部会編

◇岩手県教育会江刺郡部会　1925　467p　A5

## 【九戸郡】

二戸志・九戸戦史　岩舘武敏

◇歴史図書社　1978.1　6, 214, 4, 150p　22cm

[内容]明治42年刊「二戸志」(沿革、地理、名所古跡、人物等)、明治40年刊「九戸戦史」の復刻

九戸地方史　森嘉兵衛著, 九戸地方史編纂委員会編纂

◇上巻　九戸地方史刊行会　1969.8　1293p　22cm

[内容]当地方が僻地化した歴史的・経済的要因を分析：古代から近世まで

◇下巻　九戸地方史刊行会　1970.5　1373, 16p　22cm

[内容]水産業経営/工業・鉄産業/農民の労賃化/商業・金融経済/交通/百姓一揆の抵抗：近世(初期から幕末期まで)

九戸郡誌　岩手県教育会九戸郡部会編

◇岩手県教育会九戸郡部会　1936　616p　A5

## 【下閉伊郡】

岩手県下閉伊郡志　岩手県教育会下閉伊郡部会編

◇岩手県教育会下閉伊郡部会　1922　219p　A5

## 【紫波郡】

紫波郡誌　岩手県教育会紫波郡部会編

◇名著出版　1974.6　502p　22cm

[内容]総説・沿革・地理・産業・教育・社寺・名蹟・民俗・人物：有史以前から大正13年(1924)まで

紫波郡誌　岩手県教育会紫波郡部会編

◇岩手県教育会紫波郡部会　1915　502p　A5

# 宮城県

宮城縣史　宮城縣著, 宮城縣史編纂委員會編纂

◇1 古代史・中世史　宮城縣史刊行会　1957.3　449p　22cm
[内容] 縄文時代から慶長4年(1868)

◇2 近世史　宮城縣史刊行会　1966.3　718p　22cm
[内容] 文治5年(1189)から明治2年(1869)

◇3 近代史　宮城縣史刊行会　1964.3　11, 581p　22cm
[内容] 明治2年(1869)から昭和33年(1958)

◇4 議会史・言論報道　宮城縣史刊行会　1982.7　525p　22cm
[内容] 明治2年(1869)から大正15年(1926, 昭和元年), 議会史・言論報道. 風土記御用書補遺, 同索引を収録

◇5 地誌・交通史　宮城縣史刊行会　1960.1　709p　22cm
[内容] 地誌、地形、気候、生産業、農業、林業ほか

◇6 厚生　宮城縣史刊行会　1960.7　624p　22cm
[内容] 明治2年(1869)から昭和31年(1956), 厚生事業を記述

◇7 警察　宮城縣史刊行会　1960.12　717p　22cm
[内容] 貞享元年(1684)から昭和20年(1945), 刑法裁判・警察兵事・労働史

◇8 土木　宮城縣史刊行会　1957.8　646p　22cm
[内容] 元和6年(1620)から昭和28年(1953), 治山治水・林政港湾・干拓開墾

◇9 産業1　宮城縣史刊行会　1968.3　844p　22cm
[内容] 農業蚕業、鉱業工業、特産物

◇10 産業2　宮城縣史刊行会　1958.9　534p　22cm
[内容] 宝暦2年(1752)から大正15年(1926, 昭和元年), 水産業・畜産業

◇11 教育　宮城縣史刊行会　1959.1　712p　22cm
[内容] 元和7年(1621)から昭和30年(1955), 教育・醫學教育

◇12 學問・宗教　宮城縣史刊行会　1961.1　717p　22cm
[内容] 元慶3年(879)から大正5年(1916), 学問宗教, 切支丹史料石母田文書を記述, 収録

◇13 美術・建築　宮城縣史刊行会　1980.3　509p　22cm
[内容] 10世紀から昭和27年(1952), 美術・建築を収録

◇14 文學・藝能　宮城縣史刊行会　1958.1　787p　22cm
[内容] 慶長8年(1603)から昭和24年(1949), 文學通史・和歌連歌・俳諧演劇・能浄瑠璃

◇15 博物　宮城縣史刊行会　1956.3　449p　22cm
[内容] 古生代から新生代, 動物植物・巨樹名木・地質化石

◇16 観光　宮城縣史刊行会　1955.5　624, 50p　22cm
[内容] 史蹟を主とした観光対象の忠実なガイド

◇17 金石志　宮城縣史刊行会　1956.2　471p　22cm
[内容] 天平時代から慶応3年(1867), 金石文

◇18 醫藥・体育　宮城縣史刊行会　1959.3　545p　22cm
[内容] 享保5年(1720)から昭和34年(1959)/薬用植物・民間療法・癩史体育・武道相撲

◇19 民俗1　宮城縣史刊行会　1956.10　573p　22cm
[内容] 延宝5年(1677)から昭和29年(1954)/住居・農業・民俗・食習・神樂舞踊・民謠

◇20 民俗2　宮城縣史刊行会　1960.3
355, 386p　22cm
内容 承平5年(935)から昭和35年(1960),
漁村山間・狩猟服装・諺謎物語・兆占禁
咒・童戯童唄・方言語彙

◇21 民俗3　宮城縣史刊行会　1973.3
574p　22cm
内容 仲哀天皇9年(200)から慶応3年
(1867),婚姻・誕生と葬制・年中行事・祭
祀・伝説・昔話・妖怪・幽霊

◇22 災害　宮城縣史刊行会　1962.12
499p　22cm
内容 和銅7年(714)から昭和37年(1962),
災害史・災害金石志・疫癘志

◇23 資料篇1　宮城縣史刊行会
1954.2　788p　22cm
内容 享保4年(1719)から天明3年(1783),
風土記を収録

◇24 資料篇2　宮城縣史刊行会
1954.4　815p　22cm
内容 安永年間,風土記を収録

◇25 資料篇3　宮城縣史刊行会　1954
819p　22cm
内容 安永年間,風土記を収録

◇26 資料篇4　宮城縣史刊行会
1958.3　769p　22cm
内容 安永年間,風土記を収録

◇27 資料篇5　宮城縣史刊行会
1969.9　15, 870p　22cm
内容 旧仙台藩領の岩手県南地域の風土記

◇28 資料篇6　宮城縣史刊行会
1961.9　935p　22cm
内容 安永年間,風土記を収録

◇29 人物史　宮城縣史刊行会　1986.3
355p　22cm
内容 文治元年(1185)から昭和60年
(1985)

◇30 資料篇7　宮城縣史刊行会
1965.3　583p　22cm
内容 景行天皇27年(97)から天正6年
(1578),史料集

◇31 資料篇8　宮城縣史刊行会
1962.9　689p　22cm
内容 貞享3年(1686)から慶応3年(1867),
史料集を収録

◇32 資料篇9　宮城縣史刊行会
1970.3　693p　22cm
内容 文政2年(1819)から明治3年(1870),
史料集,風土記補遺を収録

◇33 資料篇10　宮城縣史刊行会
1975.3　736p　22cm
内容 明治4年(1871)から明治29年
(1896),史料集を収録

◇34 資料篇11　宮城縣史刊行会
1981.10　853p　22cm
内容 縄文時代から平安時代,考古資料

◇35 総目次・総索引　宮城縣史刊行会
1987.3　275, 101p　22cm
内容 古代から昭和20年代,総目次,総索
引を収録

宮城県史　宮城県史研究会編

◇宮城県史編纂所　1939　459p　A5

宮城県誌　宮城県内務部第一課編

◇宮城県内務部第一課　1902　57p　A5
(和)

刪修 宮城県誌　宮城県教育会編

◇武田万治郎　1900　47丁　A5 (和)

宮城県史(原本)　宮城県編

◇宮城県　1885　2冊　B5 (和)

〔宮城〕県史材料　〔宮城県編〕

◇〔宮城県〕　1871-1876　11冊　B5
(和)

宮城県国史(稿本)　宮城県編

◇宮城県　明治　18冊　B5 (和)

## 【仙台市】

仙台市史　仙台市史編さん委員会編
- ◇資料編 1 古代中世　宮城県教科書供給所（発売）　1995.3　571p　22-27cm
  - 内容 大化元年(645)から慶長 5 年(1600)までの文献史料
- ◇資料編 1 古代中世 別冊　宮城県教科書供給所（発売）　1995.3　144p　22-27cm
  - 内容 中世家わけの留守家、余目家、柿沼家などの各文書、写真版、花押・印象一覧
- ◇資料編 2 近世 1 藩政　仙台市　1996.3　18, 535p 図版 2 枚　22cm
  - 内容 慶長 5 年から明治 3 年における藩の成立、伊達騒動、藩と幕府ほか
- ◇資料編 3 近世 2 城下町　仙台市　1997.3　557p　22cm
  - 内容 慶長年間から文政 10 年(1827)
- ◇資料編 3 近世 2 城下町 別冊　仙台市　1997.3　117p　22cm
  - 内容 宝暦 4 年(1754)から明治元年(1868)
- ◇資料編 4 近世 3 村落　仙台市　1999.3　587p　22cm
  - 内容 元和 7 年(1621)から平成 11 年(1999)
- ◇資料編 5 近代現代 1 交通建設　宮城県教科書供給所（発売）　1999.3　589p　22cm
  - 内容 明治 5 年(1872)から平成 3 年(1991)
- ◇資料編 6 近代現代 2 産業経済　仙台市　2001.9　554p 図版 4 枚　22cm
  - 内容 明治 3 年(1870)から平成 2 年(1990)
- ◇資料編 7 近代現代 3 社会生活　宮城県教科書供給所（発売）　2004.3　610p　22cm
  - 内容 明治 6 年(1873)から平成 8 年(1996)
- ◇資料編 8 近代現代 4 政治・行政・財政　仙台市　2006.9　555p　22cm
  - 内容 明治元年(1868)から平成元年(1989)
- ◇資料編 8 近代現代 4 政治・行政・財政 別冊資料　仙台市　2006.9　113p　22cm
  - 内容 明治 3 年(1870)から平成元年(1989)
- ◇資料編 10 伊達政宗文書 1　宮城県教科書供給所（発売）　1994.3　508p　22cm
  - 内容 天正 13 年(1585)から天正 19 年(1591)
- ◇資料編 10 伊達政宗文書 1 別冊　宮城県教科書供給所（発売）　1994.3　166p　22cm
  - 内容 天正 13 年(1585)以前から天正 19 年(1591)
- ◇資料編 11 伊達政宗文書 2　宮城県教科書供給所（発売）　2003.2　553p　22cm
  - 内容 文禄元年(1592)から元和元年(1615)まで
- ◇資料編 11 伊達政宗文書 2 別冊　宮城県教科書供給所（発売）　2003.2　199p　22cm
  - 内容 文禄元年(1592)から天和元年(1681)
- ◇資料編 12 伊達政宗文書 3　宮城県教科書供給所（発売）　2005.3　567p　22cm
  - 内容 元和 2 年(1616)から寛永 4 年(1627)
- ◇資料編 12 伊達政宗文書 3 別冊　宮城県教科書供給所（発売）　2005.3　165p　22cm
  - 内容 元和 2 年(1616)から寛永 4 年(1627)
- ◇資料編 13 伊達政宗文書 4 別冊　宮城県教科書供給所（発売）　2007.3　269p　22cm
- ◇通史編 1 原始　宮城県教科書供給所（発売）　1999.3　466p　22-27cm
  - 内容 旧石器時代から弥生時代を扱った（索引付）
- ◇通史編 2 古代中世　宮城県教科書供給所（発売）　2000.3　501p　22-27cm
  - 内容 古墳時代から戦国時代まで

宮城県　　　　　　　　　　　　　　　　　　　　仙台市

◇通史編 3 近世 1　宮城県教科書供給所（発売）　2001.9　495p　22-27cm
　内容 天正18年(1590)から寛文10年(1670)(索引付)
◇通史編 4 近世 2　宮城県教科書供給所（発売）　2003.2　603p　22-27cm
　内容 寛永17年(1640)から安政元年(1854)(索引付)
◇通史編 5 近世 3　宮城県教科書供給所（発売）　2004.3　631p　22-27cm
　内容 寛保3年(1743)から慶応3年(1867)(索引付)
◇特別編 1 自然　仙台市　1994.3　520p　27cm
　内容 慶長5年(1600)から平成3年(1991)、自然環境,博物学,地理,気候と気象他を記述
◇特別編 2 考古資料　仙台市　1995.3　591p 図版[4]　27cm
　内容 旧石器時代から文政5年(1822)、遺跡資料
◇特別編 3 美術工芸　仙台市　1996.3　590p　27cm
　内容 旧石器時代から昭和18年(1943)
◇特別編 4 市民生活　仙台市　1997.3　574p 図版128図　27cm
　内容 明治4年(1871)から平成2年(1990)
◇特別編 5 板碑　仙台市　1998.3　580p 図版3枚　27cm
　内容 文永10年(1273)から長禄4年(1460、寛正元年)
◇特別編 6 民俗　仙台市　1998.3　608p 図版　27cm＋1CD
　内容 旧石器時代から平成元年(1989)
◇特別編 7 城館　仙台市　2006.3　623p 挿図,地図　27cm＋付録(図版7枚)
　内容 建久元年(1190)から慶応元年(1865)

**仙台市史 続編**　仙台市史続編編纂委員会編
◇第1巻 行政・建設編　仙台市　1969.9　855p　22cm
◇第2巻 経済・文化編　仙台市　1969.12　912p　22cm
◇別巻 仙台の歴史　仙台市　1970.3　307p　22cm

**仙臺市史**　仙臺市史編纂委員会編
◇第1巻 本篇1　仙臺市役所　1949.3　588p　22cm
　内容 縄文時代から昭和27年(1952)
◇第2巻 本篇2　仙臺市役所　1955.3　828p　22cm
　内容 明治元年(1868)から昭和27年(1952)の市政を記述
◇第3巻 別篇1　仙臺市役所　1950.8　540p　22cm
　内容 石器時代から昭和21年(1946)、仙台市内の古代遺跡,古代中世の仙台地方,仙台の市街及び土木建築を記述
◇第4巻 別篇2　仙臺市役所　1951.7　609p　22cm
　内容 慶長5年(1600)から昭和23年(1948)、仙台の教育,仙台の洋学,仙台藩に於ける医学及蘭学の発達他を記述
◇第5巻 別篇3　仙臺市役所　1951.12　574p　22cm
　内容 元和2年(1616)から昭和25年(1950)
◇第6巻 別篇4　仙臺市役所　1952　715p　22cm
　内容 仙台民俗誌,仙台方言
◇第7巻 別篇5　仙臺市役所　1953.2　596p　22cm
　内容 景行天皇40年(110)から昭和26年(1951)、仙台人物誌,仙台の社寺と教会を記述
◇第8巻 資料篇1　仙臺市役所　1953.3　554p　22cm
　内容 神代から慶応元年(1875)
◇第9巻 資料篇2　仙臺市役所　1953.11　442p　22cm

|内容| 慶長5年(1600)から明治21年
(1889)

◇第10巻 年表・書目・索引 仙臺市役所 1956 21,587p 22cm
|内容| 景行天皇25年から昭和27年(1952)

仙台郷土誌　仙台市教育会編

◇仙台市教育会　1933　270p　A5

仙台市史　仙台市編

◇第1巻 仙台市　1929　1541p 23cm

仙台　小倉博著

◇仙台市教育会　1928　225p　B6

仙台市史　仙台市役所編

◇仙台市役所　1908　1691p　A5

## 【仙台市青葉区】

宮城町誌　宮城町誌編纂委員会編

◇史料篇　宮城町　1967.3　821p 22cm
|内容| 宝暦7年(1757)から天保10年(1839)

◇本編　宮城町　1969.3　1115p　22cm
|内容| 延暦4年(785)から昭和42年(1967)

## 【仙台市宮城野区】

岩切村誌　今村喜平治著

◇岩切村役場　1932　51p　A5

## 【仙台市太白区】

秋保町史　秋保町史編纂委員会編

◇資料編　宮城県名取郡秋保町　1978.3 740p　22cm
|内容| 寛永21年(1644,正保元年)から明治43年(1910)

◇本編　宮城県名取郡秋保町　1976.11 1080p　22cm
|内容| 寛永年間から昭和49年(1974)

## 【仙台市泉区】

泉市誌　泉市誌編纂委員会編

◇上巻　泉市　1986.11　974p　22cm
|内容| 縄文時代から昭和58年(1983)

◇下巻　泉市　1986.11　987p　22cm
|内容| 元和年間から昭和58年(1983)

◇追録　泉市　1991.3　313p　22cm
|内容| 昭和61年(1986)から昭和63年(1988)

宮城縣根白石村史　平重道監修並編集
根白石村史編纂委員會調査

◇根白石村役場　1957.10　2,6,2,211, 175p 図版 地図　22cm
|内容| 縄文時代から昭和28年(1953)

七北田村誌　七北田村誌編纂委員会編

◇七北田村　1953.3　110,123p,図版5枚　22cm
|内容| 縄文時代から昭和26年(1951)

## 【石巻市】

牡鹿町誌　牡鹿町誌編纂委員会編

◇上巻　牡鹿町　1988.11　992p　22cm
|内容| 明治44年(1911)から昭和59年(1984),自然,集落誌を記述

◇中巻　牡鹿町　2005.3　1277p　22cm
|内容| 明治元年(1868)から昭和59年(1984)

◇下巻　牡鹿町　2002.3　1295p　22cm
|内容| 11世紀から昭和55年(1980),民俗,軍事他を記述

河南町史　河南町史編纂委員会編

◇上巻　宮城県河南町　2005.3 695,10p　27cm

◇下巻　宮城県河南町　2005.3　765,3p　27cm

**北上町史**　北上町史編さん委員会編

◇資料編1　北上町　2005.3　655p　27cm
　[内容] 自然・民俗・美術工芸・遺跡について記述した

◇資料編2 壱　北上町　2005.2　604p　27cm
　[内容] 仁徳55年(367)から明治2年(1869)

◇資料編2 弐　北上町　2005.2　681p　27cm
　[内容] 慶安2年(1649)から昭和45年(1970)

◇自然生活編　北上町　2004.9　695p　27cm
　[内容] 第1部「自然」,第2部「生活」の2部で構成し記述した

◇通史編　北上町　2005.3　691p　27cm
　[内容] 縄文時代から平成15年(2003)

**石巻の歴史**　石巻市史編さん委員会編

◇第1巻　通史編(上)　石巻市　1996.3　904p　22-27cm
　[内容] 旧石器時代から天正19年(1591)

◇第2巻 [1] 通史編(下の1)　石巻市　1998.3　610p　22-27cm
　[内容] 天正19年(1591)から慶応元年(1865)

◇第2巻 [2] 通史編(下の2)　石巻市　1998.3　709,56p　22-27cm
　[内容] 安政2年(1855)から平成9年(1997)

◇第3巻　民俗・生活編　石巻市　1988.3　898,10p　22-27cm
　[内容] 11世紀から昭和61年(1986)

◇第4巻　教育・文化編　石巻市　1989.3　1051,11p　22-27cm
　[内容] 慶長8年(1603)から昭和60年(1985)

◇第5巻　産業・交通編　石巻市　1996.3　946p　22-27cm
　[内容] 7世紀から平成7年(1995)

◇第6巻　特別史編　石巻市　1992.3　851p　22-27cm
　[内容] 文治5年(1189)から,葛西氏の歴史,海道,牡鹿地方,道嶋氏の起原とその発展他を記述

◇第7巻 資料編1 考古編　石巻市　1995.3　512p　22-27cm
　[内容] 縄文時代から19世紀中葉

◇第8巻 資料編2 古代・中世編　石巻市　1992.3　866p　22-27cm
　[内容] 仁徳5年(317)から慶長8年(1603)

◇第9巻 資料編3 近世編　石巻市　1990.3　891,27p　22-27cm
　[内容] 慶長5年(1600)から慶応2年(1866)

◇第10巻 資料編4 近・現代編　石巻市　1994.3　930p　22-27cm
　[内容] 明治元年(1868)から昭和42年(1967)

◇第10巻 資料編4 別冊　石巻市　[1994.3]　93,264p　22-27cm
　[内容] 明治18年(1885)から昭和41年(1966),石碑,新聞広告,石巻市の予算・決算を収録

**桃生町史**　桃生町史編纂委員会編

◇第1巻　桃生町　1985.12　620p　22cm
　[内容] 貞観5年(863)から大正15年(1926,昭和元年)

◇第2巻　桃生町　1988.3　780p　22cm
　[内容] 景行天皇27年(97)から明治30年(1897)

◇第3巻 自然・民俗編　桃生町　1995.7　660p　22cm
　[内容] 昭和8年(1933)から昭和16年(1941)

◇第4巻　桃生町　1993.3　813p

22cm
  - 内容 天正19年(1591)から平成4年(1992), 行政と財政, 産業, 交通・運輸・通信, 教育他を記述
 ◇第5巻　桃生町　1996.11　726p　22cm
  - 内容 縄文時代から平成7年(1995)

河北町誌　河北町著, 河北町誌編纂委員会編
 ◇上巻　河北町　1975.11　732, 36p　22cm
  - 内容 縄文時代から明治2年(1869)
 ◇下巻　河北町　1979.8　1175, 36p　22cm
  - 内容 明治元年(1868)から昭和52年(1977)

北上町百年の概要 北上町史　北上町史委員会編
 ◇北上町　1975　212p　21cm

河南町誌　河南町誌編纂委員会編
 ◇上　河南町　1967.3　1076p 図版　22cm
  - 内容 和銅2年(709)から昭和40年(1965)
 ◇下　河南町　1971.3　1164p 図版　22cm
  - 内容 寛永17年(1640)から昭和43年(1968)

雄勝町史　雄勝町史編纂委員会編
 ◇雄勝町役場　1966.11　833p 図　22cm
  - 内容 縄文時代から昭和40年(1965)

石巻市史　石巻市史編纂委員会編
 ◇石巻市　1958-1963　6冊　22cm

桃生村誌　桃生村誌編纂委員会編
 ◇桃生町　1961.3　12, 4, 298, 18p 図版 [10]p　22cm
  - 内容 縄文時代から昭和30年(1955)

稲井町史　稲井町史編纂委員会編
 ◇稲井町　1960　668p 図版8枚　22cm
  - 内容 縄文時代から昭和34年(1959)

渡波町史　渡波町史編纂委員会編
 ◇渡波町　1959.5　718p　22cm
  - 内容 縄文時代から昭和33年(1958)

大川村誌　大川村誌編纂委員会編
 ◇大川村教育委員会　1956.3　300p, 図版2枚　22cm
  - 内容 縄文時代から昭和28年(1953)

中津山村誌　中津山村教育会編
 ◇中津山村教育会　1931　318p　B6

宮城県広淵沿革史　宮城県桃生郡広淵村編
 ◇宮城県桃生郡広淵村　1928　106p　A5

前谷地村誌　前谷地村編
 ◇前谷地村

【塩竈市】

塩竈市史　塩竈市史編纂委員会編纂
 ◇[1] 本編1　国書刊行会　1982.9　513p　22cm
  - 内容 縄文時代から慶応3年(1867)
 ◇2 本編2　塩竈市　1986.12　988p　22cm
  - 内容 慶応4年(1868, 明治元年)から昭和61年(1986)
 ◇3 別編1　国書刊行会　1982.9　513p　22cm
  - 内容 縄文時代から昭和23年(1948), 塩竈の地理と風土, 考古学上より見た塩竈周辺の遺跡, 塩竈築港史, 鹽竈神社史他を収録

宮城県　　　　　　　　　　　　　　　　　　　　　白石市

◇4 別編2　塩竈市　1986.3　1008p
22cm
内容 明治元年(1868)から昭和58年
(1983)

◇5 資料編1　国書刊行会　1982.9
530p　22cm
内容 江戸時代初期から嘉永4年(1851)

◇6 資料編2　塩竈市　1985.9　898p
22cm
内容 弘仁11年(820)から昭和27年
(1952)

## 【気仙沼市】

気仙沼市史　気仙沼市総務部市史編さん室編纂

◇1 自然編　気仙沼市　1986.3　617p
22cm
内容 古生代から新生代

◇2 先史・古代・中世編　気仙沼市
1996.3　733p　22cm
内容 縄文時代から慶長8年(1603)

◇3 近世編　気仙沼市　1990.3　571p
22cm
内容 天正18年(1590)から明治3年
(1870)

◇4 近代・現代編　気仙沼市　1993.3
648p　22cm
内容 明治元年(1868)から昭和63年
(1988)

◇5 産業編(下)　気仙沼市　1997.3
560p　22cm
内容 縄文時代から平成7年(1995)

◇5 産業編(上)　気仙沼市　1996.3
562p　22cm
内容 天正5年(1577)から昭和59年
(1984)

◇6 教育・文化編　気仙沼市　1992.2
649p　22cm
内容 元文元年(1736)から昭和62年
(1987)

◇7 民俗・宗教編　気仙沼市　1994.2
635p　22cm
内容 天平宝字3年(759)から平成5年
(1993)

◇8 資料編　気仙沼市　1995.2　704p
22cm
内容 和銅元年(708)から昭和30年(1955)

◇補遺編 スポーツ・芸術　気仙沼市
1998.3　370p　22cm
内容 明治5年(1872)から平成7年(1995)

◇補遺編 考古・古文書等資料　気仙沼市
1998.3　265p　22cm
内容 縄文時代から大正5年(1916)

気仙沼町誌　復刻版　気仙沼町誌編纂委員会編

◇臨川書店　1989.11　4, 6, 621p 図版
15枚　22cm
内容 寛永年間から昭和27年(1952)

大島誌　大島郷土誌刊行委員会編

◇大島郷土誌刊行委員会　1982.12
989p　22cm
内容 縄文時代から昭和56年(1981)

唐桑町史　唐桑町史編纂委員会編

◇唐桑町役場　1968.12　26, 869p, 図版
10枚　22cm
内容 縄文時代から昭和37年(1962)

新月村誌　新月村誌編纂委員会編

◇新月村公民館　1957.5　571p, 図版14枚, 地図　22cm
内容 明治7年(1874)から昭和28年
(1953)

## 【白石市】

白石市史　白石市史編さん委員会編

◇1 通史篇　白石市　1979.3　842, 42p
22-27cm
内容 旧石器時代から昭和53年(1978)

全国地方史誌総目録　99

◇2 特別史 白石市 1972 764p 図 22cm

◇3の(2) 特別史 下の1 白石市 1974.3 645p 22-27cm
[内容] 寛永21年(1644,正保元年)から文化9年(1812)

◇3の(3) 特別史 下の2 白石市 1979.3 710p 22-27cm
[内容] 文治5年(1189)から昭和53年(1978)

◇3の(1) 特別史 中 白石市 1981.4 414p 22-27cm
[内容] 文化・文政年中

◇別巻 考古資料篇 白石市 1976.3 617p 22-27cm
[内容] 旧石器時代から慶長5年(1600)

白石町誌 庄司一郎著

◇北日本書房 1925 253p 図版22枚 19cm

## 【名取市】

名取市史 名取市史編纂委員会編纂

◇名取市 1977 961p 22cm
[内容] 縄文時代から昭和47年(1972)

閖上町誌 閖上町編

◇閖上町 1929 18p A5

## 【角田市】

角田市史 角田市史編さん委員会

◇1 通史編(上) 角田市 1984.10 866p 22cm
[内容] 旧石器時代から天正17年(1589)

◇2 通史編(下) 角田市 1986.3 1187p 22cm
[内容] 治承5年(1181,養和元年)から昭和36年(1961)

◇3 史料編 角田市 1986.3 1425p 22cm
[内容] 大化元年(645)から昭和33年(1958)

◇別巻1 石川氏一千年史 角田市 1985.12 392p 22cm
[内容] 延喜7年(907)から明治10年(1877)

◇別巻2 角田歴史読本 角田市 1986.3 169, 72p 22cm
[内容] 縄文時代から昭和60年(1985)

角田町郷土誌 角田町郷土誌編纂委員会編

◇角田町 1956.1 5, 452p 図版18p 21cm
[内容] 縄文時代から昭和30年(1955)

## 【多賀城市】

多賀城市史 多賀城市史編纂委員会編

◇第1巻 原始・古代・中世 多賀城市 1997.3 591p 27cm
[内容] 旧石器時代から天正16年(1578)

◇第2巻 近世・近現代 多賀城市 1993.3 447p 27cm
[内容] 天正19年(1591)から平成14年(1992)

◇第3巻 民俗・文学 多賀城市 1986.9 678p 27cm
[内容] (時代表記はなし)

◇第4巻 考古資料 多賀城市 1991.3 694p 27cm
[内容] 旧石器時代から江戸時代末葉

◇第5巻 歴史史料(1) 多賀城市 1985.3 451p 27cm
[内容] 霊亀元年(715)から明治3年(1970)

◇第5巻 歴史史料(2) 多賀城市 1985.3 838p 27cm
[内容] 安永3年(1774)から昭和46年(1971)

◇第6巻 文学史料 多賀城市 1984.3 452p 27cm
[内容] 奈良時代から明治26年(1893)

宮城県　　　　　　　　　　　　　　　　　　　　　　　　　　　　登米市

◇第 7 巻　歴史史料(3)　多賀城市　1993.3　346p　27cm
　内容　慶安元年(1648)から明治 30 年(1897)

◇別巻　多賀城漆紙文書　多賀城市史編纂委員会　1979.4　112p　26cm
　内容　宝亀 11 年(780)から弘仁 14 年(823)

◇別巻　多賀城跡 政庁跡 本文編　多賀城市史編纂委員会　1980.3　499p　31cm
　内容　大化 3 年(647)から延喜 16 年(916)

◇別巻　多賀城跡 政庁跡 図録編　多賀城市史編纂委員会　1980.9　164p　31cm

多賀城町誌　多賀城町誌編纂委員会編
◇多賀城町誌編纂委員会　1967.10　6, 10, 820p 図版 8 枚　22cm
　内容　縄文時代から昭和 39 年(1964)

## 【岩沼市】

岩沼市史　岩沼市史編纂委員会編
◇岩沼市　1984.1　1470p　22cm
　内容　縄文時代から昭和 57 年(1982)

岩沼町誌　佐々木喜一郎編著
◇第一篇 岩沼物語　岩沼観光協会　1961　319p　19cm
◇続 第 2 篇 岩沼物語　岩沼観光協会　1967　320p 図版　19cm

玉浦村誌　玉浦村編
◇玉浦村　1933　29p　A5

## 【登米市】

中田町史　改訂版　中田町史編さん委員会編
◇宮城県登米郡中田町　2005.3　1077p, 図版 18 枚　31cm
　内容　縄文時代から平成 17 年(2005)

迫町史　迫史編纂委員会編纂
◇[正]　迫町　1981.3　1140p 挿図 (22 図)　22cm
　内容　縄文時代から昭和 50 年(1975)
◇続　迫町　2005.3　358p 挿図 (22 図)　22cm
　内容　昭和 50 年(1975)から平成 16 年(2004)

登米町誌　登米町誌編纂委員会編
◇第 1 巻　登米町　1990.3　764p　22cm
　内容　縄文時代から天保 12 年(1841)
◇第 2 巻　登米町　1991.3　638p　22cm
　内容　大正 8 年頃から昭和 48 年の民俗, 宗教
◇第 3 巻　登米町　1992.3　732p　22cm
　内容　明治元年(1868)から平成 2 年(1990)
◇第 4 巻　登米町　1993.3　615p　22cm
　内容　明治 2 年(1869)から昭和 53 年(1978), 災害, 戦争, 文化財他を記述
◇第 5 巻　登米町　1995.3　579p　22cm
　内容　元禄 12 年(1699)頃から昭和 52 年(1977), 自然, 地名考他を記述

津山町史　津山町史編さん委員会編
◇前編　津山町　1990.10　1250p　22cm
　内容　縄文時代から昭和 59 年(1984)
◇後編　津山町　1989.10　1153p　22cm
　内容　享保 2 年(1717)から昭和 60 年(1985)/歴史を画す七大証言, 信仰と伝承, 人物小史
◇資料編 1　津山町　1989.10　607p　22cm

［内容］享保 13 年(1728)から明治 39 年(1906)

◇資料編 2　津山町　1993.2　816p　22cm
　［内容］安政 7 年(1860, 万延元年)から昭和 15 年(1940)中

東和町史　東和町史編纂委員会編纂
◇東和町　1987.3　1320p, 図版 8 枚　22cm
　［内容］縄文時代から昭和 59 年(1984)

登米郡史　登米郡編纂
◇臨川書店　1986.4　2 冊　22cm

中田町史　中田町史編纂委員会編
◇中田町　1977.12　1178p, 図版 [12]p　22cm
　［内容］縄文時代から昭和 51 年(1976)

南方町史　南方町史編纂委員会編
◇資料編　宮城県登米郡南方町　1975.3　449p　27cm
　［内容］寛永 18 年(1641)から享保 20 年(1735)
◇本編 上　宮城県登米郡南方町　1976.3　492p　27cm
　［内容］享保 17 年(1732)から昭和 48 年(1973), 地理的環境, 町政, 産業, 経済, 文教について記述
◇本編 下　宮城県登米郡南方町　1976.11　254p　27cm
　［内容］宝暦 5 年(1755)から昭和 49 年(1974), 宗教, 史跡, 災害, 戦争と郷土他を記述

石越町史　石越町史編纂委員会編纂
◇石越町　1975.12　706p, 図版 7 枚　22cm
　［内容］縄文時代から昭和 49 年(1974)

米山町史　米山町史編纂委員会編
◇米山町　1974.6　791p　22cm

［内容］縄文時代から昭和 39 年(1964)

登米郡新田村史　新田村史編纂委員会編
◇新田村　1955.3　270, 77, 3p, 図版 4 枚　22cm
　［内容］縄文時代から昭和 29 年(1954)

登米郡米川村誌　登米郡米川村誌編纂委員會編
◇米川村役場　1955.3　490p, 図版, 地図　22cm
　［内容］縄文時代から昭和 28 年(1953)

登米郡史　藤原相之助等編
◇登米郡　1923　2 冊　23cm

北方村郷土誌　北方村編
◇北方村　1915

石越村誌　今村名輔著
◇石越村役場　1895

【栗原市】

瀬峰町史　増補版　瀬峰町史編纂会編
◇瀬峰町　2005.2　832p, 図版 8 枚 図, 肖像　27cm
　［内容］縄文時代から平成 16 年(2004)

高清水町史　高清水町史編纂委員会編
◇［正編］　高清水町　1976　1161p 図・肖像 11 枚 p　22-27cm
　［内容］縄文時代から昭和 48 年(1973)
◇板碑編　高清水町　2001.3　102p　22-27cm
　［内容］弘安 3 年(1280)から応安 9 年(1376, 永和 2 年)

鶯沢町史　鶯沢町史編纂委員会編
◇［鶯沢町］　1978.8　1427p 図版 [16]p　22cm

宮城県

　　内容　縄文時代から昭和49年(1974)

花山村史　花山村史編纂委員会編
　◇花山村　1978.3　1068p, 図版 [14]p
　　22cm

志波姫町史　志波姫町史編纂委員会編
　◇志波姫町　1976.10　875p, 図版 [16]p
　　22cm
　　内容　弥生時代から昭和51年(1976)

一迫町史　一迫町史編纂委員会編
　◇一迫町　1976.9　1558p　22cm
　　内容　縄文時代から昭和48年(1973)

築館町史　築館町史編纂委員会編
　◇築館町　1976.3　1388p, 図版13枚
　　図, 肖像　22cm
　　内容　縄文時代から昭和50年(1975)

若柳町史　若柳町史編纂委員会編
　◇若柳町　1974.3　1070p, 図版　22cm
　　内容　縄文時代から昭和45年(1970)

金成町史　金成町史編纂委員会編
　◇金成町　1973　610p 図12枚 地図1
　　枚(折込み)　22cm
　　内容　縄文時代から昭和47年(1972)

瀬峰町史　瀬峰町史編纂委員会編
　◇宮城県瀬峰町役場　1966.3　616p 図
　　版　22cm

栗駒町誌　栗駒町誌編纂委員会編
　◇栗駒町　1963　36, 1166p, 図版10枚
　　22cm
　　内容　縄文時代から昭和34年(1959)

若柳町史　宮城県栗原郡若柳町沿革誌編
　纂委員会編
　◇宮城県栗原郡若柳町沿革誌編纂委員会
　　1941　497p　A5

栗原郡藤里村誌　栗原郡藤里村誌編纂委
　員編
　◇上巻　鈴木玄雄　1922.12　395p
　　22cm
　　内容　明治23年(1890)から大正8年
　　(1919)
　◇下巻　鈴木玄雄　1923.2　308p
　　22cm
　　内容　明治22年(1889)から大正8年
　　(1919)

東松島市

【東松島市】

矢本町史　矢本町史編纂委員会編
　◇第1巻　矢本町　1973　479p 図 地図
　　27cm
　◇第2巻　矢本町　1974.3　462p
　　27cm
　◇第3巻　矢本町　1976.3　475p
　　27cm
　◇第4巻　矢本町　1986.11　567p
　　27cm
　◇第5巻　矢本町　1988.3　544p
　　27cm

鳴瀬町誌　町制施行三十周年記念　増
　補改訂版　鳴瀬町誌編纂委員会編
　◇鳴瀬町教育委員会　1985.10　1565p,
　　図版7枚　22cm
　　内容　縄文時代から昭和59年(1984)

鳴瀬町誌　鳴瀬町誌編纂委員会編
　◇鳴瀬町教育委員会　1973　1198p 図
　　肖像 地図　22cm

全国地方史誌総目録　103

## 【大崎市】

**古川市史**　古川市史編さん委員会編

◇第 3 巻　古川市　2003.3　877p　22-27cm
　内容 享保 9 年(1724)から平成 12 年(2000),自然環境,民俗を記述

◇第 5 巻　古川市　2001.3　995p　22-27cm
　内容 享保年中から平成 11 年(1999),教育,文学,芸術,芸能,宗教,人物を記述

◇第 6 巻 資料 1 考古　古川市　2006.2　573p　22-27cm
　内容 旧石器時代から 19 世紀中頃

◇第 7 巻 資料 2 古代・中世・近世 1　古川市　2001.9　817p　22-27cm
　内容 崇神天皇 10 年(前 88)から慶長 5 年(1600)までの文献史料を収録

◇第 8 巻 資料 3 近世　古川市　2004.3　837p　22-27cm
　内容 寛永 17 年(1640)から慶応 4 年(1868,明治元年),近世史料

◇第 9 巻 資料 4 近代・現代　古川市　2005.6　806p　22-27cm
　内容 慶応 3 年(1867)から平成 10 年(1998),近代・現代史料

**古川市史　復刻版**　古川市史編さん委員会編

◇上巻　臨川書店　1987.12　649p　22cm
　内容 縄文時代から昭和 20 年(1945)

◇下巻　古川市　1972.8　1139p　22cm
　内容 昭和 22 年(1947)から昭和 43 年(1968)

◇別巻 平成風土記　古川市　2001.3　1086p　22cm
　内容 古墳時代から昭和 55 年(1980)

**岩出山町史**　岩出山町史編纂委員会編

◇民俗生活編　岩出山町　2000.9　443p　27cm
　内容 稲作中心社会の生活習俗の四季に亘る貴重な記録

◇上巻　岩出山町　1970.3　586p　22cm
　内容 縄文時代から昭和 20 年(1945)

◇下巻　岩出山町　1969.3　694p　22cm
　内容 昭和 20 年(1945)から昭和 44 年(1969)

**鹿島台町史**　鹿島台町史編さん委員会編

◇鹿島台町　1994.3　1094p　27cm
　内容 縄文時代から平成 5 年(1993)

**田尻町史**　田尻町史編さん委員会編

◇史料編　田尻町　1983.6　693p　22cm
　内容 900 年代から昭和 56 年(1981)

◇上巻　田尻町　1982.10　1041p　22cm
　内容 縄文時代から慶応 4 年(1868,明治元年)

◇下巻　田尻町　1983.3　1254p　22cm
　内容 明治元年(1868)から昭和 56 年(1981)

**松山町史**　松山町史編纂委員会編

◇松山町　1980.7　1418p　22cm
　内容 縄文時代から昭和 54 年(1979)

**鳴子町史**　鳴子町史編纂委員会編纂

◇上巻　鳴子町　1974.5　603p　22cm
　内容 縄文時代から昭和 29 年(1954)

◇下巻　鳴子町　1978.12　930p　22cm
　内容 明治 22 年(1889)から昭和 48 年(1973)

**玉造郡誌　復刻版**　宮城県教員会編

◇名著出版　1974.5　11, 15, 693p 図 25 枚　22cm

宮城県　　　　　　　　　　　　　　　　　　　　　　蔵王町

|内容| 文武天皇元年から大正14年(1925)

**町史わが鹿島台**　鹿島台町史編纂委員会編

◇鹿島台町　1971　557p 図　22cm
|内容| 縄文時代から昭和46年(1971)

**三本木町誌**　三本木町誌編纂委員会編

◇上巻　三本木町役場　1966.12　850p　22cm

◇下巻　三本木町役場　1966.12　570p　22cm

**田尻町史**　田尻町史編纂委員会編

◇田尻町　1960.8　12, 14, 1200p 図版　22cm
|内容| 縄文時代から昭和34年(1959)

**松山郷土誌**　松山郷土誌編纂委員会編纂

◇松山町教育委員会　1958.8　2, 2, 191, 2p, 図版10枚, 折込み図2枚　22cm
|内容| 縄文時代から昭和28年(1953)

**田尻町史**　旧田尻町史編纂委員會編

◇佐々木栄吉　1956.8　113p　21cm
|内容| 縄文時代から昭和29年(1949)

**荒雄村誌**　宮城縣志田郡荒雄村教育會編

◇宮城縣志田郡荒雄村教育會　1931.5　3, 186p, 図版6枚　20cm

**玉造郡誌**　宮城県玉造郡教育会編

◇宮城県玉造郡教育会　1929　719p　A5

**〔鹿島台村〕我が村誌**　鹿島台村教育会編

◇宮城県志田郡鹿島台村小学校　1928　173p　A5

**わが古川**　古川町役場, 古川経済協会共編

◇古川町役場, 古川経済協会　1925　198p　B6

**宮城県亘理郡坂元村誌**　猪股幸次郎著

◇坂本村役場　1925　86p

**志田郡沿革史**　志田郡著

◇志田郡(宮城県)　1912　1016p 図版13枚　23cm
|内容| 文治5年(1189)から明治43年(1910)

◇宮城県志田郡役所　1912　1024p　A5

**岩出山大観　一名・玉造郡誌**　桜井順蔵編

◇桜順館　1911.9　97p 図版　19cm

## 【蔵王町】

**蔵王町史**　蔵王町史編さん委員会編

◇資料編1　蔵王町　1987.3　1007p　23cm
|内容| 後期旧石器時代から安政4年(1857)

◇資料編2　蔵王町　1989.3　942p　23cm
|内容| 元禄16年(1703)から明治42年(1909)

◇通史編　蔵王町　1994.3　1214p　23cm
|内容| 旧石器時代から昭和60年(1985)

◇通史編 別冊 高野家記録目次　蔵王町　1994.3　364p　23cm
|内容| 元禄9年(1696)から安永9年(1780)

◇民俗生活編　蔵王町　1993.3　958p　23cm
|内容| 昭和初期から昭和30年(1955)頃を中心にして、下限を昭和63年(1988)とした

全国地方史誌総目録　105

## 【七ケ宿町】

七ヶ宿町史　七ヶ宿町史編纂委員会編
- ◇資料編　七ヶ宿町　1978.12　1103p　22cm
  - 内容 天文7年(1538)から明治42年(1909)
- ◇生活編　七ヶ宿町　1982.3　824p　22cm
  - 内容 寛永19年(1642)から昭和54年(1979)
- ◇歴史編　七ヶ宿町　1984.3　808p　22cm
  - 内容 旧石器時代から昭和58年(1983)

## 【大河原町】

大河原町史　大河原町史編纂委員会編
- ◇諸史編　大河原町　1984.3　1576p　22cm
  - 内容 慶安3年(1650)から昭和57年(1982)
- ◇通史編　大河原町　1982.5　1424p　22cm
  - 内容 縄文時代から昭和54年(1979)
- ◇年表　大河原町　1984.3　95p　22cm
  - 内容 崇神天皇48年(前50)から昭和57年(1982)

大河原町誌　庄司一郎著
- ◇大河原町役場　1929　A5

## 【村田町】

村田町史　村田町史編纂委員会編
- ◇村田町　1977.3　1116p　22cm

村田町誌　庄司一郎著
- ◇仙南日日新聞社　1927　221p　19cm

## 【柴田町】

柴田町史　柴田町史編さん委員会編
- ◇資料編1　柴田町　1983.9　756p　22cm
  - 内容 縄文時代から明治2年(1869)
- ◇資料編2　柴田町　1986.3　902p　22cm
  - 内容 元禄年間から明治6年(1873)
- ◇資料編3　柴田町　1990.3　1260, 195p　22cm
  - 内容 明治17年(1884)から明治39年(1906)
- ◇通史編1　柴田町　1989.3　1116p　22cm
  - 内容 縄文時代から慶応4年(1868, 明治元年)
- ◇通史編2　柴田町　1992.5　1205p　22cm
  - 内容 明治元年(1868)から平成2年(1990)

## 【川崎町】

川崎町史　川崎町史編纂委員会編
- ◇史料編　川崎町　1972.9　579p　22cm
  - 内容 縄文時代から明治31年(1898)
- ◇通史編　川崎町　1975.4　812p　22cm
  - 内容 縄文時代から昭和49年(1974)

## 【丸森町】

丸森町史　丸森町史編さん委員会編
- ◇[通史編]　丸森町　1984.12　1316p　22cm
  - 内容 縄文時代から昭和55年(1980)
- ◇史料編　丸森町　1980.3　1035p　22cm
  - 内容 嘉祥元年(848)から明治43年(1910)

## 【亘理町】

亘理小史　亘理町史編纂委員会編纂
- ◇亘理町　1990.10　539p　22cm
  - 内容 旧石器時代から昭和63年(1988)

亘理町史　亘理町史編纂委員会編
- ◇上巻　亘理町　1975　925p　23cm
- ◇下巻　亘理町　1977　984p 図版 23cm
  - 内容 大正元年(1912)から昭和50年(1975)

## 【山元町】

山元町誌　山元町誌編纂委員会
- ◇[第1巻]　山元町役場企画広報課　1971.1　785p　22cm
  - 内容 奈良時代から昭和43年(1968)
- ◇第2巻　山元町役場企画広報課　1986.3　638p　22cm
  - 内容 昭和44年(1969)1月から昭和60年(1985)6月までの採録である
- ◇第3巻　山元町役場企画広報課　2005.12　745p　22cm
  - 内容 昭和61年(1986)から平成17年(2005)3月末日までの採録である

山下村誌　山下村役場編
- ◇山下村役場　1936.1　447p 図版 23cm
  - 内容 明治22年(1889)から昭和5年(1930)

宮城県亘理郡坂元村誌　猪股幸次郎編
- ◇猪股幸次郎　1925　86p 肖像　19cm

## 【松島町】

松島町史　松島町史編纂委員会編
- ◇資料編1　松島町　1989.3　991p　22cm
  - 内容 縄文時代から昭和7年(1932)
- ◇資料編1別冊　松島町　1989.3　426p　22cm
  - 内容 明治31年(1898)から昭和63年(1988)
- ◇資料編2　松島町　1989.3　1427p　22cm
  - 内容 文治元年(1185)から昭和22年(1947)
- ◇通史編1　松島町　1991.3　1076p　22cm
  - 内容 旧石器時代から平成2年(1990)
- ◇通史編2　松島町　1991.3　501p　22cm
  - 内容 天長5年(828)から昭和12年(1937)

松島町誌　第2版　松島町誌編纂委員会編
- ◇松島町　1973.3　10, 778p 図版7枚　22cm
  - 内容 縄文時代から昭和45年(1970)

## 【七ヶ浜町】

七ケ浜町誌　七ケ浜町誌編纂委員会編
- ◇七ケ浜町　1967　37, 997p, 図版[32]p 地図　22cm
  - 内容 縄文時代から昭和40年(1965)

## 【利府町】

利府町誌　利府町誌編纂委員会編
- ◇利府町　1986.3　1028p, 図版8枚　22cm
  - 内容 縄文時代から昭和59年(1984)

利府村誌　宮城郡利府村々誌編纂委員

会編
◇利府村　1963.3　9, 13, 823p 図版 12 枚　22cm
|内容| 縄文時代から昭和 36 年(1961)

## 【大和町】

大和町史
◇上巻　大和町　1975　500p 図 p　22cm
|内容| 縄文時代から天正 19 年(1591)

宮床村史　宮城県黒川郡宮床村史編纂委員會編
◇宮城県黒川郡宮床村公民館　1955.4　145p, 図版 7 枚　22cm
|内容| 奈良時代から昭和 30 年(1955)

## 【大郷町】

大郷町史
◇史料編 1 日新録 仙台藩維新史新記録　宝文堂出版販売　1983.5　460p　23cm
|内容| 慶応 4 年(1868, 明治元年)から明治 5 年(1872)

◇史料編 2 御山守残間家文書 仙台藩御山守史料　宝文堂出版販売　1985.1　864p　23cm
|内容| 天正 4 年(1576)から明治 14 年(1881)

◇史料編 3 宮城県大郷町史料集　宝文堂出版販売　1986.10　813p　23cm
|内容| 景行天皇 27 年(97)から明治 39 年(1906)

大郷町史　大郷町史編纂委員会編
◇大郷町　1980.7　1402p 図版 34 枚　22cm

黒川郡大松沢村誌　大松沢村教育会編
◇大松沢村教育会　1939　245p　20cm

粕川村誌　粕川村教育会編
◇粕川村教育会　1930　79p　A5

## 【富谷町】

富谷町誌　新訂　富谷町誌編さん委員会編
◇富谷町　1993.3　1039p 図版 [24] p　22cm
|内容| 旧石器時代から平成 4 年(1992)

富谷町誌　富谷町誌編纂委員会編
◇富谷町　1965.5　11, 18, 757, 18p 図版 12 枚 s　22cm

## 【大衡村】

大衡村誌　大衡村村誌編纂委員会編
◇大衡村　1983.7　[24], 1289p, 図版 [28]p　22cm
|内容| 縄文時代から昭和 55 年(1980)

## 【色麻町】

色麻町史　色麻町史編纂委員会編, 岩間初郎編集校閲
◇色麻町　1979.2　1507p, 図版 8 枚　22cm
|内容| 旧石器時代から昭和 53 年(1978)

## 【加美町】

新刊小野田町史　小野田町史編纂委員会編
◇小野田町　2003.3　1478p, 図版 6 枚　22cm

宮城県

内容 旧石器時代から平成14年(2002)

新編中新田町史　中新田町史編さん委員会編著

◇上巻　中新田町　1997.12　820p　22cm
内容 縄文時代から明治4年(1871)

◇下巻　中新田町　1999.8　814p　22cm
内容 明治元年(1868)から平成10年(1998)

中新田の歴史　中新田町史編さん委員会編著

◇中新田町　1995.10　334p　26cm
内容 縄文時代から平成5年(1993)

小野田町史　小野田町史編纂委員会編

◇小野田町　1974.12　20, 1006p, 図版[11]p　22cm
内容 縄文時代から昭和49年(1974)

宮崎町史　宮崎町史編纂委員会編

◇宮崎町役場　1973　935p　22cm
内容 縄文時代から昭和45年(1970)

中新田町史　村山貞之助編輯

◇中新田町　1964.8　1224p, 図版10枚　22cm
内容 縄文時代から昭和35年(1960)

小野田村沿革史　高橋長右衛門著

◇上編　小野田村　1902　90p

【涌谷町】

涌谷町史　涌谷町著, 涌谷町史編纂委員会編纂

◇上　涌谷町　1965.10　830p 図版p　22cm
内容 縄文時代から慶応3年(1867)

◇下　涌谷町　1968.3　877p 図版p　22cm
内容 明治元年(1868)から昭和40年(1965)

【美里町】

南郷町史　南郷町史編さん委員会編

◇上巻　南郷町　1980.12　1090p　22cm
内容 10世紀から昭和13年(1938)

◇下巻　南郷町　1985.3　1236p　22cm
内容 明治31年(1898)から昭和55年(1980)

小牛田町史　小牛田町史編纂委員会編

◇上巻　小牛田町　1970.3　692, 23p　23cm
内容 縄文時代から明治元年(1868)

◇中巻　小牛田町　1972.3　881, 12p　23cm
内容 明治元年(1868)から昭和20年(1945)

◇下巻　小牛田町　1973.6　1134, 8p　23cm
内容 昭和20年(1945)から昭和47年(1972)

中埣村誌　遠田郡中埣尋常小学校母の会編

◇遠田郡中埣小学校母の会　1941　61p　23cm

南郷村誌　菅原芳吉著

◇南郷村　1941　972p　A5

【女川町】

女川町誌　宮城県女川町著, 女川町誌編纂委員会編

◇[正編]　女川町　1960.8　1010p　22cm

全国地方史誌総目録　109

|内容| 縄文時代から昭和33年(1958)

◇続編　女川町　1991.3　555p　22cm
|内容| 昭和35年(1960)から昭和63年(1988)

牡鹿郡誌　宮城県牡鹿郡編纂

◇名著出版　1975.9　2, 1, 4, 431p 図版4枚　22cm
|内容| 景行天皇40年(110)から大正11年(1922)/大正12年刊の複製

牡鹿郡誌　宮城県牡鹿郡役所編

◇宮城県牡鹿郡役所　1923　438p　A5

## 【本吉町】

本吉町誌　本吉町誌編纂委員会編

◇1　本吉町　1982.3　972p　22cm
|内容| 縄文時代から昭和53年(1978)、行政、教育、民俗、宗教他記述

◇2　本吉町　1982.3　1855p　22cm
|内容| 明治31年(1898)から昭和55年(1980)

## 【南三陸町】

志津川町誌　志津川町誌編さん室編

◇1 自然の輝　志津川町　1989.3　737p 図版4枚　22cm
|内容| 明治2年(1869)から昭和61年(1986)、地質、地理、気象、植物、野鳥他を記述

◇2 生活の歓　志津川町　1989.11 819p 図版8枚　22cm
|内容| 天保5年(1834)から昭和63年(1988)、民俗を記述

◇3 歴史の標　志津川町　1991.10 917p 図版10枚　22cm
|内容| 縄文時代から昭和30年(1955)

志津川町誌資料集　志津川町誌編さん室編

◇1　志津川町　1990.11　821p　22cm
|内容| 享保10年(1725)から大正11年(1922)

◇2　志津川町　1991.4　834p　22cm
|内容| 鎌倉時代から昭和30年(1955)

歌津町史　歌津町史編纂委員会編

◇歌津町　1986.3　1523p, 図版[35]p　22cm
|内容| 縄文時代から昭和58年(1983)

## 【伊具郡】

伊具郡誌　伊具郡教育会編纂

◇名著出版　1972　1冊　22cm

伊具郡誌　伊具郡教育会編

◇伊具郡教育会　1926　697p　A5

## 【刈田郡】

刈田郡誌　刈田郡教育会編

◇名著出版　1972.7　4, 4, 392p 図版[7]p　22cm
|内容| 崇神天皇48年(前50年)から大正13年(1924)

刈田郡誌　刈田郡教育会編

◇刈田郡教育会　1928　392p　A5

磐城国刈田郡誌　宮城県編

◇2巻　宮城県　1885　2冊　A4

## 【加美郡】

加美郡誌　加美郡教育会編纂
　◇臨川書店　1986.6　638p　22cm

加美郡誌　加美郡教育会編
　◇名著出版　1972　638p　図　22cm

加美郡誌　加美郡教育会編
　◇加美郡教育会　1925　638p　A5

## 【栗原郡】

栗原郡誌　栗原郡教育会編纂
　◇臨川書店　1986.6　471,490p 図版 20枚　22cm

栗原郡誌　栗原郡教育会編
　◇名著出版　1972　490p 図 20枚　22cm

栗原郡誌　栗原郡教育会編
　◇栗原郡教育会　1918　490p　21cm

## 【黒川郡】

宮城県黒川郡誌　菅野小一郎編纂
　◇黒川郡教育会　1924　515p　A5
　◇臨川書店　1986.6　498p　22cm

黒川郡誌　黒川郡教育会編
　◇名著出版　1972.8　17, 498p 図版 [8]p　22cm
　　内容 天平14年(742)から大正11年(1922)

## 【柴田郡】

宮城県柴田郡誌　柴田郡教育會編
　◇千秋社　2003.8　619p 図版 12枚　22cm

柴田郡誌　柴田郡教育会編
　◇名著出版　1972.6　17, 619p 図版 [24]p　22cm
　　内容 縄文時代から大正13年(1924)/大正14年刊の複製

柴田郡誌　柴田郡教育会編
　◇柴田郡教育会　1925　636p　A5

柴田郡誌
　◇宮城県柴田郡教育会　1903.3　87p　23cm

## 【遠田郡】

遠田郡誌　遠田郡教育会編
　◇名著出版　1972.7　12, 736p 図版 [22]p　22cm
　　内容 奈良時代から大正14年(1925)/大正15年刊の複製

遠田郡誌　宮城県遠田郡教育会編
　◇宮城県遠田郡教育会　1926　748p　A5

## 【名取郡】

名取郡誌　復刻版　名取教育会編
　◇名著出版　1973.12　10, 3, 805p 図版 14枚　22cm
　　内容 平安時代から大正14年(1925)

名取郡誌　名取郡教育会編
　◇名取郡教育会　1925　818p　A5

## 【宮城郡】

宮城郡誌　宮城郡教育会編纂
　◇名著出版　1972.6　2, 2, 2, 2, 3, 1321, 2p 図 32枚　22cm

[内容] 成務天皇5年(135)から大正13年(1924)/昭和3年刊の複製

宮城郡誌　宮城郡教育会編
◇宮城郡教育会　1928　1323p　A5

## 【本吉郡】

本吉郡誌　本吉郡誌編纂委員会編
◇名著出版　1973.3　15, 18, 971p 図版[23]p　22cm
[内容] 700年代から昭和23年(1948)

## 【桃生郡】

桃生郡誌　桃生郡教育会編纂
◇臨川書店　1986.10　509p 図版41枚　22cm

桃生郡誌　宮城県桃生郡役所編
◇宮城県桃生郡役所　1923　572p　A5

## 【亘理郡】

宮城県亘理郡史　渡部義顕著
◇渡部義顕　1917　506,2,4p 図版 肖像　19cm

# 秋田県

秋田県史　[復刻版]　秋田県編
◇考古編　[秋田県]　1977.4　473, 50p　22cm
[内容] 原始時代：無土器文化から弥生時代・続縄文文化まで/歴史時代：奈良時代より室町時代まで
◇資料 大正・昭和編　[秋田県]　1980.1　907, 29, 182p　22cm
[内容] 行政一般・税財制・勧業・交通通信土木・学制・社寺宗教・社会：大正2年(1913)から昭和20年(1945)まで
◇資料 明治編 上　[秋田県]　1980.1　1120p　22cm
[内容] 戊辰の形勢・藩県政治の実施・兵備・行政一般・税財制・勧業：文化11年(1814)から明治23年(1890)まで
◇資料 明治編 下　[秋田県]　1980.1　1163p　22cm
[内容] 行政一般・税財制・勧業：明治23年(1890)から明治末年(1912)まで/交通通信土木・学制・社寺宗教・社会：明治初年から末年まで
◇第1巻 古代 中世編　[秋田県]　1977.4　488p　22cm
[内容] 原始に始まり，中世の下限を秋田の大名等が織豊政権の中に包摂される時期とする
◇第2巻 近世編 上　[秋田県]　1977.4　732p　22cm
[内容] 秋田の大名等が豊臣政権下に包摂された時期から，天明期(1781—1788)まで
◇第3巻 近世編 下　[秋田県]　1977.4　810, 3p　22cm
[内容] 佐竹義和の寛政改革から幕末維新に至るまで
◇第4巻 維新編　[秋田県]　1977.4　548p　22cm
[内容] 嘉永6年(1853)米艦渡来の事件から諸藩が解体し新府県が誕生した明治4年

まで

◇第 5 巻 明治編　［秋田県］　1977.11
1252p　22cm
内容 明治 4 年(1871)の廃藩置県以後明治末年まで

◇第 6 巻 大正 昭和編　［秋田県］
1977.11　1066, 3p　22cm
内容 大正初年の第一次世界大戦前後から昭和 20 年(1945)太平洋戦争終結まで

◇第 7 巻 年表 索引編　［秋田県］
1977.11　555, 10, 195p　22cm
内容 年表：崇神天皇 10 年(前 88)から昭和 20 年(1945)まで/各大歴代藩主系譜/索引

## 新編北羽発達史　佐久間舜一郎編

◇上　臨川書店　1974.5　738p　22cm
内容 上古史・中古史・近古史(神武天皇から慶応 3 年まで)

◇下　臨川書店　1974.5　907p　22cm
内容 現世史(明治元年から明治 22 年まで)

## 秋田県史年表　秋田県広報協会編

◇秋田県広報協会　1966.12　1, 2, 1, 555, 10p　22cm
内容 崇神天皇 10 年(前 88)から昭和 20 年(1945)まで

## 秋田縣郷土誌　秋田縣師範學校編

◇秋田県師範學校　1941.9　134p 図版 4 枚, 折込み図 5 枚　22cm
内容 有史以前から戊辰役後の明治 2 年まで

## 秋田県史 全　春日新一編

◇秋田県史刊行会　1936　1000p　A5

## 秋田縣史　秋田縣著

◇第 1 冊　秋田縣　1915.10　400p　23cm
内容 藩治部第 1：藩治通考(古代から近世末まで)/藩治部第 2：秋田藩職官略篇

◇第 2 冊　秋田縣　1915.10　984p　23cm
内容 藩治部第 3：秋田藩治編年(慶長 7 年(1602)から天明 5 年(1785)まで)/藩治部第 4：秋田藩要職沿革篇

◇第 3 冊　秋田縣　1915.10　1182p　23cm
内容 藩治部第 5：学政篇/藩治部第 6：藩治山政篇

◇第 4 冊　秋田縣　1917.10　532p　23cm
内容 県治部第 1：県治総説篇(慶応 3 年(1867)から大正元年(1912)まで)/県治部第 2：租税会計篇/県治部第 3：警察裁判篇

◇第 5 冊　秋田縣　1917.10　502p　23cm
内容 県治部第 4：衛生編/県治部第 5：教育篇/県治部第 6：社寺宗教篇/県治部第 7：兵事篇

◇第 6 冊　秋田縣　1917.10　620p　23cm
内容 県治部第 8：農業篇/県治部第 9：畜産業篇/県治部第 10：漁業篇

◇第 7 冊　秋田縣　1917.10　652p　23cm
内容 県治部第 11：林業篇/県治部第 12：鉱産業篇/県治部第 13：工業篇/県治部第 14：商業篇/県治部第 15：交通篇/県治部第 16：雑篇

# 【秋田市】

## 秋田市史　秋田市編

◇第 1 巻　秋田市　2004.3　611p 図版 10 枚p　27cm

◇第 2 巻　秋田市　1999.3　551p　27cm

|内容| 中世通史編：鎌倉時代から近世秋田の佐竹氏の入部まで

◇第3巻　秋田市　2003.6　806p　27cm
|内容| 近世通史編：佐竹氏入部から廃藩置県までの270年間

◇第4巻　秋田市　2004.3　755p　27cm
|内容| 近現代1通史編：廃藩置県から大正末年までの約55年間

◇第5巻　秋田市　2005.3　840p　27cm
|内容| 近現代2通史編：昭和元年(1926)から平成2年(1990)までの約65年間

◇第6巻　秋田市　2002.3　511p　27cm
|内容| 考古史料編：秋田市域で確認された旧石器時代から弥生時代までの遺跡と遺物について解説

◇第7巻　秋田市　2001.3　780p　27cm
|内容| 古代史料編：7世紀から平泉藤原氏が滅びた12世紀末まで

◇第8巻　秋田市　1996.3　749p　27cm
|内容| 中世史料編：橘公業が京都から鎌倉に移った治承4年(1180)より、秋田実季死亡前年の万治元年(1658)まで

◇第9巻　秋田市　1997.3　671p　27cm
|内容| 近世史料編上：主に城下町久保田に関するもの(町人社会,武家社会,久保田城)

◇第10巻　秋田市　1999.6　706p　27cm
|内容| 近世史料編下：久保田城下を除く周辺地域の史料(土崎湊,村方,寺・修験,海岸砂防,感恩講,維新変革期の社会と思想)

◇第11巻　秋田市　2000.3　806p　27cm

|内容| 近代史料編上：廃藩置県(明治4年)以後明治期に関する文献史料

◇第12巻　秋田市　2001.3　818p　27cm
|内容| 近代史料編下：大正期・昭和前期(昭和20年(1945)まで)に関する文献史料

◇第13巻　秋田市　2003.3　816p　27cm
|内容| 現代史料編：昭和後期(昭和20年(1945)の終戦から平成2年(1990)まで)に関する文献史料

◇第14巻　秋田市　1998.3　870p　27cm
|内容| 文芸・芸能編：昭和63年(1988)まで(古代・中世/近世/近代・現代/古典芸能/現代芸能)

◇第15巻　秋田市　2000.3　806p　27cm
|内容| 美術・工芸編：建造物・絵画・彫刻・工芸・書(古代から現代まで)

◇第16巻　秋田市　2003.3　765p　27cm
|内容| 民俗編：自然と環境,村や町の生活,諸職,衣食住,人の一生,年中行事,信仰,各地域の民俗芸能,ことわざ等

◇第17巻　索引　秋田市　2006.3　257p　27cm
|内容| 索引、通史編総目次、秋田市の小字地名

◇第17巻　年表　秋田市　2006.3　233p　27cm
|内容| 後期旧石器時代から平成17年(2005)まで

秋田市の歴史　図説　秋田市

◇秋田市　2005.3　249p 図版　30cm
|内容| 旧石器時代から平成17年(2005)まで

秋田市外旭川郷土史　語りつぐ外旭川のあゆみ　外旭川郷土史編さん委員会編集

◇外旭川郷土史編さん委員会　2004.8

秋田県　　　　　　　　　　　　　　　　　　　　　　　　秋田市

820p, 巻頭図版 [4p]　22cm
　内容 地誌編/通史編：旧石器時代から昭和20年(1945)の終戦まで/地域編：終戦後から平成16年(2004)まで/史料編

## 秋田市太平郷土史　池田昭治執筆編集

◇太平郷土史発刊委員会　1997.6　623p　22cm
　内容 郷土の自然/郷土の歴史(縄文時代から昭和29年(1954)秋田市合併まで)/郷土の文化と生活/資料編

## 外旭川村史　再版　外旭川村史編纂委員会編

◇外旭川村史編纂委員会　1986.2　289p　22cm
　内容 原始時代から昭和29年(1954)の秋田市編入まで

## 河辺町史　河辺町編

◇河辺町　1985.10　924p　21cm
　内容 原始時代から昭和59年(1984)まで：自然環境/歴史/教育と文化/産業と経済/行政/民俗と生活

## 河邊郡誌　秋田縣河辺郡役所編

◇国書刊行会　1981.9　795p, 図版18枚　22cm
　内容 自然・地勢・沿革・名勝旧蹟・著名なる人物・財政・産業ほか：古代から大正初年頃まで

## 秋田市史　秋田市編纂

◇昭和編1　秋田市　1967　560p(図版表 地図共)　22cm

◇昭和編2　秋田市　1979.7　1272p　22cm

◇年表　秋田市　1979.7　185p　22cm

◇上巻　歴史図書社　1975.11　514p　22cm
　内容 藩政前史(石器時代から足利時代)より藩政時代(佐竹義和の時代)まで

◇中巻　歴史図書社　1975.11　604p　22cm
　内容 藩政時代：佐竹義厚の時代より幕末まで/庶民階級の生活

◇下巻　歴史図書社　1975.11　774p　22cm
　内容 現代篇：明治2年版籍奉還より昭和26年まで

## 土崎港町史　秋田市編

◇秋田市　1979　450p　22cm
　内容 上古から戦国・佐竹藩時代を経て大正に至る沿革, 築港史, 社寺, 人物, 名所旧蹟ほか

## 寺内町誌　復刻版　大塚定彬, 佐々木三治郎共著

◇寺内史談会　1978.7　8, 334p 図版3枚　19cm
　内容 自然的環境, 歴史的考察, 社会的考察(上古から昭和10年代まで)

## 雄和町史　雄和町史編纂委員会編纂

◇[本編]　雄和町　1976.6　1248p　22cm
　内容 雄和の自然/雄和の発達/地域の史略/民俗と生活/地史と年表：天武天皇11年(683)から昭和50年(1975)まで

◇追補篇　雄和町　1977.9　196p　22cm
　内容 昭和51年度(1976)末までの行政統計資料と行政実施事項の概要, 風土民俗関係資料を追補

## 河辺町郷土誌　河辺町郷土誌編纂委員会編

◇河辺町教育委員会　1962.5　281p 図版　22cm
　内容 原始時代から昭和30年(1955)の河

辺町誕生まで

戸米川村誌　戸米川村誌編纂委員会編
◇戸米川村　1956　602p　図版　22cm

新屋町郷土誌　辻水佐藤治編
◇秋田市新屋出張所　1942　458p　A5

土崎港町史　加藤助吉編
◇秋田市土崎出張所　1942　450p　B5

秋田県岩崎郷土史　大山順造編
◇岩崎町　1940　132p　B6

広山田村誌　広山田村役場編
◇広山田村役場　1938

土崎發達史　今野賢三編
◇土崎發達史刊行會　1934.12　369p　図版　20cm
[内容] 上古から昭和8年(1933)まで

河辺郡治沿革誌　河辺郡役所編
◇河辺郡役所　1923

河辺郡誌　河辺郡役所編
◇河辺郡役所　1917

## 【能代市】

能代市史　能代市史編さん委員会編
◇資料編 考古　能代市　1995.3　962p　22-27cm
[内容] 現能代市域にある旧石器時代から近代までの考古に関する資料

◇資料編 古代・中世1　能代市　1998.3　1077p　22-27cm
[内容] 古代：安部比羅夫の来能から後三年の役に至る記録資料と出土文字資料/中世：橘公業に関する記録から太閤検地に至る時期までの記録・文書

◇資料編 中世2　能代市　1998.7　1209p　22-27cm

[内容] 秋田実季の秋田領内支配の体制及び豊臣・徳川両政権との関連資料/非編年史料(系図・縁起・軍記記録)

◇資料編 近世1　能代市　1999.7　1196p　22-27cm
[内容] 能代奉行および檜山所領・組下関係の史料

◇特別編 自然　能代市　2000.8　684p　22-27cm
[内容] 本編：自然環境・植物・菌類・動物・災害と環境ほか/付録1/付録2

◇特別編 自然 付録1　能代市　2000.8　138p　22-27cm
[内容] 植物・菌類・動物目録

◇特別編 民俗　能代市　2004.10　902p　22-27cm
[内容] 能代市域に見られる民俗について,8章に分け,昭和戦前期を中心にその前後にわたり記述

戊辰戦争と二ツ井　伊藤徳治著編
◇二ツ井町教育委員会　1998.12　81p　26cm

能代市史稿　能代市史編纂委員会著
◇第1輯　東洋書院　1981.10　259p　22cm
[内容] 古代―中世：自然環境/原始時代/欽明天皇29年(568)から天正元年(1573)まで

◇第2輯　東洋書院　1981.8　274p　22cm
[内容] 近世―上編：安土桃山時代より江戸時代初期まで

◇第3輯　東洋書院　1981.8　270p　22cm
[内容] 近世―中編：能代の行政・港としての能代・街道の交通・町人階級の抬頭

◇第4輯　東洋書院　1981.8　316p　22cm
[内容] 近世―下編(1)：封建社会の文化・天変地異と能代,封建社会の動揺(近世中,

後期)

◇第5輯　東洋書院　1981.8　366p　22cm
　内容 近世―下編(2)：幕末から戊辰戦争まで/木山編：秋田の林政・砂防・鉱山など

◇第6輯　東洋書院　1981.8　423p　22cm
　内容 現代―上編(明治年代)

◇第7輯　東洋書院　1981.8　440p　22cm
　内容 現代―下編(大正昭和年代)：大正初年から昭和35年(1960)まで

二ッ井町史　二ッ井町町史編さん委員会編

◇二ッ井町　1977.3　682p, 図版 [8] p　27cm
　内容 前編/本編：旧石器時代から昭和48年(1973)まで/資料編/伝承編

## 【横手市】

横手市史　横手市編

◇史料編 古代・中世　横手市　2006.3　882p　22-29cm
　内容 古代編：5世紀ころから12世紀まで/中世編：12世紀末から17世紀前半まで

◇昭和編　横手市　1981.11　959p　22-29cm
　内容 昭和初年から昭和55年6月までの行政・教育・文化・産業など市民生活全般にわたり収録

◇特別編 文化・民俗　横手市　2006.3　733p　22-29cm
　内容 文化編：まちとむら・生活の諸相・美術工芸・建築・石造文化ほか/民俗編：暮らしの背景・ひとの歩み・生活のかてほか

平鹿町のあゆみ　町制50年の軌跡
平鹿町役場総務課編集

◇平鹿町役場総務課　2005.9　121p　30cm

　内容 昭和31年(1956)の平鹿町発足から平成17年(2005)まで

大雄村史　大雄村史編纂委員会編

◇大雄村　2001.3　14, 1402p, 図版8枚　22cm
　内容 概要/先史・古代・中世/近世/近代/現代/教育・文化と生活：旧石器時代から平成11年(1999)3月末まで

増田町史　増田町史編纂委員会編纂

◇増田町　1997.6　14, 1469p, 図版8枚　22cm
　内容 旧石器時代から平成7年(1995)まで

山内村史　山内村郷土史編纂委員会編

◇上巻　山内村　1990.3　886p　22cm
　内容 山内のあけぼの/開けゆく山内/明治以降の山内村：旧石器時代から昭和20年(1945)の敗戦直後まで

◇下巻　山内村　1990.3　988p　22cm
　内容 われわれの山内村(現代)/山と雪のわが風土/御嶽山と三梨家/山里の生活文化

平鹿町史　平鹿町史編纂委員会編

◇平鹿町　1984.9　1368p, 図版 [8]p　22cm
　内容 縄文時代前期から昭和55年(1980)前後まで

大森町郷土史　大森町郷土史編さん委員会編

◇大森町　1981.12　1060p　22cm
　内容 先史時代から昭和55年(1980)まで

雄物川町郷土史　雄物川町郷土史編纂会編

◇雄物川町　1980.10　1142p　22cm

増田町郷土史　増田町郷土史編纂委員会編纂

◇増田町教育委員会　1972　580p 図　22cm

[内容] 先史時代から昭和40年代頃まで

平鹿町郷土誌　平鹿町郷土誌編纂委員会編
　◇平鹿町　1969　401p　図版　22cm

横手明治百年史
　◇上　明治篇　横手郷土史研究会　1968.7
　　194p　21cm
　　[内容] 横手郷土史年表：明治元年(1868)から明治45年(1912)まで
　◇下　大正・昭和篇　横手郷土史研究会　1968.11　185p　21cm
　　[内容] 横手郷土史年表：大正元年(1912)から昭和43年(1968)まで

十文字町郷土誌　十文字地方研究会編
　◇[正]　十文字町教育委員会　1958.5　372p　図版　22cm
　　[内容] 本篇：藩政時代から昭和31年(1956)まで/解説篇/おはなし篇

横手郷土史　横手郷土史編纂会編
　◇横手町役場　1933　397p　23cm
　　[内容] 上古(石器時代)から戊辰の役まで

平鹿郡里見村史　里見村役場編
　◇里見村役場　1924

我村〔里見村〕　里見村役場編
　◇里見村役場　1923　337p　A5

秋田県平鹿郡阿気村郷土誌　阿気村役場編
　◇阿気村役場　1915

平鹿郡十文字村郷土誌　十文字村役場編
　◇十文字村役場　1912

平鹿郡黒川村郷土誌　黒川村役場編
　◇黒川村役場　1911

平鹿郡山内村郷土誌　山内村役場編
　◇山内村役場　1911

## 【大館市】

田代町史　田代町史編集委員会編
　◇本巻　田代町　2002.8　718p　27cm
　　[内容] 自然と風土/考古・古代/中世・近世/近・現代：旧石器時代から平成14年(2002)まで
　◇別巻　田代町　2002.8　316, 56p　27cm
　　[内容] 民俗編・人物編・地誌編・付編・年表（縄文時代から平成14年(2002)2月まで）

大館の歴史　大館市市史編さん委員会編
　◇大館市教育委員会　1992.3　272p　26cm
　　[内容] 原始・古代から近・現代に至る時期を5章に分け，自然・民俗の章をもうける

大館市史　大館市史編さん委員会編
　◇第1巻　大館市　1979.3　531p　22-27cm
　　[内容] 原始・古代・中世編：自然・地史/縄文時代から慶長年間まで
　◇第2巻　大館市　1978.3　717p　22-27cm
　　[内容] 近世編：慶長7年(1602)佐竹義宣の国替えから戊辰戦争まで/産業・文化
　◇第3巻　上　大館市　1983.12　660p　22-27cm
　　[内容] 明治大正編：明治の「新政」と大館/産業の発展と人びとのくらし/大正時代の社会と文化
　◇第3巻　下　大館市　1986.9　1054p

22-27cm
内容 昭和編：大館における昭和史の出発/一五年戦争と町・村/終戦と町・村/大館市の誕生と発展(昭和50年代まで)

◇第4巻　大館市　1981.3　790p　22-27cm
内容 民俗・文化編：生活・年中行事・信仰・ことばと芸能・描かれた大館

◇第5巻　大館市　1990.3　450p　22-27cm
内容 年表編：旧石器時代から平成元年(1989)まで/索引編/地図で見る大館

比内町史　比内町史編さん委員会編
◇比内町　1987.3　1041p, 図版 [2] p　22cm
内容 縄文時代から昭和30年(1955)の比内町発足まで

比内町誌　比内町誌編纂委員会編
◇比内町誌編纂委員会　1964.12　249p　図　肖像　22cm
内容 古代から昭和39年(1964)まで

秋田県北秋田郡上川沿村誌　糸屋喜永治編
◇上川沿村役場　1936　146p　23cm
内容 町村制実施以来の村勢、明治22年(1889)から昭和10年(1935)頃まで

## 【男鹿市】

男鹿市史　男鹿市史編纂委員会編
◇上巻　男鹿市　1995.3　1410p　21cm
内容 通史編：原始, 古代, 中世, 近世, 近代1(大正まで), 民俗

◇下巻　男鹿市　1995.3　1150p　21cm
内容 通史編：近代編2(昭和初期), 現代(大戦後から平成3年(1991)まで)、人物伝

男鹿市史　男鹿市編
◇大和学芸図書　1982.3　565p　22cm

内容 先史時代より男鹿市誕生までの変遷を主体として概観(昭和30年(1955)まで)

若美町史　若美町史編さん委員会編
◇若美町　1981.12　14, 791p, 図版2枚　22cm
内容 自然環境/原始古代/中世/近世/現代/民俗と文化財：旧石器時代から昭和56年(1981)まで

船越誌　その自然と歴史　磯村朝次郎
◇船越経友会　1978.11　432p　22cm
内容 自然、縄文時代から昭和30年(1955)の男鹿市合併まで

若美町史資料
◇若美町　1977.11　12, 1018p　22cm
内容 埋蔵遺跡と石造遺物/旧編郷土誌と文献/町内所蔵古文書

## 【湯沢市】

皆瀬村史　皆瀬村教育委員会編
◇皆瀬村　1993.3　942p　22cm
内容 旧石器時代から平成4年(1992)まで

◇資料編 第1集　皆瀬村教育委員会　1972.12　90p　25cm

◇資料編 第2集　皆瀬村教育委員会　1977.3　104p　25cm

◇資料編 第3集　皆瀬村教育委員会　52p　25cm

◇資料編 第4集　皆瀬村教育委員会　1983.4　65p　25cm

◇資料編 第5集　皆瀬村教育委員会　1998.3　37p　26cm

雄勝町史　雄勝町郷土史編纂委員会編
◇国書刊行会　1988.8　315p 図版16枚　22cm
内容 雄勝町通史(原始時代から昭和35年(1960)まで/郷村風記/ふるさとの古今

物語/院内銀山史

稲川町史　稲川町教育委員会編

◇稲川町教育委員会　1984.3　10, 681p, 図版6枚　22cm
内容 旧石器時代から昭和58年度(1983)まで/自然/民俗

雄勝町行政百年史　雄勝町行政百年史編纂委員会編

◇雄勝町　1974.9　266p, 図版6枚　27cm
内容 明治元年(1868)より昭和43年(1968)まで

湯沢市史　湯沢市史編さん会事務局編

◇秋田県湯沢市教育委員会　1965.12　805p　22cm
内容 先史時代/古代・奈良・平安時代/小野寺時代(鎌倉・室町時代)/近世 佐竹時代/近世史 明治時代/現代史(昭和40年(1970)まで)/湯沢雑稿

雄勝町史　雄勝町郷土史編纂委員会編

◇雄勝町教育委員会　1961.10　315p　22cm

秋田縣岩崎町郷土史　大山順造編

◇岩崎町　1940.6　4, 6, 132p, 図版[6]p, 1枚　23cm
内容 初期開拓時代(平安朝初期まで)から大正時代まで

## 【鹿角市】

鹿角市史　鹿角市編

◇第1巻　鹿角市　1982.11　624p　22cm
内容 自然・原始・古代・中世：縄文時代から天正19年(1591)の奥州再仕置前後まで

◇第2巻上　鹿角市　1986.6　726p　22cm
内容 近世：盛岡藩政における鹿角・藩境としての鹿角・産業・鉱山

◇第2巻下　鹿角市　1987.12　612p　22cm
内容 近世：鹿角の商業/農村の生活/交通/信仰と文化/戊辰戦争と鹿角

◇第3巻上　鹿角市　1991.3　646p　22cm
内容 近代：明治(明治の移り変わり/産業の発展/鉱山の隆替/教育と文化の展開)

◇第3巻下　鹿角市　1993.11　714p　22cm
内容 大正・昭和編：大正初年から平成4年(1992)まで

◇第4巻　鹿角市　1996.3　878p　22cm
内容 民俗編：風土と文化/鹿角のくらし/くらしの中の民俗/資料と補説

◇第5巻　鹿角市　1997.3　684p　22cm
内容 年表：縄文時代早期から平成6年(1994)まで/索引

## 【由利本荘市】

本荘の歴史　普及版　本荘市編

◇本荘市　2003.3　256p　31cm
内容 第一期『本荘通史』最終巻としての普及版の通史：旧石器時代から平成12年(2000)

本荘市史　本荘市編

◇史料編1上　本荘市　1984.3　845p　22cm
内容 原始および古代から17世紀はじめ最上領時代に至る史資料：考古資料/中世城館資料/古代中世編年史料

◇史料編1下　本荘市　1985.3　846p　22cm
内容 古代から最上領時代に至る史料：合戦記・物語類/家譜・家記・家伝類/検地帳

◇史料編2　本荘市　1982.12　740p　22cm
内容 元和元年(1623)六郷氏・岩城氏入部から17世紀末ごろまでの藩政時代前期

秋田県　　　　　　　　　　　　　　　　　　　　　　　　　　　　　　　由利本荘市

の史料
◇史料編 3　本荘市　1986.3　865p　22cm
　内容 本荘・亀田両藩における「藩政の展開と領民」を主題に、関係史料をそれぞれ藩ごとにまとめ収録
◇史料編 4　本荘市　1988.3　936p　22cm
　内容 「藩政時代における領民の生活」を主題に史料を選択、「藩政の終焉」において戊辰戦争に関する史料を収録
◇史料編 5　本荘市　1989.3　827p　22cm
　内容 明治 4 年の廃藩置県から明治末年に至る間の史料
◇史料編 6　本荘市　1990.3　924p　22cm
　内容 大正元年(1912)から本荘市の市域が確定した昭和 30 年(1955)5 月末まで
◇通史編 1　本荘市　1987.3　717p　22cm
　内容 原始・古代から元和 9 年(1623)の本多氏改易まで
◇通史編 2　本荘市　1994.8　922p　22cm
　内容 「由利入部以前の六郷・岩城両氏」から明治 4 年(1871)の廃藩置県まで約 250 年間
◇通史編 3　本荘市　1997.3　755p　22cm
　内容 近代：明治から昭和 20 年(1945)の敗戦まで/現代：敗戦から昭和 30 年(1955)の本荘市域確定まで
◇年表・索引編　本荘市　2001.3　331p　22cm
　内容 年表：旧石器時代から平成 11 年(1999)まで/索引/通史編総目次
◇文化・民俗編　本荘市　2000.3　829p　22cm
　内容 文化編：市街地の変遷・生活・美術工芸・建築ほか/民俗編：社会構成・人生儀礼・生産労働・衣食住ほか

西目町史　西目町史編集委員会編
◇資料編　西目町　1998.3　869p　27cm
　内容 自然編/考古・古代・中世編/近世編/近・現代編/民俗編/美術編
◇通史編　西目町　2001.2　704p　27cm
　内容 自然編/考古/古代・中世編/近世編/近・現代編/民俗編/美術編：旧石器時代から昭和末まで
◇年表・統計資料編　西目町　2001.2　57, 45p　27cm
　内容 西目町関係年表：旧石器時代から平成 13 年(2001)3 月まで/統計資料編

矢島の歴史　2 刷　秋田県由利郡矢島町教育委員会編
◇矢島町　1999.8　278p, 図版 2 枚　21cm
　内容 有史以前から平成 11 年(1999)まで

岩城町史　岩城町史編集委員会編
◇岩城町教育委員会　1996.3　403p 図版 4 枚　27cm
　内容 旧石器時代から平成 7 年(1995)まで/宗教・文化・自然

大内町史　大内町史編さん委員会編
◇大内町　1990.3　20, 1288p, 図版 [8]p　22cm
　内容 自然史編/歴史編：原始・古代から現代までの政治・経済・文化の歩み/社会・文化編：教育・文学と芸能・風俗と習慣・集落史

東由利町史　東由利町史編纂委員会編
◇東由利町　1989.10　5, 31, 1158p, 図版 [10]p　22cm
　内容 旧石器時代から昭和 63 年(1988)まで

鳥海町史　鳥海町史編纂委員会, 鳥海町

全国地方史誌総目録　　121

企画課編纂

◇資料編　鳥海町　1987.12　670p　27cm
　[内容] 第1編：鳥海山大権現縁起・由利十二頭記ほか/第2編：各家の文書から選択し編集，法令関係から戊辰戦争まで25項目に分類

◇本編　鳥海町　1985.11　1798p　27cm
　[内容] 通史：自然・原始時代・古代・中世・近世・現代(旧石器時代から昭和59年まで)/文化伝承

**由利町史　改訂版**　由利町史編さん委員会編

◇由利町　1985.7　971p, 図版4枚　22cm
　[内容] 旧石器時代から昭和59年(1984)まで

**矢島町史**　矢島町史編纂委員会, 矢島町教育委員会編

◇上巻　矢島町　1979.12　759p　22cm
　[内容] 縄文文化から戊辰戦争まで

◇続 上巻　矢島町　1983.12　610p　22cm
　[内容] 鳥海修験の源流，戊辰戦争遺録ほか/古代から明治維新期まで

◇続 下巻　矢島町　1983.12　1187p　22cm
　[内容] 町政最近年史略：人口動態と居住の変遷，執行機関・町役場と職員ほか，昭和56年(1981)まで

◇下巻　矢島町　1979.12　1377p　22cm
　[内容] 明治元年(1868)から昭和52年(1977)頃まで

**岩城町郷土史**　岩城町史編集委員会編

◇亀田郷土史 上　岩城町教育委員会　1933.12　214p　22cm

◇亀田郷土史 下　岩城町教育委員会　1968.10　223p　22cm

◇二古沿革誌　岩城町教育委員会　1963.6　220p　25cm

**大内村郷土誌**　郷土誌編さん委員会編

◇大内村　1968　425p 図版　21cm

**本荘町自治史**　本荘町編

◇本荘町　1938.10　230p, 図版4枚　23cm
　[内容] 自治制発布五十周年記念に本荘町の歴史の概要と自治の変遷を記述，上古より昭和13年(1938)まで

**亀田郷土史**

◇上, 下巻　亀田町役場　1933-1934　2冊　A5

**西目村の話**　佐々木孝一郎著

◇前, 後(上, 下)編　西目村役場　1932　3冊　A5

**本荘町誌**

◇本荘町　1925　72p　24cm

**平鹿郡川西村郷土誌**　川西役場編

◇川西役場　1914

## 【潟上市】

**昭和町誌**　昭和町誌編さん委員会編

◇昭和町　1986.12　645p, 図版 [8] p　22cm
　[内容] 地誌編/通史編：旧石器時代から昭和50年代まで

**天王町誌**

◇天王町　1974.9　556p 図　22cm
　[内容] 縄文時代から昭和45年(1970)頃まで

◇資料　天王町　1968　800p, 図版3枚　22cm
　[内容] 明治の郷土史(「村誌書上」「郷土誌」「適産調, 旧蹟考」)/自然と歴史(地質

資料・考古出土資料・歴史文献資料ほか

飯田川町百年のあゆみ　明治百年記念　百年のあゆみ編さん委員会編

◇飯田川町　1969.10　297p　21cm
　[内容] 明治元年(1868)から昭和44年(1969)まで

## 【大仙市】

中仙町史　中仙町郷土史編さん委員会編

◇通史編 [1]　中仙町郷土史編さん委員会　1983.3　788p　22cm
　[内容] 原始時代から昭和30年(1955)の四か村合併、中仙町発足まで

◇通史編 [2]　中仙町郷土史編さん委員会　2006.3　535p　22cm
　[内容] 昭和30年(1955)の中仙町誕生から平成16年(2004)3月まで

◇文化編　中仙町　1989.3　1180p　22cm

南外村史　南外村教育委員会編

◇資料編 第6集　南外村教育委員会　1982.10　255p　26cm

◇資料編 第1集-第5集 合本　南外村教育委員会　1965.3　26cm

◇通史編　南外村教育委員会　2003.6　707p　27cm

神岡町史　神岡町史編纂室編

◇神岡町　2002.3　497p　27cm
　[内容] 縄文時代から平成12年(2000)まで

協和町史　協和町史編纂委員会編纂

◇上巻　協和町　2001.3　342p　27cm
　[内容] 自然と風土/原始時代/古代/中世/近世:旧石器時代から戊辰戦争まで

◇下巻　協和町　2002.2　598p　27cm
　[内容] 明治/大正・昭和前期/戦後/鉱山と国有林/生活と文化:明治維新から平成9年(1997)頃まで

大曲市史　大曲市編

◇第1巻 資料編　大曲市史頒布会　1984.5　907p　22cm
　[内容] 明治元年(1868, 慶応4年)より、主として昭和29年(1954)の町村合併、大曲市設置頃まで

◇第2巻 通史編　大曲市史頒布会　1999.7　941p　22cm
　[内容] 近世の大曲/近代前期の大曲/近代後期の大曲:佐竹氏の入部から平成6年(1994)大曲市の誕生40周年まで

西仙北町史　西仙北町郷土史編纂委員会編

◇先史-近世編　西仙北町　1995.3　1046, 34p　22cm
　[内容] 旧石器時代から廃藩置県まで

大曲町郷土史　大曲町編

◇臨川書店　1987.9　236, 56p, 図版9枚　22cm
　[内容] 古代(原住民族)から大正時代末頃まで

太田町百年誌　太田町史編纂委員会編

◇秋田県仙北郡太田町　1976.7　587p, 図版 [3]枚　22cm
　[内容] 沿革(古代から現況まで)/行政/産業/教育/宗教/社会文化/諸官衙/人物:昭和43年(1968)3月まで

西仙北町郷土誌　西仙北町郷土史編纂委員会編纂

◇近代篇　西仙北町　1976.1　931p　22cm
　[内容] 先土器時代から昭和50年(1975)まで

仙北村郷土誌

◇行政編・産業編・教育編　仙北村郷土誌編纂委員会　1972　388p, 図版4枚　22cm

全国地方史誌総目録　123

協和村郷土誌　協和村郷土誌編纂委員会編
- ◇協和村教育委員会　1968.12　4, 434p, 図版2枚　22cm
  - 内容 自然/歴史(先土器時代から昭和40年頃まで)/民俗/人物/文芸

南秋田郡史　栗田茂治著
- ◇南秋田郡郷土研究会　1951.12　6, 244p 図版1枚　21cm
  - 内容 石器時代から明治末年まで

高梨村郷土沿革紀　高梨村編
- ◇高梨村　1940　418p　23cm
  - 内容 古代(払田柵址)から昭和12年(1937)まで

大曲町郷土史　大山順造編
- ◇仙北郡大曲町役場　1934　292p　A5

## 【北秋田市】

森吉町史　藤島勇太郎監修
- ◇資料編 第1集 秋元文書　森吉町企画課　1975　132p　21cm
- ◇資料編 第2集 阿仁前田小作争議報道記録集　森吉町企画課　1977.3　21cm
- ◇資料編 第3集 桐内沢村年代記・阿仁下郷年代記　森吉町史編纂会　1979.3　172p　22cm
- ◇資料編 第4集 庄司唸風郡方勤中日記　森吉町史編纂会　1979.3　403p　22cm
- ◇資料編 第5集 みんなで綴る郷土誌　森吉町生涯教育推進本部　1979.12　218p　21cm
- ◇資料編 第6集 金家文書　森吉町史編纂会　1980.3　302p　22cm
- ◇資料編 第7集 木葉硯 松亭兎月作　森吉町史編纂会　1980.3　199p　21cm
- ◇資料編 第8集 山村民俗誌 みんなで綴る郷土誌2　森吉町生涯教育推進本部　1980.6　180p　21cm
- ◇資料編 第9集 米内沢郷土誌 金家文書1　森吉町史編纂会　1981.2　295p　21cm
- ◇資料編 第10集 米内沢郷土誌 金家文書2　森吉町史編纂会　1981.8　315p　21cm
- ◇資料編 第11集 みんなで綴る郷土誌3　森吉町史編纂会　1983.6　198p　21cm
- ◇資料編 第12集 北秋の自然誌　森吉町史編纂会　1984.3　149p　18cm
- ◇資料編 第13集 阿仁部関係文書集　森吉町史編纂会　1986.3　242p　21cm
- ◇資料編 第14集 前田村郷土誌　森吉町史編纂会　2004.3　316p　26cm

前田村郷土誌
- ◇森吉町史編纂会　2004.3　316p　26cm
  - 内容 「前田村郷土誌」ならびに大正6年(1917)頃から昭和12年(1937)頃までの資料9点

阿仁町史　阿仁町史編纂委員会
- ◇[本編]　阿仁町　1992.10　1019p, 図版[12]p　22cm
  - 内容 自然と風土/近代までの歩み/近代から現代までの歩み：旧石器時代から平成2年(1990)まで

鷹巣町史　鷹巣町史編纂委員会編纂
- ◇第1巻　鷹巣町　1988.3　622p　22cm
  - 内容 原始・古代・中世・近代：縄文時代から昭和20年(1945)の終戦まで
- ◇第2巻　鷹巣町　1988.3　634p

22cm
  内容 現代：昭和20年(1945)の終戦から昭和62年(1987)まで

◇第3巻　鷹巣町　1989.3　428p　22cm
  内容 自然・民俗・人物

◇年表　鷹巣町　1989.3　267p　22cm
  内容 大化改新(大化元年,645)から昭和64年(1989)1月7日まで

◇別巻 資料編1　鷹巣町　1986.3　726p　22cm
  内容 鷹巣村関係文書・長谷川家文書・花田家文書・摩当村関係文書

◇別巻 資料編2　鷹巣町　1987.3　700p　22cm
  内容 鷹巣村関係文書・長岐家文書・坊沢村関係文書・七座地区文書

合川町史　郷土のあゆみ

◇合川町　1966　291p 図 肖像　22cm

七日市村郷土誌　七日市村役場編

◇七日市村役場　1918　74p　B5（和）（膳）

【にかほ市】

象潟町史　象潟町編

◇資料編1　象潟町　1998.10　976p　22cm
  内容 考古編：旧石器時代から古代まで/古代・中世編：崇峻天皇2年(589)から文明5年(1473)まで/近世編：16世紀中頃から幕末期直前まで/民俗編

◇資料編2　象潟町　1996.9　981p　22cm
  内容 近・現代編：戊辰戦争から平成7年まで(太平洋戦争終了時までを中心)/自然編/文化編

◇通史編 上　象潟町　2002.3　1004p　22cm
  内容 自然編/考古編/古代・中世編/近世編/民俗編/年表：旧石器時代から慶応3年(1867)まで

◇通史編 下　象潟町　2001.3　913p　22cm
  内容 近・現代編：戊辰戦争(慶応4年・明治元年)から平成12年まで/文化編/人物編/年表(戊辰戦争から平成13年)

◇1968年版　象潟町教育委員会　1968.12　526p 図版　22cm
  内容 原始時代から昭和42年(1967)まで

金浦町史　金浦町史編さん委員会編

◇上巻　金浦町　1990.12　736p　22cm
  内容 金浦町の自然環境/金浦町の歴史(先史時代から江戸時代)/金浦旧六ヵ町史

◇下巻　金浦町　2000.3　718p　22cm
  内容 近代/現代/教育：明治4年(1871)の廃藩置県から平成10年(1998)まで

象潟町史　象潟町郷土誌編纂委員会編

◇1973年版　象潟町教育委員会　1973.2　544p 図　22cm

仁賀保町史　仁賀保町史編纂委員会編

◇仁賀保町　1972.11　826p 図　22cm
  内容 新石器時代から昭和45年(1970)まで

秋田県象潟町郷土誌　象潟町郷土誌編纂部編

◇第1—8巻　象潟町郷土誌編纂部　1928-1934　8冊　A5

【仙北市】

西木村郷土誌　西木村郷土誌編纂委員会編

◇[本編]　秋田県仙北郡西木村　1980.8　488p　22cm
  内容 石器時代から昭和50年(1975)頃まで

◇民俗編　秋田県仙北郡西木村　2000.3　817p　22cm

仙北市　　　　　　　　　　　　　　　　　　　　　　　　　　　秋田県

　　内容 衣服・食・住・習俗・年中行事・稲作の変遷ほか

**角館誌**　角館誌編纂委員会編
◇索引(角館歴史年表付)　角館誌刊行会　1999.3　109p 図版　21cm
　　内容 事項・地名編、人名編、角館歴史年表(昭和30年～平成元年)
◇第1巻 考古・古代編　角館誌刊行会　1979.3　289p 図版　22cm
　　内容 旧石器時代から平泉藤原氏の滅亡まで/資料編/附編：武藤鉄城氏遺稿
◇第2巻 俘囚・戸沢・芦名編　角館誌刊行会　1965.12　331p 図版　22cm
　　内容 貞観元年から慶安4年、芦名氏治政まで
◇第3巻 北家時代 上　角館誌刊行会　1967.1　338p 図版　22cm
　　内容 明暦2年北家氏支配から寛政5年ごろまで
◇第4巻 北家時代 下　角館誌刊行会　1969.3　338p 図版　22cm
　　内容 元禄3年から明治4年(1871)佐竹氏の東京移住まで
◇第5巻 明治時代・大正時代編　角館誌刊行会　1973.11　504p 図版　22cm
　　内容 明治元年(1868)から大正末まで
◇第6巻 昭和時代・角館歴史年表編　角館誌刊行会　1975.3　288, 110p 図版　22cm
　　内容 昭和時代：昭和2年(1927)から昭和32年(1957)まで/角館歴史年表：崇神天皇10年(前88)から昭和30年(1955)まで
◇第7巻 民俗芸能・民謡・民俗工芸　角館誌刊行会　1971.3　441p 図版　22cm
　　内容 芸能の諸相、芸能の現状、民謡、民俗工芸
◇第8巻 衣・食・住編　角館誌刊行会　1980.3　283p 図版　22cm
　　内容 衣料編・食物編・住居編

◇第9巻 民俗行事・個有信仰・童謡編　角館誌刊行会　1985.2　320p 図版　22cm
　　内容 民俗行事・年中行事・個有信仰(人の一生, 角館の小祠)・童謡(わらべうた, 口遊び)
◇第10巻 美術・文芸編　角館誌刊行会　1981.11　230p 図版　22cm
　　内容 美術編：角館の絵画史(江戸時代から昭和20年頃まで)文芸編：明治以降の文芸
◇第11巻 世相編　角館誌刊行会　1996.3　200p 図版　22cm
　　内容 明治以前の角館/戊辰戦後の世相
◇別巻 植物(花葉集)　角館誌刊行会　1972.3　277p 図版　22cm
　　内容 「花葉集」(昭和31年(1966)秋田県重要文化財指定)についての解説

**新田沢湖町史**　新田沢湖町史編纂委員会編
◇田沢湖町　1997.3　15, 1057p, 図版8枚　27cm
　　内容 町の沿革/田沢湖町の自然/日本最深の湖・田沢湖/原始・古代から現代ほか：縄文時代から平成7年(1995)3月まで
◇年表　田沢湖町　1997.3　101p　26cm
　　内容 縄文時代から平成8年(1996)まで

**田沢湖町史資料編**　田沢湖町史編纂委員会編
◇第1集　田沢湖町, 田沢湖町教育委員会　1987.11　331p　21cm
　　内容 戊辰戦争に関わる資料を中心に集録
◇第2集　田沢湖町, 田沢湖町教育委員会　1988.11　337p　21cm
　　内容 田沢, 生保内, 神代地区の産業開発に関する資料
◇第3集　田沢湖町, 田沢湖町教育委員会　1989.9　361p　21cm

秋田県　　　　　　　　　　　　　　　　　　　　　　　　　　　　　　上小阿仁村

　　内容 肝煎役の仕事,公私日記,いで湯の起
　　りを中心に集録
◇第4集　田沢湖町, 田沢湖町教育委員
　会　1992.3　347p　21cm
　　内容 検地帳,公私用日記,公私用事留書
　　帳等
◇第5集　田沢湖町, 田沢湖町教育委員
　会　1990.9　335p　21cm
　　内容 検地帳,公私用事留書帳,蟹場温泉縁
　　起等
◇第6集　田沢湖町, 田沢湖町教育委員
　会　1991.3　340p　21cm
　　内容 年中御用留書帳・公私御用日記・郷
　　帳ほか
◇第7集　田沢湖町, 田沢湖町教育委員
　会　1992.1　360p　21cm
　　内容 司民局公私御用日記・民事館記臆
　　筌・草刈場一件ほか
◇第8集　田沢湖町, 田沢湖町教育委員
　会　1992.3　322p　21cm
　　内容 御境目御用義万覚書帳・院内入会山
　　ほか
◇第9集　田沢湖町, 田沢湖町教育委員
　会　1992.8　336p　21cm
　　内容 民事館記臆筌・万雑記帳・和田家
　　文書
◇第10集　田沢湖町, 田沢湖町教育委員
　会　1993.3　389p　21cm
　　内容 民事館記臆筌・出張所詰合公私記臆
　　筌・道中記ほか

田沢湖町史　田沢湖町史編纂委員会編
◇田沢湖町教育委員会　1966.10　1016p
　図版　22cm
　　内容 総説・行政・産業経済・教育・交通
　　通信・文化・観光・社会：縄文時代から
　　昭和41年(1966)まで

西明寺村郷土誌　西明寺村郷土誌編纂
会編
◇西明寺村郷土誌編纂会　1933　262p

A5

白岩村郷土史　高木徳治著
◇高木徳治　1931.6　219p, 図版3枚
　19cm
　　内容 蝦夷時代から昭和初年頃まで

【小坂町】

小坂町史　小坂町町史編さん委員会編
◇小坂町　1975　644p 図　27cm
　　内容 先史・歴史・鉱山・民俗文化：縄文
　　式文化から昭和50年(1975)まで

鹿角郷土誌　曲田慶吉著
◇明治文献　1974　207, 18p, 図版1枚
　22cm
　　内容 前篇歴史：崇神天皇48年辛未(611)
　　から大正期まで/後篇地理

鹿角郷土誌　西田慶吉著
◇鹿角郡教育会　1931　226p　A5

【上小阿仁村】

上小阿仁村史　上小阿仁村史編纂委員
会編
◇資料編　上小阿仁村　1993.10　1070p
　22cm
　　内容 考古から現代までの上小阿仁村に関
　　する資料を収録(文献史料は中世から平
　　成4年まで)
◇通史編　上小阿仁村　1994.11　1024p
　22cm
　　内容 旧石器時代から平成5年(1993)まで
　　/生活と民俗

上小阿仁村百年誌　上小阿仁村百年誌
編纂委員会編
◇上小阿仁村　1989.12　586p　22cm
　　内容 縄文時代から平成元年(1989)まで
　　/文化と芸能/民俗と生活

全国地方史誌総目録　127

## 【藤里町】

藤里町誌　藤里町誌編纂委員会編

◇藤里町教育委員会　1975.8　11, 551p 22cm
[内容]縄文時代から昭和40年代まで

## 【三種町】

琴丘町史　琴丘町史編さん委員会編

◇史料編　琴丘町　1990.7　288p 22cm
[内容]文治5年(1189)の奥州合戦から昭和59年(1984)の「琴丘町総合発展計画」まで

◇通史編　琴丘町　1990.7　680p 22cm
[内容]縄文時代から昭和63年(1988)まで

山本町史　山本町町史編さん委員会編

◇山本町　1979.2　28, 1089p, 図版6枚 27cm
[内容]自然/歴史：旧石器時代から昭和53年(1978)まで/文化伝承/資料集

八竜町史　「八竜町史」編纂委員会編

◇八竜町　1968.10　2, 8, 655p, 図版5枚　22cm
[内容]縄文期から昭和40年(1965)の八竜町政施行頃まで

## 【八峰町】

八森町誌　八森町誌編集委員会編

◇[正]　八森町　1989.12　1798p 22cm
[内容]歴史：無土器時代から明治まで/自然/政治・行政：明治から昭和63年(1988)まで/教育文化/産業/交通通信ほか

◇続　八森町　2004.9　637p　22cm
[内容]補遺ならびに続編：平成元年(1989)から平成15年(2003)まで

峰浜村誌　峰浜村誌編さん委員会編集

◇峰浜村　1995.10　578p, 図版6枚 22cm
[内容]峰浜村の自然と風土, 過去・現在における政治・経済・社会・文化：旧石器時代から平成6年(1994)まで

## 【五城目町】

五城目町史　五城目町史編纂委員会編

◇五城目町　東京　中央公論事業出版(制作)　1975　768p 図　肖像　23cm
[内容]原始時代から昭和50年(1975)まで

郷土史　五城目町　五城目郷土史編纂委員会編

◇五城目町　1955.3　261p 図版3枚 22cm
[内容]原始時代から昭和30年(1955)3月五ヶ村合併による五城目町発足まで

## 【八郎潟町】

八郎潟町史　八郎潟町史編纂委員会編

◇八郎潟町　1977.11　792p, 図版6枚 22cm
[内容]自然環境/八郎潟の歴史/教育と文化/行政：旧石器時代から昭和52年(1977)まで

## 【井川町】

井川町史　井川町史編纂委員会編

◇[正巻]　井川町　1986.11　1433p 22cm
[内容]町の概況/原始・古代/中世/近世/近代・現代/民俗と生活：旧石器時代から昭和55年(1980)頃まで

◇続巻　井川町　2005.6　596p 22cm
[内容]『井川町史』(昭和61年)の続編として, それ以降の郷土の歩みを中心に編纂：町の概要/郷土のあゆみ/民俗と生活

## 【美郷町】

仙南村郷土誌　仙南村村史編纂委員会編纂

◇仙南村　1992.7　17, 1226, 20p, 図版 [12]p　22cm
内容 縄文時代から平成2年(1990)まで

六郷町史　六郷町史編纂委員会編

◇上巻 通史編　六郷町　1991.7　134p　22cm
内容 原始・古代から現代までの政治・社会・経済のあゆみ：旧石器時代から平成2年(1990)まで

◇下巻 文化編　六郷町　1991.7　791p　22cm
内容 神社・寺院・教育・社会と文化

千畑村郷土誌　千畑村郷土誌編纂委員会編

◇千畑村　1986.2　1069p, 図8p　22cm
内容 村の概観/村の通史と人々のくらし：縄文時代から戊辰戦争まで/開ける世の中：明治初年から昭和60年(1985)まで/産業経済の発展/教育文化の振興ほか

六郷町郷土史　後藤寅之助著

◇六郷町役場　1927　350p　B5 (謄)

## 【羽後町】

新成村郷土誌　沼倉源七編

◇新成農業共同組合　1967.4　296p　26cm
内容 前編：沿革(藩政時代以前から昭和3年まで)ほか/中編：村財政・経済ほか/後編：衛生・風俗習慣ほか

羽後町郷土史　羽後町郷土史編纂委員会編

◇羽後町教育委員会　1966　971p, 図版 地図　22cm

内容 風土/通史：無土器時代から昭和39年(1964)まで/文化

## 【東成瀬村】

東成瀬村郷土誌　東成瀬村郷土誌編集委員会編

◇東成瀬村教育委員会　1991.3　[22], 1131p, 図版4枚　22cm
内容 旧石器時代から平成元年(1989)まで

## 【北秋田郡】

秋田県北秋田郡自治誌　北秋田郡役所編

◇北秋田郡役所　1923　515p　A5

## 【南秋田郡】

南秋田郡誌　南秋田郡教育会編

◇第1輯　南秋田郡教育会　1940　230p　A5

## 【山本郡】

山本郡郷土史　北条要編著

◇臨川書店　1987.10　296p　22cm
内容 石器時代から戊辰の役後の明治2年(1869)版籍奉還まで/明治大帝御駐蹕記/菅江眞澄山本巡遊記ほか

山本郡郷土史　山本郡教育会研究部編

◇山本郡教育会研究部　1932　296p　A5

# 山形県

山形県史　山形県編

◇資料篇 1 明治初期 上　山形県
1960.4　816p　22-27cm
内容 明治 3 年(1870)から明治 7 年(1874)

◇資料篇 2 明治初期 下　山形県
1962.7　798p　22-27cm
内容 明治 6 年(1873)から明治 15 年(1882)

◇資料篇 3 新編鶴城叢書 上　山形県
1960.11　860p　22-27cm
内容 文治元年から文化 11 年

◇資料篇 4 新編鶴城叢書 下　山形県
1961.1　808p　22-27cm
内容 慶長年間から慶応 4 年頃

◇資料篇 5 鶏肋編 上　山形県　1961.6
895p　22-27cm
内容 慶長 16 年から天保 5 年

◇資料篇 6 鶏肋編 下　山形県　1961.11
908p　22-27cm
内容 元禄年中から延享年中

◇資料篇 7 検地帳 上　山形県　1964.3
1066p　22-27cm
内容 文禄年中から元和年中

◇資料篇 8 検地帳 中　山形県　1964.7
1001p　22-27cm
内容 元和年中から寛永年中

◇資料篇 9 検地帳 下　山形県　1965.7
1085p　22-27cm
内容 慶長年中から寛永年中

◇資料篇 10 馬見ケ崎川水利史料　山形県　1967.3　914, 11p　22-27cm
内容 元禄 4 年を上限とする大正年代までの水利に関する史料を収録

◇資料篇 11 考古資料　山形県　1969.3
297p　22-27cm
内容 旧石器時代から平安時代

◇資料篇 12 酒田県政史料　山形県
1970.3　1000, 34p　22-27cm
内容 慶応元年から明治 17 年(1884)

◇資料篇 13 村差出明細帳　山形県
1974.3　992, 30p　22-27cm
内容 正保 2 年から明治 12 年(1879)

◇資料篇 14 慈恩寺史料　山形県
1974.3　1008, 55p　22-27cm
内容 永正元年から明治 15 年(1882)

◇資料篇 15 上巻 古代中世史料 1　山形県　1977.3　1008, 8, 23p　22-27cm
内容 斉明天皇 4 年から文治 5 年

◇資料篇 15 下巻 古代中世史料 2　山形県　1979.3　635, 60p　22-27cm
内容 文治 5 年から元和 8 年

◇資料篇 16 近世史料 1　山形県
1976.3　1061p　22-27cm
内容 文禄 3 年から慶応 4 年

◇資料篇 17 近世史料 2　山形県
1980.2　1098p　22-27cm
内容 慶長 8 年から慶応 3 年

◇資料篇 18 近世史料 3　山形県
1983.2　1072p　22-27cm
内容 寛永元年から慶応 3 年

◇資料篇 19 近現代史料 1　山形県
1978.3　1199p　22-27cm
内容 明治 2 年(1869)から明治 45 年(1912)

◇資料篇 20 近現代史料 2　山形県
1981.2　1195p　22-27cm
内容 明治 45(大正元)(1912)から昭和 20 年(1945)

◇資料篇 21 現代資料 政治・行政編　山形県　2000.3　943p　22-27cm
内容 1945(昭和 20)年から 1992(平成 4)年までの資料を収録

◇資料篇 22 現代資料 産業・経済篇　山形県　2001.2　1039p　22-27cm
内容 1945(昭和 20)年から 1992(平成 4)年までの資料を収録

◇資料篇 23 現代資料 社会・文化編　山形県　2002.3　1013p　22-27cm
　内容 1945(昭和20)年から1992(平成4)年までの資料を収録

◇通史編 第1巻 原始・古代・中世編　山形県　1982.3　1020, 16p　22-27cm
　内容 旧石器時代から天正18年まで

◇通史編 第2巻 近世編 上　山形県　1985.3　1015, 14p　22-27cm
　内容 天正18年から延享4年

◇通史編 第3巻 近世編 下　山形県　1987.3　1066, 13p　22-27cm
　内容 享保11年から慶応4年

◇通史編 第4巻 近現代編 上　山形県　1984.3　941, 16p　22-27cm
　内容 明治維新から明治末(1912)年まで

◇通史編 第5巻 近現代編 下　山形県　1986.3　1012, 21p　22-27cm
　内容 大正元年から昭和20年(1945)

◇通史編 第6巻 現代編 上　山形県　2003.3　1018, 21p　22-27cm
　内容 第二次世界大戦の終戦から1960(昭和35)年ごろまで

◇通史編 第7巻 現代編 下　山形県　2004.3　980, 21p　22-27cm
　内容 1960(昭和35)年ごろから1992(平成4)年ごろまで

◇別編 1 図説山形県史　山形県　1988.3　307p　27cm
　内容 旧石器時代から昭和61年(1986)

◇別編 2 総目次・索引　山形県　1989.3　104, 230p　22-27cm
　内容 原始から昭和50年(1975)

◇別編 3 年表　山形県　1989.3　479p　22-27cm
　内容 前期旧石器時代から昭和50年(1975)

◇別編 4 要覧　山形県　1989.3　735p　22-27cm

　内容 旧・中石器時代から1945年(昭和20)

◇別編 5 現代年表　山形県　2005.3　269p　22-27cm
　内容 昭和20年(1945)から平成12年(2000)

◇本篇 1 農業編 上　山形県　1968.3　691p　22-27cm
　内容 明治元年から昭和30年まで

◇本篇 2 農業編 中　山形県　1969.3　1068, 29p　22-27cm
　内容 明治17年(1884)から昭和43年(1968)

◇本篇 3 農業編 下　山形県　1968.3　1369, 21p　22-27cm
　内容 明治6年(1873)から昭和43年(1968)

◇本篇 4 拓殖編　山形県　1971.3　1031p　22-27cm
　内容 安政6年から1965年(昭和40)

◇本篇 5 商工業編　山形県　1975.3　1122, 17p　22-27cm
　内容 幕末・維新期から昭和30年代までの本県商工業の推移をあつかった

◇本篇 6 漁業・畜産業・蚕糸業・林業編　山形県　1975.3　835p　22-27cm
　内容 明治19年(1886)から昭和31年(1956)

**山形県史**　山形県編

◇第1―4巻　山形県　1920　4冊　A5

## 【山形市】

**図説山形の歴史と文化**　山形市教育委員会編

◇山形市教育委員会　2004.2　12, 381p 図2p　31cm
　内容 縄文時代から昭和48年(1973)

**やまがたの歴史**　山形市市史編さん委員

会, 山形市市史編集委員会編纂
- ◇臨川書店　1986.10　480p　22cm
  - 内容 縄文時代から昭和54年(1979)

山形市史　山形市市史編さん委員会, 山形市市史編集委員会編
- ◇近現代編　山形市　1980.3　803p　22-27cm
  - 内容 大正元年(1912)から昭和28年(1953)
- ◇現代編　山形市　1981.3　644p　22-27cm
  - 内容 昭和29年(1954)から昭和52年(1977)
- ◇史料編1 最上氏関係史料　山形市　1973.3　819p　22cm
  - 内容 天正13年から元和元年
- ◇史料編2 事林日記 上　山形市　1971.3　953p　22cm
  - 内容 元文3年より文化15年(文政元年)まで
- ◇史料編3 事林日記 下　山形市　1971.12　913p　22cm
  - 内容 文政2年から明治8年まで
- ◇史料編4 市・村合併資料　山形市　1979.3　619p　22cm
  - 内容 明治3年(1870)から昭和31年(1956)
- ◇年表・索引編　山形市　1982.2　750p　22-27cm
  - 内容 石器時代から昭和54年(1979)
- ◇上巻 原始・古代・中世編　山形市　1973.3　672p　22-27cm
  - 内容 縄文時代から天正12年
- ◇中巻 近世編　山形市　1971.3　1155p　22-27cm
  - 内容 天文15年から慶応2年
- ◇下巻 近代編　山形市　1975.2　1012p　22-27cm
  - 内容 明治元年(1868)から明治45年(1912)

- ◇別巻1 嶋遺跡　山形市　1968.3　237p, 図版40枚　27cm
- ◇別巻2 生活・文化編　山形市　1976.9　400p　22-27cm
  - 内容 正平3年から昭和26年(1951)

山形市の町　山形市役所著
- ◇山形市役所　1954.3　192p 地図　27cm
  - 内容 縄文時代から昭和28年(1953)

## 【米沢市】

米沢市史　米沢市史編さん委員会編
- ◇索引・要覧　米沢市　1999.3　263p　22cm
  - 内容 通史編と民俗編の索引に各種一覧を「要覧」として収録
- ◇資料篇1 古代・中世史料　米沢市　1985.3　1015p　22cm
  - 内容 持統天皇3年から天正19年
- ◇資料篇2 近世史料1　米沢市　1983.3　714p　22cm
  - 内容 慶安3年から天保6年
- ◇資料篇3 近世史料2　米沢市　1984.3　718p　22cm
  - 内容 寛延3年から天保13年
- ◇資料篇4 近現代史料1　米沢市　1987.3　834p　22cm
  - 内容 明治元年(1968)から明治4年(1971)
- ◇資料篇5 近現代史料2　米沢市　1998.3　715p　22cm
  - 内容 明治期から昭和期迄の米沢織物に関わる資料, 新聞・雑誌資料を掲載
- ◇大年表　米沢市　1999.3　408p　22cm
  - 内容 原始時代から平成10年(1998)までを収録
- ◇通史編1 原始・古代・中世編　米沢市　1997.3　798p　22cm
  - 内容 旧石器時代から天正19年まで

◇通史編 2 近世編 1　米沢市　1991.3　724p　22cm
　内容 天正末期から享保ごろまで

◇通史編 3 近世編 2　米沢市　1993.3　856p　22cm
　内容 宝暦期ごろから廃藩置県まで

◇通史編 4 近代編　米沢市　1995.3　723p　22cm
　内容 戊辰戦争から大正末期まで

◇通史編 5 現代編　米沢市　1996.3　961p　22cm
　内容 昭和期の米沢

◇民俗編　米沢市　1990.3　846p　22cm
　内容 昭和初期の生活を中心に記した

米沢百年　市制 100 周年記念誌　米沢市制百周年記事業実行委員会編
◇米沢市制百周年記事業実行委員会　1989.5　211p　30cm
　内容 明治 22 年(1889)から昭和 63 年(1988)

山上郷土史　山上郷土史編纂委員会編
◇山上公民館　1987.5　1022p 図版　24cm
　内容 縄文時代から昭和 30 年(1955)

米澤市史　登坂又蔵編
◇名著出版　1973　1292p 図 肖像　22cm
　内容 和銅 5 年から昭和 15 年(1940)

米沢市史　米沢市史編纂委員会編
◇米沢市　1944　1292p　A5
◇続　米沢市役所　1968.11　666p　22cm
　内容 昭和 15 年(1940)から昭和 42 年(1967)までの米沢の歩み

米沢史話　米沢市小学校教員会編
◇米沢市小学校教員会　1937　180p　A5

米澤郷土年表　米澤郷土館編
◇米澤郷土館　1934　100p　23cm
　内容 和銅 5 年から昭和 8 年(1933)

よねざわ　米沢市役所編
◇米沢市役所　1913　65p　B6

【鶴岡市】

時空をこえて　新たな伝統を育んだ半世紀の栄光と苦悩 櫛引町誕生五〇周年記念誌　櫛引町総務課編集
◇山形県櫛引町　2004.11　317p　30cm
　内容 昭和 29 年(1954)から平成 15 年(2003),自然環境,町政の歩みについて記述

鶴岡市史　鶴岡市史編纂会編
◇資料篇 荘内史料集 1-1 古代・中世史料 上巻　鶴岡市　2002.3　322p　22cm
　内容 皇極天皇元年から天和 8 年

◇資料篇 荘内史料集 1-2 古代・中世史料 下巻　鶴岡市　2004.3　472p　22cm
　内容 明徳 3 年から寛文 4 年

◇資料篇 荘内史料集 2 筆濃餘理 上巻　鶴岡市　1977.12　375p　22cm
　内容 天保 13 年から明治 7 年(1874)

◇資料篇 荘内史料集 3 筆濃餘理 下巻　鶴岡市　1978.3　355p　22cm
　内容 戦国期から享保 17 年

◇資料篇 荘内史料集 4 大泉紀年 上巻　鶴岡市　1978.12　301p　22cm
　内容 元和元年から承応 2 年

◇資料篇 荘内史料集 5 大泉紀年 中巻　鶴岡市　1979.3　334p　22cm
　内容 承応 3 年から寛文 9 年

◇資料篇 荘内史料集 6 大泉紀年 下巻　鶴岡市　1979.8　340p　22cm
　内容 寛文 10 年から天和元年

◇資料篇 荘内史料集 7 閑散文庫 上巻 鶴岡市 1986.3 256p 22cm
内容 元禄3年から文久2年

◇資料篇 荘内史料集 8 閑散文庫 下巻 鶴岡市 1987.3 269p 22cm
内容 承応3年から元治元年

◇資料篇 荘内史料集 9 鶴ケ岡大庄屋川上記 上巻 鶴岡市 1984.2 313p 22cm
内容 寛文5年から元禄2年

◇資料篇 荘内史料集 10 鶴ケ岡大庄屋川上記 下巻 鶴岡市 1984.3 293p 22cm
内容 元禄2年から享保15年

◇資料篇 荘内史料集 11 鶴ケ岡大庄屋宇治家文書 上巻 鶴岡市 1982.3 317p 22cm
内容 明和2年から文化9年

◇資料篇 荘内史料集 12 鶴ケ岡大庄屋宇治家文書 下巻 鶴岡市 1983.3 318p 22cm
内容 寛文9年から享和3年

◇資料篇 荘内史料集 13 庄内藩農政史料 上巻 鶴岡市 1999.3 370p 22cm
内容 元和9年から文政12年迄の法令を収録

◇資料篇 荘内史料集 14 庄内藩農政史料 下巻 鶴岡市 1999.3 390p 22cm
内容 天保元年から明治年迄の法令を収録

◇資料篇 荘内史料集 15 荘内史要覧 鶴岡市 1985.3 329p 22cm
内容 旧石器時代から明治29年(1896)

◇資料篇 荘内史料集 16-1 明治維新史料 幕末期 鶴岡市 1989.3 334p 22cm
内容 弘化元年から慶応4年

◇資料篇 荘内史料集 16-2 明治維新史料 明治期 鶴岡市 1988.3 328p 22cm
内容 慶応4年から明治9年(1876)

◇資料篇 荘内史料集 17 ワッパ騒動史料 上巻 鶴岡市 1981.2 293p 22cm
内容 明治7年(1874)から明治8年(1875)

◇資料篇 荘内史料集 18 ワッパ騒動史料 下巻 鶴岡市 1982.2 319p 22cm
内容 明治6年(1873)から明治12年(1879)

◇資料篇 荘内史料集 19 大泉掌故 鶴岡市 1983.3 235p 22cm
内容 嘉永4年以降から安政3年ごろ

◇資料篇 荘内史料集 20 生活文化史料 鶴岡市 1996.3 370p 22cm
内容 寛政9年から明治2年(1869)

◇資料篇 荘内史料集 21 新聞で見る鶴岡：大正元年-昭和30年 鶴岡市 1984.10 578p 31cm
内容 大正元年(1912)から昭和30年(1955)

◇資料篇 荘内史料集 22 図録庄内の歴史と文化 鶴岡市 1996.1 166p 31cm
内容 天正19年から明治35年(1902)

◇上巻 ゑびすや書店 1962.11 827p 22cm
内容 旧石器時代から慶応3年

◇中巻 ゑびすや書店 1975.2 756p 22cm
内容 慶応4年から昭和20年(1945)

◇下巻 ゑびすや書店 1975.9 957p 22cm
内容 明治2年(1869)から昭和20年(1945)

羽黒町史 羽黒町編

◇上巻 羽黒町 1991.3 1042p 22cm
内容 旧石器時代から慶応4年

◇下巻 羽黒町 1994.3 1101p 22cm
内容 明治元年(1868)から昭和19年(1944)

◇別巻 羽黒町 1996.8 898p 22cm

内容 昭和 20 年(1945)から平成 7 年(1995)

**温海町史**　温海町史編さん委員会編さん
- ◇上巻　温海町　1978.4　1013p　22cm
  内容 縄文時代から明治 4 年(1871)
- ◇中巻　温海町　1987.1　1331p　22cm
  内容 明治 4(1871)年から大正初年に至る歴史を叙述
- ◇下巻　温海町　1991.3　1270p　22cm
  内容 明治後期から現代、おおよそ昭和 55(1980)年に至る歴史を叙述

**温海町史 別冊 温海町の民俗**　佐藤光民執筆, 温海町史編さん委員会編さん
- ◇温海町　1988.3　22, 374, 13p　22cm
  内容 社会生活、年中行事、人生儀礼、信仰他について記述

**羽黒町史年表**　羽黒町史編纂委員会編
- ◇羽黒町　1981.3　337p　22cm
  内容 旧石器時代から昭和 52 年(1977)

**櫛引町史**　戸川安章著, 櫛引町編
- ◇黒川能史編　櫛引町　1974　288p　図　22cm
- ◇黒川能史編　櫛引町　1978.2　772p　図版　22cm

**藤島町史**
- ◇上巻　藤島町　1965　816p　図版 10 枚　22cm

**斎村寺院院誌**　斎村役場編
- ◇斎村役場　1940　42p

**開発三百年長沼村沿革誌**　長沼村誌編纂所編
- ◇長沼村誌編纂所　1928　169p　A5

**鶴岡市史**　鶴岡市編
- ◇鶴岡市　1927　192p　A5

**鶴岡沿革史**　鶴岡教育会編
- ◇鶴岡教育会　1923　398p　A5

**鶴岡町史**　鶴岡町役場編
- ◇鶴岡町役場　1916　90p　A5

## 【酒田市】

**松山町史年表**　松山町史編纂委員会編
- ◇松山町　2005.1　209p, 図版 5 枚　27cm
  内容 昭和 30 年(1955)より平成 17 年(2005)1 月まで

**写真でみる酒田市史　昭和～平成版**　酒田市史編さん委員会編
- ◇酒田市　2003.8　157p　30cm
  内容 昭和元年(1926)から平成 15 年(2003)

**酒田市合併村史**　酒田市史編さん室編
- ◇第 1 巻　酒田市　2000.3　516p　22cm
  内容 古墳時代から昭和 30 年(1955)
- ◇第 2 巻　酒田市　2000.3　470p　22cm
  内容 和銅元年から昭和 30 年(1955)
- ◇第 3 巻　酒田市　2001.3　456p　22cm
  内容 旧石器時代から昭和 30 年(1955)
- ◇第 4 巻　酒田市　2001.3　621p　22cm
  内容 和銅 5 年から昭和 30 年(1955)

**酒田市史　改訂版**　酒田市史編纂委員

会編纂

◇上巻　酒田市　1987.3　1019p　22cm
　内容 旧・中石器時代から慶応3年

◇下巻　酒田市　1995.3　1044p　22cm
　内容 慶応3年から平成3年(1991)

## 図説八幡町史

◇八幡町教育委員会　1995.2　155p　27cm
　内容 縄文時代から昭和55年(1980)

## 八幡町史

◇資料編1　八幡町教育委員会　1973　90p　22cm

◇資料編2　八幡町教育委員会　1973　128p　22cm

◇資料編3　八幡町教育委員会　1972　116p　22cm

◇資料編4　八幡町教育委員会　1974.2　144p　22cm

◇資料編5　八幡町教育委員会　1975.3　128p　22cm

◇資料編6　八幡町教育委員会　1991.3　150p　22cm

◇資料編7　八幡町教育委員会　1992.2　148p　22cm

◇資料編8　八幡町教育委員会　1994.3　127p　22cm

◇上巻　八幡町教育委員会　1981.2　709p　22cm

◇下巻　八幡町教育委員会　1988.3　901p　22cm
　内容 慶応4年から昭和57年(1982)

## 八幡町史年表

◇八幡町史編纂委員会　1993.2　168p　21cm
　内容 原始時代から1992(平成4)年まで

## 松山町史　松山町編

◇史料編　第1輯　松山町　1986.2　203p　22cm
　内容 出羽松山藩の戊辰戦争(慶応4年)

◇上巻　松山町　1987.3　958p　22cm
　内容 縄文時代から明治3年(1870)

◇下巻　松山町　1989.9　1164p　22cm
　内容 文化3年から昭和60年(1985)

## 酒田市史年表　改訂版　酒田市史編纂委員会編纂

◇酒田市　1988.12　648p　22cm
　内容 旧石器時代から昭和62年(1987)

## 酒田市史　酒田市史編纂委員会編纂

◇史料篇　第1集　三十六人御用帳　上　酒田市　1963.4　923p　22cm
　内容 正徳6年から天保6年

◇史料篇　第2集　三十六人御用帳　下　酒田市　1964.5　1041p　22cm
　内容 文政7年から明治5年(1872)

◇史料篇　第3集　海運篇　上　酒田市　1966.6　1007p　22cm
　内容 慶長8年から安永4年

◇史料篇　第4集　海運篇　下　酒田市　1969.2　993p　22cm
　内容 貞享4年から慶応3年

◇史料篇　第5集　経済篇　上　本間家文書　酒田市　1971.3　1018p　22cm
　内容 永禄年中から明治30年(1897)

◇史料篇　第6集　経済篇　下　酒田市　1973.3　1096p　22cm
　内容 延享3年から明治14年(1881)

◇史料篇　第7集　生活文化篇　酒田市　1977.3　1048, 29p, 図版　表　22cm

◇史料篇　第8集　社会篇　酒田市　1981.12　898p　22cm
　内容 天明7年から明治14年

◇上巻 酒田の発祥-港町酒田の成立-隆盛期の酒田港　酒田市役所　1954　370p　19cm
　内容 縄文時代から慶応3年

◇下　酒田市　1958　421p 図版　20cm
　内容 明和4年から昭和33年(1958)

平田町史　平田町史編纂委員会編

◇平田町　1971　543p　22cm
　内容 縄文時代から昭和39年(1964)

十里塚村誌　長井政太郎編著

◇十里塚部落　1965　209p 図版11枚　22cm

酒田町概覧　酒田町役場編

◇酒田町役場　1925　39p　A5

## 【新庄市】

新庄市史　新庄市編

◇史料編（下）　新庄市　2003.3　632p　22cm
　内容 慶応4年から平成10年(1998)

◇史料編（上）　新庄市　2001.3　675p　22cm
　内容 斉明天皇4年から明治18年(1885)

◇第1巻 自然・原始・古代・中世編　新庄市　1989.10　702p　22cm
　内容 縄文時代から慶安元年

◇第2巻 近世（上）　新庄市　1982.3　946p　22cm
　内容 天正8年から明和2年

◇第3巻 近世（下）　新庄市　1994.3　917p　22cm
　内容 元文2年から慶応4年

◇第4巻 近現代（上）　新庄市　1996.3　884p　22cm
　内容 慶応4年から大正13年(1924)

◇第5巻 近現代（下）　新庄市　1999.3　982p　22cm

　内容 昭和2年(1927)から平成10年(1998)

◇別巻 自然・文化編　新庄市　2002.3　272p　22cm
　内容 旧石器時代から平成元年(1989)

◇別巻 民俗編　新庄市　2006.3　674p　22cm
　内容 新庄・最上地方の風俗・慣習・伝統芸能・口頭伝承等の変遷を、昭和20年(1945)年ころを基準として叙述

新庄市史　新庄市史編纂委員会編

◇国書刊行会　1981.9　610p　22cm
　内容 縄文時代から昭和35年(1960)/新庄市昭和38年刊の複製

最上郡史　増訂版　嶺金太郎編

◇最上郡教育會　1929　788p 図版12枚　23cm
　内容 和銅5年から大正15年(1926)

## 【寒河江市】

寒河江市史　寒河江市史編さん委員会

◇慈恩寺中世史料 解読版　寒河江市　1997.3　473p　22cm
　内容 養和2年から寛永20年

◇慈恩寺中世史料 写真版　寒河江市　1997.3　371p　22cm
　内容 養和2年から寛永20年

◇大江氏ならびに関係史料　寒河江市　2001.3　741p 挿図　22cm
　内容 元暦元年から文久2年

◇年表　寒河江市　1975　306p　27cm

◇上巻 原始・古代・中世　寒河江市　1994.5　996p　22cm
　内容 旧石器時代から慶長14年

◇中巻 近世編　寒河江市　1999.12　1206p　22cm
　内容 天正12年から慶応4年

◇下巻 近代編　寒河江市　2007.2　16, 837, 24, 9p　22cm

**寒河江誌**　菅井光義編
　◇寒河江村　〔明治〕

## 【上山市】

**上山市史**　上山市市史編さん委員会編
　◇上巻　上山市　1980.3　1266p　22-27cm
　　内容 縄文時代から文化6年
　◇中巻　上山市　1984.3　1001p　22-27cm
　　内容 天保元年から昭和3年(1928)
　◇下巻　上山市　1985.3　1056p　22-27cm
　　内容 昭和2年(1927)から昭和55年(1980)
　◇別巻 上 遺跡・遺物編　上山市　1974.3　442p 図14枚　27cm
　◇別巻 下　上山市　1975.3　538p　22-27cm
　　内容 古代から現代まで継承されてきた民俗史料を取り扱った

**西郷村誌稿**　西郷村, 西郷村社会福祉協議会編
　◇西郷村　1957.12　6, 335, 6p 図版　21cm
　　内容 天正年間から昭和9年(1934)

**桐町史**　桐町協和会編
　◇桐町協和会　1942　191p　22cm

**柏倉門伝村誌**　渋谷愚翁著
　◇柏倉門伝青年団　1926　141p　20cm

**上山町史**　山形県上山町編
　◇上山町　1915　194p　23cm

## 【村山市】

**村山市史**　村山市史編さん委員会編纂
　◇近世編　村山市　1994.3　725p　22cm
　　内容 慶長5年から明治に至るまでの時代
　◇芸術文化編　村山市　1986.2　348p　22cm
　　内容 旧石器時代から昭和54年(1979)
　◇原始・古代・中世編　村山市　1991.7　576p　22cm
　　内容 旧石器時代から慶長5年
　◇地理・生活文化編　村山市　1996.3　561p　22cm
　　内容 自然環境、生活文化や産業などの状況
　◇別巻1 原始・古代編　村山市　1982.3　725p　22cm
　　内容 旧石器時代から古墳時代までの考古史料を収録
　◇別巻3 近世資料編　村山市　1987.3　495p　22cm
　　内容 寛延2年から慶応元年
　◇別巻4 近代資料編　村山市　1988.3　615p　22cm
　　内容 明治16年(1883)から明治25年(1892)

**北村山郡史**　五十嵐清蔵編
　◇上巻　北村山郡　1923　768p　23cm
　　内容 和銅元年から安永9年
　◇下巻　北村山郡　1923.2　776p　23cm
　　内容 元明元年から明治元年(1868)

## 【長井市】

**長井市史**　長井市史編纂委員会編
　◇第1巻　長井市　1984.6　1003p　21-22cm
　　内容 旧石器時代から慶長5年(1602)

◇第2巻　長井市　1982.11　1157p　21-22cm
内容 慶長6年(1601)から明治4年(1871)まで

◇第3巻　長井市　1982.1　1173p　21-22cm
内容 廃藩置県から昭和55年(1980)まで

◇第4巻　長井市　1985.8　804p　21-22cm
内容 通史編に収録できなかった「風土・文化・民俗」の各編を収録

◇年表・索引編　長井市　1986.3　179p　21-22cm
内容 明治から昭和60年10月まで

## 【天童市】

天童市史　天童市史編さん委員会編さん

◇上巻 原始・古代・中世編　天童市　1981.3　518p　22-27cm
内容 縄文時代から天正10年

◇中巻 近世編　天童市　1987.3　673p　22-27cm
内容 天正12年から慶応2年

◇下巻 近・現代編　天童市　1992.3　350p　22-27cm
内容 慶応3年から昭和62年(1987)

◇別巻 上 地理・考古篇　天童市　1978.11　616p　22-27cm
内容 縄文時代から平安時代

◇別巻 下 文化・生活篇　天童市　1984.3　418p　22-27cm
内容 民俗・生活を記述

天童の生い立ち　天童町史編纂委員会編

◇天童町　1952　401p　22cm
内容 古墳時代から昭和26年(1951)

## 【東根市】

東根市史　東根市史編

◇通史篇 上巻　東根市　1995.7　814p　23-27cm
内容 縄文時代から慶応3年

◇通史篇 下巻　東根市　2002.3　966p　23-27cm

◇別巻 上 考古・民俗篇　東根市　1989.2　700p　23-27cm
内容 原始時代から古代・中世までの考古資料と昭和初期までの民俗資料を収載

東根村郷土史　東根村郷土史刊行会編

◇東根村郷土史刊行会　1972.10　425p　図版, 地図, 表　22cm
内容 縄文時代から昭和46年(1971)

## 【尾花沢市】

尾花沢市史　尾花沢市史編纂委員会編

◇上　尾花沢市　2005.10　764p 図　22cm
内容 縄文時代から嘉永6年(1853)

玉野村史　自和銅元年至大正15年

◇北村山郡玉野村　1927　392,6p　23cm

## 【南陽市】

年表・写真でみる南陽市史　南陽市史編さん委員会編

◇南陽市　1995.3　419p　27cm
内容 地質時代から平成5年(1993)までの主な事項を収めた

南陽市史　南陽市史編さん委員会編

◇考古資料編　南陽市　1987.12　435p　22-27cm
内容 原始・古代までの考古資料を収録

◇民俗編 南陽のくらしと文化　南陽市
1987.12　733p　22cm
　[内容] 昭和59年から昭和61年までの調査を基に、大正・昭和初期の生活を中心に記述

◇上巻 地質・原始・古代・中世　南陽市
1990.3　757p　22-27cm
　[内容] 旧石器時代から宝徳2年

◇中巻 近世　南陽市　1991.3　838p　22-27cm
　[内容] 近世(天正19年から慶応4年まで)について

◇下巻 近代・現代　南陽市　1992.3　974p　22-27cm
　[内容] 近代・現代(明治初年から平成2年まで)について

沖郷村史
　◇山形県東置賜郡沖郷村　1929　192,20p　23cm

【山辺町】

山辺町史　山辺町史編纂委員会,山辺町史編集委員会編纂
　◇上巻　山辺町　2004.3　1014p　22cm
　　[内容] 旧石器時代から嘉永6年(1853)
　◇下巻　山辺町　2005.3　104p　22cm
　　[内容] 明治元年(1868)から平成12年(2000)

山辺町郷土概史　山辺町編
　◇山辺町　1970.3　657p 図版 表 地図　22cm
　　[内容] 縄文時代から昭和29年(1954)

作谷沢誌 全　作谷沢村役場編
　◇作谷沢村役場　1912　138p　A5

【中山町】

中山町史　中山町,中山町史編さん委員会
◇資料編1　中山町　中山町史編さん委員会　358p 図版　22cm
◇資料編2　中山町　中山町史編さん委員会　245p　21cm
◇資料編3　中山町　中山町史編さん委員会　191p　21cm
◇資料編4　中山町　中山町史編さん委員会　226p　21cm
◇資料編5　中山町　中山町史編さん委員会　237p　21cm
◇資料編6　中山町　中山町史編さん委員会　266p　21cm
◇資料編7　中山町　中山町史編さん委員会　316p　21cm
◇年表1 原始・古代・中世・近世　中山町　中山町史編さん委員会　409p　22cm
◇年表2 近代　中山町　中山町史編さん委員会　484p　22cm
◇上巻　中山町,中山町史編さん委員会　1991.11　1042p　21cm
　[内容] 自然環境及び旧石器時代から元和8年(1622)まで
◇中巻　中山町,中山町史編さん委員会　2003.2　986p　21cm
　[内容] 元和8年(1622)から慶応3年(1867)
◇下巻　中山町,中山町史編さん委員会　2005.2　924p　21cm
　[内容] 慶応4年(1868)から平成11年(1999)

【河北町】

河北町の歴史　河北町誌編纂委員会編
　◇現代編　河北町　2005.3　1144p　22cm
　　[内容] 昭和29年(1954)10月から平成5年(2003)ごろまで

山形県　　　　　　　　　　　　　　　　　　　　　　　　　　　　　　　　　　　　　大石田町

◇年表　河北町　1984.12　414p　22cm
　内容 12000年前から昭和58年(1983)

◇上巻　河北町　1962.3　946p　22cm
　内容 縄文時代から慶応2年

◇中巻　河北町　1966.9　1070p　22cm
　内容 慶応3年から昭和20年(1945)

◇下巻　河北町　1981.3　924p　22cm
　内容 昭和20年(1945)から昭和29年(1954)

河北町史資料編

◇河北町　〔2001〕　CD-ROM1枚　12cm

最上紅花史料　河北町誌編纂委員会編

◇1　河北町　1993.2　809p　22cm
　内容 元禄11年から明治5年(1872)

◇2　河北町　1995.3　651p　22cm
　内容 享保18年から明治5年(1872)

◇3　河北町　1997.2　555p　22cm
　内容 寛保3年から明治5年(1872)

谷地町志　谷地町編

◇上,下　谷地町　1916　2冊　A5（和）

【西川町】

西川町史　西川町史編纂委員会編

◇年表　西川町教育委員会　1984.10　374p　27cm
　内容 約30000万年前から昭和58年(1983)

◇上巻 原始・古代・中世・近世編　西川町　1995.3　1100p　22cm
　内容 旧石器時代から慶応3年

◇下巻 近代・現代・民俗編　西川町　1995.10　1488p　22cm
　内容 慶応3年から平成3年(1991)

【朝日町】

朝日町の歴史　朝日町教育委員会編さん

◇朝日町教育委員会　1988.3　622p　23cm
　内容 旧石器時代から昭和61年(1986)

朝日村史　朝日村史編さん委員会編

◇年表　朝日村　1986.3　105p　22cm
　内容 原始時代から昭和29年8月1日まで

◇上巻　朝日村　1980.10　822p　22cm
　内容 旧石器時代から慶応4年

◇下巻　朝日村　1985.3　806p　22cm
　内容 明治元年(1868)から昭和31年(1956)

【大江町】

大江町史　大江町教育委員会編纂

◇大江町教育委員会　1984.3　1140p　23cm
　内容 旧石器時代から昭和53年(1978)

◇地誌編　大江町教育委員会　1985.3　390p　23cm
　内容 自然・集落について記述

◇年表編　大江町教育委員会　1986.3　376p　23cm
　内容 約800年前から明治4年(1871)

【大石田町】

大石田町史　大石田町編

◇史料編1 最上川舟運大石田河岸史料1　大石田町　1975.3　153p　22cm
　内容 正徳3年から明治9年まで

◇史料編2 最上川舟運大石田河岸史料2　大石田町　1976.3　161p　22cm
　内容 天明7年から慶応2年まで

◇史料編3 最上川舟運大石田河岸史料3　大石田町　1976.10　136p　22cm
　内容 寛保元年から万延2年まで

全国地方史誌総目録　141

◇史料編 4 最上川舟運大石田河岸史料 4 大石田町 1977.3 188p 22cm
内容 明和2年から慶応3年まで

◇史料編 5 亀井田・横山地区史料 1 大石田町 1978.3 141p 21-22cm
内容 宝永元年から嘉永5年まで

◇史料編 6 亀井田・横山地区史料 2 大石田町 1978.3 165p 21-22cm
内容 文政3年から明治4年まで

◇史料編 7 亀井田・横山地区史料 3 大石田町 1979.3 136p 21-22cm
内容 宝暦5年から文政5年まで

◇史料編 8 亀井田・横山地区史料 4 大石田町 1979.3 139p 21-22cm
内容 文政5年から明治4年まで

◇史料編 9 近現代史料 1 大石田町 1980.3 157p 21-28cm
内容 昭和8年(1933)および昭和21年(1946)

◇史料編 10 近現代史料 2 大石田町 1980.3 117p 21-28cm
内容 昭和12年(1937)および昭和27年(1952)

◇史料編 11 田沢村森家文書 大石田町 1981.12 4,194p, 図版2枚 22cm
内容 文政7年から明治3年まで

◇史料編 12 諸家文書 大石田町 1982.3 5,142p, 図版2枚 22cm
内容 天和2年から明治9年まで

◇通史 上巻 大石田町 1985.7 882p 21-28cm
内容 旧石器時代から慶応4年

◇通史編 別巻 写真でみる大石田のあゆみ 大石田町 1986.12 265p 28cm
内容 明治元年(1868)から昭和61年(1986)

大石田町誌　[複製版]　長井政太郎著
◇中央書院 1973 560,11p 図版15枚 22cm

内容 大石田町教育会昭和15年刊の複製

大石田町誌　長井政太郎編
◇大石田町教育会 1940 564p B5

北村山郡史　五十嵐清蔵編
◇上,下 北村山郡教育会 1923 2冊 A5

## 【金山町】

金山町史　金山町編纂
◇資料編 1 金山町 1969.4 70p 22-26cm
内容 松田十次郎文書、金秀山宝円寺文書、桜林寺文書、参考文書所蔵者目録解題

◇資料編 2 史跡めぐり 金山町 1970.1 47p 22-26cm

◇資料編 3 金山宿場と街道 金山町 1982.2 26p 22-26cm

◇資料編 4 金山町 1976 61p 22-26cm
内容 「松井秀房最上郡史資料」のうち金山,及位,泉田,萩野/「最上郡地誌略記」のうち金山の部

◇資料編 5 金山町 1988.3 60p 22-26cm
内容 鶯山夜話、末世之鏡、新庄往来ほか

◇資料編 6 金山町 1978.1 289p 22-26cm
内容 近岡家所蔵文書の内御用書留帳(文化9年から13年まで)

◇資料編 7 金山町 1978.10 81p 22-26cm
内容 明治12年から明治15年までの金山町村戸長役場文書他

◇資料編 8 金山町 1978.12 31p 22-26cm
内容 明治末期から昭和46年までの郷土の年中行事,郷土の農業と稲作

◇資料編 9 金山町 1979.12 124p

山形県　　　　　　　　　　　　　　　　　　　　　　　　　　大蔵村

22-26cm
　内容 朴山松田家文書の内、御用書永留帳、山岳原野官民有区別願

◇資料編 10　金山町　1984.1　156p　22-26cm
　内容 近岡家所蔵文書のうち明治5年万御用書留帳、下野明村大場家文書、上台村佐藤三郎右衛門家文書

◇資料編 11　金山町　1984.11　135,20p　22-26cm
　内容 元亀元年から明治14年まで

◇資料編 12［その2］　金山町　1992.3　54p　22-26cm
　内容 中田村諸用日記(寛政2年)

◇資料編 12［その1］　金山町教育委員会　1990.3　119p　22cm
　内容 金山の前句付(宝永4年から昭和37年まで)

◇通史編　金山町　1988.3　1160p　22-26cm
　内容 旧石器時代から昭和61年(1986)

## 【最上町】

写真にみる最上町のあゆみ　最上町制施行40周年記念写真集　最上町制施行四十周年記念誌編集委員会編

◇山形県最上町　1994.9　195p　31cm
　内容 明治元年(1868)から平成6年(1994)

最上町史

◇上巻　最上町　1984.9　764p　図版　22cm
　内容 旧石器時代から慶応4年

◇下巻　最上町　1985.2　804p　図版　22cm
　内容 明治2年(1869)から昭和59年(1984)

最上町誌　上野貞, 瀬戸口宏共著

◇最上町誌編集委員会　1960.6　8, 319p　図版5枚　22cm

　内容 縄文時代から昭和35年(1960)

## 【舟形町】

舟形町史

◇舟形町教育委員会　1982.3　1314p　23cm
　内容 縄文時代から昭和54年(1979)

## 【真室川町】

真室川町史　真室川町史編集委員会編, 大友義助ほか執筆

◇真室川町　1997.9　25, 932, 12p　図版6枚　23cm
　内容 旧石器時代から平成8年(1996)

真室川町史　真室川町史編集委員会編, 大友義助, 沓沢良夫執筆

◇真室川町　1969.3　1288p　図版1枚　22cm
　内容 縄文時代から昭和44年(1969)

## 【大蔵村】

大蔵村史　大蔵村史編纂委員会編

◇史料編　大蔵村　2002.2　299p　21-22cm
　内容 延宝8年から昭和5年(1930)

◇集落編　大蔵村　1999.11　506p　21-22cm
　内容 宝暦年間から平成11年(1999)

◇通史編　大蔵村　1999.11　1126p　21-22cm
　内容 縄文時代から平成11年(1999)

大蔵村史　大蔵村史編纂委員会編

◇大蔵村　1974.3　619p　22cm
　内容 縄文時代から昭和48年(1973)

全国地方史誌総目録　143

## 【鮭川村】

### 豊里村誌
- ◇鮭川村　1996.9　259p　23cm

### 鮭川村史　鮭川村史編集委員会編
- ◇集落編　鮭川村　1986.3　369p　23cm
  - 内容　民俗的な立場を重視し、集落ごとの聞き取り調査に基づいて叙述
- ◇通史編　鮭川村　1986.3　1124p　23cm
  - 内容　縄文時代から昭和59年(1984)

### 豊里村誌
- ◇鮭川村　1928.12　259p　23cm
  - 内容　天正9年(1581)から

## 【戸沢村】

### 最上郡戸澤村史　寳澤俊治著
- ◇[戸沢村]　1998.3　4, 8, 483p, 図版12枚　肖像　23cm
  - 内容　元和8年から昭和9年(1934)

### 戸沢村史　戸沢村編
- ◇上巻　戸沢村　1985.10　672p　22cm
  - 内容　旧石器時代から安政元年
- ◇下巻　戸沢村　1988.10　832p　22cm
  - 内容　慶応4年から昭和61年(1986)

### 戸沢村史 その自然と人・人　戸沢村史編集委員会編
- ◇戸沢村　1965　324p, 図版　19cm

### 最上郡戸沢村史　宝沢俊治著
- ◇戸沢村役場　1937　483p　A5

## 【高畠町】

### 立川町史　立川町編
- ◇上巻　立川町　2000.3　1257p　図版　22cm
  - 内容　旧石器時代から慶応3年
- ◇下巻　立川町　2004.9　1131p　図版　22cm
  - 内容　明治元年(1868)から平成15年(2003)

### 高畠町史　高畠町文化財史編集委員会, 高畠町史編纂委員会編
- ◇上巻　高畠町　1972.10　475p　27cm
  - 内容　縄文時代から慶長5年(1600)
- ◇中巻　高畠町　1976.5　1007p　27cm
  - 内容　慶長6年(1601)から慶応4年(1868)
- ◇下巻　高畠町　1986.10　1126p　27cm
  - 内容　明治元年(1868)から昭和59年(1984)
- ◇別巻 考古資料編　高畠町　1971.3　133p　27cm
  - 内容　縄文時代文化から古墳時代文化に至る考古資料を収めた

### 立川町の歴史と文化　立川町史編纂委員会編
- ◇立川町　1961.2　494p　22cm
  - 内容　大化3年から昭和31年(1956)

### 和田村誌　和田村役場編
- ◇上, 下　和田村役場　1925　2冊　A5（和）

## 【川西町】

### 川西町史
- ◇上巻　川西町　1979.11　1045p　24cm
  - 内容　縄文時代から明治2年(1869)
- ◇下巻　川西町　1983.3　1155p　24cm

|内容| 慶応 4 年(1868)から昭和 57 年 (1982)

◇別巻　川西町　1985　400p　24cm
|内容| 天正 11 年(1583)から慶応 4 年 (1868), 史料編

## 【小国町】

小国町史　小国町史編集委員会編

◇小国町　1966　20, 1403p 図版 4 枚　22cm
|内容| 旧石器時代から昭和 4 年(1966)

## 【白鷹町】

白鷹町史　白鷹町史編纂委員会, 白鷹町史編集委員会編

◇上巻　白鷹町　1977.2　949p　22-27cm
|内容| 縄文時代から慶応 2 年(1865)

◇下巻　白鷹町　1977.2　1717p　22-27cm
|内容| 慶応 3 年(1867)から昭和 49 年(1974)

十王郷土誌　十王郷土誌編纂委員会編

◇十王郷土誌刊行委員会　1961.2　296p, 図版 2 枚　22cm

## 【飯豊町】

飯豊町史　飯豊町史編纂委員会編

◇年表・索引　飯豊町　1999.3　58p　22cm
|内容| 5 万～3 万年前から平成 8 年(1996)

◇上巻　飯豊町　1986.3　890p　22cm
|内容| 縄文時代から寛政 3 年

◇下巻　飯豊町　1995.3　1098p　22cm
|内容| 慶応 4 年から平成 5 年(1993)

## 【三川町】

三川町史　大瀬欽哉ほか著

◇三川町　1974.1　981, 10p　22cm
|内容| 和銅 5 年(712)から昭和 47 年(1972)

## 【庄内町】

大きな大地に、大きな想い　余目町合併五〇周年記念誌　余目町郷土史研究会編纂

◇余目町　2004.12　327p　30cm
|内容| 昭和 29 年(1954)から平成 16 年(2004)

立川町史　立川町編

◇上巻　立川町　2000.3　1257p 図版　22cm
|内容| 旧石器時代から慶応 3 年

◇下巻　立川町　2004.9　1131p 図版　22cm
|内容| 明治元年(1868)から平成 15 年(2003)

余目町史　余目町編纂

◇上巻　余目町　1985.4　1034p　22cm
|内容| 縄文時代から慶応 3 年(1867)

◇下巻　余目町　1990.5　1114p　22cm
|内容| 明治 5 年(1872)から平成元年(1989)

立川町の歴史と文化　立川町史編纂委員会編

◇立川町　1961.2　494p　22cm
|内容| 大化 3 年から昭和 31 年(1956)

栄村五十年史　栄村役場編

◇栄村役場　1938　145p　A5

西田川郡栄村沿革誌　西田川郡栄村編

◇荘内史編纂会　73 丁　B5 (和)

## 【遊佐町】

遊佐の歴史　結城豊太郎ほか編
- ◇増補改訂版　遊佐町　1974.10　342p　22cm
  内容 縄文時代から昭和49年(1974)

飽海郡誌　山形県飽海郡役所編
- ◇上巻　名著出版　1973.1　253p　22cm
  内容 和銅元年(708)から明治4年(1871)
- ◇中巻　名著出版　1973.1　226, 156, 152, 155p　22cm
  内容 市街,村里について記述
- ◇下巻　名著出版　1973.1　151, 197, 289p　22cm
  内容 村里について記述

飽海郡誌　飽海郡役所編
- ◇飽海郡役所　1923　10冊　B5

## 【西村山郡】

編年西村山郡史　西村山郡役所編
- ◇名著出版　1973.6　1冊　図版　地図　22cm
  内容 和銅4年から明治5年(1872)

編年西村山郡史　西村山郡役所編
- ◇1—4　西村山郡役所　1915　4冊　A5 (和)

## 【東置賜郡】

東置賜郡史　復刻版　東置賜郡教育会編
- ◇上巻　名著出版　1973.11　148, 33p　22cm
  内容 古墳時代
- ◇下巻　名著出版　1973.11　648p　22cm
  内容 縄文時代から大正15年(1926)

東置賜郡史　東置賜郡史編纂委員会編
- ◇東置賜教育会　1938-1939　2冊　B5

## 【東村山郡】

東村山郡史
- ◇正編1—5,続編1—2　東村山郡役所　1919-1923　7冊　B5 (和)

## 【南村山郡】

南村山郡誌　[複製版]　南村山郡役所編
- ◇名著出版　1973　338p　図　22cm
  内容 寛永6年(1629)から大正2年(1913)

南村山郡誌　南村山郡役所編
- ◇南村山郡役所　1923　338p　A5

## 【最上郡】

最上郡史　松井秀房編
- ◇山形県最上郡　1908.7　192p　地図　23cm

# 福島県

福島県史　福島県編

◇第1巻　通史編1　原始・古代・中世　福島県　1969.3　1088p　22cm
　内容　縄文時代から天正19年

◇第2巻　通史編2　近世1　福島県　1971.3　838p　22cm
　内容　天正17年から明治4年(1871)の幕末までの通史、各藩編1

◇第3巻　通史編3　近世2　福島県　1970.3　1259p　22cm
　内容　慶長6年から明治2年(1869)の各藩編2

◇第4巻　通史編4　近代1　福島県　1971.3　1041p　22cm
　内容　慶応3年から明治40年(1907)

◇第5巻　通史編5　近代2　福島県　1971.11　1076p　22cm
　内容　明治14年(1881)から昭和40年(1965)

◇第6巻　資料編1　考古資料　福島県　1964.3　247p　22cm
　内容　無土器文化時代から室町時代までの主要なものを収録

◇第7巻　資料編2　古代・中世資料　福島県　1966.3　1171p　22cm
　内容　大化前代から天正18年まで

◇第8巻　資料編3　近世資料1　福島県　1965.3　1181p　22cm
　内容　天正18年から明治5年ごろまでの資料を対象とし、磐城平・泉・湯長谷の各藩、小名浜代官領、白河・棚倉各藩他を収録

◇第9巻　資料編4　近世資料2　福島県　1965.12　1331p　22cm
　内容　天正18年から明治5年ごろまでの資料を対象とし、相馬・福島・桑折・梁川の各藩、川俣代官領の資料を収録

◇第10巻 上　資料編5 上　近世資料3　福島県　1967.3　1320p　22cm
　内容　天正18年から明治5年ごろまでの資料を対象とし、二本松・三春・守山・下手渡・下村各藩他を収録

◇第10巻 下　資料編5 下　近世資料4　福島県　1968.3　1615p　22cm
　内容　天正18年から明治5年ごろまでの資料を対象とし、会津藩・南山御蔵入領、長沼・大久保各藩他を収録

◇第11巻　資料編6　近代資料1　福島県　1964.3　1176p　22cm
　内容　明治7年(1874)から明治16年(1883)

◇第12巻　資料編7　近代資料2　福島県　1966.3　1146p　22cm
　内容　明治16年(1883)から明治43年(1910)の絹業関係資料

◇第13巻　資料編8　近代資料3　福島県　1968.3　1147p　22cm
　内容　昭和恐慌期を中心とする資料を収録

◇第14巻　資料編9　近代資料4　福島県　1969.3　1010p　22cm
　内容　昭和9年から昭和42年にいたる開発計画の資料を収録

◇第15巻　各論編1　政治1　福島県　1968.3　1443p　22cm
　内容　明治期に重点をおき、明治以降昭和40年にいたる時期をカバーすることを目標とした

◇第16巻　各論編2　政治2　福島県　1969.3　1193p　22cm
　内容　明治以降昭和40年にいたる時期を対象とし、政治・社会運動・各種経済団体の運動をとりあつかう

◇第17巻　各論編3　政治3　福島県　1970.3　1569p　22cm
　内容　明治以降昭和40年にいたる時期を対象とし、市町村沿革史をとりあつかう

◇第18巻　各論編4　産業経済1　福島県　1970.3　1231p　22cm

|内容|明治初年から昭和40年までの産業構造の推移、農水産業、鉱業、エネルギー産業

◇第19巻 各論編5 産業経済2 福島県 1971.3 1066p 22cm
|内容|明治初年から昭和40年までの工業・建設業・運輸交通業・商業・金融業・公営事業

◇第20巻 各論編6 文化1 福島県 1965.11 1285p 22cm
|内容|3世紀から昭和40年(1965)

◇第21巻 各論編7 文化2 福島県 1967.3 1523p 22cm
|内容|縄文時代から昭和39年(1964)の学術・思想、宗教、教育、文化財

◇第22巻 各論編8 人物 福島県 1972.2 894p 22cm
|内容|古代から現代に至るまでの物故者のうちからえらび、略伝を抄記し、第22巻、第26巻をのぞく全巻の索引を収録

◇第23巻 各論編9 民俗1 福島県 1964.3 1366p 22cm
|内容|民俗誌・民俗芸能・風俗帳にわけて構成

◇第24巻 各論編10 民俗2 福島県 1967.3 1234p 22cm
|内容|本県一般民俗の特質を記述し、資料として「福島県の民俗」「風土記・風俗帳」を収録

◇第25巻 各論編11 自然・建設 福島県 1965.3 1094p 22cm
|内容|自然,地理,明治以後のおもな建設・開発を記述

◇第26巻 総目録・写真図版目録・年表・索引 福島県 1972.2 1099p 22cm

|内容|縄文時代から昭和45年(1970)

会津文化史 福島県河沼郡堂島村編
◇会津文庫刊行会 1937

〔福島県〕県治要覧 福島県編
◇児童新聞社 1908 115p A5

〔信夫,伊達,宇多〕郡誌 福島県(編)
◇福島県 1885 3冊(合本) B5 和(写)

若松県誌稿 若松県〔編〕
◇若松県 1875 6冊 B5(和)

〔福島〕県史 福島県〔編〕
◇〔1〕,〔2〕 福島県 〔明治初期〕2冊 B5(写)

## 【福島市】

ふくしまの歴史 ふくしまの歴史編纂委員会編
◇1 原始・古代 福島市教育委員会 2005.3 313p 21cm
|内容|旧石器時代から文治5年

◇2 中世 福島市教育委員会 2006.3 285p 21cm
|内容|12世紀後期から慶長7年まで

◇3 近世 福島市教育委員会 2003.3 315p 21cm
|内容|天文22年から明治元年(1868)

福島市史 福島市史編纂委員会編
◇第1巻(通史編1)原始・古代・中世 福島市教育委員会 1970.3 667p 22-27cm
|内容|旧石器時代から大正18年

◇第2巻(通史編2)近世1 福島市教育委員会 1972.3 633p 22-27cm
|内容|大正18年から安永年間

福島県　　　　　　　　　　　　　　　　　　　　　　　　　　　　　会津若松市

◇第 3 巻 通史編 3 近世 2　福島市教育委員会　1973.3　756p　22-27cm
　内容 天明 4 年以降、明治 4 年(1871)の廃藩置県まで

◇第 4 巻(通史編 4)近代 1　福島市教育委員会　1996.3　743p　22-27cm
　内容 明治元年(1868)から明治 40 年(1907)

◇第 5 巻(通史編 5) 近代 2　福島市教育委員会　1975.3　866p　22-27cm
　内容 明治 40 年から昭和 48 年度まで

◇第 6 巻(資料編 1)原始・古代・中世資料　福島市教育委員会　1969.3　390p　22-27cm
　内容 無土器文化時代から中世までの考古資料、中世文書・記録他を収録

◇第 7 巻(資料編 2)近世資料 1　福島市教育委員会　1970.3　741p　22-27cm
　内容 天正 18 年から明治 4 年ころまでの藩と藩制に関するもの

◇第 8 巻(資料編 3)近世資料 2　福島市教育委員会　1968.5　666p　22-27cm
　内容 天正 18 年から明治 4 年ころまでの村明細帳、宗門人別改帳、家数人別改帳など

◇第 9 巻(資料編 4)近世資料 3　福島市教育委員会　1971.3　652p　22-27cm
　内容 天正 18 年から明治 4 年ころまでの幕領の土地・年貢・人口に関する史料

◇第 10 巻(資料編 5)近代資料 1　福島市教育委員会　1962.3　727p　22-27cm
　内容 明治初年から明治 40 年までの資料

◇第 11 巻(資料編 6)近代資料 2　福島市教育委員会　1973.12　766p　22-27cm
　内容 明治 40 年から昭和 28 年 8 月の第二次世界大戦終了時までの資料

◇第 12 巻(資料編 7)近代資料 3　福島市教育委員会　1974.12　680p　22-27cm
　内容 昭和 20 年 8 月の終戦以降、昭和 45 年までの資料

◇第 13 巻 索引・年表　福島市教育委員会　1976.3　567p　22-27cm
　内容 氷河期後期から昭和 50 年(1975)

◇別巻 1 福島の町と村　福島市教育委員会　1982.3　825p　22cm
　内容 原始から近世幕藩領の解体まで

◇別巻 1 図説福島市史　福島市教育委員会　1978.3　290p　27cm
　内容 旧石器時代から昭和 51 年(1976)

◇別巻 2 福島の教育　福島市教育委員会　1979.3　558p　22cm
　内容 近世後期から昭和 53 年まで

◇別巻 3 福島の民俗 1　福島市教育委員会　1981.3　695p 図版　22cm
　内容 今次大戦までの民俗を対象とした

◇別巻 4 福島の民俗　福島市教育委員会　1978.3　586p 図版　22cm
　内容 今次大戦までの民俗

◇別巻 5 福島の町と村 1　福島市教育委員会　1978.3　586p 図版　22cm
　内容 今次大戦までの民俗

◇別巻 6 福島の町と村 2　福島市教育委員会　1982　825p　22cm

◇別巻 7 福島の文化　福島市教育委員会　1989.3　1146p 図版 20 枚　22cm
　内容 原始から昭和 52 年までの学問・思想、宗教、美術工芸、近世文芸他

**福島市誌**　福島市編
　◇福島市　1942　842p　A5

【会津若松市】

**会津若松市史**　会津若松市史研究会編
◇1 歴史編 1 原始・古代 1 あいづのあけぼの 石器から古墳の時代へ　会津若松市　2007.1　80p　30cm

◇2 歴史編 2 古代 2・中世 1 会津、古代そして中世 会津嶺の国から武士の支配へ　会津若松市　2005.3　80p 挿図　30cm

◇3 歴史編3 中世2 会津葦名氏の時代 戦乱、合戦とその興亡　会津若松市　2004.3　80p　30cm
　内容 明徳2年から慶長3年までの戦国時代

◇4 歴史編4 近世1 城下町の誕生 会津近世の開幕　会津若松市　1999.12　80p　30cm
　内容 天正18年蒲生氏郷支配から寛永20年保科正之の入部まで

◇5 歴史編5 近世2 会津藩政の始まり 保科正之から四代　会津若松市　2001.3　80p　30cm
　内容 寛永20年の保科正之の入部から寛延2年の農民騒動まで

◇6 歴史編6 近世3 会津藩政の改革 五代から八代まで　会津若松市　2002.3　80p　30cm
　内容 宝暦元年から嘉永6年までの藩政と文化

◇7 歴史編7 近世4 会津の幕末維新 京都守護職から会津戦争　会津若松市　2003.3　80p　30cm
　内容 嘉永6年から明治2年まで/会津戦争を主に記述

◇8 歴史編8 近代明治 会津近代の始まり 復興、そして若松市の誕生　会津若松市　2006.10　80p　30cm

◇11 自然編1 植物 会津花紀行 大地に息づく豊かな自然　会津若松市　1999.12　80p　30cm
　内容 会津地方の花と木

◇12 自然編2 生物 会津の生きもの 生命をはぐくむ小動物　会津若松市　2001.12　80p　30cm
　内容 会津地方の野鳥、昆虫、小動物など

◇13 自然編3 地誌 会津の大地 自然の生いたちと姿　会津若松市　2004.3　80p　30cm
　内容 地形、地質、気象、自然資源など

◇14 文化編1 陶磁器 会津のやきもの 須恵器から陶磁器まで　会津若松市　2000.3　80p　30cm
　内容 縄文土器から会津本郷焼まで

◇15 文化編2 文学 会津の文学 万葉集から現代文学まで　会津若松市　2001.3　80p　30cm
　内容 縄文土器から会津本郷焼まで

◇16 文化編3 漆器 会津の漆器 挽く・塗る・描く・蒔く　会津若松市　2003.3　80p　30cm
　内容 16世紀から平成13年(2001)までの会津塗と木地師について

◇17 文化編4 仏像 会津の仏像 仏都会津のみ仏たち　会津若松市　2005.3　80p　30cm
　内容 800年代前半から1600年代後半までの仏像を記録

◇18 文化編5 人物 会津の人物 生きる、風土に育む精神性　会津若松市　2005.3　80p　30cm
　内容 元和6年から昭和46年(1971)までの会津人を記述

◇19 文化編6 町並 会津の史的風景 町、町並、街道を歩く　会津若松市　2006.3　80p　30cm
　内容 会津五街道の町並

◇21 民俗編1 芸能・遊戯 会津の民俗芸能 歌と踊りと子どもの遊び　会津若松市　1999.12　80p　30cm
　内容 神楽、田楽、芝居、民謡、祭り、子どもの遊びなど

◇22 民俗編2 諸職 職人の世界 暮らしと手仕事　会津若松市　2002.1　80p　30cm
　内容 織物、漆職、玩具、民芸などの職人について

◇23 民俗編3 年中行事 会津の年中行事 季節の行事、日常生活　会津若松市　2004.11　80p　30cm
　内容 正月、春、夏、飽き、歳末の行事について

◇24 民俗編 4 昔話・伝説 会津の昔話と伝説 語る、伝えたいあいづ　会津若松市　2005.10　80p　30cm
　内容 昔話、伝説、方言について

**河東町史**　河東町史編さん委員会編
　◇上巻　河東町教育委員会　1979.1　642p　27cm
　　内容 縄文時代から慶応4年
　◇下巻　河東町教育委員会　1983.11　942p　27cm
　　内容 明治元年(1868)から昭和57年(1982)

**北会津郡郷土誌**　北会津郡役所編
　◇会津研究会　1977.1　341p　22cm
　　内容 神護景雲3年から大正4年(1915)

**会津の歴史**　会津若松市出版会編纂
　◇[正]　講談社　1972.10　382p　22cm
　　内容 縄文時代から昭和30年(1955)
　◇続　講談社　1973.7　397p　22cm
　　内容 寛永20年から昭和46年(1971)

**会津の歴史**　会津若松市出版会編纂
　◇会津若松市　1969.1　379p, 図版2枚　22cm
　　内容 縄文時代から昭和30年(1955)

**会津若松史**　会津若松史出版委員会編
　◇第1巻 ひらかれた会津　会津若松市　1967.10　275p　23cm
　　内容 縄文時代から天正17年
　◇第2巻 築かれた会津　会津若松市　1965.4　399p　23cm
　　内容 天正18年から貞享4年
　◇第3巻 会津藩の確立　会津若松市　1960.9　426p　23cm
　　内容 寛永20年から正徳4年
　◇第4巻 会津藩政の展開　会津若松市　1966.2　391p　23cm
　　内容 享保2年から文政11年

　◇第5巻 激動する会津　会津若松市　1966.12　292p　23cm
　　内容 天保4年から明治2年(1869)
　◇第6巻 近代1 明治の会津　会津若松市　1966.6　375p　23cm
　　内容 明治元年(1868)から明治44年(1911)
　◇第7巻 近代2 大正・昭和の会津　会津若松市　1967.5　335p　23cm
　　内容 大正元年(1912)から昭和41年(1966)
　◇第8巻 史料編1　会津若松市　1967.1　509p　23-27cm
　　内容 縄文時代から寛永年間
　◇第9巻 史料編2　会津若松市　1967.3　466p　23-27cm
　　内容 寛永20年から慶応4年
　◇第10巻 史料編3　会津若松市　1967.10　334, 230p　23-27cm
　　内容 明治元年(1868)から昭和41年(1966)
　◇第11巻 文化編(美術・工芸・民家・文学)　会津若松市　1967.7　570p　23-27cm
　　内容 古墳時代から昭和39年(1964)
　◇第12巻 史料便覧編　会津若松市　1967.11　307, 84p　23-27cm
　　内容 寺社縁起、領主・藩主略系図,年表、索引他を収録
　◇別巻1 会津大塚山古墳　会津若松市　1964　180p, 図版[41]枚　27cm
　　内容 会津大塚山古墳発掘調査報告

**北会津村誌**　福島県北会津村誌編纂委員会編
　◇北会津村　1967.9　533p 図版6枚　22cm
　　内容 応永26年から昭和41年(1966)

**若松市史**　若松市役所編纂
　◇上巻　若松市　1941.8　1023p　22cm

|内容|和銅2年から昭和15年(1940)

◇下巻 若松市 1942.7 904p 22cm
|内容|文学, 医学本草学, 天文暦数, 教育他を記述

## 北会津郡郷土誌 北会津郡役所編

◇北会津郡役所 1917 341p A5

## 若松市郷土誌 若松市役所編

◇会津日報社 1914.6 185p 22cm
|内容|文治5年から明治44年(1911)

# 【郡山市】

## 郡山の歴史 郡山市編

◇郡山市 2004.9 242p, 図版7枚 26cm
|内容|旧石器時代から平成13年(2001)

## 郡山市史 郡山市編

◇続編1 通史 郡山市 1984.10 715p 24cm
|内容|昭和47年度から同56年度まで記述

◇続編1 資料 郡山市 1984.10 715p 24cm
|内容|昭和47年から昭和56年までの資料

◇続編2 通史 郡山市 1994.11 778p 24cm
|内容|1982(昭和57)年度から1991(平成3)年度まで

◇続編2 資料 郡山市 1994.11 292, 473p 24cm
|内容|1982から91年の10年間の資料

◇続編3 通史 郡山市 2004.9 800p 24cm
|内容|1992(平成4)年度から2001(平成13)年度まで

◇続編3 資料 郡山市 2004.9 718p 24cm
|内容|1992年から2001年までの社会状況の資料

## こおりやま逢瀬ふるさと町史 逢瀬町史談会編集

◇逢瀬町史談会 1998.12 580p 図版 22cm
|内容|縄文時代から昭和61年(1986)

## 郡山市史 再版 郡山市編

◇第1巻 原始・古代・中世 国書刊行会 1975.2 603p 23cm
|内容|旧石器時代から天正18年まで

◇第2巻 近世(上) 国書刊行会 1972.5 446p 23cm
|内容|天正年間から寛延期まで

◇第3巻 近世(下) 国書刊行会 1971.9 524p 23cm
|内容|寛延, 宝暦期から明治4年まで

◇第4巻 近代(上) 国書刊行会 1969.4 574p 23cm
|内容|明治維新(1868)から明治の終りごろまで

◇第5巻 近代(下) 国書刊行会 1971.2 544p 23cm
|内容|大正元年から昭和20年(1945)まで

◇第6巻 現代 国書刊行会 1973.4 782p 23cm
|内容|昭和20年の終戦から昭和46年まで

◇第7巻 民俗 国書刊行会 1969.12 543p 23cm
|内容|民俗の特質を記述、昭和43年の調査資料を収録

◇第8巻 資料(上) 国書刊行会 1973.11 803p 23cm
|内容|旧石器時代から中世までの遺物資料, 古代記録, 中世・近世資料, 金石文を収録

◇第9巻 資料編(中) 国書刊行会 1970.3 657, 190p 23cm
|内容|明治期における政治・経済・文化・社会の資料, 開拓と疏水関係の資料を収録

福島県　　　　　　　　　　　　　　　　　　　　　　　　　　　　　いわき市

◇第10巻 資料(下) 国書刊行会 1974.8　542, 292p　23cm
　内容 大正時代から太平洋戦争の戦前・戦後の資料

◇別巻 町村史・索引・年表・総目録 国書刊行会　1981.12　444, 251p　23cm
　内容 町村市・索引・年表・総目録を収録

## 郡山の歴史　郡山市教育委員会編

◇郡山市　1965.1　[202]p　27cm
　内容 縄文時代から昭和39年(1964)

# 【いわき市】

## 福島県石城郡誌　復刻版

◇千秋社　2003.4　10, 499, 26p　22cm
　内容 大正11年刊「石城郡誌」の復刻版

## いわき市史　いわき市史編さん委員会編

◇第1巻 原始・古代・中世　いわき市　1986.3　922p　24cm
　内容 先土器時代から慶長19年まで

◇第2巻 近世　いわき市　1975.7　872p　24cm
　内容 天正17年から慶応4年まで

◇第3巻 近代1　いわき市　1993.6　564p　24cm
　内容 慶応4年から大正15年(1926)まで

◇第4巻 近代2　いわき市　1994.6　740p　24cm
　内容 昭和2年(1927)から昭和60年(1985)まで

◇第5巻 自然・人文　いわき市　1973.2　816p　24cm
　内容 市全域の自然を解明、人間がいかに自然に対処しているかを記述

◇第5巻 別巻 常磐炭田史　いわき市　1989.8　965p　24cm
　内容 嘉永4年から昭和60年までを叙述

◇第6巻 文化　いわき市　1978.11　875p　24cm
　内容 学術と思想, 宗教, 教育, 美術工芸他を年代順に叙述

◇第7巻 民俗　いわき市　1972.2　616p　24cm
　内容 昭和45年の調査で採録した資料により記述

◇第8巻 原始・古代・中世資料　いわき市　1976.3　412p　24cm
　内容 考古資料と記録・文書資料を寛永4年まで収録

◇第9巻 近世資料　いわき市　1972.10　1026p　24cm
　内容 文禄4年から明治初年ごろまでの資料

◇第10巻 近代資料1(上)　いわき市　1983.3　1011p　24cm
　内容 明治元年から明治45年までの資料

◇第10巻 近代資料1(下)　いわき市　1985.3　1151p　24cm
　内容 大正元年から昭和20年8月までの資料

◇第11巻 近代資料2(上)　いわき市　1980.3　1036p　24cm
　内容 昭和20年から昭和39年ごろまでの資料

◇第11巻 近代資料2(下)　いわき市　1981.7　997p　24cm
　内容 昭和40年から昭和50年ごろまでの資料

## 内郷郷土史　内郷郷土史編さん委員会編

◇上巻　沼田一之　1986.1　485p　24cm
　内容 弥生時代から昭和58年(1983)

◇下巻　沼田一之　1988.11　930p　24cm
　内容 交通通信, 教育, 保健・衛生, 治安と

消防他を記述

**石城郡誌　石城郡編**

◇歴史図書社　1979.5　10, 499, 26p　22cm
[内容] 大正11年刊の復刻版

**渡辺町史　渡辺町史編さん委員会編**

◇いわき市渡辺公民館　1977.3　292p　図　22cm

**神谷村誌　志賀伝吉著**

◇〔志賀伝吉〕　1972.6　263p　22cm

**川前村誌　川前村誌編纂委員会編**

◇福島県石城郡川前村　1966.9　217p　図版, 地図1枚　27cm
[内容] 縄文時代から昭和40年(1965)

**概説平市史　平市教育委員会編**

◇平市　1959.2　737p　22cm
[内容] 弥生時代から昭和33年(1958)

**石城郡町村史　綱要　諸根樟一著**

◇郷土社出版部　1929　168,39p　23cm

**江名町誌　石城郡江名町役場編**

◇石城郡江名町役場　1923　123p　A5

**石城郡誌**

◇岩城郡役所　1922.12　10, 499, 26p　22cm
[内容] 天喜4年から明治44年(1911)

**石城郡誌　石城郡編**

◇巻1—5　石城郡　〔明治初期〕　5冊　B5 (写)

## 【白河市】

**白河市史　福島県白河市**

◇第1巻 通史編1 原始・古代・中世　白河市　2004.10　724p　22cm
[内容] 旧石器時代から慶長2年

◇第2巻 通史編2 近世　白河市　2006.2　771p　22cm
[内容] 天正18年から慶応4年

◇第3巻 通史編3 近代・現代　白河市　2007.3　1冊p　22cm

◇第4巻 資料編1 自然・考古　白河市　2001.3　1678p　22cm
[内容] 縄文時代から明治2年(1869)

◇第5巻 資料編2 古代・中世　白河市　1991.3　867p　22cm
[内容] 崇神天皇10年から天正18年

◇第6巻 資料編3 近世1　白河市　1989.1　832p　22cm
[内容] 天正18年から寛保2年まで

◇第7巻 資料編4 近世2　白河市　1993.3　862p　22cm
[内容] 寛保2年から明治元年(1868)まで

◇第8巻 資料編5 近代・現代　白河市　1996.3　1116p　22cm
[内容] 明治元年から昭和63年まで

◇第9巻 各論編1 民俗　白河市　1990.3　772p　22cm
[内容] 衣・食・住, 生産と生業, 社会生活, 一生の儀礼他を記述

◇第10巻 各論編2 文化・旧町村沿革・人物　白河市　1992.3　922p　22cm
[内容] 旧町村沿革は、縄文時代から昭和30年代まで記述

**大信村史　大信村史編さん委員会編**

◇第1巻 通史編　大信村　2006.3　909p　27cm
[内容] 縄文時代から平成5年(1993)

◇第2巻 資料編 上巻　大信村　2004.3　823p　27cm
[内容] 縄文時代から慶応4年

◇第2巻 資料編 下巻　大信村　2005.3　826p　27cm
[内容] 明治維新から平成16年まで

◇第3巻 民俗編　大信村　2001.3　725p　27cm
　内容 平成9年から平成11年まで実施した民俗調査を基に編纂

## 白河市史　みちのくの関門　白河市史編さん委員会編

◇上　白河市教育委員会　1968.12　200p 図版　22cm
　内容 縄文時代から天正17年

◇中　白河市教育委員会　1971.4　294p 図版　22cm
　内容 天正18年から慶応4年

◇下　白河市教育委員会　1971.5　327p 図版　22cm
　内容 明治元年(1868)から昭和44年(1969)

## 表郷村郷土史　表郷村郷土史編纂委員会編

◇表郷村教育委員会　1966　330p 地図　22cm

## 【須賀川市】

須賀川市50年のあゆみ　須賀川市、時のモニュメント50　須賀川市市制施行50周年記念誌1954-2004　市制施行50周年記念誌編纂委員会編纂

◇須賀川市　2004.3　101p　21×30cm
　内容 1954年(昭和29)から2003年(平成15)

## 岩瀬村史　岩瀬村史編纂委員会編

◇第1巻 通史編　岩瀬村　2003.12　1343p　27cm

◇第2巻 資料編1　岩瀬村　2002.3　780p　27cm
　内容 縄文時代から天正18年

◇第3巻 資料編2　岩瀬村　2001.3　862p　27cm
　内容 天正18年から慶応4年までの文献資料

◇第4巻 資料編3　岩瀬村　1999.3　1389p　27cm
　内容 明治元年(1868)から平成9年(1997)までの文献資料

◇第5巻 民俗編　岩瀬村　1995.9　560p　27cm
　内容 平成2年からの民俗調査によって編纂

## 長沼町史　長沼町編纂委員会編

◇第1巻　長沼町公民館　1961.3　32p　22cm
　内容 長沼町郷土史 長沼の歴史

◇第2巻 資料編1　長沼町　1996.3　987p 図版　22cm

◇第3巻 資料編2　長沼町　1997.3　949p 図版　22cm

◇第4巻 資料編3-上　長沼町　2000.3　730p 図版　22cm

◇第4巻 資料編3-下　長沼町　2000.3　688p 図版　22cm

◇第5巻 民俗編　長沼町　1995　889p 図版　22cm

## 須賀川市史　須賀川市教育委員会編

◇1 自然・原始・古代 源頼朝の奥州征伐まで　須賀川市教育委員会　1974.3　238p　27cm
　内容 旧石器時代から1189年/自然についても詳述

◇2 中世 二階堂領時代　須賀川市教育委員会　1973.3　278p　27cm
　内容 文治5年から天正17年まで

◇3 近世 江戸時代　須賀川市教育委員会　1980.3　498p　27cm
　内容 天正17年から明治2年(1869)

◇4 近代現代1 明治より昭和戦前まで　須賀川市教育委員会　1975.3　367p　27cm

喜多方市　　　　　　　　　　　　　　　　　　　　　　　　　福島県

　　　内容 明治2年(1869)から昭和15年
　　　(1930)
◇5 現代2 戦中・戦後の生活と市制施行
　須賀川市教育委員会　1972.3　398p
　27cm
　　　内容 昭和16年(1931)から昭和45年
　　　(1970)
◇6 現代3 昭和四十九年市勢現況　須賀
　川市教育委員会　1976.10　440p
　27cm
　　　内容 昭和49年度の市勢の現況
◇7 文化と生活 須賀川俳諧と亜欧堂田
　善など　須賀川市教育委員会　1978.3
　366p　27cm
　　　内容 江戸時代以降の文芸,教育,生活他を
　　　記述
◇別巻1 郷土(ふるさと)須賀川 原始古
　代より現代まで　須賀川市教育委員会
　1981.3　332p　27cm
　　　内容 旧石器時代から昭和52年(1977)
◇別巻2 須賀川市史写真集 須賀川の歴
　史と文化財　須賀川市教育委員会
　1984.3　347p　27cm

岩瀬村郷土誌　岩瀬村郷土誌編纂委員
会編
◇第1篇 郷土の社寺　岩瀬村公民館
　1962.12　36p　26cm
◇第2篇 郷土の昔話　岩瀬村公民館
　1964.2　40p　26cm
◇第3篇 名所古跡伝説　岩瀬村公民館
　1965.3　40p　21cm
◇第4篇 産業畜産篇1　岩瀬村公民館
　1966　37p　21cm
◇第5篇 岩瀬村の古碑名と宗教　岩瀬村
　公民館　1967　21p　22cm
◇第6篇 跡見塚古墳　岩瀬村公民館
　1968　22p　22cm
◇第8篇 岩瀬村地誌　岩瀬村公民館
　1970.2　78p(図版 地図共)　26cm

◇第9篇 岩瀬村古美術品名鑑　岩瀬村公
　民館　1971　22p　22cm

## 【喜多方市】

塩川町史　喜多方市塩川町史編さん委員
会編
◇第4巻 史料編2 古代・中世・近世
　喜多方市教育委員会　2007.2　995p
　23cm
◇第7巻 民俗・文化編　塩川町
　2005.11　609p 地図　27cm
　　　内容 人々とつながり、なりわい、人びと
　　　の暮らしぶり、宗教、美術・工芸ほか

喜多方市史　喜多方市史編纂委員会編
◇第1巻 通史編1 原始・古代・中世
　喜多方市　1999.3　700p　22cm
　　　内容 縄文時代から天正18年
◇第2巻 通史編2 近世　喜多方市
　1997.6　810p　22cm
　　　内容 天正18年から幕末まで
◇第3巻 通史編3 近代・現代　喜多方
　市　2002.3　922p　22cm
　　　内容 明治元年(1868)から平成2年(1990)
◇第4巻 資料編1 考古・古代・中世
　喜多方市　1995.6　837p　22cm
　　　内容 縄文時代から寛永20年
◇第5巻 上 資料編2 近世　喜多方市
　1993.6　752p　22cm
　　　内容 文禄5年から慶応4年
◇第5巻 下 資料編3 近世　喜多方市
　2004　823p　22cm
　　　内容 慶長6年から慶応4年
◇第6巻 上 資料編4 近代　喜多方市
　2000.6　974p　22cm
　　　内容 明治元年(1868)から明治45年
　　　(1912)
◇第6巻 中 資料編5 近代　喜多方市
　1996.6　953p　22cm

156　全国地方史誌総目録

福島県                                                                                          相馬市

　　内容 明治 8 年(1875)から明治 29 年
　　(1896)の自由民権運動関係資料
　◇第 6 巻 下 資料編 6 近代　喜多方市
　　1993.3　838p　22cm
　　内容 大正元年(1912)から昭和 20 年
　　(1945)
　◇第 7 巻 資料編 7 現代　喜多方市
　　1998.6　939p　22cm
　　内容 昭和 20 年(1945)から平 10 年(1998)
　◇第 8 巻 各論編 1 自然・旧町村誌　喜多
　　方市　1991.7　934p　22cm
　◇第 9 巻 各論編 2 民俗　喜多方市
　　2001.3　836p　22cm
　　内容 人々の暮らしぶり、生活のなりわ
　　い、交通・交易・運輸・伝達他を記述
　◇第 10 巻 各論編 3 文化　喜多方市
　　2003.3　972p　22cm
　　内容 11 世紀から昭和 58 年(1983)
　◇補遺 図表目録・資料目録　喜多方市
　　2004.6　167p　22cm
　◇別巻 1 図説喜多方の歴史　喜多方市
　　2004.3　311p 挿図　31cm
　　内容 縄文時代から平成 9 年(1997)
　◇別巻 2 年表・索引　喜多方市　2004.6
　　361p　22cm
　　内容 崇神天皇 10 年から平成 10 年(1998)

**会津高郷村史**　高郷村史編さん委員会編
　◇1 歴史編　高郷村　1981.3　525p
　　27cm
　◇2 歴史編 近現代　高郷村　1995
　　930p　27cm
　◇3 民族編　高郷村　2002.3　607p
　　27cm
　◇4 自然編　高郷村　2002.3　224p
　　26cm

**山都町史**　山都町史編さん委員会編
　◇第 1 巻 通史編 1　山都町　1989.9
　　877p　23cm

　　内容 縄文時代から慶応 4 年
　◇第 2 巻 通史編 2　山都町　1991.3
　　876p　23cm
　　内容 明治元年(1868)から平成 2 年(1990)
　◇第 3 巻 民俗編　山都町　1986.12
　　882p　23cm
　　内容 社会組織,人生儀礼,衣食住,生産労
　　働他を記述

**熱塩加納村史**　熱塩加納村史編纂委員
会編
　◇第 1 巻　熱塩加納村　1982.5　510p
　　22cm
　　内容 縄文時代から慶応 4 年まで
　◇第 2 巻　熱塩加納村　1976.11　459p
　　22cm
　　内容 慶応 3 年から昭和 50 年(1975)まで
　◇第 3 巻　熱塩加納村　1978.2　446p
　　22cm
　　内容 昭和 51 年(1976)の民俗調査による
　　採録

**塩川町史**　塩川町史編纂委員会編
　◇塩川町　1966.7　354, 63p 図版、表
　　22cm
　　内容 縄文時代から昭和 39 年(1964)

## 【相馬市】

**相馬市史**　相馬市史編纂会編
　◇1 通史編 1　相馬市　1983.9　1219p
　　22cm
　　内容 縄文時代から昭和 8 年
　◇2 各論編 1 論考 上巻　相馬市
　　1978.12　818p　22cm
　　内容 成務天皇 5 年から昭和 29 年(1954)
　◇2 各論編 1 論考 下巻　相馬市
　　1978.12　770p　22cm
　　内容 明治初年から昭和 47 年(1972)
　◇3 各論編 2 民俗・人物　相馬市
　　1975.3　1115p　22cm

全国地方史誌総目録　157

内容 慶長7年から明治元年(1868)

◇4 資料編1 奥相志　相馬市　1969.3　1179p　22cm
内容 安政4年以後の各村の記述

◇5 資料編2 史書類ほか　相馬市　1971　928p　22cm

◇6 資料編3 史書・文化財　相馬市　1976.3　1230p, 図版24枚　22cm
内容 文禄2年から明治7年(1874)

大野村史　長谷川義雄著

◇大野村　1955　86p 図版1枚　19cm
内容 鎌倉時代から昭和29年(1954)

福島県相馬郡八幡村概要　相馬郡八幡村編

◇相馬郡八幡村　1929　98p　A5

## 【二本松市】

二本松市史　二本松市編

◇第1巻 通史1 原始・古代・中世・近世　二本松市　1999.3　833p　22cm
内容 旧石器時代より天正18年まで

◇第2巻 通史2 近代・現代　二本松市　2002.3　789p　22cm
内容 明治元年から現代(平成8年)まで

◇第3巻 資料編1 原始・古代・中世　二本松市　1981.3　527p　22cm
内容 旧石器時代から天正18年までの資料

◇第4巻 資料編2 近世1　二本松市　1980.3　806p　22cm
内容 近世初頭と寛永20年から明治4年ころまでの資料

◇第5巻 資料編3 近世2　二本松市　1979.2　1054p　22cm
内容 二本松藩主丹羽家歴代と家臣団に関する資料(天文4年から文化9年)

◇第6巻 資料編4 近世3　二本松市　1982.3　947p　22cm
内容 寛永20年から明治元年(1868)

◇第7巻 資料編5 近代・現代　二本松市　1997.3　1021p　22cm
内容 明治元年から昭和63年までの資料

◇第8巻 各論編1 民俗　二本松市　1986.3　788p　22cm
内容 昭和55・56年度の調査による民俗資料

◇第9巻 各論編2 自然・文化・人物　二本松市　1989.5　785, 116p　22cm
内容 寛平2年から平成元年(1989)

岩代町史　岩代町編

◇第1巻 通史　岩代町　1989.3　965p 図版　22cm
内容 旧石器時代から昭和62年(1987)ごろ

◇第2巻 資料編1 原始・古代・中世・近世　岩代町　1985.3　975p 図版　22cm
内容 縄文時代から慶応4年

◇第3巻 資料編2 近代・現代　岩代町　1983.12　1021p 図版　22cm
内容 明治元年(1868)から昭和55年(1980)までを収録

◇第4巻 各論編 民俗・旧町村沿革　岩代町　1982.4　846p 図版　22cm
内容 民俗は昭和54年度(1979)の調査によるもの、旧町村沿革は明治22年(1889)から昭和30年(1955)までを記述

東和町史　東和町編

◇第1巻 通史編 通史・旧村沿革　東和町　1983.3　548p　27cm
内容 縄文時代から昭和57年(1982)

◇第2巻 資料編1 原始・古代・中世・近世　東和町　1981.3　521p　27cm
内容 和銅2年から慶応4年

◇第3巻 資料編2 近代・現代　東和町　1980.3　555p　27cm
内容 明治5年(1872)から昭和53年

(1978)

安達町史　安達町史編集委員会編

◇合併20年の歩み　安達町教育委員会　1974　185p 図版 地図　21cm

◇資料集1　安達町教育委員会　1975　169p　22cm

◇資料集2　安達町教育委員会　1976　210p　22cm

◇通史　安達町教育委員会　1976.12　1105p 図版　24cm

川崎村誌　福島県西白河郡川崎村編

◇川崎村　1919　62p 肖像　23cm

福島県西白河郡川崎村誌　福島県西白河川崎村役場編

◇福島県西白河郡川崎村役場　1919　62p　A5

【田村市】

大越町史　大越町教育委員会町史編さん室編

◇第1巻 通史編　大越町　2001.3　1160p　22cm
内容 縄文時代から昭和62年(1987)

◇第2巻 資料編1　大越町　1998.1　1230p　22cm
内容 縄文時代から文久3年

◇第2巻 資料編2　大越町　1999.3　1066p　22cm
内容 慶応4年から平成元年(1989)

◇第3巻 民俗編　大越町　1996.3　847p　22cm
内容 平成4・5年度に行った合同調査などによる

滝根町史　滝根町史編さん委員会編

◇第1巻 自然編　滝根町　1990.12　361p　27cm

内容 気候・気象, 地形・地質, 石灰洞, 植物, 動物を記述

◇第1巻 通史編　滝根町　1990.12　903p　27cm
内容 縄文時代から昭和51年(1976)

◇第2巻 資料編　滝根町　1989.3　1037p　27cm
内容 縄文時代から昭和51年(1976)

◇第3巻 民俗編　滝根町　1988.3　838p　27cm
内容 昭和56年から昭和60年まで行った調査などにより採集された資料

船引町史　船引町ほか編

◇資料編1 原始・古代・中世・近世　船引町　1984.9　835p　23cm
内容 縄文時代から文久2年

◇資料編2 近代・現代　船引町　1983.3　833p　23cm
内容 明治元年(1868)から昭和50年(1975)までの資料

◇通史編1 自然・原始・古代・中世・近世　船引町　1986.11　854p　23cm
内容 縄文時代から慶応元年

◇通史編2 近代・現代　船引町　1988.3　927p　23cm
内容 明治維新から昭和50年頃まで

◇民俗編　船引町　1982.3　886p　23cm
内容 昭和53年から実施した民俗調査での採録による

都路村史　都路村史編纂委員会編

◇都路村　1985.9　746p　27cm
内容 縄文時代から昭和58年(1983)

常葉町史　常葉町編

◇常葉町　1974.3　583, 10p, 図版5枚　27cm
内容 縄文時代から昭和40年(1965)

## 【南相馬市】

原町市史　原町市教育委員会文化財課市史編纂室編集

◇第4巻 資料編2 古代・中世　原町市 2003.3　636p　27cm
内容 崇神天皇10年から慶長8年

◇第4巻 資料編2 古代 出土文字資料　原町市　2003.3　329p　27cm
内容 7世紀から9世紀

◇第8巻 特別編1 自然資料　原町市 2005.3　154p　27cm
内容 植物・動物目録,災害年表など収録

◇第8巻 特別編1 付：資料　原町市 2005.3　887p　27cm
内容 地形・地質,気象,生物,自然環境を記述

◇第9巻 特別編2 民俗　原町市 2006.3　868p　27cm
内容 人びとをとりまく社会,きる・たべる・すむなどを記述

◇第10巻 特別編3 野馬追 甲冑・旗帳等　原町市　2004.2　371p　27cm
内容 安政7年から明治元年(1868)

◇第10巻 特別編3 野馬追　原町市 2004.2　596p　27cm
内容 養老5年から昭和42年(1968)

鹿島町史　鹿島町史編纂委員会編

◇第2巻 資料編1 自然　福島県鹿島町 2001.3　676p　22cm
内容 大地のすがた,大地のなりたち,鍾乳洞,降水他を記述

◇第2巻 別冊資料編1 自然 別冊　福島県鹿島町　2001.3　198p　22cm
内容 海藻類,苔類,蘚類,シダ植物などの目録を収録

◇第3巻 資料編2 原始・古代・中世　福島県鹿島町　1999.3　1000p　22cm
内容 旧石器時代から元和元年

◇第4巻 資料編3 近世　福島県鹿島町 1993.3　725p　22cm
内容 天正18年から明治5年ごろまでの資料

◇第5巻 資料編4 近代・現代資料　福島県鹿島町　1992　1356p　22cm
内容 明治元年から昭和63年まで

◇第6巻 民俗編　福島県鹿島町　2004.3 922p　22cm
内容 衣・食・住,一生の儀礼,年中行事,生業他を記述

小高町大字小高史　大字小高史編集委員会編

◇小高町小高行政区　1998.3　10, 391p, 図版6枚　26cm
内容 縄文時代から昭和62年(1987)

原町市史　原町市史編纂委員会編

◇[正編]　原町市　1969.3　1679p 22cm
内容 旧石器時代から昭和41年(1966)

◇続編　原町市　1981.12　682p　22cm
内容 昭和42年から昭和55年まで

鹿島郷土誌　鹿島郷土誌編纂委員会編

◇鹿島郷土誌編纂委員会　1980.6　499p 図版　23cm
内容 縄文時代から昭和54年(1979)

小高町史　小高町教育委員会編纂

◇小高町　1975.12　1458p　22cm
内容 縄文時代から昭和50年(1975)

鹿島町誌　鹿島町誌出版委員会編

◇鹿島町教育委員会　1965.12　547p, 図版1枚　22cm
内容 縄文時代から昭和39年(1964)

## 【伊達市】

月舘町史　月舘町史編纂委員会編

◇第 2 巻 資料編 1 考古・古代・中世　月舘町　2006.3　551p　22cm
  内容 縄文時代から文禄 2 年

◇第 3 巻 資料編 2 近世　月舘町　2002.3　795p　22cm
  内容 天正 18 年から明治 3 年(1871)

◇第 4 巻 資料編 3 近・現代　月舘町　2004.3　915p　22cm
  内容 明治元年(1868)から平成 8 年(1996)

ありがとう伊達町そして未来へ　伊達町閉町記念誌

◇福島県伊達郡伊達町　2005.12　61p　30cm
  内容 昭和 31 年(1956)から平成 17 年(2005)

梁川町史　梁川町史編纂委員会編

◇第 1 巻 通史編 1 自然, 原始・古代・中世　梁川町　1996.3　739p　22cm
  内容 旧石器時代から 16 世紀

◇第 2 巻 通史編 2 近世　梁川町　1999.3　848p　22cm
  内容 天正 18 年から明治 4 年(1871)まで

◇第 3 巻 通史編 3 近代・現代　梁川町　2000.3　809p　22cm
  内容 明治元年(1868)から平成 5 年(1993)まで

◇第 4 巻 資料編 1 自然・考古　梁川町　1993.2　720p　22cm
  内容 縄文時代から近世

◇第 5 巻 資料編 2 古代・中世　梁川町　1985.2　743p　22cm
  内容 崇神天皇 10 年から天正 19 年

◇第 6 巻 資料編 3 近世 1　梁川町　1986.2　793p　22cm
  内容 天正 19 年から慶応 4 年までの領主関係資料

◇第 7 巻 資料編 4 近世 2　梁川町　1988.10　842p　22cm
  内容 慶長 2 年から明治 2 年(1869)に至る資料

◇第 8 巻 資料編 5 近現代 1　梁川町　1987.9　790p　22cm
  内容 明治元年(1868)から大正 15 年(1926)まで

◇第 9 巻 資料編 6 近現代 2　梁川町　1989.12　856p　22cm
  内容 昭和元年(1926)から昭和 64 年(1989)まで

◇第 10 巻 各論編 文化・旧町村沿革　梁川町　1994.3　1101p　22cm
  内容 学問・思想, 宗教, 美術工芸, 建築・庭園他を記述

◇第 11 巻 民俗編 1 くらし　梁川町　1991.11　852p　22cm
  内容 昭和 57 年度からの民俗調査などにより記述

◇第 12 巻 民俗編 2 口伝え　梁川町　1984.1　737p　22cm
  内容 昭和 57 年度からの民俗調査などにより記述

◇第 12 巻 民俗編 II 口伝え　梁川町　1984.1　737p　22cm

◇年表・索引　梁川町　2002.3　282p　22cm
  内容 地質時代から平成 13 年(2001)

伊達町史　伊達町史編纂委員会編

◇第 1 巻 通史編 上 伊達町の自然・原始・古代・中世・近世　伊達町　2001.3　693p　22cm
  内容 縄文時代から慶応 2 年

◇第 1 巻 通史編 下 近代・現代　伊達町　2001.3　1576p　22cm
  内容 慶応 4 年から 1990 年(平成 2)

◇第 2 巻 旧町村沿革・生活・文化　伊達町　1996.11　875p 図版　22cm
  内容 延享 2 年から昭和 30 年(1955)

◇第3巻 わたしたちの伊達町史　伊達町　1992.5　663p　22cm
内容 縄文時代から平成3年(1991)

◇第4巻 別巻1 奥州蚕種本場養蚕日誌集成　伊達町　1985.3　908p 図版16枚　22cm
内容 延享3年から昭和9年(1934)

◇第5巻 資料編1 原始・古代・中世・近世　伊達町　1998.3　914p　22cm
内容 縄文時代から慶応4年

◇第6巻 資料編2 近代　伊達町　1993.11　903p　22cm
内容 明治4年(1872)から大正15年(1926)

◇第7巻 資料編3 近代・現代　伊達町　1995.3　1079p　22cm
内容 昭和2年(1927)から昭和63年(1988)

**霊山町史**　霊山町史編纂委員会編

◇第1巻 通史　霊山町　1992.3　1244p　22cm
内容 縄文時代から昭和57年(1982)

◇第2巻 資料1 原始・古代・中世・近世　霊山町　1979.7　880p　22cm

◇第3巻 資料2 近代(上)　霊山町　1983.12　957p　22cm
内容 明治元年から大正15年まで

◇第4巻 資料3 近代(下)現代　霊山町　1986.2　1214p　22cm
内容 昭和元年から昭和58年まで

**保原町史**　保原町史編纂委員会編

◇第1巻 通史　保原町　1987.2　916p　23cm
内容 縄文時代から昭和54年(1979)

◇第2巻 資料 原始・古代・中世・近世　保原町　1983.12　940p　23cm
内容 縄文時代から慶応4年

◇第3巻 資料 近代・現代　保原町　1982.7　947p　23cm
内容 明治12年(1879)から昭和30年(1955)

◇第4巻 民俗　保原町　1981.3　816p　23cm
内容 衣・食・住,生産・生業,交通・運輸・通信,交易,社会生活他を記述

◇第5巻 文化・教育　保原町　1985.3　783p　23cm
内容 1800年代から昭和29年(1954)

◇第6巻 現状　保原町　1989.3　788p　23cm
内容 昭和50年頃から昭和60年頃までとし,必要に応じて昭和30年以降も取りあげた

**五十沢村誌**　五十沢村誌編纂委員会編

◇[五十沢村誌編纂委員会]　1978.3　287p　22cm
内容 縄文時代から昭和30年(1955)

〔粟野村〕郷土誌　清野新五郎編

◇粟野村　1910　191p　A5

## 【本宮市】

**本宮町史**　本宮町史編纂委員会,本宮町史専門委員会編

◇第1巻 通史編1 原始・古代・中世　本宮町　2002.3　823p　22cm
内容 縄文時代から天正14年

◇第2巻 通史編2 近世　本宮町　2000.3　959p　22cm
内容 1589年から1868年

◇第3巻 通史編3 近現代　本宮町　2001.3　1165p　22cm
内容 1868年(明治元年)から2000年(平成12年)

◇第4巻 資料編1 考古・古代・中世　本宮町　1999.3　798p　22cm
内容 旧石器時代から天正17年

◇第5巻 資料編2 近世(1)　本宮町

1992.3　1004p　22cm
内容 天正18年から寛永20年

◇第6巻 資料編3 近世(2)　本宮町
1997.3　1060p　22cm
内容 慶安元年から明治3年(1870)

◇第7巻 資料編4 近現代(1)　本宮町
1996.3　1199p　22cm
内容 明治元年(1868)から大正15年(1926)

◇第8巻 資料編5 近現代(2)　本宮町
1998.3　1253p　22cm
内容 昭和2年(1927)から平成8年(1996)

◇第9巻 各論編1 民俗　本宮町
1995.3　868p　22cm
内容 くらしの諸相，くらしの支え，交通・交易，マチとムラの社会生活他を記述

◇第10巻 各論編2 自然・建設　本宮町
1993.9　611p　22cm
内容 自然,地理,建設・災害・開発他を記述

◇第11巻 各論編3 文化　本宮町
1993.9　883p　22cm
内容 1643年から1991年(平成3)

◇第12巻 年表・総目次・索引　本宮町
2003.3　521p　22cm
内容 旧石器時代から2002年(平成14)

## 白沢村史

◇各論編1 旧村沿革・民俗　白沢村
1987.7　843p 図版22枚　23cm
内容 旧村沿革は明治21年(1888)から、昭和30年(1955)までを記述し、民俗調査は昭和60年7月から行った

◇各論編2 自然・地名・人物　白沢村
1989.3　484p 図版12枚　23cm
内容 延享3年から昭和60年(1985)

◇資料編 原始・古代, 中世, 近世, 近代　白沢村　1991.3　1332p 図版15枚　23cm
内容 縄文時代から明治45年(1912)

◇通史編 環境・通史・現代資料　白沢村
1993.11　6, 1315p 図版　23cm
内容 旧石器時代から平成3年末まで

**本宮地方史**　曾我伝吉編

◇本宮町公民館　1961.11　14, 429p, 図版1枚　22cm
内容 縄文時代から慶応4年

## 【桑折町】

**桑折町史**　桑折町史編纂委員会編

◇第1巻 通史編1 原始・古代・中世・近世(1)　桑折町史出版委員会　2002.9　994p　22cm
内容 旧石器時代から文政9年

◇第2巻 通史編2 近世(2)・近代・現代　桑折町史出版委員会　2005.3　910p　22cm
内容 嘉永6年から昭和45年(1970)

◇第3巻 各論編 民俗・旧町村沿革　桑折町史出版委員会　1989.3　978p　22cm

◇第4巻 資料編1 考古資料・文化史料　桑折町史出版委員会　1998.9　804p　22cm
内容 旧石器時代から明治20年(1887)

◇第5巻 資料編2 古代・中世・近世史料　桑折町史出版委員会　1987.3　911p　22cm
内容 崇神天皇10年から寛文4年

◇第6巻 資料編3 近世史料　桑折町史出版委員会　1992.12　988p　22cm
内容 寛文4年から明治元年(1868)

◇第7巻 資料編4 近代史料　桑折町史出版委員会　1991.1　999p　22cm
内容 明治元年(1868)から大正15年(1926)

◇第8巻 資料編5 近代・現代史料　桑折町史出版委員会　1996.3　1045p　22cm

[内容] 大正13年(1924)から平成4年 (1992)

◇第9巻 資料編6 半田銀山　桑折町史出版委員会　1994.10　934p 図版4枚　22cm
[内容] 明和6年から昭和37年(1962)

◇別巻 目で見る桑折町の歴史　桑折町史出版委員会　1985.11　178p　27cm

桑折町史　桑折町史編纂委員会編

◇桑折町史出版委員会　1989.3　978p 図版10枚　22cm
[内容] 民俗は昭和61年(1986)から同63年(1988)にかけて作成した民俗調査カードなどにより、旧町村沿革は明治22年(1889)から昭和30年(1995)までを記述

桑折町誌　桑折町教育委員会編

◇桑折町　1969.10　16, 736, 3p 図版[13]p　22cm
[内容] 縄文時代から昭和43年(1968)

伊達崎村郷土史　岡崎太七著

◇伊達崎村　1935　52p　A5

## 【国見町】

国見町史

◇第1巻 通史・民俗　国見町　1977.3　1243p, 図版12枚　24cm
[内容] 縄文時代から昭和50年(1975)

◇第2巻 原始・古代・中世・近世資料　国見町　1973　878p 図61枚　24cm
[内容] 旧石器時代から慶応4年

◇第3巻 近代資料　国見町　1975.3　1006p 図　24cm
[内容] 慶応4年から昭和20年(1945)

◇第4巻 現代・村誌・民俗資料　国見町　1975.11　1014p 図　24cm
[内容] 昭和20年(1945)から昭和50年(1975)

## 【川俣町】

川俣町史　川俣町史編纂委員会編

◇第1巻 通史編　川俣町　1982.3　1140p　22cm
[内容] 川俣の自然と、原始から現代に至る歴史

◇第2巻 原始・古代・中世・近世 資料編1　川俣町　1976.12　742p　22cm
[内容] 縄文時代から明治4年(1871)ころまでの資料を収録

◇第3巻 近代・現代 資料編2　川俣町　1979.2　1220p　22cm
[内容] 明治初年から昭和20年までの資料

## 【飯野町】

飯野町史　飯野町編

◇第2巻 資料編1 古代・中世・近世　飯野町　2003.3　934p　22cm
[内容] 斉明天皇5年から明治2年(1869)

◇第3巻 各論編 文化・宗教・民族・自然　飯野町　2005.3　729p　22cm
[内容] 廣八日記、宗教、民族、植物他を記述

◇第3巻 資料編2 近現代資料　飯野町　2005.3　726p　22cm
[内容] 慶応2年から平成16年(2004)

## 【大玉村】

大玉村史　大玉村史編集委員会編

◇史料編　大玉村　1978.3　443p　26cm
[内容] 縄文時代から明治19年(1886)

◇上　大玉村　1976.3　436p　26cm
[内容] 縄文時代から明治元年(1868)

◇下　大玉村　1976.3　544p　26cm
[内容] 明治元年(1868)から昭和50年

福島県　　　　　　　　　　　　　　　　　　　　　　　　只見町

(1975)

安達郡誌　安達郡役所編

◇歴史図書社　1977.6　1, 7, 217p 図版 [5]p　21cm
　内容 延喜6年から明治12年(1879)

## 【鏡石町】

鏡石町史　鏡石町編

◇第1巻 通史編　鏡石町　1985.3　1245p　23cm
　内容 縄文時代から昭和57年(1982)

◇第2巻 資料編1　鏡石町　1982.6　969p　23cm
　内容 旧石器時代から明治2年(1869)

◇第3巻 資料編2　鏡石町　1983.12　1117p　23cm
　内容 明治元年(1868)から昭和54年(1979)

◇第4巻 民俗編　鏡石町　1984.12　643p　23cm
　内容 衣・食・住, 生業, 交通・運輸・通信・交易, 社会生活他を記述

## 【天栄村】

天栄村史　天栄村史編纂委員会編

◇第1巻 通史編　天栄村　1990.3　1169p　23cm
　内容 縄文時代から昭和63年(1988)

◇第2巻 資料編1 原始・古代・中世・近世編　天栄村　1986.3　804p　23cm
　内容 縄文時代から慶応4年

◇第3巻 資料編2 近代・現代編　天栄村　1987.11　1704p　23cm
　内容 慶応3年から昭和61年(1986)

◇第4巻 民俗編　天栄村　1989.3　853p　23cm
　内容 衣・食・住, 生活と生業, 人の一生, 交通・交易・通信・運搬他を記述

## 【下郷町】

下郷町史　下郷町史編さん委員会編

◇第2巻 近代資料編　下郷町　1987.3　783p　23cm
　内容 明治元年9月戊辰戦争後より、昭和20年8月終戦まで

◇第3巻 現代資料編　下郷町　1988.3　943p　23cm
　内容 昭和20年終戦8月より、昭和60年度まで

◇第4巻 教育文化編　下郷町　2003.3　1165p　23cm

◇第5巻 民俗編　下郷町　1982.9　767p　23cm
　内容 経済伝承, 社会生活, 信仰伝承, 芸能伝承他を記述

◇第6巻 自然編　下郷町　1998.3　961p　23cm
　内容 地形, 地質, 気候, 土壌, 水文他を記述

## 【檜枝岐村】

桧枝岐村史

◇桧枝岐村　1970.12　482p　26cm
　内容 縄文時代から昭和43年(1968)

## 【只見町】

只見町史　只見町史編さん委員会編集

◇第1巻 通史編1 自然・原始・古代・中世・近世　只見　2004.2　1181p　23cm
　内容 旧石器時代から江戸時代終わり(慶応4年)までの通史

◇第2巻 通史編2 近代・現代　只見町　1998.2　1029p　23cm
　内容 明治元年(1868)の戊辰戦争終結から平成8年(1996)までの通史

◇第3巻 民俗編　只見町　1993.3　1040p　23cm

全国地方史誌総目録　165

[内容] 平成元年度から同4年度にかけて行った臨時調査に基づいてまとめ、巻末に「民俗史料」を収録

◇第4巻 資料編1 原始・古代・中世・近世　只見町　1999.11　990p 23cm
　　[内容] 旧石器時代から明治3年(1870)

◇第5巻 資料編2 近代　只見町　1995.3　1054p 23cm
　　[内容] 明治元年(1868)の戊辰戦争終結から昭和20年(1945)太平洋戦争終戦の史料

◇第6巻 資料編3 現代　只見町　1996.3　1094p 23cm
　　[内容] 昭和20年(1945)太平洋戦争の敗戦時から平成7年(1995)までの資料

## 図説会津只見の歴史　只見町史出版会編

◇只見町　1970　288p(おもに図版)　26cm
　　[内容] 縄文時代から昭和44年(1969)

## 【南会津町】

### 伊南村史　伊南村史編さん委員会編

◇第3巻 資料編2(近世)　伊南村　2003.3　1183p 23cm
　　[内容] 寛文4年から明治3年(1870)

◇第5巻 資料編4(文献編)　伊南村　2000.3　1354p 23cm
　　[内容] 文禄元年から慶応4年

◇第6巻 民俗編　伊南村　2005.3　1306p 23cm
　　[内容] 社会生活,衣食住,生産と生業,人生儀礼他記述

### 舘岩村史　舘岩村史編さん委員会編

◇第1巻 通史編　舘岩村　1999.3　943p 27cm
　　[内容] 縄文時代から平成4年(1992)

◇第2巻 資料編1 自然・考古・古代・中世・近世　舘岩村　1995.3　908p 27cm
　　[内容] 寛喜2年から慶応2年

◇第3巻 資料編2 近代・現代　舘岩村　1993.3　759p 27cm
　　[内容] 明治元年(1868)から平成2年(1990)

◇第4巻 民俗編　舘岩村　1992.2　719p 27cm
　　[内容] 社会生活・組織・家族,雪国の衣食住,人生儀礼他を記述

◇第5巻 図説編　舘岩村　2001.3　251p 27cm
　　[内容] 縄文時代から平成12年(2000)

### 田島町史　田島町史編纂委員会編

◇第1巻 通史1 原始・古代・中世・近世初期　田島町　1985.8　734p 23cm
　　[内容] 原始時代(旧石器時代)に始まり、寛永20年まで

◇第2巻 通史2 近世　田島町　1988.12　718p 23cm
　　[内容] 寛永20年より、慶応4年まで

◇第3巻 通史3 近代　田島町　1991.6　869p 23cm
　　[内容] 明治維新から昭和の終わる現代(1988年)まで

◇第4巻 民俗編　田島町　1977.3　932p 23cm
　　[内容] 社会伝承,経済伝承,信仰伝承,芸能伝承他を記述

◇第5巻 自然・原始・古代・中世史料　田島町　1981.3　805p 23cm
　　[内容] 自然,考古,編年史料文献(養老2年～寛永20年)を収録

◇第6巻 上 近世史料1　田島町　1986.3　734p 23cm
　　[内容] 慶安2年から文久2年の幕政・藩政・町村史料

◇第6巻 下 近世史料2　田島町　1987.2　776p 23cm
　　[内容] 元禄8年から慶応3年の産業・商業・交通・一揆などの史料

◇第7巻 近代史料1 田島町 1979.3 916p 23cm
内容 明治初年から40年代

◇第8巻 近代史料2 田島町 1980.1 880p 23cm
内容 大正時代から昭和20年終戦まで

◇第9巻 近代史料3 田島町 1982.9 786p 23cm
内容 終戦時(昭和20年)の前後から、ほぼ昭和52年まで

◇第10巻 地誌・史料補遺・人物・目次・史料目録編 田島町 1992.1 598p 23cm
内容 地誌,太平洋戦争前に活躍した人々他を収録

目で見る南郷村史 南郷村編
◇歴史春秋出版 1988.11 209p 27cm
内容 8世紀から昭和54年(1979)

南郷村史 南郷村史編さん委員会編
◇第1巻 通史 南郷村 1987.9 879p 23cm
内容 縄文時代から昭和60年(1985)

◇第2巻 自然・考古・中世・近世史料 南郷村 1985.8 842p 23cm
内容 縄文時代から慶応元年

◇第3巻 近代史料 南郷村 1983.7 887p 23cm
内容 明治初年より昭和20年終戦まで

◇第4巻 現代史料 南郷村 1984.7 858p 23cm
内容 昭和21年より昭和55年まで

田島町誌
◇田島町 1926 108p 図版 19cm

【西会津町】

西会津町史 西会津町史編さん委員会編
◇第3巻 古代・中世・近世資料 西会津町史刊行委員会 1993.3 839p 22cm
内容 崇神天皇10年から明治3年(1871)

◇第4巻 上 近世資料 西会津町史刊行委員会 1994.3 1012p 22cm
内容 慶長8年から幕末までの史料

◇第4巻 中 近世資料 西会津町史刊行委員会 1995.3 682p 22cm
内容 慶安5年から慶応4年までの交通・交易,酒造,商業・金融などについて

◇第4巻 下 近世資料 西会津町史刊行委員会 1992.3 393p 22cm
内容 寛文5年から明治22年(1889)の地誌関係資料

◇第5巻 上 近現代資料〈明治編〉 西会津町史刊行委員会 1997.3 698p 22cm
内容 明治元年から明治45年までの史料

◇第5巻 下 近現代資料〈大正・昭和編〉 西会津町史刊行委員会 1999.3 1587p 22cm
内容 大正元年(1912)から昭和63年(1988)

◇第6巻 上 民俗 西会津町史刊行委員会 1991.3 977p 22cm
内容 昭和62年から昭和63年までに行った民俗調査にもとづくもの

◇第6巻 下 旧町村沿革 西会津町史刊行委員会 1991.3 394p 22cm
内容 明治期より昭和29年まで

◇第7巻 宗教・文化資料 西会津町史刊行委員会 2000.3 673p, 図版4枚 22cm
内容 文安5年から昭和7年(1932)

◇別巻1 自然 西会津町史刊行委員会 2001.3 318p 図版6枚 27cm
内容 位置・地形,地質,気象・気候,植物,動物を記述

◇別巻2 上小島C遺跡 西会津町史刊行委員会 1997.3 406p 27cm
内容 縄文時代

◇別巻 3 考古資料　西会津町史刊行委員会　2005.3　356p, 図版 [8]p　27cm
　内容 旧石器時代から 16 世紀

西会津町　西会津町郷土史編纂委員会編
◇西会津町教育委員会　1956　480p 図 22cm
　内容 縄文時代から昭和 30 年(1955)

## 【磐梯町】

磐梯町史　磐梯町教育委員会編
◇資料編 1(1) 近世の磐梯町　磐梯町　1991.3　328p　21cm
　内容 布藤村・磨上新田村関係資料、享保 15 年から明治 5 年(1872)

◇資料編 1(2) 近世の磐梯町　磐梯町　1991.3　372p　21cm
　内容 寛文 5 年から明治 4 年(1871)までの一澤村・源橋村・大寺村・本寺村関係資料

◇資料編 1(3) 近世の磐梯町　磐梯町　1991.3　346, 12p 図版 p　21cm
　内容 寛永 4 年から明治 9 年(1876)までの上西連村・下西連村・赤枝村関係資料

◇資料編 2 近世の磐梯町　磐梯町　1992.3　178p　21cm
　内容 慶長 9 年から明治 22 年(1889)までの磐梯山温泉・噴火・村境・山論の資料

◇資料編 3 近世の磐梯町　磐梯町　1992.3　334p　21cm
　内容 慶安 2 年から明治 22 年(1889)

◇資料編 4 近世の磐梯町　磐梯町　1993.3　386p　21cm
　内容 延宝 7 年から大正 2 年までの寺神関係資料

◇民俗編　磐梯町　1999.3　402p　22cm
　内容 衣・食・住, 生業, 生産, 交通・通信・交易, 一生の儀礼他を記述

磐梯町史　磐梯町教育委員会編
◇磐梯町　1985.11　586p　22cm
　内容 縄文時代から昭和 55 年(1980)

## 【猪苗代町】

猪苗代町史　猪苗代町史編さん委員会編
◇自然編　猪苗代町出版委員会　1977.12　543p　27cm
　内容 自然的位置, 磐梯山, 猪苗代湖, 裏磐梯他を記述

◇民俗編　猪苗代町出版委員会　1979.3　919p　27cm
　内容 衣・食・住, 生産・生業, 交通・交易・運搬, 人の一生他を記述

◇歴史編　猪苗代町出版委員会　1982.1　1206p　27cm
　内容 縄文時代から昭和 51 年(1976)

猪苗代町郷土誌稿　奥田秀次著
◇猪苗代町　1960.5　317p　25cm
　内容 承久 3 年から明治 7 年(1874)

## 【会津坂下町】

会津坂下町史　会津坂下町史編さん委員会編
◇1 民俗編　会津坂下町　1974.12　686p　27cm
　内容 衣服, 食物, 住居, 村のなりたち, 農耕他を記述

◇2 文化編　会津坂下町　1976.1　547p　27cm
　内容 縄文時代から明治元年(1868)

◇3 歴史編　会津坂下町　1979.3　699p　27cm
　内容 縄文時代から慶応 4 年

◇6 資料編 3 近代・現代(上)学校文書　会津坂下町　2006.1　536p　27cm
　内容 明治 45 年(1912)から昭和 38 年(1963)

## 【湯川村】

湯川村史　湯川村教育委員会編

◇第1巻 勝常寺と村の文化財　湯川村 1985.3　479p, 図版8p　26cm
[内容] 9世紀から19世紀

◇第2巻 民俗 村人のくらし　湯川村 1988.3　477p　27cm
[内容] 衣, 食, 住, 生業・生産, 交通・交易, 社会生活他を記述

◇第3巻 通史 原始・古代・中世・近世 湯川村　1994.4　497p　27cm
[内容] 縄文時代から慶応4年

◇第4巻 通史 近代・現代　湯川村 1999.11　431p 図版10枚　27cm

## 【柳津町】

柳津町誌　柳津町教育委員会編集

◇上巻 総説編　柳津町　1977.5　676p 27cm
[内容] 縄文時代から昭和51年(1976)

◇下巻 集落編　柳津町　1977.5　563p 27cm
[内容] 只見川流域, 銀山川流域, 滝谷川流域, 東川流域他を記述

## 【三島町】

三島町史　三島町史編纂委員会編

◇三島町　1968.9　1088p　22cm
[内容] 縄文時代から慶応4年

## 【金山町】

金山町史　金山町史出版委員会編

◇上巻　金山町　1974.3　539p　22cm
[内容] 縄文時代から享保6年まで

◇下巻　金山町　1976.3　695p　22cm
[内容] 明暦元年から昭和48年(1973)まで

## 【昭和村】

昭和村の歴史　昭和村教育委員会, 昭和村史編集委員会編

◇昭和村　1973.11　270p　27cm
[内容] 縄文時代から昭和45年(1970)

## 【会津美里町】

ふるさと新鶴村　新鶴村史　新鶴村教育委員会編

◇新鶴村　2005.9　304p, 図版[16]p 挿図　26cm
[内容] 明治元年(1868)から平成16年(2004)

会津高田町史　会津高田町史編纂委員会編

◇第1巻 通史　会津高田町　2001.3 793p　23cm
[内容] 縄文時代から平成12年(2000)

◇第2巻 考古・古代・中世・資料編1 会津高田町　1997.3　835p　23cm
[内容] 縄文時代から天正18年

◇第3巻 近世・資料編2　会津高田町 1995.3　864p　23cm
[内容] 文禄年間から明治元年(1868)

◇第4巻 近代・現代 資料編3　会津高田町　1998.3　862p　23cm
[内容] 明治元年(1868)から昭和29年(1954)

◇第5巻 自然・旧町村誌 各論編1　会津高田町　2000.3　824p　23cm
[内容] 自然環境, 地形の誕生と成長, 気候他を記述

◇第6巻 民俗 各論編2　会津高田町 2002.6　707p　23cm
[内容] 平成10年度から平成12年度に行った民俗合同調査などにもとづく

◇第7巻 文化 各論編3　会津高田町 1999.3　772p　23cm

本郷町史　本郷町史編纂委員会編
　◇本郷町　1977.5　921p, 図版8枚　27cm
　　内容 弥生時代から昭和51年(1976)

会津高田町誌　会津高田町誌編纂委員会編
　◇会津高田町　1973.9　1074p 図版[20]p　22cm
　　内容 縄文時代から昭和40年(1965)

奥州会津新鶴村誌　新鶴村誌編纂委員会編
　◇新鶴村役場　1959.3　10, 309p 図版2枚　22cm
　　内容 縄文時代から昭和32年(1957)

## 【西郷村】

西郷村立村百年史　西郷村総務課立村百年史編纂係編
　◇西郷村　1989.10　688p　22cm
　　内容 慶応4年から昭和60年(1985)

西郷村史　西郷村史編さん委員会編
　◇西郷村　1978.3　687p, 図版3枚　27cm
　　内容 縄文時代から昭和52年(1977)

## 【泉崎村】

泉崎村史
　◇文書目録編 第1集　泉崎村教育委員会　1975　90p　22cm
　◇文書目録編 第2集　泉崎村教育委員会　1975　130p　22cm

　　内容 10世紀から平成10年(1998)

## 【中島村】

中島村史　中島村教育委員会編
　◇中島村　1986.11　890p　27cm
　　内容 縄文時代から昭和60年(1985)

## 【矢吹町】

矢吹町史
　◇第1巻 通史編　矢吹町　1980.3　1155p　23-27cm
　　内容 旧石器時代から昭和54年(1979)
　◇第2巻 資料編1 原始・古代・中世・近世資料　矢吹町　1977.9　1111p　23-27cm
　　内容 旧石器時代から慶応4年
　◇第3巻 資料編2 近世・近代資料　矢吹町　1978.9　972p　23-27cm
　　内容 明治元年(1868)から昭和10年(1935)
　◇第4巻 資料編3 近代・現代資料　矢吹町　1979.2　969p　23-27cm
　　内容 明治7年(1874)から昭和52年(1977)
　◇第5巻 民俗編 別冊1 矢吹町史民俗編資料集　矢吹町　2005.8　43p　26cm
　　内容 明治26年(1893)から昭和53年(1978)
　◇第5巻 民俗編 別冊2 矢吹町せいかつ年表　矢吹町　2005.8　73p　26cm
　　内容 嘉永2年から平成16年(2004)
　◇第5巻 民俗編　矢吹町　2005.8　875p　23-27cm
　　内容 平成14年度から平成16年度までの民俗調査などによる

目で見る矢吹町史　改訂再版
　◇矢吹町　1988.3　288, 23p 図版　27cm
　　内容 旧石器時代から昭和58年(1983)

福島県

## 【棚倉町】

棚倉町史　棚倉町町史編さん室編

- ◇第1巻　棚倉町　1982.3　1119p　22-23cm
  内容 縄文時代から昭和55年(1980)まで
- ◇第2巻　棚倉町　1978.3　1037p　22-23cm
  内容 平安時代から慶長年間までの史料
- ◇第3巻　棚倉町　1977.3　454p　22-23cm
  内容 慶長8年から慶応2年までの町政史料
- ◇第4巻　棚倉町　1980.11　1068p　22-23cm
  内容 慶安3年から慶応4年までの町村史料
- ◇第5巻　棚倉町　1979.3　895p　22-23cm
  内容 明治維新から昭和50年(1975)までの史料
- ◇第6巻　棚倉町　1979.12　526p　22-23cm
  内容 考古資料,文化財資料,民俗資料を収録
- ◇別巻1　棚倉町　1982.10　382p　22-23cm
  内容 明和5年から天明2年までの史料
- ◇別巻2　棚倉町　1982.10　292p　22-23cm
  内容 慶応4年から明治17年(1884)までの日記史料
- ◇別巻3　棚倉町　1983.3　493p　23cm

## 【矢祭町】

矢祭町史　矢祭町史編さん委員会,福島県東白川郡矢祭町編

- ◇第1巻 通史・民俗編　矢祭町史編さん委員会　1985.3　19, 976p, 図版4枚　23cm
  内容 縄文時代から昭和38年(1963)
- ◇第2巻 史料編1 考古・古代・中世・近世　矢祭町史編さん委員会　1983.3　979p　23cm
  内容 縄文時代から慶応3年
- ◇第3巻 史料編2 近代・現代　矢祭町史編さん委員会　1984.3　978p　23cm
  内容 明治元年(1868)から昭和58年(1983)

## 【塙町】

塙町史　塙町編

- ◇第1巻 通史・旧村沿革・民俗　塙町　1986.3　1598p　22cm
  内容 縄文時代から昭和50年(1975)
- ◇第2巻 資料編1 考古・古代・中世・近世　塙町　1980.3　1188p　22cm
  内容 縄文時代から慶応2年
- ◇第3巻 資料編2 近代・現代　塙町　1983.3　1455p　22cm
  内容 明治初年から昭和53年(1978)

## 【鮫川村】

鮫川村史　鮫川村史編さん委員会,鮫川村編集

- ◇第1巻 通史・民俗編　鮫川村史編さん委員会,鮫川村　2001.3　1255p　22cm
  内容 縄文時代から平成元年(1989)
- ◇第2巻 資料編(上)　鮫川村史編さん委員会,鮫川村　1996.3　1020p　22cm
  内容 縄文時代から安永6年
- ◇第3巻　鮫川村史編さん委員会,鮫川村　1998.3　1204p　22cm
  内容 天保7年から平成元年(1989)

東白川郡鮫川村誌　斎須初吉編

- ◇斎須初吉　1918　241p 肖像　23cm

## 【石川町】

石川町史　福島県石川町町史編纂委員会編

- ◇第3巻 資料編1 考古・古代・中世 [考古]　福島県石川町　2006.3　209p　26cm
  - 内容 旧石器時代から近世までの遺跡について解説
- ◇第3巻 資料編1 考古・古代・中世 [古代・中世]　福島県石川町　2006.3　565p　26cm
  - 内容 崇神天皇10年から天正17年
- ◇第6巻 各論編1 文化・旧町村史 [文化]　福島県石川町　2005.1　453p　26cm
  - 内容 13世紀から平成8年(1996)
- ◇第6巻 各論編1 文化・旧町村史 [旧町村史]　福島県石川町　2005.1　290p　26cm
  - 内容 慶応4年から昭和30年(1955)
- ◇別巻 ビジュアル石川町の歴史　石川町　2000.3　229p　31cm
  - 内容 旧石器時代から1985年(昭和60)

石川町史　松本秀信編著, 石川町編纂委員編

- ◇上巻　石川町教育委員会　1967.9　1030p　22cm
  - 内容 縄文時代から慶応元年
- ◇下巻　石川町教育委員会　1968.1　846p　22cm
  - 内容 天明3年から昭和41年(1966)

## 【玉川村】

玉川村史

- ◇玉川村　1980.3　708p　27cm
  - 内容 縄文時代から昭和53年(1978)
- ◇資料編　玉川村　1981.1　278p　26cm
- ◇追録1　玉川村　1987.1　155p　26cm
- ◇追録2　玉川村　200.1　528p　27cm

## 【平田村】

平田村史　平田村編

- ◇第1巻 通史編　平田村　1999.3　1386p　23cm
  - 内容 縄文時代から平成4年(1992)まで
- ◇第2巻 資料編(下)　平田村　1994.12　1232p　23cm
  - 内容 明治2年(1869)から平成6年(1994)
- ◇第2巻 資料編(上)　平田村　1991.3　953p　23cm
  - 内容 縄文時代から慶応4年
- ◇第3巻 民俗　平田村　1988.3　896p　23cm
  - 内容 昭和59年から実施した民俗調査の採録などによる記述

## 【浅川町】

浅川町史　浅川町史編纂委員会編

- ◇第1巻 通史・各論編　福島県浅川町　1999.3　1351p 図版　23cm
- ◇第2巻 資料編　福島県浅川町　1997.3　1200p 図版　23cm
  - 内容 古墳時代から明治元年(1868)
- ◇第3巻 民俗編　福島県浅川町　1995.3　1335p 図版　23cm
  - 内容 生活の移り変わり、くらしを支える生業と生産、人びとの交流他を記述

浅川史　松本秀信編著

- ◇浅川町史蹟調査委員会　1962　11, 35, 840p　22cm
  - 内容 古墳時代から昭和33年(1958)

## 【古殿町】

古殿町史　古殿町史編纂委員会編

◇上巻　古殿町　1970.12　725p　22cm
  内容 縄文時代から慶応4年

◇下巻　古殿町　1970.12　839p　22cm
  内容 1867年から昭和44年(1969)

## 【三春町】

三春町史　三春町編

◇1 通史編1 自然・原始・古代・中世　三春町　1982.3　655p　23cm
  内容 縄文時代から天正18年

◇2 通史編2 近世　三春町　1984.10　884p　23cm
  内容 天正13年から慶応4年

◇3 通史編3 近代1　三春町　1975.11　808p　23cm
  内容 明治元年から国会開設前後(明治19年)まで

◇4 通史編4 近代2　三春町　1976.1　753p　23cm
  内容 明治23年(1890)から大正15年(1926)

◇5 通史編5 現代　三春町　1985.9　751p　23cm
  内容 昭和2年(1927)から昭和30年(1955)

◇6 民俗　三春町　1980.3　698p　23cm
  内容 昭和49,50,51年の合同調査で採録したものを記述

◇7 資料編1 自然・原始・古代・中世資料　三春町　1978.1　677p　23cm
  内容 自然、縄文、古墳、奈良、平安、供養塔、城館、文化財、中世文書(元弘3年から天正19年)で構成

◇8 資料編2 近世資料1　三春町　1978.12　805p　23cm
  内容 天正18年から明治初年ころまで

◇9 資料編3 近世資料2　三春町　1981.3　795p　23cm
  内容 正保2年から明治初年ころまでの三春藩、城下町、村方、文化と宗教他の資料

◇10 資料編4 近代・現代資料　三春町　1983.3　913p　23cm
  内容 慶応4年から昭和20年ころまで

◇11 地誌・総目録・索引・年表　三春町　1986.3　559p　23cm
  内容 239年から1957年(昭和32)

## 【小野町】

小野町史　小野町編

◇近世資料追補　小野町　1993.3　664p　22cm
  内容 元禄10年から慶応4年

◇資料編1 上　小野町　1987.3　768p　22cm
  内容 縄文時代から明治4年(1871)および近世の藩政・一揆訴願資料

◇資料編1 下　小野町　1988.3　1128p　22cm
  内容 慶安5年から慶応4年までの村と町、産業、交通など

◇資料編2　小野町　1990.3　1160p　22cm
  内容 明治元年から昭和63年の資料

◇通史編　小野町　1992.3　1102p　22cm
  内容 縄文時代から昭和63年(1988)

◇民俗編　小野町　1985.3　928p　22cm
  内容 昭和57年以降の民俗調査による採録を記述

◇民俗編 別冊 小野町の石塔石仏　小野町　1986.3　386p　22cm
  内容 1700年代から昭和16年(1931)

## 【広野町】

広野町史　広野町史編さん委員会編

- ◇資料編 第1集 原始・古代・中世・近世　広野町　2004.3　959p　22cm
  - 内容 原始時代から江戸時代末までの約1万年の広野のあゆみ
- ◇資料編 第2集 近代・現代　広野町　2005.3　929p　22cm
  - 内容 明治時代から現代まで激動の140年間の広野のあゆみ
- ◇通史編　広野町　2006.3　805p　22cm
  - 内容 旧石器時代から平成6年(1994)
- ◇民俗・自然編　広野町　1991.12　972p　22cm
  - 内容 広野の生活習慣・昔話や広野の地質・化石・動植物など
- ◇別巻 広野町の石佛と石碑　広野町　1995.11　241p　22cm
  - 内容 寛延3年から昭和58年(1983)

## 【楢葉町】

楢葉町史　楢葉町史編纂委員会編

- ◇第1巻 通史 上　楢葉町　1991.12　699p　22cm
  - 内容 先土器時代から慶応4年
- ◇第1巻 通史 下　楢葉町　1995.3　612p　22cm
  - 内容 明治元年(1868)から昭和31年(1956)
- ◇第2巻 自然・考古・古代・中世・近世資料　楢葉町　1988.3　979p　22cm
  - 内容 先土器時代から慶応4年
- ◇第3巻 近代・現代資料　楢葉町　1985.3　1138p　22cm
  - 内容 明治元年(1868)から昭和50年(1975)

## 【富岡町】

富岡町史　富岡町史編纂委員会編

- ◇第1巻 通史編　富岡町　1988.3　1026p　22cm
  - 内容 縄文時代から昭和62年(1987)
- ◇第2巻 資料編　富岡町　1986.2　940p　22cm
  - 内容 養老2年から昭和60年(1985)
- ◇第3巻 考古・民俗編　富岡町　1987.3　1029p　22cm
  - 内容 考古遺蹟,民俗資料を収録
- ◇別巻(続編・追録編)　富岡町　1989.2　512p　22cm
  - 内容 通史編の追補,資料編追録,民俗編追録

## 【川内村】

川内村史　川内村史編纂委員会編

- ◇第1巻 通史篇　川内村　1992.3　1001p　22-27cm
  - 内容 縄文時代から平成元年(1989)
- ◇第2巻 資料篇　川内村　1990.3　1114p　22-27cm
  - 内容 縄文時代から昭和47年(1972)
- ◇第3巻 民俗篇　川内村　1988.8　1000p　22-27cm
  - 内容 衣・食,住,生業,社会生活,一生の儀礼他を記述
- ◇別巻 写真でつづる　川内村　1989.4　234p　22-27cm
  - 内容 縄文時代から昭和63年(1988)

川内村誌　川内村編

- ◇川内村　1934　謄

## 【大熊町】

大熊町史　大熊町史編纂委員会編

- ◇[別巻]大熊町史年表　大熊町　1986.3

122p　26cm

内容 旧石器時代から昭和60年(1985)まで

◇第1巻　通史　大熊町　1985.3　1257p　26cm

内容 旧石器時代から昭和57年(1982)まで

◇第2巻　史料　原始・古代・中世　大熊町　1984.3　142p　26cm

内容 主に縄文時代の遺跡,遺物を収録

◇第3巻　史料近世　大熊町　1982.3　692p　26cm

内容 元禄11年から明治2年(1869)までの史料

◇第3巻　別冊　近世山神壺跡の研究　大熊町　1982.3　75p　26cm

内容 慶安元年から19世紀初頭

◇第4巻　史料近代　大熊町　1981.3　616p　26cm

内容 明治3年(1870)から昭和20年(1945)までの史料

## 【双葉町】

双葉町史　双葉町史編さん委員会編

◇第1巻　通史編　双葉町　1995.3　1178p　22cm

内容 縄文時代から平成3年(1991)

◇第2巻　資料編1　原始・古代・中世資料　双葉町　1984.3　355p　22cm

内容 旧石器時代から天正18年

◇第3巻　資料編2　近世資料　双葉町　1986.3　1090p　22cm

内容 元和3年から安永3年

◇第4巻　資料編3　近代・現代資料　双葉町　1989.3　1132p　22cm

内容 明治元年(1868)から昭和25年(1950)

◇第5巻　民俗編　双葉町　2002.3　812p　22cm

内容 衣食住,一生の儀礼,年中行事,生業他を記述

双葉町年表　双葉町史編さん委員会編

◇双葉町　1997.3　397p　27cm

内容 旧石器時代から平成5年(1993)

## 【浪江町】

浪江町史　浪江町史編纂委員会編

◇浪江町教育委員会　1974　6,655p　図版5枚　22cm

内容 縄文時代から昭和45年(1970)

◇別巻1　浪江町の自然　浪江町　2003.3　200,66p　31cm

内容 地形・地質,植物,動物を記述

苅野村誌　上野菊松編

◇上野菊松　1924　30p　23cm

## 【新地町】

新地町史　新地町史編纂委員会

◇資料編　新地町教育委員会　1982.3　784p　22cm

内容 縄文時代から昭和29年(1954)

◇自然・民俗編　新地町教育委員会　1993.10　457p　22cm

内容 地誌,地層,動植物,衣食住,生業,交易他を記述

◇歴史編　新地町教育委員会　1999.3　904p　22cm

内容 旧石器時代から平成7年(1995)

## 【飯舘村】

飯舘村史　飯舘村史編纂委員会編

◇第1巻　通史　飯舘村　1979.12　892p　24cm

内容 旧石器時代から昭和50年(1975)

◇第2巻　資料　飯舘村　1977.2　982p　24cm

内容 縄文時代から昭和37年(1962)

◇第3巻　民俗　飯舘村　1976.2　714p　24cm
　内容 衣食住、一生の儀礼、年中行事、生業他を記述

## 【石川郡】

石川郡誌　石川郡役所編
◇石川郡役所　1923　446p　A5

## 【岩瀬郡】

岩瀬郡誌　[複製版]　福島県岩瀬郡役所編
◇名著出版　1972　492p 地図11枚　22cm
　内容 大化2年から大正10年(1921)

岩瀬郡誌　岩瀬郡役所編
◇岩瀬郡役所　1923　492p　A5

## 【大沼郡】

福島県大沼郡誌　復刻版　大沼郡編
◇千秋社　2002.10　711p　22cm

大沼郡誌　[複製版]　大沼郡役所編
◇名著出版　1972　711p 図　22cm
　内容 建久6年から大正11年(1922)

大沼郡誌　大沼郡役所編
◇大沼郡役所　1923　711p　A5

## 【信夫郡】

信夫郡村誌　中川英右編
◇歴史図書社　1980.9　3冊　22cm
◇第1巻　歴史図書社　1881.1　556p　22cm
　内容 福島町、御山村、小山荒井村他を記述

◇第2巻　歴史図書社　1881.1　590p　22cm
　内容 上飯坂村、下野幸村、八島田村他を記述

◇第3巻　歴史図書社　1881.1　584p　22cm
　内容 荒井村、曽根田村、笹木野村他を記述

信夫郡村誌　中川英右編
◇巻1—7　福島県　1879　7冊　B5 和(写)

岩代国信夫郡誌　中川英右編
◇福島県　〔明治初期〕　22丁　B5 和(写)

## 【相馬郡】

〔相馬〕郡治要覧　相馬郡役所編
◇相馬郡役所　1913　58p　A5

## 【田村郡】

田村郡誌　田村郡役所編
◇歴史図書社　1978.11　3, 8, 200p, 図版3枚　20cm
　内容 崇神天皇朝から大正2年(1913)

田村郡郷土史　田村郡教育会編
◇歴史図書社　1977.8　228p 肖像　21cm
　内容 成務天皇5年から明治23年(1890)

田村郡郷土誌　田村郡教育会編
◇田村郡教育会　1904　114丁　B5(和)

## 【伊達郡】

福島県伊達郡誌　復刻版　福島県伊達

郡編

◇千秋社　2002.12　295p　22cm

福島県伊達郡誌　福島県伊達郡編

◇臨川書店　1987.12　295p　22cm

伊達郡村誌　中川英右編

◇第1巻　歴史図書社　1980.6　575p　22cm

内容 長岡村、向川原村、中瀬村他を記述

◇第2巻　歴史図書社　1881.1　568p　22cm

内容 川内村、西大枝村、高城村他を記述

◇第3巻　歴史図書社　1881.1　576p　22cm

内容 泉原村、大関村、新田村他を記述

◇第4巻　歴史図書社　1881.1　596p　22cm

内容 飯坂村、小綱木村、大綱木村他を記述

伊達郡誌　伊達郡役所編

◇歴史図書社　1979.4　4, 7, 295p　22cm

内容 文治3年から大正12年(1923)

伊達郡誌　伊達郡役所編

◇伊達郡役所　1923　299p　A5

伊達郡誌　中川英右, 佐藤精明編

◇福島県　1883　写23丁　B5（和）

伊達郡村誌　〔中川英右, 佐藤精明調査〕

◇巻1—13　福島県　1879-1882　13冊　B5（和）

【西白河郡】

西白河郡誌　福島縣西白河郡役所編輯

◇名著出版　1973.3　6, 585p 図版1枚　23cm

内容 慶応3年から大正元年(1912)

西白河郡誌　西白河郡役所編

◇西白河郡役所　1915　585p　A5

【東白川郡】

東白川郡史　東白川郡史刊行会編纂

◇臨川書店　1988.1　228p　22cm

内容 養老2年から大正5年(1916)

東白川郡史　東白川郡史刊行会編

◇東白川郡史刊行会　1919　228p　A5

【双葉郡】

双葉郡郷土誌　双葉郡役所編

◇双葉郡役所　1913　530丁　B5 和（写）

【南会津郡】

南会津郡誌　福島県南会津郡編

◇臨川書店　1987.11　459p　22cm

南会津郡誌　南会津郡編

◇名著出版　1972.9　2, 1, 8, 459p　22cm

内容 崇神天皇10年から大正2年(1913)

南会津郡誌　福島県南会津郡編

◇福島県南会津郡　1914　459p　22cm

【耶麻郡】

福島縣耶麻郡誌　耶麻郡編

◇名著出版　1972.11　2, 2, 3, 10, 984p, 図版35枚 地図（1枚）　22cm

内容 大同2年から大正5年(1916)

福島県耶麻郡誌　耶麻郡役所編

◇耶麻郡役所　1919　984p　A5

## 茨城県

**茨城の歴史**　茨城地方史研究会編
- ◇県西編　茨城新聞社　2002.8　265, 13p　22cm
- ◇県南・鹿行編　茨城新聞社　2002.12　281, 13p　22cm
- ◇県北編　茨城新聞社　2002.5　277, 13p　22cm

**茨城県史年表**　茨城県立歴史館編集
- ◇茨城県　1996.3　557p　27cm
  - 内容　原始・古代から昭和45年(1970)まで

**茨城県史料**　茨城県立歴史館編
- ◇維新編　茨城県　1969.3　647p　27cm
  - 内容　明治初期における県下諸藩の動向を示す「家記」「公文録」「各村旧高簿」を収録
- ◇近世思想編 大日本史編纂記録　茨城県　1989.3　482p　27cm
  - 内容　往復書案、往復所案抄、史館雑事記、史館日次記書抜、続編議及び楳斎正議
- ◇近世社会経済編1　茨城県　1971.3　500p　27cm
  - 内容　県西地域の社会、経済に関する近世地方文書
- ◇近世社会経済編2　茨城県　1976.3　636p　27cm
  - 内容　鹿島、行方両郡と東茨城郡の一部地域の社会、経済に関する地方文書
- ◇近世社会経済編3　茨城県　1988.3　604p　27cm
  - 内容　石岡、土浦、牛久、龍ヶ崎、取手、つくば各市と新治、稲敷両郡及び東茨城、西茨城、筑波、北相馬各郡の一部地域の社会、経済に関する近世地方文書
- ◇近世社会経済編4　茨城県　1993.3　566p　27cm
  - 内容　水戸、日立、那珂湊、常陸太田、勝田、高萩、北茨城各市と多賀、久慈、那珂各郡及び東茨城郡の一部地域の社会、経済に関する近世地方文書
- ◇近世政治編1　茨城県　1970.12　657p　27cm
  - 内容　茨城県の県北地域を主とする近世政治関係の史料：家譜、分限帳、掟書・令達、村高町、勘定方記録、編年史
- ◇近世政治編2　茨城県　1992.3　555p　27cm
  - 内容　笠間藩の藩政関係史料：藩主、家臣団、藩政、藩領、財政、藩政改革
- ◇近世政治編3　茨城県　1995.3　553p　27cm
  - 内容　土浦藩の藩政関係史料：藩主、家臣団、藩政、藩領、財政、藩主日記
- ◇近世地誌編　茨城県　1968.3　554p　27cm
  - 内容　水府地理温故録、水府志料、常陸紀行、利根川図志
- ◇近代産業編1　茨城県　1969.12　585p　27cm
  - 内容　明治前期茨城県における産業経済に関する史料のうち、勧業および農業を収録
- ◇近代産業編2　茨城県　1973.3　675p　27cm
  - 内容　明治前期茨城県の諸産業に関する史料(畜産業・林業・水産業・鉱業・工業ほか)
- ◇近代産業編3　茨城県　1987.3　514p　27cm
  - 内容　明治後期から大正初期における茨城県の勧業および農業、林業、畜産業に関する史料
- ◇近代産業編4　茨城県　1991.3　551p　27cm
  - 内容　明治後期から大正初期における茨城県の諸産業に関する史料(水産業・鉱業・工業ほか)
- ◇近代政治社会編1　茨城県　1974.2

584p　27cm
　内容 明治初期の県行政と政治的諸改革および地租改正とその影響に関する史料

◇近代政治社会編2　茨城県　1976.3　576p　27cm
　内容 明治11年(1878)の地方三新法成立前後から明治17年の加波山事件までの茨城県における政治、行政、社会、教育、文化の諸領域にわたる史料

◇近代政治社会編3 加波山事件　茨城県　1987.3　562p　27cm
　内容 茨城県暴動事件書類、公文録、公文別録、茨城県布達、官報、朝野新聞、下野新聞

◇近代政治社会編4　茨城県　1990.3　595p　27cm
　内容 明治17年(1884)から明治29年(1896)に至る政治、行政、社会、教育、文化に関する諸史料

◇近代政治社会編5　茨城県　1994.3　534p　27cm
　内容 明治29年(1896)から明治45年(1912)に至る政治、行政、社会、教育関係の諸史料

◇近代統計編　茨城県　1967.3　527p　27cm
　内容 茨城県統計書にもとづき明治14年(1881)から昭和14年(1939)までの主要統計を累年表として編さん

◇現代統計編　茨城県　1988.3　528p　27cm
　内容 茨城県統計書にもとづき昭和25年(1950)から昭和60年(1985)までの主要統計を累年表として編さん

◇古代編　茨城県　1968.11　462p　27cm
　内容 編年史料(平安時代以前)、常陸国風土記、将門記

◇考古資料編 古墳時代　茨城県　1974.2　511p　27cm
　内容 解説、図版、集成図、古墳時代遺跡地名表、古墳時代参考文献

◇考古資料編 先土器・縄文時代　茨城県　1979.3　582p　27cm
　内容 解説、図版、集成図、先土器・縄文時代遺跡地名表、先土器・縄文時代参考文献

◇考古資料編 奈良・平安時代　茨城県　1995.3　547p　27cm
　内容 解説、図版、集成図、奈良・平安時代遺跡地名表、奈良・平安時代参考文献

◇考古資料編 弥生時代　茨城県　1991.3　535p　27cm
　内容 解説、図版、集成図、弥生時代遺跡地名表、弥生時代参考文献

◇戦後改革編　茨城県　1992.3　475p　27cm
　内容 昭和20年(1945)の終戦後から昭和25年(1950)に至る、茨城県域で展開された教育改革、労働改革関係の諸史料

◇中世1　茨城県　1970.3　503p　27cm
　内容 茨城県内所在の中世文書のうち、鹿島、行方、新治、稲敷、北相馬の五郡の文書

◇中世編2　茨城県　1974.3　499p　27cm
　内容 茨城県内所在の中世文書のうち、東茨城、那珂、久慈、多賀の四郡の文書

◇中世3　茨城県　1990.3　497p　27cm
　内容 茨城県内所在の中世文書のうち、西茨城、真壁、結城、筑波、猿島の五郡の文書および中世編1・中世編2、刊行後に発見された県内所在の中世文書

◇中世編4　茨城県　1991.3　469p　27cm
　内容 茨城県に関係ある中世文書で県外所蔵文書のうち、青森県・秋田県(秋田藩家蔵文書)に所在する文書

◇中世5　茨城県　1994.3　519p　27cm
　内容 茨城県域外の地に所在する茨城県関係の中世文書のうち、秋田県・岩手県・宮城県・山形県・福島県に所在する文書

- ◇中世編 6　茨城県　1996.3　416p　27cm
  - 内容 茨城県以外の地に所在する茨城県関係の中世文書のうち、栃木県・群馬県・埼玉県に所在する文書
- ◇農地改革編　茨城県　1977.3　553p　27cm
  - 内容 農地改革に関する茨城県関係史料
- ◇幕末編 1　茨城県　1971.12　479p　27cm
  - 内容 新伊勢物語、天保就藩記、楓軒先生密策、楓軒先生秘録
- ◇幕末編 2　茨城県　1989.3　514p　27cm
  - 内容 「南梁年録」19～22巻、24～28巻、32～37巻、42～49巻(安政・万延期)
- ◇幕末編 3　茨城県　1993.3　539p　27cm
  - 内容 「常野集」1～8巻、「南梁年録」76～89巻

## 茨城県史　茨城県編

- ◇近現代編　茨城県　1984.3　958p　22cm
  - 内容 廃藩置県の行われた明治4年(1871)から、ほぼ昭和40年(1965)まで
- ◇近世編　茨城県　1985.3　925p　22cm
  - 内容 天正18年(1590)徳川家康の関東入部から明治4年(1871)廃藩置県まで
- ◇原始古代編　茨城県　1985.3　617p　22cm
  - 内容 先土器時代から平安時代まで
- ◇市町村編 1　茨城県　1972.3　830p　22cm
  - 内容 茨城県 92市町村の近現代 100年の歴史を叙述、水戸市・日立市など県北地域 33市町村
- ◇市町村編 2　茨城県　1975.3　874p　22cm
  - 内容 県西 28市町村の幕末期から現代に至る 100余年の歴史
- ◇市町村編 3　茨城県　1981.9　888p　22cm
  - 内容 県南 31市町村の、幕末期を前史とした明治・大正から現在にいたる 100年史
- ◇中世編　茨城県　1986.3　606p　22cm
  - 内容 長元元年(1028)平忠常の乱から天正 18年(1590)徳川家康の関東入部まで

## 茨城県町村沿革誌　細谷益見

- ◇千秋社　1983.11　734p　22cm
  - 内容 明治30年刊の復刻(県別郷土歴史叢書 明治の茨城第3巻)、14郡の各町村及び水戸市の沿革、地勢、人情風俗ほか

## 茨城県幕末史年表　茨城県史編さん幕末維新史部会編

- ◇茨城県　1973　232p　22cm
  - 内容 文政12年(1829)5月から慶応3年(1867)12月まで

## 茨城県中世史年表(稿)　茨城県史編さん中世史部会編

- ◇茨城県　1967　3,102p　21cm
  - 内容 治承4年(1180)から寛永16年(1639)まで

## 茨城大観　茨城県教育会編

- ◇協友社　1936　270p　B6

## 茨城縣史　茨城縣史研究会編

- ◇茨城縣史刊行会　1930.5　15, 262, 320p 図版　23cm
  - 内容 歴史編:常陸古代人物史・常陸国城史・茨城県の現勢/人物編

## 茨城大観　茨城県教育会編

- ◇茨城県教育会　1924　426p　B6

## 【水戸市】

概説水戸市史　水戸市史編さん委員会概

説水戸市史編さん部会編

◇水戸市　1999.3　7, 413, 10p 図版 8 枚　29cm
　内容 「水戸市史」(1963-1998 年刊 全 9 冊)の要約版：旧石器時代から昭和 60 年(1985)まで

水戸市史　水戸市史編さん委員会編

◇上巻　水戸市　1963.10　864, 53, 11p　22cm
　内容 総説、自然と人文、原始古代から佐竹氏時代まで(旧石器時代から佐竹氏秋田移封まで)

◇中巻 1　水戸市　1968.8　949p　22cm
　内容 水戸藩時代 1：水戸藩の成立から光圀の文教政策まで

◇中巻 2　水戸市　1969.9　1007p　22cm
　内容 水戸藩時代 2：三大綱條時代から文化文政期まで

◇中巻 3　水戸市　1976.2　1271p　22cm
　内容 水戸藩時代 3：天保の改革

◇中巻 4　水戸市　1982.10　1193p　22cm
　内容 水戸藩時代 4：弘化嘉永期から桜田事変、斉昭の生涯まで

◇中巻 5　水戸市　1990.3　1002p　22cm
　内容 水戸藩時代 5：万延文久期から廃藩置県まで

◇下巻 1　水戸市　1993.10　1047p　22cm
　内容 明治 4 年(1871)廃藩置県から明治 45 年(1912)まで

◇下巻 2　水戸市　1995.8　1116p　22cm
　内容 大正 2 年(1913)から昭和 20 年(1945)8 月 15 日まで

◇下巻 3　水戸市　1998.5　986p　22cm

　内容 昭和 20 年(1945)8 月 15 日敗戦から昭和 60 年(1985)まで

内原町史　内原町史編さん委員会編

◇通史編　内原町　1996.3　1285p　22cm
　内容 原始・古代、中世、近世、近代、現代：先土器時代から平成 7 年(1995)の内原町誕生 40 周年まで

◇民俗編　内原町　1997.3　514p　22cm
　内容 現地の聞き書きを中心に明治から昭和 30 年にわたる民俗の体系

常澄村史　常澄村史誌編さん委員会編

◇地誌編　常澄村　1994.3　334p　22-27cm
　内容 総説：常澄村および旧三か村を概観／各説：14 大字の地誌

◇通史編　常澄村　1989.8　1262p　22-27cm
　内容 原始・古代、中世、近世、近代、現代：旧石器時代から昭和 63 年(1988)まで

国田史　国田史編纂会編

◇国田史編纂会　1990.11　618p　22cm
　内容 縄文時代から昭和 32 年(1957)国田村の水戸市合併前後まで

水戸市史中巻年表資料　水戸市史編さん委員会編

◇[水戸市史編さん委員会]　1964　50p　25cm
　内容 1602 年(慶長 7)から 1829 年(文政 12)まで

【日立市】

図説十王町史　十王町史編纂委員会編

◇十王町　2004.9　278p, 図版 4 枚　27cm
　内容 旧石器時代から平成 16 年(2004)5 月

の日立市・十王町合併協定調印まで

**新修日立市史**　日立市史編さん委員会編

◇上巻　日立市　1994.9　827p　22cm
　内容　自然環境、原始・古代・中世、近世:旧石器文化から明治4年(1871)の廃藩置県まで

◇下巻　日立市　1996.3　734p　22cm
　内容　近代、現代:明治4年(1871)の廃藩置県から平成7年(1995)まで

**図説日立市史　市制五十周年記念**　日立市史編さん委員会編

◇日立市　1989.9　254p　27cm
　内容　先土器時代から1989年(平成元)の市制五十周年まで

**常陸多賀郡史**　茨城県多賀郡編

◇名著出版　1972　730p　図10枚　地図5枚　22cm
　内容　神代から大正11年(1922)12月まで／大正12年刊の複製　限定版

**日立市史**　日立市史編さん会編さん

◇日立市　1959.2　1004p　22cm
　内容　無土器文化から昭和33年(1958)11月末までの自然環境、各説

**櫛形村誌**　櫛形村誌刊行委員会編

◇櫛形村誌刊行委員会　1956　256p　図版11枚　22cm

**常陸多賀郡史**　多賀郡編

◇帝国地方行政学会　1923　730p　A5

## 【土浦市】

**図説土浦の歴史**　土浦市史編さん会編

◇土浦市教育委員会　1991.3　6, 218p　27cm
　内容　土浦市制施行五十周年記念事業の一環として刊行、旧石器時代から平成2年

(1990)まで

**図説新治村史**　新治村史編纂委員会編

◇新治村教育委員会　1986.1　301p　27cm

**土浦市史**　土浦市史編さん委員会編

◇[正編]　土浦市　1975.11　1156p　22cm
　内容　縄文時代から昭和50年(1975)まで

◇民俗編　土浦市　1980.11　608p　22cm
　内容　社会生活・生業・衣食住・人の一生・民間信仰・年中行事・言語生活

◇別巻　土浦歴史地図　土浦市教育委員会　1974.3　地図188p　27cm

**新治郡新治村史**　関高部編

◇新治村役場　1957.6　84p　19cm

## 【古河市】

**総和町史**　総和町史編さん委員会編

◇資料編　近世　総和町　2004.3　828p　27cm
　内容　町域の村と領主、近世村落の構造、領主仕法の展開と村々、農村社会の動揺、町域の文化と寺社

◇資料編　原始・古代・中世　総和町　2002.3　774p　27cm

◇資料編　近代・現代　総和町　2004.3　856p　27cm
　内容　明治維新から昭和50年(1975)頃までの、町域に関わる諸家文書・行政文書・新聞記事など

◇通史編　近世　総和町　2005.8　408p　27cm
　内容　天正18年(1590)徳川家康の関東入国から幕末維新まで

◇通史編　原始・古代・中世　総和町　2005.7　585p　27cm

内容 総和町の環境、原始・古代の総和、中世の総和：旧石器時代から戦国時代まで

◇通史編 近代・現代　総和町　2005.3　671p　27cm
　　　内容 慶応4年(1868)から昭和50年(1975)ころまで、終章において平成大合併の経緯にふれる/付論：日記で読む総和の近代

◇民俗編　総和町　2005.6　697p　27cm
　　　内容 村落構造：社会組織、同族集団/村落生活：経済生活、ムラの暮らし

三和町史　三和町史編さん委員会編

◇資料編 近世　三和町　1992.3　1424p　22cm
　　　内容 天正18年(1590)の徳川家康の関東入国から明治4年(1871)の廃藩置県まで

◇資料編 近現代　三和町　1994.9　1311p　22cm
　　　内容 明治維新期から戦後の高度経済成長期を経た1980年代まで

◇資料編 原始・古代・中世　三和町　1992.10　839p　22cm
　　　内容 原始・古代・中世の遺跡と遺物/古代・中世の資料(町内資料・町外資料)

◇通史編 原始・古代・中世　三和町　1996.11　514p　22cm
　　　内容 原始・古代から豊臣秀吉の天下統一ごろまで/資料補遺

古河市史　古河市史編さん委員会編

◇資料 原始・古代編　古河市　1986.3　528p 図版　22cm
　　　内容 古河市内および周辺地域における古代の遺跡・遺物および古河市と周辺地域に関連する古代文献

◇資料 中世編　古河市　1981.3　823p 図版　22cm
　　　内容 古文書(久安2年から慶長5年頃まで)、戦記・記録物類、系図・過去帳、板碑、仏像

◇資料 近世編(藩政)　古河市　1979.3　938p 図版　22cm
　　　内容 家譜、分限帳、掟書・令達、村高帳、事件、其の他

◇資料 近世編(町方・地方)　古河市　1982.3　1185p 図版　22cm
　　　内容 諸家文書(町方14・地方3・武家方1)

◇資料 近現代編　古河市　1984.3　1124p 図版　22cm
　　　内容 明治初年から昭和20年(1945)8月まで/政治・行政、教育、産業・経済、社会・文化の4編に分けて収録

◇資料 別巻　古河市　1973.3　591p 図版　22cm
　　　内容 教土史教授資料・古河藩のおもかげ・古河志・許我志

◇通史編　古河市　1988.2　950p 図版　22cm
　　　内容 古河地方の原始・古代、中世、近世、近現代(昭和20年8月まで)

◇民俗編　古河市　1983.3　1204, 33p 図版　22cm
　　　内容 古河市域に伝承する民俗資料を社会伝承・経済伝承・儀礼伝承・信仰伝承と民俗芸能・言語伝承に分けて構成

写本古河志　古河郷土史研究会編

◇古河郷土史研究会　1962　164p　25cm
　　　内容 小出重固「古河志」を翻刻再版したもの

【石岡市】

八郷町史　八郷町史編さん委員会編

◇八郷町　2005.3　1277p, 図版4枚　22cm
　　　内容 原始・古代、中世、近世、近現代、民俗：旧石器時代から平成16年(2004)まで

常府石岡の歴史　ひたちのみやこ

1300年の物語　石岡市文化財関係資料編纂会編

◇石岡市教育委員会　1997.3　465p　20cm
　内容　常陸国府の誕生、中世国衙の盛衰と大掾氏、交通の変遷、府中松平藩、祭礼の伝承

ふるさと歴史探訪 石岡市の遺跡　歴史の里の発掘100年史　石岡市文化財関係資料編纂会編

◇茨城県石岡市教育委員会　1995.3　222p　27cm
　内容　石岡市内に存在する、あるいはかつて存在した原始古代の遺跡の解説書

石岡の地誌　石岡市教育委員会編

◇石岡市教育委員会　1986.3　7, 403p　27cm
　内容　近世・近代の地誌、「常府要用録」など42点

石岡市史　石岡市史編さん委員会編

◇上巻　石岡市　1979.2　1065p　22cm
　内容　紀伝体形式をとり、市史を自然・遺跡・官衙など12章に分類し、大略編年的に配列：縄文時代から現代まで

◇中巻1　石岡市　1983.3　1271, 27p　22cm
　内容　史料編：原始・古代、中世、近世

◇中巻2　石岡市　1983.3　1100, 27p　22cm
　内容　史料編：近・現代(天狗党事件から昭和34年まで)、地誌、金石文と石造遺物、民俗

◇下巻　通史編　石岡市　1985.3　21, 1334p　22cm
　内容　自然/原始・古代、中世、近現代(先土器時代から昭和59年まで)

石岡の歴史　市制三十周年記念　石岡市史編さん委員会編

◇石岡市　1984.11　245p, 図版20p　27cm
　内容　先土器時代から現在(昭和59年)まで

八郷町誌　八郷町誌編さん委員会編

◇八郷町　1970.7　638p, 図版　22cm
　内容　町の概観、政治、産業・経済、社会、動物・植物・名木、宗教：縄文時代から昭和44年(1969)まで

図説石岡市史　石岡市史編纂委員会編

◇石岡市教育委員会　1961　図版 176p(解説共)　27cm

## 【結城市】

結城の歴史　結城の歴史編さん委員会編

◇結城市　1995.3　415p, 図版2枚　22cm
　内容　原始・古代から現代(1994年)までの歴史をわかりやすく叙述

◇写真集　結城市　1974.10　198p, 図版3枚　27cm
　内容　原始・古代から昭和48年(1973)まで

結城市史　結城市史編さん委員会編

◇第1巻　結城市　1972.3　771p　22cm
　内容　古代史料、中世の古文書、記録・戦記、物語、系図・家譜、金石文：結城秀康が越前北庄に転封する慶長6年(1601)まで

◇第2巻　結城市　1979.1　754p　22cm
　内容　太閤検地(1595年)から廃藩置県(1871年)前後までの史料を政治、社会経済、文化の三編に分けて収録

◇第3巻　近現代史料編　結城市　1978.3　645p　22cm
　内容　廃藩置県(1871年)から結城市の成立(1954年)前後までの史料を、政治社会・産業・教育・戦時下町内会資料・統計の五編に分けて収録

◇第4巻 古代中世通史編　結城市

1980.10　968p　22cm
　　内容 原始・古代から結城秀康の越前北庄への転封後、結城晴朝の死去、1614年(慶長19)頃まで
◇第5巻 近世通史編　結城市　1983.3　1025p　22cm
　　内容 1601年(慶長6)結城秀康が越前に国替えされてから、1871年(明治4)廃藩置県まで
◇第6巻 近現代通史編　結城市　1982.3　1104p　22cm
　　内容 1871年(明治4)廃藩置県から現代(1970年代ころ)まで

## 【龍ケ崎市】

龍ケ崎市史　龍ケ崎市史編さん委員会編
◇近現代史料編　龍ケ崎市教育委員会　1996.3　652p　27cm
　　内容 大正期を中心に、明治から昭和にかけての龍ヶ崎市域の諸問題に関する史料
◇近現代編　龍ケ崎市教育委員会　2000.2　536p　27cm
　　内容 明治期から現代(平成10年前後)まで
◇近世史料編1　龍ケ崎市教育委員会　1990.3　428p　27cm
　　内容 仙台藩領であった旧龍ヶ崎村の地域に関する史料
◇近世史料編2　龍ケ崎市教育委員会　1994.3　542p　27cm
　　内容 現龍ヶ崎市域の近世史料のうち、近世史料編1に収めた龍ヶ崎村をのぞく、村むらの史料
◇近世編　龍ケ崎市教育委員会　1999.3　634p　27cm
　　内容 慶長期から慶応期まで
◇原始古代資料編　龍ケ崎市教育委員会　1995.3　435p　27cm
　　内容 龍ケ崎市内における旧石器時代から平安時代までの資料
◇原始古代編　龍ケ崎市教育委員会　1999.3　252p　27cm
　　内容 先土器時代から奈良・平安時代(平将門の乱)まで
◇中世史料編　龍ケ崎市教育委員会　1993.3　532p　27cm
　　内容 平安・鎌倉時代から江戸初期まで
◇中世史料編 別冊　龍ケ崎市教育委員会　1994.3　100p　27cm
　　内容 中世龍ヶ崎の遺跡・古銭・金石文
◇中世編　龍ケ崎市教育委員会　1998.3　478p　27cm
　　内容 平安時代から豊臣期まで
◇別編1 龍ケ崎の原始古代　龍ケ崎市教育委員会　1991.1　324p 図版　26cm
　　内容 地形、遺跡の分布、原始・古代の龍ヶ崎の歴史、調査された遺跡ほか
◇別編2 龍ケ崎の中世城郭跡 城郭にみる龍ケ崎のあゆみ　龍ケ崎市教育委員会　1987　249p 図版　26cm
　　内容 中世龍ヶ崎の地形と歴史、城郭関係史料、中世城郭の構造とその見方、市域の中世城郭跡
◇民俗編　龍ケ崎市教育委員会　1993.3　776p　27cm
　　内容 民俗と環境、水害と民俗、農耕と川漁、諸職の生活ほか

## 【下妻市】

村史 千代川村生活史　千代川村史編さん委員会編
◇第1巻 自然と環境　千代川村　1998.8　421p 挿図　27cm
　　内容 自然環境(土地環境と河川、動植物)/歴史環境(原始・古代・中世・近世、近現代)
◇第2巻 地誌　千代川村　1997.3　643p 挿図　27cm
　　内容 台地の村々、町場とその周辺、低地の村々
◇第3巻 前近代史料　千代川村　2001.3　573p 挿図　27cm

内容 考古資料と文書史料に分類して2部構成とし、更に第2部は古代・中世と近世との2編に分ける

◇第4巻 近現代史料 千代川村 1999.3 547p 挿図 27cm
　内容 明治から平成までの史料：生活基盤、消費生活、生活組織、生活文化ほか

◇第5巻 前近代通史 千代川村 2003.3 581p 挿図 27cm
　内容 旧石器時代から江戸時代まで

◇第6巻 近現代通史 千代川村 2002.3 583p 挿図 27cm
　内容 近代：明治維新から太平洋戦争の終末(昭和20年)まで/現代：敗戦以後現在(平成13年ころ)まで

下妻市史料　下妻市史編さん専門委員会編

◇古代・中世編 下妻市 1996.3 302p 図版4p 26cm
　内容 和銅6年『常陸国風土記』から近世初期まで

下妻市史　下妻市史編さん委員会編

◇上 下妻市 1993.3 494p 23cm
　内容 原始古代・中世編：先土器文化から戦国時代・近世初期まで

◇中 下妻市 1994.11 599p 23cm
　内容 近世編：豊臣政権期の多賀谷氏から1871年(明治4)の廃藩置県まで

◇下 下妻市 1995.3 713p 23cm
　内容 近現代編：1871年(明治4)の廃藩置県から昭和63年(1988)ころまで

◇別編 下妻市 1994.3 439p 23cm
　内容 民俗編：社会生活、人生儀礼、衣食住、生産・生業、年中行事、交通・交易、信仰、口頭伝承

下妻市史　下妻市史編纂委員会編

◇下妻市 1979.11 354p, 図版2枚 27cm
　内容 先土器時代から1978年(昭和53)まで

## 【常総市】

石下町史　石下町史編さん委員会編

◇石下町 1988.3 1133p, 図版4p 22cm
　内容 原始・古代、中世、近世、近現代、史料石下の地誌：旧石器時代から昭和60年(1985)まで

水海道市史　水海道市史編さん委員会編

◇図説 水海道市史編さん委員会 1973 183p(おもに図) 27cm
　内容 縄文文化から昭和44年(1969)ころまで

◇上巻 水海道市 1983.3 517p 22cm
　内容 自然、原始・古代、中世、近世

◇下巻 水海道市 1985.3 503p 22cm
　内容 近現代通史：廃藩置県(1871年)から水海道市成立(1954年)前後までの近現代資料、年表

## 【常陸太田市】

金砂郷村史　金砂郷村史編さん委員会編

◇金砂郷村 1989.10 1363p, 図版4枚 22cm
　内容 地誌、原始・古代、中世、近世、近代、現代、民俗：縄文時代から昭和末まで

常陸太田市史　常陸太田市史編さん委員会編

◇近世史料編 常陸太田市 1981.3 655p 22cm
　内容 安政年間の「太田村御用留」「郷土御用留」「林監兼務公事録」

◇通史編 上 常陸太田市 1984.3 1266p 22cm
　内容 地理・原始古代・中世・近世：先土器文化から明治4年(1871)廃藩置県

茨城県　　　　　　　　　　　　　　　　　　　　　　　　　　　　　　　　　　　　　北茨城市

◇通史編　下　常陸太田市　1983.3
　1117p　22cm
　内容　近代・現代：廃藩置県前後から昭和
　55年(1980)前後まで

◇民俗編　常陸太田市　1979.3　825p
　22cm
　内容　村と町・さまざまな生業・暮らしの
　しきたり・信仰と芸能・ことばの伝承

里美村史　里美村史編さん委員会編

◇里美村　1984.3　1117p　22cm
　内容　里見の自然と人文/里見の歴史：先
　土器時代から昭和55年(1980)頃まで/各
　説編(民俗・文化財)

水府村史　水府村史編さん委員会編

◇水府村　1971　8, 34, 756p, 図版4枚
　22cm
　内容　縄文時代から昭和45年(1970)3月末
　まで

## 【高萩市】

高萩市史　[復刻再版]　高萩市史編纂
専門委員会編

◇上　国書刊行会　1981.11　808p
　22cm
　内容　自然と人文および原始古代、中世、
　近世(明治4年廃藩置県まで)

◇下　国書刊行会　1981.11　785p
　22cm
　内容　近代、現代および各説(廃藩置県か
　ら昭和43年12月末まで)

黒前村誌

◇黒前村誌刊行委員会　1956.6　272p
　図版9枚　22cm
　内容　古代・中世・近世・現代：縄文時代
　から昭和30年(1955)の十王村誕生まで

## 【北茨城市】

北茨城市史　北茨城市史編さん委員会編

◇上巻　北茨城市　1988.6　851p
　22cm
　内容　先土器時代から明治4年(1871)の廃
　藩置県

◇下巻　北茨城市　1987.6　849p
　22cm
　内容　近代・現代・各説：明治4年(1871)
　の廃藩置県から昭和60年(1985)前後まで

◇別巻[1]　細原遺跡　北茨城市役所
　1982.3　118p　27cm
　内容　縄文時代から奈良・平安時代までの
　遺跡

◇別巻2　松岡地理誌　村明細帳　北茨城
　市　1984.12　291p　22cm
　内容　江戸時代の村の様子や人々の生活
　など

◇別巻3　石炭史料1　北茨城市　1990.3
　347p　22cm
　内容　石炭産業に関する史料、江戸時代末
　期から大正初期まで

◇別巻4　石炭史料2　北茨城市　1996.3
　349p　22cm
　内容　石炭産業に関する史料、大正初期か
　ら昭和中期まで

◇別巻5　野口勝一日記1　北茨城市
　1991.3　301p　22cm
　内容　明治16年(1883)8月から明治18年
　(1885)12月まで

◇別巻6　野口勝一日記2　北茨城市
　1992.3　347p　22cm
　内容　明治19年(1886)1月から明治21年
　(1888)4月まで

◇別巻7　野口勝一日記3　北茨城市
　1993.3　301p　22cm
　内容　明治21年(1888)4月から明治24年
　(1891)年12月まで

◇別巻8　野口勝一日記4　北茨城市
　1994.3　425p　22cm

[内容] 明治31年(1898)1月から明治38年(1905)9月まで

◇別巻9 港関係史料　北茨城市　2001.3　350p　22cm
[内容] 北茨城市域の港に関する史料、近世から昭和戦前まで

図説北茨城市史　北茨城市史編さん委員会編

◇北茨城市　1983.3　280p, 図版4枚　27cm
[内容] 先土器文化から昭和55年(1980)前後まで

平潟村誌　鈴木秀輔編

◇榎本実　1979.4　2冊(別冊とも)　27cm

【笠間市】

岩間町史　岩間町史編さん委員会編

◇[通史編]　岩間町　2002.1　2, 1101p, 図版4枚　22cm
[内容] 旧石器文化から平成13年(2001)まで

笠間市史　笠間市史編さん委員会編

◇上巻　笠間市　1993.12　837p　22cm
[内容] 自然環境・原始古代・中世・近世：原始時代から明治4年(1871)の廃藩置県まで

◇下巻　笠間市　1998.12　744p　22cm
[内容] 近代・現代：明治4年(1871)の廃藩置県から平成10年(1998)まで

図説岩間の歴史　合併35周年記念　岩間町史編さん資料収集委員会編

◇岩間町　1991.3　278p　27cm
[内容] 原始古代から大正時代までを中心に概観、昭和29年(1954)の合併時については特別にとりあげる

友部町史　友部町史編さん委員会編

◇友部町　1990.3　628p　27cm

[内容] 自然環境、原始・古代、中世、近世、近・現代：先土器時代から平成元年(1989)まで

図説笠間市史　市制三十周年記念　笠間市史編さん委員会編

◇笠間市　1988.10　262p　27cm
[内容] 縄文文化から昭和63年(1988)まで

友部町百年史　友部町, 友部町商工会編纂

◇友部町, 友部町商工会　1971　591p 図16枚　27cm
[内容] 前史〔縄文時代から明治維新まで〕、政治・産業経済・教育・宗教ほか(明治から昭和45年頃まで)

【取手市】

取手市史　取手市史編さん委員会編

◇近現代史料編1　取手市教育委員会社会教育課市史編さん室　1988.3　868p　22-27cm
[内容] 明治初年から大正12年頃までの史料

◇近現代史料編2　取手市教育委員会社会教育課市史編さん室　1990.3　916p　22-27cm
[内容] 大正から昭和53年までの史料/新聞記事(明治11年から昭和30年)

◇近世史料編1　取手市教育委員会社会教育課市史編さん室　1982.3　938p　22-27cm
[内容] 村況・戸口・土地・貢租、寛永年間から明治初期まで

◇近世史料編2　取手市教育委員会社会教育課市史編さん室　1987.3　942p　22-27cm
[内容] 交通・産業・商業に関する史料、慶長18年から明治4年まで

◇近世史料編3　取手市教育委員会社会教育課市史編さん室　1989.3　910p　22-27cm

内容 支配・治水・生活に関する史料、元和8年から明治8年まで

◇原始古代(考古)資料編　取手市教育委員会社会教育課市史編さん室　1989.3　599p　22-27cm

内容 総論(遺跡)、資料編(図版)、資料解説(集成図)：縄文時代早前期から平安時代まで

◇古代中世史料編　取手市教育委員会社会教育課市史編さん室　1986.3　701p　22-27cm

内容 古代史料、中世史料(古文書、記録・戦記・過去帳、系譜、金石文、建造物・城館跡)、天正19年(1591)以前の史料を収録

◇社寺編　取手市教育委員会社会教育課市史編さん室　1988.3　354p　22-27cm

内容 社寺建築調査により確認された建造物40棟(中世建造物4棟、神社13棟、寺院20棟、堂3棟)を収録

◇植物編　取手市教育委員会社会教育課市史編さん室　1986.3　299p　22-27cm

内容 取手市内に自生する植物849種の中から338種を選んで収録

◇石造遺物編　取手市教育委員会社会教育課市史編さん室　1987.3　824p　22-27cm

内容 石造遺物調査により確認された2,514基を収録

◇通史編1　取手市教育委員会社会教育課市史編さん室　1991.3　732p　22-27cm

内容 取手市域の自然と、原始から中世、おおむね天正18年(1590)まで

◇通史編2　取手市教育委員会社会教育課市史編さん室　1992.3　694p　22-27cm

内容 徳川家康が関東に入国する天正18年(1590)から江戸幕府が崩壊する慶応4年(1868)まで

◇通史編3　取手市教育委員会社会教育課市史編さん室　1996.3　535p　22-27cm

内容 明治元年(1868)からおおむね昭和50年代まで

◇別巻本陣交通史料集1　取手市教育委員会社会教育課市史編さん室　1987.3　350p　22-27cm

内容 旧取手宿本陣染野修家文書の交通史料のうち、天保末年までの史料

◇別巻本陣交通史料集2　取手市教育委員会社会教育課市史編さん室　1988.3　330p　22-27cm

内容 旧取手本陣染野修家文書の交通史料のうち、天保期以降の史料

◇民家編　取手市教育委員会社会教育課市史編さん室　1980.10　267p　22-27cm

内容 民家調査50軒(民家39軒、商家11軒)を収録

◇民俗編1　取手市教育委員会社会教育課市史編さん室　1980.10　366p　22-27cm

内容 人の一生、年中行事、正月とオビシャ

◇民俗編2　取手市教育委員会社会教育課市史編さん室　1985.3　291p　22-27cm

内容 子供の生活、信仰、言い伝え

◇民俗編3　取手市教育委員会社会教育課市史編さん室　1986.3　360p　22-27cm

内容 町村の生活、衣食、生業

**藤代町史**　藤代町史編さん委員会編

◇通史編　藤代町　1990.3　772p　27cm

内容 自然、原始・古代、中世、近世、近現代、民俗：洪積世から平成元年(1989)まで

◇民家編　藤代町　1987.3　246p　27cm

内容 昭和60年(1985)7月より実施した調査にもとづき、43の「民家」を収録

## 【牛久市】

牛久市史　牛久市史編さん委員会編

◇近現代1　牛久市　2001.1　894p　22cm
　内容 明治4年(1871)廃藩置県から大正末・昭和初期まで

◇近現代2　牛久市　2002.12　948p　22cm
　内容 昭和初期から昭和40年代まで

◇原始古代中世　牛久市　2004.3　589p　22cm
　内容 旧石器時代から戦国時代の終焉まで

◇民俗　牛久市　2002.1　626p　22cm
　内容 各論編(「市民」の民俗ほか)、総論編(社会生活、生業ほか)、地名編

◇近世　牛久市　2002.12　806p　22cm
　内容 戦国時代の終焉から幕末維新期まで

牛久市史料　牛久市史編さん委員会編

◇原始・古代 考古資料編　牛久市　1999.8　313p　22-27cm
　内容 旧石器時代から奈良・平安時代まで

◇石造物編　牛久市　1999.3　846p　22-27cm
　内容 平成2年(1990)以降実施した石造物調査により確認された1432基を収録

◇中世1 古文書編　牛久市　2002.6　518p　22-27cm
　内容 牛久市域およびその周辺地域に関する古文書類と宗門史料類

◇中世2 記録編　牛久市　2000.9　569p　22-27cm
　内容 古代・中世の牛久市域およびその周辺地域に関する記録類、戦記物、過去帳、語集、系図・家譜類など

◇近世1 牛久助郷一揆　牛久市　1994.11　412p, 図版2枚　22cm

　内容 文化元年(1804)に起きた牛久助郷一揆にかんする史料

◇近世2 村と生活　牛久市　1997.10　[506]p, 図版[4]p　22cm
　内容 牛久市域の村むら、山野と水をめぐる生活、暮らしのなかの寺社、村むらの変動、村の事件

◇近代1　牛久市　1998.3　506p　22-27cm
　内容 明治前期村政史料(明治3年〜15年)、岡見原野開墾関係史料(明治13年〜27年)

◇近代2　牛久市　1997.3　484p　22-27cm
　内容 牛久村初期議会史料、明治期の教育関係史料、明治末期作成の郷土史および明治中期までの郵便・運輸関係史料

## 【つくば市】

茎崎町史　茎崎町史編さん委員会編

◇茎崎町史編さん委員会　1994.3　329p　27cm
　内容 自然・原始古代〜近現代・集落地誌：旧石器時代から現在まで

筑波町史　筑波町史編纂専門委員会編

◇上巻　つくば市　1989.9　735p　22cm
　内容 原始古代・中世・近世(江戸時代の村と町)まで

◇下巻　つくば市　1990.3　697p　22cm
　内容 近世(幕藩社会の解体)・近現代・自然環境・筑波の人物・略年表

大穂町史　大穂町史編纂委員会編

◇つくば市大穂地区教育事務所　1989.3　445p　27cm
　内容 先土器時代から昭和62年(1987)11

月のつくば市誕生まで

**豊里の歴史**　豊里町史編纂委員会編

◇豊里町　1985.3　248p　27cm
　内容 自然、原始・古代、中世、近世、近・現代：先土器時代から昭和59年(1984)ころまで

**桜村史**　桜村史編さん委員会編

◇上巻　桜村教育委員会　1982.3　256p　27cm
　内容 原始・古代・中世(戦国時代まで)

◇下巻　桜村教育委員会　1983.3　366p　27cm
　内容 近世、近・現代、筑波研究学園都市：安土桃山時代から昭和55年(1980)まで

**筑波町明治大正昭和百年のあゆみ　新町発足二十周年記念**　筑波町編

◇筑波町　1975.2　42p, 図版2枚　22cm
　内容 幕末の天狗騒動から昭和49年(1974)まで

**茎崎村史**　茎崎村教育委員会編

◇茎崎村　1973.3　317p　20cm
　内容 茎崎村の誕生、古墳、城跡など

## 【ひたちなか市】

**那珂湊市史**　ひたちなか市史編さん委員会編

◇近代・現代　ひたちなか市教育委員会　2004.3　720p　22cm
　内容 明治4年(1871)の廃藩置県から昭和29年(1954)の那珂湊市誕生前後まで

◇写真集　那珂湊市　1974.2　258p　27cm
　内容 原始時代から昭和48年(1973)の水戸射爆場全面返還まで

**那珂湊市史料**　那珂湊市史編さん委員会編

◇第1集　那珂湊市　1975.3　369p　22cm
　内容 江戸時代から明治・大正期に至るまでの、各地区の地誌および年代記13編

◇第2集　那珂湊市　1977　351p　22cm
　内容 明治以降昭和20年(1945)に至る那珂湊漁業関係史料と漁業組合関係史料の29編を収録

◇第3集　那珂湊市　1978.3　323p　22cm
　内容 北海道・東北地方に所在する那珂湊関係史料

◇第4集　那珂湊市　1974.3　504p　22cm
　内容 那珂湊市内の社寺祠堂に関する昭和20年(1945)以前の史料

◇第5集　那珂湊市　1980.3　469p　22cm
　内容 昭和6年(1931)より昭和27年(1952)に至る、十五年戦争下の史料と占領下の史料

◇第6集　那珂湊市　1981.3　462p　22cm
　内容 昭和6年(1931)より昭和22年(1947)に至る、不況下・戦時下・戦後占領下における行政上の対応および住民生活の状況を示す史料を主とする

◇第7集　那珂湊市　1983.3　446p　22cm
　内容 昭和20年(1945)以前の那珂湊商港・漁港修築関係史料

◇第8集　那珂湊市　1984.3　440p　22cm
　内容 雑纂1：近世・近代における騒擾、漂流、漁船遭難等の史料と補遺

◇第9集　那珂湊市　1986.3　484p　22cm
　内容 教育関係史料1：学校沿革誌ほか、昭和27年(1952)前後まで

◇第 10 集　那珂湊市　1987.3　474p　22cm
　[内容] 教育関係史料2：敬業館・文武館ほか、昭和27年(1952)前後まで

◇第 11 集　那珂湊市　1989.3　446p　22cm
　[内容] 祭礼編：磯出祭礼・競馬祭史料/天満宮祭礼史料/諸社祭礼史料

◇第 12 集　那珂湊市　1991.1　326p　22cm
　[内容] 反射炉：反射炉関係史料/反射炉関係参考資料

◇第 13 集　那珂湊市　1992.3　375p　22cm
　[内容] 彙賓閣編、雑纂2(敵討、御用金・献金、公儀巡見の史料ほか)

◇第 14 集　那珂湊市　1993.3　366p　22cm
　[内容] 近世破船編：明治4年(1871)年までの那珂湊海域および那珂湊船舶の破船関係史料

## 勝田市の歴史　勝田市史編さん委員会編

◇勝田市　1982.3　578p　19cm
　[内容] 『勝田市史』通史をもとに、原始・古代から現代を通じて各時代ごとに平易に編集した普及編

## 勝田市史

◇近代・現代編 1　勝田市　1979.11　1002p　22cm
　[内容] 明治維新から昭和初期まで

◇近代・現代編 2　勝田市　1981.3　1180p　22cm
　[内容] 昭和初期の恐慌期から現代(昭和48年頃)まで

◇原始・古代編　勝田市　1981.9　590p　22cm
　[内容] 原始・古代社会と自然環境にはじまり、先土器、縄文、弥生、古墳、奈良、平安の各時代を通して叙述

◇中世編 近世編　勝田市　1978.3　1118p　22cm
　[内容] 中世編：鎌倉・南北朝・室町の各時代、近世編：江戸地代から幕末・維新の動乱期まで

◇別編 1 虎塚壁画古墳　勝田市　1978.3　206p, 図版 58 枚　27cm
　[内容] 勝田市史編さん事業の一環として発掘調査した虎塚古墳の調査報告

◇別編 2 考古資料編　勝田市　1979.12　475p　27cm
　[内容] 勝田市内の先土器時代から奈良時代まで/現在までに確認されているほぼ全遺跡を時代別に収録

◇別編 3 東中根遺跡　勝田市　1982.3　220p　27cm
　[内容] 勝田市東中根遺跡の発掘調査報告書

◇民俗編　勝田市　1975.3　842p　22cm
　[内容] 社会生活・経済生活・信仰生活・言語生活

## 平磯町六十五年史　薄井源寿著

◇平磯町六十五年史編さん委員会　1972.7　17, 516p 図版 2 枚　19cm
　[内容] 幕末から明治前期まで/明治22年(1889)の平磯町制施行から昭和29年(1954年)合併、那珂湊市制施行まで

## 佐野郷土誌　清水廣之介著

◇佐野村　1940.5　4, 16, 533p, 図版 2 枚　19cm
　[内容] 沿革(藩政時代以前から昭和初期まで)、地勢並戸口、産業並経済、交通運輸、村治、経済更生と全村教育ほか

## 平磯町郷土史　大内逸朗著

◇平磯町役場　1936　205p　19cm
　[内容] 神代から大政奉還まで

# 【鹿嶋市】

## 鹿嶋市史　鹿嶋市史編さん委員会編

◇地誌編　鹿嶋市長　2005.2　8, 570p,

図版 [4]p 挿図, 地図　31cm
　　内容 鹿島・大野両地区のそれぞれの大字の沿革・寺社・民俗・地名など

鹿島町史
　◇第1巻　鹿島町　1972.3　499p
　　27cm
　　内容 鹿島の歴史：地理・あけぼの・古代の生活・歴史(先土器時代から近世まで)
　◇第2巻　鹿島町　1974.12　836p
　　27cm
　　内容 鹿島の文化編：自然・民俗・鹿島神宮の祭・寺とやしろ
　◇第3巻　鹿島町　1981.3　759p
　　27cm
　　内容 産業編：農業・漁業・商業
　◇第4巻　鹿島町　1984.3　854p
　　27cm
　　内容 教育編：鹿島文庫と稽照館・明治期・大正期・昭和期・社会教育
　◇第5巻　鹿島町　1997.3　647p
　　27cm
　　内容 鹿島開発編：自然と歴史/開発の背景と住民生活の変化/臨海工業地帯造成の歩みほか
　◇別巻 鹿島人物事典　鹿島町　1991.3
　　192p　22cm
　　内容 古代から平成までの物故者について五地区、諸分野から選択し記述

大野村塙区誌　谷薫著
　◇〔谷薫〕　1987.11　197p　22cm

大町区誌
　◇茨城県鹿島町宮中大町区　1985.3
　　239p　27cm
　　内容 古代から昭和59年(1984)まで

大野村史　大野村史編さん委員会編集
　◇大野村教育委員会　1979.8　421p
　　27cm

【潮来市】

ふるさと牛堀　人と水の歴史　ふるさと牛堀刊行委員会編
　◇牛堀町　2001.3　271p　27cm
　　内容 縄文時代から平成12年(2000)の牛堀町、潮来町との合併協定調印まで

潮来町史　潮来町史編さん委員会編
　◇潮来町　1996.3　1002p 図版4枚
　　27cm
　　内容 自然環境、原始・古代、中世、近世、近現代、民俗：旧石器時代から平成3年(1991)ころまで

【守谷市】

史郷守谷　復刻版　齋藤隆三著
　◇茨城県守谷町　1990.11　4, 45p
　　19cm
　　内容 先史時代から昭和29年(1954)まで

守谷志　復刻版　齋藤隆三著
　◇茨城県守谷町　1990.11　2, 4, 193p
　　19cm
　　内容 沿革：先史時代から明治22年(1899)まで/神社仏閣/古跡/文学

守谷町史　守谷町史編さん委員会
　◇守谷町　1985.3　14, 434p, 図版4枚
　　22cm
　　内容 自然、原始・古代、中世、近世：先土器時代から昭和30年(1955)の新守谷町成立まで

守谷町の歴史　高梨輝憲著
　◇近世編　守谷町教育委員会　1972
　　152p　22cm
　　内容 天正18年(1590)から慶応3年(1867)まで

【常陸大宮市】

美和村史　美和村史編さん委員会編
　◇美和村　1993.3　1048p　22cm
　　内容 縄文時代から昭和31年(1956)の美和村誕生まで

御前山村郷土誌　御前山村郷土誌編纂委員会編
　◇御前山村　1990　459p　22cm
　　内容 『御前山村郷土誌』昭和51年版を改訂、先土器・縄文時代から平成元年(1989)まで

山方町誌　茨城県那珂郡山方町文化財保存研究会編
　◇上巻　[茨城県那珂郡山方町文化財保存研究会]　1977.4　284p　27cm
　　内容 自然、原始・古代、中世、近世：先土器時代から幕末の世相まで
　◇下巻　[茨城県那珂郡山方町文化財保存研究会]　1982.12　677p　27cm
　　内容 近代・現代、各説(産業・教育・民俗ほか)：明治維新から昭和55年(1980)ころまで

緒川村史
　◇緒川村　1982.3　644p　22cm

大宮町史　大宮町史編さん委員会編
　◇[本編]　大宮町　1977.3　993p　22cm
　　内容 歴史・民俗・郷土の先覚者：原始時代から昭和48年(1973)ころまで
　◇史料集　大宮町役場　1980　238p　22cm

御前山村郷土誌　御前山村郷土誌編纂委員会編
　◇御前山村　1960.5　363p　22cm

【那珂市】

那珂町史　那珂町史編さん委員会編
　◇近代・現代編　那珂町　1995.3　859p　22cm
　　内容 近代・現代：明治4年(1871)の廃藩置県から現在(平成3年)まで
　◇自然環境・原始古代編　那珂町　1988.3　789p　22cm
　　内容 自然環境、先土器・縄文・弥生・古墳・奈良・平安の各時代
　◇中世・近世編　那珂町　1990.8　791p　22cm
　　内容 中世・近世：承平5年(931)の平将門の乱から明治4年(1871)の廃藩置県まで

瓜連町史　瓜連町史編さん委員会編
　◇[本編]　瓜連町　1986.7　1018p　22cm
　　内容 自然環境、原始・古代、中世、近世、近代、現代、民俗、神社と寺院：先土器時代から昭和60年(1985)まで
　◇史料編　瓜連町　1993.3　271p　22cm
　　内容 『瓜連町史』本分の記述を補完する意図のもとに編修、奈良平安時代から昭和戦後まで

【筑西市】

協和町史　協和町史編さん委員会編集
　◇協和町　1993.3　611p, 図版2枚　27cm
　　内容 自然・原始古代・中世・近世・近現代：旧石器文化から平成2年(1990)まで

関城町史　関城町史編さん委員会編
　◇史料編1 千妙寺関係史料　関城町　1983　708p　22cm
　　内容 中世から明治期まで
　◇史料編2 戦時生活史料　関城町　1984　736p　22cm

     内容 満州事変から昭和20年(1945)の敗戦にいたる戦時の生活史料

◇史料編3 中世関係史料 関城町 1985 786p 22cm

     内容 中世関係史料および関城町の中世の歴史を考える上で必要と判断される史料

◇史料編4 水と開発 関城町 1988.12 682p 22cm

     内容 町域における「水と開発」に関する史料、近世から昭和戦前まで

◇通史編 上巻 関城町 1987.3 703p 22cm

     内容 原始・古代、中世、近世を経て明治維新を迎えるまで

◇通史編 下巻 関城町 1987.12 609p 22cm

     内容 近現代：戊辰戦争から昭和61年(1986)まで

◇別冊史料編 近世 村のできごと 関城町 1986.2 313p 22cm

     内容 江戸時代前期から明治初年にかけて起きた「村のできごと」に関する史料

◇別冊史料編 関城町の遺跡 関城町 1988.3 249p 22cm

     内容 関城町の遺跡概要、関城町域の古墳研究

◇別冊史料編 関本町報 関城町 1986.3 361p 22cm

     内容 大正5年(1916)から昭和16年(1941)まで

◇別冊史料編 農民の記録 関城町 1984.3 310p 22cm

     内容 近世から近代にわたる農民の日記・記録類

明野町史 明野町史編さん委員会編

◇明野町 1985.7 1346p 22cm

     内容 先土器時代から昭和29年(1954)11月の明野町誕生まで

上野の郷土誌 上野郷土誌編集委員会編

◇関城町関本公民館 1983.1 420p 22cm

     内容 縄文時代から昭和55年(1980)ころまで

下館市史 限定版 下館市史編纂委員会編纂

◇上巻 大和学芸図書 1982.4 726p 27cm

     内容 目で見る下館の歴史／下館の自然／沿革：原始・古代、中世、近世(旧石器時代から幕末まで)

◇下巻 大和学芸図書 1982.7 764, 109p 27cm

     内容 最近世・現代：明治維新から昭和41年(1966)ころまで／各説：信仰・伝説など／年表

下館市史 下館市史編纂委員会編

◇上下巻 下館市史刊行会 1968.9 55, 1514, 104 27cm

上野村誌 一農村の歩み 上野村郷土誌研究会編

◇吉川弘文館 1954.9 14, 598p 図版 21cm

     内容 沿革(縄文時代から昭和20年代まで)、産業・経済、社会、動植物、宗教

下館町郷土史 下館町郷土史調査委員編纂

◇下館町 1940.2 8, 299p, 図版7枚 23cm

     内容 神代・上古から昭和13年(1938)の町制五十周年記念式典まで

【坂東市】

岩井市史 岩井市史編さん委員会編

◇考古編 岩井市 1999.3 446p 27cm

     内容 中・近世以前の各地域の遺跡および出土考古資料

◇資料 近世編1 岩井市 1994.3 631p

27cm
[内容] 慶長期(1596〜1614)から明治5年(1872)までに作成された史料(支配・町村・租税・戸口)

◇資料 近世編2 岩井市 1995.3 626p 27cm
[内容] 慶長期(1596〜1614)から明治5年(1872)までに作成された史料(土地、用水・入会、産業ほか)

◇資料 近現代編1 岩井市 1992.3 542p 27cm
[内容] 明治期から大正期にかけての、岩井市域の町村や猿島郡の全容が明らかになる編纂物・刊行物を復刻

◇資料 近現代編2 岩井市 1993.2 536p 27cm
[内容] 昭和期に編纂された岩井市域の町村や猿島郡の概況が明らかになる編纂物・刊行物を復刻

◇資料 近現代編3 岩井市 1994.3 434p 27cm
[内容] 明治・大正期・昭和期(昭和20年8月まで)に作成された史料、行政・教育・生活に関するものが中心

◇資料 近現代編4 岩井市 1995.3 406p 27cm
[内容] 昭和20年代の岩井市域の史料

◇資料 古代中世編 岩井市 1997.3 410p 27cm
[内容] 市域に関係する史料を編年収録、神亀元年から寛永20年まで

◇通史編 岩井市 2001.3 1181p 21cm
[内容] 原始から古代へ、古代中世、近世、近現代、自然:旧石器時代から平成7年(1995)ころまで

◇民俗編 岩井市 2001.3 452p 21cm
[内容] 風土景観となりわい、ムラとイエの生活、衣食住、ムラ人の一生、年中行事、信仰、昔話

猿島町史 猿島町史編さん委員会編

◇資料 戸長日誌 猿島町 1993.8 223p 26cm
[内容] 明治17年(1884)6月24日から明治20年(1887)12月末日まで

◇資料別冊 事蹟簿 沓掛村・逆井山村 猿島町 1993.3 278p 26cm
[内容] 明治38年(1905)から昭和12年(1937)まで

◇資料編 近世 猿島町 1995.3 1090p 22cm
[内容] 寛永5年(1628)から明治4年(1871)までの町史関係史料

◇資料編 近現代 猿島町 1993.3 999p 22cm
[内容] 明治元年(1868)から昭和20年(1945)までの史料(政治・行政、村政・村況、産業・経済、教育)

◇資料編 原始・古代・中世 猿島町 1993.3 900p 22cm
[内容] 考古資料:縄文時代から古墳時代まで/古代文献史料:養老5年から元和6年まで

◇資料編 近世別巻 猿島町 1995.3 378p 22cm
[内容] 寺社関係史料(各村寺社別関係文書、伊勢信仰など)

◇通史編 猿島町 1998.3 1161p 22cm
[内容] 自然、原始・古代、中世、近世、近現代:先土器時代から平成9年(1997)まで

◇民俗編 猿島町 1998.3 683p 22cm
[内容] ムラの暮らし、さまざまな生業、衣食住、人の一生、年中行事ほか

岩井町郷土誌 岩井町郷土史研究会編

◇岩井町教育委員会 1962 160p 22cm

内容 古墳・妙安寺・平将門・弓田城・利根川ほか、縄文時代から昭和37年(1962)まで

## 【稲敷市】

あずま50年のあゆみ　2005 東町合併50周年記念誌 我がまちの50年の歴史をたずねて。　東町秘書広聴課編

- ◇東町　2005.2　50p　30cm
  内容 1955年(昭和30)の東村誕生から2005年(平成17)の合併50周年まで

東町史　東町史編纂委員会編集

- ◇史料編 近現代　東町史編纂委員会　2001.3　569p 図版　22cm
  内容 明治初年から東村が成立した昭和30年代まで

- ◇史料編 古代・中世　東町史編纂委員会　1998.3　570p 図版　22cm
  内容 文献史料は和銅6年(713)から慶長7年(1602)まで、それ以外の資料は持統8年(694)〜大宝元年(701)から寛永6年(1629)まで

- ◇史料編 近世1　東町史編纂委員会　1995.3　732p 図版3枚　22cm
  内容 江戸時代には下総国香取郡に属した十余島・本新島地区に関する史料（正式書名は「東村史」だが、続刊から書名が「東町史」に改められた）

- ◇史料編 近世2　東町史編纂委員会　1999.9　830p 図版　22cm
  内容 江戸時代には常陸国河内郡に属した伊崎・大須賀地区に関する史料

- ◇資料編 原始考古　東町史編纂委員会　1998.3　375p 図版　26cm
  内容 東町における旧石器時代から奈良・平安時代までの資料

- ◇通史編　東町史編纂委員会　2003.3　1055p 図版　22cm
  内容 自然、原始・古代・中世・近世・近・現代：旧石器時代から昭和20年(1945)8月の終戦まで

- ◇民俗編　東町史編纂委員会　1997.3　388p 図版　22cm
  内容 生産とくらし・社会生活・年中行事・人の一生・村の信仰・芸能と娯楽・ことばと生活・民具

東村誌　矢口豊村編著

- ◇茨光社出版部　1934　171p, 13p　23cm
  内容 記事(各大字の概要、治乱について、村治ほか)、人物篇

## 【かすみがうら市】

出島村史誌　写真と記事にみる42年の歩み　出島村史誌編纂委員会編

- ◇霞ヶ浦町　1998.3　512p　31cm
  内容 昭和30年(1955)の出島村誕生から平成9年(1997)の霞ヶ浦町制施行まで

出島村史　出島村史編さん委員会編

- ◇[正編]　出島村教育委員会　1971.3　173p　27cm
  内容 原始・古代・中世・近世・近代・現代：縄文時代から昭和30年(1955)の出島村誕生後まで

- ◇続編　出島村教育委員会　1978.3　542p　27cm
  内容 近世末から近・現代を中心に、農漁村の姿を記録

千代田村史　千代田村史編さん委員会編著

- ◇千代田村教育委員会　1970.2　536p, 図版[10]p　22cm
  内容 原始・古代・中世・近世・近代・現代：縄文時代から昭和44年(1969)10月まで

## 【桜川市】

真壁町史料　真壁町史編さん委員会編

- ◇近現代編1 「いはらき」新聞にみる明治の真壁地域　真壁町　1984.3　462,

◇近現代編2 製糸業 真壁町 1988.3 541p 27cm
　内容 「いはらき」新聞から明治24年創刊以来明治41年までの関係記事

◇近現代編2 製糸業 真壁町 1988.3 541p 27cm
　内容 谷口家の製糸経営史料、明治初年から大正9年(1920)

◇近現代編3 製糸業2 真壁町 1992.3 513p 27cm
　内容 大正7年から昭和16年まで

◇近現代編4 醸造業 真壁町 2002.3 419p 27cm
　内容 近世後期から昭和戦前期までの町内各家に残された醸造関係史料

◇近世編1 村明細帳 真壁町 1985.3 285p 27cm
　内容 真壁町の旧村に関する明細帳類、元禄9年(1696)から明治5年(1872)まで

◇近世編2 繰綿と木棉 真壁町 1987.3 347p 27cm
　内容 寛文11年(1671)から元治元年(1864)まで

◇近世編3 人別改 真壁町 1990.3 498p 27cm
　内容 真壁・紫尾・谷貝・樺穂各地区の人別改帳

◇近世編4 御用留 真壁町 2001.3 511p 27cm
　内容 南椎尾村の御用留(正徳6年から慶応4年)

◇考古史料編1 御祓立場遺跡の資料 真壁町史編纂委員会 1980.10 38p 26cm
　内容 御祓立場遺跡の資料、主として縄文早期中後葉の土器について

◇考古史料編2 真壁町 1982.12 317p 31cm
　内容 高内遺跡から採集された縄文後期の資料、同期する隣接周辺遺跡の資料

◇考古史料編3 古代寺院遺跡 真壁町 1989.3 230p 27cm
　内容 真壁町山尾権現山廃寺、下谷貝長者池遺跡、源法寺遺跡の資料ほか

◇考古史料編4 縄文時代遺跡 真壁町 2000.3 256p 27cm
　内容 自然環境と縄文時代の遺跡/縄文式土器を編年順に掲載

◇考古史料編5 真壁町 2005.3 207p 27cm
　内容 弥生時代、古墳時代集落遺跡、古墳及び古墳群、奈良平安時代集落遺跡

◇植物編1 私たちの生活と植物との関わり 真壁町 1995.3 152p 26cm
　内容 社寺木造建造物、木造住居、巨樹・老木、植物と方言、農作物、野草ほか

◇植物編2 真壁地方の野生植物 真壁町 1998.7 198p 26cm
　内容 野生植物、自生・群生地、未記録の植物、特筆すべき植物

◇中世編1 真壁町 1983.3 219p 26-31cm
　内容 真壁文書、寛喜元年(1229)から近世初期まで

◇中世編2 真壁町 1986.3 230p 26-31cm
　内容 真壁長岡古宇田文書及び町内諸家文書

◇中世編3 真壁町 1994.3 207p 27cm
　内容 町内所在諸家文書、中世Ⅱの補遺として町内諸家文書及び町内所在石造物銘文

◇中世編4 真壁町 2003.3 328p 27cm
　内容 町に関する古記録、系図、補遺として古文書

◇文芸編1 真壁町 1996.3 495p 27cm
　内容 藤田祐四郎の全作品、年譜(明治28年から平成7年)

◇文芸編2 真壁町 1999.2 243p 27cm

内容 大正末期から昭和中期にかけての三詩人、二歌人、四俳人の作品を収録

岩瀬町史　岩瀬町史編さん委員会編

◇史料編　岩瀬町　1983.10　1059p　22cm
内容 古代・中世・近世・文化・城館跡・金石文・古墳

◇通史編　岩瀬町　1987.3　920p　22cm
内容 原始・古代から近代の明治中期まで

大和村史　飯島光弘編

◇大和村　1974.11　814p　22cm
内容 原始時代から昭和47年(1972)末まで

紫尾村村誌　紫尾村誌編纂委員会編

◇紫尾村村誌編纂委員会　1955　149p　図版　20cm

【神栖市】

波崎町年表　波崎町史刊行専門委員編

◇波崎町　1992.3　23p　22-26cm
内容 紀元前3万年から1991年(平成3)まで

波崎町史　波崎町史刊行専門委員編

◇[本編]　波崎町　1991.3　627p　22-26cm
内容 原始・古代、中世、近世、近・現代：先土器時代から平成元年(1989)ころまで

神栖町史　神栖町史編さん委員会編著

◇上巻　神栖町　1988.3　816p　22cm
内容 原始・古代・中世・近世・近世史料編：原始時代から幕末・維新期まで

◇下巻　神栖町　1989.3　993p　22cm
内容 近代・現代・近現代資料編：明治維新から鹿島開発まで

神栖の歴史　普及版　神栖町史編さん委員会編著

◇神栖町　1984.7　334p　26cm
内容 縄文時代から昭和45年(1970)の神栖町制施行前後まで

波崎町史料　波崎町史編さん専門委員会編

◇1　波崎町　1981.3　462p　22cm
内容 第1部に東下村々是を、第2部に叙述された各旧村の歴史を地域別に配列

◇2　波崎町　1982.3　578p　22cm
内容 昭和20年(1945)以前までの漁業及び農業・特産物に関する史料

【行方市】

北浦町史　北浦町史編さん委員会編

◇北浦町　2004.12　686p, 図版4枚　27cm
内容 原始、古代、中世、近世、近代、現代：旧石器時代から平成15(2003)ころまで

麻生町史　麻生町史編さん委員会編

◇史料編　麻生日記書抜1　麻生町教育委員会　1999.3　749p　22cm
内容 麻生日記書抜上・中(元禄8年から天明3年まで)

◇史料編　麻生日記書抜2　麻生町教育委員会　2000.8　789p　22cm
内容 麻生日記書抜中・下(天明4年から文化11年まで)

◇史料編　麻生日記書抜3　麻生町教育委員会　2003.3　900p　22cm
内容 麻生日記書抜下・追加(文化12年から嘉永5年まで)

◇通史編　麻生町教育委員会　2002.2　933p　22cm
内容 原始古代、中世、近世、近現代：旧石器時代から昭和30年(1955)の新麻生町発足まで

◇民俗編　麻生町教育委員会　2001.3

全国地方史誌総目録　199

708p 22cm
　内容 ムラと人のつきあい・くらしの中のできごと・よそおい・食べものとくらしほか、主に明治から昭和期を対象

玉造町史　玉造町史編さん委員会編

◇玉造町　1985.11　734p　27cm
　内容 縄文時代から昭和60年(1985)まで

## 【鉾田市】

鉾田町史　鉾田町史編さん委員会編

◇近世史料編1　鉾田町　1995.3　654p　21cm
　内容 幕末期における御用留、天保6年(1835)から文久2年(1862)までの14冊

◇近世史料編2　鉾田町　1996.3　579p　21cm
　内容 維新期における御用留、文久2年(1862)から明治2年(1869)まで

◇近世史料編3　鉾田町　1998.2　604p　21cm
　内容 近世全般にかかわる史料と、主に政治・経済・社会にかかわる17・18世紀の史料

◇原始・古代史料編(鉾田町の遺跡)　鉾田町　1995.3　562p　27cm
　内容 埋蔵文化財包蔵地及び遺跡についての調査報告書

◇大正・昭和初期史料編　鉾田町　1997.2　544p　21cm
　内容 大正元年(1912)から昭和6年(1931)頃までの、現鉾田地域に関係する史料

◇中世史料編 烟田氏史料　鉾田町　1999.3　326p　図版[18]p　21cm
　内容 烟田氏編年史料、烟田旧記、関連史料(軍記・系譜・過去帳)

◇通史編 上　鉾田町　2000.2　604p　21cm
　内容 古代：12世紀末以前/中世：12世紀末から16世紀末まで/近世：慶長7年(1602)より明治維新の慶応4年(1868)まで

◇通史編 下　鉾田町　2001.10　671p　21cm
　内容 伝統と近代：慶応3年(1867)の王政復古から昭和6年(1931)の満州事変まで/現代社会の形成と展開：満州事変以降、昭和60年(1985)の大洗鹿島線開通まで

◇明治期開拓史料編　鉾田町　1992.3　339p　21cm
　内容 鉾田町北部、舟木地域における明治初期以降の開拓・勧農事業関係史料

◇明治後期史料編　鉾田町　1992.3　615p　21cm
　内容 明治後期の政治、経済、社会、女性とくらし、教育に関する史料

◇明治後期史料編補遺　鉾田町　1994.3　273p　21cm
　内容 茨城県鹿島郡巴村是および行方郡秋津村是

◇明治前期史料編1　鉾田町　1993.3　632p　21cm
　内容 明治前期の政治に関する史料

◇明治前期史料編2　鉾田町　1993.3　488p　21cm
　内容 明治前期の産業経済、社会、女性とくらし、教育に関する史料

旭村の歴史　旭村史編さん委員会編

◇史料編　旭村教育委員会　2000.3　851p　27cm
　内容 原始古代・中世・近世・近現代(大正期)

◇通史編　旭村教育委員会　1998.3　846p　27cm
　内容 原始・古代、中世、近世、近現代：旧石器時代から平成7年(1995)ころまで

図説『ほこたの歴史』　鉾田町史編さん委員会編

◇鉾田町　1995.12　255p　27cm

**大洋村史**　大洋村史編さん委員会編
- ◇大洋村　1979.11　246p　27cm
  - 内容 原始・古代、中世、近世、近代・現代：先土器時代から昭和50年(1975)ころまで

**鉾田町の今昔**　鉾田町沿革誌編纂委員会編
- ◇鉾田町　1960.4　253p　19cm
  - 内容 町の概要、教育、町の変遷、、名勝・旧跡、水郷鉾田小唄、文化財、伝説ほか

## 【つくばみらい市】

**伊奈町史**　伊奈町史編纂委員会編
- ◇史料編1 古代・中世　伊奈町　2001.3　623p　22-26cm
  - 内容 古代編：大和政権の時代から保安3年(1122)まで/中世編：大治5年(1130)から慶長期まで
- ◇史料編2 近世　伊奈町　2004.3　804p　22-26cm
  - 内容 江戸時代の始まりと伊奈地域/村の姿と村むらの動き/村の経済と流通/村のできごと/村人の生活文化/幕末の社会と地域
- ◇史料編3 結城家文書　伊奈町　1999.3　521p　22-26cm
  - 内容 土地・年貢と絵図、村のできごと、開発と治水・水防、戸長結城仁寿ほか
- ◇史料編4 近代・現代　伊奈町　2003.3　1179p　22-26cm
  - 内容 郷土伊奈のすがた、地域の政治と行政、人々の生活と産業、教育と文化の展開
- ◇史料編4 近代・現代 別編　伊奈町　2001.3　248p　22-26cm
  - 内容 昭和31年伊奈村建設基礎調査書、昭和32年度～昭和41年度伊奈村建設基本計画書、昭和32年度～昭和36年度伊奈村建設実施計画書

**谷和原の歴史**　谷和原村史編さん委員会編
- ◇史料編　谷和原村　2001.3　602p　27cm
  - 内容 考古、古代・中世、近世、近代(昭和20年まで)
- ◇図説　谷和原村　1999.3　206p　27cm
  - 内容 原始・古代、中世、近世、近現代：旧石器時代から平成10年(1998)まで
- ◇通史編　谷和原村　2003.3　601p　27cm
  - 内容 原始、古代・中世、近世、近現代：旧石器時代から平成10年(1998)ころまで

**伊奈村のあゆみ**　伊奈村郷土史編纂委員会編
- ◇伊奈村郷土史編纂委員会　1970.3　138p　22cm
  - 内容 石器時代から伊奈村の誕生まで

## 【小美玉市】

**玉里村の歴史　豊かな霞ヶ浦と大地に生きる**　玉里村史編纂委員会編
- ◇玉里村,玉里村立史料館　2006.2　506p　31cm
  - 内容 旧石器時代から平成17年(2005)合併による小美玉市発足決定まで

**美野里町史**　美野里町史編さん委員会編
- ◇上　美野里町　1989.3　303p　27cm
  - 内容 概観、原始古代、中世、近世：先土器時代から明治4年(1871)の廃藩置県まで
- ◇下　美野里町　1993.2　339p　27cm
  - 内容 近代、現代、民俗：明治4年(1871)の廃藩置県から平成4年(1992)まで

**小川町史**　小川町史編さん委員会編集
- ◇上巻　小川町　1982.3　861p　23cm

◇上巻　内容　古文化、古文書、神社、寺院、城館跡、近世文書、戦記、陸上交通、教育、金石文、地名、民俗ほか

◇下巻　小川町　1988　882p　23cm
　内容　位置と環境、地形と地質、歴史、文芸、人物ほか

玉里村史　玉里村史編纂委員会編

◇玉里村教育委員会　1975.3　13, 615p, 図版2枚　22cm
　内容　原始・古代、中世、近世、近代・現代、見聞集・史料抄：先史時代から昭和49年(1974)まで

## 【茨城町】

茨城町史　茨城町史編さん委員会編

◇地誌編　茨城町　1993.5　479p　27cm
　内容　総説：現在の茨城町および旧五か村、涸村と涸沼川を概観/各説：茨城町内40大字の地誌

◇通史編　茨城町　1995.2　750p　27cm
　内容　原始・古代、中世、近世、近代・現代：先土器時代から現在(平成6年)まで

## 【大洗町】

大洗町史　大洗町史編さん委員会編

◇通史編　大洗町　1986.3　991p　22cm
　内容　生活の舞台・生活の発展・民俗：先土器時代から昭和60年(1985)まで

## 【城里町】

七会村の歴史　七会村史編纂委員会編

◇七会村　2005.1　269p　27cm
　内容　自然、原始・古代、中世、近世、近代、現代：先土器時代から平成16年

(2004)の城里町合併調印まで

桂村史　桂村史編さん委員会編

◇通史編　桂村　2004.12　529p, 図版4枚　27cm
　内容　原始・古代、中世、近世、近代、現代：旧石器時代から昭和40年代の高度成長期まで

常北町史　常北町史編さん委員会編

◇常北町　1988.3　997p　22cm
　内容　生活の舞台・生活の発展・日々の生活：先土器時代から昭和60年(1985)前後まで

桂村郷土誌　改訂版　桂村郷土誌改訂委員会編

◇桂村教育委員会　1978.3　383p　22cm
　内容　縄文式文化時代から昭和52年(1977)頃まで

桂村郷土誌　桂村郷土誌編さん委員会編集

◇桂村教育委員会　1967　366p　21cm
　内容　縄文式文化時代から昭和52年(1977)頃まで

## 【東海村】

東海村史　東海村史編さん委員会編

◇東海村　1992.10　2冊　22cm

東海村誌　東海村教育委員会編

◇東海村教育委員会　1958.3　214p, 図版3枚　19cm
　内容　沿革・自然環境・人的環境・原子力研究施設ほか、昭和31年(1956)原子力研究所起工式まで

## 【大子町】

大子町史　大子町史編さん委員会編

◇資料編　上巻　大子町　1984.8　1001p

22cm

　内容 考古資料、古代・中世文書、近世文書

◇資料編 下巻　大子町　1986.2　1349p　22cm

　内容 明治初年から昭和30年(1955)ころまでの、町域の政治・行政・産業・経済、社会に関する史料

◇写真集　大子町　1980.12　238p、図版2枚　27cm

　内容 原始・古代から近現代(昭和50年前後)まで

◇通史編 上巻　大子町　1988.3　767p　22cm

　内容 自然環境・原始古代・中世・近世：先土器文化から水戸藩の終末まで

◇通史編 下巻　大子町　1993.3　773p　22cm

　内容 近代・現代：明治4年(1871)の廃藩置県前後から昭和60年(1985)頃まで

## 【美浦村】

美浦村誌　美浦村誕生40周年記念　美浦村史編さん委員会編

◇美浦村　1995.11　419p、図版6枚　27cm

　内容 自然・原始古代・中世・近世・近代・現代・新生美浦村の出発：先土器時代から平成6年(1994)まで

## 【阿見町】

阿見町史

◇阿見町　1983.3　798p　22cm

　内容 自然、原始・古代、中世、近現代／民俗：無土器時代から昭和57年まで

## 【河内町】

図説河内の歴史　河内町史編さん委員会編

◇河内町　2003.3　259p　27cm

　内容 古代(和銅年間)から平成13年(2001)まで

## 【八千代町】

八千代町史　八千代町史編さん委員会編

◇資料編1 考古　八千代町　1988.11　239p　22cm

　内容 遺跡の発掘調査によって出土した資料や、町内発見の板碑など

◇資料編2 文献　八千代町　1988.11　737p　22cm

　内容 中世：院政・鎌倉期から戦国期まで／近世・近現代：寛文5年(1665)から昭和32年(1957)まで

◇通史編　八千代町　1987.3　1274, 27p　22cm

　内容 原始・古代、中世、近世、近・現代：先土器時代から昭和55年(1980)ころまで

## 【五霞町】

五霞村のあゆみ　村制90周年記念

◇茨城県猿島郡五霞村　1980.3　95p　31cm

　内容 近世から昭和55年(1980)3月まで

## 【境町】

下総境の生活史　境町史編さん委員会編集

◇史料編 近現代　境町　2004.3　1168, 3p　27cm

　内容 新しい制度と事業の展開(明治から昭和まで)／くらしの変化1(明治・大正から戦後の復興期)／くらしの変化2(高度成長の時代)

◇史料編 原始・古代・中世　境町　2004.3　540, 3p　27cm

　内容 考古資料：縄文時代から中世まで／文献資料：古代から中世まで(基本として天正18年の徳川家康の関東入部まで)

◇史料編 近世1 河岸町の生活　境町　2000.3　871, 3p　27cm
　内容 堺町及び境河岸に関する町内外の史料、元和2年から明治10年まで

◇史料編 近世2 村の生活　境町　2002.1　850, 3p　27cm
　内容 堺町旧村に関する町内外の史料、天正18年(1590)徳川家康の関東入国から明治4年(1871)廃藩置県まで

◇史料編 近世3 河岸問屋の大福帳　境町　2004.12　965, 3p　27cm
　内容 河岸経営帳簿・大福帳(元文2年・明和6年・寛政5年・天保7年)

◇史料編 近現代別巻 長田村々是　境町　2004.4　339p　26cm

◇図説・境の歴史　境町　2005.3　8, 322p, 図版[2]p　27cm
　内容 縄文時代から平成14年(2002)ころまで

◇地誌編 地誌　境町　2004.3　602, 3p　27cm
　内容 新しい境町の成立と旧町村の概観・町場のくらし・旧長井戸沼周辺の村々ほか

◇地誌編 自然・動植物　境町　2004.3　308p　27cm
　内容 境町の自然・境町の植物・境町の動物

## 【利根町】

利根町史　利根町教育委員会, 利根町史編さん委員会編

◇第1巻 眼でみる町の歴史　利根町　1979.3　126p　22cm
　内容 縄文時代から昭和52年(1977)ころまで

◇第2巻 史料集　利根町　1983.3　623p　22cm
　内容 近世から現代(第二次世界大戦の終末まで)までの文書

◇第3巻 通史 古代・中世編　利根町　1989.3　301p　22cm
　内容 旧石器時代から天正18年(1590)の小田原落城前後まで

◇第4巻 通史 民俗編　利根町　1992.3　368p　22cm
　内容 民話と伝説、方言、冠婚葬祭、年中行事、民家

◇第5巻 通史 社寺編　利根町　1993.12　272p　22cm
　内容 人々の祈り、庶民の信仰、自分たちのものにした祈り、資料編

◇第6巻 通史 近世論　利根町　1999.8　575p　22cm
　内容 天正18年(1590)徳川家康の関東入国から幕末期まで

北相馬郡志　野口如月著

◇崙書房　1975　432p, 図10枚　20cm
　内容 北相馬郡24町村に於ける地理、歴史、制度文物の沿革

北相馬郡誌　野口如月著

◇北相馬郡志刊行会　1918　432p 肖像　19cm

## 【猿島郡】

猿島郷土史　猿島郡教育会編

◇猿島郡教育会　1942　2冊　B5 (謄)

猿島郡郷土大観　郷土顕彰会編

◇崙書房　1927.6　130, 260, 28, 74, 180p　22cm
　内容 総説、大観、雑観、町村郷土誌、郷土之人物ほか

猿島郡中部郷土誌　猿島郡中部教育会編

◇猿島郡中部教育会　1915　62p　B5 (謄)

猿島郡郷土誌　稲葉賢介著

◇猿島郡教育会　1900　32p　A5

## 【筑波郡】

筑波郡郷土史　附名譽鑑　塙泉嶺編
- ◇宗教新聞社　1926.7　40, 576p 折込図 23cm
  - 内容 神代史から大正期までの各町村郷土記事、郷土放光(名誉鑑)など

## 【東茨城郡】

東茨城郡誌　［複製版］　東茨城郡教育会編纂
- ◇上巻　名著出版　1973.2　23, 12, 892p　22cm
  - 内容 皇室と本郡、土地人民、沿革、神社、宗教、教育、美術：神代から大正期まで
- ◇下巻　名著出版　1973.2　19, 893～1787p　22cm
  - 内容 兵事、社会事業、文書、人物、産業ほか、上古から大正期まで

東茨城郡誌　東茨城郡教育会編
- ◇上, 下　東茨城郡教育会　1927　2冊　A5

# 栃木県

栃木県史　栃木県史編さん委員会編
- ◇史料編 考古 1　栃木県　1976.3　13, 806, 35p　22cm
  - 内容 那須・塩谷・河内・芳賀地域の主要な遺跡
- ◇史料編 考古 2　栃木県　1979.3　12, 814, 19p　22cm
  - 内容 上都賀・下都賀・安蘇・足利地域の主要な遺跡
- ◇史料編 古代　栃木県　1974.3　16, 112p　22cm
  - 内容 古代国家成立期から文治元年(1185)平氏滅亡まで
- ◇史料編 中世 1　栃木県　1973　85, 687p　22cm
  - 内容 保元 3 年(1158)から安永 6 年(1777)まで、県内に所蔵・保管されている中世文書
- ◇史料編 中世 2　栃木県　1975.3　32, 526p　22cm
  - 内容 長和 2 年(1013)から元禄 7 年(1694)までの県外所在の下野関係中世文書のうち一括大量文書他
- ◇史料編 中世 3　栃木県　1978.3　69, 542p　22cm
  - 内容 保延 4 年(1138)から宝永 7 年(1710)までの東北・関東地方に散在する下野関係中世文書
- ◇史料編 中世 4　栃木県　1979.3　68, 772p　22cm
  - 内容 承和 9 年(842)から寛永 10 年(1633)までの中部地方以西に散在する下野関係中世文書, 下野諸豪族系図, 寺院歴代譜, 血脈他
- ◇史料編 中世 5　栃木県　1976.3　13, 970p　22cm
  - 内容 軍記物・社寺の縁起及び「吾妻鏡」の下野関係記事他

◇史料編 近世 1　栃木県　1974.3　126, 864p　22cm
　内容 宇都宮・壬生藩などの譜代藩領を中心に，河内・都賀・寒川地域における近世前半期の史料

◇史料編 近世 2　栃木県　1976.3　71, 754p　22cm
　内容 宇都宮・壬生藩など譜代藩領を中心に，河内・都賀・寒川地域における近世後半期の史料

◇史料編 近世 3　栃木県　1975.3　84, 889p　22cm
　内容 真岡代官支配所を中心に芳賀地域における近世史料

◇史料編 近世 4　栃木県　1975.3　74, 884p　22cm
　内容 黒羽藩など旧族の外様小藩，譜代の烏山藩領などを中心に，那須・塩谷地域における近世史料

◇史料編 近世 5　栃木県　1979.3　57, 768p　22cm
　内容 足利・梁田・安蘇郡の分散相給地域における近世史料

◇史料編 近世 6　栃木県　1977.3　62, 856p　22cm
　内容 近世の日光領を中心に，日光・足尾地域における史料

◇史料編 近世 7　栃木県　1978.3　18, 975p　22cm
　内容 下野全地域に関わる幕末維新期の史料，郷帳之類，酒造株高改

◇史料編 近世 8　栃木県　1977.3　50, 794p　22cm
　内容 下野を代表する農書，農業経営史料，農民教諭書他

◇史料編 近現代 1　栃木県　1976.3　48, 868p　22cm
　内容 戊辰戦争以降，大日本帝国憲法発布までの明治前半期の政治関係史料

◇史料編 近現代 2　栃木県　1977.3　46, 830, 56p　22cm

　内容 大日本帝国憲法発布から明治末年までの明治後期の政治関係史料

◇史料編 近現代 3　栃木県　1979.3　41, 924p　22cm
　内容 大正元年(1912)から昭和23年(1948)までの大正期及び昭和期の政治関係史料

◇史料編 近現代 4　栃木県　1974.3　24, 1184, 88p　22cm
　内容 廃藩置県以降，第二次世界大戦終末までの農業に関する史料

◇史料編 近現代 5　栃木県　1975　908, 38p　22cm
　内容 廃藩置県以降，第二次世界大戦終末までの林業・畜産業及び那須野が原開拓と大農場に関する史料

◇史料編 近現代 6　栃木県　1977.3　39, 888p　22cm
　内容 廃藩置県以降，第二次世界大戦終末までの鉱工業，足利織物業に関する史料

◇史料編 近現代 7　栃木県　1978.3　53, 1096p　22cm
　内容 廃藩置県以降，第二次世界大戦終末までの商業・金融・交通・通信に関する史料

◇史料編 近現代 8　栃木県　1979.3　43, 996, 27p　22cm
　内容 廃藩置県以降，第二次世界大戦終結時までの教育・文化関係史料

◇史料編 近現代 9　栃木県　1980.3　78, 1123, 25p　22cm
　内容 足尾銅山経営及び鉱毒被害・反対運動などの足尾銅山関係史料

◇通史編 1 原始・古代 1　栃木県　1981.3　33, 774, 28p　22cm
　内容 先土器時代から古墳時代の遺跡・遺物の集成図

◇通史編 2 古代 2　栃木県　1980.3　558, 32p　22cm
　内容 大化改新から平安時代末までの通史，武士や荘園についてはほぼ平将門の乱頃まで

◇通史編 3 中世　栃木県　1984.3　37,
868, 22p　22cm
　内容 古代末期武士の登場から,秀吉全国統一の天正18年(1590)まで

◇通史編 4 近世 1　栃木県　1981.3
42, 1018, 12p　22cm
　内容 天正18年(1590)の豊臣政権による下野制圧から18世紀前後(元禄・享保期)までの通史

◇通史編 5 近世 2　栃木県　1984.3
52, 1406, 11p　22cm
　内容 幕藩体制の動揺から崩壊に至る近世後期の下野の通史

◇通史編 6 近現代 1　栃木県　1982.8
12, 1157, 16p　22cm
　内容 明治維新以降,第二次世界大戦までの政治・社会・教育・文化に関する通史

◇通史編 7 近現代 2　栃木県　1982.3
42, 859, 15p　22cm
　内容 廃藩置県以降,第二次世界大戦までの産業経済に関する通史

◇通史編 8 近現代 3　栃木県　1983.3
45, 1014, 21p　22cm
　内容 那須野が原開拓,足利織物・足尾銅山と鉱毒に関する通史

栃木県郷土誌　田代善吉著
◇歴史図書社　1981.1　8, 282p　22cm
　内容 栃木県全域の地誌、歴史、史蹟名勝、社寺、人物、社会風俗など(大正4年版を改訂して刊行した昭和16年版の再刊)

栃木県誌　[複製版]　舟橋一也著
◇歴史図書社　1977.3　12, 630, 14p　22cm
　内容 明治37年(1904)に発行された『両毛文庫栃木通鑑前編栃木県誌』の復刻版

栃木県市町村誌
◇栃木県町村会　1955　950,76,20p 図版

26cm

栃木縣史　田代善吉著
◇第 1 巻 地理編　下野史談會　1933.3
456p　23cm

◇第 2 巻 交通編　下野史談會　1933.9
446p　23cm

◇第 3 巻 神社編　下野史談會　1934.6
502p　23cm

◇第 4 巻 寺院編　下野史談會　1934.11
17, 642p　23cm
　内容 栃木県内寺院の沿革、仏教概説、各宗派の大意

◇第 5 巻 政治編　下野史談會　1935.7
510p　23cm

◇第 6 巻 教育編　下野史談會　1935.12
620p　23cm

◇第 7 巻 城址編　下野史談會　1936.7
520p　23cm

◇第 8 巻 戦争編　下野史談會　1936.10
562p　23cm

◇第 9 巻 産業編　下野史談會　1937.7
557p　23cm

◇第 10 巻 産業経済編　下野史談會
1937.10　564p　23cm

◇第 11 巻 史蹟名勝編　下野史談會
1938.9　553p　23cm

◇第 12 巻 考古編　下野史談會　1939.2
280p　23cm

◇第 13 巻 伝記編　下野史談會　1939.9
563p　23cm

◇第 14 巻 文化編　下野史談會　1939.12
545p　23cm

◇第 15 巻 市町村編　下野史談會
1940.10　604p　23cm

◇第 16 巻 皇族編・系図編　下野史談會
1941.7　492p　23cm

◇第 17 巻 墳墓編・総索引　下野史談會

1942.3　232, 232, 16p　23cm

**東毛小志**　栃木県編

◇栃木県　1910　135p　A5（和）

**栃木県史材料**　栃木県編

◇1—27　栃木県　1888　27冊　B5（和）

**栃木県史附録**　栃木県編

◇栃木県　1888　19冊　B5（和）

## 【宇都宮市】

**上河内村史**　上河内村編

◇上巻　上河内村　1986.3　20, 1003p　22cm
　内容　縄文時代から慶応4年(1868)頃まで

◇下巻　上河内村　1986.3　22, 644p　22cm
　内容　近現代、戦後：明治元年頃から昭和58年(1983)まで／民俗：衣食住、村と家と生業、人の一生、年中行事と祭り、芸能、信仰・口頭伝承

**宇都宮市史**　宇都宮市史編さん委員会編

◇第1巻 原始・古代編　宇都宮市　1979.3　10, 864p　22cm
　内容　旧石器時代から平安時代までの通史及び資料宇都宮の風土含む

◇第2巻 中世史料編　宇都宮市　1980.3　15, 501p　22cm
　内容　天福2年(1234)から慶長10年(1605)の宇都宮市内・栃木県内外の文書・記録・系図・金石文

◇第3巻 中世通史編　宇都宮市　1981.3　20, 657p　22cm
　内容　平安時代後期から慶長期までの宇都宮氏の草創期から宇都宮国綱の没落まで

◇第4巻 近世史料編1　宇都宮市　1980.3　20, 853p　22cm
　内容　天文19年(1550)から慶応元年(1865)の領主と藩政、町方と商業、土地と租税、村落と戸口身分に関する史料を都市部と農村部に大別し収録

◇第5巻 近世史料編2　宇都宮市　1981.3　22, 899p　22cm
　内容　慶長期から明治2年(1869)の交通と運輸・土木建築・社寺と宗旨・庶民の格式と信仰・農村の変貌・事件に関するものを収録

◇第6巻 近世通史編　宇都宮市　1982.2　21, 751p　22cm
　内容　宇都宮藩の成立から戊辰戦争まで（天正18年(1590)以降）

◇第7巻 近・現代編1　宇都宮市　1980.3　14, 929p　22cm
　内容　戊辰戦争後(1868)より宇都宮市制80周年(1976)まで

◇第8巻 近・現代編2　宇都宮市　1982.12　832p　22cm
　内容　戊辰戦争後(1868)より宇都宮市制80周年(1976)まで

◇別巻 年表・補遺　宇都宮市　1981.12　4, 412p　22cm
　内容　年表と原始・古代、中世及び近・現代の補遺・旧町村の合併までの略史

**西川田村史**　小平庫三著

◇西川田村史刊行会　1980.10　157p　21cm

**宇都宮市六十周年誌**　宇都宮市役所総務部庶務課編

◇宇都宮市役所　1960.3　6, 1315p 図版4枚　22cm
　内容　市の生い立ちから昭和31年(1956)4月1日まで60年間の市勢発展の過程

**宇都宮城下史**　福田徳重編輯

◇宇都宮城下史編纂所　1933.3　2, 2, 4, 198p, 図版5枚　23cm
　内容　神社、宇都宮歴代城主、寺院、地名、室町時代から昭和4年頃までの歴史

事項など

宇都宮市史　田代善吉著
◇下野史談会　1928.11　4, 353p　23cm
　内容 上古から昭和3年頃までの通史

宇都宮誌　田代善吉著
◇下野史談會　1926.12　6, 361p　22cm
　内容 宇都宮市における自治、教育、産業交通など

宇都宮四近村略志　栃木県編
◇栃木県　1892

## 【足利市】

近代足利市史　足利市史編さん委員会編
◇第1巻 通史編 原始～近代(二)　足利市　1977.3　1487p　22cm
　内容 原始・古代：旧石器時代から律令制の実施まで/中世：藤原姓足利氏の興亡から室町時代まで/近世：幕藩制の確立から足利藩解体まで/近代(一)：廃藩置県から明治20年(1887)頃まで/近代(二)：明治22年(1889)市制・町村制から明治末年まで

◇第2巻 通史編 近代(三)～現代　足利市　1978.1　1312p　22cm
　内容 大正期の市制の施行・織物業・民俗など/昭和前期の政治・足利銘仙・軍需工業など/昭和20年(1945)頃から昭和45年(1970)まで/民主化・トリコット産業・工業・農業・金融・教育・文化など

◇第3巻 史料編 原始・古代・中世・近世　足利市　1979.1　1197p　22cm
　内容 原始・古代：先土器から平安前期までの遺跡/中世：平安から戦国期までの文書・金石文・系図及び足利学校本題跋/近世：慶長期から明治初期までの文書

◇第4巻 史料編 近現代1　足利市　1975.10　1482p　22cm
　内容 廃藩置県以降, 昭和45年(1970)に至るまでの行政・教育に関する史料

◇第5巻 史料編 近現代2　足利市　1979.2　1225p　22cm
　内容 明治初年から昭和45年(1970)に至るまでの産業・経済・社会・自然・災害・文化・くらしに関する史料

◇別巻 鉱毒　足利市　1976.3　532p　22cm
　内容 明治10年代から昭和45年(1970)に至るまでの足利に関係する足尾銅山鉱毒史料

足利市史　足利市編
◇上巻　永倉活版所　1928.12　1365p　23cm
　内容 石器時代から大正期までの地理・政治・神社・仏寺及び教会

◇下巻　永倉活版所　1929.1　1256p　23cm
　内容 大正期までの学芸・風俗・産業・人物

足利市制施行誌　足利市役所編
◇足利市役所　1922　350p　B6

山前村郷土誌 全　足利郡山前村編
◇足利郡山前村　1911　62丁　B5 (和)

足利誌要　長安太郎著
◇足利町役場　1911　186p　B6

## 【栃木市】

栃木市史　栃木市史編さん委員会編
◇史料編 近世　栃木市　1986.3　34, 1018p　22cm
　内容 天正19年から幕末維新期(明治4年)までの史料、「古代・中世」補遺

◇史料編 古代・中世　栃木市　1985.3　29, 785p　22cm
　内容 弥生時代から天正18年(1590)まで

佐野市　　　　　　　　　　　　　　　　　　　栃木県

　◇史料編 近現代 1　栃木市　1981.3　8,
　　1005p　22cm
　　内容 慶応 4 年(1868)から現代(昭和 50 年
　　代)までの政治行政関係史料
　◇史料編 近現代 2　栃木市　1983.3　8,
　　1111p　22cm
　　内容 明治初期から昭和 50 年代までの経
　　済・社会・文化関係史料
　◇史料編 自然・原始　栃木市　1982.3
　　17, 446p　22cm
　　内容 旧石器時代から縄文時代まで
　◇通史編　栃木市　1988.12　34, 1376p
　　22cm
　　内容 旧石器時代から昭和 61 年(1986)頃
　　まで
　◇民俗編　栃木市　1979　8, 904p
　　22cm

目で見る栃木市史　栃木市史編さん委
員会編
　◇栃木市　1978.3　548p　22cm
　　内容 自然,原始から昭和 40 年代まで

栃木市の歴史　日向野徳久著,栃木市教
育委員会編
　◇栃木市　1966.11　303p, 図版 1 枚
　　21cm
　　内容 旧石器時代から昭和 40 年(1965)ま
　　での通史

【佐野市】

田沼町史　田沼町編
　◇第 1 巻 自然・風俗編　田沼町　1982.3
　　595p　22cm
　　内容 自然：土地と気候・植生・地名など
　　/民俗：昭和 57 年(1982)から 50 年前後の
　　町民の生活,生活技術・習俗・思想など
　◇第 2 巻 資料編 1 金石　田沼町　1981.3
　　666p　22cm
　　内容 江戸初期 寛永 3 年(1626)から昭和
　　31 年(1956)まで, 及び応永 25 年(1418)と

　　文禄 3 年(1594)の鰐口
　◇第 3 巻 資料編 2 原始 古代 中世　田沼
　　町　1984.3　745p　22cm
　　内容 原始・古代：先土器時代・縄文時
　　代・弥生時代の遺跡・古墳・古墳時代以
　　降の遺跡・古代の文献資料/中世：文書・
　　城館・金石・寺院
　◇第 4 巻 資料編 3 近世　田沼町　1983.3
　　697p　22cm
　　内容 天正 20 年(1592)から明治 3 年
　　(1870)の政治・経済・社会・文化に関す
　　る近世文書
　◇第 5 巻 資料編 4 近現代　田沼町
　　1983.3　747p　22cm
　　内容 明治・大正・昭和の文書
　◇第 6 巻 通史編(上)　田沼町　1985.3
　　772, 22p　22cm
　　内容 旧石器時代から慶応 3 年(1867)頃
　　まで
　◇第 7 巻 通史編(下)　田沼町　1986.9
　　594, 24p　22cm
　　内容 明治維新から昭和 31 年(1956)町村
　　合併により新田沼町成立まで

佐野市史　佐野市史編さん委員会編
　◇資料編 1 原始・古代・中世　佐野市
　　1975.1　58, 1074p　22cm
　　内容 原始・古代：遺跡,古墳,集落ほか,文
　　献史料/中世：系図,城館址,銘記集,文書
　◇資料編 2 近世　佐野市　1975.3　23,
　　1043p　22cm
　　内容 郷帳・支配・法令,土地・年貢,町・
　　村方,産業・交通,水制・普請,神社・寺
　　院,社会・文化関係文書
　◇資料編 3 近代　佐野市　1976.3　31,
　　1126p　22cm
　　内容 幕末期から大正期史料,幕末期の大
　　平・六角・出流山事件関係史料
　◇資料編 4 近現代　佐野市　1976.3
　　32, 1058p　22cm
　　内容 昭和元年(1926)から昭和 40 年
　　(1965)まで/昭和初期の経済恐慌,昭和 10

年代の戦時体制他の史料

◇通史編 上巻 佐野市 1978.3 1246p 22cm

◇通史編 下巻 佐野市 1979.3 20, 1370p 22cm
　内容 幕末・明治期, 大正期, 昭和期：ペリー来航(1853)から昭和40年代まで

◇民俗編 佐野市 1975.1 31, 932p 22cm
　内容 地域概観, 社会生活, 生活生業, 衣食住, 人の一生, 信仰と年中行事他

佐野市史年表　佐野市史編さん委員会編

◇佐野市 1979.3 91p 21cm
　内容 佐野市域における地質時代から昭和53年(1978)11月までの歴史事項

葛生町誌　葛生町誌編さん委員会編

◇葛生町 1973.1 914p 挿図(5図) 27cm
　内容 縄文時代から昭和46年(1971)頃までの歴史

安蘇郡郷土史年表　栃木縣安蘇郡教育會編

◇栃木県安蘇郡教育会 1933.9 230p 23cm
　内容 紀元元年より昭和6年に至る2591年間における郷土の史蹟を簡明に記述

安蘇郡犬伏町郷土史　安蘇郡犬伏町役場編

◇安蘇郡犬伏町役場 1917 658p A5

安蘇郡植野村郷土誌　植野村役場編

◇植野村役場 1915 285p A5

安蘇郡誌　江森泰吉編

◇全國縮類共進會協贊會 1909.10 94, 2, 2p 19cm
　内容 地方機業の沿革・発達の状況, 名勝旧址その他重要物産の現状

## 【鹿沼市】

鹿沼市史　鹿沼市史編さん委員会編

◇資料編 古代・中世 鹿沼市 1999.3-880, 41p 27cm
　内容 日本書紀の時代から戦国時代末期まで

◇資料編 近世1 鹿沼市 2000.3 838p 27cm
　内容 天正18年(1590)から明治初期における板荷・菊沢・西大芦・東大芦・加蘇・南摩の各地区

◇資料編 近世1 別冊 鹿沼市 2000.3 213p 27cm
　内容 明暦以前の鹿沼市域の検地帳と元禄以前の上石川村の検地帳, 田畑改帳

◇資料編 近世2 鹿沼市 2002.3 939p 27cm
　内容 元和3年(1617)から明治初期までの鹿沼・北犬飼・北押原・南押原の各地区

◇資料編 近世2 別冊 鹿沼市 2002.3 194p 27cm
　内容 延宝8年(1680)から元治元年(1864)までの各地区の宗門人別帳

◇資料編 近現代1 鹿沼市 2000.3 921p 27cm
　内容 明治維新期から昭和戦前期における合併前の鹿沼町・菊沢村・南押原村・北押原村・北犬飼村に該当する地域

◇資料編 近現代1 別冊 鹿沼市 2000.3 377p 27cm
　内容 明治22年(1889)から昭和32年(1957)までの歳入歳出決算書

◇資料編 近現代2 鹿沼市 2003.3 827p 27cm
　内容 明治維新期から平成13年(2001)まで、合併前の板荷村・西大芦村・東大芦村・加蘇村・南摩村に該当する地域及び戦後の鹿沼市域

◇資料編 近現代2 別冊 鹿沼市 2003.3 280p 27cm
　内容 昭和17年(1942)から昭和19年

(1944)の板荷村常会議案,昭和19年度・昭和20年度の鹿沼町事務報告書

◇資料編 考古 鹿沼市 2001.3 490p 27cm
　内容 旧石器時代から近世までの考古資料

◇地理編 鹿沼市 2003.3 628p 27cm
　内容 人びとの生活の舞台としての自然,生活空間の形成と拡充,高度経済成長期以降の生活空間の変貌

◇通史編 原始・古代・中世 鹿沼市 2004.3 543, 26p 27cm
　内容 旧石器時代から戦国末期・豊臣政権期まで

◇民俗編 鹿沼市 2001.3 692, 8p 27cm
　内容 民俗誌と特色ある民俗

鹿沼市旧町村郷土誌集成　鹿沼市誌料刊行会

◇上 鹿沼市誌料刊行会 1986.10 350p 22cm
　内容 明治44年作成の郷土史を合巻復刻、東大芦村、北押原村、板荷村、北犬飼村

◇下 鹿沼市誌料刊行会 1992.10 660p 22cm
　内容 明治44年作成の郷土史を合巻復刻、鹿沼町、菊澤村、西大芦村、加蘇村、南押原村

粟野町誌　粟野町編

◇粟野の自然　粟野町　1983.1　206p 22cm
　内容 粟野の自然,植物,動物

◇粟野の民俗　粟野町　1982.12　398p,図版2枚　22cm
　内容 民俗の特色、衣食住、人の一生、ムラと家など

◇粟野の歴史　粟野町　1983.1　28, 956p　22cm
　内容 先土器時代から昭和57年(1982)頃まで

鹿沼市史　鹿沼市史編さん委員会編

◇前編　鹿沼市　1968.3　689, 14p 27cm
　内容 原始, 古代, 中世, 近世, 先土器時代から幕末まで

◇後編　鹿沼市　1968.3　10, 711, 11p 27cm
　内容 近代：明治初期から昭和30年(1955)頃まで

板荷村郷土誌 全　新堀八人編

◇上都賀郡板荷村　1911　49丁　B5

【日光市】

いまいち市史　今市市史編さん委員会編

◇史料編・近現代1　今市市　1974.3 324p　24cm
　内容 明治初期編さんの旧河内郡宿村「地誌編輯取調書」

◇史料編・近現代2　今市市　1974.3 299p　24cm
　内容 明治初期編さんの旧上都賀郡宿村「地誌編輯取調書」

◇史料編・近現代3　今市市　1996.3 8, 683p　24cm
　内容 明治26年(1893)から昭和30年(1955)までの旧町村(上都賀郡今市町・落合村, 河内郡豊岡村・大沢村)及び今市市の事務報告書

◇史料編・近現代4　今市市　1998.3 13, 703p　24cm
　内容 明治5年(1872)以降, 第二次世界大戦後の町村合併, 今市市の誕生に至る「政治」「社会」に関する史料(昭和35年(1960)まで)

◇史料編・近現代5　今市市　1999.3 13, 614p　24cm
　内容 明治5年(1872)から平成9年(1997)までの農林業・商工業・鉱業・交通・運輸・通信・水利

◇史料編・近現代 6　今市市　2000.3
15, 525p　24cm
　内容 明治期から現代までの教育と文化

◇史料編・近世 1　今市市　1973.3
373p　24cm
　内容 元禄 2 年(1689)から明治 4 年(1871)
　までの南小倉村宗門帳

◇史料編・近世 2　今市市　1975.3
363p　24cm
　内容 延宝 5 年(1677)から慶応 2 年(1866)
　までの街道と宿場, 助郷制度, 社参通行,
　商品流通他の史料

◇史料編・近世 3　今市市　1976.3　15,
355p　24cm
　内容 天正 18 年(1590)から明治 6 年
　(1873)までの領地と支配, 村落と農民, 村
　落荒廃と災害, 売木と筏流しの史料

◇史料編・近世 4　今市市　1978.3　17,
431p　24cm
　内容 寛永 4 年(1627)から明治 4 年(1871)
　までの村明細帳, 農業と諸産業, 商業, 入
　会と用水, 一揆と騒動, 生活と文化の史料

◇史料編・近世 5　今市市　1985.3　15,
760p　24cm
　内容 元和 6 年(1620)から明治元年(1868)
　までの村明細帳・検地帳と名寄帳

◇史料編・近世 6　今市市　1986.10
13, 489p　24cm
　内容 天明 3 年(1783)から明治 3 年(1870)
　までの河内郡大室村・沢又村, 都賀郡下
　岩崎村の宗門人別帳

◇史料編・近世 7　今市市　2000.3　26,
675p　24cm
　内容 嘉永 6 年(1853)から明治 4 年(1871)
　に至る幕末維新期の今市に関する史料

◇史料編・原始 1：中世 1　今市市
1975.3　234p　24cm
　内容 原始：縄文・弥生遺跡/中世：鎌倉時
　代から慶長期までの文書・記録, 金石文

◇通史編 1　今市市　1982.3　17, 599p
24cm
　内容 縄文時代以降, 江戸時代の下野及び
　今市地方の領地編成まで

◇通史編 2　今市市　1995.3　426p
24cm
　内容 江戸時代前半期(享保年間まで)

◇通史編 3　今市市　1998.12　502p
24cm
　内容 江戸中期, 享保年間以降, 嘉永 5 年
　(1852)までの江戸時代後半期

◇通史編 4　今市市　2004.3　471p
24cm
　内容 幕末維新期：嘉永 6 年(1853)から明
　治 4 年(1871)まで, 幕末の日光領支配と
　報徳仕法, 幕末期の民衆運動, 戊辰戦争,
　日光県の成立他

◇通史編 5　今市市　2005.1　454p
24cm
　内容 近代：明治 5 年(1872)から明治 45
　年(1912)までの明治時代

◇通史編 6　今市市　2006.10　770p
24cm
　内容 近現代：大正時代から平成 17 年
　(2005)まで

◇通史編・別編 1　今市市　1980.3　13,
416p　24cm
　内容 幕末期の「今市における報徳仕法」

◇通史編・別編 2 今市のむらの歩み　今
市市　1992.3　324p　24cm
　内容 古代から現代までの大字ごとの沿革

栗山村誌　栗山村誌編さん委員会編

◇栗山村　1998.3　501p　22cm
　内容 縄文時代から平成 7 年(1995)頃まで

足尾郷土誌　足尾郷土誌編集委員会編

◇1948 年版　足尾町　1949　1 冊
26cm

◇1956 年版　足尾町　1957　1 冊
26cm

◇1969 年版　足尾町郷土誌編集委員会
1969.9　176p　26cm

◇1978 年版　足尾町　1978.9　208p　26cm

◇1993 年版　足尾町　1993.3　239p　26cm

日光市史　日光市史編さん委員会編

◇[通史編]　上巻　序編・考古・古代・中世　日光市　1979.12　23, 1001, 10p　22cm
　内容　考古：縄文時代から歴史時代の遺跡／古代中世：奈良時代から慶長期まで

◇[通史編]　中巻　近世　日光市　1979.12　31, 977, 19p　22cm
　内容　天正 18 年(1590)から慶応 4 年(1868)まで

◇[通史編]　下巻　近現代・民俗　日光市　1979.12　38, 1239, 9p　22cm
　内容　近現代：慶応 3 年(1867)大政奉還から昭和 52 年(1977)頃まで／民俗：民俗の特色・着物・食べ物・すまい・家と村・人の一生・信仰・祭り・芸能・民話・ことわざ・まじない

◇史料編　上巻　日光市　1986.3　23, 870p　22cm
　内容　考古資料・縁起類・記録・古文書・記念銘文史料・紀行文他

◇史料編　中巻　日光市　1986.3　57, 1329p　22cm
　内容　日光山誌、日光神領、法制、天海、造営・修復、日光社参、朝鮮通信使・琉球慶賀使、日光例幣使、八王子千人同心、日光修験、祭礼、参詣、産業

◇史料編　下巻　日光市　1986.3　23, 1228p　22cm
　内容　近現代：明治維新期から昭和 34 年(1959)頃までの総記・明治維新・神仏分離・学校教育・行政・産業・交通・郵便・金融・神社・寺院・保晃会・皇室・兵事・戦時生活・戦時下の宗教行政・戦後の行政・警察・市制施行

藤原町史　藤原町史編さん委員会編

◇資料編　藤原町　1980.3　40, 1032p　22cm
　内容　町内に存するものを中心に、町外からも収録

◇通史編　藤原町　1983.3　24, 906p　22cm
　内容　旧石器時代から昭和 56 年(1981)頃まで

豊岡村誌　豊岡村誌編集委員会編

◇今市市豊岡公民館　1965.5　348p 図版　22cm
　内容　先史時代から昭和 39 年(1964)頃までの通史, 民俗史

藤原村誌　藤原村役場編

◇藤原村役場　〔1920〕　274p　A5

【小山市】

小山市史　小山市史編さん委員会編

◇史料編　中世　小山市　1980.3　70, 958p　22cm
　内容　鎌倉時代から慶長期までの古文書及び金石文・陶磁器・城館跡他／付図「小山市域全図」

◇史料編　近世 1　小山市　1982.3　7, 1342, 40p　22cm
　内容　天正 18 年(1590)から宝暦・天明期(1751～1788)に至る史料／付録「江戸幕府小山御殿図」

◇史料編　近世 1 付録　小山市　1982.3　128p　22cm
　内容　統計編、村高変遷表、領知目録、検地帳、村階層構成表他

◇史料編　近世 2　小山市　1983.10　42, 1208, 15p　22cm
　内容　寛政期(1789～1800)から幕末維新期に至る史料／付録「日光街道助郷村絵図」

◇史料編　近世 2 付録　小山市　1983.10　218p　22cm
　内容　宗門人別改帳、村々戸数・人口変遷・階層構成表・年貢変遷表・宿駅関連文書他

◇史料編 近現代1 小山市 1983.6
47, 1087, 72p 22cm
内容 戊辰戦争以降, 昭和40年代まで/付図「小山市全図」

◇史料編 近現代2 小山市 1981.3
10, 1142, 168p 22cm
内容 明治初期から昭和期(1951)まで/付図「小山市旧町村勢一覧」

◇史料編 原始 古代 小山市 1981.3
36, 1121p 22cm
内容 遺跡, 遺物, 理化学的分析結果/条里遺制・奈良・平安時代文献/付図「小山市遺跡分布図」

◇通史編1 自然 原始・古代 中世 小山市 1984.11 30, 869, 26p 22cm
内容 自然：環境・生物・大地/原始・古代：先土器時代から平安時代まで/中世：鎌倉時代から慶長期まで

◇通史編1 史料補遺編 小山市 1984.11 76p 22cm
内容 原始・古代：遺跡・出土鉄鉱滓のICP分析, 前方後円墳の型式分類, 横穴式石室の分析/中世：鎌倉時代から慶長期までの古文書・記録・金石文・系図・花押

◇通史編2 近世 小山市 1986.1 724, 33p 22cm
内容 天正18年(1590)から幕末維新期まで

◇通史編3 近現代 小山市 1987.1 27, 1080, 21p 22cm
内容 戊辰戦争から昭和59年(1984)頃まで

◇民俗編 小山市 1978.3 32, 699p 22cm
内容 民俗概観・村と家・生産・交通・衣食住・人の一生・信仰・年中行事・祭りと民俗芸能・民話・方言など

【真岡市】

真岡市史 真岡市史編さん委員会編
◇第1巻 考古資料編 真岡市 1984.3 5, 949p 22cm

内容 旧石器時代から平安時代に至る遺跡・遺物

◇第2巻 古代中世史料編 真岡市 1984.3 882p 22cm
内容 古代の芳賀郡, 中世の真岡市域に関する文献・金石資料

◇第3巻 近世史料編 真岡市 1985.3 947p 22cm
内容 寛文10年(1670)から, 明治4年(1871)の市域内に遺された近世史料/付録「元禄6年(1693)の秣場争いを裁いたときの絵図」「嘉永年間真岡荒町家並・用心水之図」

◇第4巻 近現代史料編 真岡市 1985.3 1227p 22cm
内容 戊辰戦争(慶応4年)から工業団地造成と都市向け農業成立の頃(昭和50年)までの史料

◇第5巻 民俗編 真岡市 1986.3 1253p 22cm
内容 昭和30年(1955)から4年間調査した生活文化にかかわる風俗・習慣・伝承・信仰など

◇第6巻 原始古代中世通史編 真岡市 1987.3 891p 22cm
内容 原始古代から天正18年(1590)まで

◇第7巻 近世通史編 真岡市 1988.3 843p 22cm
内容 天正18年(1590)から慶応4年(1868)まで

◇第8巻 近現代通史編 真岡市 1988.3 695p 22cm
内容 慶応4年(1868)から昭和62年(1987)頃まで

【大田原市】

大田原市史 大田原市史編さん委員会編
◇史料編 大田原市 1985.3 24, 686, 66, 91p 22cm
内容 明治初年(1868)から昭和28年(1953)までの行政に関する史料/明治初年(1868)から昭和50年(1975)までの産

業，経済，社会，交通，通信，教育，文化，福祉厚生に関する史料/徳川実紀にみる大田原・福原・那須家/湯坂遺跡調査報告書

- ◇前編　大田原市　1975　1152, 91p　22cm

- ◇後編　大田原市　1982.12　38, 1606p　22cm
  - 内容 戊辰戦争後(1868)から大田原市制20周年(1974)までの通史

### 黒羽町誌　黒羽町誌編さん委員会編

- ◇黒羽町　1982.6　1215p 挿図(4図)　27cm
  - 内容 縄文時代から昭和56年(1981)頃まで

### 加治屋郷土誌　大田原市加治屋自治会郷土誌編纂委員会編

- ◇大田原市加治屋自治会　1981.8　310p　26cm
  - 内容 明治14年(1881)加治屋開墾社創設から昭和54年(1979)頃まで

### 湯津上村誌　湯津上村誌編さん委員会編

- ◇湯津上村　1979.3　12, 991p　27cm
  - 内容 自然, 歴史, 文化, 行政

## 【矢板市】

### ふるさと矢板のあゆみ　市制30周年記念　矢板市教育委員会編

- ◇矢板市　1989.3　14, 608, 20p　22cm
  - 内容 自然：自然環境・生物/原始古代から近現代まで：先土器時代から昭和63年(1988)ころまで/民俗：年中行事と民間信仰, 人生の通過儀礼

### 矢板市史　矢板市史編集委員会編

- ◇矢板市　1981.3　697p 図版, 折込図　27cm
  - 内容 時代史：地質時代, 縄文時代から明治時代まで/区分史(近代以降)：神社関係, 寺院, 文化財, 交通, 郷土の産業, 教育, 人脈/民俗：衣食住, 人の一生, 年中行事, 信仰

### 矢板町誌

- ◇下野史談会　1928　116p　23cm

## 【那須塩原市】

### 西那須野町史　西那須野町史編さん委員会編

- ◇西那須野町　1963.4　1, 2, 6, 575p　22cm
  - 内容 史前時代の那須野から昭和30年代までの通史

- ◇別巻 西那須野百科事典　西那須野町　2004.12　374p　22cm
  - 内容 西那須野町にとって特徴的な項目を取り上げ, 概略をわかりやすく記載

### 二つ室区郷土誌　西那須野町二つ室区二つ室区郷土誌編纂委員会編

- ◇西那須野町二つ室区　2004.12　499p　21cm

### 西那須野町史双書　西那須野町史編さん委員会編

- ◇1 西那須野町の自然　西那須野町　1991.9　270p　22cm
  - 内容 西那須野町を中心としながら広く那須ヶ原という観点で地形・地質・地下水と地表水・気象・植物・動物等を扱う

- ◇2 西那須野町の明治以前史　西那須野町　1992.3　262p　22cm
  - 内容 原始・古代から明治維新を迎えるまで

- ◇3 西那須野町の開拓史　西那須野町　2000.3　660p 図版4枚　22cm
  - 内容 明治10年代の大農場の生成から戦後の国営那須ヶ原総合開発(平成6年(1994)頃)まで

- ◇4 西那須野町の行政史　西那須野町　2001.3　417p 図版　22cm
  - 内容 明治初年から第二次大戦後の西那須野町の成立(平成12年)までの行政制度,

議会,町村長,行政機構,選挙,町村合併,財政,税制

◇5 西那須野町の産業経済史　西那須野町　1997.2　379p　22cm
　内容 明治5年(1872)頃から平成7年(1995)頃まで

◇6 西那須野町の交通通信史　西那須野町　1993.3　294p　22cm
　内容 江戸時代から平成4年(1992)頃まで

◇7 西那須野町の教育文化史　西那須野町　1994.3　314p　挿図(8図)　22cm
　内容 江戸時代から平成5年(1993)頃まで

◇8 西那須野町の宗教史　西那須野町　1991.9　188p　22cm
　内容 町内の神社・寺院・キリスト教会

◇9 西那須野町の福祉厚生史　西那須野町　1995.3　228p　挿図(8図)　22cm
　内容 江戸時代から平成6年(1994)頃まで 社会福祉・保健・医療・生活環境・消防と警察

◇10 西那須野町の社会世相史　西那須野町　2004.2　376p　挿図(8図)　22cm
　内容 明治初期から平成12年(2000)頃までの戦争,社会運動,生活,娯楽,事件,事故,物価など

◇11 西那須野町の民俗　西那須野町　1994.3　259p　挿図(8図)　22cm
　内容 土地と人々,旧村・開拓地・町内のくらしと伝承,地域の交流と移りかわり

塩原町誌　塩原町誌編纂委員会編

◇塩原町教育委員会　1980.3　21, 1209p　22cm
　内容 古代から近現代まで

黒磯市誌　黒磯市誌編さん委員会編

◇黒磯市　1975.1　1284p　27cm
　内容 自然,現況,縄文時代から昭和48年(1973)ころまでの通史

〔東那須村〕郷土誌　村上三千三著
◇東那須村役場　1935　100p　A5

那須郡西那須郷土誌　西那須野町役場編
◇西那須野町役場　1932　314p　B5

## 【さくら市】

喜連川町史　喜連川町史編さん委員会編

◇第1巻 資料編1 考古　喜連川町　2003.3　524p　27cm
　内容 地形・地質,各時代の概観,旧石器時代から歴史時代までの遺跡,出土文字資料一覧

◇第2巻 資料編2 古代・中世　喜連川町　2001.3　461p　27cm
　内容 喜連川町及び塩谷郡に関する文献資料・文字資料を収録

◇第4巻 資料編4 近現代　喜連川町　2005.3　846p　27cm
　内容 明治3年(1870)喜連川藩の版籍奉還から,平成12年(2000)までの資料及び日光県の成立など近代への動きと認められるもの

氏家町史　氏家町史作成委員会編

◇民俗編　氏家町　1989.3　12, 684p　27cm
　内容 くらしと社会・経済・信仰・芸能・言語

◇上巻　氏家町　1983.3　11, 451p　27cm
　内容 先土器時代から明治5年(1872)頃まで

◇下巻　氏家町　1983.3　14, 863p　27cm
　内容 戊辰戦争(慶応3年)から昭和56年

(1981)頃まで

喜連川町誌　喜連川町誌編さん委員会
◇喜連川町　1977.11　654p　22cm

喜連川町誌
◇喜連川町　1971　162p 図　25cm
[内容] 明治44年編集配布の写本を翻刻したもの

## 【那須烏山市】

南那須町史　南那須町史編さん委員会編
◇史料編　南那須町　1993.3　948p　22cm
[内容] 旧石器時代から昭和46年(1971)町制施行まで

◇通史編　南那須町　2000.7　36, 973p　22cm
[内容] 旧石器時代から昭和64年(1989)まで

烏山町史　烏山町史編集委員会編
◇烏山町　1978.3　979p　27cm
[内容] 縄文時代以前から昭和52年(1977)頃まで

南那須村明治百年誌　南那須村明治百年誌編集委員会
◇南那須村明治百年誌編集委員会　1971.12　631p　22cm
[内容] 明治初年(1868)から昭和43年(1968)ころまでの100年間

烏山町誌　下野史談会編
◇下野史談会　1927　132,22p　22cm

## 【下野市】

国分寺町史　国分寺町史編さん委員会編
◇史料叢書 日光社参関係史料1　国分寺町　2001.3　296p　26cm
[内容] 明和年間から天保年間に至る間の日光社参関係史料

◇史料叢書 日光社参関係史料2　国分寺町　2002.1　278p　26cm
[内容] 天保12年(1841)から天保14年(1843)にかけての御用留など冊子の形態をとる史料, 補遺：書状2点

◇通史編　国分寺町　2003.7　16, 932p　27cm
[内容] 旧石器時代から平成13年(2001)頃まで

◇板碑編　国分寺町　2001.3　101p　27cm
[内容] 板碑の解説, 板碑一覧, 板碑編年表, 板碑分布図

◇民俗編　国分寺町　2001.3　314p　27cm
[内容] 人々のくらし, 街道と商売, 人の一生, 年中行事, 神仏への願いと感謝, 民話あれこれ

図説国分寺町の歴史　町史編さん委員会編
◇国分寺町　2000.3　301p　27cm
[内容] 自然, 原始時代から現代に至る歴史や民俗にかかわる資(史)料の写真及び解説

南河内町史　南河内町史編さん委員会編
◇史料編1 考古　南河内町史編さん委員会　1992.3　19, 700p　22cm
[内容] 旧石器時代から平安時代に至る遺跡・遺物

◇史料編2 古代・中世　南河内町史編さん委員会　1991.3　30, 783p　22cm
[内容] 南河内町に関わる史料(古文書・古記録, 編纂物・典籍・経巻・聖教類・文学作品類)のうち結城秀康が越前国北庄に移る慶長6年(1601)以前のもの

◇史料編3 近世　南河内町史編さん委員会　1992.3　54, 1319p　22cm
[内容] 慶長年間から幕末維新期に至るあいだの史料

◇史料編4 近現代　南河内町史編さん委員会　1992.3　33, 1102p　22cm

- ◇史料編 5 絵図　南河内町史編さん委員会　1990.3　163p　22cm
  - 内容 近世絵図を中心に、明治以降、今日に至るまでに作成された絵地図類
- ◇通史編 近世　南河内町史編さん委員会　1997.3　24, 782p　22cm
  - 内容 結城秀康が越前国に転封された慶長6年(1601)から慶応4年(1868)の戊辰戦争まで
- ◇通史編 近現代　南河内町史編さん委員会　1996.3　23, 752p　22cm
  - 内容 慶応4年(1868)の戊辰戦争から平成3年(1991)の南河内町新総合計画まで
- ◇通史編 古代・中世　南河内町史編さん委員会　1998.3　23, 766p　22cm
  - 内容 下野国が成立していく過程の7世紀から結城秀康が越前国に転封された慶長6年(1601)までの通史及び畿内・中国地方で活躍した薬師寺氏について
- ◇通史編 自然・考古　南河内町史編さん委員会　1998.3　16, 411p　22cm
  - 内容 自然編：位置と地理的性格・地形と地質・気候、植物と動物・河川と水/考古編：旧石器時代から奈良・平安時代まで
- ◇別冊 資料編2 古代・中世 補遺・附録・索引　南河内町史編さん委員会　1998.3　184p　22cm
  - 内容 補遺：奈良時代から天正期までの文献史料/附録：慶長6年(1601)以降の成立にかかる近世下野薬師寺関係史料/索引：人名・地名・寺社名
- ◇民俗編　南河内町史編さん委員会　1995.3　1186, 36p　22cm
  - 内容 民俗誌：町の概況・地域社会の仕組み、暮らしのたてかた、干瓢と紬、毎日の暮らし、生活の折り目、人の一生、神仏、お囃子と神楽、昔話と伝説など

**石橋町史**　石橋町史編さん委員会編

- ◇第1巻 史料編(上)　石橋町　1984.11　23, 4, 718p　22cm
  - 内容 原始・古代：先土器時代から平安時代の遺跡遺物/中世：古文書・記録・系図・金石文・城館跡/近世：「石橋宿の成立と展開」・「村落と支配」・「土地・年貢・諸役・農村の機構と生活」の史料
- ◇第2巻 史料編(下)　石橋町　1988.10　23, 1026p　22cm
  - 内容 近世：「入会用水問題」・「寺社の活動」・「幕末の事件」の史料/近現代：戊辰戦争以降、近現代までの史料
- ◇通史編　石橋町　1991.9　21, 985p　22cm
  - 内容 原始・古代から近現代まで

## 【上三川町】

**栃木県河内郡誌**　河内郡教育會著

- ◇千秋社　2003.12　15, 193p　22cm
  - 内容 河内郡教育会により大正6年(1917)10月発行の『河内郡史』の復刻版

**上三川町史**　上三川町史編さん委員会編

- ◇史料編 近世　上三川町　1979.8　16, 535p　22cm
  - 内容 慶長6年(1601)から明治12年(1879)までの村、土地・戸口・身分、年貢・助郷、村中議定、入会と用水、農業経営、百姓一揆・災害、神社・寺院など
- ◇史料編 近現代　上三川町　1980.3　8, 705, 58p　22cm
  - 内容 戊辰戦争から第二次世界大戦終戦までの行政・産業・教育・生活及び各種統計
- ◇史料編 原始・古代・中世　上三川町　1979.8　17, 643p　22cm
  - 内容 原始・古代：先土器時代から平安時代までの遺跡、古墳、文献史料/中世：古文書、系図、家譜、過去帳、記録、戦記、沿革縁起、城館址と金石文
- ◇通史編 上巻　上三川町　1981.12　19, 679p　22cm
  - 内容 原始・古代・自然：旧石器時代から平将門の乱頃まで/中世：鎌倉時代から

豊臣秀吉の統一のころまで/近世：天正15年(1587)頃から戊辰戦争の頃まで

◇通史編 下巻　上三川町　1981.12　26, 807p　22cm
　内容 戊辰戦争以降、第二次世界大戦終戦まで

河内郡誌　河内郡教育会編

◇歴史図書社　1977.1　193p　21cm

上三川町誌　上三川町誌編さん委員会編

◇上三川町　1975.3　10, 439p 挿図(3図)　22cm
　内容 昭和30年(1955)の合併により誕生した新上三川町の20年の歩み

河内郡制誌　私立河内郡教育会編

◇私立河内郡教育会　1926　362p　B5

河内郡誌　河内郡役所編

◇河内郡役所　1917　193p　A5

## 【河内町】

河内町誌　河内町教育委員会編

◇河内町　1982.3　15, 938p　22cm
　内容 自然、原始古代および中世・近世・近現代におよぶ歴史を概観した通史と民俗並びに歴史事項を収録した年表によって構成

## 【西方町】

上都賀郡誌　上都賀郡教育会編

◇鹿沼市誌料刊行会　1977.8　10, 606p　22cm
　内容 山口貞雄著『日光附近の地誌』(昭和9年(1934)古今書院刊)と上都賀郡教育会編『上都賀郡誌』(上・下二巻謄写版昭和8年(1933)刊)を底本に用い復刻

## 【二宮町】

二宮町史　二宮町史編さん委員会編

◇史料編1 考古・古代中世　二宮町　2005.3-2006.8　3冊　22cm

◇史料編2 近世　二宮町　2005.3　53, 1048p　22cm
　内容 天正期から幕末維新期に至る間の史料

◇史料編3 近現代　二宮町　2006.3　44, 1020p　22cm
　内容 明治維新期から昭和中後期までの二宮町域の史料

二宮町郷土誌　二宮町郷土誌編さん委員会編

◇二宮町役場　1970.3　72p　26cm
　内容 自然：位置と地形, 地質, 気候, 人口/年表：縄文時代から昭和44年(1969)まで

## 【益子町】

益子町史　益子町史編さん委員会編

◇第1巻 考古資料編　益子町　1987.3　916p　22cm
　内容 旧石器時代・縄文時代・弥生時代/古墳時代・歴史時代：遺跡・遺物

◇第2巻 古代・中世史料編　益子町　1985.3　820p　22cm
　内容 古代：奈良時代以前については芳賀郡がはじめて記録にみえる重要史料, 奈良時代以後は芳賀に関する史料/中世：鎌倉時代から戦国時代までの史料

◇第3巻 近世資料編　益子町　1987.3　30, 78, 780p　22cm
　内容 慶長5年(1600)から幕末維新期に至る史料

◇第3巻 近世資料編 付録 統計編　益子町　1987.3　370p　22cm
　内容 検地帳・宗門改人別帳, 年貢割付・皆済表, 黒羽藩領の荒廃と仕法, 産業と金融

◇第4巻 近現代史料編　益子町　1989.3
21, 55, 880p　22cm
　内容 廃藩置県翌年の明治5年(1872)から昭和43年(1968)mp真岡線廃止反対運動までの史料

◇第5巻 窯業編　益子町　1989.3　17, 884p　22cm
　内容 古代と近世・近代の調査遺跡及び資料, 近世以降の陶業の変遷, 窯業関係の文献史料, 陶業関係写真

◇第6巻 通史編　益子町　1991.3　21, 1255p　22cm
　内容 旧石器時代から昭和63年(1988)頃まで

◇別巻 益子の歴史　益子町　1982.3　452p　22cm

## 【茂木町】

茂木町史　茂木町史編さん委員会編

◇第1巻 自然・民俗文化編　茂木町　1995.3　15, 911p　22cm
　内容 自然編：位置と地理的性格, 地形, 地質, 鉱物及び地下資源など/民俗文化編：家族と家, 村と町の成立, 産業とくらし, 人の一生など/付録：仏像一覧, 石塔・石仏一覧, 絵馬一覧

◇第2巻 史料編1 原始古代・中世　茂木町　1997.3　10, 802p　22cm
　内容 原始古代：旧石器時代から歴史時代までの遺跡・遺物/中世：鎌倉時代から近世初期まで

◇第3巻 史料編2 近世　茂木町　1998.3　19, 955p　22cm
　内容 天正18年(1590)から慶応4年(1868)までの史料

◇第4巻 史料編3 近現代　茂木町　1996.3　21, 1066p　22cm
　内容 明治元年(1868)から現在までの史料

◇第5巻 通史編1 原始古代・中世・近世　茂木町　2001.3　25, 858p　22cm
　内容 旧石器時代から江戸幕府終末まで

◇第6巻 通史編2 近現代　茂木町　2000.3　21, 784p　22cm
　内容 明治元年から現在(平成9年)まで

須藤村誌　生井英俊著

◇生井英俊　1955　112p　24cm

## 【市貝町】

市貝町史　市貝町史編さん委員会編

◇第1巻 自然・原始古代・中世資料編　市貝町　1990.3　790p　22cm
　内容 自然：地質・地形・気候及び動植物, 古生物/原始・古代：遺跡・古墳及び出土遺物/中世：文書・文献, 城館址・金石文

◇第2巻 近世史料編　市貝町　1991.3　858p　22cm
　内容 江戸幕府成立から明治維新を迎えるまで市貝町関係の近世史料

◇第3巻 近現代史料・民俗編　市貝町　1992.3　916p　22cm
　内容 近現代編：戊辰戦争(1868)から市貝町誕生(1972)までの史料/民俗編：衣食住, 人の一生, 信仰, 市貝の手仕事

◇第4巻 通史編　市貝町　1995.2　875p　22cm
　内容 原始・古代から近現代：旧石器時代から平成2年(1990)頃まで

市貝町史史料

◇古文書編 第1集　市貝町教育委員会　1975.3　60p　26cm

## 【芳賀町】

芳賀町史　芳賀町史編さん委員会編

◇史料編 近世　芳賀町　2000.3　39, 1138p 挿図　22cm
　内容 慶長2年(1597)から慶応4年(1868)までの古文書

◇史料編 近現代　芳賀町　2000.12　26, 1152p 挿図　22cm

内容 慶応4年(1868)の幕末維新期から戦後の町村合併,芳賀町の成立並びに芳賀工業団地の誘致に至るまでの史料(平成元年まで)

◇史料編 古代・中世　芳賀町　2001.7　18, 401, 16p 挿図　22cm
　　内容 古代・中世の文献資料・文字史料・板碑等の金石文

◇史料編 考古　芳賀町　2001.7　29, 540p 挿図　22cm
　　内容 縄文時代から歴史時代に至る遺跡・遺物

◇通史編 近世　芳賀町　2003.3　20, 987p 挿図　22cm
　　内容 秀吉の天下統一(16世紀末)から徳川政権の崩壊期(19世紀後半)まで

◇通史編 近現代　芳賀町　2003.9　21, 1072p 挿図　22cm
　　内容 慶応4年から現在(平成13年)まで

◇通史編 原始古代中世　芳賀町　2003.3　12, 720p 挿図　22cm
　　内容 原始古代:有史以前から古代社会の解体まで/中世:武家政権の成立から秀吉の天下統一まで

◇通史編 自然　芳賀町　2002.3　10, 374p 挿図　22cm
　　内容 位置と風土,地形,地質,気象,動物,植物,河川と水質

◇通史編 民俗　芳賀町　2002.3　27, 567p 挿図　22cm
　　内容 戦前から昭和30年代を中心に,それ以前・以降の変化を明確にした「米と梨の里・芳賀町」を中心

◇年表編　芳賀町　2005.3　291p 挿図　22cm
　　内容 縄文時代から平成16年(2004)2月までのおもな出来事

**芳賀町史編さん10年のあゆみ**　芳賀町教育委員会生涯学習課編

◇芳賀町教育委員会生涯学習課　2003.10　386p 肖像　30cm

　　内容 芳賀町史研究論文,『芳賀町史』史料編・通史編 解説・目次他

## 【壬生町】

**壬生町史**　壬生町史編さん委員会編

◇資料文書目録 第1集　壬生町　1989.3　395p　22cm
　　内容 昭和56年(1981)から昭和63年(1988)までに町史編さんの為収集した文献史料のうち,マイクロ写真に撮影したものを家別に収録

◇資料文書目録 第2集　壬生町　1990.3　401p　22cm
　　内容 昭和56年(1981)から昭和63年(1988)までに町史編さんのため収集した文献史料のうち,マイクロ写真に撮影したものを家別に収録

◇資料編 近世　壬生町　1986.3　28, 1002p　22cm
　　内容 壬生氏の滅亡から開港に至るまでの領主支配・村と生産・町と交通・民衆の生活文化と宗教

◇資料編 近現代1　壬生町　1987.3　24, 886p　22cm
　　内容 嘉永6年(1853)のペリー来港を起点として幕末開国に対応する壬生藩の文化と,明治後期までの近代化され行く姿を近代資料として

◇資料編 近現代2　壬生町　1987.3　16, 1076p　22cm
　　内容 明治後期以降の政治・行政・産業・宗教・社会,日中・太平洋戦争,戦後の事業他

◇資料編 原始古代・中世　壬生町　1987.10　975p　22cm
　　内容 縄文時代から平安時代に至る遺跡,遺物/中世:壬生氏の発展から滅亡に至る間の中世壬生に関する史料など

◇資料編 原始古代・中世 補遺　壬生町　1990.3　274p　22cm
　　内容 原始:旧石器時代,氷河・縄文・弥生時代,遺物・遺跡他/古代:古墳・奈良・

平安時代,藤井古墳群・遺物・集落他/中世:諸記録類に見られる中世壬生と壬生氏に関する記事の抜粋,壬生氏旧臣帳5点

◇資料編 近世・付録　壬生町　1986.3　152p　16×22cm
　内容 嘉永3年(1850)に碧山季美によって編纂された壬生領の地誌書「壬生領史略」の底本

◇通史編1　壬生町　1990.10　20, 763p　22cm
　内容 町域の自然,旧石器時代から幕末のペリー来港まで,中世・近世の金石文

◇通史編2　壬生町　1989.3　12, 714p　22cm
　内容 嘉永6年(1853)のペリー来港から昭和63年(1988)まで

◇民俗編　壬生町　1985.9　471p　22cm
　内容 町の概観・民俗の特色,社会生活と族制・生産生業・交通交易・衣食住・祭りと年中行事・人生儀礼・信仰・民俗芸能と口承文芸

## 【野木町】

野木町史　野木町史編さん委員会編

◇民俗編　野木町　1988.5　11, 651p　22cm
　内容 ムラと家,仕事と交通,衣食住,口から口へ,人の一生,元旦からみそかまで,神仏への願いと感謝他

◇歴史編　野木町　1989.3　40, 897p　22cm
　内容 原始・古代から近現代まで:旧石器時代から昭和63年(1988)頃まで

## 【大平町】

大平町誌　大平町教育委員会編集

◇大平町　1982.3　857　27cm

## 【藤岡町】

藤岡町史　藤岡町史編さん委員会編

◇資料編 谷中村　藤岡町　2001.3　445p　27cm
　内容 谷中村に関する中世から昭和61年(1986)までの史料・石造物資料

◇資料編 渡良瀬遊水地の自然　藤岡町　2002.3　472p　27cm
　内容 渡良瀬遊水地の地形と地質,植物,野鳥,両生類・爬虫類,昆虫,魚,水環境と水生動物,観察ノート

◇資料編 近世　藤岡町　2000.3　482p　27cm
　内容 藤岡町の近世に関連する史料・資料

◇資料編 近現代　藤岡町　2002.3　546p　27cm
　内容 明治維新期から現代までの文献史料

◇資料編 古代・中世　藤岡町　1999.3　511p　27cm
　内容 古代:奈良・平安時代の文献史料(万葉集・続日本紀・延喜式・倭名類聚抄・多聞天次第)/中世:治承5年(1181)から小田原北条氏が滅亡する天正18年(1590)までの文書・記録・城館・金石文

◇資料編 考古　藤岡町　2003.3　418p　27cm
　内容 旧石器時代から中世までの遺跡・遺物他

◇資料編 藤岡町の自然　藤岡町　2003.3　405p　27cm
　内容 地形と地質,植物,鳥,両生類・爬虫類,魚,昆虫

◇通史編 前編　藤岡町　2004.3　16, 360p　27cm
　内容 旧石器時代から天正18年(1590)まで

◇通史編 後編　藤岡町　2004.3　20, 427p　27cm
　内容 天正18年(1590)頃から平成15年(2003)頃まで

◇別巻 民俗　藤岡町　2001.3　282p

27cm
　　内容 社会生活・生産・生業, 交通・交易, 着物・食べ物・すまい, 年中行事, 人の一生, 神仏への祈り, 民話と郷土芸能

藤岡町史　藤岡町史編さん委員会編集
◇藤岡町　1975.3　315p　22cm
　　内容 自然及び先土器時代から昭和40年代まで

## 【岩舟町】

岩舟町の歴史　岩舟町教育委員会編
◇岩舟町　1974.3　399p　21cm
　　内容 自然, 弥生時代から昭和50年(1975)頃まで

## 【都賀町】

都賀町史　都賀町史編さん委員会編
◇自然編　都賀町　1989.3　223p　22cm
　　内容 地形と地質, 動物, 植物
◇民俗編　都賀町　1989.3　30, 472p　22cm
　　内容 生活文化誌, 生産生業, 衣食住, ムラとイエ, 信仰, 年中行事, 人の一生, 芸能・民話他
◇歴史編　都賀町　1989.3　17, 974p　22cm
　　内容 縄文時代から昭和62年(1987)頃まで

## 【塩谷町】

塩谷町史　塩谷町史編さん委員会編
◇第1巻 原始古代史料編　塩谷町　1996.3　265p　22cm
　　内容 地形と遺跡分布, 調査と研究の歩み, 旧石器時代から歴史時代の主な遺跡, 古塚, 板碑他
◇第2巻 中近世史料編　塩谷町　1993.3　743p　22cm

　　内容 中世：鎌倉幕府成立 建久3年(1192)から宇都宮氏の滅亡 慶長2年(1597)まで／近世：宇都宮氏の滅亡 慶長2年(1597)から戊辰戦争 明治元年(1868)まで
◇第3巻 近現代史料編　塩谷町　1994.3　675p　22cm
　　内容 戊辰戦争以後から産業廃棄物処理場建設問題まで
◇第4巻 通史編　塩谷町　1997.3　1345p　22cm
　　内容 旧石器時代から昭和63年まで

## 【高根沢町】

高根沢町史　高根沢町史編さん委員会編
◇史料編1 原始古代・中世　高根沢町　1995.3　17, 826p　22cm
　　内容 原始古代：町域遺跡の概要, 各時代の主要遺跡, 基礎資料／中世：宇都宮氏が改易される慶長2年(1597)以前の史料
◇史料編2 近世　高根沢町　1996.7　49, 836p　22cm
　　内容 徳川家康の江戸入部から明治維新に至る間の史料
◇史料編3 近現代　高根沢町　1997.3　22, 60, 1292p　22cm
　　内容 明治維新から現在に至る史料
◇通史編1 自然・原始古代・中世・近世　高根沢町　2000.3　37, 890p　22cm
　　内容 自然：自然と風土／原始・古代・中世編：旧石器時代から戦国時代末(天正18年)まで／近世編：天正18年(1590)の豊臣秀吉による下野制圧から慶応4年(1868)の明治維新まで
◇通史編2 近現代　高根沢町　1999.3　27, 794p　22cm
　　内容 慶応4年(1868)から平成3年(1991)まで
◇別冊 ガラス乾板に残された高根沢　高根沢町　1994.3　133p 図版　22x31cm
　　内容 明治・大正・昭和初期までに撮影さ

れた写真(乾板)

◇民俗編　高根沢町　2003.3　27, 766p　22cm

内容 伝統的な生活事象が色濃く残された昭和20年代から30年代を中心に、それ以前、以降の変化に留意しつつ記述

高根沢町史年表　高根沢町史編さん委員会編

◇高根沢町　2000.3　48p　21cm

内容 原始から近現代までの年表、北高根沢村・阿久津村・熟田村歴代村長, 高根沢町歴代町長と町会議長

高根沢町郷土誌

◇高根沢町　1963.3　4, 288, 206, 74p 図版3枚　22cm

内容 東部編：鎌倉時代から昭和37年(1962)頃まで/西部編：原始から昭和33年(1958)頃まで/附録

## 【那須町】

那須町誌　那須町誌編さん委員会編

◇後編　那須町　1979.3　20, 1160p 27cm

内容 自然：植物/歴史：近世の史料(明治時代から昭和52年(1977)頃まで)/文化：文化財, 民俗

◇前編　那須町　1976.3　16, 1171p 27cm

内容 自然：地形・地質, 気象・気候, 動植物/歴史：旧石器時代から幕末頃まで/文化：神社・寺院等, 文化財, 民俗, 教育

## 【那珂川町】

小川町誌　小川町誌編集委員会編

◇昭和52年度～昭和61年度　小川町 1989.3　527p 図版13枚　26cm

内容 昭和52年(1977)4月1日から昭和62年(1987)3月31日まで

◇昭和62年度～平成8年度　小川町　1999.1　562p 図版13枚　26cm

内容 昭和62年(1987)4月1日から平成9年(1997)3月31日まで

馬頭町史　馬頭町史編さん委員会編

◇馬頭町　1990.3　18, 960p 27cm

内容 自然, 原始・古代から現代までの通史・民俗

馬頭町郷土誌　馬頭町郷土誌編集委員会編

◇馬頭町　1963　591p 図版　22cm

## 【下都賀郡】

栃木県下都賀郡誌

◇千秋社　2004.2　644p 22cm

下都賀郡制誌

◇栃木県下都賀郡教育会　1924.8　268p 図版 [9]p　23cm

内容 郡制改革, 郡会, 郡制廃止事務, 教育, 産業, 兵事, 神社, 衛生

下都賀郡小志　特別大演習記念

◇下都賀郡役所　1918.11　14, 4, 302p 22cm

内容 明治・大正時代を中心とした歴史及び現勢

## 【那須郡】

栃木県那須郡誌　復刻版　那須郡教育會編纂

◇千秋社　2001.8　670p 22cm

内容 那須郡誌(那須郡教育會大正13年刊)、那須郡制史(栃木県那須郡大正12年刊)

那須郡誌　[複製版]　那須郡教育会編纂

◇名著出版　1974.7　3, 2, 8, 333p 22cm

内容 大正13年(1924)栃木県那須郡教育会により刊行されたもので、三康図書館

全国地方史誌総目録　225

所蔵本を原本として復刻

那須郡誌　改訂再版の複製版　蓮実長著
- ◇下野新聞社　1970.10　17, 621p 挿図（3図）　22cm
  [内容] 那須郡教育会の依嘱により編纂した那須郡誌(1926刊)を根本的に書き改め、昭和23年(1948)に発行、昭和45年(1970)に復刻

那須郡誌　那須郡教育会編
- ◇那須郡教育会　1924　333p　A5

## 【芳賀郡】

芳賀郡南部郷土誌　佐藤行哉著
- ◇芳賀郡第一部小學校組合會　1936.5　4, 6, 2, 10, 447, 13p　23cm
  [内容] 石器時代から昭和9年頃まで

# 群馬県

群馬県史　群馬県史編さん委員会編
- ◇資料編1 原始古代1 旧石器・縄文　群馬県　1988.3　1119p　22cm
  [内容] 群馬県の旧石器時代と縄文時代の主要な遺跡を対象として、昭和62年(1987)までに調査された遺跡を収録
- ◇資料編2 原始古代2 弥生・土師　群馬県　1986.12　1013p　22cm
  [内容]「古墳」を除く弥生時代から平安時代までの住居(集落)、生産跡、墓、官衙、寺院などに関する遺跡を収録
- ◇資料編3 原始古代3 古墳　群馬県　1981.3　1149, 96p　22cm
  [内容] 群馬県所在の古墳中,276基を採録
- ◇資料編4 原始古代4 文献　群馬県　1985.3　1396p　22cm
  [内容] 治承元年(1179)以前の上野国(上毛野国)に属する地域の文献史料(編年史料・上野国交替実録帳)
- ◇資料編5 中世1 古文書・記録　群馬県　1978.12　1075p　22cm
  [内容] 長楽寺所蔵及び長楽寺に関係する文書・記録、新田岩松氏関係の文書記録
- ◇資料編6 中世2 編年史料1　群馬県　1984.3　954p　22cm
  [内容] 古文書・記録・金石文を収録, 中世前半の治承4年(1180)から明徳3年(1392)まで
- ◇資料編7 中世3 編年史料2　群馬県　1986.3　1110p　22cm
  [内容] 古文書・記録・金石文を収録, 中世後半の明徳4年(1393)から天正18年(1590)まで
- ◇資料編8 中世4 金石文　群馬県　1988.3　894p　22cm
  [内容] 治承4年(1180)から天正18年(1590)までの資料を収録
- ◇資料編9 近世1 西毛地域1　群馬県

群馬県

1977.6　1093p　22cm
- 内容 現富岡・藤岡2市と甘楽郡・多野郡を対象,天正18年(1590)から明治4年(1871)まで

◇資料編10 近世2 西毛地域2　群馬県　1978.7　1118p　22cm
- 内容 高崎・安中2市と群馬郡・碓氷郡を対象,天正18年(1590)から明治4年(1871)まで

◇資料編11 近世3 北毛地域1　群馬県　1980.3　1110p　22cm
- 内容 吾妻郡を対象,天正18年(1590)から、明治4年(1871)まで

◇資料編12 近世4 北毛地域2　群馬県　1982.3　1047p　22cm
- 内容 沼田市および利根郡を対象(三国道・杢ヶ橋関所等の関係史料を含む),天正18年(1590)から明治4年(1871)まで

◇資料編13 近世5 中毛地域1　群馬県　1985.2　1182p　22cm
- 内容 渋川市・北群馬郡および勢多郡(黒保根村・東村を除く)を対象,天正18年(1590)から明治4年(1871)まで

◇資料編14 近世6 中毛地域2　群馬県　1986.10　1043p　22cm
- 内容 前橋市・伊勢崎市および佐渡郡を対象,天正18年(1590)から明治4年(1871)まで

◇資料編15 近世7 東毛地域1　群馬県　1988.2　1051p　22cm
- 内容 桐生市および勢多郡2村・新田郡1町1村・山田郡1町を対象,天正18年(1590)から明治4年(1871)まで

◇資料編16 近世8 東毛地域2　群馬県　1988.12　1065p　22cm
- 内容 太田市・館林市および新田郡2町・邑楽郡4町1村を対象,天正18年(1590)から明治4年(1871)まで

◇資料編17 近代現代1 御指令本書　群馬県　1977.3　1248p　22cm
- 内容 明治2年(1869)から明治9年(1876)まで42冊

◇資料編18 近代現代2 群馬県臨時農事調書 群馬県勧業年報　群馬県　1978.2　1346p　22cm
- 内容 群馬県臨時農事調書(明治23年),群馬県勧業年報(明治17年から明治20年・明治21年・明治22年・明治23年)

◇資料編19 近代現代3 新聞記事集録　群馬県　1979.3　1037p　22cm
- 内容 明治6年(1873)から明治21年(1888)年までの間に県内で刊行された8紙の記事を抄録

◇資料編20 近代現代4 事件騒擾　群馬県　1980.12　1187p　22cm
- 内容 榛名山中野秣場騒動・群馬事件・秩父事件・足尾銅山鉱毒事件・強戸村小作争議の資料を収録

◇資料編21 近代現代5 政治・社会　群馬県　1987.12　1139p　22cm
- 内容 政治および社会に関する,明治初年(1868)から昭和30年(1955)ごろまでの資料

◇資料編22 近代現代6 教育・文化　群馬県　1983.2　1161p　22cm
- 内容 明治初期から昭和20年(1945)までの教育(学校教育・社会教育),出版文化(創刊の趣旨),宗教(神道・仏教・キリスト教)

◇資料編23 近代現代7 産業1　群馬県　1985.3　1183p　22cm
- 内容 蚕糸・織物業の明治初年(1868)から第二次世界大戦後までの資料

◇資料編24 近代現代8 産業2　群馬県　1986.3　1191p　22cm
- 内容 蚕糸織物業以外の産業の,明治初年(1868)から第二次世界大戦後までの資料

◇資料編25 民俗1　群馬県　1984.3　1054p　22cm
- 内容 総論・衣食住・生産生業・交通運輸・通信交易・社会生活

◇資料編26 民俗2　群馬県　1982.3　1414p　22cm
- 内容 信仰・民俗知識 郷土芸能・人の一生

◇資料編 27 民俗 3　群馬県　1980.3
1185p　22cm
内容 年中行事・口頭伝承

◇通史編 1 原始古代 1　群馬県　1990.3
902p　22cm
内容 自然と風土,旧石器時代から古墳時代まで

◇通史編 2 原始古代 2　群馬県　1991.5
937p　22cm
内容 大化改新から平安時代まで

◇通史編 3 中世　群馬県　1989.12
1121p　22cm
内容 荘園公領制の成立する 12 世紀から北田原後北条氏が滅亡する 16 世紀末期ごろまで

◇通史編 4 近世 1 政治　群馬県　1990.8
859p　22cm
内容 天正 18 年(1590)の徳川家康の関東入国から明治 4 年(1871)の廃藩置県までの政治の動向

◇通史編 5 近世 2 産業・交通　群馬県
1991.10　928p　22cm
内容 天正 18 年(1590)から明治 4 年(1871)までの産業・交通の動向

◇通史編 6 近世 3 生活・文化　群馬県
1992.1　923p　22cm
内容 天正 18 年(1590)から明治 4 年(1871)までの生活と文化の動向,社会と生活・学芸・教育・寺社・災害と飢饉

◇通史編 7 近代現代 1 政治・社会　群馬県　1991.2　913p　22cm
内容 明治 4 年(1871)から昭和 58 年(1983)ごろまでの政治・社会の動向

◇通史編 8 近代現代 2 産業・経済　群馬県　1989.2　992p　22cm
内容 明治 4 年(1871)から昭和 58 年(1983)ごろまでの産業・経済の動向

◇通史編 9 近代現代 3 教育・文化　群馬県　1990.2　1067p 図版 16p　22cm
内容 明治 4 年(1871)から昭和 58 年(1983)ごろまでの教育・文化の動向

◇通史編 10 年表・索引　群馬県
1992.3　671p　22cm
内容 年表:旧石器時代から昭和 58 年(1983)まで

上野国郡村誌

◇1 勢多郡 1　群馬県文化事業振興会
1977.11　367,13p　22cm

◇2 勢多郡 2　群馬県文化事業振興会
1978.3　360,14p　22cm

◇3 勢多郡 3　群馬県文化事業振興会
1979.7　257,15p　22cm

◇4 群馬郡 1　群馬県文化事業振興会
1981.2　302,16p　22cm

◇5 群馬郡 2　群馬県文化事業振興会
1980.12　257,21p　22cm

◇6 群馬郡 3　群馬県文化事業振興会
1981.3　331,23p　22cm

◇7 多野郡　群馬県文化事業振興会
1981.10　297,18p　22cm

◇8 甘楽郡 1　群馬県文化事業振興会
1983.6　303,20p　22cm

◇9 甘楽郡 2　群馬県文化事業振興会
1983.7　303,23p　22cm

◇10 碓氷郡　群馬県文化事業振興会
1984.11　401,23p　22cm

◇11 吾妻郡　群馬県文化事業振興会
1985.1　346,18p　22cm

◇12 利根郡 1　群馬県文化事業振興会
1985.11　268,16p　22cm

◇13 利根郡 2　群馬県文化事業振興会
1985.11　244,16p　22cm

◇14 佐波郡　群馬県文化事業振興会
1986.11　332,17p　22cm

◇15 新田郡　群馬県文化事業振興会
1986.11　334,19p　22cm

◇16 山田郡　群馬県文化事業振興会
1987.11　205,16p　22cm

◇17 邑楽郡　群馬県文化事業振興会
1987.12　462,30p　22cm

◇18 総索引　群馬県文化事業振興会
1991.3　390p　22cm

## 群馬県中世史年表　群馬県史編さん委員会編

◇群馬県　1976.9　70p　21cm
内容 900年(昌泰3年)から1632年(寛永9年)まで

## 群馬縣歴史　群馬県編纂

◇第1巻　群馬県文化事業振興会
1973.4　257p　22cm
内容 職制之部・制度之部・制度部兵制,明治2年の藩県併立期からから明治9年まで

◇第2巻　群馬県文化事業振興会
1974.1　243p　22cm
内容 制度部兵制・制度部租法・制度部禁令

◇第3巻　群馬県文化事業振興会
1974.7　225p　22cm
内容 政治部(県治・工業・祭典類),前記前橋県史,前記岩鼻県史ほか

◇第4巻　群馬県文化事業振興会
1975.9　222p　22cm
内容 政治部学校(学校附録,学校之内),政治部駅逓

◇第5巻　群馬県文化事業振興会
1976.4　216p　22cm
内容 政治部(勧農・民俗・拓地・忠孝節義・騒擾事変・警保・刑罰)

## 群馬縣史　群馬県教育会編纂

◇第1巻　群馬縣教育會　1927.9　770p　22cm
内容 上代・王朝時代・鎌倉時代・吉野時代・室町及安土桃山時代:上古から天正18年(1590)秀吉の小田原征伐まで

◇第2巻　歴史図書社　1972.7　453p　22cm

内容 江戸時代の上毛諸侯旗本代官の事蹟(各藩・旗本知行所)

◇第3巻　群馬縣教育會　1927.6　709p　22cm
内容 江戸時代の土地及租税,交通,治水開墾,各藩の教育と学芸,勤王論と館林藩の山稜修理ほか

◇第4巻　群馬縣教育會　1927.8　1088p　22cm
内容 明治から大正末ころまでの行幸啓・県治の沿革・地租改正ほか

◇第5巻　歴史図書社　1972.10　578p　22cm
内容 明治から大正末ころまでの行幸啓・県治の沿革・地租改正ほか

◇第6巻　歴史図書社　1972.10　509p　22cm
内容 明治から大正末ころまでの教育奨励と文物隆盛・交通と治水・賑給と旌表・兵事ほか

## 群馬県百年史

◇上巻　群馬県　1971.5　16,918p 図　22cm
内容 維新前史・明治前期・明治後期,幕末から明治45年(1912)まで

◇下巻　群馬県　1971.8　12,1100p 図　22cm
内容 大正期・昭和前期・昭和後期,大正元年(1912)から昭和44年(1969)3月まで

## 板鼻昔物語　板鼻郷土史発刊会騙

◇板鼻郷土史発刊会　1961.11　165p　22cm
内容 太古(数千年乃至約二千年前)から明治初期まで

## 上毛大観　群馬県編

◇群馬県　1934　455p　B6

## 群馬県史　群馬県教育会編

◇1—4　群馬県教育会　1927　4冊

A5

上野国志　毛呂権蔵著

◇環水堂　1910.9　323, 24, 2p　23cm
　内容　新田郡・邑楽郡など14郡の沿革

群馬県郡村誌(稿本)　群馬県編

◇群馬県　1877-1889　30冊　美濃判

## 【前橋市】

桂萱村誌

◇桂萱地区自治会連合会, 桂萱村誌刊行委員会　2006.1　732p, 図版4枚　22cm
　内容　自然, 歴史, 行政, 産業・経済, 教育, 宗教, 戦時生活ほか/原始・古代から平成まで

木瀬村誌　木瀬村誌編纂委員会編

◇木瀬村誌編纂委員会　1995.9　1056p 図版4枚　22cm
　内容　通史編：旧石器時代から前橋市の合併編入まで, 主題史編, 特別資料

粕川村百年史　粕川村百年史編さん委員会編

◇粕川村　1994.3　23, 884p, 図版4枚　22cm
　内容　明治22年(1889)の粕川村の成立から平成6年(1994)まで/前史として原始から明治10年代まで

前橋市史　前橋市史編さん委員会編

◇第1巻　前橋市　1971.2　23, 1050p　22cm
　内容　自然・古代・中世：旧石器時代から戦国時代まで

◇第2巻　前橋市　1973.8　18, 1367p　22cm
　内容　近世上：天正18年(1590)の平岩親吉の厩橋入封から明治維新までの藩政関係

◇第3巻　前橋市　1975.10　17, 1240p　22cm
　内容　近世下：町の成立, 教育・文化・産業・交通運輸・災害等民衆の側から記述/天正18年(1590)から明治4年(1871)まで

◇第4巻　前橋市　1978.12　26, 1192p　22cm
　内容　近・現代上(明治・大正)：行政の推移, 選挙, 財政, 人口, 教育, 産業, 金融, 社会事業等

◇第5巻　前橋市　1984.2　33, 1699p　22cm
　内容　近・現代下：昭和期を中心として必要に応じ明治・大正にもわたって記述

◇第6巻　資料編1　前橋市　1985.2　22, 1174p　22cm
　内容　古代・中世(崇神紀から天正18年(1590)まで), 近世(天正19年(1591)から明治7年(1874)まで)

◇第7巻　資料編2　前橋市　1985.12　11, 1191p　22cm
　内容　明治初年(1868)から昭和20年(1945)の第二次世界大戦の終結まで

総社町誌　総社町誌編纂委員会編

◇国書刊行会　1980.9　6, 8, 547p, 図版5枚　22cm
　内容　縄文文化時代から昭和29年(1954)3月までの自然・人口・郷土の変遷・産業と経済ほか

大胡町誌　大胡町誌編纂委員会編

◇大胡町　1976.6　1305p 図版4枚　22cm
　内容　自然・歴史・町政・産業ほか：先土器時代から昭和40年代まで

宮城村誌　宮城村誌編集委員会編

◇宮城村役場　1973.9　6, 1504, 3p 図版3枚　22cm
　内容　前編：旧石器時代から近世まで/後

編：明治から昭和40年代前半ごろまで

粕川村誌　粕川村誌編纂委員会編
- ◇粕川村役場　1972.12　12, 1304p 図版2枚　22cm
  - 内容 無土器時代から昭和46年(1971)までの行政・議会・財政・産業ほか

群馬県宮城村村誌研究篇
- ◇第2集 赤城山の入会　宮城村村誌編集委員会　1967　58p 図版　22cm

下川淵村誌　下川淵村誌編纂委員会編
- ◇下川淵村誌編纂委員会　1958.11　506p, 図版3枚 地図　22cm
  - 内容 石器時代から昭和29年(1954)の前橋市との合併前後まで

芳賀村誌　芳賀村誌編纂委員会編
- ◇前橋市芳賀出張所　1956　10, 480p, 図版2枚　22cm
  - 内容 昭和29年(1954)3月31日現在をもって編さん、自然・村のあゆみ・人口・税・政治の変遷・教育と文化・産業と経済ほか

前橋市小史　前橋市秘書課編
- ◇前橋市　1954.12　105, 73p 図版24枚　21cm
  - 内容 前篇：現代(明治25年(1892)の市制施行から昭和29年(1954)まで)/後篇：古代・近世・明治時代(明治維新から市制施行まで)

下川淵郷土誌　根井浪次郎著
- ◇下川淵村誌編纂委員会　1911　120p A5

惣社町郷土誌　福島蔵之助, 志村礼次郎共編
- ◇総社町役場　1910　468p　A5

木瀬村郷土誌　木瀬村役場編
- ◇木瀬村役場　〔1910頃〕　98p　A5

## 【高崎市】

新編高崎市史　高崎市市史編さん委員会編
- ◇資料編1 原始古代1　高崎市　1999.3　920p　22-27cm
  - 内容 旧石器・縄文時代の高崎, 弥生時代の高崎, 古墳時代の高崎
- ◇資料編2 原始古代2　高崎市　2000.3　733, 198p　22-27cm
  - 内容 古代の集落, 発掘された水田・畠, 文献史料による古代の高崎
- ◇資料編3 中世1　高崎市　1996.3　628, 14p　22-27cm
  - 内容 13世紀から16世紀までの城館址・考古資料・金石文
- ◇資料編4 中世2　高崎市　1994.3　838, 29p　22-27cm
  - 内容 治承4年(1180)から天正18年(1590)までの文書・記録等
- ◇資料編5 近世1　高崎市　2002.3　1028p　22-27cm
  - 内容 井伊直政が高崎に入城した慶長3年(1598)から廃藩置県までの明治4年(1871)までの, 領主に関する資料
- ◇資料編6 近世2　高崎市　1997.3　921p　22-27cm
  - 内容 慶長3年(1598)から明治4年(1871)までの, 産業と交通に関する資料
- ◇資料編7 近世3　高崎市　1999.3　809p　22-27cm
  - 内容 慶長3年(1598)から明治4年(1871)までの, 町方と村方に関する資料
- ◇資料編8 近世4　高崎市　2002.3　1029p　22-27cm
  - 内容 慶長3年(1598)から明治4年(1871)までの社会と文化に関する資料(災害と騒動・世相と生活・宗教)
- ◇資料編9 近代・現代1　高崎市　1995.3　993, 40p　22-27cm
  - 内容 明治4年(1871)から明治45年(1912)ごろまでの政治・社会, 産業・経

◇資料編 10 近代・現代 2　高崎市
1998.3　955, 74p　22-27cm
|内容| 大正元年(1912)から昭和 20 年(1945)8 月までの政治・社会,産業・経済,教育・文化

◇資料編 11 近代・現代 3　高崎市
2000.3　1086, 69p　22-27cm
|内容| 昭和 20 年(1945)から昭和 50 年(1975)までの戦後改革と復興・新しい教育と文化・高度成長期の市政と経済

◇資料編 12 近代・現代 4　高崎市
2001.3　689p　22-27cm
|内容| 昭和 51 年(1976)から平成 12 年(2000)までの資料,市政と市民生活・産業と文化活動

◇資料編 13 近世石造物 信仰編　高崎市
2003.10　701p　22-27cm
|内容| 高崎市内全域に所在する近世石造物を悉皆調査し採録

◇資料編 13 近世石造物 墓石編　高崎市
2003.10　496p　22-27cm
|内容| 高崎市内四か寺所在の全墓石を悉皆調査し採録

◇資料編 13 近世石造物 付録　高崎市
2003.10　24p　22-27cm
|内容| 中世金石文資料補遺：資料編 3 中世 1 金石文の補遺

◇資料編 14 社寺　高崎市　2003.11
742, 5p　22-27cm
|内容| 高崎市内の神社・寺院・諸派について採録

◇通史編 1 原始古代　高崎市　2003.12
717, 72p　22-27cm
|内容| 後期旧石器時代から治承・寿永期(1180 年頃)まで

◇通史編 2 中世　高崎市　2000.3　604, 60p　22-27cm
|内容| 治承・寿永期(1180 年頃)から天正 18 年(1590)まで

◇通史編 2 中世 付録　高崎市　2000.3
126p　22-27cm
|内容| 中世資料補遺：資料編 4 中世 2 の補遺,元久元年(1204)から慶長元年(1596)まで

◇通史編 3 近世　高崎市　2004.3　899, 96p　22-27cm
|内容| 井伊直政が箕輪城に入城した天正 18 年(1590)から,廃藩置県が行われた明治 4 年(1871)まで

◇通史編 4 近代現代　高崎市　2004.3
1127, 108p　22-27cm
|内容| 明治 4 年(1871)から現在(平成 12 年(2000)頃)までの政治社会・産業経済・教育文化

◇通史編 4 付表・年表　高崎市　2004.3
119p　22-27cm
|内容| 明治元年(1868)から平成 15 年(2003)まで

◇補遺資料編 近代現代　高崎市　2001.3
352p　22-27cm
|内容| 高崎政友倶楽部の沿革とその人物,書抜新聞史料など,明治から昭和戦前まで

◇民俗編　高崎市　2004.3　620, 43p　22-27cm
|内容| 生活の舞台,生産のしくみと消費生活の変化,社会のしくみとその変化,家族・親類と人生儀礼,信仰と年中行事,ことばと芸能

◇民俗編 付録 生活史年表　高崎市
2004.3　103p　22-27cm
|内容| 5 世紀頃から平成 15 年(2003)まで

**群馬町誌**　群馬町誌編纂委員会編集

◇資料編 1 原始古代中世　群馬町誌刊行委員会　1998.3　903p　22cm
|内容| 原始古代(考古編・古代資料編)：旧石器時代から平安時代まで/中世：鎌倉時代から安土桃山時代まで

◇資料編 2 近世　群馬町誌刊行委員会
1999.3　865p　22cm
|内容| 徳川家康が関東に入部した天正 18 年(1590)から明治 4 年(1871)まで

◇資料編 3 近代現代　群馬町誌刊行委員会　2000.3　1008p　22cm
  内容 明治4年(1871)から昭和63年(1988)まで/必要に応じて平成期の資料も一部収録

◇資料編 4 民俗　群馬町誌刊行委員会　1995.12　540p　22cm
  内容 衣食住,生産・生業,交通・交易,社会生活,民俗信仰,民俗知識,民俗芸能・娯楽・遊戯,人の一生,口頭伝承,民具

◇資料編 4 自然　群馬町誌刊行委員会　1995.12　337p　22cm
  内容 地形,地質,植物,動物

◇通史編 上 原始古代・中世・近世　群馬町誌刊行委員会　2001.3　885p　22cm
  内容 旧石器時代から明治4年(1871)の廃藩置県まで

◇通史編 上 別冊 原始古代資料　群馬町誌刊行委員会　2001.3　145p　22cm
  内容 遺跡各説,遺跡一覧表,発掘された竪穴住居一覧(古墳時代以降)

◇通史編 下 近代現代　群馬町誌刊行委員会　2002.3　826p　22cm
  内容 明治4年(1871)10月の群馬県成立から昭和63年(1988)まで

## 高崎市鞘町史　高崎市鞘町史刊行委員会編

◇2　鞘町町内会　2000.12　210p　22cm

## 新町町誌　新町町誌編纂委員会編

◇通史編　新町教育委員会　1989.4　924p,図版8枚　22cm
  内容 自然・郷土の変遷・中世の新町・近世・近現代・民俗・文化財:古代から昭和63年(1988)まで

## 高崎市史　高崎市編纂

◇上,下巻　高崎市役所　1927　2冊　A5

◇上巻　国書刊行会　1981.12　513p　22cm
  内容 起原,中世から大正13年(1924)ころまでの変遷(行政・戸口・衛生ほか)

◇下巻　国書刊行会　1981.12　607p　22cm
  内容 主として近世から大正期までの変遷(続,交通運輸・官衙公署ほか),教育,勧業,社寺教会,史蹟,人物

## 上郊村誌　上郊村誌編纂委員会編

◇上郊村誌編纂委員会　1976.10　1379p,図版 [13] p　22cm
  内容 自然と人口・歴史・現代・民俗・史料:古墳時代から昭和32年(1957)3月31日まで

## 倉淵村誌　倉淵村誌編集委員会編

◇倉淵村　1975.12　15,1241p 図版4枚　22cm
  内容 序篇・行政篇・教育文化篇・資料篇:縄文文化時代から昭和47年(1972)3月まで

◇別冊 水沼遺跡　倉淵村　1975.12　181p　21cm
  内容 烏川流域における弥生文化の研究:水沼遺跡および東小学校校庭遺跡の発掘調査報告書

## 箕郷町誌　箕郷町誌編纂委員会編

◇箕郷町教育委員会　1975.8　19,1427p 図版 [6]p　22cm
  内容 自然・人口・歴史・町政・産業経済・文化厚生・人物・民俗・災害・戦争ほか,縄文式文化時代から昭和48年(1973)度まで

## 群馬県群馬郡誌　[複製版]　群馬郡教育会編

◇上巻　名著出版　1972.9　4,6,3,13,872p　22cm
  内容 地理,沿革,戸口,教育,社寺教会,産業及び産物(上古時代から郡制廃止の大正11年(1922)度前後まで)

◇下巻　名著出版　1972.9　3, 14, 873
～1674p　22cm
　内容 運輸交通, 郡治及び官公署, 議員, 兵
事, 警備衛生, 経済, 名所旧蹟, 遺物及び史
料, 人物, 風俗習慣

高崎市史　高崎市史編さん委員会編
◇第1巻　高崎市　1969.3　755p
22cm
　内容 原始時代から江戸時代まで, 学校・
民俗・年中行事・犯科帳・刀工ほか
◇第2巻　高崎市　1970.3　852p
22cm
　内容 高崎明治百年略史, 行政・市議会・
財政・選挙・教育・産業経済ほか
◇第3巻　高崎市　1968.3　816p
22cm
　内容 資料篇：大河内氏系譜, 天桂院様御
分限帳, 雑兵物語ほか

国府村誌　国府村誌編纂委員会編
◇国府村誌編纂委員会　1968.9　6, 921p
図版　22cm
　内容 自然と人口, 歴史, 政治・交通・産
業・経済, 教育・文化・団体ほか, 原始時
代から昭和42年(1967)頃まで

室田町誌　室田町誌編集委員会編
◇室田町誌編纂委員会　1966.10　1349p
図版　地図　22cm
　内容 自然, 町政, 産業交通, 教育, 歴史, 文
化：近代を中心に昭和30年(1955)1月
まで

久留馬村誌　久留馬村誌編纂委員会編
◇久留馬村誌編纂委員会　1963.12　10,
766p 図版 [1]p　22cm
　内容 概況, 村政, 教育, 古墳・旧蹟, 古文
書・宝物, 人物ほか, 縄文時代から昭和37
年(1962)ごろまで

群馬県群馬郡金古町誌　金古町誌刊行
会編
◇金古町誌刊行会　1963.11　[11],

270p, 図版2枚　21cm
　内容 自然・歴史概観・人口・産業・財政・
交通運輸・官公署・教育文化・人物誌ほ
か：原始時代から昭和30年(1955)まで

概観高崎市史　岡田清美編著
◇高崎市　1961　240p 図版　21cm

京ケ島村誌　京ケ島村誌編纂委員会編
◇京ケ島村　1961　428p 図版 地図
22cm

里見村誌　里見村誌編纂委員会編
◇里見村誌編纂委員会　1960.11　10,
1019p, 図版4枚　22cm
　内容 自然・郷土の住民・歴史・産業と経
済・教育・人物ほか：原始時代から昭和
30年(1955)1月31日の廃村当日まで

中川村誌　中川村誌編纂委員会編
◇中川村誌編纂委員会　1957.10　6,
273p　22cm
　内容 序・現代・歴史・変災・文化・人物：
上代から昭和30年(1955)の高崎市と合併

群馬県群馬郡誌　群馬県群馬郡教育会編
◇群馬県群馬郡教育会　1925　1674p
A5

高崎郷土誌　高崎図書館編
◇高崎図書館　1910　113丁　A5 (和)

高崎市郷土誌　群馬県史編纂係編
◇群馬県史編纂係　139p　B5

佐野村郷土誌　群馬県佐野村役場編
◇群馬県佐野村役場　431丁　B5 (和)

## 【桐生市】

ふるさと桐生のあゆみ　ふるさと桐生
のあゆみ編集委員会編
◇桐生市教育委員会　1998.2　257, [2],

図版[4]p　27cm
　内容 旧石器時代から1995年(平成7年)まで

## 黒保根村誌　黒保根村誌編纂室編

◇資料編　黒保根村誌刊行委員会　1989.3　1069p　22cm
　内容 中世・近世・近代・民俗：建久3年(1192)鎌倉幕府の成立から第二次世界大戦終結期まで

◇年表編 国・県のうごきの中に見る郷土の年表　高澤勲夫　1998.2　259p　22cm
　内容 地質時代から平成6年(1994)まで

◇1 総論・自然・原始古代・中世・近世編　黒保根村誌刊行委員会　1997.3　813p　22cm
　内容 縄文時代から明治維新まで

◇2 近代・現代1 行政　黒保根村誌刊行委員会　1997.3　976p　22cm
　内容 明治維新から昭和末期まで

◇3 近代・現代2 軍事・産業　黒保根村誌刊行委員会　1997.3　917p　22cm
　内容 軍事編：明治6年(1873)の徴兵令から昭和戦後の慰霊祭まで／産業編：農村振興政策,農業,林業,商工鉱業,観光,交通,通信・電気

◇4 近代・現代3 教育・文化　黒保根村誌刊行委員会　1997.3　1153p　22cm
　内容 教育編：教育行財政,学校教育,青年教育,戦後の教育,社会教育,社会体育／文化編：文化,伝承文化,宗教文化

◇別巻1 黒保根の水車　黒保根村誌刊行委員会　1986.3　239p, 図版[4]p　22cm
　内容 黒保根村の水車に関する調査報告書

◇別巻2 黒保根の石造物　黒保根村誌刊行委員会　1987.3　254p, 図版[18]p　27cm
　内容 像容の部,信仰の部,形態の部,石殿・石祠の部,歌碑・記念碑の部,伝説の部

◇別巻3 黒保根の民家・社寺建築　黒保根村誌刊行委員会　1988.3　200p, 図版[10]p　27cm
　内容 民家建築,神社建築,寺院建築,社寺建築に関与した工匠について

## 新里村百年史　新里村百年史編纂委員会編

◇新里村　1996　691p, 図版8枚　27cm
　内容 新里村が成立した明治22年(1889)から平成元年(1989)まで

## 山田郡川内村郷土誌

◇川内郷土研究会　1993.4　34p　25cm
　内容 中世から明治43年ごろまで(明治期刊行「山田郡川内村郷土誌」の翻刻)

## 新里村誌　新里村誌編纂委員会編

◇新里村　1974.11　1055p, 図版3枚　22cm
　内容 前編：自然・人口動態・政治ほか／後編：歴史(旧石器文化から明治20年代まで),習俗ほか

## 桐生市史　桐生市史編纂委員会編集

◇上巻　桐生市史刊行委員会　1958.8　1022p　22cm
　内容 自然環境篇／歴史編：古代・中古・近古・近世

◇中巻　桐生市史刊行委員会　1959　1103p　22cm
　内容 歴史編：近世の交通・文化／幕府崩壊期,近代,現代(昭和10年代まで)

◇下巻　桐生市史刊行委員会　1961.12　1018p　22cm
　内容 歴史篇：現代の桐生(昭和12年の北支事変から昭和35年ごろまで)／諸志篇：明治以後人物伝と褒章受領者

◇別巻　桐生市役所　1971.3　1633p　22cm
　内容 神社,仏寺,その他宗教,民俗,災異,

文化財, 年表

桐生市史年表　堀越靖久著
　◇[桐生市]　1971　67p　21cm
　　[内容]先史時代から1971年(昭和46年)まで

菱の郷土史　桐生市
　◇菱町郷土史編纂委員会　1970
　　1065p(図版共) 地図　22cm
　　[内容]考古・中世・近世・近代(町村合併の昭和33年(1958)まで), 民俗

桐生市制十五年誌　桐生市役所編
　◇前, 後　桐生市役所　1937　2冊　A5

[桐生]市制十五年　桐生市編
　◇桐生市　1936　172p　B6

桐生市略史　八木昌平著
　◇桐生市役所　1934　116p　23cm
　　[内容]先史時代から昭和6年(1931)ころまで

桐生地方史　岡部赤峰著
　◇上巻-下巻　桐生倶楽部　1928.10
　　511p　23cm
　　[内容]上代から昭和2年(1927)まで

桐生市制施行誌　桐生市役所編
　◇桐生市役所　1924　326p　B6

桐生郷土誌　桐生町役場編
　◇[桐生町役場]　1911.8　4, 12, 308p　22cm
　　[内容]自然界, 人文界(戸口, 教化, 沿革, 官公署, 風俗習慣ほか:明治42年(1909)まで)

境野村治績概要　群馬県内務部編
　◇群馬県内務部　1910　39p　A5

菱村郷土誌　〔菱村役場編〕
　◇〔菱村役場〕　1908　55丁　B5

新川誌料　勢多郡新里村編
　◇勢多郡新里村　821p　B5

## 【伊勢崎市】

境町史　境町史編さん委員会編
　◇第1巻 自然編　境町　1991.3　32, 590p　27cm
　　[内容]自然環境・動物・植物・遺伝学者田島弥太郎博士の歩み
　◇第2巻 民俗編　境町　1995.10　32, 628p　27cm
　　[内容]昭和57年(1982)から平成4年(1992)までに実施した民俗調査により収集した資料を記録
　◇第3巻 歴史編 上　境町　1996.3　28, 537p　27cm
　　[内容]原始・古代, 中世, 近世:旧石器時代から明治維新期まで
　◇第3巻 歴史編 下　境町　1997.1　40, 657p　27cm
　　[内容]近代・現代:明治4年(1871)から平成7年(1995)ころまで
　◇別巻 目で見る境町の歩み　境町　1997.1　169p　27cm
　　[内容]明治10年代から昭和49年(1974)までに撮影された写真(一部平成8年撮影)で構成

伊勢崎市史　伊勢崎市編
　◇資料編1 近世1 伊勢崎藩と旗本　伊勢崎市　1988.10　859, 16p　22cm
　　[内容]天正18年(1590)から明治4年(1871)まで

◇資料編1 付録 伊勢崎風土記 伊勢崎市 1988.10 75p 22cm
　内容 伊勢崎風土記(原文・読み下し文)
◇資料編2 近世2 町方と村方 伊勢崎市 1989.3 981,25p 22cm
　内容 天正18年(1590)から明治4年(1871)までの土地と年貢,町と村,農業と商工業,街道と河岸,生活と文化
◇資料編3 近世3 文芸 伊勢崎市 1986.3 1069p 22cm
　内容 江戸時代から明治期にかけて伊勢崎地域と係わった人々の文芸・学術の著作
◇資料編3 付録 近世文人書状 伊勢崎市 1986.3 231,8p 22cm
　内容 伊勢崎文人書状,上毛諸家書状,諸国名家書状
◇資料編4 近現代1 伊勢崎市 1987.3 828,21p 22cm
　内容 明治5年(1872)から昭和30年(1955)までの政治・行政,教育・文化
◇資料編5 近現代2 伊勢崎市 1987.3 912,24p 22cm
　内容 明治5年(1872)から昭和30年(1955)までの産業・経済,社会・生活
◇自然編 伊勢崎市 1984.4 661p 22cm
　内容 地形地質(自然環境),植物,動物
◇通史編1 原始古代中世 伊勢崎市 1987.4 923,13p 22cm
　内容 旧石器時代から戦国時代まで
◇通史編2 近世 伊勢崎市 1993.3 750p 22cm
　内容 天正18年(1590)から明治4年(1871)まで
◇通史編2 付録 年表・索引 伊勢崎市 1993.3 61p 22cm
　内容 元亀元年(1570)から明治4年(1871)までの伊勢崎の近世史主要年表
◇通史編3 近現代 伊勢崎市 1991.4 948p 22cm
　内容 明治5年(1872)から平成2年(1990)まで
◇通史編3 近現代 付録 年表・索引 伊勢崎市 1991.4 238p 22cm
　内容 伊勢崎の近現代史主要年表(慶応4年・明治元年から平成2年まで),索引(人名・項目)
◇民俗編 伊勢崎市 1989.2 952,8,109p 22cm
　内容 環境と民俗,生活と社会,生活と時間,生活と心,町の生活と民俗,生活の変化と民俗

**境町史資料集　湯浅正彦編**

◇第1集(民俗編) 境町の河川と沼の漁法・漁具 境町 1984.11 95p 27cm
　内容 漁法と漁具、魚の処分、漁舟と舟大工、漁労者の信仰と禁忌、境町河川・沼の漁労暦ほか
◇第2集(民俗編) 境町の職人 その技と生活 境町 1987.3 237p 27cm
　内容 鍛冶屋・樽屋・かご屋・桶屋の諸職に対する調査結果
◇第3集(自然編) 境町の魚 境町 1988.3 244p 27cm
　内容 境町でみられる魚(淡水魚)、各種魚の概況、各水域の魚、魚をとりまく環境、魚の生活
◇第4集(歴史編) 島村蚕種業者の洋行日記 境町 1988.9 347p 27cm
　内容 蚕種業者田島信ほかの日記を主に、蚕種の直輸出記録に関する資料
◇第5集 歴史編 境町の民家と洋風建造物 境町 1989.3 283p 27cm
　内容 民家編(境町の発展と民家,屋敷構えと付属建物ほか),洋風建造物編
◇第6集 民俗編 境町の祭り 信仰と娯楽の世界 境町 1989.7 209p 27cm
　内容 町内の人々の信仰生活の一斑を,祭礼,法会行事の25例を主体にして明らか

にしようと試みたもの

東村誌　東村誌編纂委員会編

◇東村役場　1979.5　1726p, 図版4枚　22cm
　内容　自然・歴史(縄文時代から昭和40年(1965)まで)・文化・国定忠治関係資料

赤堀村誌　赤堀村誌編纂委員会編

◇上　赤堀村役場　1978.3　929p　22cm
　内容　自然, 原始および古代, 古代, 中世, 近世, 近代・現代, 土地と家の由来, 行政ほか/旧石器時代から昭和50年(1975)ころまで

◇下　赤堀村役場　1978.3　930～1786p　22cm
　内容　建設事業, 交通・通信, 保健衛生, 福祉, 災害と警備, 教育, 信仰ほか/昭和50年(1975)ころまで

群馬縣佐波郡誌　群馬縣佐波郡役所編纂

◇群馬縣佐波郡役所　1923.3　235, 255p, 図版　23cm
　内容　郡制施行中(明治29年(1896)7月～大正12年(1923)3月)における郡の状況を記述

東村郷土誌　佐波郡東村役場編

◇佐波郡東村役場　1910　157p　B6

茂呂村郷土誌　茂呂村編

◇茂呂村　1910　95p　A5

【太田市】

太田市史　太田市編

◇史料編　中世　太田市　1986.3　1152p　23cm
　内容　太田地方に関係する古文書・記録・金石文, 平安時代末期から天正18年(1590)まで

◇史料編　近世1　太田市　1978.3　993p　23cm
　内容　領知・土地と貢租・村況, 天正18年(1590)の徳川氏の関東入国から明治4年(1871)ごろまで

◇史料編　近世2　太田市　1979.3　1064p　23cm
　内容　農業・経済と交通・宗教・社会と文化, 天正5年(1577)から明治5年(1872)まで

◇史料編　近世3　太田市　1983.3　1019p　23cm
　内容　太田宿本陣史料集, 天正18年(1590)から明治6年(1873)まで

◇史料編　近現代　太田市　1987.3　1074p　23cm
　内容　明治初年(1868)から昭和23年(1948)市制施行まで/市町村合併に関する史料は昭和38年(1963)毛里田村合併まで

◇通史編　原始古代　太田市　1996.3　1270p　23cm
　内容　旧石器時代から平安時代末期まで

◇通史編　中世　太田市　1997.8　916p　23cm
　内容　平安時代末から戦国時代まで

◇通史編　近世　太田市　1992.3　1025p　23cm
　内容　天正18年(1590)徳川氏関東入国から明治維新まで

◇通史編　近現代　太田市　1994.3　1080p　23cm
　内容　明治元年(1868)から平成5年(1993)まで

◇通史編　自然　太田市　1996.3　381p　23cm
　内容　地形と地質・気象・植物・動物

◇通史編　民俗　上巻　太田市　1984.3　777p　23cm
　内容　総論, 社会生活, 人の一生, 衣食住, 生産・生業と労働慣行, 交通・運搬・通信・

交易

◇通史編 民俗 下巻　太田市　1985.3
977p 23cm
内容 総論,信仰,民俗知識,民俗芸能と娯楽・遊戯,年中行事,口頭伝承

尾島町誌　朝日印刷工業,尾島町誌専門委員会企画編集

◇通史編 上　尾島町　1993.2　1169p
22cm
内容 地形・地質・気象,原始・古代,中世,近世:旧石器時代から明治維新まで

◇通史編 下　尾島町　1993.2　1090p
22cm
内容 近代・現代:明治4年(1871)から平成元年(1989)ごろまで/動物・植物/民俗

新田町誌　新田町企画調整課町誌編さん係編

◇第1巻 通史編　新田町誌刊行委員会　1990.3　18, 1076p　22cm
内容 自然,原始・古代,中世,近世,近代・現代:先土器時代から昭和31年(1956)の新田町誕生まで

◇第1巻 通史編 別冊付録　新田町誌刊行委員会　1990.3　47p　22cm
内容 先土器時代から1988年(昭和63年)まで

◇第2巻 資料編 上 原始・古代・中世　新田町誌刊行委員会　1987.3　1011p　22cm
内容 原始・古代(遺跡・遺物,古代文献史料),中世(編年史料,金石史料,中世遺跡とその出土物ほか)

◇第2巻 資料編 上 近世　新田町誌刊行委員会　1987.3　1012～1542p　22cm
内容 天正18年(1590)から明治4年(1871)までの領知・村の成立と発展・貢租と農民生活・産業の発達と交通・文化の発達

◇第2巻 資料編 下 近代・現代・自然　新田町誌刊行委員会　1987.3　1161p　22cm
内容 近代・現代:明治4年(1871)から昭和31年(1956)まで/自然:位置,地形地質,動物,植物,気候

◇第3巻 特集編 日光例幣使道・木崎宿　新田町誌刊行委員会　1983.5　437p, 図版3枚　22cm
内容 木崎の沿革・日光例幣使道・木崎宿の発達・明治開化の木崎宿

◇第4巻 特集編 新田荘と新田氏　新田町誌刊行委員会　1984.10　454p, 図版8枚　22cm
内容 新田荘の生成,荘園の発達と支配関係,南北朝の内乱等

◇第5巻 特集編 新田町の民俗　新田町誌刊行委員会　1990.3　874p, 図版4枚　22cm
内容 衣食住,生産・生業,社会生活,信仰,人の一生,年中行事,口頭伝承,芸能と娯楽・遊戯

金山太田誌　[複製版]　富岡牛松著

◇歴史図書社　1977.9　402p, 図　19cm
内容 上古時代から昭和8年(1933)頃まで

新田郡宝泉村誌　宝泉村誌編さん委員会編

◇宝泉村誌編さん委員会　1976.10　1166p 図　22cm

薮塚本町郷土誌　明治四十三年刊

◇[群馬県新田郡]薮塚本町教育委員会　1973.9　[6], 114p　21cm
内容 自然界/人文界(戸口,教化,郷土の沿革,官公署,風俗習慣,町是規約条例等,経済)

## 【沼田市】

西原新町誌　西原新町町誌編集委員会編

◇沼田市西原新町区　2003.7　718p

22cm

**新編白沢村誌　村制百十周年記念事業**　白沢村誌編纂委員会編

◇[本編]　白沢村　2003.3　20, 566p　27cm
　内容　自然, 原始古代, 中世, 近代現代, 民俗：旧石器時代から平成14年(2002)まで

◇資料編　白沢村　2003.3　11, 259, 87p　27cm
　内容　自然, 原始・古代, 中世, 近世, 近現代, 民俗(文献資料は建武元年(1334)から昭和20年(1945)まで)

**沼田市史**　沼田市総務部市史編さん室編

◇資料編1　原始古代・中世　沼田市　1995.3　860p　22cm
　内容　原始古代：旧石器時代から平安時代／中世：鎌倉時代から戦国時代まで

◇資料編1別冊　加沢記・沼田根元記　沼田市　1995.3　248p　21cm
　内容　加沢記(巻之1〜4)・沼田根元記

◇資料編2　近世　沼田市　1997.3　1018p　22cm
　内容　徳川家康関東入国の天正18年(1590)から廃藩置県の明治4年(1871)まで

◇資料編3　近代現代　沼田市　1998.3　1013p　22cm
　内容　明治4年(1871)から昭和29年(1954)ごろまで

◇資料編3別冊　沼田祇園祭り記録　沼田市　1998.3　118p, 図版[2]p　22cm
　内容　上之町祭典録・上之町祭典簿・中町祭典記録

◇自然編　沼田市　1995.3　831p　22cm
　内容　地形・地質, 気候・気象, 植物, 動物, 資料編

◇通史編1　原始古代・中世　沼田市　2000.3　762p　22cm
　内容　旧石器時代から戦国時代まで

◇通史編2　近世　沼田市　2001.3　741p　22cm
　内容　徳川家康関東入国の天正18年(1590)から廃藩置県の明治4年(1871)まで

◇通史編3　近代現代　沼田市　2002.3　972p　22cm
　内容　明治維新直後から沼田市制四十周年の平成6年(1994)まで

◇通史編3付録　沼田市年表　沼田市　2002.3　98p　30cm
　内容　旧石器時代から平成6年(1994)まで

◇民俗編　沼田市　1998.3　1080p　22cm
　内容　「沼田市史民俗調査報告書」全5巻を基礎に編さん, 衣食住, 生産, 生業ほか

◇別巻1　写真でつづる沼田の歩み　沼田市　1996.3　229p 図版　31cm
　内容　航空写真・町並み・公共の機関など18項

◇別巻2　沼田の建造物　沼田市　1999.3　544p 図版[16]p　26cm
　内容　寺社建築, 民家建築, 近代化遺産

**上発知町史**　上発知町史編集委員会編

◇上発知町史編集委員会　1987.1　576p, 図版7p　20cm
　内容　沿革と歴史, 行政と宗教, 産業と経済, 風俗芸能, 人と文化：古代から昭和60年(1985)ころまで

**上野国利根郡沼田町誌**　桑原健次郎編

◇沼田郷土研究会　1984.3　65p　27cm

**利南村誌**　利南村誌編纂委員会編

◇国書刊行会　1981.11　2, 8, 518p 図版4枚　22cm
　内容　原始時代から昭和30年(1955)までの自然・歴史・産業経済・政治ほか

**利根村誌**　利根村誌編纂委員会編

◇利根村　1973　1173p, 図版4枚　27cm

内容 自然, 歴史, 明治百年村政全般, 産業, 厚生ほか: 縄文時代から昭和43年(1968)まで

### 白澤村誌　白沢村誌編纂委員会編

◇白沢村　1964.12　7, 571p, 図版6枚　22cm

内容 縄文時代から昭和38年(1963)ごろまで

### 池田村史　池田村史編纂委員会編

◇池田村史編纂委員会　1964.11　888p　22cm

### 川田村誌　川田村誌編纂委員会編

◇[追録]　川田村誌編纂委員会　1962　56p　22cm

◇[本編]　川田村誌編纂委員会　1961.2　526p　22cm

内容 自然, 歴史, 戸口, 産業と経済ほか, 原始時代から昭和29年(1954)の沼田市誕生, 川田村の解消まで

### 薄根村誌　薄根村誌編纂委員会編纂

◇薄根村誌編纂委員会　1959.12　13, 580p, 図版3枚　22cm

内容 石器, 土器時代から昭和29年(1954)3月末まで

### わが赤城根村　赤城根村誌編纂委員会編

◇群馬県利根郡赤城根村　1954.10　6, 12, 496p　22cm

内容 自然・動植物・地名・歴史ほか, 石器時代から昭和29年(1954)4月まで

### 沼田町史　沼田を中心とする利根の研究　沼田町史編纂委員会編

◇沼田町役場　1952.8　960, 24, 17, 12, 8p　22cm

内容 沼田正史: 原始時代から昭和27年(1952)まで/沼田雑史: 旧跡・町割・年中行事・神社ほか

### 利南村誌　利根郡利南村役場編

◇利根郡利南村役場　1910　277p　A5

## 【館林市】

### 館林市史　館林市史編さん委員会編

◇特別編 第1巻 館林とツツジ　館林市　2004.3　497p, 図版16枚　27cm

内容 品種編, 歴史編(江戸時代から現代まで), 資料編

◇特別編 第2巻 絵図と地図にみる館林　館林市　2006.3　484p, 図版4p 挿図, 地図　31cm

内容 近世絵図および明治時代以降の地図・空中写真など

### 館林市誌　館林市誌編集委員会編

◇自然編　館林市　1966.3　380, 10p 図版, 地図　27cm

内容 自然環境、動物、植物、観光自然、栽培植物、食用、薬用及び有毒植物

◇歴史編　館林市　1969.4　1204p 図版, 地図　27cm

内容 原始・古代, 中世, 近世・近代・現代: 縄文時代から昭和29年(1954)の館林市誕生まで

### 館林町誌稿

◇第1-2輯　館林町立図書館　1942　2冊　19cm

内容 皇室に関する事項, 町名の由来, 藩治及管轄, 自然界, 交通及通信

### 群馬県邑楽郡多々良村誌　群馬県邑楽郡多々良村編

◇群馬県邑楽郡多々良村　1928　360p 図版11枚　24cm

### 赤羽村誌

◇群馬県邑楽郡赤羽尋常高等小学校

全国地方史誌総目録　241

1928　125丁　24cm

邑楽郡六郷村郷土誌　六郷村役場編
◇六郷村役場　1924　28p　B5

## 【渋川市】

子持村誌　子持村誌編さん室編
◇追録編　子持村　2006.2　285p　22-26cm
[内容] 昭和53年(1978)以降の村の出来事を「子持村誌 通史」にならって構成
◇上巻　子持村　1987.3　1195, 7p　22-26cm
[内容] 自然・原始古代・中世・近世：旧石器時代から幕末・明治初期まで
◇下巻　子持村　1987.8　1172, 6p　22-26cm
[内容] 近世続き, 近・現代, 民俗：近世文芸から昭和60年(1985)ごろまで

北橘村のあゆみ　116年記念誌　「北橘村のあゆみ」記念誌編集委員会編集
◇北橘村　2006.2　155p, 図版[3]p　31cm
[内容] 明治から平成18年(2006)の渋川市への合併まで

村一〇〇年のあゆみ　村制百周年記念
◇北橘村　2006.1　32p 挿図　26cm
[内容] 広報「たちばな」掲載の「村百年のあゆみ(1989年1月号〜1991年4月号)をまとめたもの, 明治から昭和末ごろまで

渋川市誌　渋川市市誌編さん委員会編
◇第1巻 自然編　渋川市　1987.3　654p　22cm
[内容] 地誌, 地理, 地質, 気象, 植物, 動物
◇第2巻 通史編 上 原始-近世　渋川市　1993.3　1108p 図版8枚 p　22cm
[内容] 旧石器時代から幕末期まで
◇第3巻 通史編 下 近代・現代　渋川市　1991.3　1247p　22cm
[内容] 明治維新から平成2年(1990)まで
◇第4巻 民俗編　渋川市　1984.10　996, 33p　22cm
[内容] 衣食住, 生産・生業, 社会生活, 交通・運輸・通信・交易, 民俗信仰, 民俗知識
◇第5巻 歴史資料編　渋川市　1989.3　1204p　22cm
[内容] 古代・中世：斎明天皇4年(658)から文禄3年まで／近世編：天正18年(1590)から明治4年(1871)まで
◇第6巻 歴史資料編 近代・現代　渋川市　1995.3　1102p　22cm
[内容] 明治3年(1870)から昭和29年(1954)まで
◇通史編 別冊 渋川市の歴史年表　渋川市　1993.3　74p　22cm
[内容] 旧石器時代から平成2年(1990)まで
◇[別巻] 目で見る渋川：明治・大正・昭和 歴史写真集　渋川市　1981.2　196p　31cm
[内容] 明治末期から昭和の戦時中までを主とし, その後の写真も収録
◇[別巻] 石造物と文化財　渋川市　1986.3　308p　27cm
[内容] 渋川市の石造物(墓石を除く中世から近世までのもの, 渋川市の文化財(国指定・県指定・市指定)
◇別巻 渋川市の建造物　渋川市　1988.3　435p　27cm
[内容] 民家編・社寺建築編・洋風建造物編

赤城村誌　赤城村誌編纂委員会編
◇赤城村誌編纂委員会　1989.3　1082p, 図版6枚　22cm
[内容] 赤城村誕生三十周年記念, 昭和31年(1956)度から昭和61年(1986)度末まで

伝承と路傍の文化　子持村誌補遺編

子持村誌編さん室編

◇子持村　1987.12　278p　26cm

小野上村誌　小野上村誌編纂委員会編

◇小野上村　1978.3　1072p, 図版2枚　22cm
　内容　自然と環境, 人口及び戸数, 村の歴史, 村政ほか：原始時代から昭和50年(1975)ころまで

北橘村誌　北橘村誌編纂委員会編

◇北橘村　1975.11　1530p, 図版3枚　22cm
　内容　自然・歴史・政治・教育・文学・信仰・宗教ほか：原始時代から昭和49年(1974)まで

北群馬・渋川の歴史　北群馬・渋川の歴史編纂委員会編

◇北群馬渋川の歴史編纂委員会　1971.8　963p　22cm
　内容　古墳文化, 伊香保神社, 社会経済誌など（中絶していた「北群馬郡誌」に原稿を加えて編纂）

伊香保誌　伊香保町教育委員会編

◇伊香保町　1970.10　38, 1181p 図版2枚　22cm
　内容　自然, 歴史, 町政, 産業経済, 教育, 信仰と宗教, 史跡・文化財ほか：原始時代から昭和44年(1969)ごろまで

子持村史

◇子持村教育委員会　1968.12　431p, 図版6枚　22cm
　内容　古代から昭和20年代ごろまで

群馬県勢多郡敷島村誌　群馬県勢多郡敷島村誌編纂委員会編

◇群馬県勢多郡敷島村誌編纂委員会　1959.12　6, 12, 947p, 図版11枚　22cm
　内容　自然・郷土の変遷・人口・産業と経済ほか, 縄文時代から昭和31年(1956)の合併による赤城村誕生まで

群馬県勢多郡横野村誌　群馬県勢多郡横野村誌編纂委員会編

◇群馬県勢多郡横野村誌編纂委員会　1956.9　117, 1255p 図版13枚　22cm
　内容　自然篇, 人文編：地名・戸口とその制度・土地及其制度ほか, 先史時代から昭和31年(1956)の横野・敷島両村の合併まで

横野村史蹟大観　群馬県勢多郡横野村役場編

◇群馬県勢多郡横野村役場　1934　54p　B6

郷土誌草案　渋川町編

◇渋川町　1911　366p　B5（謄）

【藤岡市】

藤岡市史　藤岡市史編さん委員会編

◇資料編　近世　藤岡市　1990.3　8, 1252p　22cm
　内容　天正18年(1590)から明治4年(1871)までの領主・村政・農業と貢租・産業と交通・社会と文化

◇資料編　原始・古代・中世　藤岡市　1993.3　51, 1102p　22cm
　内容　旧石器時代から安土・桃山時代までの範囲で旧緑野郡と関わりのある歴史資料

◇資料編　近代・現代　藤岡市　1994.3　1233p　22cm
　内容　明治4年(1871)から昭和60年(1985)までの行財政, 産業・経済, 教育, 宗教, 金石文, 日記

◇資料編　民俗　藤岡市　1989.3　11, 889p　22cm
　内容　石造文化財（近世・近代）, 民俗文献, 小字図（付図）

◇自然編　藤岡市　1989.12　1060p　22cm
　内容　地形地質・気候気象・植物・動物

全国地方史誌総目録　243

◇自然目録編　藤岡市　1989.3　546p　22cm
[内容] 植物・動物

◇通史編 近世 近代・現代　藤岡市　1997.3　889p　22cm
[内容] 芦田氏が藤岡移封となった天正18年(1590)から明治4年(1871)の廃藩置県まで

◇通史編 原始・古代・中世　藤岡市　2000.3　430p　22cm
[内容] 旧石器時代から天正18年(1590)の秀吉による全国統一まで

◇民俗編 上巻　藤岡市　1991.3　46, 1211p　22cm
[内容] 衣・食・住, 生産・生業, 交通・運輸・通信・交易, 年中行事

◇民俗編 下巻　藤岡市　1995.3　41, 1059p　22cm
[内容] 生産・生業(続), 社会生活, 民間信仰, 民俗知識, 郷土芸能, 人の一生, 言語伝承

◇別巻 藤岡の歴史年表　藤岡市　1996.2　83p　26cm
[内容] 原始・古代から近代・現代(平成7年)まで

藤岡市岡之郷・郷土誌　岡之郷・郷土誌編集委員会編

◇岡之郷・郷土誌編集企画委員会　1996.3　310p, 図版2枚　27cm
[内容] 歴史編(原始・古代から平成6年(1994)ごろまで), 文化編, 社会生活編, 資料編

鬼石町誌　鬼石町誌編さん委員会編

◇鬼石町教育委員会　1984.10　1502p 図版6枚　22cm
[内容] 自然編・歴史編・文化編, 原始時代から昭和58年(1983)10月1日まで

多野藤岡地方誌　多野藤岡地方誌編集委員会編

◇各説編　多野藤岡地方誌編集委員会　1976.12　22, 804p　22cm
[内容] 藤岡市・新町・鬼石町・吉井町・万場町・中里村・上野村・高崎市八幡地区(旧八幡村)

◇総説編　多野藤岡地方誌編集委員会　1976.12　28, 1030p　22cm
[内容] 歴史, 自然, 戸口, 交通・通信, 産業, 災害ほか：先土器時代から昭和50年(1975)度まで

藤岡町史　藤岡町史編纂委員会編

◇藤岡市　1957.6　1636p 図版15枚　22cm
[内容] 先史時代から昭和30年(1955)頃まで

美土里村郷土誌　多野郡美土里村編

◇多野郡美土里村　1913　119丁　B5 (和)

【富岡市】

妙義町誌　妙義町誌編さん委員会編

◇上　妙義町　1993.3　1171p　22cm
[内容] 自然, 原始・古代・中世, 近世, 近代・現代

◇下　妙義町　1993.3　8, 504p　22cm
[内容] 文学と紀行, 宗教, 民俗

富岡市史　富岡市市史編さん委員会編

◇近世資料編　富岡市　1987.2　1174p　22cm
[内容] 天正18年(1590)から明治4年(1871)までの領主, 村政, 農業と貢租, 産業と交通, 社会と文化

◇近代・現代 通史・宗教編　富岡市　1991.11　28, 824p　22cm
[内容] 明治4年(1871)から昭和60年(1985)まで/補遺編：官営富岡製糸場関係資料

◇近代・現代資料編 上　富岡市　1988.3　8, 1097p　22cm
[内容] 廃藩置県後から昭和60年(1985)までの政治・行政および産業・経済(農業, 製糸・織物業, 林業・漁業)

◇近代・現代資料編 下　富岡市　1989.3
8, 1018p　22cm
　内容 廃藩置県後から昭和60年(1985)までの産業・経済(商工業・金融業), 災害・防災, 教育, 文化, 事件と住民要求

◇自然編 原始・古代・中世編　富岡市
1987.3　21, 436p　22cm
　内容 旧石器時代から安土桃山時代まで

◇民俗編　富岡市　1984.10　12, 1185p
22cm
　内容 衣・食・住, 生産・生業, 交通・運輸・交易, 社会生活, 信仰, 人の一生ほか

◇近世 通史編・宗教編　富岡市
1991.11　16, 864p　22cm
　内容 天正18年(1590)から明治4年(1871)まで

富岡史　富岡史編纂委員会編

◇名著出版　1973.10　999, 64p 図・地図11枚　22cm
　内容 先史時代から昭和29年(1954)の富岡市制施行前後まで

## 【安中市】

安中市史　安中市市史刊行委員会編

◇第1巻 近代現代資料編2　安中市
2000.1　452p　27cm
　内容 教育・文化・宗教：明治4年(1871)から昭和61年(1986)まで

◇第1巻 自然編　安中市　2000.1
697p　27cm
　内容 地形地質・気候気象・植物・動物

◇第2巻 通史編 別冊付録 安中歴史年表　安中　2003.11　93p 挿図, 地図
26cm
　内容 考古年表：後期旧石器時代から中世まで／歴史年表：古代から平成15年(2003)まで

◇第2巻 通史編　安中市　2003.11
1102p　27cm

　内容 旧石器時代後期から平成14年(2002)まで

◇第3巻 民俗編　安中市　1998.11
931p　27cm
　内容 衣・食・住, 交通・運輸・交易・通信, 生産・生業, 社会生活, 信仰, 人の一生ほか

◇第4巻 原始古代中世資料編　安中市
2001.3　1128p　27cm
　内容 考古資料(城館址を含む), 古代文献資料, 中世文献資料(治承4年(1180)から天正18年(1590)まで

◇第5巻 近世資料編 別冊付録 風土記編　安中市　2002.3　214p　26cm
　内容 安中志・安中記・安中志略・秋間志・碓氷県秘録ほか

◇第5巻 近世資料編　安中市　2002.3
1080p　27cm
　内容 領主・村と農業・町と交通・生活と文化・社会の変動：天正18年から明治4年まで

◇第6巻 近代現代資料編1 別冊付録
人々の暮らし　安中市　2002.7　201p
26cm
　内容 明治5年(1872)から昭和51年(1976)まで

◇第6巻 近代現代資料編1　安中市
2002.7　1094p　27cm
　内容 政治社会・産業経済(特集・碓氷社を含む)：明治4年(1871)から平成11年(1999)頃まで

松井田町誌　松井田町誌編さん委員会編

◇松井田町役場　1985.12　19, 1326p 図版4枚　27cm
　内容 自然編, 歴史編(原始・古代から昭和60年(1985)まで), 文化編(文化財・社会生活ほか)

群馬県碓氷郡東横野村誌

◇東横野村誌編纂委員会　1984.6
533p, 図版 [8] p　22cm

内容 原始・古代から昭和20年代頃まで

碓氷郡志　群馬縣碓氷郡役所編
◇碓氷郡志刊行会　1973.6　2, 4, 4, 16, 608p　22cm
内容 地理篇(郡の現状及沿革の概要), 歴史篇(大化の改新から大正期まで), 人物篇

安中市誌　安中市誌編纂委員会編
◇安中市誌編纂委員会　1964.12　1008p, 図版2枚　27cm
内容 自然篇・歴史篇・文化篇：縄文時代から昭和30年代まで

碓氷郡志　碓氷郡役所編
◇碓氷郡役所　1923　608p　A5

## 【みどり市】

大間々町誌　大間々町誌編さん室編
◇通史編 上巻　大間々町誌刊行委員会　1998.10　20, 988p　22cm
内容 原始時代から近世末期・廃藩置県(明治4年)まで

◇通史編 下巻　大間々町誌刊行委員会　2001.3　20, 1044p　22cm
内容 明治期から大正・昭和・平成期(2000年)まで

◇別巻1 中世資料編 大間々町の中世資料　大間々町誌刊行委員会　1994.2　290p 図版40p　22cm
内容 文書・記録：治承4年(1180)から天正18年(1590)までの信仰遺物, 城館

◇別巻2 近世資料編 大間々町の近世資料　大間々町誌刊行委員会　1995.3　887p, 図版　22cm
内容 天正18年(1590)から明治4年(1871)まで

◇別巻3 近代・現代資料編 大間々町の近代・現代資料　大間々町誌刊行委員会　1996.3　935p, 図版6枚　22cm
内容 明治4年(1871)から昭和30年代, 政治と社会の変遷・産業経済の発達・教育

と文化の様相

◇別巻4 植物編 大間々町の植物　大間々町誌刊行委員会　1994.3　613p, 図版5枚　27cm
内容 植生・植物相・各地の植物ほか, 大間々町自生植物目録

◇別巻5 動物編 大間々町の動物　大間々町誌刊行委員会　1995.3　588p, 図版　27cm
内容 哺乳類・鳥類・爬虫類・両生類・魚類・昆虫類

◇別巻6 特論編 歴史　大間々町誌刊行委員会　2000.3　546p　22cm
内容 町誌刊行に携わった執筆者の未発表の町誌にかかわる記述12編

◇別巻6 特論編 自然　大間々町誌刊行委員会　2000.3　173p　22cm
内容 町誌刊行に携わった執筆者の町誌にかかわる記述4編

◇別巻7 石造物編 大間々町の石造物　大間々町誌刊行委員会　1994.3　536p, 図版4枚　27cm
内容 町内の石造物のうち一般墓石類を除き悉皆調査, 近世から現代まで

◇別巻8 建造物編 大間々町の建造物　大間々町誌刊行委員会　1993.3　429p　27cm
内容 民家建築・神社建築・寺院建築・洋風建造物

◇別巻9 民俗編 大間々町の民俗　大間々町誌刊行委員会　2001.3　470, 19p, 図版4枚　22cm
内容 大間々扇状地の町, 暮らしと生業, 衣・食・住, 社会生活, 人の一生, 一年の生活, 信仰と祭り

まんがおおままの歴史　熊谷さとし画, 大間々町町誌編さん室編
◇大間々町　2000.3　243p, 図版2枚　23cm
内容 古生代・中生代・新生代, 中世・近

世, 近代・現代, 資料編

**勢多郡東村誌　勢多郡東村誌編纂室編**
◇東村　1998.2　2冊　22cm

**群馬県精髄山田郡誌**
◇千秋社　1997.6　1117p　22cm

**山田郡川内村郷土誌**
◇川内郷土研究会　1993.4　34p　25cm
　内容 中世から明治43年ごろまで(明治期刊行「山田郡川内村郷土誌」の翻刻)

**笠懸村誌　笠懸村誌編纂室編**
◇上巻　笠懸村　1985.3　1050p　22-27cm
　内容 自然編:地質・地形・動植物/歴史編:原始古代・中世・近世
◇下巻　笠懸村　1987.3　1245p　22-27cm
　内容 歴史編:近代・現代(明治から昭和58年(1983)まで)/民俗編/宗教編
◇別巻1 資料編 自然篇・原始古代篇　笠懸村　1983.5　468p　22-27cm
　内容 自然篇:丘陵地・平地・沼地/原始古代篇:主要遺跡, 笠懸村の原始・古代
◇別巻2 資料編 民俗篇・石造物篇・建造物篇　笠懸村　1983.5　501p　22-27cm
　内容 民俗篇:社会生活と衣食住, なりわい, 暮らしのリズムほか/石造物篇:石に刻まれた庶民の信仰ほか/建造物篇:民家, 神社と寺院
◇別巻3 資料編 近世史料集　笠懸村　1989.3　666p　22-27cm
　内容 支配と村政・農業と貢租・信仰と社会生活・検地帳と名寄帳, 明治元年(1868)まで
◇別巻4 資料編 近代現代史料集　笠懸村　1990.10　806p　22-27cm
　内容 行政・産業と経済・教育と宗教・庶民の記録, 明治から昭和30年代まで

**山田郡誌　山田郡教育會編**
◇山田郡教育會　1939.3　1690p, 図16枚　23cm
　内容 自然界, 人文界(先史時代から昭和10年(1935)頃まで), 昭和9年(1934)陸軍特別大演習並地方行幸山田郡記録

**山田郡誌　山田郡教育会編**
◇山田郡教育会　1910　153p　B6

## 【富士見村】

**富士見村誌　富士見村誌編纂委員会編**
◇富士見村　1954.11　1170p, 図版14枚　22cm
◇［正編］富士見村役場　1978.1　12, 1170p　22cm
　内容 前篇(わが郷土, 産業・経済, 交通・通信ほか), 後篇(歴史, 部落誌, 習俗ほか):石器時代から昭和28年(1953)まで
◇続編　富士見村役場　1979.10　11, 1239p　22cm
　内容 前編は主に前の富士見村誌以降の村の移りかわりを記述(昭和53年4月1日まで), 後編は前の村誌にもれた歴史的なことを記録

## 【榛東村】

**榛東村誌　榛東村誌編さん室編**
◇榛東村　1988.6　21, 1706p 図版4枚　22cm
　内容 自然と人口, 歴史(原始から現代), 産業・経済など11編, 昭和62年(1987)まで

## 【吉岡町】

吉岡村誌　吉岡村誌編纂室編

◇吉岡村教育委員会　1980.11　10,
1620p 図版 3 枚　22cm
[内容] 旧石器時代から昭和 53 年(1978)ごろまで

駒寄村史　小林達次郎編

◇群馬県群馬郡駒寄村　1930　284p
23cm

## 【吉井町】

吉井町誌　吉井町誌編さん委員会編纂

◇吉井町誌編さん委員会　1974.12　23,
1534p, 図版 6 枚　22cm
[内容] 自然篇・歴史篇・文化篇：縄文文化から昭和 47 年(1972)ごろまで

吉井今昔史　豊国義孝編

◇上毛郷土史研究会　1936.12　78, 30p
23cm
[内容] 前編：維新前後の吉井・小石川奉使筆記/後編：上代の吉井(古墳調査書・多胡碑の研究)

## 【上野村】

上野村誌　上野村教育委員会編

◇[1] 上野村の自然 地形・地質・気象
上野村　1997.3　138p, 図版 4 枚
26cm
[内容] 位置・地形・地質・気象で構成し上野村の自然の現況を収める

◇[2] 上野村の自然 動物目録　上野村
1998.3　193p　26cm
[内容] 哺乳類、鳥類、爬虫類・両生類、魚類、昆虫類、陸産貝類

◇3 上野村の自然 動物　上野村
1999.3　279p, 図版 3 枚　26cm
[内容] 哺乳類、鳥類、爬虫類・両生類、魚類、昆虫類、陸産貝類

◇4 上野村の民俗　上野村　2000.3
201p, 図版 4 枚　26cm
[内容] 衣食住, 生活生業, 交通運輸通信, 社会生活, 信仰, 民俗知識ほか

◇5 上野村の文化財・芸能・伝説　上野村　2001.1　241p, 図版 6 枚　26cm
[内容] 上野村の文化財, 上野村の芸能, 上野村の伝説

◇6 上野村の自然 植物　上野村
2002.3　200p, 図版 6 枚　26cm
[内容] 自然環境と植物相, 主要植物解説, 天然記念物及び巨樹, 各地域の植物, 植生ほか

◇7 上野村の地誌　上野村　2003.3
201p, 図版 4 枚　26cm
[内容] 明治期から平成 10 年(1998)までの行政・選挙・人口・厚生・水利ほか

## 【神流町】

万場町誌　万場町誌編さん委員会編

◇万場町　1994.3　1350p 図版 4 枚
22cm
[内容] 自然編・歴史編・近現代編・文化編, 原始時代から平成 3 年(1991)まで

## 【下仁田町】

下仁田町の歴史　年表と資料

◇下仁田町教育委員会　1995.8　73p
27cm
[内容] 歴史年表(地質時代から平成 7 年まで)、資料、町の文化財

下仁田町史　下仁田町史刊行会編

◇下仁田町　1971.11　642p　22cm
[内容] しもにたの姿, 民俗と文化, ふる里の風土記ほか, 縄文時代から昭和 46 年(1971)まで

## 【南牧村】

南牧村誌　南牧村誌編さん委員会編

◇南牧村　1981.3　10, 1540p, 図版4枚　22cm
[内容] 自然・歴史・村政・産業経済・教育文化・民俗：縄文時代から昭和53年(1978)度まで

## 【甘楽町】

甘楽町史　甘楽町史編さん委員会編

◇甘楽町　1979.9　1493p　22cm
[内容] 原始・古代・中世・近世・近現代・民俗、縄文時代から昭和53年(1978)まで

## 【中之条町】

中之条町誌　中之条町誌編纂委員会編

◇資料編　中之条町　1983.11　1618p　22cm
[内容] 古代・中世、近世(領主、村政、農林・貢租、産業と交通、社会と文化)、近・現代(明治前期から終戦直後まで)、社寺誌

◇第1巻　中之条町　1976.3　1513p　22cm
[内容] 通史篇(縄文時代から1941年まで)

◇第2巻　中之条町　1977.3　1442p　22cm
[内容] 歴史編 通史続：昭和戦時期から戦後期(昭和20年代)まで/歴史編特輯：戦争と生活、団体の歴史、災害の歴史/歴史編特論

◇第3巻　中之条町　1978.9　1348p　22cm
[内容] 歴史編特輯続：温泉史、村・家・女の歴史/現代：社会誌、自然誌、民俗誌、昭和30年(1955)から昭和51年(1976)まで

## 【長野原町】

長野原町郷土誌　復刻版

◇長野原町　1999.2　1冊(ページ付なし), 折り込み図1枚　26cm
[内容] 明治43年発行『郷土誌』の復刻/自然界・人文界(戸口, 教化, 沿革, 官公署ほか)

長野原町誌　長野原町誌編纂委員会 編

◇上巻　長野原町　1976.3　832p　27cm
[内容] 自然, 歴史, 人口の動態, 行政, 議会, 財政, 税の変遷, 産業, 交通・通信：先史時代から昭和40年代ころまで

◇下巻　長野原町　1976.3　863p　27cm
[内容] 教育, 信仰・宗教, 観光, 皇室と長野原町, 厚生・保健, 風俗習慣, 伝承, 文化, 人物ほか

## 【嬬恋村】

嬬恋村誌　嬬恋村誌編集委員会編

◇上巻　嬬恋村　1977.3　13, 6, 1154p　27cm
[内容] 村名と村民, 自然界, くらしの歴史, 城塁の興亡, 村邑のあゆみ, ほか：先史時代から昭和50年(1975)ごろまで

◇下巻　嬬恋村　1977.6　16, 1157〜2353p　27cm
[内容] 南木山, 教育のあゆみ, 生活と伝承, 衛生・福祉, 災害・警備, 兵事と郷土, 浅間山噴火ほか

## 【草津町】

漫画草津町誌　まんがで見る草津の歴史　一峰大二漫画, 草津町企画開発課編

◇草津町　2000.8　259p　22cm
[内容] 漫画編・資料編(原始・古代から現代まで)・年表

草津温泉誌　草津町誌編さん委員会編

◇第1巻　草津町役場　1976.9　1123p　22cm
[内容] 古代・中世・近世：縄文文化から天保・慶応年間まで

◇第2巻　草津町役場　1992.6　902p　22cm
　内容 近現代：草津温泉観光発達史、草津の教育、草津温泉と近代文学・芸術、湯之沢区及び栗生楽泉園

◇第3巻 自然・科学編1　草津町役場　1984.12　846p　27cm
　内容 草津町の自然(火山、温泉、医学、動・植物)についての研究成果

草津町史　佐藤曽平著
◇佐藤曽平　1938　241p　20cm

## 【六合村】

六合村誌　六合村誌編纂委員会編集
◇六合村　1973.12　17, 1157p 図版2枚　26cm
　内容 自然、歴史、行政、交通、産業経済、教育、宗教、民俗：縄文時代から昭和47年(1972)末ごろまで

## 【高山村】

高山村誌　群馬県吾妻郡　高山村誌編纂委員会編
◇高山村誌編纂委員会　1972.8　12, 1257p, 図版[7]p　27cm
　内容 先土器時代から昭和46年(1971)まで

## 【東吾妻町】

東村のあゆみ　東村役場企画観光課企画・編集
◇思い出のふるさと 閉村記念誌　東村役場　2006.3　45p　31cm
　内容 明治22年(1889)の東村発足から、平成18年(2006)3月の東村・吾妻町合併まで

群馬県精髄吾妻郡誌　吾妻教育会編
◇千秋社　1996.11　1131p　22cm

原町誌　[復刻版]　原町誌編纂委員会編
◇国書刊行会　1983.12　952p 図版　22cm
　内容 地誌編/歴史編：先史時代から昭和30年(1955)まで/近代編：明治22年(1889)から昭和30年(1955)まで

あがつま坂上村誌
◇坂上村誌編纂委員会　1971.10　10, 1424p, 図版[8]p　27cm
　内容 前篇近世以前：縄文式時代から維新前史まで/後篇近代以後：明治時代から昭和43年(1968)ごろまで

岩島村誌　岩島村誌編集委員会編
◇岩島村誌編集委員会　1971.3　9, 1400p 図版4枚　27cm
　内容 無土器文化時代から昭和30年(1955)の町村合併まで

あづま あがつま　あづま村誌編纂委員会編
◇あづま村史編纂委員会　1965.6　6, 10, 1106p, 図版6枚　27cm
　内容 歴史・自然・人口・行政・議会・財政・税と経済・産業・教育ほか、先史時代から昭和30年代ごろまで

あがつま太田村誌　太田村誌編纂委員会編
◇太田村誌編纂委員会　1965　696p 図版 地図　22cm

群馬県吾妻郡誌　群馬県吾妻教育会編
◇追録 第1輯　群馬県吾妻教育会　1936　534p　23cm

## 【片品村】

片品村史　片品村史編纂委員会編
- ◇片品村　1963　709p 図版 地図　27cm
  - 内容 縄文時代から昭和37年(1962)まで

## 【川場村】

川場村の歴史と文化　川場村誌編纂委員会編
- ◇川場村　1961.12　12, 1176, 5, 16p　22cm
  - 内容 歴史編：縄文時代から明治初期まで／現代編：明治22年(1889)の川場村成立から昭和35年(1960)ごろまで

川場村誌　川場村編
- ◇川場村　1937　331p　23cm

## 【昭和村】

村誌久呂保　久呂保村誌編纂委員会編
- ◇久呂保村誌編纂委員会　1961　726p 図版　27cm

糸之瀬村誌　糸之瀬村誌編纂委員会編
- ◇糸之瀬村　1958　501p 図版 地図　22cm

## 【みなかみ町】

月夜野町史　月夜野町史編さん委員会編
- ◇月夜野町　1986.1　1637p　22cm
  - 内容 月夜野町の成立まで(原始時代から昭和戦後)、行政・議会と選挙・財政・産業ほか(月夜野町の誕生から昭和59年(1984)頃まで)

桃野村誌　全　復刻
- ◇月夜野町教育委員会　1972.5　6, 396p　22cm
  - 内容 明治43年(1910)版桃野村誌(上中下巻)の復刻, 自然界・人文界(戸口・教化・沿革・官公署・風俗習慣ほか)

町誌みなかみ　町誌みなかみ編纂委員会編
- ◇町誌みなかみ編纂委員会　1964.8　9, 1153p 図版6枚　27cm
  - 内容 郷土篇(縄文時代から昭和37年ごろまで), 観光篇(自然・谷川岳・スキーの沿革とその普及ほか)

月夜野町誌　月夜野町編
- ◇第1集 桃野村誌　月夜野町誌編纂委員会　1961　778p 図版 地図　22cm

## 【玉村町】

玉村町誌　玉村町歴史資料館編
- ◇通史編 上巻　玉村町誌刊行委員会　1992.7　29, 829p　22cm
  - 内容 原始古代・中世・近世：旧石器時代から幕末維新期まで
- ◇通史編 下巻1　玉村町誌刊行委員会　1995.9　26, 988p　22cm
  - 内容 近代現代編：明治初年から昭和63年(1988)まで
- ◇通史編 下巻2　玉村町誌刊行委員会　1995.9　18, 989〜1571p　22cm
  - 内容 民俗編, 自然編(動物, 植物, 地形・地質)
- ◇別巻1 玉村町の和算　玉村町誌刊行委員会　1987.7　327p 図版[2]p　22cm
  - 内容 和算について, 斎藤宜長・宜義, 柳沢伊寿, 小暮武甲, 大堀辰五郎宜之他
- ◇別巻2 玉村町の文書　玉村町　1988.3　649p, 図版2枚　22cm
  - 内容 町内所在文書から採録, 元和元年(1615)から明治3年(1870)まで
- ◇別巻3 玉村町の建造物　玉村町　1991.3　385p　27cm
  - 内容 民家建築・神社建築・寺院建築・山車と神輿

◇別巻 4 三右衛門日記 1　玉村町　1994.3　502p　22cm
  内容 天保 13(1842)年から弘化 3 年(1846)まで/日記摘要

◇別巻 5 三右衛門日記 2　玉村町　1997.3　798p　22cm
  内容 弘化 5 年(1848)から嘉永 6 年(1853)まで

◇別巻 6 三右衛門日記 3　玉村町　1998.3　1043p　22cm
  内容 嘉永 7 年(1854)から安政 5 年(1858)まで

◇別巻 7 三右衛門日記 4　玉村町　1999.1　1103p　22cm
  内容 安政 6 年(1859)から文久 3 年(1963)まで

◇別巻 8 三右衛門日記 5　玉村町　2000.3　715p　22cm
  内容 文久 4 年(1864)から明治 2 年(1869)

◇別巻 9 玉村町の石造物　玉村町誌刊行委員会　2005.3　559p, 図版 12 枚　31cm
  内容 中世石造物, 近世・近代信仰石造物, 近世・近代その他石造物, 近世墓石

## 【板倉町】

### 板倉町史

◇通史 上巻　板倉町　1985.3　682p　27cm
  内容 原始・古代, 中世, 近世(縄文時代から幕末期まで)

◇通史 下巻　板倉町　1985.2　860p　27cm
  内容 歴史編：近・現代(幕末維新から昭和 57 年(1982)頃まで)/教育・文化・宗教編/民俗編

◇別巻 1 板倉町における足尾銅山鉱毒事件関係資料　板倉町　1978.3　672p, 図版 12 枚　22cm
  内容 足尾銅山鉱毒事件の概要(明治 10 年(1877)から昭和 48 年(1973)まで), 原資料篇

◇別巻 2 資料編 利根川中流地域板倉町周辺の言語方言　板倉町史編さん委員会　1979.3　559p, 27cm
  内容 板倉町周辺の言語(方言)、板倉町の俗信と禁忌

◇別巻 3 資料編 板倉町の自然誌 1 気象・植物・池沼　板倉町史編さん委員会　1979.3　280p, 27cm
  内容 気象, 植物, 池沼郡、トンボ

◇別巻 4 利根川中流地域板倉町周辺低湿地の治水と利水　板倉町史編さん委員会　1980.3　394p 27cm
  内容 板倉町周辺の水害常習地域における水と人間の苦闘の歴史を解明しようとしてまとめたもの

◇別巻 5 板倉町の郷土芸能と水害圏の信仰　板倉町史編さん委員会　1980.11　259p　27cm
  内容 民謡, 民俗芸能, 民俗行事

◇別巻 6 近世史料集　板倉町史編さん委員会　1981.3　571p 図版 10 枚　27cm
  内容 天正 18 年(1590)から慶応 3 年(1867)までの近世資料, 一部中世資料を含む

◇別巻 7 板倉町の自然誌 2 地形地質・動物・環境　板倉町史編さん委員会　1982.1　477p　27cm
  内容 地形・地質, 動物の生態, 気象

◇別巻 8 板倉の民俗と絵馬　板倉町史編さん委員会　1983.9　491p, 図版 47 枚　27cm
  内容 お盆と七夕の習俗, 年末と正月の習俗, 産育・婚姻・葬送儀礼の習俗, 板倉の民家, 板倉の絵馬

◇別巻 9 板倉町の遺跡と遺物 遥かなるいたくらびとのあゆみ　板倉町史編さん委員会　1989.3　612p　27cm
  内容 町内旧村(西谷田・海老瀬・大箇野・伊奈良)に分布する遺跡・遺物について紹介

## 【明和町】

明和村誌　明和村誌編さん室編
- ◇[明和村]　1985.11　1761p, 図版4枚　22cm
  - 内容 自然編・歴史編：旧石器時代から昭和59年(1984)末まで

## 【千代田町】

千代田村誌　千代田村誌編さん委員会編
- ◇千代田村　1975　1462p 図 地図　22cm

## 【大泉町】

大泉町誌　大泉町誌編集委員会編
- ◇上巻 自然編・文化編　大泉町誌刊行委員会　1978.3　1496p　22cm
  - 内容 江戸末期ごろから昭和52年(1977)まで
- ◇下巻 歴史編　大泉町誌刊行委員会　1983.3　1492p　22cm
  - 内容 原始時代から昭和56年(1981)8月1日まで
- ◇別巻 大泉町の石造文化財　大泉町誌刊行委員会　1983.3　252p　22cm
  - 内容 大泉町内の個人関係の墓石を除く石造物を調査

## 【邑楽町】

邑楽町誌　邑楽町誌編纂室編
- ◇上巻　邑楽町　1983.2　934p　22cm
- ◇下巻　邑楽町　1983.2　762p　22cm

## 【吾妻郡】

群馬縣吾妻郡誌　群馬縣吾妻教育會編
- ◇群馬縣吾妻教育會　1929.10　1503p, 図版10枚, 地図　23cm
  - 内容 自然界・人文界誌：戸口・沿革・政治区画及各官署財政・兵事ほか(王朝時代から大正まで)

## 【邑楽郡】

群馬県精髄邑楽郡誌　復刻版　群馬県邑楽郡教育会〔編纂〕
- ◇千秋社　2000.3　846p　22cm

邑楽地方誌　邑楽地方誌刊行会編
- ◇邑楽地方誌刊行会　1956.2　10, 4, 56, 799p　22cm
  - 内容 前編(郡勢編)・後編(町村編)/終戦前の記録を採集

群馬県邑樂郡誌　群馬県邑樂郡教育会編
- ◇群馬県邑樂郡教育会　1917　1342p　23cm
  - 内容 前編：郡全部に関するものなど/後編：各町村誌, 大正4年(1915)度まで

群馬県邑楽郡町村誌材料　邑楽郡役所編
- ◇1—3　邑楽郡役所　1889　3冊　A5

## 【甘楽郡】

群馬縣甘樂郡史　復刻版　本多龜三著
- ◇千秋社　1996.2　10, 30, 990p　22cm
  - 内容 総論：境界地勢地質、沿革(先史時代から明治大正まで)ほか/各論：郡内町村記事

〔甘楽郡〕郷土誌　甘楽郡教育会編
- ◇児童用　甘楽郡教育会　1937　19p　B6

群馬県北甘楽郡史　本多亀三著
- ◇三光出版社　1928　990p 肖像　23cm

## 【勢多郡】

勢多郡誌　勢多郡誌編纂委員会編纂
- ◇群馬県文化事業振興会　1958.3　1270p, 図版3枚　22cm
  [内容] 自然, 歴史(先史時代から近世まで), 民俗・芸能・伝説, 人物, 現代(明治から昭和20年代まで)

## 【多野郡】

多野郡誌　多野郡教育会編
- ◇文献出版　1978.7　266p　22cm

群馬縣多野郡誌　多野郡教育會編
- ◇群馬縣多野郡教育會　1927.12　24, 893, 12p 図　22cm
  [内容] 前編(多野郡全体に関する記事, 明治から大正まで), 後編(各町村別記事)

多野郡誌
- ◇多野郡教育会　1910.9　266p 地図　22cm

## 【利根郡】

群馬県精髄利根郡誌
- ◇千秋社　1996.7　616p　22cm

利根郡誌　[複製版]　群馬県利根教育会編
- ◇群馬県利根教育会　1970　962, 616, 5p, 図44枚　22cm
  [内容] 前篇：自然界・人文界・沿革ほか(先史時代から大正期まで)/後篇：各町村別記事

利根郡誌 全　群馬県利根郡教育会編
- ◇群馬県利根郡教育会　1930　616p　A5

利根郡沿革概要　利根郡役所編
- ◇利根郡役所　1908　25p　A5

## 【新田郡】

上野国新田郡史　太田稲主著
- ◇太田美屋　1929　272p　23cm

# 埼玉県

**埼玉縣誌　復刻版**

◇上巻　千秋社　1997.2　662p　22cm
　内容 埼玉県大正元年刊の複製
◇下巻　千秋社　1997.2　790p　22cm
　内容 埼玉県大正元年刊の複製

**新編埼玉県史**　埼玉県編

◇資料編1 原始旧石器・縄文　埼玉県
　1980.12　850p　21-22cm
　内容 旧石器時代と縄文時代を収録(他の県内市町村を含む)
◇資料編2 原始・古代 弥生・古墳　埼玉県　1982.2　960p　21-22cm
　内容 弥生時代と古墳時代を収録
◇資料編3 古代1 奈良・平安　埼玉県
　1984.3　906p　21-22cm
　内容 奈良・平安時代の遺跡を集落・条里・窯・寺院・経塚・祭祀に分けて収録
◇資料編4 古代2 古文書・記録　埼玉県
　1983.3　1127p　21-22cm
　内容 崇神天皇10年から源頼朝挙兵前年の治承3年まで
◇資料編5 中世1 古文書1　埼玉県
　1982.3　683p　21-22cm
　内容 治承4年から延徳2年まで
◇資料編6 中世2 古文書2　埼玉県
　1980.3　886p　21-22cm
　内容 延徳3年から後北条氏が滅亡した天正18年まで
◇資料編7 中世3 記録1　埼玉県
　1985.3　1077p　21-22cm
　内容 治承4年から永享11年までの鎌倉・南北朝に関わる資料
◇資料編8 中世4 記録2　埼玉県
　1986.3　947p　21-22cm
　内容 康暦元年から天正18年までの室町・戦国期に関わる記録類

◇資料編9 中世5 金石文・奥書　埼玉県
　1989.3　782p　21-22cm
　内容 久安4年から天正18年までの金工・木工類, 石造類, 奥書類を収録
◇資料編10 近世1・地誌　埼玉県
　1979.12　1010, 87p　21-22cm
　内容 延享年中から嘉永年中までの武蔵志, 武蔵演路他を収録
◇資料編11 近世2・騒擾　埼玉県
　1981.1　983p　21-22cm
　内容 宝暦2年から明治初期までの一揆, 騒動, 打ちこわしなどを収録
◇資料編12 近世3 文化　埼玉県
　1982.3　1015p　21-22cm
　内容 近世の当県関連の学術・文芸の著作を収録
◇資料編13 近世4・治水　埼玉県
　1953.3　1078p　21-22cm
　内容 文禄3年から明治4年(1871)までの埼玉県域の治水・利水・水害関係資料
◇資料編14 近世5 村落・都市　埼玉県
　1991.2　924p　21-22cm
　内容 寛文元年から慶応3年までの村落, 城下町などの資料
◇資料編15 近世6・交通　埼玉県
　1984.3　1083p　21-22cm
　内容 文禄2年から慶応4年までの宿駅と街道, 助郷, 脇往還, 関所などに関する資料
◇資料編16 近世7 産業　埼玉県
　1990.3　984p　21-22cm
　内容 明暦2年から明治4年(1871)までの農林業, 鉱工業, 商業関係資料
◇資料編17 近世8 領主　埼玉県
　1985.3　1066p　21-22cm
　内容 天正18年から慶応4年までの代官, 藩, 旗本, 寺社領関係資料
◇資料編18 中世・近世 宗教　埼玉県
　1979-　冊　21-22cm
◇資料編19 近代・現代1 政治・行政1
　埼玉県　1983.3　1079p　21-22cm

- ◇資料編 20 近代・現代 2 政治・行政 2
  埼玉県　1987.3　1060p　21-22cm
  内容 明治元年(1868)から第1回普通選挙が実施された昭和3年(1928)まで
- ◇資料編 20 近代・現代 2 政治・行政 2
  埼玉県　1987.3　1060p　21-22cm
  内容 昭和4年(1929)から昭和50(1975)まで
- ◇資料編 21 近代・現代 2 産業・経済 1
  埼玉県　1982.12　1101p　21-22cm
  内容 明治4年(1871)廃藩置県以後、大正12年(1923)関東大震災頃まで
- ◇資料編 22 近代・現代 4 産業・経済 2
  埼玉県　1986.3　1018p　21-22cm
  内容 大正13年(1924)から昭和50年(1975)まで
- ◇資料編 23 近代・現代 5 社会・労働 1
  埼玉県　1982.3　1007p　21-22cm
  内容 明治14年(1881)から昭和13年(1938)まで
- ◇資料編 24 近代・現代 6 社会・労働 2
  埼玉県　1985.3　993p　21-22cm
  内容 昭和13年(1938)から昭和50年(1975)まで
- ◇資料編 25 近代・現代 7 教育・文化 1
  埼玉県　1984.3　1038p　21-22cm
  内容 明治元年(1868)から昭和6年(1931)まで
- ◇資料編 26 近代・現代 8 教育・文化 2
  埼玉県　1990.3　1157p　21-22cm
  内容 昭和7年(1932)から昭和50年(1975)まで
- ◇図録　埼玉県　1993.3　323p　22-30cm
  内容 旧石器時代から昭和60(1985)
- ◇通史編 1 原始・古代　埼玉県　1987.3　809p　22-30cm
  内容 旧石器時代から平安時代末(安元2年)まで
- ◇通史編 2 中世　埼玉県　1988.3　1190p　22-30cm
  内容 源頼朝挙兵の治承4年から、後北条氏滅亡の天正18年まで
- ◇通史編 3 近世 1　埼玉県　1988.3　900p　22-30cm
  内容 天18年の徳川家康の関東入国から正徳6年の幕藩体制安定まで
- ◇通史編 4 近世 2　埼玉県　1989.3　1148p　22-30cm
  内容 享保元年から慶応4年まで
- ◇通史編 5 近代 1　埼玉県　1988.3　1097p　22-30cm
  内容 慶応4年の戊辰戦争から明治末年まで
- ◇通史編 6 近代 2　埼玉県　1989.3　1140p　22-30cm
  内容 大正元年(1912)から昭和20(1945)8月まで
- ◇通史編 7 現代　埼玉県　1991.2　1038p　22-30cm
  内容 昭和20年(1945)8月15日の終戦からおおむね昭和50年(1975)まで
- ◇別編 1 民俗 1　埼玉県　1988.3　739p　22-30cm
  内容 社会生活,住居,衣生活,食生活,生産・生業他を収録
- ◇別編 2 民俗 2　埼玉県　1986.3　716p　22-30cm
  内容 信仰,人の一生,年中行事,民俗芸能・子供の遊び,口頭伝承・民間知識を収録
- ◇別編 3 自然　埼玉県　1986.3　560p　22-30cm
  内容 自然環境,地形と地質,気象,風土と森林などを記述
- ◇別編 4 年表・系図　埼玉県　1991.2　856p　22-30cm
  内容 旧石器時代から昭和50年(1975)
- ◇別編 5 統計　埼玉県　1981.3　793p　22-30cm
  内容 明17年から昭和50年までの主要統計

**埼玉県市町村誌**　埼玉県地域総合調査会

埼玉県

〔編〕

◇第1巻 埼玉県教育委員会 1972 254,4p 図 27cm
内容 浦和市,川口市,大宮市

◇第2巻 埼玉県教育委員会 1972 232p(図・地図共) 27cm
内容 鴻巣市,上尾市,与野市,草加市,蕨市

◇第3巻 埼玉県教育委員会 1973 271p(図・地図共) 27cm
内容 戸田市,鳩ケ谷市,朝霞市,志木市,和光市,新座市,桶川市

◇第4巻 埼玉県教育委員会 1973 296p(図・地図共) 27cm
内容 北本市,吹上町,伊奈町,川越市,所沢市

◇第5巻 埼玉県教育委員会 1974 202p(図・地図共) 27cm
内容 飯能市,狭山市,入間市

◇第6巻 埼玉県教育委員会 1975 226p 図 27cm
内容 富士見市,上福岡市,毛呂山町,坂戸町,越生町

◇第7巻 埼玉県教育委員会 1975 189p 図 27cm
内容 日高町,大井町,鶴ケ島町,三芳町,名栗村

◇第8巻 東松山市,小川町,嵐山町,川島町 埼玉県教育委員会 1976.2 215p 図 27cm

◇第9巻 吉見町,滑川村,鳩山村,玉川村,都幾川村 埼玉県教育委員会 1976.3 217p 図 27cm

◇第10巻 秩父市,吉田町,小鹿野町,長瀞町 埼玉県教育委員会 1977.3 227p(図・地図共) 27cm

◇第11巻 皆野町,横瀬村,大滝村,荒川村,両神村,東秩父村 埼玉県教育委員会 1977.3 250p(図・地図共) 27cm

◇第12巻 本庄市・児玉町・上里町・美里町 埼玉県教育委員会 1978.1 223p 27cm

◇第13巻 神川村・神泉村・熊谷市・深谷市 埼玉県教育委員会 1978.2 233p 27cm

◇第14巻 妻沼町・寄居町・岡部町・川本町・大里村 埼玉県教育委員会 1978.3 257p 27cm

◇第15巻 江南村・花園村・豊里村・行田市・加須市 埼玉県教育委員会 1978.10 268p 27cm

◇第16巻 羽生市・騎西町・大利根町・北川辺町・南河原村・川里村 埼玉県教育委員会 1979.1 282p 27cm

◇第17巻 春日部市・岩槻市・越谷市・久喜市・八潮市 埼玉県教育委員会 1979.3 269p 27cm

◇第18巻 蓮田市・白岡町・菖蒲町・宮代町・三郷市・栗橋町 埼玉県教育委員会 1979.9 261p 27cm

**武蔵国郡村誌** 埼玉県編

◇第1-10巻 埼玉県立図書館 1953-1954 10冊 22cm

◇第11-15巻 埼玉県立図書館 1954-1955 5冊 22cm

**埼玉県史** 埼玉縣編

◇埼玉県郷土史編輯所 1939 464p B5

◇第1巻 先史原史時代 埼玉県 1951.3 420p 図版,地図 23cm
内容 縄文時代から古墳時代

◇第2巻 奈良平安時代 埼玉県 1931.12 598p 図版,地図 23cm
内容 大化元年から延暦14年

◇第3巻 鎌倉時代 埼玉県 1933.11 456p 図版,地図 23cm
内容 寿永4年から元弘3年

◇第4巻 関東管領時代 埼玉県

1934.12　522p 図版, 地図　23cm
[内容] 元弘3年から永禄10年

◇第5巻 江戸時代前期　埼玉県　1936.3
538p 図版, 地図　23cm
[内容] 天正18年から正徳5年

◇第6巻 江戸時代後期　埼玉県　1937.5
462p 図版, 地図　23cm
[内容] 明和4年から慶応3年

◇第7巻 近代　埼玉県　1939.5　646p
図版, 地図　23cm
[内容] 明治元年(1868)から昭和9年(1934)

### 埼玉県村誌沿革略記

◇巻の1—巻の4　〔1935写〕　4冊
B5 和

### 我等の埼玉　埼玉県教育会編

◇上巻　明文堂書店　1932　114p　A5

### 埼玉縣誌

◇上巻　埼玉縣　1912.11　661p 23cm
[内容] 石器時代から明治4年(1871)の廃藩置県まで

◇下巻　埼玉縣　1912.11　790p 23cm
[内容] 明治9年(1876)県治区画確定から明治44年(1911)まで

### 埼玉県内郡誌略　川島楳坪校

◇埼玉県　1880.2　20丁　23cm

## 【さいたま市西区】

### 三橋村誌　横溝平助著

◇昭和書房　1932　147p　23cm

### 指扇村郷土誌　埼玉県北足立郡指扇村編

◇埼玉県北足立郡指扇村　1918　204p
B5 (和)

## 【さいたま市大宮区】

### 大宮市史　大宮市史編さん委員会編

◇資料編1　大宮市　1975.3　644p
22cm
[内容] 東角井家文書の日記中、享和3年から天保5年まで

◇資料編2　大宮市　1977.3　612p
22cm
[内容] 東角井家所蔵の江戸後期から明治維新までの神主日記を収録

◇資料編3　大宮市　1993.3　933p
22cm
[内容] 東角井家所蔵の明治2年から15年までの社家日記を収録

◇第1巻 考古編　大宮市　1968.8
510p　22cm
[内容] 旧石器時代から平安時代

◇第2巻 古代・中世編　大宮市　1971.3
611p　22cm
[内容] 古墳時代から天正18年

◇第3巻 上 近世編　大宮市　1977.3
759p　22cm
[内容] 天正18年から正徳6年

◇第3巻 中 近世編　大宮市　1978.3
520, 237p　22cm
[内容] 享保元年から慶応4年

◇第3巻 下 近世地誌編　大宮市
1973.3　602p　22cm
[内容] 新編武蔵風土記稿の記事を骨子とし、調査等で得た史料を加えて記述

◇第4巻 近代編　大宮市　1982.3
1132p　22cm
[内容] 嘉永6年から昭和20年(1945)

◇第5巻 民俗・文化財編　大宮市
1969.9　923p　22cm
[内容] 村の生活, 生産生業, 信仰と俗信, 家と家族他を記述

◇別巻1 補遺年表　大宮市　1985.3
273, 181p　22cm
[内容] 先土器時代から昭和20年(1945)

埼玉県

◇別巻 2 永田荘作関係書簡集　大宮市
1995.2　361p　22cm
内容 明治 13 年(1880)から明治 44 年
(1911)

続大宮市史　大宮市編
◇1 現代資料編　大宮市　1989.3
1233p 図版　22cm
内容 昭和 20 年(1945)から昭和 42 年
(1967)

三橋村誌　横溝平助著
◇昭和書房　1932　147p　23cm

## 【さいたま市中央区】

与野市史
◇近代史料編　与野市　1981.3　863p
22cm
内容 明治元年(1868)から昭和 20 年
(1945)までの史料
◇史料編補遺　与野市　1990.3　747p
22cm
内容 既刊の史料編に収録できなかった中
世の石造遺物,近世・近代の古文書など
昭和 20 年まで収録
◇自然・原始古代資料編　与野市
1984.6　835p　22cm
内容 旧石器時代から平安時代
◇自然編・別冊 与野植物誌　与野市
1978.3　182p　26cm
内容 自生の自然植物の記録
◇中・近世史料編　与野市　1982.4
972p　22cm
内容 治承 4 年から慶応 3 年までの史料
◇通史編 上巻　与野市　1987.6　825p
22cm
内容 旧石器時代から慶応 4 年
◇通史編 下巻　与野市　1988.11　875p
22cm
内容 明治元年から昭和 20 年までを対象
として記述

さいたま市浦和区

◇文化財編　与野市　1983.3　911p
22cm
内容 江戸期の社寺関係文化財,民家,中
世・近世の石造物他を収録
◇民俗編　与野市　1980.3　482p
22cm
内容 社会生活,生産・生業,交通・交易,
衣・食・住他を記述
◇別巻 井原和一日記 1　与野市　1991.3
863p　22cm
内容 昭和 6 年(1931)から昭和 9 年(1934)
◇別巻 井原和一日記 2　与野市　1992.2
694p　22cm
内容 昭和 10 年(1935)から昭和 12 年
(1937)
◇別巻 井原和一日記 3　与野市　1993.3
931p　22cm
内容 昭和 13 年から昭和 15 年までを収録
◇別巻 井原和一日記 4　与野市　1994.3
981p　22cm
内容 昭和 16 年から昭和 18 年までを収録
◇別巻 井原和一日記 5　与野市　1995.3
896p　22cm
内容 昭和 19 年から昭和 22 年まで収録

与野の歴史　与野市総務部市史編さん
室編
◇与野市　1988.10　290p　21cm
内容 旧石器時代から昭和 55 年(1980)ま
でと伝説などを収録

## 【さいたま市浦和区】

浦和市史　浦和市総務部市史編さん室編
◇第 1 巻 考古資料編　浦和市　1974.2
566p　22cm
内容 旧石器時代から古墳時代まで
◇第 2 巻 古代中世史料編 1　浦和市
1977.3　571p　22cm
内容 崇神~成務皇期から天正 18 年

全国地方史誌総目録　259

さいたま市浦和区　　　　　　　　　　　　　　　　　埼玉県

◇第2巻 古代中世史料編2　浦和市
1978.3　528p　22cm
内容 平安時代末期から寛文10年までの寺社関係史料などを収録

◇第3巻 近世史料編1　浦和市　1981.3
779p　22cm
内容 日記・記録類(慶長7年～安政2年)を収録

◇第3巻 近世史料編2　浦和市　1986.3
917p　22cm
内容 支配と法令,土地と貢租,村況と村政など(慶長8年～慶応3)を収録

◇第3巻 近世史料編3　浦和市　1984.1
799p　22cm
内容 河川と用排水,農業生産と商取引,交通(寛文9年～慶応4年)を収録

◇第3巻 近世史料編4　浦和市　1985.3
867p　22cm
内容 寺社,不二道と民間信仰,文化,生活(天正19年～慶応3年)を収録

◇第4巻 近代史料編1　浦和市　1975.3
743p　22cm
内容 明治時代の文書,新聞,雑誌,刊など

◇第4巻 近代史料編2　浦和市　1979.3
881p　22cm
内容 大正2年(1913)から昭和23年(1948)の文書,新聞,雑誌,刊本,日記など

◇第4巻 近代史料編3　浦和市
1981.11　868p　22cm
内容 明治6年(1873)から昭和22年(1947)までの教育関係史料を収録

◇第4巻 近代史料編4　浦和市　1982.3
901p　22cm
内容 明治44年(1911)から昭和23年(1948)までの厚沢八郎日記,代山宮台隣組記録簿他を収録

◇第5巻 現代史料編1　浦和市　1999.3
987p　22cm
内容 昭和20(1945)から昭和50年(1975)までの史料

◇第5巻 現代史料編2　浦和市　2000.3
771p　22cm
内容 昭和50年(1975)から平成11年(1999)頃までの史料

◇通史編1　浦和市　1987.3　675p　22cm
内容 旧石器時代から天正18年

◇通史編2　浦和市　1988.3　671p　22cm
内容 天正18年から慶応4年まで

◇通史編3　浦和市　1990.3　787p　22cm
内容 明治元年から昭和20年まで

◇通史編4　浦和市　2001.3　681, 84p　22cm
内容 昭和20年(1945)から平成12年(2000)まで

◇民俗編　浦和市　1980.3　827p　22cm
内容 記述の対象は、明治時代後期から大正時代に重点を置いた

◇考古資料編(続編)　浦和市　1991.1
815p　22cm
内容 昭和49年度以降,昭和63年度までの発掘調査結果(旧石器時代から奈良・平安時代まで)

図説浦和のあゆみ　浦和市総務部行政資料室編

◇浦和市　1993　251p　27cm
内容 旧石器時代から平成4年(1992)の中山道歩行者天国廃止まで

浦和市制二十年史　浦和市編纂

◇浦和市　1955.3　2, 10, 3, 534p, 図版29枚　22cm
内容 縄文時代から昭和29年(1954)

浦和市郷土史

◇浦和市教育會　1934.9　9, 264p　22cm
内容 縄文時代から昭和5年(1930)までおよび自然地理,人文地理他を記述

## 【さいたま市岩槻区】

岩槻市史　岩槻市教育委員会市史編さん室編

- ◇近・現代史料編 1 近代史料　岩槻市　1984.3　882p　22cm
  - 内容 明治初年から昭和20(1945)まで収録
- ◇近・現代史料編 2 新聞史料　岩槻市　1981.11　846, 43p　22cm
  - 内容 明治初期から昭和53年(1978)まで収録
- ◇近世史料編 1 児玉南柯日記　岩槻市　1980.3　734, 35p　22cm
  - 内容 埼玉県指定文化財「児玉南柯日記及び関係文書」中、日記53冊と「豊島実録」を翻刻し収録
- ◇近世史料編 2 浄国寺日鑑 上　岩槻市　1981.3　892p　22cm
  - 内容 浄国寺日鑑全77冊のうち元文4年から文化7年までの26冊を編年で収録
- ◇近世史料編 2 浄国寺日鑑 中　岩槻市　1981.9　1090p　22cm
  - 内容 浄国寺日鑑全77冊のうち文化8年から弘化3年までの32冊を編年で収録
- ◇近世史料編 2 浄国寺日鑑 下　岩槻市　1981.10　874p　22cm
  - 内容 浄国寺日鑑全77冊のうち弘化4年から明治5年(1872)までの11冊と増上寺等日鑑8冊を収録
- ◇近世史料編 3 藩政史料 上　岩槻市　1981.3　688p　22cm
  - 内容 天和2年から明治4年(1871)までの岩槻藩主、家臣など関係史料
- ◇近世史料編 3 藩政史料 下　岩槻市　1981.3　711p　22cm
  - 内容 慶長6年から明治6年(1873)までの岩槻藩領経営、学芸、日光社参他を収録
- ◇近世史料編 4 地方史料 上　岩槻市　1982.3　835p　22cm
  - 内容 寛永6年から明治4年(1871)までの支配、諸事御用控帳、土地・村況他の史料を収録
- ◇近世史料編 4 地方史料 下　岩槻市　1982.12　1105p　22cm
  - 内容 天正19年から明治4年(1871)までの村政社会、普請・水論・災害、貸借地の史料を収録
- ◇金石史料編 1 中世史料　岩槻市　1984.3　460p　22cm
  - 内容 板碑を中心とする寛元元年から板碑消滅の永禄3年までを収録
- ◇金石史料編 2 近世・近代・現代史料　岩槻市　1984.3　931p　22cm
  - 内容 1600年から昭和57年(1982)までの石塔・石仏・記念碑・金工品などを収録
- ◇古代・中世史料編 1 古文書史料 上　岩槻市　1983.3　294p　22cm
  - 内容 養和元年から康正2年までの古文書
- ◇古代・中世史料編 1 古文書史料 下　岩槻市　1983.3　818, 57p　22cm
  - 内容 長禄元年から天正18年までの史料
- ◇古代・中世史料編 2 岩付太田氏関係史料　岩槻市　1983.3　954p　22cm
  - 内容 記録・鐘銘、家譜・系図、墓石・位牌・地誌を収録
- ◇考古史料編　岩槻市　1983.3　961, 15p　22cm
  - 内容 縄文時代から平安時代
- ◇植物編　岩槻市　1981.3　393p　22cm
  - 内容 岩槻市内に自生する植物を主として収録
- ◇通史編　岩槻市　1985.3　1192p　22cm
  - 内容 縄文時代から昭和30年(1955)
- ◇民俗史料編　岩槻市　1984.3　1082p　22cm
  - 内容 生活の場と民俗概観、社会生活と親族、農業・川魚、職人と技術他を記述

岩槻市史年表　改訂版　岩槻市教育委員会市史編さん室編

- ◇岩槻市教育委員会市史編さん室　1980

359p 26cm
内容 縄文時代から昭和53年(1978)まで

## 【川越市】

川越市史　川越市総務部庶務課市史編纂室編

- ◇史料編 中世1　川越市　1975.3　468p 22cm
  - 内容 久寿2年より明徳2年まで
- ◇史料編 中世2　川越市　1975.3　764p 22cm
  - 内容 明徳4年から天正18年まで
- ◇史料編 近世2　川越市　1977.3　925p 22cm
  - 内容 万治2年から明治5年(1872)までの町方,寺社史料
- ◇史料編 近世1　川越市　1978.10 871p　22cm
  - 内容 天正18年から慶応3年までの藩政史料
- ◇史料編 近世3　川越市　1972.3　686p 22cm
  - 内容 貞享2年から慶応4年までの村方史料
- ◇第1巻 原始古代編　川越市　1972.3 589p　22cm
  - 内容 旧石器時代から古墳時代末期まで
- ◇第2巻 中世編　川越市　1985.3 629p　22cm
  - 内容 崇神天皇期から天正18年まで
- ◇第2巻 中世編 別巻 板碑　川越市 1985.3　502p　22cm
  - 内容 宝治2年から天文23年までと年代不詳のものも収録
- ◇第3巻 近世編　川越市　1983.12 587p　22cm
  - 内容 天正18年小田原北条氏の滅亡から、明治4年(1871)の廃藩置県まで
- ◇第4巻 近代編　川越市　1978.3 732p　22cm
  - 内容 明治維新から第2次世界大戦終了まで
- ◇第5巻 現代編1　川越市　1972.3 674p　22cm
  - 内容 昭和20(1945)から昭和40年(1965)まで
- ◇第5巻 現代編2　川越市　1981.12 401p　22cm
  - 内容 昭和40年から昭和50年まで
- ◇民俗編　川越市　1968.3　712p 22cm
  - 内容 民俗,芸能,祭りを記述
- ◇年表　川越市　1986.3　376p　22cm
  - 内容 471年から昭和50年(1975)まで

川越市史写真集　川越市庶務課市史編纂室編

- ◇川越市　1986.2　104p　27cm
  - 内容 縄文時代から昭和47年(1972)まで

川越の歴史　市制六十周年記念

- ◇川越市　1982.10　366p　19cm
  - 内容 縄文時代から昭和56年(1981)工業用地完成まで

川越市史(資料)

- ◇第2集 川越市・村合併聞き書　川越市臨時市史編纂室　1966　270p　25cm
- ◇第3集 川越市特別職並びに議員名簿　川越市臨時市史編纂室　〔1971〕 249p　25cm
- ◇第4集 川越狭山工業住宅団地造成聞き書　川越市臨時市史編纂室　1966 63, 201p　25cm
- ◇第5集 川越の政治と生活の聞き書　川越市臨時市史編纂室　1969　305p 25cm

高階村史　高階村史刊行会編

- ◇高階村史刊行会　1958　201p(図版共)

19cm

〔川越〕市制十年誌　川越市役所編
　◇川越市役所　1932　62p　B6

川越市沿革史概要　全　川越市役所編
　◇明文堂書店　1932　83p　A5

## 【熊谷市】

私たちの郷土熊谷の歴史　改訂版　熊谷市立図書館美術, 郷土係編
　◇熊谷市立図書館　2002.2　125p　30cm
　　内容 旧石器時代から平成14年(2002)まで

出来島村誌　大山雄三, 関根栄, 高野勝次編
　◇高野次三郎　1998.2　125p　27cm

妻沼町誌　高木幹雄編纂
　◇妻沼町　1995.2　232, 8p　23cm
　　内容 明治8年(1875)から明治3年(1928)までの町勢を記述

大里村史　大里村史編纂委員会編
　◇通史編　大里村　1990.7　19 768p 図版4枚　22cm

熊谷市史　熊谷市編
　◇通史編　熊谷市　1984.8　961p　21cm
　　内容 古墳時代から昭和58年(1983)

男沼村誌　堀江祐司, 大山雄三編
　◇北むかし文化会　1978.3　192p　27cm

妻沼町誌　妻沼町誌編纂委員会編
　◇妻沼町教育会　1928　232p 図版　23cm
　◇妻沼町役場　1977.3　882p 図版7枚　22cm

　　内容 縄文時代から昭和49年(1974)まで

熊谷市史　熊谷市編
　◇前篇　熊谷市　1963.4　592p　21cm
　　内容 縄文時代から昭和37年(1962)
　◇後篇　熊谷市　1964.4　722p　21cm
　　内容 元和6年から昭和37年(1962)までの交通, 産業, 他行政他を記述

熊谷市史稿　熊谷市編
　◇1—4　熊谷市　1939-1942　4冊　B5 (謄)

肥塚村郷土誌
　◇1912　110p

熊谷町誌草案　熊谷町編
　◇2—10　熊谷町　〔昭和初〕　9冊　B5 (謄)

## 【川口市】

川口市史　川口市編
　◇近世資料編1　川口市　1985.3　1018p　22cm
　　内容 天正18年から明治初年まで
　◇近世資料編2　川口市　1986.3　1032p　22cm
　　内容 天正18年から明治初年までの農業, 鋳物, 諸産業, 金融, 交通運輸に関する史料
　◇近世資料編3　川口市　1983.3　1057p　22cm
　　内容 慶長6年から慶応3年までの長徳寺住持寒松史料, 安井息軒北潜日抄を収録
　◇近代資料編1　川口市　1983.11　1106p　22cm
　　内容 明治初年から昭和20年までの史料
　◇近代資料編2　川口市　1982.4　1012p　22cm
　　内容 明治初年から昭和20年まで

◇現代資料編　川口市　1984.11　989p　22cm
　内容 昭和20年の終戦から同45年まで

◇古代・中世資料編　川口市　1978.12　700p　22cm
　内容 崇神天皇及び成務天皇期から天正18年

◇考古編　川口市　1986.3　839p　22cm
　内容 旧石器時代から江戸時代中期

◇通史編　上巻　川口市　1988.3　853p　22cm
　内容 旧石器時代から慶応3年

◇通史編　下巻　川口市　1988.3　726p　22cm
　内容 慶応4年から昭和61年(1986)

◇民俗編　川口市　1980.3　962p　22cm
　内容 昭和49年から昭和51年まで実施された民俗調査による

芝村誌　小泉安太郎編
◇芝村　1937　255p　23cm

【行田市】

行田市史　行田市史編さん委員会編
◇資料編　近代1　行田市　2006.3　666p　22cm
　内容 慶応4年から明治末年までの廃藩置県、明治期の行田の資料

◇上巻　行田市　1963.3　752, 37p　22cm
　内容 縄文時代から室町時代まで

◇下巻　行田市　1964.11　1143, 34p　22cm
　内容 慶長8年から昭和38年(1963)まで

◇続巻　行田市　2003.3　913, 27p　22cm
　内容 昭和20(1945)から平成13年(2001)まで

◇別巻 行田史譚　行田市　1958　536, 12, 33, 7p 図版3枚　22cm

◇別巻 行田史譚(再版)　行田市譚刊行会　1976　402 12 33 7p 図版6p　22cm
　内容 行田史譚初版(昭和33年刊)より資料編を削除し再版

須加村史　埼玉県北埼玉郡須加村村史編纂委員会〔編〕
◇埼玉県北埼玉郡須加村村史編纂委員会　1958　101p 図版　26cm

下忍村史　稲村坦元, 韮塚一三郎編纂
◇下忍村　1951.1　231p　21cm
　内容 縄文時代から昭和23年(1948)まで

【秩父市】

秩父市史　秩父市立図書館編
◇資料編　第1巻 松本家文書1　秩父市　1999.2　701p　22cm
　内容 忍藩割役名主御公用日記第1冊から5冊まで(宝永5年から享保16年)を収録

◇資料編　第2巻 松本家文書2　秩父市　2000.2　682p　22cm
　内容 忍藩割役名主御公用日記第6冊(享保7年)から第8冊(享保18年)まで収録

◇資料編　第3巻 松本家文書3　秩父市　2001.3　597p　22cm
　内容 忍藩割役名主御公用日記第9冊(享保17年)から第12冊(寛保4年・延享元年)までを収録

◇資料編　第4巻 松本家文書4　秩父市　2002.3　609p　22cm
　内容 松本家御用日記第13冊(延享元年から宝暦2年)を収録

◇資料編　第5巻 松本家文書5　秩父市　2003.3　614p　22cm
　内容 松本家御用日記第14冊(宝暦3年)と第15冊の一部(宝暦9年)までを収録

◇資料編　第6巻 松本家文書6　秩父市

2004.3 694p 22cm
　　内容 松本家御用日記第 15 冊の一部(宝暦 10 年)と第 16 冊の一部(明和 3 年)までを収録
◇資料編 第 7 巻 松本家文書 7　秩父市　2005.3 552p 22cm
　　内容 松本家御用日記第 16 冊の一部(明和 4 年)と第 17 冊(安永 2 年)までを収録
◇資料編 第 8 巻 松本家文書 8　秩父市　2006.3 513p 22cm
　　内容 松本家御用日記第 18 冊(明和 8 年)と第 19 冊(天明 2 年)を収録

荒川村誌
◇[通史]　荒川村　1983.12　1032p　21cm
　　内容 縄文時代から昭和 57 年(1982)まで
◇資料編 [1]　荒川村　1977.2　567p　21cm
　　内容 永徳 2 年から大正 7 年(1918)までの支配,土地,年貢,村政他の資料
◇資料編 2　荒川村　1979.11　818p　21cm
　　内容 明治 4 年(1871)から昭和 25 年(1950)までの人口,行政,兵役,産業経済他の資料
◇資料編 3　荒川村　1997.3　342p　21cm
　　内容 正徳元年から大正 7 年(1918)までの村内 6 家の文書を収録
◇資料編 4 写真集「村の記録」　荒川村　1998.2　89p　30cm
　　内容 明治 34 年(1901)から平成 5 年(1993)まで

尾田蒔村誌　尾田蒔村誌編纂委員会編
◇尾田蒔村誌編纂委員会　1992.7　635p　27cm

原谷村誌　原谷村誌編纂委員会編
◇原谷村誌編纂委員会　1989.2　453p　27cm

大滝村誌　大滝村誌資料調査委員会編
◇資料編 1　大滝村　1971.6　390p　21cm
　　内容 正保 2 年から安政 3 年
◇資料編 2　大滝村　1972.8　414p　21cm
　　内容 慶安 2 年から安政 4 年
◇資料編 3　大滝村　1974.4　483p　21cm
　　内容 寛政 7 年から明治 16 年
◇資料編 4　大滝村　1975.8　550p　21cm
　　内容 安永 5 年から明治 18 年
◇資料編 5　大滝村　1977.8　399p　21cm
　　内容 貞享 3 年から明治 14 年
◇資料編 6　大滝村　1979.8　631p　21cm
　　内容 天明 3 年から文久 3 年
◇資料編 7　大滝村　1980.9　656p　21cm
　　内容 元禄 12 年から明治 13 年(1880)
◇資料編 8　大滝村　1982.3　631p　21cm
　　内容 享和 3 年から明治 6 年(1873)
◇資料編 9　大滝村　1983.3　596p　21cm
　　内容 文政 4 年から明治 13 年(1880)
◇資料編 10　大滝村　1985.3　333p　21cm
　　内容 正保元年から明治 44 年(1911)
◇資料編 11　大滝村　1987.3　560p　21cm
　　内容 元禄 9 年から明治 16 年

吉田町史　吉田町教育委員会編
◇吉田町　1982.3　1144p　22cm
　　内容 縄文時代から昭和 44 年(1969)まで

◇資料篇 第1輯　吉田町教育委員会, 吉田町史編纂委員会　1974　387p　21cm
　内容 寛文5年から明治2年(1869)まで

◇資料篇 第2輯　吉田町教育委員会, 吉田町史編纂委員会　1976.3　551p　21cm
　内容 元和3年から明治16年(1883)までの新井家文書

高篠村誌　高篠村誌編纂委員会編

◇高篠公民館　1980.1　338p　22cm
　内容 明治4年(1871)の廃藩置県から昭和32年(1957)秩父市と合併まで

秩父市誌　秩父市誌編纂委員会編

◇秩父市　1962.5　1245p　23cm
　内容 旧石器時代から昭和36年(1961)まで/民俗

◇続編1　秩父市　1969.11　742p　23cm
　内容 昭36年(1961)から昭和42年(1967)までの行政, 産業・経済, 教育・文化他を記述

◇続編2　秩父市　1974.11　918p　23cm
　内容 昭和44年(1969)から昭和48年(1973)までの行政, 産業・経済, 教育・文化他を記述

中川村誌 改訂版　中川尋常高等小学校著

◇中川村役場　1937　207p　A5

【所沢市】

ところざわ歴史物語　所沢市史ダイジェスト版　所沢市教育委員会編

◇所沢市教育委員会　2006.3　213p　30cm

　内容 旧石器時代から平成12年(2000)まで

所沢市史　所沢市史編さん委員会編

◇近世史料1　所沢市　1979.8　805p　27cm
　内容 元和2年から慶応4年までの三ケ島, 小手指, 吾妻, 山口の4地区の史料

◇近世史料2　所沢市　1983.3　815p　27cm
　内容 寛文3年から慶応4年までの柳瀬, 松井, 富岡及び旧町の史料

◇近代史料1　所沢市　1982.3　1026p　27cm
　内容 明治元年(慶応4年)から明治39年までの史料

◇近代史料2　所沢市　1988.3　821p　27cm
　内容 明治37年から昭和20年までの史料

◇原始・古代史料　所沢市　1987.9　477p　27cm
　内容 旧石器時代から9世紀後半

◇現代史料　所沢市　1990.3　995p　27cm
　内容 昭和20年から平成元年までの史料

◇社寺　所沢市　1984.3　763p　27cm
　内容 永禄10年から昭和22年(1947)

◇地誌　所沢市　1980.3　753p　27cm
　内容 地形・地質, 地名, 水, 埼玉県市町村合併史他を記述

◇中世史料　所沢市　1981.3　811p　27cm
　内容 建長8年から元和3年

◇文化財・植物　所沢市　1985.3　407p　27cm
　内容 国指定・県指定・市指定文化財及び植物を収録

◇民俗　所沢市　1989.3　799p　27cm
　内容 ムラと家, 生産生業, 年中行事, 信仰, 衣生活他を記述

◇上　所沢市　1991.9　984p　27cm

◇下　所沢市　1992.11　719p　27cm
　内容 明治元年(1868)から昭和53年
　(1978)

所沢市史　所沢市史編纂委員会編
◇所沢市　1957　631p 図版　22cm
　内容 縄文時代から昭和30年(1955)

## 【飯能市】

飯能市史　飯能市史編集委員会編
◇資料編1 文化財　飯能市　1976.3
　214p, 図版3枚　26cm
　内容 市内に在る国および県ならびに市指定文化財に限って収録(天然記念物を含む)

◇資料編2 飯能の自然−植物　飯能市
　1977.10　256p, 図版3枚　26cm
　内容 飯能市域内に自生する植物について記載

◇資料編3 教育　飯能市　1979.8
　247p, 図版4枚　26cm
　内容 嘉永元年から昭和43年(1968)までの資料

◇資料編4 行政1　飯能市　1980.11
　265p　26cm
　内容 明治初年から大正15年(1926)までの史料

◇資料編5 社寺教会　飯能市　1982.2
　209p, 図版2枚　26cm
　内容 市内の社寺教会のうち, 法人登録がなされており, 昭和31年以前に創設されたもののみ編集

◇資料編6 民俗　飯能市　1983.3
　250p, 図版2枚　26cm
　内容 主に明治・大正・昭和における当市の民俗を調査し, 編集したもの

◇資料編7 行政2　飯能市　1984.1
　314p　26cm
　内容 明治2年(1869)から昭和32年
　(1957)までの史料

◇資料編8 近世文書　飯能市　1984.1
　278p, 図版2枚　26cm
　内容 慶長2年から明治17年(1884)の秩父事件史料を収録

◇資料編9 飯能の自然−動物　飯能市
　1985.2　193p　26cm
　内容 飯能市域内に生息する動物について記載

◇資料編10 産業　飯能市　1985.3
　350p 折込図1枚p　26cm
　内容 当市域内における産業活動に関係する資料

◇資料編11 地名・姓氏　飯能市
　1986.3　233p 図版2枚p　26cm
　内容 飯能の地名と姓名を収録

◇資料編12 飯能の自然−地形・地質　飯能市　1986.7　101p, 図版6枚　26cm
　内容 地質・地形について記載

◇通史編　飯能市　1988.2　791p
　22-26cm
　内容 旧石器時代から昭和31年(1956)の東吾野, 原市場, 吾野3ヵ村の合併まで

◇年表　飯能市　1982.12　114p
　22-26cm
　内容 白雉5年から昭和31年(1956)まで収録

名栗村史
◇名栗村史編纂委員会　1960.9　358p
　22cm
　内容 縄文時代から昭和28年(1953)まで

## 【加須市】

加須市史　加須市史編さん室編
◇資料編1 原始・古代・中世・近世　加須市　1984.3　1132p　22cm
　内容 縄文時代から慶応4年まで

◇資料編2 近現代　加須市　1983.3
　1006p　22cm
　内容 明治2年(1869)から昭和29年
　(1954)まで

◇続資料編　加須市　1986.3　783p　22cm
　内容 天和2年から明治2年までの鷹場，旗本領主関係資料他を収録

◇通史編　加須市　1981.2　1254p　22cm
　内容 縄文時代から昭和20年(1945)までと民俗を記述

◇別編　人物誌　加須市　1984.3　378p　22cm
　内容 郷土の政治・産業・教育・文化・社会等の分野に功績を残した人物

加須市の郷土史　加須市郷土史編纂委員会編

◇加須市　1969.3　245p　22cm
　内容 縄文時代から昭和43年(1968)まで

【本庄市】

本庄市史拾遺　本庄市史編集室編

◇第1巻　本庄市史編集室　〔19-〕　84p　25cm

◇第2巻　本庄市史編集室　〔19-〕　73p　25cm

児玉町史　児玉町史編さん委員会編

◇近現代資料編　児玉町　2002.3　896p　27cm
　内容 明治元年(1868)から昭和50年(1975)頃までのものを明治新制度，警察，消防と衛生問題他につき収録

◇近世資料編　児玉町　1990.3　608p　27cm
　内容 天正19年から明治2年(1869)までの支配，土地，貢租，村政，戸口他の史料

◇自然編　児玉町　1993.3　614p　27cm
　内容 地形・地質・気象・植物・動物の5編にわけて記述した

◇中世資料編　児玉町　1992.3　648p　27cm

　内容 建久2年から天正18年までのものを，古文書，編年史料，記録資料他に分類，収録

◇別編　写真で見る児玉の歩み　児玉町教育委員会　2005.11　223p, 図版[8]p　27cm
　内容 先土器時代から平成17年(2005)環状1号線開通まで

◇民俗編　児玉町　1995.3　803, 23p　27cm
　内容 社会生活, 生産・生業, 衣生活, 食生活, 住生活他について記述

長濱町のあゆみ　長濱町のあゆみ編集委員会編

◇長濱町のあゆみ編集委員会　2004.10　221p　22cm
　内容 古墳時代から平成12年(2000)

本庄市史　本庄市史編集室編

◇資料編　本庄市　1976.3　45, 400, 332, 548, 152p　22cm
　内容 考古資料：縄文時代から中世まで／文化資料：明和年間から寛政年間／古文書資料：永禄元年から明治12年まで

◇通史編1　本庄市　1986.3　945p　22cm
　内容 旧石器時代から延徳3年

◇通史編2　本庄市　1989.3　1196p　22cm
　内容 天文21年から慶応3年

◇通史編3　本庄市　1995.1　1263p　22cm
　内容 慶応3年から平成5年まで／別冊本庄市歴史年表：旧石器時代から平成5年まで

郷土のあゆみ　本庄の歴史　埼玉県本庄市教育委員会著

◇本庄市教育委員会　1957　182, 58p　21cm

内容 縄文時代から昭和20(1945)まで

**本庄町誌　本庄商工会編**

◇本庄商工会　1913.10　292p　22cm
内容 元暦元年から明治43年(1910)まで

**埼玉県児玉郡本庄町誌　小暮秀夫編**

◇文林堂活版所　1913　292,30p 図版　23cm

## 【東松山市】

**東松山市の歴史　東松山市市史編さん課編**

◇上巻　東松山市　1985.3　635p　22cm
内容 旧石器時代から松山城落城の天正18年まで

◇中巻　東松山市　1985.3　744p　22cm
内容 徳川家康の関東国替えの天正18年から慶応4年まで

◇下巻　東松山市　1986.3　681p　22cm
内容 1871(明治4)年の廃藩置県から1984(昭和59)年の市制施行30周年ころまで

**東松山市史　東松山市教育委員会事務局市史編さん課編**

◇資料編 第1巻 原始古代・中世 遺跡・遺構・遺物編　東松山市　1981.5　401p　27cm
内容 縄文時代から戦国期までの主な遺跡

◇資料編 第2巻 古代-中世, 文書・記録, 板石塔婆編　東松山市　1982.8　745p　27cm
内容 東松山市と比企郡に関する古文書・記録・金石文などのうち,471～1590年のものを収めた

◇資料編 第3巻 近世編　東松山市　1983.3　620p　27cm

内容 慶長8年から明治4年(1871)までの村,幕末の政治と社会,明治維新に関する史料

◇資料編 第4巻 近・現代編　東松山市　1984.3　774,28p　27cm
内容 1872(明治5)年から1980(昭和55)年頃までの資料

◇資料編 第5巻 民俗編　東松山市　1983.7　504p　27cm
内容 昭和48年より実施した地区別集中調査と,その報告書を基本資料としてまとめたもの

## 【春日部市】

**図録春日部の歴史　春日部市史普及版　春日部市教育委員会編**

◇春日部市　1998.3　248p　30cm

**春日部市史　春日部市教育委員会社会教育課編**

◇第1巻 考古資料編　春日部市　1988.3　579p　22cm
内容 旧石器時代から17世紀

◇第2巻 古代・中世史料編　春日部市　1989.3　732p　22cm
内容 崇神～応神期から天正18年

◇第3巻 近世史料編1　春日部市　1978.3　831p　22cm
内容 粕壁宿公用日記7冊のうち天保11年等4冊を収めた

◇第3巻 近世史料編2　春日部市　1980.3　885p　22cm
内容 粕壁宿公用日記7冊のうち,嘉永元年等3冊と公用鑑などを収めた

◇第3巻 近世史料編3-1　春日部市　1982.3　587p　22cm
内容 嘉永2年宗門人別書上帳,粕壁宿一紙文書など(明暦2年～慶応2年)を収録

◇第3巻 近世史料編3-2　春日部市　1982.12　1050,42p　22cm

内容 宿用留(粕壁宿),「粕壁宿諸用控」抄
　　　(明暦2年〜慶応2年)を収録
　◇第3巻 近世史料編4　春日部市
　　1987.3　824p　22cm
　　　内容 武里・豊春・内牧地区に関係する慶
　　　長18年から明治5年(1872)までの地方
　　　史料
　◇第3巻 近世史料編5　春日部市
　　1990.3　829p　22cm
　　　内容 市内寺院に関係する慶長18年から
　　　明治5年(1872)までの地方史料
　◇第4巻 近現代資料編1　春日部市
　　1991.3　763p　22cm
　　　内容 明治元年から大正15年までの資料
　◇第4巻 近現代資料編2　春日部市
　　1992.3　782p　22cm
　　　内容 昭和2年(1927)から昭和45年
　　　(1970)
　◇第5巻 民俗編　春日部市　1993.3
　　618p　22cm
　　　内容 衣食住,生業,諸職,交通・交易他を
　　　記述
　◇第6巻 通史編1　春日部市　1994.9
　　834p　22cm
　　　内容 旧石器時代から明治元年(1868)
　◇第6巻 通史編2　春日部市　1995.3
　　534p　22cm
　　　内容 明治元年(1868)から昭和63年
　　　(1988)

粕壁町誌　粕壁商工会編
　◇粕壁町等　1936　116p 図版　22cm

## 【狭山市】

狭山市史　狭山市編
　◇近世資料編1　狭山市　1985.3　811p
　　22cm
　　　内容 正保2年から慶応4年までの領主支
　　　配,土地,村落他に関する史料
　◇近世資料編2　狭山市　1987.3　712p
　　22cm
　　　内容 寛永16年から慶応4年までの町と
　　　村の展開,産業,商品経済,社会体制他に
　　　関する史料
　◇近代資料編　狭山市　1988.3　922p
　　22cm
　　　内容 明治5年(1872)から大正15年
　　　(1926)にかけての行財政,農業,工業,交
　　　通他に関する史料
　◇原始・古代資料編　狭山市　1986.3
　　808p　22cm
　　　内容 旧石器時代から平治元年までの遺
　　　跡・遺物,文献史料を収録
　◇現代資料編　狭山市　1984.1　904p
　　22cm
　　　内容 昭和元年(1926)から同45年(1970)
　　　までの町と村,戦争と庶民,米軍進駐と民
　　　主化他に関する史料
　◇地誌編　狭山市　1989.3　690p
　　22cm
　　　内容 地形,地質,気候,文化財,各地区の沿
　　　革,社寺の歴史などについて記述
　◇中世資料編　狭山市　1982.3　500p
　　22cm
　　　内容 承和5年から寛永6年までの文献・
　　　金石文などを収録
　◇通史編1　狭山市　1996.3　1027p
　　22cm
　　　内容 約100万年前から明治4年(1871)ま
　　　でを対象として記述
　◇通史編2　狭山市　1985.12　1080p
　　22cm
　　　内容 明治元年(1868)から平成元年(1989)
　　　までを対象として記述
　◇民俗編　狭山市　1985.3　938p
　　22cm
　　　内容 記述対象を主に大正時代におき,家
　　　とムラ,年中行事,人生儀礼他について
　　　記述

ほりかね　郷土誌　堀兼郷土誌編集委
員会編
　◇狭山市堀兼公民館　1971　478p

22cm
- 内容 正保年中から昭和38年(1963)までとおよび産業経済,教育,文化,宗教他を記述

入間川町誌　入間川町誌編纂委員会編
- ◇入間川町誌刊行委員会　1955　547p　22cm
- 内容 縄文時代から昭和26年(1951)まで

## 【羽生市】

羽生市史　羽生市史編集委員会編
- ◇上巻　羽生市　1971.3　709p　22cm
- 内容 縄文時代から慶応4年打ちこわし一揆まで
- ◇下巻　羽生市　1975.2　1018p　22cm
- 内容 元治元年,天狗党の乱から昭和29年(1954)羽生市発足まで
- ◇追補　羽生市　1976.2　463p　22cm
- 内容 天正2年から昭和18年(1943)までの資料集

羽生町誌 全　柳八重著
- ◇羽生町役場,羽生商工会　1934　111p　A5

## 【鴻巣市】

川里町史　川里町教育委員会編
- ◇通史編　川里町　2005.8　13, 506p　22cm
- 内容 縄文時代から平成13年の町制施行まで

鴻巣市史　鴻巣市市史編さん調査会編
- ◇資料編1 考古　鴻巣市　1989.3　863p　22cm
- 内容 先土器時代から江戸時代までの遺跡・遺物を収録
- ◇資料編2 古代・中世　鴻巣市　1991.3　921p　22cm
- 内容 景行天皇53年から天正18年までの文献史料,金石資料
- ◇資料編3 近世　鴻巣市　1993.9　906p　22cm
- 内容 天正18年から慶3年までの領主と法度、鷹狩と捉飼場の管理,土地と新田開発他の史料
- ◇資料編4 近世2　鴻巣市　1996.8　875p　22cm
- 内容 天正19年から慶応3年までの河川管理,鴻巣宿と舟運,産業と金融他の史料
- ◇資料編5 近・現代1　鴻巣市　1992.3　844p　22cm
- 内容 1866年から1893年(明治26)までの戊辰戦争と初期県政,埼玉県の成立と鴻巣他の史料
- ◇資料編6 近・現代2　鴻巣市　1995.3　833p　22cm
- 内容 1893年(明26)から1919(大正8)までの日清戦争と鴻巣,日露戦争と鴻巣他の史料
- ◇資料編7 近・現代3　鴻巣市　1998.9　1367p　22cm
- 内容 1919年(大正8年)から1979年(昭和54)までの政治・経済・社会および教育と文化に関する文献史料
- ◇通史編1 原始・古代・中世　鴻巣市　2000.8　594p　22cm
- 内容 旧石器時代から後北条氏が滅亡した天正18年まで
- ◇通史編2 近世　鴻巣市　2004.2　756p　22cm
- 内容 江戸幕府の成立から幕末期まで
- ◇民俗　鴻巣市　1995.5　824p　22cm
- 内容 社会生活と親族,住居,衣生活,食生活,生産生業,他を記述

川里村史　川里村教育委員会編
- ◇資料編1 原始・古代・中世　川里村　1994.3　661p　22cm
- 内容 縄文時代から古墳時代までの遺跡お

よび景行天皇53年から天正19年までの史料

◇資料編2 近世　川里村　1996.3　599p　22cm
内容 慶長7年から慶応3年までの領主と村政,土地と年貢,幕末社会と村の改革他の史料

◇資料編3 資料編3 近・現代　川里村　2001.9　718p　22cm
内容 慶応4年から平成元年(1989)までの文献資料

吹上町史　吹上町史編さん会編

◇吹上町　1980　1183p　22cm
内容 縄文時代から昭和53年(1978)までと自然環境について記述

北足立郡誌　北足立郡役所編

◇名著出版　1972.7　389,206p 図 肖像 地図　22cm
内容 明治13年(1880)から大正12年(1923)の郡制廃止まで

笠原村史　笠原村史編纂委員会編

◇笠原村史編纂委員会　1958.3　314p　22cm
内容 安閑天皇元年から昭和28年(1953)まで

下忍村史　稲村坦元,韮塚一三郎編纂

◇下忍村　1951.1　231p　21cm
内容 縄文時代から昭和23年(1948)まで

北足立郡誌　北足立郡役所編

◇北足立郡役所　1924　595p　A5

【深谷市】

川本町史　川本町編

◇通史編　川本町　1989.10　1430p　22cm
内容 旧石器時代から昭和62年(1987)まで/民俗/自然他

深谷市史　深谷市史編纂会編

◇[正篇]　深谷市　1969.12　1534p　22cm
内容 縄文時代から昭和43年(1968)

◇追補篇　深谷市　1980.11　1005p　22cm
内容 縄文時代から昭和50年(1975)

花園村史　再版　花園村史編纂委員会編

◇埼玉県大里郡花園村　1978　713p　22cm
内容 縄文時代から昭和52年(1977)まで

花園村史　花園村史編纂委員会編

◇花園村　1970　696p 図版　22cm
内容 花園村の歴史(奥付には「花園村誌」とあり)

八基村誌　八基村誌刊行会編

◇八基村誌刊行会　1962　402p 図版　22cm
内容 明和元年,利根川水除堤の普請から昭和35年(1960)の小山川改修工事まで

藤沢村誌　藤沢村誌編纂委員会編

◇藤沢公民館　1961　585p 図版 地図　22cm

深谷町誌　深谷商工会編

◇深谷商工会　1937　571p　23cm

【上尾市】

上尾市史　上尾市教育委員会編

◇第1巻 資料編1 原始・古代　上尾市　1992.12　709p　22cm
内容 旧石器時代から奈良・平安までの考古資料を収録

◇第2巻 資料編2 古代・中世・近世1　上尾市　1992.3　727p　22cm

[内容] 崇神・成務天皇期から明治7年(1874)までの紅花関係資料を収録

◇第3巻 資料編3 近世2　上尾市　1995.3　815p　22cm
  [内容] 天正18年から慶応4年までの領主と支配,土地と年貢,村政,中山道と河川交通他の資料を収録

◇第4巻 資料編4 近代・現代1　上尾市　1994.3　877p　22cm
  [内容] 明治3年(1870)から大正15年(1926)までの政治・行政,産業・経済他の資料を収録

◇第5巻 資料編5 近代・現代2　上尾市　1998.3　898p　22cm
  [内容] 昭和3年(1928)から昭和58年(1983)までの政治・行政,産業・経済,教育・文化他の資料を収録

◇第6巻 通史編(上)　上尾市　2000.1　949p　22cm
  [内容] 旧石器時代から江戸時代まで

◇第7巻 通史編(下)　上尾市　2001.3　704p　22cm
  [内容] 明治時代から昭和時代(1988)まで

◇第8巻 別編1 地誌　上尾市　1997.3　572p　22cm
  [内容] 明治期から平成2年までの自然,市域の成り立ちと産業の発展,交通と地域間交流他を記述

◇第9巻 別編2 金石・文化財　上尾市　1999.3　633p　22cm
  [内容] 美術工芸,石造物,神社・寺院,館城跡,指定文化財を収録

◇第10巻 別編3 民俗　上尾市　2002.3　683p　22cm
  [内容] 昭和62年度から平成5年度にかけて実施された民俗文化財緊急調査事業の成果を基本としてまとめられた

上尾百年史　上尾百年史編集委員会編

◇上尾市役所　1972.2　19,651p　22cm

  [内容] 明治元年から昭和45年ごろまでの歴史

## 【草加市】

草加市史　草加市史編さん委員会編

◇資料編1　草加市　1985.3　769p　22cm
  [内容] 寛永10年から慶応4年までの地誌,村方支配,租税,民政,家に関する資料

◇資料編2　草加市　1989.3　802p　22cm
  [内容] 延宝8年から明治4年(1871)までの支配,課役を負担,伝馬と助郷,社会と世相他の資料

◇資料編3　草加市　1992.3　883p　22cm
  [内容] 明治7年(1874)から昭和17年(1942)までの政治・行政,産業・経済,交通・運輸他の資料

◇資料編4　草加市　1991.3　689p　22cm
  [内容] 明治7年(1874)から昭和20(1945)までの社会・労働,教育,文化の資料

◇資料編5　草加市　1996.3　807p　22cm
  [内容] 昭和20年の太平洋戦争終結時から昭和64年までの政治・行政,社会・労働他の資料

◇資料編 地誌　草加市　1990.3　750p　22cm
  [内容] 地誌及び歴史に関する基本的な資料を収録

◇自然・考古編　草加市　1988.3　704p　22cm
  [内容] 古墳時代から平安時代の遺跡・遺物を収録

◇通史編 上巻　草加市　1997.3　673p　22cm
  [内容] 弥生時代から慶応4年まで

◇通史編 下巻　草加市　2001.3　832p　22cm

|内容|慶応3年から平成12年(2000)まで

◇民俗編　草加市　1987.3　1018p
　22cm
　|内容|昭和56年度から実施した民俗調査の成果に基づく

草加町見聞史 全　復刻再版　埼玉縣草加町編纂

◇浅井印刷所(印刷)　1923.7　161p
　21cm
　|内容|承久3年から大正10年(1921)まで

## 【越谷市】

### 越谷市史

◇続史料編1　越谷市　1981.3　522p
　22cm
　|内容|西方村「旧記」(一)(二)(三)を収録(寛永4年〜寛政6年)

◇続史料編2　越谷市　1982.3　460p
　22cm
　|内容|西方村「旧記」(四)(五)(寛政6年〜文政9年)他を収録

◇続史料編3　越谷市　1982.10　548p
　22cm
　|内容|西方村「触書」(上)(中)(下),蒲生村「御用留」(慶応4年〜明治3年)を収録

◇第1巻 通史 上　越谷市　1975.3
　1301p　22cm
　|内容|縄文時代から明治元年(1868)

◇第2巻 通史 下　越谷市　1977.5
　1164p　22cm
　|内容|慶応3年から昭和45年(1970)

◇第3巻 史料1　越谷市　1973.3
　1009p　22cm
　|内容|永禄10年から明治10年(1878)

◇第4巻 史料2　越谷市　1972.3　959p
　22cm
　|内容|地誌,記録類(元禄年間〜慶応年間)

◇第5巻 史料3　越谷市　1974.3
　1006p　22cm

　|内容|明治元年より昭和20年8月15日までの史料

◇第6巻 史料4　越谷市　1975.12
　1048p　22cm
　|内容|明治2年から昭和33年(1958)

## 【蕨市】

### 新修蕨市史　蕨市編

◇資料編1 古代中世　蕨市　1991.3
　812,22p　22cm
　|内容|景行53年から天正18年までの記録,文書,石造物などを収録

◇資料編2 近世　蕨市　1994.1　685p
　22cm
　|内容|天正19年から慶応4年までの宿村支配,土地と年貢,戸口,用水,産業経済他を収録

◇資料編3　蕨市　1993.3　824p
　22cm
　|内容|明治元年(1868)から昭和60年(1985)までを明治維新と蕨宿,埼玉県の成立と蕨地域などとして収録

◇通史編　蕨市　1995.3　857p　22cm
　|内容|古墳時代から平成6年(1994)まで

◇民俗編　蕨市　1994.2　812p　22cm
　|内容|昭和60年度から平成2年度にわたって実施した調査に基づくもの

### 蕨市の歴史　蕨市史編纂委員会編

◇史料篇(一)　蕨市　1959.4　540p 図版
　21cm
　|内容|文政3年から文政13年

◇1巻　吉川弘文館　1967.5　858p
　22cm
　|内容|縄文時代から慶応4年まで

◇2巻　吉川弘文館　1967.5　1395p
　22cm
　|内容|元禄8年から明治3年(1870)までの宿泊,村財政,村方騒動,産業の発達他を記述

## 【戸田市】

戸田市史年表　戸田市立郷土博物館編
- ◇戸田市　1991.3　144p　21cm
  - 内容 縄文時代から昭和60年(1985)

戸田市いまむかし　戸田市立郷土博物館編
- ◇戸田市　1989.3　270p　21cm
  - 内容 縄文時代から昭和60年(1985)までを記述した戸田市史(全8巻)の要約版

戸田市史　戸田市編
- ◇資料編1 原始・古代・中世　戸田市　1981.5　709p　22cm
  - 内容 縄文時代から天正14年にいたる資料,および佐々目郷に関する資料
- ◇資料編2 近世1　戸田市　1983.3　818p　22cm
  - 内容 寛保3年から慶応3年までの武内啓助家文書他を収録
- ◇資料編3 近世2　戸田市　1985.3　887p　22cm
  - 内容 寛永6年から慶応3年までの秋元圭之助家文書他を収録
- ◇資料編4 近代・現代1　戸田市　1984.3　878p　22cm
  - 内容 明治期(慶応4年～明治44年)の史料を収録
- ◇資料編5 近代・現代2　戸田市　1985.3　838p　22cm
  - 内容 慶応4年から昭和56年(1981)までを収録し,資料編4を補完
- ◇通史編 上　戸田市　1986.8　1206p　22cm
  - 内容 縄文時代から慶応4年
- ◇通史編 下　戸田市　1987.3　711p　22cm
  - 内容 慶応3年から昭和60年(1985)まで
- ◇民俗編　戸田市　1983.3　1401p　22cm
  - 内容 昭和52年度から57年度にわたって,実施した調査に基づく

## 【入間市】

入間市史　入間市史編さん室編
- ◇原始・古代資料編　入間市　1986.3　642p　27cm
  - 内容 先土器時代から平安時代にいたる遺跡・遺物を収録
- ◇中世史料・金石文編　入間市　1983.3　744p　27cm
  - 内容 保元元年より天正18年までの記録類と建久3年から慶長5年までの板碑,石造物などを収録
- ◇近世史料編　入間市　1986.12　713p　27cm
  - 内容 地誌および天正19年から慶応4年までの古文書を収録
- ◇近代史料編1　入間市　1988.3　856p　27cm
  - 内容 明治元年(慶応4年)から大正15年まで
- ◇近代2・現代史料編　入間市　1991.10　902p　27cm
  - 内容 昭和元年から昭和52年頃まで
- ◇通史編　入間市　1994.8　1050p　27cm
  - 内容 先土器時代から昭和53年(1978)まで
- ◇植物編　入間市　1984.3　494p　27cm
  - 内容 入間市域に自生が確認された高等植物,自然環境,植生について記述
- ◇民俗・文化財編　入間市　1981.11　794p　27cm
  - 内容 入間市の概観,町と村の暮し,生産生業,年中行事他を民俗編に記述し,国・県・市指定の建造物などを文化財編に収録

豊岡町史　古谷喜十郎編
- ◇豊岡町　1925.4　3, 3, 6, 193p 図版6枚　23cm

> 内容 元禄6年から大正13年(1928)まで

**埼玉県入間郡豊岡町誌** 豊岡町編
- ◇豊岡町　1909　175p　A5

## 【鳩ケ谷市】

**鳩ケ谷市史** 鳩ケ谷市編
- ◇史料1　鳩ケ谷市　1981.3　202p　21cm
  - 内容 肥留間家文書1
- ◇史料2　鳩ケ谷市　1982.3　266p　21cm
  - 内容 矢作家文書
- ◇史料3　鳩ケ谷市　1983.3　290p　21cm
  - 内容 肥留間家文書2
- ◇史料4　鳩ケ谷市　1984.3　242p　21cm
  - 内容 肥留間家文書3
- ◇史料5　鳩ケ谷市　1985.3　230p　21cm
  - 内容 肥留間家文書4
- ◇史料6　鳩ケ谷市　1986.3　294p　21cm
  - 内容 肥留間家文書5
- ◇史料7　鳩ケ谷市　1986.3　330p　21cm
  - 内容 加藤家文書
- ◇史料8　鳩ケ谷市　1987.3　250p　21cm
  - 内容 肥留間家文書6
- ◇史料9　鳩ケ谷市　1987.3　401p　21cm
  - 内容 近代行政史料(鳩ケ谷町報 昭和4年5月～14年12月)
- ◇史料10　鳩ケ谷市　1989.3　550p　21cm
  - 内容 諸家文書

- ◇通史編　鳩ケ谷市　1992.12　989p　21-22cm
  - 内容 旧石器時代から平成元年(1989)まで
- ◇民俗編　鳩ケ谷市　1988.8　537p　21-22cm
  - 内容 昭和54年度から昭和62年度にわたって実施した調査による

**鳩ヶ谷町々史** 皇基二千六百年記念　名倉甚藏編
- ◇鳩ケ谷町　1941.8　75p　21cm
  - 内容 仁治4年から昭和15年(1940)まで

## 【朝霞市】

**あさかの歴史　朝霞市史普及版** 朝霞市教育委員会社会教育部市史編さん室編
- ◇朝霞市　1997.3　243p　21cm

**朝霞市史** 朝霞市教育委員会市史編さん室編
- ◇通史編　朝霞市　1989.3　1446p　22cm
  - 内容 旧石器時代から昭和62年(1987)までと,地形・地質,気候,生物などを記述
- ◇民俗編　朝霞市　1995.3　1244p　22cm
  - 内容 平成2年度から平成6年度にかけて実施した民俗調査の成果に基づいてまとめた

## 【志木市】

**志木市史** 志木市編
- ◇近世資料編1　志木市　1987.3　715p　23cm
  - 内容 天正18年から明治4年(1871)までの支配と村況,土地,戸口,租税,交通を収録
- ◇近世資料編2　志木市　1988.3　779p　23cm
  - 内容 延宝3年から明治4年(1871)までの村政,幕末の社会に関する史料を収録

◇近世資料編 3　志木市　1987.3　692p　23cm
　内容 天和2年から明治4年(1871)までの水利・普請,農業・商工業,災害他の史料を収録

◇近代資料編　志木市　1988.1　914p　23cm
　内容 明治初期から昭和20年8月15日まで

◇原始・古代資料編　志木市　1984.10　474p　23cm
　内容 先土器時代から平安時代後半までの遺跡・遺物と,文献資料,年表を収録

◇現代資料編　志木市　1986.3　754p　23cm
　内容 昭和20年の終戦から昭和50年代初頭まで

◇中世資料編　志木市　1986.3　12冊　23cm
　内容 治承4年の源頼朝挙兵から天正18年の後北条氏滅亡までの文献資料,遺跡・遺物を収録PG：485p

◇通史編 上 原始・古代・中世・近世　志木市　1990.3　809p　23cm
　内容 旧石器時代から廃藩置県実施の明治4年(1871)まで

◇通史編 下 近代・現代　志木市　1989.3　567p　23cm
　内容 明治初年から昭和50年代初頭まで

◇別編 星野半右衛門日記　志木市　1982.3　442p　23cm
　内容 嘉永5年から安政4年,明治8年(1875),明治11年(1878)から明治13年(1880)までの農民日記を収録

◇民俗資料編 1　志木市　1985.3　30,820p　23cm
　内容 ムラとイエの民俗,年中行事,生産生業と用具,伝説,街道,耕地,集落

◇民俗資料編 2 石造遺物　志木市　1981.3　512p　23cm
　内容 1261年から1897年(明治30)までの石碑,石仏,供養塔他を収録

志木市郷土誌　志木市教育委員会編
◇志木市　1978.3　4,371p 図版1枚　27cm
　内容 郷土の自然,郷土の地名,旧石器時代から昭和45年(1970)までの郷土の歴史,社寺,民俗を記述

## 【和光市】

和光市史　和光市編
◇史料編 別集 地福寺日並記　和光市　1985.7　387p　22cm
　内容 地福寺住職鎌田亮中の明治23年7月より大正13年8月に至る日誌

◇資料編 1 自然 原始 古代 中世 近世(地誌・紀行)　和光市　1981.11　773p　22cm
　内容 縄文時代から天保5年まで

◇資料編 2 近世　和光市　1982.5　770p　22cm
　内容 寛文4年から慶応4年まで

◇資料編 3 近代 現代　和光市　1984.12　819p　22cm
　内容 明治2年から昭和45年の史料

◇通史編 上巻　和光市　1987.3　791p　22cm
　内容 縄文時代から慶応3年まで

◇通史編 下巻　和光市　1988.3　974p　22cm
　内容 明治元年(1868)から昭和54年(1979)まで

◇民俗編　和光市　1983.3　863p　22cm
　内容 生活と地域,生活と時間,生活と心意他を記述

図説和光市の歴史　和光市史編さん室編
◇和光市　1980.10　192p　27cm
　内容 自然,縄文時代から昭和51年(1976)年米軍基地跡地払下げまで

## 【新座市】

新座市史　新座市教育委員会市史編さん室編

◇第1巻 自然・考古・古代中世資料編　新座市　1984.3　985p　22cm
　内容 先土器時代から古墳時代の遺跡・遺物と崇神天皇10年から天正18年の文献資料

◇第2巻 近世資料編　新座市　1985.3　883p　22cm
　内容 天正19年から明治2年(1869)まで

◇第3巻 近代・現代資料編　新座市　1985.2　1117p　22cm
　内容 近代(明治2年)から現代(昭和49年)の資料を収録

◇第4巻 民俗編　新座市　1986.12　562p　22cm
　内容 土地と生活,社会と集団,生産と労働他を記述

◇第5巻 通史編　新座市　1987.9　1265p　22cm
　内容 旧石器時代から昭和45年(1970)まで

## 【桶川市】

桶川市史

◇第1巻 通史編　桶川市　1990.3　686p　22cm
　内容 旧石器時代から昭和45年(1970)の桶川市誕生まで

◇第2巻 原始・古代資料編　桶川市　1979.3　591p　22cm
　内容 旧石器時代から古墳時代

◇第3巻 古代・中世資料編　桶川市　1985.3　453p　22cm
　内容 崇神天皇10年から徳川家康の江戸入部の天正18年まで

◇第4巻 近世資料編　桶川市　1982.3　623p　22cm
　内容 天正18年から地方三役制廃止の明治5年(1872)まで

◇第5巻 近代・現代資料編　桶川市　1986.6　566p　22cm
　内容 戸長制度施行の明治5年から,市制施行の昭和45年まで

◇第6巻 民俗編　桶川市　1988.3　520p　22cm
　内容 昭和55年～57年に実施した地区別調査と60～61年に行った民家調査の資料をもとにした

◇第7巻 社寺・文化財編　桶川市　1986.6　505p　22cm
　内容 平安時代後期から近代までの社寺の文献・仏像,国・県・市指定の文化財などを収録

◇第8巻 自然・地誌編　桶川市　1987.3　502p　22cm
　内容 地質・気象,動物,植物,地名,泉・池・泥,古地誌を収録

◇第9巻 補遺編　桶川市　1990.12　624p　22cm
　内容 既刊の各資料編に収録できなかった,遺跡,民謡,音利房盛典,歴史年表などを掲載

桶川町史　稲村坦元,韮塚一三郎著

◇桶川町　1955　211p 図 肖像　21cm

## 【久喜市】

久喜市史　久喜市史編さん室編

◇資料編1 考古・古代・中世　久喜市　1989.3　703p　22cm
　内容 先土器時代から18世紀までの遺跡・遺物と,安閑天皇元年から天正18年までの文献資料

◇資料編2 近世1　久喜市　1986.3　754p　22cm
　内容 天正18年から慶応4年までの資料

◇資料編3 近世2　久喜市　1990.3　665p　22cm
　内容 教育,文化,宗教にかかわる資料(天正19年から慶応3年)

埼玉県　　　　　　　　　　　　　　　　　　　　　　　　　　　　　　　　　　　　　　　　　　　　　　　　　　　　　八潮市

◇資料編 4 近・現代　久喜市　1988.3　854p　22cm
　内容　明治初年から昭和56年までの資料

◇自然編　久喜市　1990.3　393p　22cm
　内容　植物, 動物, 地質, 気候を記述

◇通史編 上巻　久喜市　1992.1　897p　22cm
　内容　先土器時代から明治2年(1869)まで

◇通史編 下巻　久喜市　1992.1　488p　22cm
　内容　慶応4年から市制施行の昭和46年(1971)まで

◇通史編 付録 久喜市年表　久喜市　1992.1　56p　22cm
　内容　縄文時代から昭和63年(1988)まで

◇民俗編　久喜市　1991.3　454p　22cm
　内容　昭和58年度から昭和61年まで実施した民俗基礎調査などの資料による

## 【北本市】

北本市史　北本市教育委員会市史編さん室編

◇第1巻 通史編1 付録 北本市年表　北本市教育委員会　1994.3　65p　21cm
　内容　約1万7千年前から平成6年3月までのできごと

◇第1巻 通史編1 自然, 原始・古代・中世・近世編　北本市教育委員会　1994.3　1005p　22cm
　内容　旧石器時代から慶応4年, 官軍東征軍の通行まで

◇第2巻 通史編2 近・現代編　北本市教育委員会　1993.3　826p　22cm
　内容　慶応4年から昭和36年ころまで

◇第3巻 上 自然・原始資料編　北本市教育委員会　1990.3　668p　22cm
　内容　旧石器時代から平安時代末までの考古資料

◇第3巻 下 古代・中世資料編　北本市教育委員会　1990.3　469p　22cm
　内容　崇神～成務期から天正18年までの史料, 城館跡・金石資料, 仏像, 系図類などを収録

◇第4巻 近世資料編　北本市教育委員会　1987.3　720p　22cm
　内容　天正18年から慶応4年までの領主, 村の生活, 街道と河岸, 寺院と文化にかかわる資料

◇第5巻 近代・現代資料編　北本市教育委員会　1988.3　869p　22cm
　内容　慶応4年から昭和46年(1971)までの政治・行政, 産業・経済, 教育などの資料

◇第6巻 民俗編　北本市教育委員会　1989.3　889p　22cm
　内容　明治時代後期から大正時代に重点をおき, 社会生活と親族, 農業と川魚, 職人と技術他を記述

## 【八潮市】

八潮市史　八潮市史編さん委員会編

◇史料編 古代中世　八潮市　1988.6　830, 82p　22cm
　内容　景行40年から天正18年

◇史料編 近世1　八潮市　1974.7　852, 53p　22cm
　内容　慶長6年から慶応3年までの地方史料

◇史料編 近世2　八潮市　1987.1　905, 50p　22cm
　内容　寛政2年から明治28年(1895)までの大字西袋に住した小沢豊功関係史料

◇史料編 近代1　八潮市　1981.3　827, 50p　22cm
　内容　明治元年(慶応4年)から大正元年(明治45年)までの史料

◇史料編 近代2　八潮市　1983.3　774, 26p　22cm
　内容　大正2年から昭和20年までの史料

富士見市　　　　　　　　　　　　　　　　　　　　　　　　埼玉県

◇史料編 近代3　八潮市　1982.3　671,
32p　22cm
内容 明治・大正期の村誌,社寺明細帳,学校沿革誌他を収録

◇史料編 現代1　八潮市　1985.12
897, 35p　22cm
内容 昭和20年から昭和39年までの史料

◇史料編 別巻 潮止月報・八潮だより
八潮市　1979.3　913p　27cm
内容 大正10年(1921)から昭和40年(1965)

◇自然編　八潮市　1986.9　691p
22cm
内容 自然環境,動物,植物,水生浮遊生物,自然と生活を記述

◇通史編1　八潮市　1989.7　1122p
22cm
内容 縄文時代から慶応2年

◇通史編2　八潮市　1989.7　1100p
22cm
内容 慶応4年から昭和39年(1964)まで記述

◇民俗編　八潮市　1985.9　1152p
22cm
内容 天長7年から昭和40年(1965)

八潮市近代史年表　八潮市史編さん委員会編

◇八潮市　1977.3　110p　21cm
内容 明治元年(1868)から昭和52(1977)まで

## 【富士見市】

富士見市史　富士見市総務部市史編さん室編

◇資料編1 自然　富士見市　1984.3
537p　22cm
内容 地形・地質,局地気象,植物,動物,自然と公害を記述

◇資料編2 考古　富士見市　1986.3
486p　22cm

内容 旧石器時代から江戸時代の主な遺跡,遺物を集成

◇資料編3 古代・中世　富士見市
1985.3　484p　22cm
内容 6世紀から慶長14年までの古文書・古記録・金石文を収録

◇資料編4 近世　富士見市　1990.3
619p　22cm
内容 正保4年から明治3年(1870)までの村況,支配と負担,生活などの資料

◇資料編5 近代　富士見市　1988.3
619p　22cm
内容 明治元(1868)年から昭和20(1945)年までの史料

◇資料編6 現代　富士見市　1991.3
557p　22cm
内容 昭和20(1945)年8月から昭和63(1988)年までの史料

◇資料編7 民俗　富士見市　1989.3
497p　22cm
内容 村と世間,家の生活,民俗変化他を記述

◇通史編 上巻　富士見市　1994.1
839p　22cm
内容 旧石器時代から慶応2年の農兵取り立て反対一揆まで

◇通史編 下巻　富士見市　1994.10
776p　22cm
内容 慶応3年から昭和63年(1988)まで

富士見のあゆみ　市制十周年記念誌
富士見市編

◇富士見市　1982.3　519p, 図版2枚　21cm
内容 旧石器時代から昭和55年(1980)鶴瀬駅西口の開設まで

## 【三郷市】

三郷市史　三郷市史編さん委員会編

◇第1巻 原始古代・中世史料編　三郷市　1990.3　711p　22cm

内容 古墳時代から平安時代までの考古資料、景行天皇期から慶長17年までの文献史料を収録
- ◇第2巻 近世史料編1 三郷市 1990.3 830p 22cm
  内容 慶長6年から慶応3年までの近世村落の成立と領主支配、村と人々の生活、諸産業の発達他を収録
- ◇第3巻 近世史料編2 三郷市 1992.3 697p 22cm
  内容 貞享元年から明治12年(1879)までの水との生活、寺社と村びと他を収録
- ◇第4巻 近代史料編 三郷市 1993.3 838p 22cm
  内容 明治2年(1869)から大正15年(1926)までの村の変革、四村の誕生、日露戦争前後他を収録
- ◇第5巻 現代史料編 三郷市 1994.3 793p 22cm
  内容 昭和2年(1927)から昭和51年(1976)までの戦間期の四村、戦時下の生活、発展する近郊農村他を収録
- ◇第6巻 通史編1 三郷市 1995.3 1004p 22cm
  内容 弥生時代から安政2年の安政の大地震まで
- ◇第7巻 通史編2 三郷市 1997.3 1003p 22cm
  内容 慶応4年から昭和47年(1972)の三郷市制施行にいたるまで
- ◇第8巻 別編 自然編 三郷市 1992.3 675p 22cm
  内容 古環境変遷と土地環境、自然と災害、植物と動物他を記述
- ◇第9巻 別編 民俗編 三郷市 1991.3 696, 42p 22cm
  内容 自然と歴史、経済と民俗、社会と民俗、祭りと芸能、神と仏他を記述
- ◇第10巻 別編 水利水害編 三郷市 2000.3 642p 22cm
  内容 縄文時代から平成6年(1994)までの水利水害と漁をめぐる民俗を記述

三郷のあゆみ 三郷市史編さん委員会編
- ◇三郷市 1999.3 289, 5p, 図版4枚 22cm
  内容 弥生時代から平成11年(1999)までとなりわい(生業)、恵みと水害他を記述

## 【蓮田市】

蓮田市史 社会教育課市史編さん係編
- ◇近世資料編1 蓮田市教育委員会 2000.3 740p 27cm
  内容 天正18年から明治3年(1870)までの支配、土地・年貢、村政などの史料を収録
- ◇近世資料編2 蓮田市教育委員会 1997.3 626p 27cm
  内容 慶応年間から明治2年(1869)までの一橋家領、見沼代用水、備前堤他の史料を収録
- ◇近代資料編 蓮田市教育委員会 2001.3 710p 27cm
  内容 明治元年から昭和20年8月15日まで
- ◇現代資料編 蓮田市教育委員会 2002.3 680p 27cm
  内容 昭和20年8月16日から平成13年3月まで
- ◇考古資料編1 蓮田市教育委員会 1998.3 621p 27cm
  内容 旧石器時代と縄文時代の遺跡と遺物を掲載
- ◇考古資料編2 古代・中世資料編 蓮田市教育委員会 1999.3 386p 27cm
  内容 弥生時代、古墳時代、飛鳥奈良時代、平安時代の遺跡と遺物を掲載
- ◇通史編1 蓮田市教育委員会 2002.12 667p 27cm
  内容 旧石器時代から明治4年(1871)の廃藩置県まで
- ◇通史編2 蓮田市教育委員会 2004.9 552p 27cm

[内容] 明治元年(1868)から平成 12 年 (2000)まで

## 【坂戸市】

坂戸市史　坂戸市教育委員会編

- ◇近世史料編 1　坂戸市　1987.9　752p 23cm
  - [内容] 徳川家康の関東入部の天正 18 年から明治 4 年(1871)まで
- ◇近世史料編 2　坂戸市　1991.3　903p 23cm
  - [内容] 寛文 9 年から慶応 4 年まで
- ◇近代史料編　坂戸市　1990.2　859p 23cm
  - [内容] 明治元年から昭和 20 年まで
- ◇原始史料編　坂戸市　1983.3　792p 23cm
  - [内容] 先土器時代から弥生時代まで
- ◇原始史料編 図版　坂戸市　1983.3 166p　23cm
  - [内容] 先土器時代から弥生時代まで
- ◇現代史料編　坂戸市　1987.3　750p 23cm
  - [内容] 昭和 20 年の終戦から昭和 50 年代初期まで
- ◇古代史料編　坂戸市　1992.3　882p 23cm
  - [内容] 古墳時代, 奈良, 平安時代の遺跡・遺物を収録
- ◇中世史料編 1　坂戸市　1986.3 1211p　23cm
  - [内容] 寛治元年から天正 18 年まで
- ◇中世史料編 2　坂戸市　1980.4　688p 23cm
  - [内容] 1227 年から 1599 年までの板碑を収録
- ◇通史編 1　坂戸市　1992.3　748p 23cm
  - [内容] 縄文時代から天正 18 年まで
- ◇通史編 2　坂戸市　1991.3　630p 23cm
  - [内容] 慶長 8 年から昭和 52 年(1977)まで
- ◇民俗史料編 1　坂戸市　1985.3　574p 23cm
  - [内容] 家に関すること, 年中行事, 村に関すること, 坂戸の伝説他を記述
- ◇民俗史料編 2 石造遺物　坂戸市 1983.2　673p　23cm
  - [内容] 供養塔, 石造奉賽物, 墓石などを収録

## 【幸手市】

幸手市史　生涯学習課市史編さん室編

- ◇近・現代資料編 1　幸手市教育委員会 1998.3　1133p 図版　22-27cm
  - [内容] 1868 年(明治元)から 1912 年(明治 45)に作成された幸手市域に関係する資料
- ◇近・現代資料編 2　幸手市教育委員会 1999.3　903p 図版　22-27cm
  - [内容] 1912 年(大正元)から 1997 年(平成 9)に作成された幸手市域に関係する資料
- ◇近世資料編 1　幸手市教育委員会 1996.3　839p 図版　22-27cm
  - [内容] 天正 18 年から慶応 3 年に作成された支配, 村落, 教育・文化, 宗教にかかわる資料
- ◇近世資料編 2　幸手市教育委員会 1998.3　863p 図版　22-27cm
  - [内容] 天正 18 年から慶応 3 年に作成された生産, 交通, 河川, 幕末の動乱にかかわる資料
- ◇近世資料編 2：付録　幸手市教育委員会　1998.3　34p 図版　22-27cm
  - [内容] 未公刊の道中絵図、河川絵図など
- ◇古代・中世資料編　幸手市教育委員会 1995.10　693p 図版　22-27cm
  - [内容] 景行天皇 53 年から慶長 3 年までの史料
- ◇考古資料編　幸手市教育委員会 2002.3　264p 図版　22-27cm

|内容| 縄文時代から19世紀前半の近世までの考古資料

◇自然環境編1　幸手市教育委員会　1994.8　144p 図版　22-27cm
|内容| 地形と気候を中心に記述

◇自然環境編2　幸手市教育委員会　2000.3　346p 図版　22-27cm
|内容| 植物,動物を中心に記述

◇通史編1　幸手市教育委員会　2002.6　860p 図版　22-27cm
|内容| 縄文時代から慶応3年まで

◇通史編2　幸手市教育委員会　2003.3　534p 図版　22-27cm
|内容| 慶応3年から平成9年まで

◇民俗編　幸手市教育委員会　1997.3　805p 図版　22-27cm
|内容| 昭和63年度から実施した民俗調査の成果に基づいてまとめた

幸手町誌　後上辰雄編

◇国書刊行会　1982.1　264,44p 図版23枚　22cm

最近幸手町誌　後上辰雄著

◇奈良書店　1917　264,44p 図版 肖像　20cm

【鶴ヶ島市】

鶴ケ島町史　鶴ケ島町史編さん室編

◇近現代資料編　鶴ケ島町　1992.2　898p　27cm
|内容| 1868(慶応4年・明治元)年から1990(平成2)年までの史料を収録

◇近世資料編1　鶴ケ島町　1982.3　507p　27cm
|内容| 田中修家文書を中心にした土地台帳資料を収録(慶安元年から文久元年)

◇近世資料編2　鶴ケ島町　1983.3　547p　27cm
|内容| 近世資料編Ⅰ収録分を除いた慶安元年から天保6年までの土地台帳関係資料を収録

◇近世資料編3　鶴ケ島町　1984.8　527p　27cm
|内容| 元禄元年から明治5年(1872)までの村明細帳,宗門人別帳,五人組他を収録

◇近世資料編4　鶴ケ島町　1985.10　671p　27cm
|内容| 延宝4年から明治4年(1871)までの幕藩領主,土地,租税,村政関係他を収録

◇原始・古代・中世編　鶴ケ島町　1991.3　407p　27cm
|内容| 旧石器時代から中世までの遺跡関係資料と文治3年から天正11年までの文献を収録

◇自然1　鶴ケ島町　1990.3　99p　27cm
|内容| 鶴ヶ島の地質

◇自然編2　鶴ケ島町　1990.3　136p　27cm
|内容| 鶴ヶ島の植物

◇自然編3　鶴ケ島町　1991.3　168p　27cm
|内容| 鶴ヶ島の動物

◇通史編　鶴ケ島町　1987.3　731p　27cm
|内容| 旧石器時代から昭和59年(1984)まで

◇文化・地誌編　鶴ケ島町　1988.3　425p　27cm
|内容| 享保年間以降の文学,医学,和算および地名,郷土地誌などを記述

◇民俗社会編　鶴ケ島町　1992.3　451p　27cm
|内容| 背景,村落,生業,イエと家族,親族他を記述

鶴ヶ島町史　鶴ケ島町史編さん室編

◇自然1 鶴ヶ島の地質 大地にきざまれた歴史　鶴ケ島町　1990.3　99p　27cm
|内容| 地形,地質などを記述

◇自然編 2 鶴ケ島の植物　鶴ケ島町　1990.3　135p　27cm
　[内容] 自然環境,植生,自然史などを記述

◇自然編 3 鶴ケ島の動物　鶴ケ島町　1991.3　168p 図版　27cm
　[内容] 生息環境,動物相概観,哺乳類鳥類他を記述

## 【日高市】

日高市史　日高市史編集委員会,日高市教育委員会編

◇近・現代資料編　日高市　1997.3　881p　22cm
　[内容] 明治5年(1872)から昭和31年(1956)までの地租改正,日露戦争,昭和恐慌他の史料

◇近世資料編　日高市　1996.9　1045p　22cm
　[内容] 慶長2年から明治4年(1871)までの領主,知行,村落,農民負担他の史料

◇原始・古代資料編　日高市　1997.3　913p　22cm
　[内容] 旧石器時代から奈良・平安時代までの考古資料及び古代の文字資料を収載

◇中世資料編　日高市　1995　648p　22cm
　[内容] 鎌倉期から戦国期,高麗氏関係の史料(康治2年から天正18年)

◇通史編　日高市　2000.3　844p　22cm
　[内容] 旧石器時代から昭和31年(1956)の日高町の誕生まで

日高町史　日高町教育委員会編

◇自然史編　日高町　1991.3　530p　22cm
　[内容] 地象,水象,気象,植物,動物についてまとめた

◇文化財編　日高町　1990.3　632p　22cm
　[内容] 神社と寺院,石造遺物,指定文化財などを収録

◇民俗編　日高町　1989.3　769p　22cm
　[内容] 昭和58年から63年にかけて実施された民俗調査の成果に基づいてまとめた

## 【ふじみ野市】

上福岡市史　上福岡市教育委員会,上福岡市史編纂委員会編

◇資料編 第1巻 自然史・考古　上福岡市　1999.3　784p　22cm
　[内容] 旧石器時代から17～19世紀の遺跡・遺物を収録

◇資料編 第2巻 古代・中世・近世　上福岡市　1997.7　771p　22cm
　[内容] 景行40年から慶応4年までの文書記録を収録

◇資料編 第3巻 近代　上福岡市　1998.3　760p　22cm
　[内容] 明治維新以降,1945(昭20)年8月までの史料を収録

◇資料編 第4巻 現代　上福岡市　2000.3　731p　22cm
　[内容] 1945(昭和20)の第2次世界大戦終了後から1980年代までの史料を収録

◇資料編 第5巻 民俗　上福岡市　1997.7　679, 17p　22cm
　[内容] 平成4年度から平成8年度にかけて実施された民俗調査などに基づいて記述

◇通史編 上巻　上福岡市　2000.3　870, 14p　22cm
　[内容] 旧石器時代から慶応4年の東山道官軍通行まで

◇通史編 下巻　上福岡市　2002.3　858, 15p　22cm
　[内容] 明治元年(1868)から2000年(平成12)まで

大井町史　大井町史編さん委員会編

◇資料編 1 原始古代中世　大井町

1989.8 672p 22-27cm
内容 先土器時代から天正18年までの遺跡・遺物, 文献資料

◇資料編2 近世 大井町 1988.3 684, 27p 22-27cm
内容 慶安元年から明治7年(1874年)まで

◇資料編3-1 近代 大井町 1989.8 672p 22-27cm
内容 明元年(1868)から昭和20年(1945)まで

◇資料編3-2 現代 大井町 1989.8 656, 45p 22-27cm
内容 昭23年(1948)から昭和62年(1987)まで

◇資料編4 近現代2 新聞資料 大井町 1986.3 693, 60p 22-27cm
内容 明治39年(1906)から昭和57年(1982)まで

◇自然編 大井町 1986.3 180p 22-27cm
内容 地形・地質, 動物, 植物を記述

◇通史編 上巻 大井町 1988.3 751p 22-27cm
内容 先土器時代から明治2年(1869)まで

◇通史編 下巻 大井町 1988.3 953p 22-27cm
内容 慶応3年の戊辰戦争から昭和56年(1981)まで

◇民俗編 大井町 1985.3 450p 22-27cm
内容 昭和54年からの聞き書き調査報告によりまとめた

図説大井の歴史 大井町史編さん委員会編

◇大井町教育委員会 1982.3 239p 21cm
内容 旧石器時代から昭和54年(1979)まで

福岡村史 入間郡福岡村郷土史刊行会編

◇入間郡福岡村郷土史刊行会 1957 159p 図版10枚 地図 22cm

## 【伊奈町】

伊奈町史 伊奈町教育委員会編

◇通史編1 原始・古代 中世・近世 伊奈町 2003.3 770p 22-30cm
内容 旧石器時代から慶応4年まで

◇通史編2 近代 現代 伊奈町 2001.3 715p 22-30cm
内容 明治初期から平成12年(2000)まで 新町長の選挙まで

◇別編 仏像 伊奈町 2004.3 172p 22-30cm
内容 平安時代末期から文久2年ごろまでに作られた仏像を収録

◇民俗編 伊奈町 2002.3 591p 22-30cm
内容 平成3年度から平成13年度にかけて実施された民俗調査の成果に基づいてまとめた

## 【三芳町】

三芳の歴史 三芳町立歴史民俗資料館編

◇三芳町教育委員会 2002.3 258p, 図版4枚 19cm

三芳町史 三芳町史編集委員会編

◇史料編1 三芳町 1986.3 655p 22cm
内容 慶応2年から慶応4年まで

◇史料編2 多福寺和尚記録 三芳町 1987.3 487p 22cm
内容 元禄13年から天保9年まで

◇史料編3 近代史料 三芳町 1987.3 727p 22cm
内容 維新政府が成立した明治元年(1868)から、第二次世界大戦が終結した昭和20年(1945)まで

◇通史編 三芳町 1986.11 586p 22cm

[内容] 先土器時代から昭和56年(1981)まで

◇民俗編　三芳町　1992.3　852p　22cm
[内容] 環境と社会,労働と暮らし,人と家の習俗他を記述

## 【毛呂山町】

毛呂山町史　毛呂山町史編さん委員会編
◇毛呂山町　1978.1　32, 948p　22cm
[内容] 縄文時代から昭和53年(1978)まで

## 【越生町】

越生の歴史　越生町史研究会編
◇1(原始・古代・中世)　越生町　1997.3　504p　27cm
[内容] 旧石器時代から戦国時代まで

◇2(近世)　越生町　1999.3　596p　27cm
[内容] 寛文7年の検地から慶応4年の幕府倒壊まで

◇3(近代)　越生町　2000.3　575p　27cm
[内容] 明治維新から第二次世界大戦の終結まで

◇近世史料(古文書・記録)　越生町　1992.9　815p　27cm
[内容] 天正18年から慶応4年江戸幕府崩壊までの村の成り立ちとしくみ, 百姓のうごき, 村の社会と生活などを収録

◇近代史料(古文書・記録)　越生町　1993.3　879p　27cm
[内容] 明治元年(1868)から昭和20(1945)までの維新変動期の越生, 戸長役場時代, 越生町と梅園村の成立と発展他を収録

◇古代・中世史料(古文書・記録)　越生町　1991.3　300p　27cm
[内容] 宝亀3年から天正15年までの文書類, 記録を収録

## 【滑川町】

滑川村史　滑川村企画財政課編
◇通史編　滑川村　1984.10　1240p　22cm

◇民俗編　滑川村　1984.10　580p　22cm
[内容] 昭和50年より58年までに行った聞き書き調査をもとにまとめた

## 【嵐山町】

嵐山町史　嵐山町史編さん委員会編
◇嵐山町　1983　1044p　23cm
[内容] 縄文時代から昭和54年(1979)までの他民俗, 伝説, 昔ばなしを記述

嵐山町誌　嵐山町誌編纂委員会編
◇嵐山町　1968　628p 図版 地図　22cm
[内容] 慶安元年から明治30年ころまでの, 主として江戸期の村況について記述

## 【小川町】

小川町のあゆみ　小川町合併五〇周年記念　小川町編
◇小川町　2005.1　240p　30cm
[内容] 縄文時代から平成13年(2001)

小川町の歴史　小川町編
◇絵図で見る小川町　小川町　1998.6　191p 挿図　30cm
[内容] 延宝3年から昭和36年(1961)

◇資料編1 考古　小川町　1999.3　743p　27cm
[内容] 旧石器時代から天明3年

◇資料編2 古代・中世1　小川町　1999.3　337p　27cm
[内容] 天平6年から天正18年

◇資料編3 古代・中世2　小川町　1997.3　705p　27cm

埼玉県　　　　　　　　　　　　　　　　　　　　　　　　　　　　　　　　川島町

　　内容 中世石造物, 板碑, 宝篋印塔, 五輪塔などを収録

◇資料編 4 近世 1　小川町　2000.3　670p　27cm
　　内容 天正 18 年から明治 2 年(1869)

◇資料編 5 近世 2　小川町　2001.3　764p　27cm
　　内容 正徳 5 年から慶応 4 年

◇資料編 6　小川町　2000.3　873p　27cm
　　内容 明治元年から大正 15 年までの資料

◇資料編 7 近代・現代　小川町　2001.2　814p　27cm
　　内容 昭和元年から昭和 63 年までの資料

◇通史編 上巻　小川町　2003.8　854p　27cm
　　内容 旧石器時代から慶応 3 年

◇通史編 下巻　小川町　2003.7　769p　27cm
　　内容 慶応 3 年から昭和 60 年(1985)

◇別編 地質編（大地にきざまれた歴史）　小川町　1999.3　283p　27cm
　　内容 大地にきざまれた小川町の歴史, 小川町の地質他を記述

◇別編 植物編（里山の植物と人々とのかかわり）　小川町　2003.2　250p　27cm
　　内容 里山の植物と人々とのかかわり, 小川町の植物と里山他を記述

◇別編 動物編（ふるさとにすむ生きものたち）　小川町　2000.3　349p　27cm
　　内容 ふるさとの動物たち, 小川町の動物相を記述

◇別編 民俗編　小川町　2001.3　844p　27cm
　　内容 平成 4 年度から平成 14 年度にかけて実施した民俗調査の成果

小川町史　小川町編, 小川町史編纂委員会編

◇小川町教育委員会　1961　689p 図版, 地図　22cm
　　内容 縄文時代から昭和 35 年(1960)

## 【川島町】

川島町史　川島町編

◇資料編 地質・考古　川島町　2006.3　658p　27cm
　　内容 縄文時代から 16 世紀までの遺跡・遺物・記録などを収録

◇資料編 近世 2 幕末編　川島町　1999.3　711p　27cm
　　内容 天保 14 年から慶応 4 年までの異国船渡来と幕末期の川越藩領の対応についての史料

◇資料編 近世 3 検地・年貢編　川島町　2003.3　716p　27cm
　　内容 慶長 13 年から安政 5 年までの検地帳, 年貢割付状, 年貢勘定目録を収録

◇資料編 近世 1 総論編　川島町　2005.3　923p　27cm
　　内容 慶長 14 年から明治 2 年(1869)までの領主支配, 土地, 年貢, 村生活他についての史料

◇資料編 近・現代 2 川島領と水　川島町　2001.3　681p　27cm
　　内容 明治 4 年(1871)から昭和 59 年(1984)までの治水, 河川利用, 利水事業他についての史料

◇資料編 近・現代 1　川島町　2006.1　692p　27cm
　　内容 明治元年(1868)から平成 16 年(2004)ごろまでの史料

◇資料編 古代・中世　川島町　2002.12　845p　27cm
　　内容 崇神天皇 48 年から天正 19 年まで

◇地誌編　川島町　2004.3　464p　27cm
　　内容 明治期から平成 15 年(2003)までの自然環境, 行政改革, 人口他を記述

## 【吉見町】

吉見町史　吉見町町史編さん委員会編著
- ◇上巻　吉見町　1978.11　852p　22cm
  - 内容 縄文時代から天正18年松山城落城まで
- ◇下巻　吉見町　1979.3　976p　22cm
  - 内容 天正18年から昭和51年(1976)まで

## 【鳩山町】

鳩山町史　鳩山町史編集委員会編
- ◇1 鳩山町の歴史 上　鳩山町　2006.8　458p　31cm
- ◇2 鳩山町の歴史 下　鳩山町　2006.3　828p　31cm
- ◇別巻1 鳩山の民俗　鳩山町　2006.3　353p　31cm
- ◇別巻2 鳩山の地誌　鳩山町　2006.3　224p　31cm
- ◇別巻3 鳩山の自然 植物　鳩山町　2005.3　200p　31cm
  - 内容 鳩山町に生育している植物について記述

## 【ときがわ町】

都幾川村の歩み　都幾川村史普及版
都幾川村史編さん委員会編
- ◇都幾川村　2001.6　193p　26cm

都幾川村史　都幾川村史編さん委員会編
- ◇地理編　都幾川村　1999.3　514p　27cm
  - 内容 明治期から平成7年までを対象に記述
- ◇通史編　都幾川村　2001.3　865p　27cm
  - 内容 縄文時代から平成11年(1999)まで
- ◇民俗編　都幾川村　1999.3　552p　27cm

  - 内容 平成2年から10年にかけて実施した民俗調査の成果をまとめた

## 【横瀬町】

横瀬村誌　横瀬村誌編纂委員会編
- ◇横瀬村誌編纂委員会　1952.5　231p, 図版8枚 地図, 表　19cm

## 【皆野町】

皆野町誌　皆野町誌編集委員会編
- ◇資料編1 近世文書　皆野町　1980.3　653p　22cm
  - 内容 寛文5年から明治5年(1872)までの支配, 土地, 租税, 村などに関する史料
- ◇資料編2 中近世文書　皆野町　1980.11　692p　22cm
  - 内容 永禄5年から明治5年(1872)までの村, 戸口, 治安, 交通, 貸借他に関する資料
- ◇資料編3 中近世文書 秩父事件史料　皆野町　1981.3　712p　22cm
  - 内容 寛文3年から明治3年(1870)までの支配, 土地, 租税, 村, 戸口, 治安他および明治17,18年(1884,1885)の秩父事件史料
- ◇資料編4 板碑・五倫塔・宝篋印塔　皆野町　1983.3　170p　22cm
  - 内容 建武4年から慶長5年までの石造物を収録
- ◇資料編5 民俗　皆野町　1986.3　1036p　22cm
  - 内容 昭和53年(1978)から昭和60年(1985)まで行った調査による
- ◇自然編1 地質　皆野町　1982.9　46p　22cm
  - 内容 日野沢地域の地質
- ◇自然編2 植物　皆野町　1984.3　148p　22cm
  - 内容 植物目録と解説を収録
- ◇自然編3 動物　皆野町　1982.3　398p　22cm
  - 内容 皆野町で採集確認された動物を記述

◇通史編　皆野町　1988.3　1199p　22cm
　内容 旧石器時代から昭和32年(1957)まで

三沢村誌　三沢村誌刊行委員会編

◇三沢村誌刊行委員会　1977　502p　23cm
　内容 縄文時代から, 大正11年(1922)ごろまでの他, 自然, 地理について記述

【長瀞町】

長瀞町史　長瀞町教育委員会編

◇近代・現代資料編　長瀞町　1995.3　763p 図版　22cm
　内容 明治元年(1868)から昭和47年(1972)までの行財政, 産業, 交通通信, 秩父事件他を収録

◇長瀞の自然　長瀞町　1997.3　301p, 図版4枚　31cm
　内容 地質, 気象, 植物, 動物について記述

◇民俗編1　長瀞町　1999.3　541p 図版　22cm
　内容 生産・生業, 諺, 衣生活, 民家, 年中行事と食べ物他を記述

◇民俗編2 野の石造物　長瀞町　1991.3　335p　22cm
　内容 延宝8年から昭和12年(1937)ころまでの馬頭尊, 地蔵尊, 二十二夜塔, 庚申塔などを収録

【小鹿野町】

両神村史　両神村史編さん委員会編

◇史料編1 中世・近世出浦家文書　両神村　1985.3　820p　22cm
　内容 徳川家康が征夷大将軍に補任された慶長8年から地方三役が廃止された明治5年(1872)までの史料

◇史料編2 近世出浦家文書　両神村　1987.3　720p　22cm
　内容 貞享4年から嘉永6年までの村の動きを示す史料

◇史料編3 近世・近代出浦家文書　両神村　1988.3　824p　22cm
　内容 寛政4年から安政4年までの租税関係及び, 明治2年(1869)から明治24年(1891)までの村況, 地租関係史料

◇史料編4 近世・近代出浦家文書　両神村　1989.12　825p　22cm
　内容 天和2年から明治10年(1878)までの戸口, 凶荒・救恤, 土木・建築他の史料

◇史料編5 近世・近代加藤家文書　両神村　1997.3　800p　22cm
　内容 寛永元年から明治24年までの支配, 土地, 租税, 戸口などに関する史料

◇史料編6 近世・加藤家文書　両神村　1998.2　871p　22cm
　内容 天明4年から文化14年までの戸口文書を収録

◇史料編7 近世・近代加藤家文書　両神村　1998.3　892p　22cm
　内容 明暦2年から慶応3年までの戸口, 身分, 治安, 凶荒・救恤, 土木・建築他の史料

小鹿野町誌　小鹿野町誌編集委員会編

◇小鹿野町　1976.3　1344p 図　22cm
　内容 旧石器時代から昭和50年(1975)までと、宗教, 民俗他を記述

【美里町】

美里町史　美里町史編纂委員会編

◇通史編　美里町　1986.10　1248p 図版3枚　22cm

【神川町】

神川町誌　神川町, 神川町教育委員会編

◇神川町, 神川町教育委員会　1989.3　1383p　22cm
　内容 縄文時代から昭和62年(1987)の町制施行まで/自然/文化

◇資料編　神川町, 神川町教育委員会

1992.6 730p 22cm
[内容] 長元元年から昭和40年(1965)まで/紀記類の神代

## 【上里町】

上里町史　朝日印刷工業株式会社, 上里町史編集専門委員会企画編集

- ◇資料編　上里町　1992.3　1292p　22cm
  [内容] 縄文時代から江戸時代までの集落遺跡, および天平19年から昭和21年(1946)までの記録, 文書を収録

- ◇通史編 上巻　上里町　1996.3　982p　22cm
  [内容] 縄文時代から慶応4年の旗本知行地収公まで

- ◇通史編 下巻　上里町　1998.3　1148p　22cm
  [内容] 明治元年(1868)から昭和63年(1988)の教育施設充実まで

- ◇別巻　上里町　1998.3　421, 115p　22cm
  [内容] 「くらしに息づく伝承(民俗編)」,「石神・石仏は語る」を記述

## 【江南町】

江南町のあゆみ　江南町史普及版 合併五十周年・町制施行二十周年記念　江南町教育委員会編

- ◇江南町　2005.10　142p　30cm
  [内容] 旧石器時代から平成16年(2004)埼玉国体開催まで

江南町史　江南町史編さん委員会編集

- ◇資料編1 考古　江南町　1995.3　806p　22-31cm
  [内容] 旧石器時代から江戸時代までの遺跡・遺物を収録

- ◇資料編2 古代・中世　江南町　1998.12　520p　22-31cm
  [内容] 景行天皇53年から天正18年まで

- ◇資料編3 近世　江南町　2001.10　777p　22-31cm
  [内容] 天正12年から慶応4年までの領主支配, 村の運営と生活, 治水と生活他の史料

- ◇資料編4 近代・現代　江南町　2001.10　930p　22-31cm
  [内容] 明治2年(1869)から昭和63年(1988)まで

- ◇資料編5 民俗　江南町　1996.3　860p　22-31cm
  [内容] 生産・生業, 衣生活, 食生活, 住生活他を記述

- ◇自然編1 動物　江南町　1998.3　323p　22-31cm
  [内容] 位置・地形・気候, 動物のあらまし, 動物相を記述

- ◇自然編2 植物　江南町　2002.10　312p　22-31cm
  [内容] 位置・地形・気候, 植物の概観, 植物リストなどを記述

- ◇通史編 上巻　江南町　2004.9　848p　22-31cm
  [内容] 旧石器時代から慶応4年(明治元年)まで

- ◇通史編 下巻　江南町　2004.3　486p　22-31cm
  [内容] 明治元年(1868)から平成15年(2003)まで

- ◇報告編1 江南町の板碑　江南町　2003.3　613p, 図版4枚　31cm
  [内容] 江南町域に所在した記録を持ち, 現在所在することが確認されている板碑を中心にまとめた

## 【寄居町】

寄居町史　寄居町教育委員会町史編さん室編

- ◇近・現代資料編　寄居町教育委員会　1987.3　572p　22cm

内容 慶応4年から昭和30年までの資料
　　　を収録

　◇近世資料編　寄居町教育委員会
　　1983.3　550p　22cm
　　　内容 天正20年から明治3年(1870)まで
　　　の支配,土地,租税他の資料を収録

　◇原始・古代・中世資料編　寄居町教育
　　委員会　1984.3　538p　22cm
　　　内容 旧石器時代・縄文時代・弥生時代・
　　　古墳時代及び古代の遺跡・遺物を収録

　◇通史編　寄居町教育委員会　1986.7
　　1566p　22cm
　　　内容 旧石器時代から昭和57年(1982)まで

埼玉県大里郡用土村誌　埼玉県大里郡
用土村編

　◇埼玉県大里郡用土村　1920　67p　A5

## 【騎西町】

騎西町史　騎西町史編さん室編

　◇教育編　騎西町教育委員会　1987.12
　　672p　22cm
　　　内容 明治5年(1872)「学制」頒布以降,
　　　昭和60年度(1985)まで

　◇近現代資料編1　騎西町教育委員会
　　1996.3　478p　22cm
　　　内容 明治初年から昭和61年までの政治
　　　と行政,産業と経済,商・工業他の資料

　◇近現代資料編2　騎西町教育委員会
　　1997.1　470p　22cm
　　　内容 明治初年から昭和53年までの信仰
　　　と宗教,社会と福祉,保健と衛生他の資料

　◇近世資料編　騎西町教育委員会
　　1989.1　764p　22cm
　　　内容 天正18年から慶応4年まで

　◇考古資料編1　騎西町教育委員会
　　2001.3　706p　22cm
　　　内容 旧石器時代から近世までの遺跡と遺
　　　物を掲載

　◇考古資料編2　騎西町教育委員会
　　1999.3　530p　22cm
　　　内容 中世の石造物(板碑・宝篋印塔・五輪
　　　塔)及び仏像・什などを収録

　◇中世資料編　騎西町教育委員会
　　1990.3　452p　22cm
　　　内容 建久元年から寛永2年まで

　◇通史編　騎西町教育委員会　2005.3
　　805p　22cm
　　　内容 旧石器時代から平成5年(1993)まで

　◇民俗編　騎西町教育委員会　1985.12
　　608p　22cm
　　　内容 社会,経済,衣食住,人間の生涯,歳時
　　　習俗他を記述

　◇補遺編　騎西町教育委員会　2000.3
　　556p　22cm
　　　内容 松平周防守家文書他近世文書などを
　　　収録(寛文4年から慶応4年)

## 【大利根町】

大利根町史　大利根町教育委員会編

　◇資料編 上巻　大利根町　2000.3
　　738p　22cm
　　　内容 貞観3年から明治5年(1872)までの
　　　近世の支配,土地,租税他についての史料

　◇資料編 下巻　大利根町　2003.3
　　774p　22cm
　　　内容 明治初年から昭和末年までの資料を
　　　収録

　◇通史編　大利根町　2004.3　754p
　　22cm
　　　内容 平安時代末から平成12年(2000)まで

　◇民俗編　大利根町　1999.3　686p
　　22cm
　　　内容 平成5年から実施した民俗調査の成
　　　果に基づいてまとめた

大利根町のあゆみ　図録　大利根町教
育委員会編

　◇大利根町　2001.3　101p 図版　30cm
　　　内容 正応5年から昭和51年(1976)まで

## 【宮代町】

### 宮代町史　宮代町教育委員会編

- ◇通史編　宮代町　2002.3　660p　22cm
  - 内容 旧石器時代から平成13年(2001)「新しい村」が山崎地内に完成するまで
- ◇民俗編　宮代町　2003.3　772p　22cm
  - 内容 平成2年度から実施した民俗調査の成果に基づいてまとめた

## 【白岡町】

### 白岡町史　白岡町編集

- ◇通史編 上巻　白岡町　1989.3　552p　22cm
  - 内容 先土器時代から慶応2年の農兵取立まで
- ◇通史編 下巻　白岡町　1992.9　458p　22cm
  - 内容 慶応3年大政奉還から昭和31年(1956)新町建設計画の作成まで
- ◇民俗編　白岡町　1990.3　678p　22cm
  - 内容 昭和57年度から昭和61年度にかけて実施された民俗調査の成果に基づいてまとめた

### ふるさと白岡　白岡町編

- ◇白岡町　1984.9　9, 302p　19cm
  - 内容 縄文時代から昭和55年(1980)白岡町総合計画基本構想の策定まで

### 日勝村誌　日勝村役場編

- ◇日勝村役場　1925.10　4, 1, 14, 390p 図版　23cm
  - 内容 元和9年から大正13年(1924)まで

## 【菖蒲町】

### 菖蒲町の歴史と文化財　菖蒲町教育委員会社会教育課編

- ◇資料編　菖蒲町教育委員会　2006.3　692p　27cm
  - 内容 鎌倉時代から16世紀初めまでの石造物、神社、仏像などを収録
- ◇通史編　菖蒲町教育委員会　2006.3　400, 32p　27cm
  - 内容 縄文時代から平成17年(2005)合併不成立まで

### 菖蒲町の歴史ガイド　菖蒲町教育委員会社会教育課編

- ◇菖蒲町教育委員会　1986.12　405p　22cm
  - 内容 縄文時代から昭和57年(1982)まで

## 【鷲宮町】

### 鷲宮町史　鷲宮町史編纂室編

- ◇史料1 近世　鷲宮町　1980.3　745p　22cm
  - 内容 貞享4年から明治3年(1870)までの鷲宮神社関係、迦葉院、御用留帳各史料など
- ◇史料2 近世　鷲宮町　1981.2　805p　22cm
  - 内容 延宝7年から明治6年(1873)までの支配、水利普請、陸運水運、社会などの史料
- ◇史料3 中世　鷲宮町　1982.7　609p　22cm
  - 内容 治承4年から慶長20年までの町内外文書を収録
- ◇史料4 中世　鷲宮町　1983.3　751p　22cm
  - 内容 治承4年から慶長10年ごろまでの吾妻鏡抄、後鑑抄などの記録と系図・系譜を収録
- ◇史料5 近現代　鷲宮町　1984.3　848p　22cm
  - 内容 慶応4年から昭和20(1945)までの村政、地誌などの史料を収録

◇史料 6 近現代　鷲宮町　1985.2　951p　22cm
　内容 明治 3 年(1870)から昭和 30 年(1955)ごろまでの教育、世相などの史料を収録

◇通史 上巻　鷲宮町　1986.12　1042, 44p　22cm
　内容 縄文時代から正保 4 年の初期検地まで

◇通史 中巻　鷲宮町　1986.9　687, 28p　22cm
　内容 徳川氏の知行割実施の天正 18 年から慶応 4 年まで

◇通史 下巻　鷲宮町　1987.7　663, 23p　22cm
　内容 明治元年(1868)から昭和 57 年(1982)

【杉戸町】

杉戸町史
　◇杉戸町　2001.3　241p　27cm
　　内容 明治初期から明治 22 年頃までの行政文書

　◇近・現代資料編　杉戸町　2004.3　370p　27cm

　◇近世史料編　杉戸町　2004.3　413p　27cm

　◇古代・中世資料編　杉戸町　2003.3　338p　27cm
　　内容 景行天皇 53 年から天正 18 年まで

　◇考古資料編　杉戸町　2003.3　416p　27cm
　　内容 縄文時代から鎌倉時代までの遺跡・遺物を収録

　◇通史編　杉戸町　2005.3　732p　27cm

　◇民俗編　杉戸町　2005.3　428p　27cm

杉戸町の歴史　杉戸町史編さん室編
　◇杉戸町　1989.11　169p　22cm

　内容 縄文時代から昭和 61 年(1986)の東武鉄道杉戸高野駅開業まで

【松伏町】

松伏町史　松伏町教育委員会編
　◇民俗編　松伏町　2006.3　430p　27cm

【入間郡】

埼玉県入間郡誌
　◇千秋社　2003.6　680p　22cm

入間郡誌　安部立郎編
　◇臨川書店　1987.8　680p　22cm

埼玉県入間郡制誌　埼玉県入間郡役所編
　◇[埼玉県入間郡役所]　1923.3　512p　23cm
　　内容 明治 11 年(1878)郡区町村編成法から大正 12 年(1923)郡制廃止まで

入間郡誌　安部立郎編
　◇謙受堂書店　1913　680p　22cm

【大里郡】

埼玉縣大里郡制誌　復刻版　埼玉県大里郡編纂
　◇名著出版　1974.5　2, 6, 296, 68p, 図版 [6]p　22cm
　　内容 江戸時代から大正 10 年(1921)まで

〔大里郡〕郷土誌　高田晴司著
　◇埼玉県大里郡郷土誌編纂会　1929　171p　A5

埼玉県大里郡制誌　大里郡役所編
　◇帝国地方行政学会　1923　364p　A5

大里郡郷土誌　大里郡教育会編
　◇大里郡教育会　1913　31 冊　A4（和）

## 【北葛飾郡】

埼玉県北葛飾郡制誌　北葛飾郡役所編
　◇北葛飾郡役所　1923　130p　A5

## 【北埼玉郡】

北埼玉郡史　埼玉県北埼玉郡編纂
　◇臨川書店　1987.7　523p　22cm

埼玉縣北埼玉郡史　北埼玉郡(埼玉縣)編
　◇名著出版　1974　523p　図版,表　22cm
　　内容 古墳時代から大正12年(1923)

埼玉県北埼玉郡史　北埼玉郡役所編
　◇北埼玉郡役所　1923　523p　A5

## 【児玉郡】

武藏國兒玉郡誌　小暮秀夫編
　◇名著出版　1973.3　2, 2, 2, 12, 662, 149p, 図版 [58]p　22cm
　　内容 弥生時代から大正14年(1925)まで

武蔵国児玉郡誌　小暮秀夫著
　◇児玉郡誌編纂所　1927　662p　A5

## 【秩父郡】

埼玉県秩父郡誌　秩父郡教育会〔編〕
　◇秩父郡教育会　1925　536,2,3p 図版　23cm
　◇名著出版　1972.6　4, 2,1, 24, 536, 2, 3p　22cm
　　内容 大正13年の復刻、自然地理、人文地理、沿革(上古から大正13年まで)、風俗、町村誌ほか
　◇臨川書店　1987.6　536,2,3p 図版19枚　22cm
　◇千秋社　1992.3　536,2,3p　22cm

## 【南埼玉郡】

南埼玉郡制誌　南埼玉郡役所編
　◇南埼玉郡役所　1924　178p　A5

# 千葉県

**千葉県の歴史** 千葉県史料研究財団編

◇資料編 古代 千葉県 1996.3 27, 593, 13p 22-31cm
  内容 千葉県地域に関する神話・伝承から、源頼朝の挙兵前年の治承3年(1179)までの資料を採録

◇資料編 古代別冊 出土文字資料集成 千葉県 1996.3 400p 30cm
  内容 出土文字資料52市町村、遺跡総数455、資料総数10459点

◇資料編 考古1 旧石器・縄文時代 千葉県 2000.3 80, 1018p 31cm
  内容 旧石器時代から縄文時代晩期最終末までの遺跡・遺構・遺物

◇資料編 考古2 弥生・古墳時代 千葉県 2003.3 78, 1109p 31cm
  内容 本書を理解するために、資料(2000年3月まで調査を実施した遺跡から300遺跡を選択

◇資料編 考古3 奈良・平安時代 千葉県 1998.3 54, 753p 22-31cm
  内容 8世紀から11世紀までの期間を対象とし、安房国・上総国・下総国の考古資料を収録

◇資料編 考古4 遺跡・遺構・遺物 千葉県 2004.3 112, 1438p 31cm
  内容 県内の遺跡・遺構・遺物のうち、千葉県の普遍性および特質を示すもの、旧石器時代から平安時代まで

◇資料編 中世1 考古資料 千葉県 1998.3 63, 754p 22-31cm
  内容 千葉県所在遺跡のうち中世に含まれる主な遺跡を収録、12世紀(源頼朝の挙兵ごろ)から16世紀(徳川家康の関東入部ごろ)までの期間を対象

◇資料編 中世2 県内文書1 千葉県 1996- 1197p 22-31cm
  内容 旧下総国所在資料のうち香取神宮および中山法華経寺関係の資料を収録

◇資料編 中世3 県内文書 千葉県 2001.3 1164p 22cm
  内容 妙本寺・安房国・上総国、下総国、香取文書

◇資料編 中世4 県外文書1 千葉県 2003.3 1032p 22cm
  内容 県外に所蔵されている千葉県関係の中世文書のうち、東日本所在のものを収録

◇資料編 中世5 県外文書 県外文書2・記録典籍 千葉県 2005.3 1150p 22cm
  内容 県外に所蔵されている千葉県関係の中世文書のうち、西日本に所在する文書ほか、記録・典籍等

◇資料編 近世1 房総全域 千葉県 2006.3 95, 22, 1169p 22-31cm
  内容 近世の房総三国地域に共通していたり、一国に止まらず他国および全国にまたがった事件や諸問題の関係史料を収載

◇資料編 近世2 安房 千葉県 1999.3 87, 25, 955p 22-31cm
  内容 近世の安房国地域に関する史料、天正18年(1590)の徳川家康の関東入部から明治4年(1871)の廃藩置県ごろまで

◇資料編 近世3 上総1 千葉県 2001.3 87, 23, 1012p 22-31cm
  内容 上総の村の生活、水と山、領主支配などについての史料

◇資料編 近世4 上総2 千葉県 2002.3 87, 29, 1106p 22-31cm
  内容 九十九里浜の漁業などの諸産業、流通、信仰、文化などについての史料

◇資料編 近世5 下総1 千葉県 2004.3 91, 21, 941p 22-31cm
  内容 利根川・江戸川の流路やその他の用水、佐倉・小金牧、豪農商、寺院・神社などに関わる史料

◇資料編 近世6 下総2 千葉県 2005.3 87, 34, 955p 22-31cm
  内容 醤油醸造・漁業などの諸産業、利根川流域の河岸や都市、文人の活動などに

ついての史料

◇資料編 近現代1 政治・行政1 千葉県 1996.3 81, 40, 1058p 22-31cm
[内容] 1868年(明治元)から1905年(明治38)にいたる千葉県の政治行政に関する史料

◇資料編 近現代2 政治・行政2 千葉県 2000.3 85, 41, 1146p 22-31cm
[内容] 1903年(明治36)から1945年(昭和20)にいたる千葉県の政治行政に関する資料

◇資料編 近現代4 産業・経済1 千葉県 1997.3 63, 29, 1009, 10p 22-31cm
[内容] 明治初年から昭和20年(1945)までの時期の千葉県の農水産業の展開

◇資料編 近現代5 産業・経済2 千葉県 2001.3 79, 36, 1065, 11p 22-31cm
[内容] 明治初年から敗戦までの商工業や社会資本の発達をあとづける資料

◇資料編 近現代6 産業・経済3 千葉県 2006.3 83, 43, 990, 10p 22-31cm
[内容] 第二次世界大戦終了から1980年代までの商工業、農業、水産業、交通、都市計画の資料

◇資料編 近現代7 社会・教育・文化1 千葉県 1998.3 85, 38, 1051p 22-31cm
[内容] 明治期を中心とした社会・教育・文化関係の資料364点を収録

◇資料編 近現代8 社会・教育・文化2 千葉県 2003.3 95, 1111p 22cm
[内容] 大正時代から第二次世界大戦終了までの社会・教育・文化との関係資料

◇資料編 近現代9 社会・教育・文化3 千葉県 2007.3 1270p 22cm
[内容] 第2次世界大戦終了直後から1980年代までの社会・教育・文化に関する資料

◇通史編 古代2 千葉県 2001.3 1090, 15p 22cm
[内容] 大化の改新から平安時代末まで

◇通史編 近現代1 千葉県 2002.3 1044, 38p 22cm
[内容] 明治維新から第一次世界大戦ころまで

◇通史編 近現代2 千葉県 2006.3 24, 1038, 35p 22-31cm
[内容] 大正の初めから第二次世界大戦終了まで

◇別編 民俗1 千葉県 1999.3 3, 676, 22p 31cm
[内容] 房総民俗の地域差、民俗の広がりと地域形成、房総民俗研究のあゆみ

◇別編 民俗2 各論 千葉県 2002.3 575, 27p 31cm
[内容] 県内各地の民俗を地域に即して記述、海と生活、谷津・台地・低地の生活、町の生活、ムラとイエの民俗、房総の心性

◇別編 地誌1 総論 千葉県 1996.3 639p 31cm
[内容] 自然環境、産業、人口・集落、社会など分野別系統的な構成

◇別編 地誌2 地域誌 千葉県 1999.3 995p 31cm
[内容] 湾岸、東葛、下総・利根、九十九里、南房総の各地域および県内の80市町村について動態的に記述

◇別編 地誌3 地図集 千葉県 2002.3 491p 31cm
[内容] 千葉県のすがた:各種主題図を用いて千葉県の現況を描く/変わりゆく千葉県:新旧の地形図を対比し地域の変容をとらえる

**千葉県の自然誌** 千葉県史料研究財団編

◇本編1 千葉県の自然 千葉県 1996.3 789p 31cm
[内容] 千葉県の大地と気候、千葉県の生物、千葉県の環境保全

◇本編2 千葉県の大地 千葉県 1997.3 823p 31cm
[内容] 地形、地質、土壌、陸水、地下資源、地殻の構造、海流

◇本編 3 千葉県の気候・気象　千葉県
1999.3　10, 805p　31cm
　内容　気象要素、気象災害、人間生活との関係、気候と産業・民俗とのかかわりなど

◇本編 4 千葉県の植物 1　千葉県
1998.3　19, 837p　31cm
　内容　細菌類、菌類、地衣類、藻類、コケ類

◇本編 5 千葉県の植物 植生　千葉県
2001.3　7, 794p　31cm
　内容　千葉県の自然環境に見られる生物相のうち、シダ植物・種子植物

◇本編 6 千葉県の動物 陸と淡水の動物　千葉県　2002.3　988p　31cm
　内容　総論：千葉県の動物相、千葉県各地の動物/各論：原生動物、後生動物亜界

◇本編 7 千葉県の動物 2 海の動物　千葉県　2000.3　7, 813p　31cm
　内容　千葉県の各海域ごとの環境や生物相の概要と、そこにみられる動物群について説明

◇本編 8 変わりゆく千葉県の自然　千葉県　2004.3　11, 815p　31cm
　内容　地質時代から現在に至るまで、千葉県の自然の成立と変化を時間の流れ、地域、人とのかかわりなどの観点から叙述

◇別編 1 千葉県地学写真集　千葉県
2005.3　10, 454p　31cm
　内容　本編の中の地学分野について、さらに写真を主体としてより判りやすく理解できるように作られたもの

◇別編 2 千葉県植物写真集　千葉県
2005.12　9, 409p　31cm
　内容　市街、田畑と草地、森や林、水辺、海辺の各植物、千葉県の保護を要する植物

◇別編 3 千葉県動物写真集　千葉県
2005.12　11, 464p　31cm
　内容　街、水田や草地、川や沼、森や林、海や海辺など、それぞれに千葉県に生息する動物の生態写真と生息環境の景観写真

◇別編 4 千葉県植物誌　千葉県　2003.3
11, 1181p　31cm
　内容　本編 5「千葉県の植物 2 植生」に対する分類編、千葉県に自生が記録された維管束植物の全種類を扱う

**千葉縣史料**　森勝蔵編纂, 千葉県企画部文化国際課編

◇近世編 久留里藩制一班　千葉県
1990.3　542p 図版　22cm
　内容　旧久留里藩士森勝蔵によって編纂された「久留里藩制一班」を活字化

**上總國町村誌**　小沢治郎左衛門

◇上巻　名著出版　1978.11　6, 408p
22cm
　内容　明治 22 年刊行「上総町邨誌」を原本として復刻、上総国・市原郡・望陀郡・周淮郡・天羽郡

◇下巻　名著出版　1978.11　8, 541p
22cm
　内容　明治 22 年刊行「上総町邨誌」を原本として復刻、夷隅郡・上埴生郡・長柄郡・山辺郡・武射郡

**稿本 千葉県誌　復刻版**　千葉県編

◇上　名著出版　1975.5　25, 812p
22cm
　内容　自然地理、人文地理(政治・神社及び宗教・産業・都邑)

◇下　名著出版　1975　1044p　22cm
　内容　沿革(石器時代から明治まで)、氏族人物、名勝旧蹟

**千葉県史**　千葉県編

◇大正昭和編　千葉県　1967.3　10, 822p　22cm
　内容　大正初期から太平洋戦争の終末まで

◇明治編　千葉県　1962.8　11, 890p
22cm
　内容　明治時代を扱うが、その前史として明治以前の房総(古代から幕末まで)も収

める

千葉縣歴史　渡邊雅重
　◇千葉縣歴史刊行會　1929.4　12, 198, 716, 19p　22cm
　　内容 沿革(上代から廃藩置県まで)、現状、史編(千葉県・里見家)、偉人伝、史蹟及び名勝、経済界の趨勢、人物編

千葉縣郷土志　矢部鴨北
　◇千葉縣郷土誌刊行会　1929.1　8, 3, 2, 2, 4.533p　19cm
　　内容 安房部：巻1,2/上総部：巻3から巻7/下総部：巻8から巻13

稿本千葉県誌　千葉県編
　◇上, 下　多田屋書店　1919　2冊　A5

安房志　齋藤夏之助著
　◇多田屋書店　1908.5　524p　23cm
　　内容 郷里荘保の沿革、祠寺城寨の来由、忠臣孝子、名将賢士、節婦英僧の遺蹟及故老相伝の旧事異聞を記載

上総国町村誌　小沢治郎左衛門著
　◇小沢治郎左衛門　1889.7　7冊　23cm

安房　内務省地理局編
　◇(大日本国誌第3巻)　内務省地理局　1886　141丁　B5 (和)

安房国誌　内務省地理局編
　◇内務省地理局　1886　279p　A5

〔千葉県〕歴史編輯材料　千葉県編
　◇第1—29冊　千葉県　〔明治〕　29冊　和 (写)

印旛県歴史　千葉県編
　◇千葉県　〔明治〕　2冊　和 (写)

旧県歴史　千葉県編
　◇千葉県　〔明治〕　9冊　和 (写)

旧県歴史ニ係ル書類　千葉県編
　◇千葉県　〔明治〕　2冊　和 (写)

千葉県史(自1873年6月至同7年12月置県)　千葉県編
　◇千葉県　〔明治〕　1冊　和 (写)

鶴牧県歴史　千葉県編
　◇千葉県　〔明治〕　1冊　和 (写)

木更津県歴史　千葉県編
　◇千葉県　〔明治〕　2冊　和 (写)

## 【千葉市】

千葉市史　千葉市史編纂委員会編
　◇史料編1 原始古代中世　千葉市　1976.3　3, 16, 357p　27cm
　　内容 「千葉市史 原始古代中世編」の記述に対する根拠を示し、参考史料を収録、先土器時代から足利時代まで
　◇史料編2 近世　千葉市　1977.3　7, 6, 776p　27cm
　　内容 千葉市内発見の近世史料のうち、佐倉藩領に属していた千葉市域内村方文書を収載
　◇史料編3 近世　千葉市　1980.7　8, 708p　27cm
　　内容 下総原文書、近世生実藩領史料：生実藩の成立とその展開、千葉市内の生実藩地域村方史料(その1)
　◇史料編4 近世　千葉市　1983.3　13, 702p　27cm
　　内容 千葉市内の生実藩地域村方史料(その2)、千葉市域における生実藩領村々の

動向

◇史料編 5 近世　千葉市　1987.3　6, 706p　27cm
内容 近世旗本知行所にかかわる史料、旗本戸田氏の知行所であった 13 か村を対象

◇史料編 6 近世　千葉市　1988.3　7, 758p　27cm
内容 近世旗本知行所にかかわる史料のうち、千葉市土家地域 9 か村を対象

◇史料編 7 近世　千葉市　1989.3　6, 6, 656p　27cm
内容 近世旗本知行所等の相給村落にかかわる史料のうち、平川村、中野村、曽我野村、赤井村、大森村の 5 か村を対象

◇史料編 8 近世　千葉市　1997.3　12, 673p　27cm
内容 千葉市域西部の近世旗本知行所等の相給村落にかかわる史料のうち、犢橋村など 12 か村を対象

◇第 1 巻 原始古代中世編　千葉市　1974.3　452p　27cm
内容 自然環境、原始・古代、中世：石器時代から天正 18 年(1590)まで

◇第 2 巻 近世近代編　千葉市　1974.3　492p　27cm
内容 天正 18 年(1590)徳川家康の関東入国から昭和 20 年(1945)の敗戦まで

◇第 3 巻 現代編　千葉市　1974.3　546p　27cm
内容 現代：昭和 20 年(1945)から昭和 48 年(1973)まで/民俗と生活

絵にみる図でよむ千葉市図誌　千葉市史編纂委員会編

◇上巻　千葉市　1993.3　647p　31cm
内容 千葉市の"現在"を記録し、千葉市域の歴史をふりかえる上での視覚的な素材を提供、千葉市概要・中央区・緑区・美浜区

◇下巻　千葉市　1993.3　683p　31cm
内容 若葉区・稲毛区・花見川区の各概要・索引・景観写真、広域

千葉市南部の歴史　宍倉健吉原著, 千葉市史編纂委員会編

◇千葉市教育委員会　1986.3　212p　22cm
内容 千葉市南部の交通、内湾漁業、生浜付近の寺社誌

千葉市誌　千葉市誌編纂委員会編

◇千葉市　1953.2　4, 14, 8, 779p 図版 29 枚 地図　22cm
内容 市制 30 周年記念事業として編纂、縄文式時代から昭和 27 年(1952)頃まで

千葉縣千葉郡誌　千葉縣千葉郡教育會編

◇千葉縣千葉郡教育會　1926.2　1077p, 図版 10 枚　23cm
内容 古代より大正 10 年千葉郡市分離を一段落とし、その後の千葉郡及び大正 12 年震災余録を附記

【千葉市中央区】

千葉誌　千葉町役場編

◇千葉町役場　1911.5　2, 4, 4, 183p, 図版 11 枚　23cm
内容 地理・歴史・名蹟旧蹟、古代から明治 43 年 12 月末まで

【千葉市花見川区】

千葉郡犢橋村誌　犢橋村役場編

◇第 1 巻　犢橋村役場　1918　1 冊　A5

【千葉市緑区】

平川町史　平川町史編集委員会編

◇袖ケ浦町　1973　1194p 図・肖像 13 枚　22cm

## 【銚子市】

続銚子市史　銚子市編集

◇1 昭和前期　銚子市　1983.2　12,
723p　22cm
内容 昭和元年(1927)から昭和20年
(1945)まで

◇2 昭和後期　銚子市　1983.2　12,
1248p　22cm
内容 昭和20年(1945)から昭和53年
(1978)までの面積・人口、行財政、市村
合併、教育、文化、宗教、民生ほか

◇3 昭和後期　銚子市　1983.2　10,
1048p　22cm
内容 昭和20年(1945)から昭和53年
(1978)までの産業、建設、港湾、水道
ほか

◇4 昭和から平成へ　銚子市　2004.3
23, 1289p 折込地図 (4図)　22cm
内容 昭和50年(1975)から平成14年
(2002)8月末まで

銚子市史　銚子市編集

◇銚子市　1956　1151p　21cm

◇続 第1 昭和前期　銚子市　1983
723p　22cm

◇続 第2 昭和後期　銚子市　1983
1248p　22cm

◇続 第3 昭和後期　銚子市　1983
1048p　22cm

◇続 第4 昭和から平成へ　銚子市
2004.3　1289p 図版16p　22cm

西銚子町誌　根本直三編纂

◇銚子市立本城小学校PTA 西銚子町誌
刊行委員会　1983.2　1冊　22cm

銚子市史　篠崎四郎編

◇国書刊行会　1981.5　1151p 図版21
枚　22cm
内容 縄文式土器文化から昭和29年

(1954)頃まで/研究論叢

西銚子町誌　根本直三編

◇椎名印刷部　1918　1冊　19cm

## 【市川市】

市川　市民読本　改訂版

◇市川市教育委員会　1979.3　432, 10p
22cm
内容 先土器時代から昭和53年まで(昭和
41年刊の改訂版)

市川市史　市川市史年表編集委員会編

◇第1巻 原始・古代　吉川弘文館
1971.9　27, 472p　22cm
内容 地形の発達、原始から古代へ、原始
狩猟文化(先土器時代)、貝塚文化(縄文時
代)、原始農耕文化(弥生時代)、古墳文化
(土師時代)

◇第2巻 古代・中世・近世　吉川弘文館
1974.3　9, 739p　22cm
内容 大和朝廷の勢力が房総の地に波及し
た時期から、江戸幕府が官軍によって潰
滅した時点までの歴史を叙述

◇第3巻 近代　吉川弘文館　1975.3
13, 725p　22cm
内容 明治初期から市川市の生れる昭和初
期までの歴史を叙述

◇第4巻 現代・文化　吉川弘文館
1975.3　21, 744, 17p　22cm
内容 現代編：昭和9年(1934)の市川市制
施行から昭和40年代まで/文化編：文化
財・絵画・文学・民俗・方言

◇第5巻 史料 古代・中世　吉川弘文館
1973.3　35, 534, 54p　22cm
内容 古代編：日本書紀から治承4年
(1180)までを編年により収録/中世編：養
和元年(1181)から天正18年(1590)までの
古文書・古記録

◇第6巻 史料 近世 上　吉川弘文館
1972.3　26, 631, 20p　22cm

◇第6巻 史料 近世 下　吉川弘文館　1972.3　3, 444, 8p　22cm
　内容 「江戸名所図絵」「成田参詣記」それぞれの市川に関する全文を抜粋、並びに検地帳を収録

◇第7巻 史料 近代・現代・文化　吉川弘文館　1974.3　38, 721, 35p　22cm
　内容 近代編：明治初期より市川市誕生まで/現代編：昭和9年(1934)から昭和43年(1968)まで/文化編：市川を題材とした文学作品ほか

◇年表　吉川弘文館　1977.4　436, 19p　22cm
　内容 原始古代から昭和49年(1974)11月3日まで

市川　市民読本
◇市川市教育委員会　1966.3　363p 図版　22cm
　内容 先土器時代から昭和30年代まで

## 【船橋市】

船橋市史　船橋市市史編さん委員会編
◇近世編　船橋市　1998.3　15, 462p 挿図　22cm
　内容 天正18年の徳川氏関東入国から戊辰戦争まで

◇原始・古代・中世編　船橋市　1991.3　2, 17, 567p 挿図　22cm
　内容 先土器時代から戦国時代まで

◇史料編1　船橋市　1983.3　8, 551p 挿図　22cm
　内容 古代：有史以来、元暦元年まで/中世：文治元年から天正18年まで/近世1：天正18年から慶応3年までの村明細帳、検地帳を中心に収載

◇史料編2　船橋市　1988.3　4, 820p 挿図　22cm
　内容 近世2：元禄3年から文政13年までの「御用留」を収載

◇史料編3　船橋市　1990.3　1045p 挿図　22cm
　内容 近世3：藤原町安川家所蔵の「御用留」のうち、近世後期のものを収載

◇史料編4 上　船橋市　1994.3　7, 23, 759p 挿図　22cm
　内容 近世史料のうち村政・村入用・村方出入・係争・経営と生活

◇史料編4 下　船橋市　1995.3　13, 28, 777p 挿図　22cm
　内容 近世史料のうち支配、村政・村況、年貢・負担、救恤、鉄炮、鷹場、御鹿狩り、戊辰戦争

◇史料編5　船橋市　1984.3　651p 挿図　22cm
　内容 船橋市域における旧町村誌とそれに類する地誌を収載

◇史料編6　船橋市　1989.3　4, 925p 挿図　22cm
　内容 市町村制が施行された明治22年(1889)から昭和20年(1945)までの、旧町村政及び初期市政の概況

◇史料編7　船橋市　1991.3　3, 750p 挿図　22cm
　内容 学校沿革誌・学校日誌(明治5年から昭和21年まで)

◇史料編8　船橋市　1996.3　7, 19, 586p 挿図　22cm
　内容 行政・財政、議会・選挙、保健・衛生、民生・福祉、社会・生活：明治3年(1870)から昭和28年(1953)まで

◇史料編9　船橋市　1997.3　6, 428p 挿図　22cm
　内容 産業、土地・租税、交通・道路、災害、教育、宗教、軍事：明治3年(1870)から昭和20年(1945)まで

◇史料編10　船橋市　2000.3　12, 7, 583p 挿図　22cm
　内容 近世・近代の史料のうち交通と宿場・漁業・教育(寺子屋関係)を中心に収載

◇民俗・文化財編　船橋市　2001.3　24, 623p 挿図　22cm
　内容 船橋の民俗(地域概観、ムラと家、生産と生業、交通と交易、衣食住ほか)、船橋の文化財

船橋町誌　船橋町編
◇船橋町　1937　491p 図版 34 枚　23cm
　内容 船橋町の発達・自然界・人文界：上古時代から昭和 10 年(1935)頃まで

## 【館山市】

館山市史　館山市史編さん委員会編集
◇[本巻]　館山市　1971.7　9, 1094p　22cm
　内容 自然環境、先史時代、古代、中世、近世、近代・現代、宗教、文化財、文芸：縄文式文化時代から昭和 44 年(1969)頃まで

◇別冊　館山市　1973.12　177p　22cm
　内容 昭和 14 年(1939)の館山市誕生から昭和 48 年(1973)まで

安房国町村誌　吉田謹爾著
◇第 1 巻(北条町)　吉田謹爾　1894.8　27 丁　24cm

## 【木更津市】

木更津市史　木更津市史編集委員会編
◇[本編]　木更津市　1972.11　4, 20, 1169p　22cm
　内容 原始・古代、中世、近世、近代、現代、特集(人物・文学・民俗・宗教)：縄文時代から昭和 47 年(1972)まで

◇富来田編　木更津市　1982.11　8, 579p　22cm
　内容 旧富来田町区域の史的推移を記述、縄文時代から昭和 57 年(1982)頃まで

木更津郷土誌　木更津市編
◇大和学芸図書　1978.12　342p 図版 12 枚　22cm
　内容 地誌、沿革(縄文時代から昭和初期まで)、行政、教育、社寺宗教、名所旧蹟、伝説

## 【松戸市】

松戸市史　松戸市史編さん委員会編
◇史料編 1　松戸市役所　1971.3　15, 893p, 図版 2 枚　22cm
　内容 旧下総国葛飾郡大谷口村名主大熊家文書

◇史料編 2　松戸市役所　1973.1　16, 12, 676p, 図版 2 枚　22cm
　内容 近世諸家文書：旧村概況、金町・松戸御関所関係、水戸街道松戸宿小金宿関係、松戸河岸関係、社寺・信仰関係

◇史料編 3 萬満寺史料　松戸市立図書館　1983.3　268p, 図版 4p　21cm
　内容 中世文書、本末支配、寺領関係、檀徒構成、出開帳、日記、金石丈

◇史料編 4 本土寺史料　松戸市立図書館　1985.2　515p, 図版 8p　21cm
　内容 中世史料(建治元年〜天正 19 年)、法式・座配・宗義、寺暦・暦代、末寺、年中行、出開帳、寺領ほか

◇史料編 5 秋谷家文書 下 付「八柱誌」　松戸市立図書館　1988.3　764p　21cm
　内容 秋谷仁右衛門家所蔵の旧八柱村関係文書ほか、岡田忠信編「八柱誌」(昭和 7 年刊)

◇史料編 6 東漸寺史料　松戸市立図書館　1994.2　345p, 図版 8p　21cm
　内容 寺史、檀林関係、御朱印及び所領関係、本末寺関係、御忌及び正定院念仏、寺院財政、信徒檀家

◇上巻　松戸市　1961.11　4, 11, 642, 10p　22cm

害、交通、戸口、諸団体ほか

関宿町誌　奥原経営編
- ◇奥原経営　1923　134p　19cm

## 【茂原市】

茂原村草創記・茂原町舎日誌　茂原市立図書館古文書講座編
- ◇茂原市立図書館　2002.3　71p, 図版1枚　30cm
  - 内容 「茂原村草創記」(板倉清左衛門著)、「茂原町舎日誌」(泉沢金六著)の翻刻・影印

茂原市史　茂原市史編さん委員会編
- ◇茂原市　1966　943p 図版 地図　22cm
  - 内容 原始・古代・中世・近世・最近世・現代、躍進する茂原：縄文時代から昭和38年(1963)まで

豊岡村誌事典　豊岡村誌編纂委員会
- ◇豊岡村誌編纂委員会　1964.9　92p　22cm

豊岡村誌　豊岡村誌編纂委員会編
- ◇豊岡村郷土誌研究会　1956.4　11, 578, 77, 7p 図版6枚　22cm
  - 内容 地理、沿革(中世から昭和戦後まで)、産業経済、社会、宗教
- ◇1　豊岡村誌編纂委員会　1963.4　280p　22cm
  - 内容 古代から昭和31年(1956)の本納町との合併まで

本納町史　本納町社会教育委員会編
- ◇吉川弘文館　1955.10　501p 図版 地図　22cm
  - 内容 原始古代・中世・近世・最近世現

---

内容 現勢(太平洋戦争終結以後、昭和35年まで)、自然環境、原始・古代・中世(無土器文化から高城氏の滅亡まで)

- ◇中巻 近世編　松戸市　1978.3　12, 854, 58, 114, 6p　22cm
  - 内容 天正18年(1590)から幕末まで
- ◇下巻1 明治編　松戸市　1964.5　8, 864, 10p　22cm
  - 内容 明治維新より明治末年に至る松戸市城町村の発展の諸相
- ◇下巻2 大正昭和編　松戸市　1968.5　10, 676, 121, 83, 7p　22cm
  - 内容 大正初期から太平洋戦争終結まで

## 【野田市】

野田市史　野田市史編さん委員会編
- ◇資料編 中世2　野田市　2002.3　413, 25p　21-27cm
  - 内容 天正18年(1590)野田市域を支配した岡部氏関係の資料を収録、編年史料(永正6年～寛永10年)ほか
- ◇資料編 考古　野田市　2002.3　429p　27cm
  - 内容 野田市域の70遺跡を選定、旧石器時代・縄文時代・弥生時代、古墳時代・古代及び中世、近世以降

野田町誌　野田尋常高等小学校編
- ◇国書刊行会　1986.12　292p　22cm
  - 内容 大正6年に編纂された「野田町誌」を再編集復刊、自然界、人文界(土地、戸口、官衙公署ほか、鎌倉時代から大正期まで)

木間ケ瀬の歴史　関宿町教育委員会編
- ◇関宿町教育委員会　1978.9　352p　21cm
  - 内容 『木間ヶ瀬村史』(昭和16年刊)の復刻版：沿革(太古から昭和戦前まで)、災

全国地方史誌総目録　303

代：縄文時代から昭和28年(1953)まで

上総国長柄郡茂原町誌　板倉胤臣著
　◇板倉胤臣　1891.10　42p　18cm

## 【成田市】

大栄町史　大栄町史編さん委員会編
　◇史料編1 原始古代　大栄町　1995.3
　391p　27cm
　　内容 旧石器時代・縄文時代・弥生時代・古墳時代・歴史時代、各時代の概説・遺跡・遺物を記載
　◇史料編1 中世　大栄町　1995.3　374p　27cm
　　内容 古文書、記録・軍記、系図・過去帳、金石文、鎌倉時代から後北条氏の滅亡した天正18年まで
　◇史料編2 近世1　大栄町　1990.3
　624p　27cm
　　内容 村況・五人組・家族構成・人口・年貢・村入用・災害など
　◇史料編3 近世2　大栄町　1994.3
　632p　27cm
　　内容 支配関係、矢作牧、鹿狩り、鷹狩り、村政、村役人、農業、林業、村方騒動、家とつき合いなど
　◇史料編4 近世3　大栄町　1999.3
　539p　27cm
　　内容 土地、商業・金融、交通、寺社、村議定に関する史料
　◇史料編5 近現代1　大栄町　1996.3
　587p　27cm
　　内容 政治・郷土史・郷土の人物、明治元年(1868)から昭和60年(1985)まで
　◇史料編6 近現代2　大栄町　2000.2
　550p　27cm
　　内容 産業経済・新聞記事および補遺、明治元年(1868)から昭和60年(1985)まで
　◇史料編7 近現代3　大栄町　1991.3
　513p　27cm

　　内容 社会・教育・宗教・文化、明治元年(1868)から昭和60年(1985)まで
　◇自然編　大栄町　1997.3　473p　27cm
　　内容 地理、植物、動物、自然と人間の生活、大栄町の大地、資料編
　◇通史編 上巻 原始古代・中世　大栄町　2001.9　856p　22cm
　　内容 旧石器時代から戦国時代の終わりに至るまで
　◇通史編 中巻 近世　大栄町　2002.3
　720p　22cm
　　内容 徳川家康が関東へ入国した天正18年(1590)より、慶応4年(1868)1月の鳥羽伏見の戦いまで
　◇通史編 下巻 近現代　大栄町　2003.3
　733p　22cm
　　内容 明治維新から平成13年(2001)頃まで
　◇通史編 中世補遺　大栄町　2003.3
　278p　27cm
　　内容 中世の村と信仰、大須賀氏関連の中世城館跡、町域の中世文化
　◇民俗編　大栄町　1998.8　487p　27cm
　　内容 町の自然と歴史、生産のしくみとくらし、村と家のくらし、村の神仏と祭り、村の行事と人の一生、ことばと生活
　◇別巻　木啄庵の俳諧　大栄町　2000.3
　307p　31cm

図説成田の歴史　市制四十周年記念普及版成田市史編集委員会編
　◇成田市　1994.12　267p　26cm
　　内容 地図でみる成田、自然、原始・古代～近現代、くらしと文化、新しい世紀に向けて/旧石器時代から平成6年(1994)まで

下総町史　下総町史編さん委員会編
　◇近現代編 史料集　下総町　1991.3
　786p　24cm
　　内容 行政、農業、商業・金融、交通、社

千葉県　　　　　　　　　　　　　　　　　　　　　　　　　　　成田市

会生活、治水・災害、宗教、教育、文化：明治元年(1868)から昭和30年(1955)まで

◇近世編 史料集1 下総町　1985.2　493p　24cm
内容 支配、土地、年貢、村明細帳、村役人・村議定、五人組帳、宗門人別帳・宗門送り状

◇近世編 史料集2 下総町　1987.3　451p　24cm
内容 農林業、商業・金融、交通、宗教、文化

◇原始古代・中世編 史料集 下総町　1990.3　25, 782, 87p　24cm
内容 旧石器時代から中世に至るまでの、本町域内に所在する遺跡や考古関係史料、古代・中世関係の文書資料

◇史料集別巻 村絵図集成　下総町　1993.3　236, 18p　31cm
内容 村絵図史料と所載形式、史料と解題、解説、補論

◇通史 原始・古代編　下総町　1993.3　565p　24cm
内容 自然環境、旧石器時代から平安時代まで、とくに最新の考古学資料にもとづく下総町の歴史を叙述

◇通史 中世編　下総町　1993.3　234p　24cm
内容 中世前期(千葉氏と寺社の時代)、中世後期(大須賀氏と戦国大名の時代)、中世城館跡、生活と生産、文化

◇通史 近世編　下総町　1994.3　550p　24cm
内容 徳川家康の関東入国から江戸幕府の崩壊まで

◇通史 近現代編　下総町　1994.3　526p　24cm
内容 慶応4年(1868)前後から平成2年(1990)ころまで

**成田市史年表**　成田市立図書館編

◇成田市　1991.3　452p　21cm

内容 原始古代から平成2年(1990)まで

**成田市史**　成田市史編さん委員会編

◇近現代編　成田市　1986.3　878p　24cm
内容 明治元年(1868)から昭和48年(1973、市制施行後20年)まで

◇近世編 史料集4 上 村政1　成田市　1973.5　381p　24cm
内容 村明細帳・村役人・村議定・村財政・諸願書類控帳・貯穀救済・村方出入り

◇近世編 史料集5 上 門前町1　成田市　1976.3　486p　24cm
内容 村明細帳、商業、宿場・交通、諸願書類控帳

◇近世編 史料集4 下 村政2　成田市　1977.3　474p　24cm
内容 五人組帳、宗門人別帳、人別送り状、出産子育・養老、家出・離縁・転居、借地・借家、家普請、相続・分家、つきあい

◇近世編 史料集5 下 門前町2　成田市　1980.3　414p　24cm
内容 成田村関係：検地帳、貢租、五人組帳、宗門人別送り状、日記/新勝寺関係：縁起、寺領、出開帳、講社・坊人、諸堂普請

◇近世編 史料集1 領主　成田市　1982.3　453p　24cm
内容 幕府・巡見使・佐倉牧・鷹狩鹿狩・田安家・佐倉藩・淀藩・久喜(長瀞)藩・旗本御家人

◇近世編 史料集3 産業・文化　成田市　1984.3　462p　24cm
内容 産業：農林業、漁業、商業・金融、交通、災害/文化編：宗教、文芸、国学・性学

◇近世編 史料集2 土地・貢租　成田市　1985.3　424p　24cm
内容 土地編：検地帳、名寄帳、新田開発/貢租編：年貢割付状、年貢皆済目録、検見・定免、廻米

◇近代編 史料集2 教育1　成田市

1970.3　381p　24cm
　内容 明治維新から昭和 20 年(1945)まで/小学校に現存する学校沿革誌をもとに編輯

◇近代編 史料集 1 旧町村誌　成田市　1972.5　348p　24cm
　内容 成田・公津・八生・中郷・久住・豊住・遠山ほか各地区の旧町村誌 28 点

◇近代編 史料集 2 教育 2　成田市　1978.3　399p　24cm
　内容 明治初年から昭和 20 年(1945)までの教育関係史料(就学前・初等・中等・特殊・社会)

◇近代編 史料集 3 宗教・社会・文化　成田市　1981.3　482p　24cm
　内容 明治初年から昭和 20 年(1945)まで/宗教編(新勝寺、一般寺社・教会)、社会編(保健・衛生・生活、徴兵兵事、災害)、文化編(学者文人・紀行文)

◇近代編 史料集 5 産業・経済　成田市　1983　536p　24cm
　内容 明治初年から昭和 20 年(1945)までの諸産業の展開、商品・資金の流通、交通・運輸・通信

◇近代編 史料集 4 政治　成田市　1983.3　556p　24cm
　内容 明治初年から昭和 20 年(1945)までの行財政、議会と選挙、政治・社会運動

◇原始古代編　成田市　1980.3　7, 644p　24cm
　内容 序説、自然環境、先土器時代から平安時代までの人間生活の歩みを、主として考古学の資料と方法を中心に叙述

◇現代編 史料集　成田市　1984.3　791p　24cm
　内容 昭和 20 年(1945)から昭和 48 年(1973)まで、空港部門の史料は開港時の昭和 53 年(1978)5 月まで

◇中世・近世編　成田市　1986.3　896p　24cm
　内容 中世編：忠常の乱後の両総武士団の発展から天正 18 年の後北条氏滅亡まで/近世編：天正 18 年徳川家康の関東入部から慶応 4 年江戸幕府の崩壊まで

◇民俗編　成田市　1982.3　774p　24cm
　内容 市域の民俗の特色・生産のしくみとくらし・社会と生活・人の一生・年中行事・村の信仰・祭と芸能・言語と生活・子どもの遊びと生活・成田山と門前町

## 【佐倉市】

写真に見る佐倉　佐倉市制五十周年記念写真集　佐倉市総務部行政管理課市史編さん担当編

◇佐倉市　2004.10　8, 320p　30cm
　内容 幕末・明治初期から平成 16 年(2004)まで

佐倉市史　佐倉市史編さん委員会編

◇民俗編　佐倉市　1987.3　9, 901p　22cm
　内容 社会生活、生産と生業、衣・食・住、交通と交易、人生儀礼、年中行事と信仰、民族知識、口承文芸、民謡と民俗芸能、まちの民俗

◇巻 1　佐倉市　1971.3　1136p　22cm
　内容 古代・中世(石器時代・古墳時代は触れず)、近世(藩政に関するものが中心)

◇巻 2　佐倉市　1973.3　1509p　22cm
　内容 近世：農村の実態・商工業・武家と庶民の生活ほか、廃藩置県の明治 4 年(1871)7 月まで

◇巻 3　佐倉市　1979.3　1450p　22cm
　内容 近代：明治初年から明治末年まで

佐倉誌　林鋳祐著

◇印旛郡教育会　1924　140p　A5 (和)

佐倉町二十五年誌　千葉県印旛郡佐倉町役場編

◇千葉県印旛郡佐倉町役場　1915　103p　A5

## 【東金市】

松之郷区誌　松之郷区誌編纂委員会編

- ◇史料篇 ふるさとの宗教と文化　松之郷区　1996.4　319p, 図版4枚　22cm
  - 内容 神社、寺院、民間信仰

東金市史　東金市史編纂委員会編

- ◇史料篇1　東金市　1976.11　1256p　22cm
  - 内容 郷土誌、村明細帳、開発、御鷹場、小金野御鹿狩、関東取締および組合村、異国船・海防関係、真忠組騒動、水戸天狗党等騒乱、学芸

- ◇史料篇2　東金市　1978.5　1191p　22cm
  - 内容 検地帳・宗門人別帳・村明細帳、年貢および凶作、酒井氏および七里法華、御鷹場、村方騒動・打ちこわし、真忠組騒動、用水・水論、宗教

- ◇史料篇3　東金市　1980.2　1239p　22cm
  - 内容 幕藩政、新田・入会地・御野馬、近世農民生活、幕末維新期、用水・水論、真忠組騒動、宗教、学芸

- ◇史料篇4　東金市　1982.3　1317p　22cm
  - 内容 明治新政、近代(明治・大正・昭和初期)、昭和戦中・戦後期、用水・水論、真忠組騒動、学芸、補足史料

- ◇総集篇5　東金市　1987.3　1145p　22cm
  - 内容 人物、宗教、教育、交通・水利など12の項目に分類して、それぞれの状況・特質・展開等を叙述

- ◇通史篇 上6　東金市　1993.12　20, 1675p　22cm
  - 内容 序説、原始・古代、中世、戦国時代、近世(幕藩制下)

- ◇通史篇 下7　東金市　1993.12　16, 1463p　22cm
  - 内容 近世(幕藩制下)、近現代、東金の文学：平成5年(1993)まで

- ◇別冊 歴史年表　東金市　1993.12　362p　22cm
  - 内容 垂仁29年(西暦1)から平成2年(1990)まで

山武郡豊成村誌　加瀬宗太郎編

- ◇豊成村　1920.4　279p, 図版4枚　22cm
  - 内容 沿革、統計諸表、村有財産、村治、教育、兵事ほか：古代から大正期まで

## 【旭市】

海上町史　海上町史編さん委員会編

- ◇史料編1(原始・古代, 中世・近世1)　海上町　1985.2　948p　23cm
  - 内容 原始：考古資料/古代：有史以来治承4年まで/中世：養和元年より天正18年まで/近世：天正18年8月より元和9年まで

- ◇史料編2(近世2)　海上町　1988.6　1336p　23cm
  - 内容 寛永元年4月より明治初年までの海上町を中心として東総三郡の村落動向にかかわる基本史料

- ◇総集編　海上町　1990.3　1174, 117p　23cm
  - 内容 通史：原始古代から現代(昭和末頃)までの地区の歴史、諸表、近現代史料編ほか

- ◇特殊史料編 椿新田関係史料　海上町　1982.9　1287p　23cm
  - 内容 干拓のはじまる寛文10年から延享3年まで

千葉県海上郡誌　千葉県海上郡教育会編

- ◇海上郡教育会　1917　154p　A5

- ◇千葉出版　1985.8　1458, 49, 36p, 図版14枚　22cm
  - 内容 千葉県海上郡教育会大正6年刊の復刻版、土地・沿革・郡治・産業・教化・兵

事ほか、古代から大正 2 年(1913)頃まで

飯岡町史　飯岡町史編さん委員会編集
- ◇[本篇]　飯岡町　1981.3　20, 4, 1840p　22cm
  - 内容 地質時代、生活のあけぼのから平安時代、中世、近世、最近世、現代(昭和54年まで)
- ◇史料集 第1集　飯岡町役場　1976.7　141p　22cm
  - 内容 三川村・権田沼村
- ◇史料集 第1集　飯岡町役場　1977.3　434p　22cm
  - 内容 行内村・平松村・横根村・萩園村・岩崎村
- ◇史料集 第3集　飯岡町役場　1978.3　222p　22cm
  - 内容 上永井村・下永井村・飯岡村・八木村新田・塙村
- ◇付篇　飯岡町　1981.3　4, 377p　22cm
  - 内容 長く続く怒濤との戦い、飯岡助五郎、海上胤平、飯岡出身の名志、町管理記念碑の人々ほか

旭市史　旭市史編さん委員会編
- ◇第1巻 通史編・近代史料編　旭市　1980.3　16, 1146, 8p　23cm
  - 内容 通史編:忘れられたむかし・水とのたたかい・海に生きる/近代史料編:村誌・行政と民情・教育・地租改正・商業と産業・漁業
- ◇第2巻 近世北部史料編　旭市　1973.3　9, 897, 8p　23cm
  - 内容 旭市の北部、特に農・商業を中心とした地域を対象とし、近世史料を旧村別に編成
- ◇第3巻 近世南部史料編・中世資料編　旭市　1975.3　14, 1094, 6p　23cm
  - 内容 近世南部史料編:旭市の南部、特に漁業を中心とした地域を対象/中世史料編:戦国期千葉氏関係文書、木曾義昌関

係文書、真言教学史料

干潟町史　干潟町史編纂委員会編
- ◇干潟町　1975.4　4, 7, 1828p, 図版4枚 肖像　22cm
  - 内容 自然環境、原始〜平安時代、鎌倉〜戦国時代、江戸時代、近代、現代:先土器時代から昭和40年代ころまで

古城村誌　[復刻版]　千葉県香取郡干潟町古城村誌復刻刊行會編
- ◇前後編　古城村誌復刻刊行会　1973.7　12, 556, 650p　22cm
  - 内容 「古城村誌」(高木卯之助著、前編昭和18年刊、後編昭和27年刊)の復刻版、村史:先史時代から昭和27年まで

古城村誌　古城村教育会編
- ◇前編　古城村誌刊行会　1943　586p　A5

## 【習志野市】

習志野市史　習志野市史編集委員会編
- ◇第1巻 通史編　習志野市　1995.3　34, 1037p　22-23cm
  - 内容 原始・古代・中世・近世・近現代:旧石器時代から昭和30年代頃まで
- ◇第2巻 史料編1　習志野市　1986.3　14, 1117p　22-23cm
  - 内容 市内東部の村落の史料と、それに関連する小金の牧および東金御成街道の史料
- ◇第3巻 史料編2　習志野市　1995.3　27, 899p　22-23cm
  - 内容 市内内陸部の旧村における近世史料の補遺及び東京湾岸沿いの旧村の近世史料
- ◇第4巻 史料編3　習志野市　1994.3　848p　22-23cm
  - 内容 明治維新直後から昭和40年代までの行政・産業・交通・軍隊・教育・社会

◇別編 民俗　習志野市　2004.3　11,
323, 15p　21cm
　内容 総論「民俗のすがた」、テーマごと
　の各論「民俗を読む」

## 【柏市】

沼南町史　沼南町史編さん委員会編

◇近世史料 1 旧風早村の歴史　沼南町教
育委員会　2002.3　765, 2p, 図版 10p
27cm
　内容 沼南町旧風早地区及び本多氏・小金
　牧に関する町内外の史料を収録

◇近世史料 2 旧手賀村の歴史　沼南町教
育委員会　2004.12　5, 852, 2p 図版
10p　27cm
　内容 沼南町旧手賀沼に関する町内外の史
　料を収録

◇史料集 金石文 1　沼南町教育委員会
1992.3　2, 750p　27cm
　内容 沼南町全域の中世石造物、布瀬など
　9 地区に所在する近世以降の石造物を
　収録

◇史料集 金石文 2　沼南町教育委員会
1997.3　2, 763p　27cm
　内容 箕輪など 10 地区に所在する近世以
　降の石造物、及び補遺史料

◇第 1 巻　沼南町役場　1979.3　374p,
図版 24p　27cm
　内容 沿革史(原始から現代)、自然と地理、
　政治、行財政、産業、開発と憩い

柏市史　柏市史編さん委員会編

◇近世編　柏市　1995.7　20, 994, 33p
22cm
　内容 徳川家康が関東に入国する天正 18
　年(1590)ころから、江戸幕府が崩壊した
　慶応 4 年(1868)ころまで

◇近代編　柏市　2000.3　14, 1014, 15p
22cm
　内容 幕末から第二次世界大戦終結後まで
　の市域の行政・産業・教育・交通・軍事・
　人々の生活など

◇原始・古代・中世編　柏市　1997.3
17, 978p　22cm
　内容 郷土の夜明け、弥生・古墳時代、律
　令制下の市域、下総武士と市域：旧石器
　時代から天正 18 年の後北条氏滅亡まで

◇資料編 1 富勢村誌　柏市　1969.3
426p　24cm
　内容 「改訂増補富勢村誌」「続富勢村誌」

◇資料編 2 土・千代田村誌　柏市
1971.3　417p　24cm
　内容 「土村誌」(大正 11 年刊)、「千代田
　村誌」(山野辺薫著、大正 12 年刊)

◇資料編 3 大室村関係文書　柏市
1969.8　292p　24cm
　内容 大室を中心として、近隣諸地域から
　得られた古文書から編さん

◇資料編 4 布施村関係文書 上　柏市
1971.9　449p　24cm
　内容 土地、戸口、貢租等

◇資料編 5 布施村関係文書 中　柏市
1972.9　547p　24cm
　内容 勤役、農間渡世、林野河川、新田開
　発、普請、牧、鷹場、交通、村議定、寺
　社その他

◇資料編 6 布施村関係文書 下　柏市
1971.9　490p　24cm
　内容 渡船場関係文書、河岸場関係文書

◇資料編 7 諸家文書 上　柏市　1970.10
472p　24cm
　内容 現在の常磐線を境として、北部村々
　に関する文書

◇資料編 8 諸家文書 下　柏市　1979.3
469p　24cm
　内容 市の南部村々に属する文書

◇資料編 9 御廻状集成　柏市　1973.3
483p　24cm
　内容 御触書やその他の廻状(支配、経済、
　産業、交通、治安、寺社・宗旨、牧・鷹
　場、風俗その他)

◇資料編 10 小金佐倉牧開墾 上　柏市
1974.3　553p　24cm

◇資料編 11 小金佐倉牧開墾 下　柏市　1974.8　579p　24cm
内容 紛争・勧業・その他(明治7年から昭和29年まで)

柏の金石文　柏市教育委員会
◇1　柏市教育委員会　1996.3　3, 579　27cm
内容 板碑・如来・菩薩・明王・天部・民間信仰・自然信仰・石神・山岳信仰・屋敷神・その他

柏市史年表　柏市史編さん委員会編
◇柏市　1980.8　1509p　22cm
内容 先土器時代から昭和54年(1979)末まで

【勝浦市】

勝浦市史　勝浦市史編さん委員会
◇資料編 中世　勝浦市　2003.3　21, 448, 23p　22-27cm
内容 編年資料(治承4年～慶安5年)、記録資料、養珠院関係資料、城郭資料、石造物
◇資料編 近世　勝浦市　2004.12　2, 367p　22-27cm
内容 旧岩槻藩勝浦陣屋史料及び参考資料、海防関係・炭焼・飢饉・諸職その他・幕末維新
◇通史編　勝浦市　2006.6　15, 1071p　22-27cm
内容 自然・環境、原始・古代、中世、近世、近現代:旧石器時代から平成17年(2005)まで

【市原市】

市原市史　市原市教育委員会編
◇資料集 古代編　市原市　1983.3　44, 325p　27cm

内容 開墾(明治元年から明治10年まで)

内容 有史以来、治承3年までの史資料を編年体により収録
◇資料集 中世編　市原市　1980.10　34, 290p　27cm
内容 治承から天正年間までの史料について、編年体を基調に編集
◇資料集 近世編1　市原市　1992.3　9, 779p　27cm
内容 江戸幕府の成立と支配、近世前期市原の村々:天正19年(1591)から明治初頭まで
◇資料集 近世編2　市原市　1998.3　26, 784p　27cm
内容 江戸幕府の成立と支配(補遺)、近世前期市原の村々(補遺・承前)、近世中後期市原の村々
◇中巻　市原市　1986.3　950p　27cm
内容 鎌倉時代、南北朝・室町時代、江戸時代:治承4年(1180)源頼朝の挙兵から戊辰戦争まで
◇下巻　市原市　1982.3　693p　27cm
内容 市原市の黎明・近代市原の発展・新生市原市・臨海工業地帯の成立と発展:明治初期から昭和56年(1981)まで
◇別巻　市原市　1979.11　831p　27cm
内容 指定文化財、宗教史、民俗、民家、方言、民俗話、文学、地形と地質、養老川、動物、植物、人物誌

市原郡誌　市原郡教育会編纂
◇千秋社　1989.5　1483p　22cm
内容 千葉県市原郡役所 大正5年刊の復刻版、総説(郡総体に関する自然・人文の大要など)、町村誌(北部・中部・南部):古代から大正元年(1912)頃まで

市原の歴史と文化財
◇市原市教育委員会　1983.3　114p　26cm
内容 市原の歴史(原始時代から市原市の誕生まで)、市原市の文化財、近世市原の

領主変遷と所領配置

市原市史(下巻)抜刷　小幡重康〔著〕
- ◇小幡重康　〔1983〕　p92〜123　26cm

南総の市原　市原郡役所編
- ◇市原郡役所　1926　148p　A6

千葉県市原郡誌　千葉県市原郡教育会編
- ◇千葉県市原郡　1916　1483p　22cm

## 【流山市】

流山市史　流山市立博物館
- ◇近世資料編1　流山市教育委員会　1987.3　596p　27cm
  - 内容　天正18年から慶応4年まで江戸時代の村の概要がわかる文書(村高、村況、土地、戸口、年貢)
- ◇近世資料編2　流山市教育委員会　1988.3　586p　27cm
  - 内容　村政に関する地方文書、御鹿狩・牧・助郷・治水・村政
- ◇近世資料編3　流山市教育委員会　1992.12　703p　27cm
  - 内容　吉野家日記、享和2年から文化15年まで
- ◇近世資料編4　流山市教育委員会　1993.12　812p　27cm
  - 内容　吉野家日記、文政5年から天保13年まで
- ◇近世資料編5　流山市教育委員会　1994.12　954p　27cm
  - 内容　吉野家日記、弘化2年から文久4年まで
- ◇近世資料編6　流山市教育委員会　1995.12　683p　27cm
  - 内容　流山市内の岡田・須賀・戸部家が所蔵している、享保10年から明治6年までの御用留
- ◇近代資料編・八木村誌　流山市教育委員会　1982.3　769p　27cm
  - 内容　「八木村誌」(大正6年編さん、復刻・解読)、旧八木村関係参考資料
- ◇近代資料編・新川村関係文書　流山市教育委員会　1984.3　642p　27cm
  - 内容　明治の初めから昭和20年(1945)までの旧新川村及び利根運河に関係する文書、統計等
- ◇近代資料編・流山町誌　流山市教育委員会　1983.3　589p　27cm
  - 内容　「流山町誌」(大正9年発行、復刻)、旧流山町関係資料(明治維新から昭和20年まで)
- ◇植物編　流山市教育委員会　1989.3　219p　27cm
  - 内容　流山市内に自生する植物のうち764種、食用作物30種を選んで収録
- ◇通史1　流山市教育委員会　2001.3　973p　27cm
  - 内容　流山の現況・原始古代・中世・近世:旧石器時代から近世後期まで
- ◇通史編2　流山市教育委員会　2005.3　938p　27cm
- ◇文化財編　流山市教育委員会　1992.3　385p　27cm
  - 内容　仏像・絵馬・絵画・工芸品・記念物(史跡)・建造物・歴史資料・有形民俗・無形民俗
- ◇別巻・利根運河資料集　流山市教育委員会　1985.3　601p, 図版[8]p　27cm
  - 内容　明治20年(1887)から昭和20年(1945)までの利根運河に関する資料
- ◇民俗編　流山市教育委員会　1990.3　437p　27cm
  - 内容　昭和60年度〜62年度にわたって実施した流山市民俗基本調査の調査結果にもとづき刊行

流山町誌　岩田僖助編
- ◇秋元房太郎　1920　121p　23cm

## 【八千代市】

八千代市の歴史　八千代市史編さん委員会

- ◇八千代市　1978　14, 698, 14p, 図版5枚　22cm
  - 内容 原始、古代、中世、近世、近代・現代、民俗、自然：先土器時代から昭和40年代頃まで
- ◇資料編 近世1　八千代市　1989.3　430p　22cm
  - 内容 村の様子・五人組・村の財政・家族や人口・土地
- ◇資料編 近世2　八千代市　1994.3　420p　22cm
  - 内容 交通と大和田宿、小金牧・鹿狩・御鷹場、村政と村役人、魚鳥猟と諸産業
- ◇資料編 近世3　八千代市　2003.3　448p　22cm
  - 内容 天明期と天保期の印旛沼堀割普請に関する史料
- ◇資料編 近世4　八千代市　2005.3　475p　22cm
  - 内容 年貢・家との付きあい・商業・金融・寺院・神社など、市域の村々のくらしを知る史料
- ◇資料編 原始・古代・中世　八千代市　1991.11　565p　22cm
  - 内容 原始・古代：発掘調査された成果を掲載/中世：正覚院釈迦如来像、文献、遺跡、金石文/遺跡総覧
- ◇資料編 近代・現代1　八千代市　1988.11　411p　22cm
  - 内容 明治期：戊辰戦争、佐倉藩政、市域の村政、「千葉県睦村是」、養蚕日誌など
- ◇資料編 近代・現代2　八千代市　1996.3　457p　22cm
  - 内容 戊辰戦争と佐倉藩、産業、明治天皇行幸、明治・大正の参詣記、明治時代の日記
- ◇資料編 近代・現代3, 資料編 石造文化財　八千代市　2006.3　501p　22cm
  - 内容 大正期、昭和戦前・戦後を中心に市域に関連する資料/八千代市域に存在する石造物の近世から昭和までのもの
- ◇資料編 自然1　八千代市　1986.3　10, 298p　22cm
  - 内容 「八千代の自然を調べる会」メンバーが踏査し、観察と研究の結果を執筆
- ◇資料編 自然2　八千代市　1998.3　3, 410p　22cm
  - 内容 地形と地史、花粉分析と森の変遷、気象、農村の景観、村の生活と自然、村の自然の変貌、生き残った虫たち
- ◇資料編 民俗　八千代市　1993.3　472p　22cm
  - 内容 八千代市の概況、村と団地、さまざまな生業、年中行事と祭り、人生儀礼、信仰、口承文芸、衣食住
- ◇資料編 民俗 付：音の民俗誌　八千代市　1993.3　472p　22cm

## 【我孫子市】

我孫子市史　我孫子市史編さん委員会編

- ◇近現代篇　我孫子市教育委員会　2004.3　11, 779p 図版　22-27cm
  - 内容 明治維新以降現代(平成6年頃)まで
- ◇近世篇　我孫子市教育委員会　2005.3　13, 831p 図版　22-27cm
  - 内容 織豊検地から幕末まで
- ◇原始・古代・中世篇　我孫子市教育委員会　2005.3　11, 711p 図版　22-27cm
  - 内容 後期旧石器時代から安土桃山時代まで
- ◇民俗・文化財篇　我孫子市教育委員会　1990.3　7, 678p 図版　22-27cm
  - 内容 民俗・口承文芸・民家と民具・路傍の文化財・社と寺の文化財

## 【鴨川市】

太海のあゆみ　鴨川市史編さん委員会編
- ◇鴨川市教育委員会　2006.2　117p　21cm
  - 内容 古代から昭和30年(1955)の江見町との合併ごろまで

大山のあゆみ　鴨川市史編さん委員会編
- ◇鴨川市教育委員会　2002.10　119p　21cm
  - 内容 古代から昭和30年(1955)の長狭町成立ごろまで

江見村誌　新訂　鴨川市史編さん室編集
- ◇鴨川市史編さん室　1998.8　68p　21cm
  - 内容 大正6年ころにまとめられた村誌草稿を新訂刊行、沿革(江戸時代、明治以降)、山岳・河流、旧蹟、神社・仏閣ほか

ふるさと資料天津小湊の歴史　天津小湊町史編さん委員会編
- ◇上巻　天津小湊町　1998.3　13, 866p　22cm
  - 内容 原始・古代・中世・近世：旧石器時代から幕末まで
- ◇下巻　天津小湊町　1998.3　7, 395p　22cm
  - 内容 近現代(明治維新から昭和30年天津小湊町誕生まで)、民俗、寺社等の宗教施設

鴨川のあゆみ　鴨川市史読本編　鴨川市史編さん委員会編
- ◇鴨川市　1998.3　346p　22cm

鴨川市史　鴨川市編さん委員会編
- ◇史料編1 近世　鴨川市　1991.3　796p　22cm
  - 内容 中世の史料：建武5年から天正14年まで/近世の史料：元和年間より明治初期まで
- ◇史料編2 近・現代　鴨川市　1993.3　816p　22cm
  - 内容 明治維新から鴨川市制施行(慶応4年から昭和46年)まで
- ◇通史編　鴨川市　1996.1　32, 1019p　22cm
  - 内容 自然環境、原始・古代、中世、近世、近・現代、民俗：先土器時代から平成4年(1992)頃まで

新訂安房郡吉尾村誌
- ◇鴨川市史編さん室　1995.10　21, 71p　21cm
  - 内容 大正6年編さんの草稿を新訂刊行、付録(吉尾村の沿革、小糸山事件の概要、役場日誌、江戸時代名主一覧)

新訂西条村誌
- ◇鴨川市史編さん室　1995.4　36, 50p　21cm
  - 内容 明治17年に旧村ごとにまとめられた村誌の写しを新訂刊行、打墨村誌・粟斗村誌・八色村誌・花房村誌・滑谷村誌

新訂東条村誌
- ◇鴨川市史編さん室　1995.4　50, 16, 14p　21cm
  - 内容 明治27年編さんの稿本を新訂刊行、往古から明治26年(1893)まで

新訂鴨川町誌
- ◇鴨川市史編さん室　1994.3　71p　21cm
  - 内容 大正5年編纂「鴨川町誌」を新訂刊行、古昔から大正5年までの鴨川町の変遷を資料や口碑に基づいてまとめる

天津小湊町史　天津小湊町史編さん委員会編
- ◇史料集1　天津小湊町　1990.3　673p　22cm
  - 内容 中世及び近世の文書資料、弘安2年から明治2年まで

## 【鎌ケ谷市】

鎌ケ谷市史　鎌ケ谷市教育委員会編

◇資料編2 金石文　鎌ケ谷市　1986.3　278p 22-27cm
　内容 板碑、庚申塔、仏像供養塔、供養塔、神祠・神塔、社寺奉賽物、記念碑ほか

◇資料編3 上 中世・近世1　鎌ケ谷市　1991.3　9, 500p 22-27cm
　内容 中世：文永9年から慶長11年まで/近世：支配・土地・貢租・村況・戸口・村政に関する史料

◇資料編3 下 近世2　鎌ケ谷市　1992.3　9, 509p 22-27cm
　内容 村間出入・組合村、生活・風俗、流通・商業、街道・助郷、寺社・信仰、鷹狩、鹿狩、牧場に関する史料

◇資料編4 下　鎌ケ谷市　1995　1030p 22cm

◇資料編4 上 近・現代1　鎌ケ谷市　1995.3　16, 1030p 22-27cm
　内容 明治・大正期の行・財政、産業、交通、教育、社会、御猟場、初富開墾に関する史料

◇資料編5 民俗　鎌ケ谷市　1993.3　807p 22-27cm
　内容 社会生活、生業、交通・交易、信仰、年中行事、衣食住、人の一生、口承文芸・芸能

◇資料編7 自然　鎌ケ谷市　2000.3　6, 470p 22-27cm
　内容 本編：鎌ヶ谷市の地学環境・植物・動物および人と自然/資料編

◇上巻　鎌ケ谷市　1982.3　42, 8, 901p 22-27cm
　内容 現勢(市制施行以来の10年間の市の動向)、自然、原始・古代(先土器時代から平安時代まで)

◇中巻　鎌ケ谷市　1997.3　873p 22-27cm
　内容 中世・近世：10世紀中ごろから江戸幕府が崩壊した慶応4年(1868)ころまで

◇別巻　鎌ケ谷市　2003.3　460p 22cm
　内容 民俗：市域の民俗(社会生活、生業と生活ほか)、民俗研究の課題

## 【君津市】

君津市史　君津市市史編さん委員会編

◇金石文編　君津市　1997.3　3, 826p 図版　27cm
　内容 平成4年度から7年度までに行った調査に基づいて編集、解説編・資料編

◇史料集1 古代・中世・近世1　君津市　1991.10　12, 615p 図版　27cm
　内容 古代編(神代から仁安2年まで)、中世編(治承4年から天正18年まで)、近世編(支配・領主・村政・村況・戸口)

◇史料集2 近世2　君津市　1992.3　14, 701p 図版　27cm
　内容 土地、貢租、災害・救恤、水利・普請、生産、生活、商業・金融、交通、宗教、文化、争論、海防

◇史料集3 近代1　君津市　1993.3　13, 701p 図版　27cm
　内容 慶応3年(1867)の大政奉還から大正末年まで、政治行政分野の7章で構成

◇史料集4 近代2　君津市　1994.3　17, 775p 図版　27cm
　内容 慶応3年から大正末年まで、産業経済・教育文化・社会生活の各分野にわたり8章で構成

◇史料集5 現代1　君津市　1993.3　12, 693p 図版　27cm
　内容 第1部：政治行政・開発、昭和2年(1927)から昭和50年(1975)まで

◇史料集6 現代2　君津市　1995.3　21, 794p 図版　27cm
　内容 第2部：産業経済、第3部：教育文化・社会民主、昭和元年(1926)から昭和54年(1979)まで

◇自然編　君津市　1996.3　640p 図版　27cm

|内容|気象、地形・地質、植物、動物、君津市の川と山、君津市の人々の生活と自然、資料

◇通史編　千葉県君津市　2001.9　1143p 図版20p　27cm
|内容|君津市の歴史

◇民俗編　君津市　1998.3　27, 618p 図版　27cm
|内容|平成4年度から8年度までに行った調査の結果に、従来の調査資料やその後の追跡調査を加えて編集

中富郷土誌　君津市中富郷土誌編集委員会編集
◇君津市中富郷土誌編集委員会　1998.3　190p　27cm
|内容|中富の人々のくらし、農業、生活、願書、境界争い、災害、取締り、信仰ほか：近世から昭和20年頃まで

燦 人見郷土誌　人見土地区画整理組合郷土誌編集委員会
◇人見土地区画整理組合　1991.3　559p　27cm
|内容|房総の歴史と人見(原始・古代から現代)、土地区画整理事業ならびに産業、生活と文化

小櫃村誌　千葉県君津市小櫃村誌編纂委員会編
◇君津市　1978.3　34, 1372, 46p, 図版33枚　22cm
|内容|古代、中世、近世、近代・現代：古墳時代から昭和45年(1970)の君津町を中心とする五町村合併まで

清和村誌　清和村誌編纂委員会編
◇清和村　1976.3　8, 720p, 図版8枚　22cm
|内容|自然環境、原始・古代・中世、近世、近代から現代：縄文式文化から昭和40年代まで

小糸町史　小糸町史編集委員会編
◇小糸町史編集委員会　1974.3　456p 図　22cm
|内容|原始・古代・中世、近世、山論、水論、助郷と難渋出入、明治、大正、小糸川の川船、昭和、産業、上総堀について、農と祭：原始時代から昭和30年代ころまで

君津町誌　君津町誌編纂委員会編
◇前編　君津町　1962　298p 図版 地図　22cm
◇後編　君津町　1973　562p　22cm

【富津市】

金谷村誌
◇金谷村誌刊行委員会　〔199-〕　160p　20cm

富津市史　富津市史編さん委員会編
◇史料集1　富津市　1979.11　52, 1085p　22cm
|内容|古代・中世・近世・近代・現代：日本書紀から昭和53年(1978)まで

◇史料集2　富津市　1980.8　36, 1145p　22cm
|内容|近世・近代・現代・金石文史料：昭和54年(1979)まで

◇通史　富津市　1982.3　29, 1631p　22cm
|内容|序説・古代・中世・近世・近代・現代：先土器時代から昭和55年(1980)頃まで

【浦安市】

浦安市史　浦安市史編さん委員会
◇浦安市　1985.3　302p, 図版 [14] p　27cm

四街道市　　　　　　　　　　　　　　　　　　　千葉県

- 内容 昭和48年(1973)4月から昭和56年(1981)3月までの本市の変遷、「浦安町誌」上・下巻に続くもの
- ◇まちづくり編　浦安市　1999.3　445p　31cm
  - 内容 浦安市の急成長の足跡を記述、市制施行の昭和56年(1981)から平成7年(1995)まで
- ◇生活編　浦安市　1999.3　309p　31cm
  - 内容 写真を中心とした図説版：街の風景、漁師町から海浜都市へ、生活環境の変化、新しい生活、新しい町、人々の思い、ふるさと浦安

浦安町誌　浦安町誌編纂委員会編集

- ◇上　浦安町　1969.12　335p　27cm
  - 内容 本町発祥(中世)以来昭和20年8月15日までの本町の変遷、本町の概要、教育、宗教ほか
- ◇下　浦安町　1974.11　370p　27cm
  - 内容 太平洋戦争終結以来、今日(昭和48年頃)までの町の行政、本町の概要、教育ほか

## 【四街道市】

四街道市史　四街道市史編纂委員会編

- ◇近世編 史料集1　四街道市　1990.5　603p　27cm
  - 内容 四街道市内所在の近世史料のうち、物井村村方文書を収録
- ◇兵事編 中巻　四街道市　1981.11　20, 411p, 図版4枚　22cm
  - 内容 浙江武備学堂日本人教師・三宅報告による日清戦後十五年の蜜月時代の追跡

四街道町史　栗原東洋著

- ◇第1部・通史編　四街道町総務課　1975.3　6, 17, 305p, 図版4枚　22cm
  - 内容 地域社会の形成とその展開史：縄文時代から昭和40年代頃まで
- ◇兵事編 上巻　四街道町役場総務課　1976　301p 図版16p　22cm
  - 内容 ラ・マルセーズ合唱物語
- ◇各論 社寺史　四街道町総務課　1979.12　9, 368p　22cm
  - 内容 町内の社寺誌、社寺と文化、墓石仏の世界

## 【袖ケ浦市】

袖ケ浦市史　袖ケ浦市史編さん委員会編

- ◇資料編1 原始・古代・中世　袖ケ浦市　1999.3　382, 229p　27-31cm
  - 内容 考古資料：原始・古代(旧石器～奈良・平安時代)、中世、山王辺田遺跡群ほか/文献資料：神話・伝承から天正17年まで
- ◇資料編1付 中世金石文　袖ケ浦市　2000.3　13, 74p　27-31cm
  - 内容 金石文などに見られる銘文253点を収録、安貞元年から元和8年まで
- ◇資料編2 近世　袖ケ浦市　1998.3　32, 667p　27-31cm
  - 内容 徳川家康の関東入国の年である天正18年から廃藩置県の行われた明治4年まで
- ◇資料編3 近現代　袖ケ浦市　1998.3　43, 653p　27-31cm
  - 内容 木更津県が設置された明治4年(1871)から市制施行直前まで
- ◇自然・民俗編　袖ケ浦市　1999.3　29, 693p　27-31cm
  - 内容 自然：地形・地質、気候、動物、植物/民俗：ムラのしくみとなりわい、人と人生、信仰と行事、口承文芸、資料
- ◇通史編1 原始・古代・中世　袖ケ浦市　2001.3　23, 547p　27-31cm
  - 内容 原始・古代から中世(旧石器時代から戦国時代)
- ◇通史編2 近世　袖ケ浦市　2001.3　17, 454p　27-31cm
  - 内容 徳川家康の関東入国から明治維新期までの約280年間

316　全国地方史誌総目録

◇通史編 3 近現代　袖ケ浦市　2000.3　24, 631p　27-31cm
　内容 近代編：明治4年(1871)から昭和20年(1945)/現代編：戦後の改革から平成10年(1998)まで/地区の歴史と市民の記録

袖ケ浦市史　袖ケ浦町史編さん委員会編

◇史料編 1　袖ケ浦町　1984.2　822p　24cm
　内容 支配・法令、村政、土地、年貢・租税、天和2年から明治5年まで

◇史料編 2　袖ケ浦町　1983.3　636p　24cm
　内容 村況、交通、水利・土木、産業・経済、生活、争論、寺社・宗教、願書・その他：寛永16年から慶応2年まで

◇通史編 上巻　袖ケ浦町　1985.3　926p　24cm
　内容 旧袖ケ浦町区域に限って、近世に至るまでの歴史的経緯を記述、先土器時代から江戸幕府の終焉まで

◇通史編 下巻　袖ケ浦町　1990.9　25, 1163p　24cm
　内容 近・現代：明治維新から昭和46年(1971)までの人物、宗教、民俗と方言

【八街市】

八街市史　八街市史編さん委員会

◇資料編 近世 1　八街市　2003.3　369p　22cm
　内容 八街市用草地区(旧用草村)に関する史料

八街町史　八街町史編纂委員会編

◇八街町　1974.7　846p　22cm
　内容 千葉野に牧のおかれた中世後期から昭和48年(1973)まで

【印西市】

印西町史　印西町史編さん委員会編

◇史料集 近世編 1　印西町　1986.3　637p　23-27cm
　内容 吉岡家の文書など木下河岸関係の史料(冊10点)

◇史料集 近世編 2　印西町　1987.3　389p　23-27cm
　内容 木下河岸の問屋吉岡家の文書92点

◇史料集 近世編 3　印西町　1992.3　639p　23-27cm
　内容 土地、村況、戸口、貢租に関する主な史料

◇史料集 近世編 4　印西町　1993.3　635p　23-27cm
　内容 支配、新田開発、村政、水利普請、諸産業、交通、寺社・宗教に関する主な史料

◇史料集 文化遺産編　印西町　1992.3　485p　23-27cm
　内容 寺院、堂、神社などに所在する仏具類や神道具類などの史料

◇民俗編　印西町　1996.3　810p　23-27cm
　内容 昭和59年度から平成4年度にかけて実施した民俗調査の成果及び関係資料に基づいてまとめたもの、主に明治末から戦前までを対象

【白井市】

白井のあゆみ　白井市郷土資料館10周年記念誌　白井市郷土資料館編

◇白井市郷土資料館　2005.3　177p　21cm
　内容 歴史(旧石器時代から2001年の市制施行まで)、民俗、自然、文化財

白井村誌　大正四年拾壹月　翻刻版

◇白井市郷土資料館　2002.3　114p, 図版1枚　24cm
　内容 大正4年白井村発行「白井村誌」の翻刻、第1編(自然)、第2編(人文界、教

全国地方史誌総目録　317

白井町史　白井町史編さん委員会編

◇史料集 1　白井町　1984.3　738p　23cm
内容 旧富塚・所沢・名内・中村新田・野口村に現存する江戸時代(一部明治期を含む)の文書

◇史料集 2　白井町　1986.3　783p　23cm
内容 平塚に現存する江戸時代の文書

◇史料集 3　白井町　1992.3　802p　23cm
内容 慶長年から慶応年に至るまでの田、畑屋敷検地帳、年貢割付状など

◇史料集 4　白井町　1993.3　10, 769p　23cm
内容 明治編:十余一開墾時における事件、地租改正に伴う公図のつくり方、土地の一筆調査、伝染病の流行や種痘など

## 【富里市】

富里村史　富里村史編さん委員会編

◇史料集 1 近世編　富里村　1978.3　41, 571p　22cm
内容 支配・村政・寺社・土地・年貢・産業・交通・普請・牧場牧士・鷹場

◇史料集 2 近・現代編　富里村　1979.3　742p　22cm
内容 明治から昭和戦後までの富里村の成立と地方自治、社会・民政、土地、人口動態、産業・経済ほか

◇通史編　富里村　1981.7　24, 1128p　22cm
内容 自然、原始、古代、中世、近世、近・現代、民俗:旧石器時代から昭和52年(1977)ころまで

## 【南房総市】

和田町史　和田町史編さん室編

◇史料集　和田町　1991.3　16, 651p　22cm
内容 文書史料:町内に所蔵されている近世古文書を中心に採録/金石文その外の史料

◇通史編 上巻　和田町　1994.9　962p　22cm
内容 自然、原始・古代から近世(先土器時代から明治維新まで)、信仰と宗教、文化、人物

◇通史編 下巻　和田町　1994.9　1256p　22cm
内容 近代・現代、和田町の展望、年表:明治維新から1993年(平成5)まで

富山町史　富山町史編纂委員会編

◇史料編 第1集　富山町　1988.3　17, 484p　22cm
内容 中世から近世にわたる町内関係の古文書を中心として収載

◇通史編　富山町　1993.3　966p　27cm
内容 自然、原始・古代～近・現代、信仰と宗教、教育、郷土の文化、課題と展望:先土器時代から平成4年(1992)まで

丸山町史　丸山町史編集委員会編

◇[通史]　丸山町　1989.3　18, 1596p　22-27cm
内容 先土器時代から昭和62年(1987)頃まで

◇史料集　丸山町　1986.3　18, 503p　22-27cm
内容 文書史料:各区に関わる近世古文書を中心に採録/金石文史料:地域社会の経済、文化などの進展に寄与した公共的なものを重点に採録

富浦町史　富浦町史編さん委員会編

◇富浦町教育委員会　1988.11　1356p　27cm
内容 自然、原始・古代、中世、近世、近代・現代/資料:先土器時代から昭和60

年(1985)まで

**千倉町史**　千倉町史編さん委員会編

◇千倉町　1985.10　858p　27cm
　内容 前編(通史)・後編(地誌)：旧石器文化から昭和59年(1984)頃まで

**三芳村史**　三芳村史編纂委員会編

◇三芳村　1984.9　1134, 7p　27cm
　内容 概観、先史～平安時代、中世、近世、近代・現代、現況と将来の展望：旧石器時代から昭和57年(1982)頃まで

**安房白浜**　奥富敬之

◇近世前期編　白浜町役場　1981.10　152p　19cm
　内容 慶長3年(1598)の豊臣秀吉の死から元和8年(1622)の里見忠義の死まで

◇古代編　白浜町役場　1975.1　170p　19cm
　内容 大和朝廷の東国平定の頃から平安時代まで

◇中世前期編　白浜町役場　1977.5　161p　19cm
　内容 応保元年(1161)から元弘3年(1333)の鎌倉幕府の滅亡まで

◇中世後期編　白浜町役場　1979.11　189p　19cm
　内容 里見氏の領国時代を中心に、平安時代から慶長8年の江戸幕府成立まで

**平群村誌**　池田和弘著

◇富山町教育委員会　1958.2　402p 図版4枚　21cm
　内容 政治、地誌、家誌ほか：昭和30年(1955)2月11日の富山町発足まで

**千倉町誌**　千倉町役場編

◇千倉町役場　1922　91p　A5

## 【匝瑳市】

**八日市場市史**　八日市場市史編さん委員会編

◇近現代編　八日市場市　1996.9　3冊　27cm
　内容 通史編：明治維新から昭和30年代まで/八日市場の40年：昭和29年(1954)から平成6年(1994)まで/資料編

◇上巻　八日市場市　1982.2　4, 669p　27cm
　内容 通史編：原始・古代、中世(先土器時代から天正18年房総平定頃まで)/資料編

◇下巻　八日市場市　1987.3　8, 685p　27cm
　内容 近世：通史編(天正18年前後から幕末まで)、村落編、寺社編

**野栄町史**　野栄町史編纂委員会編

◇野栄町　1985.2　411p　22cm
　内容 通史編：原始・古代、中世、近世、明治維新から現代(昭和57年頃)まで

## 【香取市】

**良文村誌**　写本　菅佐原源治郎著

◇〔前田昌平〕　〔2002〕　698p　21cm

**瑞穂郷土史**　佐原市教育委員会

◇佐原市　2000.12　740p　27cm
　内容 先土器時代から平成11年(1999)まで、瑞穂の育んだ文化、古文書資料目録

**佐原市史**　佐原市史編さん委員会編集

◇臨川書店　1986.8　1249, 16, 10p　22cm
　内容 文化(原始・古代、中世、近世、近代・現代、縄文文化から昭和30年代まで)、人物、民俗、自然

◇資料編 別編1 部冊帳 前巻　千葉県佐原市　1996.3　8, 674p　27cm
　内容 伊能三郎右衛門家文書のうち、「部冊帳 前巻」13冊

◇資料編 別編2 部冊帳 後巻1　千葉県

佐原市　1997.3　8, 525p　27cm
[内容] 伊能三郎右衛門家文書のうち、「部冊帳 後巻」第13巻から第19巻、別巻1、別巻2の9冊分

◇資料編 別編3 部冊帳 後巻2　千葉県佐原市　1998.3　5, 442p　27cm
[内容] 伊能三郎右衛門家文書のうち、「部冊帳 後巻」第20巻から第24巻までの5冊分

## 小見川町史　小見川町史編さん委員会編

◇史料集 第1集　小見川町　1985.3　15, 270p　21cm
[内容] 文化財保存館文書、小松崎旭家文書、貝塚区有文書ほか

◇史料集 第2集　小見川町　1986.3　14, 318p　21cm
[内容] 遠藤忠孝家文書、石橋たか家文書、宮崎進之助家文書、川頭区有文書ほか

◇史料集 第3集　小見川町　1987.3　23, 324p　21cm
[内容] 朝日清家文書、久保区有文書、星野庄五郎家文書、上小堀区有文書ほか

◇史料集 第4集　小見川町　1987.10　6, 140p　21cm
[内容] 浄福寺文書、清水寺文書、徳星寺文書、須賀神社文書、内田藩仙石陣屋文書、内田藩文書ほか

◇通史編　小見川町　1991.3　13, 1432p　21cm
[内容] 自然、原始、古代・中世、近世、近代・現代、教育・文化・宗教、人物、民俗：先土器時代から平成元年(1989)まで

## 佐原市下小野郷土史　下小野誌を刊行する会編

◇下小野誌を刊行する会　1991　436p　22cm
[内容] 原始から古代・中世、近世、近代、現代、文化：縄文時代から平成2年(1990)まで

## 山田町史　山田町史編さん委員会編

◇山田町　1986.3　1571p　22cm
[内容] 自然編、歴史編(原始・古代から昭和59年頃まで)、民俗生活編

## 栗源町史　町制施行50周年記念　栗源町編

◇栗源町役場　1974.5　497p, 図版4枚　22cm
[内容] 環境、町政、郷土史年表、町史資料、町史概説/原始時代から昭和48年(1973)頃まで

## 佐原町誌　千葉県香取郡佐原町編

◇佐原町　1931　406p　A5

◇名著出版　1973　406p 図・肖像・地図26枚　22cm

## 小見川の歴史　小見川町教育振興協議会教材資料作成委員会編

◇小見川町教育振興協議会　1970　317p　22cm
[内容] 古代・中世・近世・近代：縄文時代から昭和戦後まで

## 佐原市史　佐原市役所編纂

◇佐原市役所　1966　1249, 16, 10p 図版16p　22cm
[内容] 佐原市の歴史

## 良文村誌 全　菅佐原源治郎編

◇良文村　1951　349p　21cm
[内容] 行政、教育、人物、兵事、産業、公民団体ほか、明治より昭和25年(1950)頃まで

## 山倉村誌　佐藤善策編

◇山倉村　1943　344p　21cm

## 【山武市】

成東町史料集　成東町社会教育課
- ◇特別編 1 郷土史 上　成東町社会教育課　2004.3　442p　31cm
  - 内容 「成東町史」(沿革編、神社編、寺院編ほか 23 分冊、号外目次編)の翻刻
- ◇特別編 2 郷土史 下　成東町社会教育課　2005.3　203p　31cm
  - 内容 成東町の各地域に現存する町誌・村誌を掲載
- ◇特別編 3 江戸時代の旅日記　成東町社会教育課　2005.3　211p　31cm
  - 内容 袖玉日記・日記帳・奉納経・備忘録・旅中記ほか
- ◇特別編 4 学問・文化　成東町社会教育課　2006.3　380p　31cm
  - 内容 上総道学、荻生徂徠、俳諧、伊藤左千夫のそれぞれに関する史料
- ◇特別編 5 寺院・神社　成東町社会教育課　2006.3　351p　31cm
  - 内容 縁起・由緒と明細、制度と活動、信仰と祭礼、総論、寺社と明治維新

図説成東町のあゆみ　成東町制施行五十周年記念　成東町企画・編集
- ◇成東町　2005.10　103p　30cm
  - 内容 地誌、原始〜中世、近世、近現代、現況、平成 17 年(2005)まで

風と樹と空と　山武町町制施行 50 周年記念誌　山武町秘書広報室編
- ◇山武町　2005.3　111p　30cm
  - 内容 町制施行前(江戸時代〜昭和 29 年)から平成 16 年(2004)まで

蓮沼村史　蓮沼村史編纂委員会編
- ◇蓮沼村　1992.10　8, 680p, 図版 [8] p　27cm
  - 内容 通史篇：原始・古代、中世、近世、近代、現代(縄文時代から平成 2 年まで)、論集(蓮沼地域史の諸相)/資料編

山武町史　山武町史編さん委員会編
- ◇史料集 近世編　山武町　1984.3　18, 583p　22cm
  - 内容 領主と支配、土地と年貢、農村と農民、農林業と諸産業、馬牧、商業と交通、社会と信仰
- ◇史料集 近現代編　山武町　1986.3　29, 759p　22cm
  - 内容 明治初年より山武町成立(昭和 30 年)まで
- ◇社寺編　山武町　1992.3　5, 110p　22cm
  - 内容 寺院編(22 寺)、神社編(39 社)
- ◇通史編　山武町　1988.3　24, 1273p　22cm
  - 内容 特別寄稿日親、山武町の概況、原始・古代、中世、近世、近代、現代、特論：先土器時代から昭和 60 年(1985)頃まで

蓮沼風土記　蓮沼村村史編纂委員会編
- ◇蓮沼村　1989.11　140p　27cm
  - 内容 古代・中世から昭和 63 年(1988)まで

松尾町の歴史　松尾町史編さん委員会編
- ◇特別篇　松尾町　1983.3　5, 328p　22cm
  - 内容 明治維新と松尾藩：旧藩領 150 か村を対象として扱い、松尾藩政の全体的描写に努める
- ◇上巻　松尾町　1984.3　6, 385p　22cm
  - 内容 古代のふるさと(原始・古代)、中世の武士と村落(中世)、近世の農民と農村(近世)、人々のくらし
- ◇下巻　松尾町　1986.3　18, 27, 696p　22cm
  - 内容 明治維新から昭和 60 年(1985)まで

成東町史　成東町史編集委員会編
- ◇通史編　成東町　1986.3　1281p　22cm

全国地方史誌総目録　321

|内容| 原始・古代、中世、近世、近代、郷土の文化：先土器時代から昭和56年(1981)まで

**海の片貝**　片貝町役場編

◇片貝町役場　1935　158p　A6

## 【いすみ市】

**夷隅町史**　夷隅町史編さん委員会編

◇資料集　夷隅町　2002.3　47, 1364p　22cm
|内容| 考古・古代・中世・近世・近現代・石造物：古墳時代から昭和20年(1945)まで

◇資料集別巻 夷隅の俳諧　夷隅町　1997.3　460p, 図版16枚　22cm
|内容| 夷隅町の俳諧資料を写真・図版とともに翻刻収録

◇資料集別巻 夷隅町の旧村誌 ： 明治十六年・十七年　夷隅町　1997.3　124p, 図版2枚　22cm
|内容| 弥正村、深谷村、今関村など旧村15村の村誌(一部沿革誌)

◇資料集別巻 昭和の歩み・私の証言　夷隅町　1994.3　643p　22cm
|内容| 不況下の農村、戦時下のくらし、新しい出発、近代化をめざして、二十一世紀に向けて

◇通史編　夷隅町　2004.12　25, 1123p　22cm
|内容| 自然・環境、原始社会、古代、中世、近世、近代、現況、特集：後期旧石器時代から平成15年(2003)まで

**大原町史**　大原町史編さん委員会編

◇史料集 1　大原町　1988.3　13, 446p　22cm
|内容| 近世から明治初期までの支配、村政・村況、戸口、土地ほか

◇史料集 2　大原町　1989.9　17, 538p　22cm
|内容| 近世から昭和初期までの支配、村政・村況、戸口、土地ほか

◇史料集 3　大原町　1991.3　23, 528p　22cm
|内容| 文書史料：天正17年から昭和22年まで/金石文史料：戦争関係碑、災害関係碑、顕彰・頌徳関係碑ほか

◇通史編　大原町　1993.3　41, 1664p　22cm
|内容| 自然環境、原始・古代～現代(旧石器時代から平成3年頃まで)、人物、文芸、民俗、方言、文化財、神社・寺院

**岬町史**

◇岬町　1983.5　1387p　22cm
|内容| 先土器時代から昭和56年(1981)頃まで

## 【酒々井町】

**酒々井町史**　酒々井町史編さん委員会編

◇史料集 1 中・近世編　酒々井町役場　1976.3　441p　24cm
|内容| 中世文書、検地帳、年貢割付、村明細書、寺社書上帳、日記・触書、願書・請書・届書・取極、凶災・救恤・証文、普請、宗門人別帳

◇史料集 2 佐倉牧関係1　酒々井町役場　1976.11　735p　24cm
|内容| 島田竜夫家より発見された古文書のうち、御用日記、天明5年より文化5年までに至る19冊

◇史料集 3 佐倉牧関係2　酒々井町役場　1979.3　530p　24cm
|内容| 文化6年から慶応3年までの佐倉牧野馬御用日記

◇史料集 4 佐倉牧関係3　酒々井町役場　1980.11　498p　24cm
|内容| 島田長右衛門家の野馬関係文書を主とし、青柳四郎衛門家文書ほかを加える

◇史料集 5 近代・現代編　酒々井町役場　1978.3　568p　24cm
|内容| 自治、教育、産業経済、社会・民生・村日記、土木、運輸・交通・通信、衛生、保安と消防、災害、税務、兵事ほか

◇通史編 上巻　酒々井町役場　1987.3　618p　24cm
　　内容 原始・古代・中世・近世：旧石器時代から江戸幕府の崩壊まで
　◇通史編 下巻　酒々井町役場　1987.3　541p　24cm
　　内容 近・現代、民俗、寺社と文化財：明治維新から昭和60年(1985)まで

酒々井町の歴史　酒々井町史編さん委員会編
　◇酒々井町　1979.10　66p　26cm
　　内容 町制施行記念して発行された通史ダイジェスト版、原始古代から昭和54年(1979)まで

## 【印旛村】

印旛村史　印旛村史編さん委員会編
　◇近世編 史料集2　印旛村　1978.10　39,817p　22cm
　　内容 天正18年から慶応3年までの土地、村政・状況、戸口・身分に関する史料
　◇近世編 史料集3　印旛村　1980.5　32,835p　22cm
　　内容 天正18年から慶応3年までの農業、漁業・鳥猟、林野、商業・金融、水利・普請ほか
　◇近世編 史料集1　印旛村　1982.3　34,907p　22cm
　　内容 天正18年(1590)から慶応3年(1867)までの支配・貢租に関する史料
　◇近代編 史料集1　印旛村　1986.10　25,1084p　22cm
　　内容 明治元年(1868)から昭和30年(1955)までの行政、議会、財政・租税などに関する史料
　◇近代編 史料集2　印旛村　1988.3　36,1072p　22cm
　　内容 明治元年(1868)から昭和30(1955)までの土地、産業、治水、交通、厚生、兵事・治安、教育、宗教・文化、民俗など

　◇通史1　印旛村　1984.3　17,979p　22cm
　　内容 原始・古代・中世・近世編：旧石器時代から幕末期まで
　◇通史2　印旛村　1990.3　14,978p　22cm
　　内容 近代・民俗編：明治維新から昭和30年(1955)の印旛村誕生まで

## 【本埜村】

本埜村史　本埜村史編さん委員会編
　◇史料集 近世編1　本埜村史編さん委員会　1977.3　384p　23cm
　◇史料集 近・現代編　本埜村史編さん委員会　1985.3　571p　23cm
　　内容 明治初期から昭和20年(1945)までの本郷村、埜原村、本埜村に関する史料
　◇史料集近世編2 埜原新田関係文書　本埜村史編さん委員会　1978.3　519p　23cm
　　内容 旧埜原新田地域に関係する史料、寛文2年の埜原新田の開発から慶応年間まで
　◇史料集近世編3 龍腹寺村関係文書　本埜村史編さん委員会　1979.3　418p　23cm
　　内容 慶長7年の龍腹寺の村の検地から元治元年まで
　◇史料集近世編4 物木・笠神・滝・荒野村関係文書　本埜村史編さん委員会　1983.1　423p　23cm
　　内容 旧物木・笠神・滝・荒野に関係する史料および、いくつかの村々にまたがって関係する史料

千葉縣本埜村誌 復刻版　本埜村役場編
　◇崙書房　1972.10　6,382p 図版20枚　22cm
　　内容 大正5年刊「本埜村誌」の復刻版、位置地勢土質地目誌、水系誌、沿革誌、

教育誌、衛生誌ほか

千葉県印旛郡本埜村誌　千葉県印旛郡本埜村編

◇本埜村　1916　382p　23cm

## 【栄町】

栄町史　栄町史編さん委員会編

◇史料編1 近世1　栄町史編さん委員会、千葉県印旛郡栄町　1999.3　25, 840p, 図版2枚　22cm
内容 近世の麻生村・龍角寺村・酒直村に関する史料、天正19年から明治4年まで

## 【神崎町】

神崎町史　神崎町史編さん委員会

◇史料集1　神崎町　1985.3　20, 795p　22cm
内容 原始・古代から近世にわたる神崎町に関係する主に文書資料

◇史料集 近現代編 明治・大正編　神崎町　2006.3　426p　27cm
内容 政治、産業経済、社会・教育・宗教、新聞に見る神崎町、郷土誌と人物

◇史料集 金石文等　神崎町　1991.7　405p　27cm
内容 板碑、供養関係、信仰関係、石神・神祠等、社寺奉祭物、記念碑、金工品等

## 【多古町】

多古町史　多古町史編さん委員会編

◇上　多古町　1980.7　46, 1069p　22cm
内容 通史編・地域史編(旧久賀村・旧常磐村)：原始時代から明治維新まで

◇下　多古町　1985.11　7, 1100p　22cm
内容 地域史編(旧中村・旧多古町・旧東條村)：原始時代から明治維新まで

◇別冊 村絵図および石造物等所在図　芝山町　1985.11　148p　22cm
内容 村絵図・石造物等所在地・旧道図・大字区分図

## 【東庄町】

東庄町史　東庄町史編さん委員会編

◇上巻　東庄町　1982.12　21, 739p　22cm
内容 現況、原始・古代、近世：旧石器時代から明治元年まで

◇下巻　東庄町　1982.12　26, 1176p　22cm
内容 近代、現代、民俗、慣行：慶応3年(1868)から昭和55年(1980)頃まで

## 【大網白里町】

永田郷土誌　永田郷土誌編集委員会編集

◇永田郷土誌編集委員会　1996.3　344p　30cm
内容 中世から昭和戦後までの社寺、永田旭連獅子舞、神さま仏さまほか

大網白里町史　大網白里町史編さん委員会編

◇大網白里町　1986.10　1367p　22cm
内容 郷土のあゆみ：先土器時代から昭和60年(1985)頃まで/郷土の生活と文化

## 【九十九里町】

九十九里町誌　九十九里町誌編集委員会編

◇各論編 上巻　九十九里町　1980.3　15, 1362p　22cm
内容 九十九里町の自然/九十九里町の歴史(中世末まで、江戸時代、明治時代、大正・昭和時代)

◇各論編 中巻　九十九里町　1989.3　16, 984p　22cm
内容 九十九里町発展のすがた：産業の発

展、商業と金融機関、地方自治の発展、治安と防災、交通・通信、教育
◇各論編 下巻 九十九里町 1992.3 17, 1246p 22cm
内容 九十九里町の動植物、郷土の宗教、郷土の民俗、郷土の文化史に残る人々
◇総説編 九十九里町 1975.5 329p 22cm
内容 地理的性格/歴史的背景：古代から昭和46年(1971)頃まで

## 【芝山町】

芝山町史　芝山町教育委員会
◇資料集1 原始・古代編1 芝山町 1992.3 380p 26cm
内容 旧石器から奈良・平安時代の概観と主な集落・遺跡
◇資料集1 原始・古代編2 芝山町 1992.3 381～640p 22cm
内容 古墳時代の古墳および付篇
◇資料集2 中世編 芝山町 1994.3 35, 380p 22cm
内容 治承4年8月の源頼朝挙兵から、天正18年7月の小田原北条氏滅亡まで、文献・金石文・仏像彫刻・城館跡
◇資料集2 中世編 補遺・資料集別編 山室譜伝記補遺 芝山町 2004.3 52p 22cm
内容 中世古文書補遺、中世文献・金石文・仏像彫刻編年目録、『山室譜伝記』の写本
◇資料集3 近世編 芝山町 1998.8 23, 684p 22cm
内容 芝山町域の村々に関係した江戸時代及び慶応4年(1868)の古文書・古記録
◇資料集4 近現代編 芝山町 2001.12 20, 631p 22cm
内容 柴山藩、行財政、軍事、産業・経済、交通・通信、社会、教育、宗教・文化：明治元年(1868)から昭和36年(1961)まで
◇資料集別編 山室譜伝記 芝山町 2000.3 416p, 図版2枚 22cm
内容 『総州山室譜伝記』の影印版と釈文を収録
◇通史編 上 芝山町 1995.11 28, 480p 22cm
内容 自然環境及び原始・古代までの歴史、古代は武士の台頭前まで
◇通史編 中 芝山町 2004.3 27, 557p 22cm
内容 中世：両総平氏の成立から後北条氏の滅亡まで/近世：徳川氏の関東入国から幕末期まで
◇通史編 下 芝山町 2006.3 467p 22cm

## 【横芝光町】

光町史
◇現代編 光町 1983.7 570p 22cm

横芝町史　横芝町史編纂委員会編
◇[本篇] 横芝町 1975.3 7, 19, 1272p 22cm
内容 原始・古代、中世、近世、最近世・現代：先土器時代から昭和48年(1973)ころまで

## 【一宮町】

一宮町史　一宮町史編さん委員会編
◇一宮町 1964.3 702p 図版12枚 27cm
内容 沿革(原始時代から昭和37年まで)、産業、社会生活、宗教ほか

## 【睦沢町】

睦沢村史　睦沢村村史編さん会議編
◇千葉県長生郡睦沢村 1977.8 1402p 図, 肖像, 地図 20cm
内容 原始・古代、中世、近世、近代・現代、文化財と史跡、文芸、民俗・方言・伝説、天災、動物・植物：先史時代から昭和50年(1975)ころまで

## 【長生村】

長生村五十年史　長生村史編さん委員会

◇長生村　2005.10　4, 444p　27cm
内容 昭和28年(1953)から平成15年(2003)まで、一部平成16年の内容を入れて記述

長生村史　長生村史編纂委員会編

◇長生村　1960　499p 図　22cm
内容 前編：長生村史(原始時代から昭和32年まで)/後編：一松・高根・八積の三村を叙述

## 【白子町】

白子町史　白子町史編纂委員会編

◇白子町　1965.8　24, 1080, 32p 図版　22cm
内容 前編：歴史的変遷、無土器文化から昭和30年代頃まで/後編：文芸、スポーツ、民俗・伝承等

## 【長柄町】

長柄町史　長柄町史編纂委員会編

◇小宮山出版　1977.3　699, 466p 図版57枚 p　22cm
内容 原始・古代、中世、近世、近代、研究篇：昭和30年(1955)の長柄町誕生まで

◇続　小宮山出版　1983.10　756, 265p　22cm

## 【長南町】

わがふるさと長南　長南町教育委員会編

◇長南町　1988.3　329p　22cm
内容 町の歴史を原始から現代(昭和50年頃まで)にかけて平易にまとめる

長南町史　長南町史編さん委員会編

◇長南町　1973.3　1282p, 図版15枚　22cm

内容 原始・古代、中世、近世、最近世・現代、将来の展望、特別寄稿：先土器時代から昭和46年(1971)度まで

## 【大多喜町】

大多喜町史　大多喜町史編さん委員会編

◇大多喜町　1991.3　3, 25, 1630p 図版8枚　22cm
内容 自然環境、原始・古代、中世、近代、現代、特集：先土器時代から昭和63年(1988)まで

総元村史

◇総元村史編纂委員会　1984.7　674p　22cm

## 【御宿町】

御宿町史　御宿町史編さん委員会編

◇御宿町　1993.3　12, 1214p, 図版4枚　22cm
内容 自然環境から始まり、原始・古代より現代(平成2年まで)に至る政治・経済・教育・文化等各般にわたり記述

## 【鋸南町】

鋸南町史　改訂　鋸南町史編さん委員会編

◇通史編 改訂版　鋸南町教育委員会　1995.2　10, 1316p　27cm
内容 前鋸南町史の改訂版、先土器時代から昭和43年(1968)まで

千葉県安房郡誌　復刻版　千葉県安房郡教育会〔編纂〕

◇千秋社　1991.9　1104,104p 図版32枚　22cm

鋸南町史　鋸南町史編纂委員会編

◇[正]　鋸南町　1969.7　15, 1053p　21-27cm
内容 縄文式文化から現況(昭和43年)まで

◇現代編　鋸南町　1991.2　5, 420p　21-27cm
　内容 昭和40年(1965)以降、平成元年(1989)に至る鋸南町に関する政治、経済、文化等

千葉県安房郡誌　千葉県安房郡教育会編
◇千葉県安房郡教育会　1926　1104,104p 図版 p　22cm

## 【夷隅郡】

千葉県夷隅郡誌
◇千秋社　1990.5　918p　22cm
　内容 夷隅郡役所 大正12年刊の復刻版、位置地勢地質地目など25章、古代から大正期まで

夷隅郡誌　夷隅郡役所編
◇名著出版　1972.8　6, 9, 918p, 図版2枚　22cm
　内容 大正12年夷隅郡役所編纂により刊行されたものを原本として復刻、位置地勢地質地目など25章、古代から大正期まで

千葉県夷隅郡誌　千葉県夷隅郡役場編
◇千葉県夷隅郡役場　1923　918p　A5

## 【印旛郡】

千葉県印旛郡誌　千葉県印旛郡教育会編
◇後篇　崙書房　1975.7　67, 969p　22cm
　内容 巻3(印東編下、佐倉町など25町村の事蹟)、明治42年(1909)頃まで
◇前篇　崙書房　1975　67, 621p　22cm
　内容 巻1(総論)、巻2(印東編上、川上村など8町村の事蹟)、明治42年(1909)頃まで

千葉県印旛郡自治誌　印旛郡役所編
◇印旛郡役所　1923　612p　A5

千葉県印旛郡誌　印旛郡役所編
◇前, 後　印旛郡役所　1914　2冊　A5

## 【香取郡】

千葉県香取郡誌　千葉県香取郡役所編
◇崙書房　1972.5　897p 図16枚　23cm
　内容 千葉県香取郡役所大正10年刊の複製、古代から大正6年頃まで

香取郡誌　山田角次郎
◇山田角次郎　1900.7　4, 4, 6, 2, 4, 4, 10, 73, 81, 164, 100, 68, 60p　23cm
　内容 巻之一：建置・名称・位置・沿革ほか/巻之二：神社誌・寺院誌/巻之三：名勝誌・名木誌・旧蹟誌ほか/巻之四：城主・諸侯ほか

## 【君津郡】

千葉縣君津郡誌　千葉縣君津郡教育會編纂
◇上巻　千葉縣君津郡教育會　1927.10　12, 858, 6p　23cm
　内容 第1編：名称・位置及境界・区画・地勢ほか/第2編：先史時代から現代(廃藩置県)まで
◇下巻　千葉縣君津郡教育會　1927.10　16, 1298p　23cm
　内容 神社宗教、名族人物、名勝旧蹟、風俗、行政、教育、産業、交通、町村、震災誌

## 【山武郡】

山武地方誌　復刻版　山武郡町村会編
- ◇千秋社　1986.5　915p, 図版 [27] p　22cm
  - 内容 山武郡町村会 昭和30年刊の復刻版、第1部(山武地方総体の自然・歴史・産業ほか)、第2部(市町村誌)、先史時代から昭和29年(1954)まで

山武郡郷土誌　千葉縣山武郡教育會編
- ◇山武郡教育会　1916　568p　A5
- ◇崙書房　1976.5　568p 図版9枚　22cm
  - 内容 千葉県山武郡教育会大正5年刊の影印版、上編：全体に関する地理、歴史、政事など／下編：各町村に係る各種の事項

## 【匝瑳郡】

千葉県匝瑳郡誌　千葉県匝瑳郡教育会〔編〕
- ◇千秋社　1990.1　338p　22cm

千葉県匝瑳郡誌　千葉県匝瑳郡教育会編纂
- ◇臨川書店　1987.4　338p　22cm

匝瑳郡誌　匝瑳郡教育會編
- ◇匝瑳郡教育会　1920　338p　A5
- ◇崙書房　1976.6　16, 338p, 図版6枚　22cm
  - 内容 前編：郡総体に関する沿革・古城址・神社仏閣・人物・教育・産業ほか／後編：各町村に係る各種の事項

## 【千葉郡】

千葉県千葉郡誌　千葉郡教育会編
- ◇千葉郡教育会　1926　1077p　A5

## 【長生郡】

長生郡郷土誌　長生郡教育会編
- ◇崙書房　1976.6　536p 図　22cm
  - 内容 長生郡教育会 大正2年刊の影印版、上篇：郡の総体に関する地理、歴史、教育など／下篇：各町村に係はる各種の事項

長生郡郷土誌　長生郡教育会編
- ◇長生郡教育会　1913　536p　A5

## 【東葛飾郡】

千葉県東葛飾郡誌　千葉県東葛飾郡教育会編
- ◇千秋社　1988.10　1987p　22cm
  - 内容 千葉県東葛飾郡教育会 大正12年刊の復刻、第1編(自然地理)、第2編(土地、戸口、官衙公署ほか、大正9年頃まで)

千葉縣東葛飾郡誌　千葉県東葛飾郡教育會
- ◇崙書房　1972.12　2, 17, 2436p　22cm
  - 内容 大正12年刊の影印版、第1編(自然地理)、第2編(土地、戸口、官衙公署ほか、大正9年頃まで)

千葉県東葛飾郡誌　東葛飾郡教育会編
- ◇東葛飾郡教育会　1923　2432p　A5

# 東京都

東京市史稿　東京都編纂

◇救済篇 第1　東京都　1921.4　1046p
図版　23cm
内容 持統天皇5年から天明4年まで

◇救済篇 第2　東京都　1920　1164p
23cm

◇救済篇 第3　東京都　1922.3　712p
図版　23cm
内容 文化15年から天保13年まで

◇救済篇 第4　東京都　1932.3　734p
図版　23cm
内容 天保13年から慶応3年まで

◇橋梁篇 第1　東京都　1936.11　884p
図版　23cm
内容 承和2年から享保18年まで

◇橋梁篇 第2　東京都　1939.10　976p
図版　23cm
内容 享保19年から安永3年まで

◇港湾篇 第1　東京都　1926.3　833p
図版　23cm
内容 有史前(縄文時代)から寛保元年まで

◇港湾篇 第2　東京都　1926.3　1083p
図版　23cm
内容 1742(寛保2)年8月朔日から1855(安政2)年

◇港湾篇 第3　東京都　1926.9　960p
図版　23cm
内容 安政3年から明治14年(1881)まで

◇港湾篇 第4　東京都　1926.12　1089p
図版　23cm
内容 明治14年(1881)から明治34年(1901)まで

◇港湾篇 第5　東京都　1927.1　1241p
図版　23cm
内容 明治34年(1901)から大正13年(1924)まで

◇皇城篇 第1　東京都　1911.12　1354p
図版　23cm
内容 平安朝末から慶安4年まで

◇皇城篇 第2　東京都　1912.3　986p
図版　23cm
内容 慶安4年から享和3年までの江戸城修理の記録

◇皇城篇 第3　東京都　1912.8　1498p
図版　23cm
内容 文化元年から慶応4年まで

◇皇城篇 第4　東京都　1916.3　761p
図版　23cm
内容 明治元年(1868)から明治12年(1879)まで

◇皇城篇 第5　東京都　1918.11　1247p
図版　23cm
内容 明治13年(1880)から明治28年(1895)まで

◇産業篇 第1　東京都　1935.1　743p
図版　23cm
内容 安閑天皇元年から天正16年まで

◇産業篇 第2　東京都　1937.3　943p
図版　23cm
内容 天正18年から慶長14年まで

◇産業篇 第3　東京都　1941.3　956p
図版　23cm
内容 慶長15年から寛永11年まで

◇産業篇 第4　東京都　1954.3　857p
図版　23cm
内容 寛永11年から慶安2年まで

◇産業篇 第5　東京都　1956.11　922p
図版　23cm
内容 慶安3年から寛文元年まで

◇産業篇 第6　東京都　1958.10　1046p
図版　23cm
内容 寛文2年から寛文12年まで

◇産業篇 第7　東京都　1960.10　1420p
図版　23cm
内容 寛文13年から貞享4年まで

◇産業篇 第8　東京都　1962.10　955p
図版　23cm
内容 元禄元年から元禄10年まで

◇産業篇 第9　東京都　1964.10　996p
図版　23cm
内容 元禄10年から宝永5年まで

◇産業篇 第10　東京都　1966.3　1018p
図版　23cm
内容 宝永6年から享保元年まで

◇産業篇 第11　東京都　1967.3　1053p
図版　23cm
内容 享保元年から享保9年まで

◇産業篇 第12　東京都　1968.3　992p
図版　23cm
内容 享保9年から享保13年まで

◇産業篇 第13　東京都　1969.3　932p
図版　23cm
内容 享保14年から享保18年まで

◇産業篇 第14　東京都　1970.3　1028p
図版　23cm
内容 享保18年から元文元年まで

◇産業篇 第15　東京都　1971.3　951p
図版　23cm
内容 元文元年から寛保2年まで

◇産業篇 第16　東京都　1972.3　934p
図版　23cm
内容 寛保2年から延享2年まで

◇産業篇 第17　東京都　1973.3　842p
図版　23cm
内容 延享3年から寛延4年まで

◇産業篇 第18　東京都　1974.3　830p
図版　23cm
内容 寛延4年から宝暦5年まで

◇産業篇 第19　東京都　1975.3　726p
図版　23cm
内容 宝暦5年から宝暦8年まで

◇産業篇 第20　東京都　1976.3　811p
図版　23cm
内容 宝暦8年から宝暦12年まで

◇産業篇 第21　東京都　1977.3　770p
図版　23cm
内容 宝暦12年から明和3年まで

◇産業篇 第22　東京都　1978.3　785p
図版　23cm
内容 明和3年から明和6年まで

◇産業篇 第23　東京都　1979.3　766p
図版　23cm
内容 明和6年から明和9年まで

◇産業篇 第24　東京都　1980.3　790p
図版　23cm
内容 明和9年から安政3年まで

◇産業篇 第25　東京都　1981.3　702p
図版　23cm
内容 安永3年から安永6年まで

◇産業篇 第26　東京都　1982.3　668p
図版　23cm
内容 安永6年から安永8年まで

◇産業篇 第27　東京都　1983.3　746p
図版　23cm
内容 安永8年から天明元年まで

◇産業篇 第28　東京都　1984.3　804p
図版　23cm
内容 天明元年から天明4年まで

◇産業篇 第29　東京都　1985.3　1001p
図版　23cm
内容 天明4年から天明6年まで

◇産業篇 第30　東京都　1986.3　972p
図版　23cm
内容 天明6年から天明7年まで

◇産業篇 第31　東京都　1987.3　981p
図版　23cm
内容 天明7年から天明8年まで

◇産業篇 第32　東京都　1988.3　993p
図版　23cm
内容 天明8年から寛政元年まで

◇産業篇 第33　東京都　1989.3　978p
図版　23cm
内容 寛政元年から寛政2年まで

◇産業篇 第34　東京都　1990.3　994p　図版　23cm
内容 寛政2年3月から寛政2年10月まで

◇産業篇 第35　東京都　1991.3　1007p　図版　23cm
内容 寛政2年10月から寛政3年4月まで

◇産業篇 第36　東京都　1992.3　736p　図版　23cm
内容 寛政3年4月から寛政3年8月まで

◇産業篇 第37　東京都　1993　694p　図版　23cm
内容 寛政3年8月から寛政4年閏2月まで

◇産業篇 第38　東京都　1994　804p　図版　23cm
内容 寛政4年3月から寛政4年12月まで

◇産業篇 第39　東京都　1995　837p　図版　23cm
内容 寛政5年から寛政6年まで

◇産業篇 第40　東京都　1996　726p　図版　23cm
内容 寛政6年から寛政8年まで

◇産業篇 第41　東京都　1997　698p　図版　23cm
内容 寛政8年から寛政9年まで

◇産業篇 第42　東京都　1999.1　712p　図版　23cm
内容 寛政9年から寛政11年まで

◇産業篇 第43　東京都　2000.3　740p　図版　23cm
内容 寛政11年から寛政12年まで

◇産業篇 第44　東京都　2001.3　714p　図版　23cm
内容 寛政12年から享和2年まで

◇産業篇 第45　東京都　2002.3　657p　図版　23cm
内容 享和2年から享和3年まで

◇産業篇 第46　東京都　2005.3　736p　図版　23cm
内容 享和4年から文化4年まで

◇産業篇 第47　東京都　2006.3　892p　図版　23cm
内容 文化5年から文化8年まで

◇市街篇 第1　東京都　1914.5　765p　21cm

◇市街篇 第2　東京都　1914.11　1017p　22cm

◇市街篇 第3　東京都　1928.2　1165p　図版　23cm
内容 慶長10年から元和4年まで

◇市街篇 第4　東京都　1928.3　1140p　図版　23cm
内容 元和元年から寛永11年まで

◇市街篇 第5　東京都　1928.12　1221p　図版　23cm
内容 寛永12年から寛永20年まで

◇市街篇 第6　東京都　1929.1　1190p　図版　23cm
内容 寛永21年から明暦2年まで

◇市街篇 第7　東京都　1930.3　1260p　図版　23cm
内容 明暦3年から寛文2年まで

◇市街篇 第8　東京都　1930.3　965p　図版　23cm
内容 寛文2年から寛文11年まで

◇市街篇 第9　東京都　1931.2　1180p　図版　23cm
内容 寛文12年から天和2年まで

◇市街篇 第10　東京都　1966.3　1018p　図版　23cm
内容 天和2年から元禄元年まで

◇市街篇 第11　東京都　1931.3　966p　図版　23cm
内容 元禄2年から元禄6年まで

◇市街篇 第12　東京都　1936.3　1199p　図版　23cm
内容 元禄7年から元禄10年まで

◇市街篇 第13　東京都　1931.8　1124p　図版　23cm

|内容| 元禄 10 年から元禄 12 年まで

◇市街篇 第 14　東京都　1932.3　1343p
図版　23cm
|内容| 元禄 12 年から元禄 15 年まで

◇市街篇 第 15　東京都　1932.3　1059p
図版　23cm
|内容| 元禄 15 年から宝永 2 年まで

◇市街篇 第 16　東京都　1932.3　1097p
図版　23cm
|内容| 宝永 2 年から宝永 6 年まで

◇市街篇 第 17　東京都　1932.8　1074p
図版　23cm
|内容| 宝永 6 年から正徳 3 年まで

◇市街篇 第 18　東京都　1933.3　1027p
図版　23cm
|内容| 正徳 3 年から享保 2 年まで

◇市街篇 第 19　東京都　1933.3　1099p
図版　23cm
|内容| 享保 2 年から享保 5 年まで

◇市街篇 第 20　東京都　1934.3　967p
図版　23cm
|内容| 享保 6 年から享保 9 年まで

◇市街篇 第 21　東京都　1934.3　987p
図版　23cm
|内容| 享保 9 年から享保 12 年まで

◇市街篇 第 22　東京都　1934.3　1043p
図版　23cm
|内容| 享保 13 年から享保 18 年まで

◇市街篇 第 23　東京都　1934.11　986p
図版　23cm
|内容| 享保 18 年から元文 5 年まで

◇市街篇 第 24　東京都　1935.3　1053p
図版　23cm
|内容| 元文 5 年から延享 3 年まで

◇市街篇 第 25　東京都　1935.10　978p
図版　23cm
|内容| 延享 3 年から宝暦 3 年まで

◇市街篇 第 26　東京都　1936.3　871p
図版　23cm

|内容| 宝暦 3 年から宝暦 12 年まで

◇市街篇 第 27　東京都　1936.3　1044p
図版　23cm
|内容| 宝暦 13 年から明和 8 年まで

◇市街篇 第 28　東京都　1937.3　926p
図版　23cm
|内容| 明和 9 年から安永 6 年まで

◇市街篇 第 29　東京都　1938　976p 図版　23cm
|内容| 安永 7 年から天明 6 年まで

◇市街篇 第 30　東京都　1938.3　928p
図版　23cm
|内容| 天明 6 年から寛政 3 年まで

◇市街篇 第 31　東京都　1938.3　983p
図版　23cm
|内容| 寛政 3 年から寛政 7 年まで

◇市街篇 第 32　東京都　1938.11
1008p 図版　23cm
|内容| 寛政 8 年から享和元年まで

◇市街篇 第 33　東京都　1938.11　889p
図版　23cm
|内容| 享和元年から文化 5 年まで

◇市街篇 第 34　東京都　1939.3　887p
図版　23cm
|内容| 文化 6 年から文化 14 年まで

◇市街篇 第 35　東京都　1940.3　836p
図版　23cm
|内容| 文化 14 年から文政 6 年まで

◇市街篇 第 36　東京都　1940.11　853p
図版　23cm
|内容| 文政 7 年から

◇市街篇 第 37　東京都　1941.11　854p
図版　23cm
|内容| 文政 12 年から天保 4 年まで

◇市街篇 第 38　東京都　1943　958p 図版　23cm
|内容| 天保 5 年から天保 10 年まで

◇市街篇 第 39　東京都　1952　862p 図版　23cm

内容 天保10年から天保13年まで
◇市街篇 第40　東京都　1953　883p 図版　23cm
　　内容 天保13年から天保14年まで
◇市街篇 第41　東京都　1955　938p 図版　23cm
　　内容 天保14年から弘化3年まで
◇市街篇 第42　東京都　1955.11　1208p 図版　23cm
　　内容 弘化3年から嘉永3年まで
◇市街篇 第43　東京都　1956.3　1118p 図版　23cm
　　内容 嘉永4年から
◇市街篇 第44　東京都　1957.3　926p 図版　23cm
　　内容 嘉永7年から安政4年まで
◇市街篇 第45　東京都　1957.12　1009p 図版　23cm
　　内容 安政4年から安政6年まで
◇市街篇 第46　東京都　1958.3　1037p 図版　23cm
　　内容 安政7年から文久3年まで
◇市街篇 第47　東京都　1958.12　788p 図版　23cm
　　内容 文久3年から慶応元年まで
◇市街篇 第48　東京都　1959.9　773p 図版　23cm
　　内容 慶応2年から慶応4年まで
◇市街篇 第49　東京都　1960.3　1011p 図版　23cm
　　内容 慶応4年から慶応4年8月まで
◇市街篇 第50　東京都　1961.3　1095p 図版　23cm
　　内容 慶応4年から明治2年(1869)まで
◇市街篇 第51　東京都　1961.11　1014p 図版　23cm
　　内容 明治3年(1870)から明治4年(1871)まで
◇市街篇 第52　東京都　1962.3　1011p 図版　23cm
　　内容 明治4年(1871)から明治5年(1872)まで
◇市街篇 第53　東京都　1963.3　973p 図版　23cm
　　内容 明治5年5月(1872)から明治5年11月まで
◇市街篇 第54　東京都　1963.10　1110p 図版　23cm
　　内容 明治6年(1873)1月から明治6年6月まで
◇市街篇 第55　東京都　1964.3　1069p 図版　23cm
　　内容 明治6年(1873)7月から明治6年12月まで
◇市街篇 第56　東京都　1965.3　1085p 図版　23cm
　　内容 明治7年(1864)1月から明治7年12月まで
◇市街篇 第57　東京都　1965.10　1013p 図版　23cm
　　内容 明治7年(1864)から明治8年(1865)まで
◇市街篇 第58　東京都　1966.10　1315p 図版　23cm
　　内容 明治9年(1873)1月から明治9年12月まで
◇市街篇 第59　東京都　1967.10　987p 図版　23cm
　　内容 明治10年(1874)1月から明治10年8月まで
◇市街篇 第60　東京都　1969.3　1008p 図版　23cm
　　内容 明治10年(1877)から明治11年(1878)まで
◇市街篇 第61　東京都　1969.10　931p 図版　23cm
　　内容 明治11年(1878)3月から明治11年12月まで
◇市街篇 第62　東京都　1970.10

1060p 図版　23cm
[内容] 明治12年(1879年)1月から明治12年10月まで

◇市街篇 第63　東京都　1971.11　850p 図版　23cm
[内容] 明治12年(1879)から明治13年(1880)まで

◇市街篇 第64　東京都　1973.3　843p 図版　23cm
[内容] 明治13年(1880)から明治14年(1881)まで

◇市街篇 第65　東京都　1973.11　843p 図版　23cm
[内容] 明治14年(1881)4月から明治14年12月まで

◇市街篇 第66　東京都　1974.11　880p 図版　23cm
[内容] 明治15年(1882)1月から明治15年11月まで

◇市街篇 第67　東京都　1975.11　787p 図版　23cm
[内容] 明治15年(1882)から明治16年(1883)まで

◇市街篇 第68　東京都　1976.11　782p 図版　23cm
[内容] 明治16年(1883)から明治17年(1884)まで

◇市街篇 第69　東京都　1977.12　784p 図版　23cm
[内容] 明治17年(1884)から明治18年(1885)まで

◇市街篇 第70　東京都　1979.2　793p 図版　23cm
[内容] 明治18年(1885)から明治19年(1886)まで

◇市街篇 第71　東京都　1980.3　749p 図版　23cm
[内容] 明治19年(1886)から明治20年(1887)まで

◇市街篇 第72　東京都　1981.2　710p 図版　23cm
[内容] 明治20年(1887)4月から明治20年11月まで

◇市街篇 第73　東京都　1982.1　681p 図版　23cm
[内容] 明治20年(1887)から明治21年(1888)まで

◇市街篇 第74　東京都　1983.1　724p 図版　23cm
[内容] 明治21年(1888)年4月から同年9月まで

◇市街篇 第75　東京都　1984.2　818p 図版　23cm
[内容] 明治21年(1888)年9月から同年11月まで

◇市街篇 第76　東京都　1985.1　978p 図版　23cm
[内容] 明治21年(1888)から明治22年(1889)まで

◇市街篇 第77　東京都　1986.1　1002p 図版　23cm
[内容] 明治22年(1889)2月から明治22年7月まで

◇市街篇 第78　東京都　1987.2　982p 図版　23cm
[内容] 明治22年(1889)から明治23年(1890)まで

◇市街篇 第79　東京都　1988.2　1008p 図版　23cm
[内容] 明治23年(1890)2月から明治23年6月まで

◇市街篇 第80　東京都　1989.3　986p 図版　23cm
[内容] 明治23年(1890)から明治24年(1891)まで

◇市街篇 第81　東京都　1980.3　1046p 図版　23cm
[内容] 明治24年(1891)1月から明治24年8月まで

◇市街篇 第82　東京都　1991.2　1100p 図版　23cm

東京都

　　内容 明治24年(1891)8月から明治24年12月まで
◇市街篇 第83　東京都　1992.3　937p　図版　23cm
　　内容 明治24年(1891)から明治25(1890)まで
◇市街篇 第84　東京都　1993.3　925p　図版　23cm
　　内容 明治25年(1892)から明治26年2月まで
◇市街篇 第85　東京都　1994.3　956p　図版　23cm
　　内容 明治26年(1893)2月から明治26年5月まで
◇市街篇 第86　東京都　1994.3　932p　図版　23cm
　　内容 明治26年(1893)5月から明治26年12月まで
◇市街篇 第87　東京都　1996.3　934p　図版　23cm
　　内容 明治27年(1894)1月から明治27年7月まで
◇宗教篇 第1　東京都　1932.7　847p　図版　23cm
　　内容 大宮氷川神社創建の孝昭天皇3年から寛文3年野火止平林寺の移設まで
◇宗教篇 第2　東京都　1936.3　956p　図版　23cm
　　内容 永和2年から天正元年まで
◇宗教篇 第3　東京都　1940.1　1213p　図版　23cm
　　内容 天正元年から慶長7年まで
◇上水篇 第1　東京都　1919.3　1018p　図版　23cm
　　内容 1457〜1459(長禄中)年から1867(慶応3)年3月24日
◇上水篇 第2　東京都　1923.1　1167p　図版　23cm
　　内容 明治元年(1868)から明治21年(1888)まで

◇上水篇 第3　東京都　1923.6　978p　図版　23cm
　　内容 明治22年(1889)から明治26年(1893)まで
◇上水篇 第4　東京都　1954.11　950p　図版　23cm
　　内容 明治26年(1893)から明治34年(1901)まで
◇変災篇 第1　東京都　1914.6　692p　図版　23cm
　　内容 天武天皇13年から明治39年(1906)までの震災記録
◇変災篇 第2　東京都　1915.7　1002p　図版　23cm
　　内容 1742(寛保2)年8月朔日から1855(安政2)年
◇変災篇 第3　東京都　1916.3　1224p　図版　23cm
　　内容 慶応4年から明治45年(1912)までの風水災, 慶長11年から明治40年(1907)まで疫病記録
◇変災篇 第4　東京都　1917.3　1091p　図版　23cm
　　内容 1590(天正18)年9月3日から1780(安永9)年10月24日
◇変災篇 第5　東京都　1917.8　1352p　図版　23cm
　　内容 天明元年から明治40年(1907)まで
◇遊園篇 第1　東京都　1929.3　994p　図版　23cm
　　内容 承和2年から享保年中まで
◇遊園篇 第2　東京都　1929.9　941p　図版　23cm
　　内容 享保12年から明治6年(1873)まで
◇遊園篇 第3　東京都　1929.10　1052p　図版　23cm
　　内容 文化9年から慶応4年まで
◇遊園篇 第4　東京都　1932.7　1078p　図版　23cm
　　内容 明治元年(1868)から明治11年(1878)まで

◇遊園篇 第5　東京都　1933.3　1175p 図版　23cm
　内容 明治11年(1878)から明治18年(1885)まで

◇遊園篇 第6　東京都　1936.11　929p 図版　23cm
　内容 明治19年(1886)から明治24年(1891)まで

◇遊園篇 第7　東京都　1953.12　839p 図版　23cm
　内容 明治24年(1891)から明治31年(1898)まで

◇事項別目次索引　東京都　1997.3　1415p　23cm
　内容 表題の他目次明細を記載

◇篇別目次総覧　東京都　1996.3　1305p　23cm
　内容 編さん沿革小史,刊行一覧,篇別目次,目次明細を記載

東京百年史　東京都総務局総務部,東京都公文書館百年史編集係編

◇第1巻(江戸の生誕と発展)：東京前史　東京都　1973.2　1663p,図版12枚　22cm
　内容 無時代から明治4年(1871),徳川家達の静岡からの帰京まで

◇第2巻 首都東京の成立：明治前期　東京都　1972.3　1452p,図版12枚　22cm
　内容 慶応3年から明治22年(1889)東京開府三百年祭開催まで

◇第3巻「東京人」の形成：明治後期　東京都　1972.3　1491p,図版12枚　22cm
　内容 明治19年(1886)帝国大学令公布から明治45年(1912)明治天皇崩御まで

◇第4巻(大都市への成長)：大正期　東京都　1972.3　1380p,図版12枚　22cm
　内容 大正元年(1912)から大正15年(1926)まで

◇第5巻(復興から壊滅への東京)：昭和期戦前　東京都　1972.11　1393p,図版12枚　22cm
　内容 昭和5年(1930)帝都復興祭から昭和20年(1945)敗戦まで

◇第6巻(東京の新生と発展)：昭和期戦後　東京都　1972.11　1398p,図版12枚　22cm
　内容 昭和17年(1942)東京初空襲から昭和43年(1968)東京百年記念式典まで

◇別巻 年表・索引　東京都総務局総務部　1979.1　957p　27cm
　内容 1590年から1968年(昭和43)年まで

東京五百年

◇東京都　1956.10　192p　19cm
　内容 天慶2年から昭和25年(1950)まで

江戸の発達　東京都都政資料館

◇東京都　1956.3　266p　19cm
　内容 縄文時代から慶応4年江戸城引渡しまで

御府内沿革図書　東京市役所編

◇第1—3篇　東京市役所　1943　6冊　A5(和)

東京市史　東京市役所編

◇外篇 第1,4　東京市　1936　2冊　19cm
　内容 集註小田原衆所領役帳,天下祭

◇外篇 第3—11　東京市役所　1930-1939　9冊　B6

◇外編 第3,5　東京市　1930　2冊　20cm
　内容 講武所,徳川時代の金座

東京市町名沿革史　東京市企画局都市計画課編

◇上,下巻　東京市企画局都市計画課

1938　2冊　A5

東京市域拡張史　東京市監査局都市計画課編

◇東京市役所　1934　1139p　A5

◇東京市監査局都市計画課　1937　302p　A5

東京府史〔1—16〕　東京都編

◇東京都　1929-1937　16冊　A5

市域拡張記念 大東京概観　東京市役所編

◇東京市役所　1932　652p　A5

## 【千代田区】

新編千代田区史

◇区政史資料編　東京都千代田区　1998.3　380p　27cm
　内容　名称,位置,行政計画,区民,土地他の資料を収録

◇区政史編　東京都千代田区　1998.3　1083p　27cm
　内容　昭和22年3月から平成9年3月までの区政の各種施策・事業について記述

◇通史資料編　東京都千代田区　1998.5　723, 72p　27cm
　内容　旧石器時代から平成9月(1997)まで

◇通史編　東京都千代田区　1998.5　1246p　27cm
　内容　旧石器時代から平成4年(1992)まで

◇年表・索引編　東京都千代田区　1998.5　329, 149p　27cm
　内容　古代から平成9年(1997)までと索引

千代田区史　東京都千代田区編

◇上巻　東京都千代田区　1960.3　928p　22cm
　内容　縄文時代から文政年間まで

◇中巻　東京都千代田区　1960.3　932p　22cm
　内容　享和3年から昭和23年(1948)まで

◇下巻　東京都千代田区　1960.3　1228p　22cm

麹町區史　藤井甚太郎ほか編

◇東京市麹町區役所　1935　1303p　23cm
　内容　長禄元年から昭和6年(1931)まで/城志,街志

## 【中央区】

図説中央区史　〔東京都中央区〕総務部総務課編

◇中央区　1998　201p　31cm

復刻日本橋区史　東京市日本橋区編

◇第1冊　飯塚書房　1983.7　665p　22cm
　内容　長禄年間から大正元年(1912)まで各町誌を記述/大正5年刊の複製

◇第2冊　飯塚書房　1983.7　736p　22cm
　内容　長禄年間から大正3年(1914)までの行政,財政,兵事,衛生他を記述/大正5年刊の複製

◇第3冊　飯塚書房　1983.7　820p　22cm
　内容　文明年間から大正4年(1915)までの教育,商工業,金融機関他を記述/大正5年刊の複製

◇第4冊　飯塚書房　1983.7　766p　22cm
　内容　貞観年間から大正4年(1915)までの社寺,非常天災,消化水防,風俗他を記述/大正5年刊の複製

中央区三十年史　東京都中央編

◇下巻　東京都中央区　1980.2　19, 1278p　22cm

[内容] 昭和33年(1958)から昭和53年(1978)隅田川花火の復活まで
 ◇上巻　東京都中央区　1980.2　28,1248p　22cm
 [内容] 縄文時代から昭和49(1974)まで

中央区史　東京都中央区役所編
 ◇上巻　東京都中央区　1958.12　1433p　1433P　22cm
 [内容] 縄文時代から天保14年ごろまでの政治,財政,駅逓,交通,商工業他を記述
 ◇中巻　東京都中央区　1958.12　1480p　図版9枚p　1480P　22cm
 [内容] 嘉永6年の開国から昭和32年(1957)の第2回国際見本市までの商業,水産業,金融を記述
 ◇下巻　東京都中央区　1958.12　1408p　図版9枚p　1402P　22cm
 [内容] 慶応4年から昭和33年(1958)までの区政の動き,財政,人口と世帯,交通他を記述

京橋区史　東京市京橋区役所編纂
 ◇上巻　東京市京橋区役所　1937.3　1258,12p　23cm
 [内容] 寛永2年から慶応4年までの街衢の沿革,交通,政治,財政,戸口及人口他を記述
 ◇下巻　東京市京橋区役所　1942.3　1272,8p　23cm
 [内容] 明治2年(1869)から昭和12年(1937)までの街衢,子鬱,政治,人口,財政他について記述

新修日本橋區史　東京市日本橋區役所編
 ◇上巻　東京市日本橋區役所　1937.3　1204p　図版,地図　23cm
 ◇下巻　東京市日本橋區役所　1937.10　1228p　図版,地図　23cm
 [内容] 慶応3年から昭和10年(1935)まで

の区政,人口,財政,教育,市街地を記述

浜町史　日本橋区浜町一丁目町会編
 ◇浜町一丁目町会　1935　207p　図版26枚　表　23cm

日本橋区史　日本橋区役所編
 ◇第1—4,附参考画帖第1,2　日本橋区役所　1916　6冊　A5

【港区】

新修港区史　東京都港区編
 ◇東京都港区　1979.5　1465p,図版16枚　22cm
 [内容] 縄文時代から昭和53年(1978)まで

港区史　東京都港区役所編
 ◇上巻　東京都港区役所　1960.3　14,1136p　22cm
 [内容] 縄文時代から慶応4年彰義隊上野戦争まで
 ◇下巻　東京都港区役所　1960.3　24,1658,37p　22cm
 [内容] 慶応3年,王政復古から昭和33年(1958)まで

赤坂區史　東京市赤坂區編
 ◇東京市赤坂區　1942　1418p　図版96枚　22cm
 [内容] 縄文時代から昭和13年(1938年)まで/住民,政治,財政他

麻布區史　河越恭平ほか編
 ◇麻布區　1941.3　2,22,925p,図版10枚　22cm
 [内容] 縄文時代から昭和11年(1936)までおよび町史,神社寺院及教会,史蹟名勝天然記念物を記述

芝區誌　全　東京市芝区編
 ◇東京市芝區役所　1938.3　1764,39p,図版70枚　挿図(60図),地図(10枚)

23cm
　内容 石器(現縄文)時代から昭和10年(1935)までおよび大正(関東)大震災,地誌を記述

## 【新宿区】

新宿区史　区成立五〇周年記念　新宿区編
◇資料編　新宿区　1998.3　360p　31cm
　内容 明治9年(1876)から平成9年(1997)までの資料・統計,区史年表を収録
◇第1巻　新宿区　1998.3　467p　31cm
　内容 旧石器時代から昭和21年(1946)敗戦直後まで
◇第2巻　新宿区　1998.3　660p　31cm
　内容 昭和22年(1947)新宿区の成立から区成立50周年式典を行った平成9年(1997)まで

新宿区史　区成立四〇周年記念
◇[東京都]新宿区　1988.3　12,72,1114p　27cm
　内容 縄文時代から昭和60年(1985)までの行政・財政,産業・経済,教育・文化他を記述

牛込區史　復刻版　牛込区役所編纂
◇臨川書店　1985.11　35,603p,図版23枚　22cm
　内容 長禄元年から大正14年(1925)まで/変災記、名所旧跡/昭和5年刊の複製

四谷區史　復刻版　四谷区役所編纂
◇臨川書店　1985.10　4,5,737,28p,図版17枚　22cm
　内容 延文2年から大正12年(1923)関東大震災まで/昭和9年刊の複製

市谷薬王寺町誌　市谷薬王寺町誌編纂会編
◇薬王寺町会　1979.4　48,48p　21cm

新宿区史　区成立三〇周年記念
◇新宿区　1978.3　1125p 図版32枚　27cm
　内容 縄文時代から昭和50年(1975)までの自然・地理,人口,行政,財政,税制他を記述

新修新宿区史　新修新宿区史編集委員会編
◇東京都新宿区役所　1967.3　15,942p,図版[64]p 写真　27cm
　内容 縄文時代から昭和41年(1966)新宿駅前立体広場完成までの人口,行政,財政,税制他を記述

新宿区史　新宿区役所編
◇新宿区　1955.3　1250p　22cm
　内容 縄文時代から昭和29年(1954)までの地理,市街,人口,行政,財政他を記述
◇史料編　新宿区　1956.3　407p　22cm
　内容 暦応3年から慶応2年までの牛込家,

堀江家,渡辺家,高松家各文書他を収録

四谷区史　四谷区役所編
◇四谷区役所　1934　737p　A5

戸塚町誌　戸塚町誌刊行会編
◇戸塚町誌刊行会　1931　414p　19cm

牛込区史　東京市牛込区役所編
◇東京市牛込区役所　1930　603p　A5

大鶴巻町　鶴巻町編集所編
◇鶴巻町編集所　1925　110p　B6

牛込町誌　牛込区史編纂会編
◇第1巻(神楽町及若宮町之部)　牛込区史編纂会　1921　148p　19cm

## 【文京区】

ぶんきょうの歴史物語　第6版　戸畑忠政編著
◇文京区教育委員会　2002.7　246p,図版2枚　19cm
内容 弥生時代から明治45年(1912)まで 人物,史話,伝説

文京のあゆみ　その歴史と文化　第3刷　戸畑忠政編著
◇東京都文京区教育委員会社会教育課　2002.1　351p,図版4枚　19cm
内容 旧石器時代から平成13年(2001)まで

文京区史　第2版　文京区編
◇巻1　文京区　1981　504p　22cm
◇巻2　文京区　1981　904p　22cm
◇巻3　文京区　1981　1156p　22cm
◇巻4　文京区　1981　829p　22cm
◇巻5　文京区　1981　982,10p　22cm

文京区史　文京区役所編
◇巻1　[東京都]文京区　1967.3　504p　22cm
内容 縄文時代から天正18年まで
◇巻2　[東京都]文京区　1968.3　904p　図版8p　22cm
内容 天正18年から天保13年ごろまで
◇巻3　[東京都]文京区　1968.8　1156p　22cm
内容 慶応3年から明治43年(1910)まで
◇巻4　[東京都]文京区　1969.2　829p　22cm
内容 大正元年(1912)から昭和22年(1945)の終戦まで
◇巻5　[東京都]文京区　1969.5　982,10p　22cm
内容 昭和20年(1945)から昭和43年(1968)まで

文京区志
◇東京都文京区役所　1956.3　906p,図版20枚　22cm
内容 昭和21年(1946)から昭和30年(1955)までの区勢,地方自治法の施行,執行機関他を記述

本郷区史　東京市本郷区編
◇東京市本郷区　1937.2　1373p　図版52枚　23cm
内容 弥生時代から大正13年(1924)の関東大震災直後まで

小石川區史　東京市小石川區編
◇東京市小石川区　1935.3　993p,図版69枚　23cm
内容 縄文時代から昭和3年(1928)までの行政,財政,教育他を記述

## 【台東区】

台東区史　台東区史編纂専門委員会編

- ◇行政編　東京都台東区　1998.3　692p　22cm
  - 内容 明治元年(1868)から平成7年(1995)まで
- ◇通史編1　東京都台東区　1997.6　775p　22cm
  - 内容 旧石器時代から延享2年まで
- ◇通史編2　東京都台東区　2000.1　826p　22cm
  - 内容 宝暦元年から慶応4年まで/民俗行事
- ◇通史編3　東京都台東区　1999.1　744p　22cm
  - 内容 明治5年から昭和44年(1969)までの社会生活を記述

三の輪町史　三の輪町史編さん会編

- ◇三の輪町史編さん会　1968　185p 図版 表 地図　20cm

台東区史　台東区編

- ◇1 沿革編　台東区　1966.3　1574p　23cm
- ◇2 近代行政編　台東区　1966.3　1325p　23cm
- ◇3 社会文化編　台東区　1966.3　1378p　23cm

台東区史

- ◇上巻　東京都台東区　1955.6　1392p　23cm
  - 内容 縄文時代から昭和22年(1947)まで
- ◇下巻　東京都台東区　1955.6　1981p　23cm
  - 内容 慶応3年から昭和28年(1953)まで

下谷区史―附録大正震災誌―　下谷区役所編

- ◇下谷区役所　1935-1937　2冊　A5

下谷區史　東京市下谷區編

- ◇東京市下谷區　1935　1314p 図版32枚　23cm
  - 内容 縄文時代から昭和7年(1932)ころまで/財政、警察、消防、兵事、衛生他

浅草松葉町史　平松時太郎編

- ◇矢先神社々務所　1919　51p　23cm

淺草區誌　東京市淺草區役所編

- ◇上巻　文會堂書店　1914.2　802p　23cm
  - 内容 承和2年から明治45年(1912)まで
- ◇下巻　文會堂書店　1914.2　786p　23cm
  - 内容 寛永7年から明治45年(1912)までの学校、神社、仏寺、産業他を記述

## 【墨田区】

業平一丁目町史　創立25周年記念誌

- ◇墨田区業平一丁目町会　1992.3　182p　27cm

墨田区史　東京都墨田区役所編

- ◇前史　東京都墨田区　1978.3　1083p　22cm
  - 内容 縄文時代から昭和20年(1945)東京大空襲まで
- ◇上　東京都墨田区　1979.3　1013p　22cm
  - 内容 昭和20年(1945)から昭和31年(1956)まで
- ◇下　東京都墨田区　1981.3　1199p　22cm
  - 内容 昭和32年(1957)から昭和53年(1978)までおよび史跡を記述

墨東外史すみだ　東京都墨田区役所企画

広報室編

◇東京都墨田区役所　1967　1542.5p　図版18枚　22cm

[内容]寛永20年から昭和4年(1929)ごろまでの文献史料

墨田区史　東京都墨田区役所編

◇墨田区　1959.3　1807p　21cm

[内容]縄文時代から昭和31年(1956)まで

吾嬬町誌 市郡合併記念　東京府吾嬬町役場編

◇東京府吾嬬町役場　1933　408p　A5

隅田町誌　宇野信次郎編輯

◇隅田町誌編纂会　1930　80,156,112p　図版　23cm

◇隅田町　1932.9　1, 2, 10, 147p, 図版[26] p　20cm

[内容]鎌倉時代から昭和6年(1931)まで

本所區史　東京市本所區編輯

◇東京市本所区　1931.6　660, 218p 図版47枚 地図　23cm

[内容]享保6年から大正14年(1925)まで

吾嬬町誌　吾嬬町誌編纂会編

◇千秋社　1991.1　408p　22cm

◇昭和6年版　吾嬬町誌編纂会　1931　152,28p　23cm

隅田町誌　堀内幾三郎編

◇隅田町誌編纂会　1930　355p　A5

吾嬬町誌　宮野正行編

◇吾嬬町誌編纂会　1926　100p　B5（和）

【江東区】

江東区史　江東区編

◇上巻　江東区　1997.3　771, 91p 22cm

[内容]縄文時代から明治32年(1899)まで

◇中巻　江東区　1997.3　851, 68p　22cm

[内容]明治元年から昭和20年(1945)まで

◇下巻　江東区　1997.3　732, 40p　22cm

[内容]昭和20年から平成8年まで

◇索引　江東区　1997.10　306p　22cm

江東の昭和史　東京都江東区編

◇東京都江東区　1991.3　825p, 図版78p 図　27cm

[内容]昭和元年から平成2年1月31日まで

江東区年表　東京都江東区役所編

◇東京都江東区役所　1969.3　4, 540p, 図版[32]p　27cm

[内容]天正18年から1969年(昭和44)までおよび要職等一覧(太政大臣～区の要職)を収録

江東区二十年史　東京都江東区編

◇東京都江東区　1967.3　1289p　27cm

[内容]昭和22(1947)江東区発足から昭和40年(1965)までの人口, 沿革, 執行機関, 施設他を記述

江東区史 全

◇[本編]　江東区役所　1957.12　2冊　22cm

[内容]縄文時代から昭和32年(1957)まで

城東区史稿　城東区役所編

◇城東区役所　1942　1002p　A5

深川區史

◇上巻　深川区史編纂會　1926.5　818p　23cm

[内容]神護景雲2年から大正10年(1921)まで

342　全国地方史誌総目録

◇下巻―深川情調の研究　深川区史編纂會　1926.4　296p　23cm
　内容 万治年間から幕末まで

## 【品川区】

品川区年表　東京都品川区教育委員会編
◇東京都品川区教育委員会　1981.3　296p　22cm
　内容 縄文時代から昭和47年(1972)まで

品川の歴史　東京都品川区教育委員会編
◇東京都品川区教育委員会　1979.3　[7], 264p, 図版2枚　22cm
　内容 縄文時代から昭和54年(1979)大井埠頭帰属問題の結着まで/文化財

品川区史　東京都品川区編
◇資料編　東京都品川区　1971.6　1319, 17p　22cm
　内容 元暦元年から昭和45年(1970)まで

◇資料編 別冊第1 品川県史料　東京都品川区　1970.3　309p, 図版　22cm
　内容 明治元年(1868)から明治12年(1879)までの資料

◇資料編 別冊第2 品川の民俗と文化　東京都品川区　1970.3　320p, 図版　22cm
　内容 民俗聞書, 指定文化財を収録

◇資料編 別冊 目で見る品川　東京都品川区　1974　56p　24×25cm
　内容 写真集(昭和初期から昭和48年まで)

◇続資料編1　東京都品川区　1971.6　790p　21-22cm
　内容 縄文時代から明治元年(1868)までの支配, 宿駅・交通, 諸産業・水利, 社会を収録

◇続資料編2　東京都品川区　1971.6　725p　22cm
　内容 天正年間から大正14年(1925)までの近世社会, 地誌, 社寺, 明治期, 関東大震災他を収録

◇続資料編3　東京都品川区　1971.6　1868p　22cm
　内容 昭和3年(1928)から昭和50年(1975)まで

◇通史編 上　東京都品川区　1973.3　1204, 14p　22cm
　内容 縄文時代から慶応4年, 彰義隊事変まで

◇通史編 下　東京都品川区　1974.8　1077, 16p　22cm
　内容 明治元年(1868)から昭和47年(1972)長期基本構想策定まで

荏原區史　荏原區役所編纂
◇荏原區　1943.7　4, 3, 7, 677p, 図版16枚　22cm
　内容 石器時代(現縄文)から昭和16年(1931)まで

大崎町誌　市郡合併記念　東京府荏原郡大崎町編
◇大崎町　1932.9　4, 7, 216, 53p 図版16枚　19cm
　内容 鎌倉時代から昭和7年(1932)まで

品川町史　品川町編
◇上巻　品川町　1932.2　912p 図版　23cm
　内容 元暦3年から慶応3年まで

◇中巻　品川町　1932.6　962p 図版　23cm
　内容 天正18年から万延元年までの通信運輸, 教育, 司法, 財政, 経済他を記述

◇下巻　品川町　1932.9　1106, 13, 85p 図版　23cm
　内容 慶応3年から昭和5年(1930)ごろまでの行政, 自治制, 交通, 通信運輸他を記述

荏原町誌　井上謙治著
◇荏原町誌刊行会　1927　96p　22cm

◇荏原町誌刊行会　1932　420p　A5

市郡合併記念大崎町誌　大田欽吾著
◇大崎町誌刊行会　1932　254p　B6

大井町史　大井町編
◇大井町　1932　422p　23cm

大崎町総覧　大田欽吾著
◇大崎町史刊行会　1927　264p　A5

大井町誌　安田精一著
◇大井町誌刊行会　1923　345p　B6

## 【目黒区】

目黒区のあゆみ　写真でたどる区政の変遷　目黒区企画経営部広報課編
◇目黒区　2005.3　100p　30cm
　内容 昭和7年(1932)から平成16年(2004)まで

目黒区史　東京都立大学学術研究会編
◇目黒区　1961　1217p　26cm

目黒区誌　教育資料として　東京都目黒区教育委員会編
◇東京都目黒区教育委員会　1953.1　373p　22cm
　内容 縄文時代から昭和7年(1932)目黒区誕生まで

松沢村史　東京府荏原郡松沢村役場編
◇東京府荏原郡松沢村役場　1932　182p　A5

碑衾町誌　市郡合併記念　東京府荏原郡碑衾町編
◇碑衾町　1932　395p　図版33枚　地図表　20cm

目黒町誌　村上三朗編
◇東京朝報社　1924　269p　19cm

## 【大田区】

大田区史　大田区史編さん委員会編
◇通史 上巻　東京都大田区　1985.10　953p　27cm
　内容 旧石器時代から天正17年小田原合戦まで
◇通史 中巻　東京都大田区　1992.3　1181p　27cm
　内容 宝暦2年ごろから慶応3年まで
◇通史 下巻　東京都大田区　1996.3　1006p　27cm
　内容 慶応4年から平成7年(1995)の大田区産業の街づくり条例公布まで
◇資料編 考古1　東京都大田区　1974.9　69,124p　27cm
　内容 縄文時代から古墳時代までの遺跡を収録
◇資料編 平川家文書1　東京都大田区　1975.3　934p　26cm
　内容 享保2年から明治13年(1880)までの御用触留帳などを収録
◇資料編 寺社1　東京都大田区　1981.6　1570p　27cm
　内容 弘安年間から明治31年(1898)まで
◇資料編 北川家文書1　東京都大田区　1984.3　421p　26cm
　内容 1747年から1874年(明治7)までの支配、交通、宗教を収録
◇資料編 加藤家文書1　東京都大田区　1984.3　350p　27cm
　内容 1749年から1877年(明治10)までの村明細、五人組帳、村政、宗門人別帳他を収録
◇資料編 諸家文書1　東京都大田区　1988.12　492p　26cm
　内容 延宝4年から明治21年(1888)までの支配、村政、戸籍、用水、交通他を収録
◇資料編 平川家文書2　東京都大田区　1976.3　1104p　26cm

東京都  大田区

　宝永元年から明治40年(1907)までの村政, 村費, 村況, 宗教を収録

◇資料編 地誌類抄録　東京都大田区
1977.3　493p　26cm
内容 万治元年頃から明治2年(1869)までの地誌類, 紀行・案内類, 随筆類他を収録

◇資料編 考古2　東京都大田区　1980.3
483p　27cm
内容 大森貝塚の遺物, 土器, 研究諸問題を記述

◇資料編 寺社2　東京都大田区　1983.3
1630p　27cm
内容 正和元年から明治22年(1889)までの東京都と千葉県以外の寺院など所蔵の本門寺関係資料

◇資料編 北川家文書2　東京都大田区
1985.3　514p　26cm
内容 寛政4年から明治4年まで

◇資料編 加藤家文書2　東京都大田区
1985.3　353p　27cm
内容 1821年から1875年(明治8)までの御触書・御用留, 改革組合村, 府県御用他の資料

◇資料編 諸家文書2　東京都大田区
1989.3　465p　26cm
内容 1689年から1869年(明治2)までの検地, 土地, 金融, 普請, 村況, 諸入用を収録

◇資料編 平川家文書3　東京都大田区
1977.3　1305p　26cm
内容 1614年から1887年(明治22)までの戸口と土地の分類に属する資料

◇資料編 加藤家文書3　東京都大田区
1986.3　476p　27cm
内容 1797年から1876年(明治9)までの年貢取立, 年貢皆済, 年貢収納勘定他を収録

◇資料編 北川家文書3　東京都大田区
1986.3　511p　26cm
内容 1802年から1867年までの宗門人別帳, 五人組帳, 名寄他を収録

◇資料編 諸家文書3　東京都大田区
1990.1　329p　26cm
内容 1644年から1867年までの大森村3か村の貢租・海苔・漁業に関する資料

◇資料編 平川家文書4　東京都大田区
1978.3　1507p　26cm
内容 承応2年から明治15年(1882)までの割付・皆済, 検地・検見, 年貢収入, 諸税の資料

◇資料編 加藤家文書4　東京都大田区
1987.3　494p　27cm
内容 1644年から1877年(明治10)までの土地・寺社・売買貸借他の資料

◇資料編 北川家文書4　東京都大田区
1987.3　555p　26cm
内容 1765年から1868年(明治元)までの年貢割付状, 年貢皆済状, 年貢米買納他の資料

◇資料編 諸家文書4　東京都大田区
1993.11　329p　26cm
内容 1694年から1877(明治10)までの民政資料

◇資料編 平川家文書5　東京都大田区
1979.3　1603p　26cm
内容 寛文元年から明治27年(1894)までの普請, 交通, 支配, 村政他の資料

◇資料編 諸家文書5　東京都大田区
1995.1　401p　26cm
内容 1592年から1877年(明治10)までの大田区および各地に散在する民政資料

◇資料編 横溝家文書　東京都大田区
1990.3　480p　26cm
内容 享保4年から明治4年まで

◇資料編 護国寺・薬王寺文書　東京都大田区　1987.3　10, 358p　26cm
内容 1701年から1866年までの寺領, 門前町, 地子・諸役, 支配他の史料を収録

◇資料編 東海寺文書　東京都大田区
1988.3　3, 487p　26cm
内容 1695年から1875年までの, 寺領, 公用日記を収録

◇資料編 民俗　東京都大田区　1983.8
826p　27cm
　内容　明治末期から大正時代,昭和初ごろを主として対象とした

大田の史話　大田区史編さん委員会編

◇東京都大田区　1988.3　402p　21cm
　内容　旧石器時代から昭和20年(1945)まで

大田区史年表　東京都大田区史編さん委員会編

◇東京都大田区　1979.3　476p　22cm
　内容　先土器時代から昭和21年(1946)まで

鵜の木町説話・鵜の木町誌　天明茂光〔編〕

◇天明茂光　1976.10　32p　18×26cm

大森區史

◇東京市大森區役所　1939.2　15,1161p　23cm
　内容　石器(縄文)時代から昭和12年(1937)まで

蒲田町史　市郡合併記念　蒲田町史編纂会編

◇蒲田町史編纂会　1933　432p　図版15枚　地図　20cm

池上町史　池上町史編纂会編

◇池上町史編纂会,大林閣　1932.9　789p,図版[20]p　19cm
　内容　鎌倉時代から昭和7年(1932)まで

矢口町誌　大東京合併記念　矢口町役場編輯

◇矢口町役場　1932.9　152p　図版　表　地図　19cm
　内容　景行天皇40年から昭和7年(1932)まで

入新井町誌　角田長蔵編

◇入新井町誌編纂部　1927　345p　図版 11枚　地図　20cm

【世田谷区】

世田谷区瀬田・玉川町誌　佐藤敏夫著

◇佐藤敏夫　1990.8　110p　26cm

世田谷、50年のあゆみ　区制50周年記念

◇東京都世田谷区区長室広報課　1982.10　144p　28cm
　内容　昭和7年(1932)から昭和56年(1981)まで

世田谷、町村のおいたち　区制50周年記念

◇東京都世田谷区区長室広報課　1982.10　143p　28cm
　内容　縄文時代から昭和11年(1936)ごろまで

せたがやの歴史　東京都世田谷編

◇東京都世田谷区　1976.9　427p　図　21cm
　内容　旧石器時代から昭和49年(1974)まで

世田谷近・現代史　東京都世田谷区編

◇東京都世田谷区　1976.9　1308p　22cm
　内容　明治元年(1868)から昭和45年(1970)まで

世田谷区史年表稿　解説・図表・索引付

◇東京都世田谷区　1975.2　293p　24×30cm
　内容　旧石器時代から昭和47年(1972)まで

新修世田谷区史

◇付編　世田谷区　1962　167p　図版41枚　22cm
　内容　世田谷の考古学的調査

◇上巻　東京都世田谷区　1962.10
　　　1438p　22cm
　　　[内容] 先縄文(旧石器)時代から明治3年
　　　(1870)まで
　　◇下巻　東京都世田谷区　1962.10
　　　1465p　22cm
　　　[内容] 明治元年(1868)から昭和35(1960)
　　　まで

世田谷区史
　　◇東京都世田谷区　1951　2冊　表
　　　22cm

千歳村史　須田守正編　田村周補
　　◇千歳村役場　1936　238p　19cm
　　　[内容] 鎌倉時代から昭和11年(1936)東京
　　　市合併まで

松沢村史　東京府荏原郡松沢村編
　　◇松沢村　1932　182p　20cm

【渋谷区】

新修渋谷区史
　　◇上巻　東京都渋谷区　1966.2　24,
　　　1066p　27cm
　　　[内容] 縄文時代から慶応4年彰義隊討伐
　　　まで
　　◇中巻　東京都渋谷区　1966.2　16,
　　　2114p　27cm
　　　[内容] 元文年間から大正14年(1925)まで
　　◇下巻　東京都渋谷区　1966.2　16,
　　　3253p　27cm
　　　[内容] 大正12年(1923)関東大震災から昭
　　　和39年(1964)東京オリンピック開催まで

渋谷区史 全　渋谷区編
　　◇渋谷区　1952.6　4, 8, 1, 7, 18, 1656p,
　　　図版[9]p　22cm
　　　[内容] 縄文時代から昭和12年(1937)まで

　　　/史料編：町方書上げ, 寺社書上げほか

千駄ケ谷町誌　中原慎太郎著
　　◇千駄ケ谷町誌刊行会　1931　386p
　　　20cm

千駄ケ谷町誌　中原慎太郎著
　　◇千駄ケ谷町誌刊行会　1930　250p
　　　B6

渋谷町誌　有田肇著
　　◇渋谷町誌刊行会　1914　283p　A5

【中野区】

中野区民生活史　中野区民生活史編集委員会編
　　◇資料・統計編　[東京都]中野区
　　　1985.12　347,130p　22cm
　　　[内容] 明治初年から昭和20年(1945)まで
　　　の生活史に関する資料の一部
　　◇第1巻　[東京都]中野区　1982.9
　　　316p　22cm
　　　[内容] 天正18年から大正12年(1923)まで
　　◇第2巻　[東京都]中野区　1984.3
　　　469p　22cm
　　　[内容] 大正12年(1923)関東大震災から昭
　　　和20年(1945)日本の降伏まで
　　◇第3巻　[東京都]中野区　1985.3
　　　522p　22cm
　　　[内容] 昭和20年(1945)連合軍の占領開始
　　　から昭和54(1979)まで

中野区史　東京都中野区編
　　◇昭和資料編1　東京都中野区　1971.3
　　　402p　22cm
　　　[内容] 昭和7年(1932)中野区会成立から昭
　　　和20年(1945)までの政治, 産業経済他の
　　　資料を収録
　　◇昭和資料編2　東京都中野区　1972.3
　　　595p　22cm
　　　[内容] 昭和20年(1945)から昭和22年

(1947)までの政治, 社会, 産業・経済, 区民生活の資料を収録
- ◇昭和資料編 3　東京都中野区　1973.3　558p　22cm
  - 内容 昭和 30 年(1955)から昭和 46 年(1971)までの政治, 産業, 経済, 社会他の資料を収録
- ◇昭和編 1　東京都中野区　1971.3　613p　22cm
  - 内容 縄文時代から昭和 20 年(1945)まで
- ◇昭和編 2　東京都中野区　1972.3　582p　22cm
  - 内容 昭和 20 年(1945)から昭和 31 年(1956)までの復興期を記述
- ◇昭和編 3　東京都中野区　1963.3　958p　22cm
  - 内容 昭和 22 年(1947)から昭和 47 年(1972)までの発展期を記述

中野區史　東京都中野區役所編纂
- ◇上巻　東京都中野區　1943.5　804p　22cm
  - 内容 縄文時代から安政 2 年まで
- ◇下巻 1　東京都中野區　1944.3　533p　22cm
  - 内容 慶応 3 年から昭和 18 年(1943)まで
- ◇下巻 2　東京都中野區　1954.3　651p　22cm
  - 内容 明治元年(1868)から昭和 20 年(1945)ころまでの教育, 警察, 消防, 公園他を記述

中野区の新らしい歩み　東京都中野区役所編纂
- ◇東京都中野區　1951.3　3, 2, 2, 15, 322, 3p, 図版 8 枚　22cm
  - 内容 終戦直後より新憲法及び新地方自治法施行につき昭和 25 年末までを記述

中野町誌　中野町教育会編
- ◇中野町教育会　1933　548p　23cm

## 【杉並区】

新修杉並区史
- ◇資料編　東京都杉並区　1982.10　726p　22cm
  - 内容 文化財, 神社誌, 寺院誌, 各種教団他を記述
- ◇上　東京都杉並区　1982.10　1091p　22cm
  - 内容 旧石器時代から天正 16 年まで
- ◇中　東京都杉並区　1984.10　1464p　22cm
  - 内容 天正 10 年から大正 15 年まで
- ◇下　東京都杉並区　1982.10　1195p　22cm
  - 内容 大正 12 年(1923)から昭和 55 年(1980)まで/杉並の伝統と文化

武蔵国多摩郡馬橋村史　近世の馬橋村　武蔵国多摩郡馬橋村史編纂委員会編
- ◇武蔵国多摩郡馬橋村史編纂委員会　1969.10　682p　22cm
  - 内容 馬橋村文書の紹介, 灌漑用水, 租税, 国役, 上納金, 人足役他を収録

杉並区史　東京都杉並区役所編
- ◇東京都杉並区役所　1955.3　1760p　図版 (11 図), 折込図 (1 図)　22cm
  - 内容 縄文時代から昭 25 年(1950)/宗教, 人口, 民生, 産業経済他

和田堀内町誌　和田堀内町役場編
- ◇和田堀内町役場　1932　180p　B6

井荻町誌　新興の郊外　玉井広平編
- ◇社会基調協会　1928　250,18p　19cm

## 【豊島区】

**豊島区史**　豊島区史編纂委員会編纂

- ◇資料編1　東京都豊島区　1975.3　615, 10p 図版　22cm
  - 内容　治承4年から天正6年までの文書・記録を収録
- ◇資料編2　東京都豊島区　1977.3　918, 12p 図版　22cm
  - 内容　寛永10年から明治5年(1872)までの諸家文書を収録
- ◇資料編3　東京都豊島区　1979.3　696, 18p 図版　22cm
  - 内容　寛永5年から明治4年(1871)までの記録・編纂物類, 地誌, 随筆類, 年表を収録
- ◇資料編4　東京都豊島区　1981.6　1485, 18p 図版　22cm
  - 内容　明治元年(1868)から昭和20年(1945)までの政治・行政, 経済, 生活, 教育, 宗教を収録
- ◇資料編5　東京都豊島区　1989.11　773p 図版　22cm
  - 内容　昭和20年(1945)年の敗戦から昭和37年(1962)までの資料を収録
- ◇資料編6　東京都豊島区　1990.10　801p 図版　22cm
  - 内容　昭和30年代中ごろから昭和60年(1985)年ころまでの再開発, 区政の諸問題他の資料を収録
- ◇通史編1　東京都豊島区　1981.6　908p 図版　22cm
  - 内容　縄文時代から慶応3年の御札ふり騒ぎまで
- ◇通史編2　東京都豊島区　1983.11　1278p 図版　22cm
  - 内容　明治元年(1868)から昭和20年(1945)敗戦までの明治前期, 資本主義の発達, 大正デモクラシー他を記述
- ◇通史編3　東京都豊島区　1992.3　634p 図版　22cm
- 内容　昭和20(1945)年の敗戦から昭和30年代なかばまでを叙述
- ◇通史編4　東京都豊島区　1992.3　777p 図版　22cm
  - 内容　昭和30年代なかばから昭和末期までを叙述
- ◇年表 1945-1989(現代編)　東京都豊島区　1992.3　248p 図版　22cm
  - 内容　昭和20(1945)から平成元(1989)年までを収録
- ◇年表編　東京都豊島区　1982.3　408p 図版　22cm
  - 内容　B.C.3000年頃から1975(昭和50)/索引

**写真でみる豊島区50年のあゆみ**　東京都豊島区企画部広報課編

- ◇東京都豊島区　1982.10　121p　31cm
  - 内容　明治11年(1878)から昭和57年(1982)区制50周年記念式典までの写真集

**豊島區史**　東京都豊島区編

- ◇東京都豊島区役所　1951　777p 図版　32枚　22cm
  - 内容　縄文時代から昭和25年(1950)の豊島区政公報無料頒布まで

**豊島区史**　坂本辰之助編

- ◇東京都豊島区　1937.10　1228, 4p　22cm
  - 内容　縄文時代から昭和15年(1940)まで/地理概要, 区政機関, 選挙他

**高田町史**　東京府高田町教育会編

- ◇東京府高田町教育会　1933　261p

A5

**西巣鴨町誌　豊島区役所編**

◇西巣鴨町役場　1932　402p　A5

**長崎町誌　塩田忠敬著**

◇国民自治会　1929　223p　20cm

**高田村誌　山田霞村著**

◇高田村誌編纂所　1919　185p　B6

## 【北区】

**北区郷土誌　北区史を考える会北区郷土誌編集委員会編**

◇1　北区史を考える会　1993.1　266p　21cm

◇2　北区史を考える会　1998.1　255p　21cm

**北区史　北区史編纂調査会編**

◇東京都北区　1951.11　909p　図版37枚　地図　22cm
　内容　縄文時代から昭和24年(1949)までおよび、行政、財政、戸口、交通土木通信他を記述

◇現代行政編　東京都北区　1994.3　588p　27cm
　内容　明治11年(1878)から昭和60年(1985)まで

◇資料編 考古1　東京都北区　1994.3　497p　27cm
　内容　縄文時代の西ヶ原貝塚昌林寺地点の資料報告、明治20年から昭和40年までの同貝塚関連文献集成

◇資料編 考古2　東京都北区　1993.10　306p　27cm
　内容　亀山遺跡出土遺物集成(弥生・古墳時代)

◇資料編 近代　東京都北区　1996.2　700p　27cm
　内容　1868年(明治元)から1920年(大正9)までの資料を収録

◇資料編 近世1　東京都北区　1992.10　623p　27cm
　内容　北区域に関する地誌・紀行文・日記等から99点を掲載

◇資料編 近世2　東京都北区　1995.10　826p　27cm
　内容　元和5年から明治9年(1876)までの記録・編纂物史料他を収録

◇資料編 現代1　東京都北区　1995.12　18,751p　27cm
　内容　1912年(大正元)から1947年(昭和22)までの資料を収録

◇資料編 現代2　東京都北区　1996.3　18,591p　27cm
　内容　1945年(昭和20)から1972(昭和47)までの資料を収録

◇資料編 現代 別冊 新聞記事目録　東京都北区　1993.3　285p　26cm
　内容　大正元年から昭和27年までの現北区地域に関わる新聞記事の見出しを収録

◇資料編 古代中世1　東京都北区　1994.2　442p　27cm
　内容　神護慶雲2年から天正18年までの資・史料を収録

◇資料編 古代中世2　東京都北区　1995.3　425p　27cm
　内容　中世記録、軍記、系図・過去帳、板碑・金石文を収録

◇通史編 原始古代　東京都北区　1996.3　280p　27cm
　内容　3万年前から平安時代中頃(10世紀)までを叙述

◇通史編 中世　東京都北区　1996.3　294p　27cm
　内容　平安時代末期より天正18年までを叙述

◇通史編 近世　東京都北区　1996.3　615p　27cm
　内容　天正18年から慶応4年までを叙述

◇通史編 近現代　東京都北区　1996.3　657p　27cm
　内容 1868年(明治元)から1980年(昭和55)までを叙述

◇都市問題編　東京都北区　1994.3　561p　27cm

◇民俗編1　東京都北区　1992.10　352p　27cm
　内容 平成元年から3年にかけて実施した袋地区, 瀧野川地区の調査の成果をまとめたもの

◇民俗編2　東京都北区　1994.3　421p　27cm
　内容 平成元年から3年にかけて実施した下地区, 田端地区の民俗調査の成果をまとめたもの

◇民俗編3　東京都北区　1996.3　535p　27cm
　内容 浮間地区, 豊島地区の民俗調査の成果をまとめた

新修北区史
　◇北区　1971　1700, 5p 図16枚　27cm

滝野川町誌　滝野川町誌刊行会編
　◇滝野川町誌刊行会　1933　827p 図版25枚　24cm

王子町誌
　◇王子町　1928.12　7, 308p, 図版12枚　22cm
　　内容 大化年間から昭和3年(1928)まで

王子町史　東京府王子町編
　◇王子町　1928　308p 図版11枚 地図　23cm

【荒川区】

荒川区史　東京都荒川区著
　◇上巻　東京都荒川区　1989.3　1556p 22cm
　　内容 縄文時代から昭和20年(1945)までおよび, 史跡, 文化財を記述
　◇下巻　東京都荒川区　1989.3　1528p 22cm
　　内容 昭和20年(1945)から昭和63年(1988)まで

荒川区郷土史年表　増補　荒川区福祉事業史編纂委員会編
　◇荒川区　1962.3　213p　22cm
　　内容 593年から1960(昭和35)まで

あらかわ　図録荒川区史
　◇東京都荒川区教育委員会　1961　64p　26cm

新修荒川区史　東京都荒川区編
　◇上巻　東京都荒川区　1955.3　770p 22cm
　　内容 縄文時代から慶応4年彰義隊敗北まで/区の性格/文化遺産
　◇下巻　東京都荒川区　1955.3　1122p 22cm
　　内容 明治元年(1868)から昭和28年(1953)までの行政, 財政, 人口世帯, 産業経済他を記述

荒川区史　東京市荒川区編
　◇東京市荒川区　1936　742p　23cm
　　内容 崇神天皇10年から昭和7年(1932)まで/地誌, 神社及寺院, 各町沿革他

【板橋区】

板橋区史　板橋区史編さん調査会編
　◇資料編1 考古　板橋区　1995.3　928, 65p　22cm
　　内容 旧石器時代・縄文時代・弥生時代・古墳時代・古代・中世・近世の考古資料
　◇資料編2 古代・中世　板橋区　1994.3　843p　22cm

内容 景行天皇53年から天正17年までおよび金石史料を収録

◇資料編3　近世　板橋区　1996.3　985p　22cm
　　内容 慶長3年から明治2年(1869)までの領主,鷹場,徳丸原,土地と農民,年貢他を収録

◇資料編4　近・現代　板橋区　1997.3　934p　22cm
　　内容 慶応4年から昭和55年(1980)まで

◇資料編5　民俗　板橋区　1997.3　1071p　22cm
　　内容 平成3年度から平成7年度にわたって区史編さん調査会民俗部会で実施した聞き取り調査に基づく

◇通史編　上巻　板橋区　1998.3　972,54p　22cm
　　内容 旧石器時代から慶応2年農兵編成まで

◇通史編　下巻　板橋区　1999.11　806,144p　22cm
　　内容 慶応4年から平成10年(1998),環境基本計画の策定まで

図説板橋区史　区制60周年記念　板橋区史編さん調査会編
◇板橋区　1992.10　254p　27cm
　　内容 旧石器時代から平成4年(1992)区政施行60周年まで

板橋のあゆみ　滝口宏編
◇板橋区　1969.3　1410p　図版62枚　27cm
　　内容 宝亀2年から昭和40年(1965)までの行・財政,教育・文化,農業・工業・商業他を昭和22年(1947)以降を中心に記述

板橋区史　板橋区史編纂委員会編
◇板橋区役所　1954.10　674p　22cm

　　内容 縄文時代から昭和28年(1953)まで

志村郷土誌　志村役場編
◇志村役場　1932　156p　B6

板橋町誌　山田元礼著
◇板橋新聞社　1924　297,73p　22cm

## 【練馬区】

ねりま50年の移り変わり　練馬区独立50周年記念　練馬区編
◇練馬区　1997.8　277p　31cm
　　内容 昭和22年(1947)から平成9(1997)まで

練馬区小史　練馬区独立40周年記念
◇練馬区　1987.8　8,435p,図版4枚　22cm
　　内容 縄文時代から昭和61年(1986)情報公開室開設まで

練馬区史　練馬区史編さん協議会編
◇現勢資料編　東京都練馬区　1980.3　1192p　27cm
　　内容 昭和18年(1933)から昭和54年(1979)までの人口,産業,経済・労働,区民他の資料

◇現勢編　東京都練馬区　1981.10　10,1635p　27cm
　　内容 昭和4年(1929)から昭和53年(1978)まで

◇歴史編　東京都練馬区　1982.11　12,1306p　27cm
　　内容 縄文時代から昭和24(1949)まで/社寺・民俗

練馬区史　東京都練馬区編
◇東京都練馬区　1957.10　1562p　図版,地図,表　22cm
　　内容 縄文時代から昭和31年(1956)まで

/文化遺産

中新井村誌　市郡合併紀念　東京府中新井村編

　◇内田喜太郎　1933　163p　20cm

石神井村誌　北豊島郡石神井村役場編

　◇北豊島郡石神井村役場　1915　76p　A5（和）

【足立区】

南足立郡誌　［複製版］　東京府南足立郡編

　◇明治文献　1973.3　229p　22cm
　　内容 延暦6年から大正4年(1915)までおよび町村誌を記述

新修足立区史　東京都足立区役所編

　◇上巻　足立区　1967.11　904p　22cm
　　内容 縄文時代から昭和40年(1965)の特別区への事務移譲までおよび,寺社,風俗と文化他を記述

　◇下巻　足立区　1967.11　1108p　22cm
　　内容 天保年間から昭和42年までの行政,財政,教育,区民運動と保健衛生他を記述

足立区郷土史年表　特別区制実施十周年記念　東京都足立区編

　◇東京都足立区　1958.3　214p　25cm
　　内容 縄文時代から昭和30年(1955)まで

足立区史　東京都足立区役所編

　◇足立区　1955.3　22,1172p,図版14枚　22cm
　　内容 縄文時代から昭和29年(1954)までおよび,行政,財政,選挙,教育他を記述

【葛飾区】

増補　葛飾区史　東京都葛飾区編

　◇年表　東京都葛飾区　1985.3　332p　22cm
　　内容 先史時代から昭和58年(1983)まで

　◇上巻　東京都葛飾区　1985.3　1132p　22cm
　　内容 弥生時代から昭和7年(1932)まで

　◇中巻　東京都葛飾区　1985.3　1260p　22cm
　　内容 昭和7年(1932)から昭和58年(1983)までの行政,財政,区民活動,教育,社会福祉他を記述

　◇下巻　東京都葛飾区　1985.3　1168,36p　22cm
　　内容 明治元年(1868)から昭和57年(1982)までの公害と環境改善,保健衛生と清掃事業他を記述

葛飾区史

　◇上巻　東京都葛飾区　1970.11　1188p　22cm
　　内容 弥生時代から昭和7年(1932)まで／行政区画の変遷,地名の由来,神社と寺院など

　◇下巻　東京都葛飾区　1970.11　1419p　22cm
　　内容 昭和7年(1932)から昭和43年(1968)まで／行政,財政,人口,教育と文化,産業と経済他

新修葛飾区史

　◇東京都葛飾区　1951.3　1111p 図版25枚 地図　22cm
　　内容 古墳時代から昭和24年(1949)まで／地理,地名,行政機関,教育,産業他

葛飾区史　葛飾区役所編

　◇葛飾区役所　1936　648p　A5

本田町誌　町制施行紀念　東京府本田町編纂

　◇本田町　1929　385p　23cm

奥戸村誌　即位記念　東京府南葛飾郡

奥戸村編
　◇東京府南葛飾郡奥戸村　1917
　　584,121p　22cm

## 【江戸川区】

江戸川区史　東京都江戸川区編
　◇第1巻　[東京都]江戸川区　1976.3
　　942p　22cm
　　[内容]弥生時代から昭和7年(1932)江戸川区発足まで
　◇第2巻　[東京都]江戸川区　1976.3
　　1309p　22cm
　　[内容]昭和7年(1932)から昭和48年(1973)までの行政全般
　◇第3巻　[東京都]江戸川区　1976.3
　　1128,21,19p　22cm
　　[内容]明治4年(1871)から昭和46年(1971)までの産業,民俗・文化・自然を記述

江戸川區史　東京都江戸川区役所編纂
　◇東京都江戸川区　1955.3　6,4,4,19,1356,48p,図版13枚　22cm
　　[内容]縄文時代から昭和25年(1950)までの自然,地理,行政,財政,土地と人口他を記述

小松川町誌　藤田清編
　◇中央自治研究会　1926.5　214p　20cm

## 【八王子市】

旭町史　旭町史編集委員会編
　◇旭町会　1988.12　224p　27cm

八王子市史　八王子市
　◇上巻　八王子市史編纂委員会編
　　1963.3　1292p　22cm
　　[内容]明治以降昭和36年度まで
　◇下巻　八王子市　1967.3　1783p　21cm
　　[内容]縄文時代から明治28年(1895)までおよび,宗教・民俗を記述
　◇附編　八王子市　1968.1　556p　21cm
　　[内容]享保10年から昭和39年(1964)までの町村合併を記述

八王子　八王子市役所編
　◇八王子市役所　1926　280p　B6
　◇八王子市役所　1933　268p　A5

## 【立川市】

立川市史　立川市史編纂委員会編
　◇上巻　立川市　1968.12　781p　22cm
　　[内容]旧石器時代から元和4年まで
　◇下巻　立川市　1969.1　1331p　22cm
　　[内容]慶長8年から昭和25年(1950)ごろまでおよび民俗を記述

## 【武蔵野市】

武蔵野市史　武蔵野市編
　◇武蔵野市　1970.3　1197p　22cm
　　[内容]縄文時代から昭和43年(1968)まで/民俗
　◇資料編　武蔵野市　1965.3　536p　22cm
　　[内容]縄文時代遺跡およびおよび正和5年～明治24年(1891)まで
　◇諸家文書1　武蔵野市　2002.3　558p　22cm
　　[内容]寛文2年から明治23年(1890)まで
　◇続資料編1　武蔵野市　1968.3　421p　22cm
　　[内容]明治2年(1869)から明治27年(1894)まで萬日記控帳,御門訴関係史料他を収録
　◇続資料編2　武蔵野市　1984.3　524p　22cm
　　[内容]弘化3年から明治13年(1880)までの御用留を収録

◇続資料編 3　武蔵野市　1986.3　594p　22cm
　内容 寛文 4 年から明治 12 年(1879)までの河田家文書

◇続資料編 4 井口家文書 1　武蔵野市　1987.3　474p　22cm
　内容 宝永 2 年から明治 2 年(1869)までの村政, 鷹場, 助郷に関する史料

◇続資料編 5 井口家文書 2　武蔵野市　1989.3　622p　22cm
　内容 寛文 12 年から明治 3 年(1870)までの租税に関する史料

◇続資料編 6 井口家文書 3　武蔵野市　1991.3　507p　22cm
　内容 寛文 10 年から明治 27 年(1894)までの土地・救恤に関する史料

◇続資料編 7 井口家文書 4　武蔵野市　1993.3　502p　22cm
　内容 正徳元年から明治 30 年(1897)までの幕政と村, 農業と商業, 他に関する史料

◇続資料編 8 井口家文書 5　武蔵野市　1994.3　728p　22cm
　内容 元禄 3 年から明治 15 年(1882)までの水利、土地譲渡他に関する史料

◇続資料編 9 諸家文書 1　武蔵野市　2002.3　558p　22cm

◇続資料編 10 境・秋本家文書 1　武蔵野市　2005.3　28, 519p, 図版 4 枚　22cm

**武蔵野市百年史　武蔵野市編**

◇資料編 1 上　武蔵野市　1994.3　600p　22cm
　内容 明治 22 年(1889)から昭和 18 年(1933)までの町村制, 都市基盤整備, 地域生活に関する史料

◇資料編 1 下　武蔵野市　1994.3　1087p　22cm
　内容 明治 22 年(1889)から昭和 22 年(1947)までの国民皆兵と戦争, 15 年戦争下の町と住民他に関する史料

◇資料編 2 上　武蔵野市　1995.3　1074p　22cm
　内容 昭和 22 年(1945)から昭和 56 年(1981)までの諸名簿, 行政, 都市基盤整備に関する資料

◇資料編 2 下　武蔵野市　1995.3　1017p　22cm
　内容 昭和 22 年(1947)から昭和 57 年(1982)までの教育文化施設, 市民生活, 市民活動に関する資料

**武蔵野市　成蹊大学政治経済学会**

◇上　武蔵野市　1953.2　547p　22cm
　内容 天正 18 年から昭和 28 年(1953)まで

◇中　武蔵野市　1954.11　825p　22cm
　内容 議会、産業構造、商業、工業など

◇下　武蔵野市　1957.12　990p　22cm
　内容 人口と市民所得、市民の要望、町政時代、ほか

**武蔵野町史　全編　太陽新報社編**

◇太陽新報社　1930　410p 図版 26 枚　22cm

# 【三鷹市】

**三鷹市史　三鷹市史編纂委員会編纂, 三鷹市教育委員会事務局生涯学習推進室市史編纂担当編集**

◇史料・市民の記録編　三鷹市　2000.11　186p　22cm
　内容 明治 2 年(1869)から昭和 35 年(1960)までの行政関係の史料

◇通史編　三鷹市　2001.2　736p　22cm
　内容 明治元年(1868)から平成 12 年(2000)介護保険制度の発足まで

◇補・資料編　三鷹市　2000.11　23,862p　22cm
　内容 昭和 25 年市制施行以後平成 11 年 3 月までの市政一般の他民俗, 考古に関す

る資料

三鷹市史　三鷹市史編さん委員会編
- ◇三鷹市　1970.11　1457p　図　地図　22cm
  - 内容 無土器時代から昭和38年(1963)まで

## 【青梅市】

増補改訂 青梅市史　青梅市史編さん委員会編
- ◇上巻　青梅市　1995.10　1081p　22cm
  - 内容 岩宿時代(縄文以前)から慶応4年の飯能戦争まで
- ◇下巻　青梅市　1995.10　1234p　22cm
  - 内容 明治元年(1868)から平成5年(1993)までおよび宗教,民俗を記述

稿本三田村史　清水利著,青梅市郷土博物館編
- ◇青梅市教育委員会　1993.8　257p　21cm

青梅 定本市史　青梅市史編さん実行委員会編
- ◇青梅市　1966.11　1250p　図版　地図　22cm
  - 内容 縄文時代から昭和40年(1965)まで/民俗

青梅郷土誌　青梅国民学校郷土誌編輯部
- ◇青梅国民学校郷土誌編輯部代表 並木與一　1941.3　285p　21cm
  - 内容 承平年関から昭和16年(1941)まで、および社寺、人口、行政、財政、産業他を記述

## 【府中市】

府中市の歴史
- ◇府中市　1983.3　428p　19cm
  - 内容 先土器時代から昭和55年(1980)まで

府中市史　再版　府中市史編さん委員会編
- ◇上巻　府中市　1979.10　1002p　22cm
  - 内容 無土器(旧石器)時代から慶応3年まで
- ◇中巻　府中市　1979.10　927p　22cm
  - 内容 慶応4年から昭和45年(1970)まで
- ◇下巻　府中市　1979.10　1370p　22cm
  - 内容 民俗編で、住居、衣服と生活、食生活、その他を記述

府中市史　府中市史編さん委員会編
- ◇上巻　府中市　1968　1002p　図版　22cm
  - 内容 自然史、原始・古代、中世、近世
- ◇下巻　府中市　1974　1370p　図　22cm
  - 内容 近代、民俗

## 【昭島市】

昭島市史　昭島市史編さん委員会編
- ◇昭島市　1978.11　26,1551p　22cm
  - 内容 縄文時代から昭和47年(1972)まで
- ◇資料編 地方文書目録1　昭島市　1976　119p　21cm
- ◇資料編 地方文書目録2　昭島市　1978　251p　21cm
- ◇資料編 中野久次郎「諸用日記控」　昭島市　1979　195p　21cm
- ◇資料編 板碑と近世墓　昭島市　1976　119p(図共)　21cm
- ◇資料編 民俗資料としての『農事日誌』　昭島市　1977.3　193p(図共)　21cm
- ◇附編　昭島市　1978.11　638p　22cm
  - 内容 民俗および,元亀2年から慶応3年までの史料

## 【調布市】

調布市史　調布市市史編集委員会編

- ◇民俗編　調布市　1988.3　724p　22cm
  - 内容 衣食住,農業,諸職・交通,村と家めぐる民俗他を記述
- ◇上巻　調布市　1990.3　571p　22cm
  - 内容 先土器時代から14世紀までの遺跡を収録
- ◇中巻　調布市　1992.3　605p　22cm
  - 内容 天正18年から慶応4年まで
- ◇下巻　調布市　1997.3　991p　22cm
  - 内容 安政元年から平成7年(1995)文化会館竣工まで

調布市百年史　調布市役所編

- ◇調布市　1968.10　430p,図版2枚　21cm
  - 内容 縄文時代から昭和42年(1967)まで

## 【町田市】

町田市史　町田市史編纂委員会編

- ◇町田市歴史年表　町田市　1975　37p　図　22cm
  - 内容 石器時代から昭和50年(1975)まで
- ◇上巻　町田市　1974.3　1524,29p　図　22cm
  - 内容 無土器時代から慶応4年明治政府直轄領まで
- ◇下巻　町田市　1976.3　1718,28p　図　22cm
  - 内容 慶応3年から昭和48年(19737)まで/人文地理,民俗,宗教,文化財

鶴川村誌　鶴川村著

- ◇[鶴川村]　1958.1　296p　22cm
  - 内容 縄文時代から昭和31年(1956)まで

## 【小金井市】

小金井市誌　小金井市誌編さん委員会編

- ◇1 地理編　小金井市　1968.3　463p　22cm
  - 内容 自然,産業・交通,人口・集落,民俗・文化他を記述
- ◇2 歴史編　小金井市　1970.10　533p　22cm
  - 内容 無土器時代から大正14年(1925)までおよび明治大正の民俗を記述
- ◇3 資料編　小金井市　1967.3　511p　22cm
  - 内容 無土器時代から明治35年(1902)までの資料を収録
- ◇4 年表編　小金井市　1976.3　128p　22cm
  - 内容 先土器時代から昭和49年(1974)まで
- ◇5 地名編　小金井市　1978.3　153p　22cm
  - 内容 地名調査の目的,地名の発生と変化,各町別の地名を記述
- ◇6 小金井今昔ばなし編　小金井市　1978.10　223p　22cm
  - 内容 市内にいまでも残る年中行事などの民俗文化を今昔ばなしとしてまとめた

## 【小平市】

小平市三〇年史　大日本印刷株式会社CDC事業部年史センター編

- ◇小平市　1994.3　27,957p 図版16枚　22cm
  - 内容 旧石器時代から平成4年(1992)3月末まで

小平町誌　小平町誌編纂委員会編

- ◇小平町　1959.3　7,16,1380,23p,図版52枚　22cm

## 【日野市】

### 日野市史

◇通史編 1 自然・原始・古代　日野市史編さん委員会　1988.3　15,370p　22cm
　内容 旧石器時代から文治5年まで

◇通史編 2 上 中世編　日野市史編さん委員会　1994.3　11,322p　22cm
　内容 治承4年から天正18年、八王子城落城まで

◇通史編 2 中 近世編 1　日野市史編さん委員会　1995.3　216p　22cm
　内容 天正18年から享保期の新田開発まで

◇通史編 2 下 近世編 2　日野市史編さん委員会　1992.3　402p　11,402p　22cm
　内容 文政年間から明治4年(1871)廃藩置県まで

◇通史編 3 近代 1　日野市史編さん委員会　1987.3　17,571p　22cm
　内容 明治4年(1871)から明治42年(1909)まで

◇通史編 4 近代 2 現代　日野市史編さん委員会　1998.3　22,516p　22cm
　内容 大正元年(1912)から昭和55年(1980)の日野図書館開館まで

◇民俗編　日野市史編さん委員会　1983.10　27,527p　22cm
　内容 昭和49年から51年に行われた民俗調査をもとにまとめた

### 日野町誌

◇日野町　1955.3　285p(図版共)　22cm
　内容 旧石器時代から昭和29年(1954)まで

## 【東村山市】

東村山市史　東村山市史編さん委員会

◇1 通史編 上巻　東村山市　2002.3　912p　22cm
　内容 旧石器時代から慶応3年武州世直し一揆鎮圧までおよび自然を記述

◇2 通史編 下巻　東村山市　2003.9　848p　22cm
　内容 1868年戊辰戦争から2001年(平13年)ハンセン病国家賠償訴訟終結まで

◇3 資料編 自然　東村山市　1998.3　471p　27cm
　内容 自然環境,植物,動物に分け,調査の結果をおさめた

◇4 資料編 民俗　東村山市　1999.3　433p　22cm
　内容 村落,生業,家族と親族,通過儀礼,年中行事他を収録

◇5 資料編 考古　東村山市　2001.3　1023p　27cm
　内容 旧石器時代・縄文時代・弥生時代・古墳時代・古代・中世の考古資料

◇6 資料編 古代・中世　東村山市　1996.3　1036p　22cm
　内容 景行天皇25年から天正18年までの文書・記録,系図,金石文を収録

◇7 資料編 近世 1　東村山市　1996.3　921p　22cm
　内容 延享3年から慶応4年までの御用留をおさめた

◇8 資料編 近世 2　東村山市　1999.3　933p　22cm
　内容 元和4年から明治2年までの史料を収録した

◇9 資料編 近代 1　東村山市　1995.3　885p　22cm
　内容 明治2年(1869)から昭和19年(1944)までの資料を収めた

◇10 資料編 近代 2　東村山市　2000.3　927p　22cm
　内容 慶応4年(1868)から昭和30年(1955)までの史料を収録した

◇11 資料編 現代　東村山市　1997.3　1057p　22cm

内容 昭和20年(1945)から平成2年(1990)までの資料を収めた

**東村山市史 図説　東村山市史編さん委員会**

◇東村山市　1994.12　303p　27cm
　内容 先土器時代から平成5年(1993)TAMAらいふ21開催までと自然,民俗を記述

**東村山市史　東村山市史編纂委員会編**

◇東村山市　1971.10　1059p 図11枚　22cm

## 【国分寺市】

**国分寺市史　国分寺市史編さん委員会編**

◇上巻　国分寺市　1986.3　770p　27cm
　内容 先土器時代から天正18年後北条氏滅亡まで

◇中巻　国分寺市　1990.3　941p　27cm
　内容 天正18年徳川氏入国から慶応4年まで

◇下巻　国分寺市　1991.3　1051p　27cm
　内容 明治2年(1869)品川県設置から平成元年(1989)まで

## 【国立市】

**国立市史　国立市史編さん委員会編**

◇上巻　国立市　1988.3　880p　27cm
　内容 先土器時代から天慶3年平将門の乱まで/自然,民俗

◇中巻　国立市　1989.5　821p　27cm
　内容 康平5年から明治3年(1870)まで

◇下巻　国立市　1990.5　782p　27cm
　内容 明治元年から昭和62年(1987)まで

◇別巻　国立市　1992.12　350p　27cm
　内容 旧石器時代から平成2年(1990)までの年表および索引

## 【福生市】

**福生歴史物語　福生市史普及版　福生市教育委員会編**

◇福生市教育委員会　1999.3　246p　22cm

**福生市史　福生市史編さん委員会編**

◇上巻　福生市　1993.6　1112p　22cm
　内容 縄文時代から慶応2年陣屋設置反対運動までおよび民俗を記述

◇下巻　福生市　1994.12　983p　22cm
　内容 明治2年(1869)から平成元年(1989)までおよび自然環境を収録

**福生市史資料編　福生市史編さん委員会編**

◇近代・新聞資料(昭和)　福生市　1990.7　457p　21cm
　内容 「読売新聞」を中心にして昭和2年(1927)から同21年(1946)までの福生および多摩郡関係の主要記事を抽出

◇考古　福生市　1988.3　313p　21cm
　内容 先土器時代から平安時代までの考古遺跡論文集

◇中世・寺社　福生市　1987.3　572p　21cm
　内容 治承4年より天正18年に至る諸領主に関する古文書を収録

◇民俗 上　福生市　1989.6　418p　21cm
　内容 生業と衣食住,季節のリズム,人の一生を記述

◇民俗 下　福生市　1991.3　19,318p　21cm
　内容 社会生活,信仰生活,口承文芸,民俗芸能を記述

◇近世1　福生市　1989.2　470p　21cm

内容 元文元年から明治2年(1869)までの村の概要, 支配, 村政, 戸籍他の資料を収録

　◇近世2　福生市　1990.2　444p　21cm
　　内容 明暦2年から明治元年(1868)までの土地と開発, 年貢と取立, 御用諸役の資料を収録

　◇近世3　福生市　1991.3　459p　21cm
　　内容 宝暦7年から明治2年(1869)までの普請と用水, 産業, 寺社と文化, 兵事他の資料を収録

福生町誌　福生町誌編集委員会編

　◇福生町　1960　299p 地図　22cm

## 【狛江市】

狛江市史　狛江市史編さん委員会編

　◇狛江市　1985.3　1654p　22cm
　　内容 縄文時代から昭和54年(1979)まで

狛江村誌　狛江村役場〔編〕

　◇狛江郷土資料研究会　1976　72p 図　22cm

狛江村誌　東京都北多摩郡狛江村役場編

　◇東京都北多摩郡狛江村役場　1935　72p　A5

## 【東大和市】

東大和市史　東大和市史編さん委員会編

　◇東大和市　2000.3　464p　26cm
　　内容 旧石器時代から平成2年(1990)までおよび, 民俗, 信仰を記述

　◇資料編1 軍需工場と基地と人びと　東大和市　1995.3　206p　26cm
　　内容 1929年(昭和4)から1992年(平成4)の戦災建造物保存会発足まで

　◇資料編2 多摩湖の原風景　東大和市　1995.3　200p　26cm

　　内容 1886(明治19)から平成16年(1994)まで

　◇資料編3 発掘された先人のくらし　東大和市　1995.3　178p　26cm
　　内容 先土器時代から縄文時代まで

　◇資料編4 新しいまち南街　東大和市　1996.3　195p　26cm
　　内容 1739年から1995年(平成7)まで

　◇資料編5 狭山丘陵と生きものたち　東大和市　1996.3　243p　26cm
　　内容 東大和のみどりと台地, 雑木林の四季, 人々の暮らしと自然他を記述

　◇資料編6 中世-近世からの伝言 石に刻まれた人びとの願い　東大和市　1997.3　234p, 図版[3]p　26cm
　　内容 板碑を中心にした中世・近世の石造物の考古学的資料を収録

　◇資料編7 里正日誌の世界　東大和市　1997.3　244p 図版5p　26cm
　　内容 旧蔵敷村名主内野家所蔵の「里正日誌」のうち, 安政元年から明治2年(1869)までの中から編成

　◇資料編8 信仰のすがたと造形　東大和市　1998.3　187p 図版　26cm
　　内容 社寺の信仰とそのひろがり, 伝説にみる信仰と生活, 東大和市の仏像彫刻と美術を収録

　◇資料編9 道と地名と人のくらし　東大和市　1999.3　197p 図版　26cm
　　内容 東大和市の道と地名, 年中行事, 人の一生, ふるさとの唄などを記述

　◇資料編10 近代を生きた人びと　東大和市　1999.3　174p 図版　26cm
　　内容 幕末から維新へ, 自由民権運動, 戦争と大和村, 大和村の教育他を記述

大和町史

　◇大和町教育委員会　1963.11　563p, 図版16枚 表 地図　22cm
　　内容 縄文時代から昭和25年(1950)首都建設法成立まで

東京都　　　　　　　　　　　　　　　　　　　　　　　　　　　　　　　　　　　　　多摩市

## 【清瀬市】

清瀬市史　清瀬市史編纂委員会編

- ◇清瀬市　1973.7　992p　22cm
  内容 旧石器時代から昭和45年(1970)の市制移行まで

- ◇付録　清瀬市　1973.7　2冊　21cm
  内容 明治33年(1900)から大正10年(1921)までの小寺家家計簿,清瀬村所統表を収録

## 【東久留米市】

東久留米市史　東久留米市史編さん委員会編

- ◇東久留米市　1979.3　1312p　22cm
  内容 先土器時代から昭和53年(1978)までおよび民俗,建築を記述

## 【武蔵村山市】

武蔵村山市史　武蔵村山市史編さん委員会編

- ◇資料編 近世　武蔵村山市　2000.3　708p　26cm
  内容 天正19年から慶応3年までの旗本と村,村のすがたとしくみ,村のくらし他の資料を収録

- ◇資料編 古代・中世　武蔵村山市　1999.3　543p　26cm
  内容 747年から1590年までの史料を収録

- ◇資料編 近代・現代　武蔵村山市　2001.3　938p　26cm
  内容 明治元年(1868)から昭和63年(1988)までの資料を収録

- ◇資料編 考古　武蔵村山市　2000.3　603p　26cm
  内容 旧石器時代から近世までの考古資料を収録

- ◇資料編 自然 地形・地質　武蔵村山市　1999.3　150p　26cm
  内容 地形概要,調査報告などを記述

- ◇資料編 自然 植物・キノコ・動物 里山の輝き　武蔵村山市　1999.3　334p　26cm
  内容 平成5年(1993)から平成10年(1998)まで行った生物の調査報告

- ◇通史編 上巻　武蔵村山市　2002.7　1204p　26cm
  内容 旧石器時代から慶応3年江川農兵の相州警備まで

- ◇通史編 下巻　武蔵村山市　2003.3　820p　26cm
  内容 慶応3年から平成7年(1995)までおよび自然を記述

- ◇民俗編　武蔵村山市　2000.11　925p　26cm
  内容 平成5年から平成11年にかけて実施された民俗部会による調査研究の成果に基づいてまとめた

村山町史　村山町史編纂委員会編

- ◇村山町教育委員会　1968.3　727p　22cm
  内容 縄文時代から昭和41年(1966)都営団地完成まで

## 【多摩市】

多摩市史　多摩市史編集委員会編

- ◇資料編1 考古 古代 中世　多摩市　1995.3　1087p 図版　22cm
  内容 旧石器時代,縄文時代,弥生時代,古墳時代,古代,中世にわたる発掘の成果

- ◇資料編2 近世 社会経済　多摩市　1995.3　640p 図版　22cm
  内容 正保2年から明治6年(1873)までの関戸,一ノ宮,和田,落合,見取,乞田,寺方各村他の資料

- ◇資料編2 近世 文化・寺社　多摩市　1996.3　529p 図版　22cm
  内容 慶安元年から明治2年(1869)までの狂歌,俳諧,花道,和算他の資料

- ◇資料編3 近代　多摩市　1996.3　772p

全国地方史誌総目録　361

図版 22cm
  [内容] 慶応4年(明治元年)から大正前半期までを収録した

◇資料編4 近現代 多摩市 1998.1 975p 図版 22cm
  [内容] 大正4年(1915)から平成8年(1996)までを収録

◇通史編1 自然環境,植物・動物,原始および古代,中世・近世 多摩市 1997.3 1122, 13p 図版 22cm
  [内容] 旧石器時代から

◇通史編2 近現代 多摩市 1999.3 49, 14, 967p 図版 22cm
  [内容] 慶応4年戊辰戦争から平成10年(1998)まで

◇民俗編 多摩市 1997.3 747, 37p 図版 22cm
  [内容] 昭和61年から行った多摩市史の民俗調査に基づいて記述

多摩町誌 多摩町誌編さん委員会編
  ◇多摩町 1970.12 782p 22cm
    [内容] 無土器時代から昭和44年(1969)まで

## 【稲城市】

稲城市史
  ◇資料編1 自然 稲城市 1994.3 232p 24cm
    [内容] 植物,動物,化石を収録

  ◇資料編2 古代・中世・近世 稲城市 1996.11 923p 24cm
    [内容] 成務天皇期から明治2年(1869)までの資料

  ◇資料編3 近現代1 稲城市 1997.3 1088p 24cm
    [内容] 1868年(明治元)から1929年(大正14)までの資料

  ◇資料編4 近現代2 稲城市 1995.3 820p 24cm
    [内容] 昭和初期より1989年(平成元)9月に至るまでの資料

  ◇上巻 稲城市 1991.3 971p 24cm
    [内容] 旧石器時代から慶応4年官軍東征までおよび自然を記述

  ◇下巻 稲城市 1991.3 1029p 24cm
    [内容] 慶応4年から昭和63年(1988)まで/人文地理,民俗

稲城町誌 稲城町誌編纂委員会編
  ◇稲城町 1967.11 296p 22cm
    [内容] 縄文時代から昭和42年(1967)まで

## 【羽村市】

羽村町史 復刻 羽村町史編纂委員会編
  ◇羽村町 1983.9 14, 915p 22cm
    [内容] 縄文時代から昭和49年(1974)まで/1974年刊の複製

羽村町史 羽村町史編さん委員会編
  ◇羽村町 1974.6 915p 22cm

西多摩村誌 西多摩村役場編纂
  ◇西多摩村役場 1928.11 452p 23cm
    [内容] 石器(現縄文)時代から大正14年(1925)まで

## 【あきる野市】

秋川市史 秋川市史編纂委員会
  ◇秋川市 1983.11 1638p 22cm
    [内容] 先土器時代から昭和47年(1972)市制施行まで

  ◇附編 秋川市 1983.11 589,151p 22cm
    [内容] 民俗,事項索引を収録

五日市町史 東京都西多摩郡五日市町 五日市町史編さん委員会編
  ◇五日市 1976.11 1118p 図 22cm
    [内容] 縄文時代から昭和49年(1974)ごろ

まてと自然環境を記述

戸倉村誌　戸倉村誌編纂委員会編

◇戸倉村　1968.11　551p, 図版12枚　21cm
[内容] 縄文時代から昭和35年(1960)戸倉会館新築落成まで

## 【西東京市】

田無市史　田無市史編さん委員会編

◇第1巻 中世・近世史料編　田無市　1991.3　946,12p　22cm
[内容] 貞治元年から慶応4年までの中世基本資料,近世支配,生業,玉川上水他を収録

◇第2巻 近代・現代史料編　田無市　1992.3　1080p　22cm
[内容] 明治維新以降1970年代までの史料を収録

◇第3巻 通史編　田無市　1995.1　1058p　22cm
[内容] 旧石器時代から1994年(平6)までおよび自然を記述

◇第4巻 民俗編　田無市　1994.1　746p　22cm
[内容] 集落の成立とその性格,農家の生産生活,農業技術と農家の暮らし他を記述

保谷市史　保谷市史編さん委員会編

◇史料編1 近世1　保谷市史編さん委員会　1986.2　432p　22cm
[内容] 寛文3年から慶応3年までの支配,村政,年貢,助郷などの資料

◇史料編2 近世2　保谷市史編さん委員会　1986.3　463p　22cm
[内容] 寛永21年から慶応4年までの新田開発,玉川上水,千川上水,鷹場他の史料を収録

◇史料編3 近現代1　保谷市史編さん委員会　1986.12　583p　22cm
[内容] 慶応4年から大正15年(1926)までの政治・行政,財政・経済・生活他の資料

◇史料編4 近現代2　保谷市史編さん委員会　1987.3　627p　22cm
[内容] 昭和2年(1927)から昭和53年(1978)までの政治・行政,財政・経済,社会・生活他の資料

◇通史編1 考古　保谷市史編さん委員会　1987.9　266p　22cm
[内容] 先土器時代から古墳時代までの遺跡を収録

◇通史編2 古代・中世・近世　保谷市史編さん委員会　1988.3　676p　22cm
[内容] 霊亀元年から明治2(1869)まで

◇通史編3 近現代1　保谷市史編さん委員会　1989.1　1007p　22cm
[内容] 明治元年(1868)から昭和59年(1984)までおよび教育・文化・宗教を記述

◇通史編4 民俗　保谷市史編さん委員会　1989.1　463p　22cm
[内容] 大正時代から昭和10年代ものを主として記述

南葛飾郡誌　南葛飾郡役所編

◇南葛飾郡役所　1923　490p　A5

東京府豊多摩郡誌　豊多摩郡役所編

◇豊多摩郡役所　1916　1046p　A5

南足立郡誌　南足立郡教育会編

◇南足立郡教育会　1916　229p　A5

## 【瑞穂町】

瑞穂町史　瑞穂町史編さん委員会編

◇瑞穂町　1974.4　1190p 図　22cm
[内容] 無土器時代から昭和48年(1953)まで

## 【日の出町】

日の出町史　日の出町史編さん委員会編

◇通史編 上巻　日の出町　1992.3　526p 挿図　22cm

内容 縄文時代から天正18年まで/自然環境
◇通史編 中巻　日の出町　2002.3　655p 挿図　22cm
　　内容 天正15年から慶応4年官軍通行助郷負担まで
◇通史編 下巻　日の出町　2006.2　920p 挿図　22cm
　　内容 嘉永6年から平成9年(1997)花の館開設まで
◇文化財編　日の出町　1989.9　891p 挿図　22cm
　　内容 仏像、板碑、金石文、民俗、年中行事、民俗芸能、伝説・むかしばなしを収録

日の出町近代年表・統計資料　日の出町史編さん委員会編

◇日の出町教育委員会　1996.3　279p　26cm
　　内容 年表の対象機関は、昭和5年(1930)から昭和30年(1955)まで

## 【檜原村】

郷土史 檜原村　檜原村文化財専門委員会編

◇檜原村教育委員会　1996.3　195p　16cm
　　内容 縄文時代から平成5年(1993)の長期総合計画の基本構想決定まで

東京都西多摩郡檜原村史　桧原村史編さん委員会編

◇西多摩郡桧原村　1981.3　1121p　22cm
　　内容 縄文時代から昭和50年(1975)まで/環境、学校教育、神社・寺院、民俗を記述

## 【奥多摩町】

奥多摩町誌　奥多摩町誌編纂委員会編纂

◇自然編　奥多摩町　1985.3　5, 223p　22cm
　　内容 地形・地質、気候、植物、動物ほか
◇民俗編　奥多摩町　1985.3　8, 579p　22cm
　　内容 山方のなりわい、山方のくらし、人生暦年中行事ほか
◇歴史編　奥多摩町　1985.3　21, 1338p　22cm
　　内容 縄文時代から昭和59年(1984)まで

奥多摩郷土小誌　奥多摩町郷土教材研究委員会編著

◇奥多摩町教育委員会　1964.3　4, 360, 8p 図版2枚　折り込み地図4枚
　　内容 縄文時代から昭和32年(1957)までおよび, 地理, 産業, 社会他を記述

小河内村報告書―湖底のふるさと―　小河内村役場編

◇小河内神社奉賛会　1941　301p　A5

東京府西多摩郡古里村誌　武田覚蔵編

◇武田覚蔵　1938　38p　23cm

## 【大島町】

東京都大島町史　大島町史編さん委員会編

◇考古編　東京都大島町　1998.3　546p　27cm
　　内容 縄文時代から室町時代まで
◇資料編　東京都大島町　2001.3　1088p　27cm
　　内容 元禄7年から平成12年(2000)まで
◇自然編　東京都大島町　2000.3　272p　27cm
　　内容 地形と地質、噴火と地震の記録、気候、動植物
◇通史編　東京都大島町　2000.3　820p　27cm
　　内容 縄文時代から平成10年(1998)まで
◇民俗編　東京都大島町　1999.3　488p

27cm
内容 平成5年3月以来の民俗調査の成果と収集資料に基づいてまとめた

大島町誌　大島町誌編纂係編纂
◇大島町　1932.10　2, 2, 4, 11, 472p, 図版14枚　23cm
内容 天正18年から昭和7年(1932)まで

伊豆大島泉津村誌　泉津村役場編
◇泉津村役場　1930　104p　B5

波浮港村誌　松木国次郎編
◇上, 中, 下　松木国次郎　1914　3冊　27cm

## 【利島村】

利島村史　利島村編
◇研究・資料編　利島村　1996.3　573p　22cm
内容 縄文時代から昭和13年(1938)まで
◇通史編　利島村　1996.3　1172p　22cm
内容 縄文時代から平成4年(1992)まで

## 【新島村】

新島村史　新島村編集
◇資料編1 史料　新島村　1996.3　928p　22cm
内容 縄文遺跡から平成6年(1994)まで
◇資料編1 別冊 動植物目録・自然関係資料　新島村　1996.3　123p　22cm
◇資料編2 流人史　新島村　1996.3　430p　22cm
内容 推古天皇28年から明治8年(1875)まで
◇資料編3 新島島役所日記 弘化-慶応　新島村　2002.3　643p　21cm
内容 弘化から慶応まで

◇資料編4 新島島役所日記 天保年間　新島村　2003.3　352p　21cm
内容 天保元年から天保15年まで
◇資料編5 新島島役所日記 宝暦-文政　新島村　2004.3　404p　21cm
内容 宝暦2年から文政11年まで
◇資料編6 新島御用留帳 寛延～文政　新島村　2005.3　432p, 図版[1]枚 挿図　21cm
内容 寛延2年から文政元年まで
◇通史編　新島村　1996.3　1168p　22cm
内容 450年ころから平成7年(1995)まで

式根島開島百年史　式根島開島百年を記念する会編
◇新島本村　1987.5　829p　22cm
内容 縄文時代から昭和61年(1986)まで

## 【神津島村】

神津島村史　神津島村史編纂委員会編
◇神津島村　1998.3　27, 1190p, 図版10枚　22cm
内容 承和5年から平成7年(1995)まで

## 【三宅村】

三宅島史　三宅島史編纂委員会編
◇三宅村　1982.3　999p, 図版6枚　22cm
内容 鎌倉時代から昭和50年(1975)まで

## 【八丈町】

八丈島誌　改訂増補版　東京都八丈島八丈町教育委員会編
◇八丈町　1993.1　848p　22cm

八丈島誌　3版　八丈町教育委員会編
◇八丈町誌編纂委員会　1983.2　708p 図　22cm

内容 鎌倉時代から昭和52年(1977)まで

八丈島誌　八丈町教育委員会編
　　◇八丈町　1973　642p　22cm

## 【青ヶ島村】

青ヶ島島史　小林亥一著
　　◇青ヶ島　1980.9　601p　22cm

## 【小笠原村】

小笠原島総覧　東京府編
　　◇東京府　1929　451p　A5

小笠原島誌纂　東京府小笠原庁編
　　◇東京府小笠原庁　1888　452p　B6

## 【荏原郡】

東京府荏原郡誌　小松悦二編
　　◇東海新聞社出版部　1924　404p　19cm

## 【北多摩郡】

北多摩郡誌　[複製版]　東京府北多摩郡編
　　◇象山社　1983.8　115, 56p　22cm
　　内容 弥生時代から大正7年(1918)までおよび町村誌を記述

## 【北豊島郡】

北豊島郡誌
　　◇千秋社　1989.5　614p　22cm

東京府北豊島郡誌　北豊島郡農会編
　　◇名著出版　1979.9　614p 図版11枚　22cm

西巣鴨町誌　東京府北豊島郡西巣鴨町役場
　　◇東京府北豊島郡西巣鴨町役場　1932.9　402p　19cm
　　内容 鎌倉時代から昭和6年(1931)まで

北豊島郡誌　北豊島郡農会編
　　◇北豊島郡農会　1918　631p 図版11枚　23cm

## 【豊多摩郡】

東京府豊多摩郡誌　[複製版]　東京府豊多摩郡役所編
　　◇名著出版　1978.2　26, 1046p　22cm
　　内容 景行天皇40年から大正4年(1915)までおよび都記, 町村記を記述

## 【西多摩郡】

東京府西多摩郡誌　[複製版]　東京府西多摩郡編
　　◇千秋社　1993.8　2, 14, 367, 66p　22cm
　　内容 天長10年から明治45年(1912)まで

## 【南葛飾郡】

南葛飾郡誌　[複製版]　東京府南葛飾郡編
　　◇明治文献　1973.3　490p　22cm
　　内容 雄略天皇期から大正9年(1920)までおよび自然的環境, 社会的考察を記述

## 【南多摩郡】

南多摩郡史　南多摩郡役所編纂
　　◇臨川書店　1973.3　515, 94p 図　22cm
　　内容 明治11年(1878)から大正10年(1921)郡制廃止まで

南多摩郡史　南多摩郡役所編
　　◇南多摩郡役所　1923　609p　A5

# 神奈川県

**神奈川県の歴史** 神奈川県県民部県民総務室編

◇神奈川県 1984.12 274, 8p 23cm
[内容] 先土器時代から昭和55年(1980)頃まで

**神奈川県史** 神奈川県企画調査部県史編集室編

◇各論編1 政治行政 神奈川県 1983.3 23, 994p 23cm
[内容] 明治から現代(1982年頃)に至る本県の政治、行政、社会に関する特殊テーマを選んで叙述した論文集

◇各論編2 産業経済 神奈川県 1983.3 20, 990p 23cm
[内容] 明治期から現代(1980年頃)までの本県産業、経済に関する特殊テーマを選んで叙述した論文集

◇各論編3 文化 神奈川県 1980.3 26, 1075p 23cm
[内容] 各時代の本県文化に関する特殊テーマを選んで叙述

◇各論編4 自然 神奈川県 1978.3 8, 1040p 23cm
[内容] 昭和49年(1974)から調査を行なった県下の自然の実態を解明

◇各論編5 民俗 神奈川県 1977.3 8, 1010, 11p 23cm
[内容] 昭和44年(1969)から調査した、県民の生活に根づき遠い父祖から継承してきたならわしや伝承

◇資料編1 古代中世(1) 神奈川県 1970.3 6, 939, 51, 10p 23cm
[内容] 有史以来建治3年(1277)まで/古代編：景行40年から治承4年(1180)までの資料/中世編：養和1年(1181)から建治3年(1277)まで古文書、典籍奥書、金石文等

◇資料編2 古代中世(2) 神奈川県 1973.3 2, 1040, 7, 1p 23cm
[内容] 建治4年(1278)から元弘3年(1333)

◇資料編3 古代中世(3 上) 神奈川県 1975.3 1014, 14p 23cm
[内容] 中世編：南北朝時代の建武元年(1334)から室町時代の永享12年(1440)まで

◇資料編3 古代中世(3 下) 神奈川県 1979.3 2, 3, 1314, 10p 23cm
[内容] 嘉吉元年(1441)から天正18年(1590)7月まで

◇資料編4 近世(1) 神奈川県 1971.2 16, 947, 44, 58, 5p 23cm
[内容] 藩領編の1として小田原藩関係の内、大久保氏が天正18年(1590)に入封した時から、稲葉氏が越後国高田へ転封する貞享3年(1686)まで

◇資料編5 近世(2) 神奈川県 1972.3 14, 973, 58p 23cm
[内容] 藩領編の2として小田原藩関係の続編として、大久保氏が貞享3年(1686)に再封された時から、明治4年(1871)の廃藩置県までと、天明3年(1783)以降の荻野山中藩、元禄9年(1696)以降の六浦藩関係の史料

◇資料編6 近世(3) 神奈川県 1973.3 24, 986, 36p 23cm
[内容] 幕領編の1として徳川氏が天正18年(1590)8月に関東に入封した時から7代将軍家継が没した正徳6年(1716)4月までの史料

◇資料編7 近世(4) 神奈川県 1975.3 26, 978, 74p 23cm
[内容] 幕領編2として8代将軍吉宗が就職した享保元年(1716)から日米和親条約が調印された嘉永7年(1854)までの史料

◇資料編8 近世(5 上) 神奈川県 1976.3 29, 950, 94p 23cm
[内容] 旗本領・寺社領編の1として淘綾郡・大住郡・愛甲郡・高座郡・鎌倉郡の旗本領に関する史料

◇資料編8 近世(5 下) 神奈川県 1979.3 32, 1009, 86p 23cm

内容 旗本領・寺社領編の 2 として武蔵国橘樹郡・久良岐郡・都筑郡の旗本領と寺社領に関する史料

◇資料編 9 近世(6)　神奈川県　1974.3　29, 977, 48p 23cm
　　内容 交通・産業編として、徳川氏が天正 18 年(1590)8 月に関東に入封した時から、明治維新まで

◇資料編 10 近世(7)　神奈川県　1978.3　32, 1000, 74p 23cm
　　内容 海防・開国編として、幕府の海防政策が開始される寛政 4 年(1792)から、神奈川府の成立に至る明治元年(1868)まで

◇資料編 11 近代・現代(1)　神奈川県　1974.3　16, 934, 55p 23cm
　　内容 政治・行政編 1 として明治初年から昭和前期までの県政の推移に関する資料

◇資料編 12 近代・現代(2)　神奈川県　1977.3　12, 1086, 26p 23cm
　　内容 政治・行政編 2 として昭和初期から昭和 40 年代までの県政の推移に関する資料、戦後は社会運動関係資料も収録

◇資料編 13 近代・現代(3)　神奈川県　1977.3　20, 1023, 23p 23cm
　　内容 社会編として明治初期から昭和 20 年(1945)まで

◇資料編 14 近代・現代(4)　神奈川県　1976.3　37p 23cm
　　内容 文化編として幕末開港後から現代に至るまで(昭和 45 年)1970

◇資料編 15 近代・現代(5)　神奈川県　1973.3　4, 1070, 9p 23cm
　　内容 渉外編として幕末開港後から明治前期に至る間の横浜外国人居留地及び在留外国人に関渉する諸資料

◇資料編 16 近代・現代(6)　神奈川県　1980.3　22, 1014, 63p 23cm
　　内容 財政・金融編として明治初年以降昭和 26 年(1951)までの資料

◇資料編 17 近代・現代(7)　神奈川県　1976.3　10, 1060, 44p 23cm
　　内容 近代の生産編として明治初期から(一部幕末から)昭和 20 年(1945)(一部戦後含む)までの農林・漁業、軽工業、重化学工業に関する資料

◇資料編 18 近代・現代(8)　神奈川県　1975.2　18, 1034, 40p 23cm
　　内容 近代の流通編として明治初期から(一部幕末から)昭和 20 年(1945)までの商業・貿易、内陸運輸、海運・港湾に関する資料

◇資料編 19 近代・現代(9)　神奈川県　1978.3　14, 953, 71, 80p 23cm
　　内容 現代の経済編として昭和 20 年(1945)から昭和 40 年代までの農林・漁業、工業、商業・貿易、交通・港湾に関する資料

◇資料編 20 考古資料　神奈川県　1979.3　40, 763, 297p 23cm
　　内容 先土器時代から平安時代までの主要な遺跡・遺物、その概説遺跡解説・文献目録

◇資料編 21 統計　神奈川県　1982.3　11, 768p 26cm
　　内容 統計編として明治以降 1980 年までの県に関する自然、人口・県財政・公務員・選挙、産業、貿易、金融他の統計

◇通史編 1 原始・古代・中世　神奈川県　1981.3　22, 1126, 6p 23cm
　　内容 先土器時代から天正 18 年(1590)まで

◇通史編 2 近世(1)　神奈川県　1981.3　13, 825, 6p 23cm
　　内容 天正 18 年(1590)、後北条氏の滅亡、徳川家康の関東入封からおよそ正徳 5 年(1715)頃までの幕藩体制の確立・展開期の 125 年間

◇通史編 3 近世(2)　神奈川県　1983.3　20, 1252, 32p 23cm
　　内容 近世中期以降幕末まで内容によっては 17 世紀にさかのぼり、又、幕藩体制の崩壊までを目途としたので、廃藩置県にまで及んでいる

◇通史編 4 近代・現代(1)　神奈川県　1980.3　22, 911, 5p 23cm
　　内容 政治行政 1 として明治元年(1868)県

の成立から大正初頭(1910年代)まで社会・文化も含む

◇通史編5 近代・現代(2) 神奈川県 1982.3 21, 949, 8p 23cm
内容 政治は行政として大正初頭(1910年代)から現在(1970年代)まで社会・文化も含む

◇通史編6 近代・現代(3) 神奈川県 1981.3 24, 1154, 6p 23cm
内容 産業・経済1として、明治維新以降ほぼ第一次世界大戦(1914-18年)前後まで

◇通史編7 近代・現代(4) 神奈川県 1982.3 26, 1116, 6p 23cm
内容 産業・経済2として、ほぼ第一次世界大戦(1914-18年)前後から1970年(昭和45)前後まで

◇別編1 人物 神奈川県 1983.3 816, 58p 23cm
内容 古代から昭和50(1975)までに神奈川県に出生・居住または活躍した舞台が本県にある各分野の人物4,500名収録

◇別編2 資料所在目録 神奈川県 1981.3 50, 889p 23cm
内容 県域に関する古記録、古文書、近代・現代の諸資料についてその所在状況

◇別編3 年表 神奈川県 1982.3 489, 9p 26cm
内容 原始・古代から昭和55年(1980)までを対象

神奈川県史概説 石野瑛

◇上巻 歴史図書社 1980 600p 22cm
内容 1941年発行の「神奈川県史概説 上巻」の復刻版

◇下巻 財団法人 湘風会 1980.12 672p 22cm
内容 1958年発行の「神奈川県史概説 鎌倉時代以降」の復刻版

統計神奈川県史 戦後20年のあゆみ 神奈川県企画調査部統計調査課編

◇上巻 神奈川県 1966.3 7, 535p 27cm
内容 戦後における社会、経済、文化などの各分野にわたる変遷を累年統計の形で示したもの(総論、人口、農業及び林業など)

◇下巻 神奈川県 1966.3 7, 565p 27cm
内容 戦後における社会、経済、文化などの各分野にわたる変遷を累年統計の形で示したもの(電気・ガス・水道、交通、労働及び賃金など)

神奈川県史概説 石野瑛

◇鎌倉時代以後 武相学園 1958.12 10, 672p 21cm
内容 鎌倉時代から昭和33年まで

◇上巻 財団法人 湘風会 1941.10 3, 3, 228p 22cm
内容 地質時代・石器時代から平安時代まで

開国から百年 神奈川県のあゆみ 神奈川県百年史編纂委員会編

◇神奈川県 1955.3 4, 372, 15p 27cm
内容 県の産業経済の発展の経緯を中心として政治行財政、交通、運輸、社会労働文化教育等県政の全般に渉りその変遷と消長を記録

神奈川県郷土史 神奈川県編

◇1—12〔稿本〕 神奈川県 1943 12冊 B5 和

吾等の神奈川県 神奈川県編

◇神奈川県 1930 773p A5

吾等の神奈川縣 神奈川県

◇神奈川県庁 1928 6, 9, 34, 760, 13p 22cm
内容 沿革:古代から大正末期頃まで/地

全国地方史誌総目録 369

理/小口/自治/神社・寺院/宗教/兵事/農産商工業ほか

神奈川県誌　神奈川県編

◇神奈川県　1913　580p　A5

# 【横浜市】

横浜市史2　横浜市総務局市史編集室編

◇資料編1 連合軍の横浜占領　横浜市　1989.4　8, 797, 48p 図版　22cm
　内容 終戦連絡横浜事務局の作成した「執務報告書」第1号から第80号(1945年12月〜1952年3月)までを全文収録

◇資料編1 米第八軍の組織と人事　横浜市　1989.4　147p　22cm
　内容 占領軍が作成した横浜地区関係『電話帳(Telephone Directry)』を原典とし、占領中司令部を横浜に置いていたアメリカ第八軍の「組織と人事」を中心に収載

◇資料編2 地方小作官と農村情勢　横浜市　1990.3　7, 889, 21p 図版2枚　22cm
　内容 昭和2年(1927)から昭和18年(1943)まで神奈川県地方小作官の職にあった小塙英太郎氏の旧蔵資料の中から、神奈川県下の農村情勢に関するもので資料的価値が高いと考えられるもの

◇資料編2 昭和14年版 横浜市農政概要　横浜市　1990.3　106p　22cm
　内容 昭和15年(1940)横浜市産業部農政課によって発行された「横浜市農政概要」の復刻版

◇資料編3 占領期の地方行政　横浜市　1993.3　413, 26p 図版2枚　22cm
　内容 内山岩太郎の日記のうち、昭和21年から昭和27年に至る7年分8冊を収録

◇資料編4 上 京浜工業地帯と鉄鋼業　横浜市　1993.3　8, 561p　22cm
　内容 大正13年(1924)から昭和37年(1962)の日本鋼管の生産技術の革新を示す資料を中心に京浜工業地帯と重化学工業の関わりを解明する上で資料的価値が高いと考えられるもの

◇資料編4 下 京浜工業地帯と鉄鋼業　横浜市　1994.3　9, 813p　22cm
　内容 日本鋼管の生産技術の革新を示す資料を中心に京浜工業地帯と重化学工業の関わりを解明する上で資料的価値が高いと考えられるもの

◇資料編5 戦時・戦後の労働と企業　横浜市　1995.3　9, 696p, 図版2枚　22cm
　内容 横浜市域及び神奈川県域における産業報国運動関係資料と戦後の労働事情に関する資料

◇資料編6 北米における総合商社　横浜市　1997.3　6, 1020, 21p, 図版2枚　22cm
　内容 大正8年(1919)から昭和16年(1941)の三井物産在米支店の資料を収録

◇資料編7 戦災復興と都市計画　横浜市　2000.3　4, 598p, 図版2枚　22cm
　内容 戦災と接収から横浜市がどのように復興していったのかを都市計画の視点から関連資料を編集したもの

◇資料編8 戦前戦後の都市と教育　横浜市　2001.3　8, 628p　22cm
　内容 昭和戦前期から戦時下における学校教育の様態を示す資料や戦後教育の出発となる資料

◇総目次・索引　横浜市　2004.3　443p　22cm
　内容 横浜市史II第1巻から第3巻と資料編1〜8の目次、索引及び参考資料として市勢の基本事項(1930年〜1975年を中心)

◇第1巻 上　横浜市　1993.3　1397, 15p　22cm
　内容 昭和5年(1930)から昭和20(1945)年の敗戦にいたる時期

◇第1巻 下　横浜市　1996.3　1314, 12p　22cm
　内容 昭和5年(1930)から昭和20(1945)年の敗戦にいたる時期

◇第 2 巻 上　横浜市　1999.3　782, 7p　22cm
　内容 1945 年(昭和 20)から 1950 年代半ばにかけて、日本の敗戦、占領から独立復興にいたる時期

◇第 2 巻 下　横浜市　2000.3　746p　22cm
　内容 1945 年(昭和 20)から 1950 年代半ばにかけて、日本の敗戦、占領から独立復興にいたる時期

◇第 3 巻 上　横浜市　2002.3　841p　22cm
　内容 1950 年代半ばから 1970 年代初めにかけて、日本の高度経済成長期を対象

◇第 3 巻 下　横浜市　2003.7　790p　22cm
　内容 1950 年代半ばから 1970 年代にかけて日本の高度経済成長期を対象

## 横浜市史　横浜市編

◇資料編 1　横浜市　1960.3　19, 669p　22-27cm
　内容 安政 6 年(1859)から明治元年(1868)まで

◇資料編 2 日本貿易統計　横浜市　1962.3　293p　22-27cm
　内容 明治 1 年(1868)から昭和 20 年(1945)にいたる 78 年間の貿易統計

◇資料編 3 続通信全覧(抄)1　横浜市　1964.3　37, 515, 4p　22-27cm
　内容 『続通信全覧』類輯之部、地処門のうち横浜関係のもの

◇資料編 4 続通信全覧(抄)2　横浜市　1967.3　43, 657p　22-27cm
　内容 『続通信全覧』類輯之部、貨財門、館舎門、機関門、規則門、警衛門、工業門、訴訟門、物産門、貿易門のうち横浜関係のもの

◇資料編 5 続通信全覧(抄)3　横浜市　1969.3　39, 439p　22-27cm
　内容 『続通信全覧』類輯之部、暴行門のうち、横浜関係のもの

◇資料編 6 続通信全覧(抄)4　横浜市　1969.3　32, 426, 6p　22-27cm
　内容 『続通信全覧』類輯之部、暴行門、警衛門、租税門、武器門、法令門のうち、横浜関係のもの

◇資料編 7 横浜生糸貿易概況 1　横浜市　1970.3　837p　22-27cm
　内容 原商店編『横浜生糸貿易 12 年間概況』(明治 27 年刊)1 冊と『横浜生糸貿易概況』のうち明治 29 年(1896)～35 年度(1902)分 7 冊を収録

◇資料編 8 横浜生糸貿易概況 2　横浜市　1972.3　771p　22-27cm
　内容 原合名会社編『横浜生糸貿易概況』のうち、明治 35 年(1902)～38 年(1905)までの 4 ヶ年分 4 冊を収録

◇資料編 9 横浜生糸概況 3　横浜市　1972.3　806p　22-27cm
　内容 原合名会社編『横浜生糸貿易概況』のうち明治 39(1906)～42 年度(1909)分を収録

◇資料編 10 横浜生糸概況 4　横浜市　1973.3　776p　22-27cm
　内容 原合名会社編『横浜生糸貿易概況』のうち、明治 43 年(1910)～大正 3 年(1914)までの 5 ヵ年分 5 冊

◇資料編 11 横浜生糸貿易概況 5　横浜市　1973.3　640p　22-27cm
　内容 原合名会社編『横浜生糸貿易概況』のうち、大正 4 年度(1915)～大正 8 年度(1919)までの 5 ヶ年分 5 冊を収録

◇資料編 12 蚕糸貿易要覧 1　横浜市　1974.3　553p　22-27cm
　内容 茂木商店編『蚕糸貿易要覧』のうち、『第四蚕糸統計要覧』及び『第五～第拾貳蚕糸貿易要覧』の 8 冊を収録(『第八』は欠本)

◇資料編 13 蚕糸貿易要覧 2　横浜市　1974.3　625p　22-27cm
　内容 茂木商店編『蚕糸貿易要覧』のうち『第拾参』～『第貳拾』までの 6 冊を収録(『第拾六』及び『第拾八』は欠本)

◇資料編 14 蚕糸貿易要覧 3　横浜市

1975.3 551p 22-27cm
内容 茂木商店編『蚕糸貿易要覧』のうち『第貳拾壹』～『第貳拾六』の5冊を収録（『第貳拾貳』は欠本）

◇資料編15 蚕糸貿易要覧4 横浜市
1975.3 653p 22-27cm
内容 茂木商店編『蚕糸貿易要覧』のうち『第貳拾七』～『第参拾壱』の5冊を収録

◇資料編16 外務要録1 横浜市
1977.3 16, 456p 22-27cm
内容 『外務要録』のうち、第一類、第二類、第六類を収録

◇資料編17 外務要録2 横浜市
1977.3 12, 453p 22-27cm
内容 『外務要録』のうち、第三類、第四類、第五類を収録

◇資料編18 外務要録3 横浜市
1978.3 9, 540p 22-27cm
内容 『外務要録』のうち第七類、第九類、第十類及び『外務要録』第二編（上巻第一類・第二類・第三類）を収録

◇資料編19 外交事類全誌 横浜市
1980.3 11, 745p 22-27cm
内容 神奈川県編『外交事類全誌』（明治3年)のうち、第1冊、第5冊～第12冊及び附録第1・2冊を収録

◇資料編20 外交事類全誌（続） 横浜市
1982.3 14, 418p 22-27cm
内容 『外交事類全誌』の明治3年の部第2冊～第4冊及明治2年の部全3冊を収録

◇資料編21 考古資料編 横浜市
1982.3 17, 520p 22-27cm
内容 南堀貝塚の調査報告書、市ヶ尾遺跡の調査報告書

◇第1巻 横浜市 1958.3 20, 1014, 35, 4p 22-27cm
内容 開港以前の横浜の歴史、農村地帯については幕末まで

◇第2巻 横浜市 1959.3 14, 928, 25, 2p 22-27cm
内容 開港期の横浜（幕末まで）

◇第3巻 上 横浜市 1961.3 13, 852, 2p 22-27cm
内容 明治前期の横浜

◇第3巻 下 横浜市 1963.3 16, 913, 2p 22-27cm
内容 明治前期の横浜

◇第4巻 上 横浜市 1965.12 16, 987, 2p 22-27cm
内容 明治後期の横浜

◇第4巻 下 横浜市 1968.1 13, 949p 22-27cm
内容 明治後期の横浜

◇第5巻 上 横浜市 1971.3 17, 931, 2p 22-27cm
内容 大正から昭和初期の横浜

◇第5巻 中 横浜市 1976.3 12, 704, 1p 22-27cm
内容 大正から昭和初期の横浜

◇第5巻 下 横浜市 1976.3 9, 502, 1, 39p 22-27cm
内容 第一次大戦後から昭和初期に至る市政の動向

◇補巻 横浜市 1982.1 10, 487p 22-27cm
内容 横浜市史本編の編集完了まぎわに発見された重要な資料を中心に研究を続けた結果を刊行

◇索引 横浜市 1982.3 537p 22-27cm
内容 横浜市史本編5巻9冊、補巻1冊の索引

永野郷土誌　永野郷土誌編纂委員会編

◇永野連合町内自治会 1972.11 262p 22cm

[内容]無土器時代から昭和47年(1972)まで

**文明開化の横浜**　横浜市土地観光課編

◇横浜市土地観光課　1938　36p　B6

**横浜の今昔**　青木周三著

◇横浜市役所　1936　13p　A5

**横浜郷土史 改訂再版**　横浜郷土史編纂所編

◇横浜郷土史編纂所　1936　95p　B6

**横浜市史稿**　横浜市編

◇教育編　横浜市　1932.4　18, 596, 50p　22cm
[内容]開港当時より昭和6年頃までの教育変遷の概況、各学校の位置沿革

◇産業編　横浜市　1932.11　12, 728p　22cm
[内容]徳川時代、明治大正時代の産業発達の大要

◇神社教会編　横浜市　1932.7　16, 490, 254p　22cm
[内容]神社編：各神社毎に位置、社格、沿革、祭神、社殿、氏子、神職、史料など／教会編：キリスト教各派沿革の梗概、各教会の変遷を略述

◇政治編1　横浜市　1931.12　12, 934p　22cm
[内容]王朝時代から江戸後期まで、開港前の沿革、並に徳川時代を通じての民政状態

◇政治編2　横浜市　1931.10　8, 580, 280p　22cm
[内容]弘化3年(1846)から慶応3年(1867)頃まで開港及開港後

◇政治編3　横浜市　1932.5　16, 1002p　22cm
[内容]明治元年(1868)から昭和4年(1929)

◇地理編　横浜市　1932.10　24, 1058p　22cm
[内容]旧横浜村を中心に次第に拡大された地域の地的沿革を略叙

◇附図　横浜市　1932.3　11枚　22cm
[内容]「横浜市史稿附図説明」冊及び宝暦6年(1756)から昭和3年(1928)までの絵図・地図等11面

◇風俗編　横浜市　1932.4　22, 932p　22cm
[内容]広い意味の風俗方面に関する事相を記述

◇佛寺編　横浜市　1931.11　16, 1002p　22cm
[内容]各仏寺毎に位置、寺格、沿革、本尊、堂宇、檀信徒数、住職歴代、宝物、史料等

◇索引　横浜市　1933.3　4, 6, 20p　22cm
[内容]各編の本文中に現われている人名、地名、職名その他件名の主なるもののみ標出

**横浜郷土史**　岩科清次編

◇横浜郷土史編纂所　1931　95p　B6

**神奈川郷土史**　岩科清次編輯印刷兼発行人

◇神奈川郷土史編纂所　1930.9　10, 54p, 図版[24]枚　19cm
[内容]石器時代から昭和5年(1930)まで

**横浜市誌**

◇横浜市誌編纂所　1929　1186p　23cm

## 【横浜市鶴見区】

**鶴見区史**　鶴見区史編集委員会編

◇鶴見区史刊行委員会　1982.3　6, 770p　22cm
[内容]鶴見のあゆみ：縄文時代から昭和55年(1980)頃まで／民俗：土地と生活、寺・

| 横浜市神奈川区 | 神奈川県 |

社一覧、石碑一覧

**鶴見町誌**　鶴見町誌刊行會編

　◇鶴見町誌刊行會　1925.10　2, 11, 179, 3p 図版　22cm
　　内容　鎌倉時代から大正13年(1924)頃まで通史、寺社、総持寺、史蹟、統計など

## 【横浜市神奈川区】

**神奈川区誌**　神奈川区誌編さん刊行実行委員会編集

　◇神奈川区誌編さん刊行実行委員会　1977.10　628, 59p　22cm
　　内容　区制五十周年を記念して制作・刊行

**神奈川區誌**　福永忠光編

　◇神奈川区役所　1937.10　14, 231p 図版2枚　23cm
　　内容　古代から昭和初期までの沿革、行幸啓、社寺、教育、産業、交通、史跡ほか

## 【横浜市西区】

**横浜西区史 区制五十周年記念**　横浜西区史刊行委員会

　◇横浜西区史刊行委員会　1995.3　668p　22cm

## 【横浜市中区】

**横浜中区史**　中区制50周年記念事業実行委員会

　◇中区制50周年記念事業実行委員会　1985.2　1146p　27cm

## 【横浜市南区】

**南区の歴史**　南区の歴史発刊実行委員会

　◇南区の歴史発刊実行委員会会　1976　650p　22cm

## 【横浜市保土ケ谷区】

**保土ケ谷区史**　保土ケ谷区史編集部会編

　◇横浜市保土ケ谷区制七十周年記念事業実行委員会　1997.10　566, 74p 図版8枚　27cm
　　内容　通史編：縄文時代から平成9年(1997)頃まで/地域編：各地区の沿革

**保土ケ谷ものがたり**　保土ケ谷区制五十周年記念誌　記念誌発行部会編集委員会

　◇保土ケ谷区制五十周年記念事業実行委員会　1977.6　804p　21cm

**保土ヶ谷區郷土史**　磯貝正, 岩野一雄共編

　◇上巻　横浜市保土ヶ谷区　1938.3　13, 1097p　23cm
　　内容　横浜市域に編入以前の旧保土ヶ谷町、旧西谷村に亘る地誌人文を略述し、更に区の沿革に及び現代区内の諸施設に至るまで記述
　◇下巻　横浜市保土ヶ谷区　1938.3　6, 1099～2016p　23cm
　　内容　江戸時代中期以降から昭和11年頃までの聖蹟、神社、仏寺、学校など

## 【横浜市磯子区】

**磯子の史話**　磯子区制五十周年記念事業委員会「磯子の史話」出版部会

　◇磯子区制五十周年記念事業委員会　1978　762p　22cm
　　内容　史話：縄文時代から現代(昭和50年代初)まで、社寺/区内ところどころ/人物風土記

**中原町誌**

　◇中原青年団　1933　154p 図版　19cm

374　全国地方史誌総目録

神奈川県

## 【横浜市港北区】

港北区史　港北区郷土史編さん刊行委員会編

　◇港北区郷土史編さん刊行委員会　1986.3　1032p　23cm
　　内容　地域の特質：自然、気候・植生、人文景観の変遷/区の歴史：先土器時代から後北条氏の滅亡まで/地区のあゆみ：地区ごとの江戸時代から昭和まで/補遺：学校、民俗、古道、杉山神社、仏教文化など

中里郷土史　中里郷土史編纂委員会編

　◇中里農業協同組合　1969　415p　22cm
　　内容　縄文時代から昭和43年(1968)頃までの通史、各地区の沿革

田奈の郷土誌　「田奈の郷土誌」編集委員会編

　◇「田奈の郷土誌」編集委員会　1964.12　309p　22cm
　　内容　近世から昭和39年(1964)までの歴史、村政、寺社、教育、産業ほか/住民の思い出の記

　◇続　「田奈の郷土誌」編集委員会　1966.5　9, 240p　22cm
　　内容　昭和40年前後の開発事業、大正・昭和期の変わりゆく生活、昭和14年以降の自治の姿ほか

## 【横浜市戸塚区】

戸塚区史　戸塚区史刊行委員会編

　◇戸塚区史刊行委員会　1991.3　699p　22cm
　　内容　原始時代から平成元年(1989)頃まで

戸塚郷土誌　中島富之助

　◇大和学芸図書株式会社　1978.12　2, 10, 495, 2p　22cm
　　内容　昭和9年に著者により編纂され、戸塚町郷土研究会が発行したもの、先史時代より昭和8年(1933)までを町政、教育、寺社、交通・産業などにおいて沿革を詳細に網羅

戸塚区郷土誌　戸塚区郷土誌編纂委員会編

　◇戸塚区観光協会　1968.10　463p　22cm
　　内容　無土器時代から昭和43年(1968)頃までの通史と社寺・学校・文芸・伝説

戸塚郷土史　戸塚町郷土研究会編

　◇戸塚町郷土研究会　1934　495p　A5

## 【横浜市港南区】

港南の歴史　港南の歴史発刊実行委員会

　◇港南の歴史発刊実行委員会　1979.10　781p　22cm

## 【横浜市旭区】

旭区郷土史　旭区郷土史刊行委員会

　◇旭区郷土史刊行委員会　1980.4　536p　22cm

## 【横浜市緑区】

横浜緑区史　横浜市緑区史編集委員会編

　◇資料編　第1巻　[横浜市]　緑区史刊行委員会　1985.3　4, 665p　27cm
　　内容　原始・古代：自然環境、先土器時代から縄文時代までの遺跡/中世：平安時代から鎌倉時代までの記録/近世：検地・年貢・村明細帳・宗門人別改帳/近代：地誌・物産・政治・統計

　◇資料編　第2巻　[横浜市]　緑区史刊行委員会　1986.12　509p　27cm

　◇通史編　[横浜市]　緑区史刊行委員会　1993.2　8, 921, 51p　27cm
　　内容　原始・古代から現代：先土器時代から平成元年(1989)頃まで/民俗：年中行

事、人の一生、村の信仰、言語

十日市場村誌　相沢雅雄著
　◇〔相沢雅雄〕　1976.11　105p　21cm

## 【横浜市瀬谷区】

横浜瀬谷の歴史 - 瀬谷区制 30 周年記念出版 -　『横浜瀬谷の歴史』編集委員会編
　◇横浜市瀬谷区地域振興課　2000.3　240, 18p, 図版 4p　26cm
　　内容 石器時代から平成 11 年(1999)

瀬谷区の歴史　瀬谷区の歴史を知る会編
　◇宗教編　瀬谷区市民課社会教育係　1980.6　94p　27cm
　◇生活資料編 1　瀬谷区市民課社会教育係　1976.10　273p　27cm
　◇生活資料編 2　瀬谷区市民課社会教育係　1979.3　424p　27cm

## 【横浜市泉区】

いずみ いまむかし 泉区小史　泉区小史編集委員会
　◇泉区小史編集委員会　1996.11　220p　21cm

中和田郷土誌　中和田郷土誌編集委員会
　◇横浜市立中和田小学校創立八十周年記念事業委員会　1973.3　387p　22cm
　　内容 先土器時代から昭和 47 年(1972)頃までの通史、社寺、史蹟、民俗、文芸

## 【横浜市都筑区】

御大典記念都田村誌　都築郡都田村役場, 都田村
　◇都築郡都田村役場　1929　257p　22cm
　　内容 近世から明治期までの各地区の沿革/現勢：昭和 3 年調査/財政/教育/兵事/農産業/大震災ほか

## 【川崎市】

川崎市史　川崎市編
　◇川崎市　1968.12　4, 27, 931p　22cm
　　内容 先史時代から現代(昭和 40 年前後)まで
　◇資料編 1 考古 文献 美術工芸　川崎市　1987.3　48, 841p　22cm
　　内容 考古：旧石器時代から中世までの遺跡及び遺物、板碑一覧/文献：古代から戦国時代までの古文書・記録類、安閑天皇元年(534)〜天正 18 年(1590)7 月/美術工芸：平安時代から近世までの仏像、絵画、梵鐘、鰐口、寺社建築など
　◇資料編 2 近世　川崎市　1989.3　37, 800p　22cm
　　内容 天正 18 年(1590)から明治初年に至るまでの史料
　◇資料編 3 近代　川崎市　1990.3　41, 836p　22cm
　　内容 明治維新期から川崎市制施行(大正 13 年)に至るまでの史料
　◇資料編 4 上 現代 行政・社会　川崎市　1991.3　43, 891, 72p　22cm
　　内容 大正 13 年(1924)の川崎市制施行から昭和 60 年(1985)までの政治・行政・社会・教育・文化等に関する資料
　◇資料編 4 下 現代 産業・経済　川崎市　1990.3　29, 842p　22cm
　　内容 大正 13 年(1924)の川崎市制施行から昭和 60 年(1985)までの産業・経済の発展過程
　◇通史編 1 自然環境 原始 古代・中世　川崎市　1993.3　25, 570p　22cm
　　内容 自然環境：位置・面積、地形・地質、生物他/原始〜中世：旧石器時代から天正 18 年(1590)まで/仏教美術：古代の彫刻、中世の彫刻と絵画

神奈川県　　　　　　　　　　　　　　　　　　　　　　　　　　　　　　　横須賀市

◇通史編 2 近世　川崎市　1994.3　27, 624p　22cm
　内容 天正18年(1590)から明治初年までの通史

◇通史編 3 近代　川崎市　1995.3　23, 470p　22cm
　内容 明治元年から大正13年(1924)市制施行の直前まで

◇通史編 4 上 現代 行政・社会　川崎市　1997.3　32, 612p　22cm
　内容 大正13年(1924)から昭和60年(1985)頃までの市政・都市計画・行財政、教育、社会福祉、労働運動など

◇通史編 4 下 現代 産業・経済　川崎市　1997.3　539, 10p　22cm
　内容 大正13年(1924)から昭和60年(1985)頃までの産業・経済の発展過程

◇年表　川崎市　1968.12　165p　22cm
　内容 先史時代から現代の昭和43年7月まで川崎市域における歴史事項

◇別編 民俗　川崎市　1991.3　29, 800p　22cm
　内容 社会伝承、経済伝承、通過儀礼、年中行事ほか

川崎誌考　山田蔵太郎

◇株式会社国書刊行会　1982.6　19, 8, 7, 622p　22cm
　内容 昭和2年に石井文庫より発行された原本を復刻したもの、地質、考古、古代から大正14年頃までの歴史、石井家所蔵記録集

川崎市史　川崎市

◇産業編 徳川時代　川崎市　1934　854p　23cm
　内容 新田開発と砂糖製造

◇第1巻 通史編　川崎市　1939.2　974p　22cm

市制記念川崎誌　市制記念川崎誌刊行会編

◇市制記念川崎誌刊行会　1925　310p　A5

【川崎市幸区】

川崎幸区地誌　幸区地誌刊行会著, 小川一朗, 村上直編

◇有隣堂　1989.7　257p　19cm
　内容 自然、農業、交通、工業、住宅地、商業、郷土文化、先土器時代から明治期までの歴史

【横須賀市】

新横須賀市史　横須賀市編集

◇資料編 近世2　横須賀市　2005.3　1116p　22cm
　内容 「浦賀史料」全10冊を収録

◇資料編 近現代1　横須賀市　2006.3　1088p　22cm
　内容 明治元年(1868)から明治40年(1907)まで

◇資料編 古代・中世1　横須賀市　2004.3　1213p　22cm
　内容 旧三浦郡域に関わる史料と、三浦一族関係史料のうち、古代から正慶2年(1333)5月22日の鎌倉幕府滅亡までのもの

横須賀市史　横須賀市編

◇市制施行80周年記念 上巻　横須賀市　1988.12　42, 699p　27cm
　内容 横須賀市域の自然：自然環境・動植物/横須賀市域の歴史：先土器時代から昭和30年まで

◇市制施行80周年記念 下巻　横須賀市　1988.12　28, 703p　27cm
　内容 昭和30年以降から昭和62年まで

◇市制施行80周年記念 別巻　横須賀市　1988.12　229p　27cm

全国地方史誌総目録　377

平塚市　　　　　　　　　　　　　　　　　　　　　　　　　　　　　神奈川県

　　内容 先土器時代から昭和62年3月31日の年表

**横須賀市史**　横須賀市史編纂委員会編

　◇横須賀市役所　1957.3　1, 20, 1324, 4, 8p　21cm

　　内容 成り立ち：市域・自然環境動植物/発展：石器時代から明治40年頃まで/市政施行50年：明治40年から昭和31年まで

**久里浜村誌**　久里浜青年会編

　◇久里浜村青年会　1917　76p　19cm

**浦郷村郷土誌**　浦郷村役場編

　◇浦郷村役場　1911　94p　A5（膳）

**神奈川県三浦郡西浦村誌**　西浦村役場編

　◇西浦村役場　〔大正初〕　12p　B6

## 【平塚市】

**平塚市史**　平塚市編

　◇1 資料編 古代・中世　平塚市　1985.4　887p　22cm

　　内容 文書：天正7年から天正18年(1590)まで/記録：延暦24年から天正18年(1590)まで/金石文その他：板碑・梵鐘・体内銘など

　◇2 資料編 近世(1)　平塚市　1982.4　898p　22cm

　　内容 天正19年(1591)から明治6年(1873)までの平塚市村高及び旧市内・大野・豊田・神田・城島・岡崎地区に関する史料

　◇3 資料編 近世(2)　平塚市　1983.4　872p　22cm

　　内容 天正19年(1591)から明治3年(1870)までの金田・金目・土沢・旭地区の史料

　◇4 資料編 近世(3)　平塚市　1984.4　901p　22cm

　　内容 天正19年(1591)から明治4年(1871)までの交通・水利・寺社・御林・報徳仕法・学芸・生活に関する史料

　◇5 資料編 近代(1)　平塚市　1987.4　889p　22cm

　　内容 明治元年(1868)から明治22年(1887)頃まで

　◇6 資料編 近代(2)　平塚市　1995.3　841p　22cm

　　内容 明治22年(1887)頃から大正8年前後まで

　◇7 資料編 近代(3)　平塚市　1997.3　864p　22cm

　　内容 大正8年前後から昭和20年(1945)まで

　◇8 資料編 現代　平塚市　2005.3　996p　22cm

　　内容 昭和20年(1945)から現在まで

　◇9 通史編 古代・中世・近世　平塚市　1990.3　21, 849p　22cm

　　内容 古代・中世編：4世紀大和朝廷の東征伝説から天正18年(1590)まで/近世：天正18年から慶応3年(1867)まで

　◇11 上 別編 考古(1)　平塚市　1999.3　5, 1007p　22cm

　　内容 旧石器から古墳時代までの遺跡の遺構・遺物

　◇11 下 別編 考古(2)　平塚市　2003.3　9, 1080p　22cm

　　内容 奈良・平安時代から近世までの遺構・遺物

　◇12 別編 民俗　平塚市　1993.11　871p　22cm

　　内容 昭和55年度から61年度にかけて実施した調査による大正時代末から昭和初期頃の生活の具体相

**大野誌**　大野誌編集委員会編

　◇平塚市教育委員会　1958.6　12, 10, 1068p　22cm

　　内容 自然、原始から昭和31年までのうつりかわり、交通、産業、行政、教育、

神奈川県　　　　　　　　　　　　　　　　　　　　　　　　　　　　　　　鎌倉市

宗教ほか

**平塚小誌**　平塚市教育研究所

◇平塚市　1952.4　18,385p　21cm
　内容 上古から昭和 26 年(1951)までの通史、社寺旧跡、平塚今昔譚、文化と平塚

## 【鎌倉市】

**鎌倉市史**　鎌倉市市史編さん委員会編纂

◇近世近代紀行地誌編　吉川弘文館　1985.3　16, 633p　23cm
　内容 紀行編：江戸時代・明治大正時代紀行文／地誌編：「新編相模国風土記稿」

◇近世史料編 第 1　吉川弘文館　1986.3　22, 642p　23cm
　内容 天正 18 年(1580)から明治初年の領主支配や村の産業・生活に関わる史料を中心に収録

◇近世史料編 第 2　吉川弘文館　1987.7　16, 628p　23cm
　内容 天正 18 年(1580)から明治初年の鎌倉市域に存在する神社や寺院に関連する文書を中心に収録

◇近世通史編　吉川弘文館　2000.3　26, 726p　23cm
　内容 慶応 3 年(1867)の大政奉還に至るまで

◇近代史料編 第 1　吉川弘文館　1988.3　13, 630p　23cm
　内容 明治維新より敗戦までまたは昭和 30 年代前半までの鎌倉市域に所在する神社・寺院・教会講社に関する文書

◇近代史料編 第 2　吉川弘文館　1990.4　17, 650p　23cm
　内容 明治 4 年(1871)から昭和 51 年(1976)の鎌倉市域に関連する行政・産業経済・教育・文化・社会生活等の分野の文書

◇近代通史編　吉川弘文館　2004.3　22, 590p　23cm
　内容 慶応 4 年頃から現代(平成 5 年頃)に至るまで

◇社寺編　鎌倉市　1959.10　6, 472, 11, 66p　22cm
　内容 天亨 3 年(1323)から寛永 10 年(1633)

**かまくら**　大森金五郎

◇村田書店　1976.6　2, 2, 7, 350, 12, 18p　19cm
　内容 大正 14 年の復刻、概説、名称の起り、地勢、郷町村及び町家ほか

**鎌倉市史　再版**　鎌倉市史編纂委員会編

◇考古編　吉川弘文館　1967.10　12, 534p　24cm
　内容 ・縄文：弥生時代：総説、資料編(遺跡・遺物)・古代：古墳時代遺跡、横穴、庶民生活遺跡など

◇史料編 第 1　吉川弘文館　1967.10　54, 501p　24cm
　内容 寿永 2 年から弘化 3 年(1846)の鶴岡八幡宮文書及び同宮関係の文書群

◇史料編 第 2　吉川弘文館　1967.10　37, 476, 6p　24cm
　内容 天養元年(1144)から慶安元年(1648)の円覚寺及び同寺塔頭のうち、雲頂庵・臥龍庵・帰(歸)源院・蔵六庵の文書

◇史料編 第 3・4　吉川弘文館　1967.10　59, 592p　24cm
　内容 第 3：円覚寺塔頭のうち、黄梅院・続燈庵等 9 ヵ寺及び建長寺の同寺塔頭の西来庵・宝珠庵等 27 ヵ寺の文書／第 4：第 3 に収むべきであった諸家文書／補遺：史料編補遺として採り残していた文書

◇社寺編　吉川弘文館　1967.10　6, 472p　24cm
　内容 神社と仏寺の歴史

◇総説編　吉川弘文館　1967.10　30, 10, 628p　24cm
　内容 鎌倉の地名が見えて来る奈良時代から始めて、日本が近代国家に変貌する

全国地方史誌総目録　379

前、江戸時代の終末まで

相模國腰越考　呉文炳
- ◇巌松堂書店　1937.2　7, 5, 200p　22cm
  - 内容 起源：伝承・史書・土地景観による腰越/諸文献に現われたる腰越、芸術に現われたる腰越

鎌倉町誌　鎌倉町役場編
- ◇鎌倉町役場　〔大正初〕　42p　A5

## 【藤沢市】

ニュースは語る20世紀の藤沢　(続)藤沢市史編さん委員会編
- ◇1901〜1955(続)藤枝市史 別編2　〔藤沢市〕　2005.3　301p　31cm
  - 内容 明治34年(1901)から昭和30年(1955)の新聞記事から藤沢の歴史を取り上げ、解説を加えて構成
- ◇1956〜2000(続)藤沢市史 別編3　〔藤沢市〕　2006.3　359p　31cm
  - 内容 昭和31年(1956)から平成12年(2000)の新聞記事から藤沢の歴史を取り上げ、解説を加えて構成

市民が語る60年　(続)藤沢市史編さん委員会編
- ◇(続)藤沢市史 別編1　〔藤沢市〕　2000.10　471p　22cm
  - 内容 市制が施行された昭和15年以降60年間の歴史を市民生活を中心に統計、体験記座談会、アンケート結果などをもとに編集

ふじさわ　市制50周年記念歴史写真集　写真集、図説集刊行会編
- ◇藤沢市　1990.10　302p　31cm

藤沢 わがまちのあゆみ　児玉幸多
- ◇藤沢市文書館　1983.10　440p　21cm
  - 内容 先土器時代から昭和58年(1983)までの通史、寺社、文化財、民俗、文学、人、姉妹都市、年表

藤沢市史　藤沢市史編さん委員会編
- ◇第1巻 資料編　藤沢市　1970.10　65, 1012p　22cm
  - 内容 考古編：先土器〜古墳時代以降の遺跡/金石文編：中世〜近世/中世編：天正18年(1590)以前の中世文書(応永23年から)/近世編：江戸時代のはじめから貞享年間(1687)までの史料
- ◇第2巻 資料編　藤沢市　1982.3　48, 1293p　22cm
  - 内容 元禄年間(1688)から明治5年(1872)までの史料、第1巻に収録できなかった貞享年間以前の史料
- ◇第3巻 資料編　藤沢市　1976.2　24, 924p　22cm
  - 内容 明治初期から昭和20年(1945)までの史料
- ◇第4巻 通史編　藤沢市　1972.3　28, 1135p　22cm
  - 内容 先土器から天正18年(1590)頃まで
- ◇第5巻 通史編　藤沢市　1974.10　8, 1128p　22cm
  - 内容 天正18年(1590)から明治初期まで
- ◇第6巻 通史編　藤沢市　1977.3　13, 982p　22cm
  - 内容 明治初期から昭和30年(1955)頃まで
- ◇第7巻 文化遺産・民族編　藤沢市　1980.10　890p　22cm
  - 内容 文化遺産編：彫刻・絵画・書跡・中国陶磁・地誌/民俗編：資料の対象となっている時代は昭和第二次大戦以前に重点を置いて、戦後は省略

藤沢郷土誌　加藤徳右衛門
- ◇株式会社国書刊行会　1980.12　743, 56p　22cm
  - 内容 昭和8年に刊行された『現在の藤沢』を解題復刻したもの

長後誌史　長後誌編集委員会編
- ◇〔長後誌編集委員会〕　1967.6　317p

神奈川県　　　　　　　　　　　　　　　　　　　　　　　　　　　　　　　小田原市

（図版共）　22cm
　内容 渋谷の自然/神社仏閣、旧跡、渋谷庄司重国、仙元塚/長後百年のあゆみほか

**藤沢通史　藤沢市教育委員会編纂**

◇総説篇　藤沢市教育委員会　1961.3
10, 276p　22cm
　内容 地理・地形・気候、石器時代から昭和30年頃までの各地区ごとの沿革

**藤澤志稿 -市勢振興調査結果報告書- 藤澤市總務部市民課編**

◇藤沢市総務部市民課　1955.3　4, 228p　22cm
　内容 昭和26・27年の歴史・文化産業等の調査結果報告書

**相模國江島考　呉文炳**

◇書物展望社　1941.1　3, 5, 179p　23cm
　内容 史上の江島：平安時代から宝永3年（1706）まで/伝説の江島/片瀬/文芸史上の江島/江島の浮世絵など

## 【小田原市】

**小田原市史　小田原市編**

◇史料編 現代　小田原市　1997.3
984p　22-27cm
　内容 昭和20年（1945）から昭和63年（1988）頃までの政治・行政・産業・経済、社会・労働・世相、教育・文化に関する史料

◇史料編 中世2 小田原北条1　小田原市
1991.3　1038p　22-27cm
　内容 小田原北条氏5代の発給文書のうち、明応4年（1495）から、元亀2年（1571）10月3日までの文書

◇史料編 中世3 小田原北条2　小田原市
1993.3　1134p　22-27cm
　内容 小田原北条氏5代の発給文書のうち、元亀2年（1571）から天正19年（1591）までの文書

◇史料編 近世1 藩政　小田原市
1995.12　994p　22-27cm
　内容 歴代藩主、家中、藩政、幕末維新に関する史料

◇史料編 近世2 藩領1　小田原市
1989.3　742p　22-27cm
　内容 「藩領」のうち、天正18年（1590）から宝暦13年（1763）まで

◇史料編 近世3 藩領2　小田原市
1990.10　842p　22-27cm
　内容 「藩領」のうち、明和元年（1764）から明治4年（1871）まで

◇史料編 近代1　小田原市　1991.3
864p　22-27cm
　内容 明治4年（1871）から明治45年（1912）頃までの政治・行政、産業・経済、社会・教育・文化・宗教・世相等に関する史料

◇史料編 近代2　小田原市　1993.3
936p　22-27cm
　内容 大正元年（1912）から昭和20年（1945）頃までの政治・行政、産業・経済、社会・労働・世相、文化・教育等に関する史料

◇史料編 原始・古代・中世1　小田原市
1995.3　1068p　22-27cm
　内容 考古：先土器文化期から平安朝期にかけての遺跡/文献：古代から戦国時代までの小田原に関する文献/銘文：石造物・彫刻・絵画・工芸品等の戦国時代以前の銘文

◇通史編 近世　小田原市　1999.3
1030p　22-27cm
　内容 天正18年（1590）から明治4年（1871）まで

◇通史編 近現代　小田原市　2001.3
1066p　22-27cm
　内容 明治4年（1871）から平成12年（2000）まで

◇通史編 原始・古代・中世 別冊付録 小田原北条氏五代発給文書補遺　小田原市　1998.3　57p　21cm
　内容 小田原北条氏5代の発給文書のうち、史料編「中世Ⅱ」および「中世Ⅲ」

に収録していないもの

◇通史編 原始・古代・中世　小田原市　1998.3　976p　22-27cm
　内容 先土器時代から天正18年(1590)まで

◇別編 自然　小田原市　2001.12　468p　22-27cm
　内容 地形・地質、気象、動植物、海の生物

◇別編 城郭　小田原市　1995.10　699p　22-27cm
　内容 本編：小田原城の変遷・発掘調査の成果、小田原合戦、城館跡/史料編：城郭及び関連絵図、小田原城の古写真、史料

◇別編 年表　小田原市　2003.3　522p　22-27cm
　内容 原始から平成12年(2000)までの年表

**小田原市誌　市制施行十周年記念　小田原市編**

◇小田原市役所　1950.12　134p, 図版12枚　地図　22cm
　内容 昭和25年版市勢要覧特別号

**小田原町史　小田原市城内國民學校著**

◇城内國民學校　1941.6　36p　18cm
　内容 沿革、聖蹟並光栄、町政、人口など

**下曾我田島郷土誌　下曾我田島郷土誌編纂会**

◇[下曾我村]　1928.11　285p　22cm
　内容 位置、地勢及気候、産業及風俗、交通、行政ほか

**前羽村誌　前羽村役場編**

◇前羽村役場　1926

**神奈川県国府津村誌　国府津町編**

◇国府津町　1924　156p　A5

## 【茅ヶ崎市】

**茅ケ崎市史　茅ヶ崎市**

◇現代1 通史・60年の軌跡　茅ヶ崎市　2006.3　550p　23cm

◇現代2 茅ヶ崎のアメリカ軍　茅ヶ崎市　1995.9　378p 図版[8]p　27cm
　内容 1945年から1959年までの茅ヶ崎、湘南地方における軍事問題に関するアメリカ及び日本の資料

◇現代3 「戦後」日々の記録　茅ヶ崎市　1997.10　560p　27cm
　内容 昭和20年(1945)から昭和27年(1952)の敗戦から占領、戦後改革、復興をへて講和条約発効に至る、いわゆる戦後の激動期における市民の日々の生活のありさまを示す資料(一部昭和19年に遡る)

◇現代4 茅ヶ崎の暮らしを語る　茅ヶ崎市　2003.3　442p　27cm
　内容 第二次大戦後から高度経済成長末期までの市民生活全般にわたる市民からの聞き書きを収録した資料集

◇現代5〔新聞集成1〕市民の表情(1945-68)　茅ヶ崎市　1992.3　528p　27cm
　内容 昭和20年(1945)から昭和43年(1968)までの、主に茅ヶ崎市域に関する新聞記事を収録

◇現代6〔新聞集成2〕市民の表情(1969-85)　茅ヶ崎市　1993.3　514p　27cm
　内容 昭和44年(1969)から昭和60年(1985)までの茅ヶ崎市域に関する新聞記事を収録

◇現代7 地図集 大地が語る歴史　茅ヶ崎市　1994.3　224p　30cm
　内容 地図・航空写真を通して「わが郷土茅ヶ崎」の地理・歴史を知るために書かれたもの

◇現代8 図説市民の半世紀　茅ヶ崎市　2001.3　209p　30cm

内容 戦後50年の間に茅ヶ崎の街や市民の生活がどのように変わってきたのかをビジュアルな形で明らかにすることを目指した巻

◇現代9 ちがさきクロニクル1945-2002　茅ヶ崎市　2005.3　195p　30cm
内容 1945年から2002年までの時期の市民生活に係わる出来事を年次別に編さんしたクロニクル編と市政に関するデータをまとめた市政データ編から構成

## 茅ヶ崎市史　茅ヶ崎市

◇1 資料編(上)古代・中世・近世　茅ヶ崎市　1977.10　662p　23cm
内容 古代・中世編：承平年間(931-937)から天正18年(1590)まで、記録・文書・板碑など、近世編：天正19年(1591)から慶応3年(1867)までの古文書

◇2 資料編(下)近現代　茅ヶ崎市　1978.10　755p　23cm
内容 明治元年(1868)から茅ヶ崎市が成立した昭和22年(1947)までの資料

◇3 考古・民俗編　茅ヶ崎市　1980.3　598p　23cm
内容 考古編：先土器時代から平安時代にかけての市内に所在する主要な遺跡・遺物/彫刻編：昭和51年10月から昭和54年3月までに調査を終了した市内の寺院の仏像/民俗編：昭和51年に予備調査、昭和52年から昭和53年までを本調査とした市域の民俗資料

◇4 通史編　茅ヶ崎市　1981.3　747p　23cm
内容 先史時代より現茅ヶ崎に至る歴史的概説、地形編/考古編、古代・中世編、近現代編：石器時代から昭和22年(1947)

◇5 概説編　茅ヶ崎市　1982.3　638p　23cm
内容 先史時代より現茅ヶ崎に至る歴史的概説を本文とし、史話・略年表・付表などを付録、石器時代から昭和22年、一般市民の為にできる限り平易明解にしたもの

## 郷土茅ヶ崎　茅ヶ崎郷土会著

◇上巻　茅ヶ崎市教育委員会　1973.3　128p　26cm

◇下巻　茅ヶ崎市教育委員会　1973.12　161p　26cm

# 【逗子市】

## 逗子市史

◇資料編1 古代・中世・近世1　逗子市　1985.3　26,875p　22cm
内容 古代・中世：考古関係資料以外の奈良時代以降、後北条氏が滅亡した天正18年(1590)までの史料/近世前期：天正18年(1590)から寛延2年(1749)までの史料/漁業：延宝7年(1679)から明治20年(1887)までの史料

◇資料編2 近世2　逗子市　1988.3　44,835p　22cm
内容 寛延2年(1749)から明治4年(1871)までの史料

◇資料編3 近現代　逗子市　1991.3　20,816p　22cm
内容 明治2年(1869)から昭和42年(1967)までの資料

◇通史編 古代・中世・近世・近現代編　逗子市　1997.3　918p　22cm
内容 古代・中世：古代より文禄3年(1594)まで/近世編：天正19年(1591)から明治4年(1871)まで/近現代編：明治はじめから昭和30年代まで

◇別編1 民俗編　逗子市　1987.3　7,247p　22cm
内容 明治時代末から昭和初期頃を主、一部江戸時代末期の史料引用

◇別編1 自然編　逗子市　1987.3　8,420p　22cm
内容 昭和59年から60年の調査結果を基に、地質・植物・動物について

◇別編2 考古・建築・美術・漁業編　逗

子市 1995.3 19, 946p 22cm
　内容 考古編：旧石器時代から中世までの遺跡/建築編：近世民家・近代の建築・近世社寺建築/美術編：彫刻と絵画・作品解説/漁業編：中世から近代の小坪の漁業、漁獲物の流通、漁村の文化

逗子市誌　逗子教育研究会調査部編

◇第1集　逗子市　1955　73p 24cm
◇第2集　古老を囲んで　逗子市　1956　70p 26cm
◇第2集 追補 古老を囲んで　逗子市　1959　40p 26cm
◇第3集　逗子市及び周辺の地質について　逗子市　1959　28p 24cm
◇第4集　文献にあらわれた逗子　逗子市　1961　2冊(追補共)　25cm
◇第4集 追補 文献にあらわれた逗子　逗子市　1962　64p 24cm
◇第4集 追補2 文献にあらわれた逗子　逗子市　1965　116p 24cm
◇第5集〔上〕史料編 小坪の部(上)1　逗子市　1968　347p 図版 25cm
◇第6集 1-2　逗子市　1973　2冊　26cm
　内容 史料編2 桜山の部 1,2/史料編2 桜山の部2
◇第6集〔3〕史料編 桜山の部(3)2　逗子市　1974　543p 26cm
◇第6集〔4〕史料編 桜山の部(4)2　逗子市　1974　376, 88p 26cm
◇第7集〔上〕史料編 池子の部(上)3　逗子市　1976　453p 26cm
◇第7集〔下〕史料編 池子の部(下)3　逗子市　1976　423, 16p 26cm
◇第8集〔上〕史料編 沼間・久木の部(上)4　逗子市　1979　473p 26cm
◇第8集〔下〕史料編 沼間・久木の部(下)4　逗子市　1979　515p 26cm

◇第9集〔下〕史料編 補遺(1)5　逗子市　1981　546p 26cm

改訂逗子町誌　改訂逗子町誌刊行会編

◇逗子市　1974.10　290p 図21枚　27cm
　内容 昭和3年刊行「逗子町誌」の改定復刊

逗子町誌　逗子町編

◇逗子町　1928.1　9, 3, 418p 図版 19cm
　内容 総説：逗子町と三浦半島、三浦氏と三浦半島、義明と源氏他/各説：逗子・沼間など地域別、寺社・史跡など

## 【相模原市】

### 相模原市史

◇現代図録編　相模原市　2004.11　294p 22-30cm
　内容 第二次世界大戦終結後に関する写真、図等の資料
◇第1巻 原始・古代・中世　相模原市　1964.11　4, 674p 22-30cm
　内容 市制施行以前から市制施行10年のあゆみ：昭和12年(1937)～昭和39年(1964)頃まで/自然環境と研究誌、無土器文化から後北条氏の滅亡まで(天正18年頃まで)の通史
◇第2巻 近世　相模原市　1967.3　7, 680p 22-30cm
　内容 天正18年(1590)家康の江戸入府より慶応4年(1868)幕府瓦解・明治改元までの通史
◇第3巻 近代　相模原市　1969.2　16, 577p 22-30cm
　内容 明治元年(1868)から明治45年(1912)までの通史
◇第4巻 現代　相模原市　1971.3　18, 841p 22-30cm
　内容 大正元年(1912)から昭和20年(1945)8月15日までの通史

◇第5巻 中世・近世史料 相模原市 1965.11 4, 766p 22-30cm
内容 中世：応永3年(1396)から天正18年(1590)の古文書/近世：村方文書 天正19年(1591)〜明治6年(1873)

◇第6巻 近代史料 相模原市 1968.3 9, 667p 22-30cm
内容 明治元年(1868)から大正2年(1913)まで村落の基本的な文書と村落自体の特徴を具体的に表す文書

◇第7巻 統計・年表 相模原市 1972.3 595p 22-30cm
内容 年表、総目次、索引、主要資料目録など

津久井町史 津久井町史編集委員会編
◇資料編 近世1 津久井町 2004.3 427p 図版 22cm
内容 『新編相模国風土記稿』及び「村明細帳」を村ごとに翻刻

相模湖町史 相模湖史編さん委員会
◇歴史編 相模湖町 2001.3 900p 22cm

津久井町郷土誌 津久井町教育委員会,津久井町郷土誌編集委員会編
◇津久井町教育委員会 1987.3 670p 図版 [10]p 27cm
内容 沿革、自然、原始から大正9年頃までの歴史、文化財、民俗、近世から昭和30年までの教育、生業、戦時下の生活ほか

【三浦市】

目でみる三浦市史 三浦市三浦市史編集委員会
◇三浦市 1974.11 254, 33p 31cm

三崎町史 限定版 内海延吉編
◇上巻 明治大正編1 三崎町史編集委員会 1957.12 5, 256p 27cm
内容 三崎町廃庁と三浦市制成立及び三浦郡の沿革

【秦野市】

秦野市史 秦野市編
◇近世史料 統計編1 宗門改帳・村入用帳・田畑質入証文 秦野市 1989.3 349p 27cm
内容 宗門人別改帳などの史料を統計的に加工して編集

◇近世史料 統計編2 検地帳・名寄帳 秦野市 1989.3 203p 22cm
内容 検地帳・名寄帳を統計的に加工して編集

◇第1巻 古代・中世・寺社史料 秦野市 1985.3 960p 22-27cm
内容 古代：文治元年(1185)以前/中世：天正18年(1590)まで/寺社：書上帳、寺社別史料

◇第2巻 近世史料1 秦野市 1982.3 22, 781p 22-27cm
内容 天正18年(1590)から文化14年(1817)までの市内近世の旧村々に関する史料

◇第3巻 近世史料2 秦野市 1983.3 21, 725p 22-27cm
内容 市内近世の旧村に関する文政1年(1818)から明治4年(1871)までの史料

◇第4巻 近代史料1 秦野市 1985.3 28, 860p 22-27cm
内容 明治5年(1872)から大正12(1923)までの史料

◇第5巻 近代史料2 秦野市 1986.3 22, 943p 22-27cm
内容 大正12年から昭和20年までの史料

◇第6巻 現代史料 秦野市 1986.3 32, 938p 22-27cm
内容 昭和20(1945)年から40(1965)年までの史料

◇通史1 総説・原始・古代・中世 秦野市 1990.3 4, 571p 22-27cm

内容 総説：自然、経済、社会の現況/原始・古代：遺跡の分布、縄文時代から古墳時代まで、考古学的調査・研究の回顧/古代：平安時代以前から文治元年(1185)頃まで/中世：鎌倉時代から天正18年(1590)まで

◇通史2 近世　秦野市　1988.3　8, 713p　22-27cm
　　内容 天正18年(1590)から明治4年(1871)まで

◇通史3 近代　秦野市　1992.3　16, 806p　22-27cm
　　内容 明治5年(1872)から昭和20年(1945)まで

◇通史4 現代　秦野市　1988.12　22, 799p　22-27cm
　　内容 昭和20年(1945)から昭和40年(1965)まで

◇通史5 現代(2)　秦野市　2004.12　16, 577p　22-27cm
　　内容 昭和40年(1965)から平成5年(1993)頃まで

◇別巻 たばこ編　秦野市　1984.3　7, 1070p　22-27cm
　　内容 秦野煙草の歴史、史料の部

◇別巻 考古編　秦野市　1985.1　16, 656p　22-27cm
　　内容 平安朝期までの市内に分布する遺跡と遺物

◇別巻 民俗編　秦野市　1987.9　6, 820p　22-27cm
　　内容 昭和55年(1980)年からの調査による明治から昭和を中心とした秦野の御師集落・講集団・年中行事・口承文芸など

**図説秦野の歴史**　「図説・秦野の歴史」編集委員会編

◇秦野市　1996.3　8, 239p　31cm
　　内容 旧石器時代から平成7年(1995)までの歴史を図や写真を多く用いて解説

## 【厚木市】

**厚木市史**　厚木市秘書部市史編さん室編

◇近世資料編1 社寺　厚木市　1986.8　52, 1088p　22cm
　　内容 市域の社寺とそれに関わる神事舞太夫・太神楽等に関係する史料

◇近世資料編2 村落1　厚木市　1993.3　30, 1024p　22cm
　　内容 長沼村・上落合村・下津古久村・戸田村・酒井村・岡田村・厚木村・戸室村・恩名村・温水村・愛名村・愛甲村・船子村・長谷村の旧14ヶ村に関係する文書

◇近世資料編3 文化文芸　厚木市　2003.11　26, 1208p　22cm
　　内容 俳諧、紀行文、演劇・物語、絵画・墨跡、花道、武術、書籍商など

◇古代資料編1　厚木市　1993.3　6, 983p　22cm
　　内容 考古資料：古墳時代から奈良・平安時代まで/文献資料：有史以来、平安時代末期までの文書・記録など

◇古代資料編2　厚木市　1998.3　9, 1042p　22cm
　　内容 考古資料：古墳時代から奈良・平安時代まで/古代資料編(1)追加：厚木・依知・睦合、荻野地区の遺跡

◇地形地質編・原始編　厚木市　1985.3　14, 922p　22cm
　　内容 地形・地質編：市域の地形、山地の地質、台地の地形、沖積平野の地形ほか/原始編：先土器時代から弥生時代まで

◇中世資料編　厚木市　1989.3　49, 1011p　22cm
　　内容 治承4年(1180)から天正18年(1590)まで

◇中世通史編　厚木市　1999.3　16, 1122p　22cm
　　内容 治承4年(1180)から天正18年(1590)まで

## 【大和市】

大和市史　大和市役所総務部総務課市史編さん担当編集

◇ダイジェスト版　大和市　2006.3
452p 挿図　21cm
[内容] 原始・古代から現代まで/市域の特徴的な歴史を読みやすく、写真や図を多く用いた

◇1 通史編 原始・古代・中世　大和市　1989.3　26, 804p 22cm
[内容] 原始・古代編：先土器時代から平安時代まで/中世編：治承4年(1180)から天正18年(1590)まで鎌倉時代から戦国時代

◇2 通史編 近世　大和市　1983.3
756p 22cm
[内容] 天正18年(1590)から明治2年(1869)まで

◇3 通史編 近現代　大和市　2002.5
948p 22cm
[内容] 幕末・明治維新期から市制施行の1959(昭和34)年2月1日まで

◇4 資料編 近世　大和市　1978.3
766p 22cm
[内容] 天正18年(1590)から慶応3年(1867)まで、あるいは明治6年(1873)までの文書

◇5 資料編 近現代 上　大和市　1979.8
848p 22cm
[内容] 明治元年(1868)から大正15年(1926)までの資料

◇6 資料編 近現代 下　大和市　1994.3
835p 22cm
[内容] 大正12年(1923)から昭和35年(1960)までの資料

◇7 資料編 考古　大和市　1986.7
628p 22cm
[内容] 昭和60年3月までに調査された遺跡のうち、先土器時代から平安時代までの遺構・遺物

◇8(上) 別編 自然　大和市　1996.9
496p 22cm
[内容] 市域の地形・地質、動植物

◇8(下) 別編 民俗　大和市　1996.9
778p 22cm
[内容] 暮しの心：農家の人々の個人生活史/暮しの伝承：個人と家、村落と生活、田畑及び山、世間と交通/暮しの変化：半世紀ほどの間の生活と民俗の変化

## 【伊勢原市】

伊勢原市史　伊勢原市史編集委員会

◇資料編 近世1　伊勢原市　1992.3
860p 22cm
[内容] 近世の村32ヵ村のうち、11ヵ村の慶長14年(1609)から明治5年(1872)までの文書

◇資料編 近世2　伊勢原市　1996.3
866p 22cm
[内容] 近世の村32ヵ村のうち、21ヵ村の寛永2年(1625)から明治6年(1873)までの文書

◇資料編 近現代1　伊勢原市　1993.3
9, 815p 22cm
[内容] 明治以後史料のうち、合併前各町村の皇国地誌・村勢要覧・町村事務報告

◇資料編 古代・中世　伊勢原市　1991.3
47, 688p 22cm
[内容] 平安時代から天正18年(1590)までの古文書・記録・軍記物・紀行文等の文献史料、金石文

◇資料編 大山　伊勢原市　1992.3　7, 820p 22cm
[内容] 江戸時代の大山関係史料のうち、檀家帳・檀廻帳・収蔵帳・土産帳について収載

◇資料編 続大山　伊勢原市　1994.3
16, 851p 22cm
[内容] 江戸時代から明治時代にかけての大山関係史料のうち、大山信仰の全体像を示す史料

◇通史編 先史・古代・中世　伊勢原市　1995.3　11, 788p 22cm

内容 先史・古代・中世編：先史時代から天正18年(1590)までの彫刻・絵画編、資料編 古代・中世補遺
◇別編 社寺　伊勢原市　1999.3　804p　22cm
◇別編 民俗　伊勢原市　1997.3　25,810p　22cm
　　内容 昭和61年度から平成7年度にかけて行った調査をもとにまとめた

伊勢原町勢誌　伊勢原町勢誌編纂委員会
◇伊勢原町役場　1963.11　441p　22cm
　　内容 自然、古代、中世、近世、現代：縄文時代から昭和37年(1962)まで

## 【海老名市】

海老名市史　海老名市編
◇1 資料編 原始・古代　海老名市　1998.3　903p　22cm
　　内容 先土器時代から平安時代までの遺構・遺物、相模国国分寺関連文献
◇2 資料編 中世　海老名市　1998.3　679p　22cm
　　内容 文献：治承4年(1180)から天正18年(1590)まで/考古・造形：中世墳墓、遺跡、石造物、金工品、仏像
◇3 資料編 近世1　海老名市　1994.3　775p　22cm
　　内容 近世17ヵ村のうち、8ヵ村の天正19年(1591)から明治4年(1871)までの文書
◇3 資料編 近世2　海老名市　1996.3　721p　22cm
　　内容 近世17ヵ村のうち、9ヵ村の天正20年(1592)から慶応4年(1868)までの文書
◇4 資料編 近代　海老名市　2002.3　803p　22cm
　　内容 明治元年(1868)から大正15年(1926)までの史料
◇5 資料編 現代　海老名市　2005.6　813p　22cm

　　内容 昭和元年(1926)から昭和64年(1989)までの「昭和史」についての史料
◇6 通史編 原始・古代・中世　海老名市　2003.3　726p　22cm
　　内容 先土器時代から天正18年(1590)小田原北条氏滅亡まで
◇7 通史編 近世　海老名市　2001.7　759p　22cm
　　内容 天正18年(1590)から明治4年(1871)までの政治・経済・社会を中心とした通史及び市域の地勢、景観・寺社・石仏の実態等
◇9 別編 民俗　海老名市　1993.3　693p　22cm
　　内容 平成元年から実施した調査結果に基づくもの

神奈川県高座郡海老名村郷土史大観　海老名村役場編
◇海老名村役場　1921　1枚　27×50cm

## 【座間市】

座間市史　座間市編
◇1 原始・古代・中世資料編　座間市　2001.3　537p　22cm
　　内容 原始・古代：旧石器時代から歴史時代までの遺跡/中世：治承4年(1180)から天正18年(1590)までの古文書・記録・編さん物・軍記物語
◇2 近世資料編　座間市　1991.6　798p　22cm
　　内容 旧村の名主宅に伝わる村の文書
◇3 近現代資料編1　座間市　1996.3　728p　22cm
　　内容 明治元年(1868)明治維新より大正11年(1922)関東大震災まで
◇4 近現代資料編2　座間市　2003.3　733p　22cm
　　内容 大正12年(1923)関東大震災より昭和46年(1971)市制施行までの史料

神奈川県　　　　　　　　　　　　　　　　　　　　　　　　　　　　　　　　　　　　　　綾瀬市

◇6 民俗編　座間市　1993.3　650p　22cm
　内容　昭和63年度から平成4年度にかけて実施した民俗調査に基づくもの

## 【南足柄市】

南足柄市史　南足柄市編

◇1 資料編 自然 原始 古代中世　南足柄市　1989.3　28, 834p　22cm
　内容　自然編：地形・地質、気候、動植物/原始編：旧石器時代から平安時代の遺跡・遺物/古代・中世編：奈良時代から天正18年(1590)までの古記録・古文書・文学作品・銘文

◇2 資料編 近世(1)　南足柄市　1987.3　21, 796p　22cm
　内容　慶長17年(1612)から明治5年

◇3 資料編 近世(2)　南足柄市　1993.3　17, 792p　22cm
　内容　寛永21年(1644)から明治5年(1872)

◇4 資料編 近代　南足柄市　1991.3　19, 793p　22cm
　内容　明治4年(1871)から大正15年(1926)までの政治・行政・産業、経済、教育文化、社会

◇5 資料編 現代　南足柄市　1994.3　22, 740p　22cm
　内容　大正15年(1926)から昭和50年代後半までの政治・行政、経済、教育文化・社会

◇6 通史編1 自然・原始・古代・中世・近世　南足柄市　1999.3　26, 874p　22cm
　内容　自然：地学的環境・大地、気候、動植物/原始～近世：先土器文化～明治4年(1871)頃まで

◇7 通史編2 近代・現代　南足柄市　1998.3　24, 888p　22cm
　内容　明治元年(1868)から昭和50年代まで

◇8 別編 寺社 文化財　南足柄市　1990.7　30, 819p　22cm
　内容　寺社編：近世市域にあった41ヶ寺と大口文明宮・矢倉明神社の史料/文化財編：彫刻・絵画、史跡・名勝・天然記念物・考古・建造物・民俗芸能

◇別冊1 松田氏関係文書集　南足柄市　1991.3　259p　22cm
　内容　寛政3年(1462)から天正18年(1590)までの松田氏に関係する史料

◇別冊2 あしがらの情景-画と文とで描く郷里の若者たちの明治・大正・昭和-　南足柄市　1996.8　95p　30cm
　内容　明治・大正・昭和の時代背景や地域の若者たちの生活振りなどを絵によってイメージする本

## 【綾瀬市】

綾瀬市史　綾瀬市編集

◇1 資料編 古代・中世　綾瀬市　1991.7　834p　22cm
　内容　古代：天武天皇の代から治承4年(1180)までの文献史料、木簡など/中世：治承4年(1180)から天正18年(1590)までの文書・記録・系図など

◇2 資料編 近世　綾瀬市　1992.10　836p　22cm
　内容　天正19年(1591)から明治3年(1870)までの市内旧8ヵ村に関係のある文書・棟札

◇3 資料編 近代　綾瀬市　1995.3　862p　22cm
　内容　明治元年(1868)から大正15年(1926)までの資料

◇4 資料編 現代　綾瀬市　2000.3　950p　22cm
　内容　大正14年(1925)から昭和53年(1978)までの資料

◇5 通史編 原始・古代　綾瀬市　2002.3　516p　22cm
　内容　先土器時代(旧石器時代)から奈良・平安時代まで

全国地方史誌総目録　389

◇6 通史編 中世・近世　綾瀬市　1999.3　950p　22cm
　内容 12世紀中期の渋谷荘(吉田荘)の成立から明治4年(1871)の廃藩置県まで

◇7 通史編 近現代　綾瀬市　2003.3　883p　22cm
　内容 明治元年(1868)から平成14年(2002)まで

◇8 (下) 別編 民俗　綾瀬市　2001.3　24, 446p　22cm
　内容 「綾瀬市史民俗調査報告書」などを基礎資料とし、明治から昭和にかけて市域の暮らしがどう移り変わってきたかを記録

◇8 (上) 別編 自然　綾瀬市　2001.3　15, 435p　22cm
　内容 平成8年度から平成11年度にかけての調査を基に記述

◇9 別編 考古　綾瀬市　1996.3　23, 969p　22cm
　内容 先土器時代から中世までの考古資料、吉岡遺跡群の調査概要、古代までの自然環境の変遷

◇10 別編 ダイジェスト 写真で見るあやせ　綾瀬市　2004.3　224p　30cm
　内容 先土器時代(旧石器時代)から現在に至る市域の様子を写真や図を中心にまとめたもの

## 【葉山町】

葉山御用邸百年記念 御用邸の町葉山百年の歩み　葉山町編
　◇葉山町　1994.11　166p　27cm
　　内容 葉山町のあゆみ、葉山御用邸の歴史、資料編、年表ほか

葉山町郷土史　町制五十周年記念　高梨炳編
　◇葉山町　1975.3　321p　21cm
　　内容 縄文時代から昭和45年(1970)頃まで通史、史料、文化財、文芸、各大字誌など

## 【寒川町】

寒川町史　寒川町編
　◇1 資料編 古代・中世・近世(1)　寒川町　1990.11　709p　22-30cm
　　内容 古代・中世：古代より天正18年の後北条氏の滅亡までの文書・記録/近世：各村の地誌と支配した大名・旗本の家譜

　◇2 資料編 近世(2)　寒川町　1993.11　628p　22-30cm
　　内容 支配組織から村落の負担に関する史料

　◇3 資料編 近世(3)　寒川町　1995.11　592p　22-30cm
　　内容 近世後期の寄場組合に関する史料

　◇4 資料編 近・現代(1)　寒川町　1992.11　605p　22-30cm
　　内容 明治前期の社会と生活、明治・大正期の行政

　◇5 資料編 近・現代(2)　寒川町　1994.11　684p　22-30cm
　　内容 明治中期から昭和戦前期の社会と生活、昭和戦前期の行政

　◇6 通史編 原始・古代・中世・近世　寒川町　1998.11　706p　22-30cm
　　内容 先土器時代から明治4年(1871)頃まで

　◇7 通史編 近・現代　寒川町　2000.9　888p　22-30cm
　　内容 明治前期から昭和63年(1988)頃まで

　◇8 別編 考古　寒川町　1996.11　758p　22-30cm
　　内容 町内の遺跡、遺構、遺物などの考古資料及び歴史的記述

　◇9 別編 神社　寒川町　1994.11　617p　22-30cm
　　内容 寒川神社と町内の各神社に関する史料とそれを材料とした本文

　◇10 別編 寺院　寒川町　1997.11　703p　22-30cm
　　内容 寺院制度の変遷、町内の寺院・堂の

由緒、寺院と村民などに関する史料と本文

◇11 別編 美術工芸　寒川町　1992.11
523p 22-30cm
[内容]絵画・彫刻・工芸・石造遺物・社寺建築など

◇12 別編 民俗　寒川町　1991.11
527p 22-30cm
[内容]昭和61年(1986)より町が実施した調査に基づく

◇13 別編 事典・年表　寒川町　2002.3
509p 22-30cm
[内容]寒川地域事典:地名・人名・社寺・書籍・年中行事・会社名など/寒川地域年表:原始・古代から平成13年(2001)までの歴史的事項

◇14 別編 統計　寒川町　2003.2　222p 22-30cm
[内容]明治以降の町に関する統計

◇15 別編 図録さむかわ　寒川町　2000.11　255p　22-30cm
[内容]旧石器時代から現代に至るまでの歴史や仏像・史跡、公共施設などを写真や図表で紹介

◇16 別編 ダイジェスト さむかわ 歴史ものがたり100　寒川町　2003.2　243p　22cm
[内容]旧石器時代から昭和46年頃まで/民俗:町と道、村の区分、講のあつまり、農家の暮らし他/美術工芸:仏像、石仏、石塔、庚申塔

## さむかは　加藤丘之助編著

◇寒川町役場　1931.6　175p, 図版3枚　19cm
[内容]古代から昭和15年、東海道、中原海道、大山街道、寒川神社、梶原氏ほか

## 高座郡歴史　高座郡教育会編

◇川上広文堂　1909　51p　A5

## 【大磯町】

### 大磯町史　大磯町編

◇1 資料編 古代・中世・近世(1)　大磯町　1996.3　770p　22cm
[内容]古代:平安時代までの古記録・古文書・文学作品・考古資料/中世:鎌倉時代から天正18年(1590)までの古文書・記録・銘など/近世:天正18年(1590)から明治4年までの村名細帳、支配・年貢、高麗寺などに関する史料

◇2 資料編 近世(2)　大磯町　1999.3　736p　22cm
[内容]正保4年(1647)から明治6年(1873)までの大磯宿・小頭助左衛門、鴨立宮と六所宮などに関する史料

◇3 資料編 近現代(1)　大磯町　1998.7　702p　22cm
[内容]明治元年(1868)から昭和2年(1927)まで

◇4 資料編 近現代(2)　大磯町　2001.3　760p　22cm
[内容]大正4年(1915)から昭和21年(1946)までの大震災からの復興、昭和恐慌、戦時下に関する史料

◇5 資料編 近現代(3)　大磯町　2006.3　785p　22cm
[内容]昭和18年(1943)から平成5年(1993)までの戦後改革、新大磯町の発足、高度経済成長下、現代に関する史料

◇6 通史編 古代・中世・近世　大磯町　2004.6　742p　22cm
[内容]有史以前からペリー来航(1853)まで

◇8 別編 民俗　大磯町　2003.6　748p　22cm
[内容]平成3年から7年にかけて実施した調査結果に基づくもの

◇9 別編 自然　大磯町　1996.3　758p　22cm
[内容]気象、地形、動植物、景観、災害史ほか

### 大磯町文化史　大磯町文化史編纂委員

会編

◇大磯町教育委員会　1956.6　6, 316p　図版　22cm
[内容] 縄文時代から近世まで文化の面からみた歴史

## 【二宮町】

二宮町史　二宮町編

◇資料編 1 自然　二宮町　1990.11　406p　22cm
[内容] 気象・気候、地形と地質、植物、菌類、動物 付・葛川の自然

◇資料編 1 原始 古代 中世 近世　二宮町　1990.11　851p　22cm
[内容] 原始：旧石器文化から平安朝期にかけての遺跡と遺物／古代・中世：奈良時代から天正18年(1590)の北条氏滅亡まで／近世：天正18年(1590)徳川氏江戸入府より明治4年(1871)の廃藩置県まで 村・伝馬・浦・漁業に関する地方文書

◇資料編 2 近代 現代　二宮町　1992.3　970p　22cm
[内容] 明治5年(1872)から昭和60年(1985)までの資料

◇通史編　二宮町　1994.3　1083p　22cm
[内容] 自然：自然環境の変遷／原始～現代：無土器時代から昭和60年(1985)まで

◇別編 寺社・金石文　二宮町　1994.3　485p, 図版4枚　22cm
[内容] 寺社編：町内の寺院・神社及び町域に関わりのある町外の寺院に関する文書　史料集／金石文編：石造物・絵画・工芸

二宮町史略年表　二宮町編

◇二宮町　1994.3　111p　21cm
[内容] 町域における原始時代から昭和60年(1985)までの事項を国や県の動向とあわせ、まとめたもの

二宮町郷土誌　二宮町教育委員会編

◇二宮町教育委員会　1956.9　12, 388, 18p　26cm
[内容] 縄文時代から昭和30年(1955)頃までの歴史、生活、社会など及び環境、旧家、古文書など

## 【中井町】

中井町誌　中井町誌編纂委員会編

◇中井町　1990.10　10, 552p　27cm
[内容] 自然と環境、歴史、生活(民俗)、教育文化、現況ほか

中井村誌　中井村誌研究調査委員会編

◇中井村　1958.12　304p, 図版7枚　21cm
[内容] 中世から昭和33年(1958)頃までの沿革・村政・産業経済史・教育・宗教・史蹟ほか

## 【大井町】

大井町史

◇資料編 原始・古代・中世・近世(1)　大井町　1997.3　1073p 図版　22cm
[内容] 原始・古代：縄文時代以降の金子台遺跡などの報告書、古代の文献資料／中世：文治4年(1188)から天正19年(1590)までの古文書・記録・金石文、棟札銘、像内墨書など／近世：天正19年(1591)から明治6年(1873)までの村明細帳・検地帳・支配・年貢・寺社関係の史料

◇資料編 近世(2)　大井町　1995.9　778p 図版　22cm
[内容] 明暦2年(1656)から明治5年(1872)までの村の生活、災害、酒匂川・川根川の治水と酒匂堰などの史料

◇資料編 近・現代(1)　大井町　2000.3　896p 図版　22cm
[内容] 嘉永6年(1853)から大正13年(1924)までの資料

◇資料編 近・現代(2)　大井町　1998.3　652p 図版　22cm
[内容] 大正12年(1923)から平成8年(1996)までの資料

神奈川県　　　　　　　　　　　　　　　　　　　　　　　　　　開成町

◇別編 民俗　大井町　1999.3　18, 530p
図版　22cm
内容 平成5年からの調査に基づいたもの

## 【松田町】

まつだの歴史　福田以久生編

◇松田町教育委員会　1977.3　387p 図
21cm

◇続　松田町教育委員会　1984.3　426p
22cm

## 【山北町】

山北町史　山北町編

◇史料編 近世　山北町　2003.3　1419p
22cm
内容 慶長17年(1612)から明治4年
(1871)までの「新編相模国風土記稿」、
村々の様子・社会・人々に関する史料

◇史料編 近代　山北町　2002.3　844p
22cm
内容 明治4年(1871)から昭和20年
(1945)までの明治維新と村々、東海道鉄
道、産業化、昭和恐慌、戦時体制下など
に関する史料

◇史料編 現代　山北町　2004.3　714p
22cm
内容 昭和20年(1945)から平成9年
(1997)頃までのアジア太平洋戦争、高度
経済成長期、町づくり計画に関する史料

◇史料編 原始・古代・中世　山北町
2000.3　31, 842p　22cm
内容 考古編：縄文時代から江戸時代まで
の遺跡の遺構・遺物/古代編：飛鳥時代か
ら平安時代までの文献史料/中世編：治
承4年(1180)から天正18年(1590)までの
古文書・記録・軍記・地誌など

◇通史編　山北町　2006.3　1056p
22cm
内容 原始から現代(平成10年ころ)まで
/年表

◇別冊1 江戸時代がみえる やまきたの
絵図　山北町町史編さん室　1999.3
35p　30cm
内容 「相模国絵図」や「相模国足柄上郡
絵図」、「河村古城図」などの絵図

◇別冊2 庶民信仰がわかるやまきたの棟
札　山北町　2001.3　234p 30cm
内容 江戸時代以前の紀年が判明する棟札

◇別編 山北町の自然　山北町　2002.3
440p　22cm
内容 気象、動物、植物、地形・地質

◇別編 民俗　山北町　2001.3　444p
22cm
内容 平成8年度から平成12年度にかけ
て実施した調査に基づくもの

## 【開成町】

開成町史　開成町編

◇資料編 古代中世近世(1)　開成町
1995.3　16, 562p　22cm
内容 古代・中世：文永3年(1266)から永
禄2年(1559)までの古文書・記録・帳類
/近世(1)：慶長6年(1601)から慶応4年
(1868)までの旧8ヵ村に関する史料

◇資料編 近世(2)　開成町　1997.3　6,
655p　22cm
内容 天正19年(1591)から明治4年
(1871)までの旧8ヵ村に関する史料

◇資料編 近代・現代　開成町　1996.3
38, 952, 15p　22cm
内容 明治4年(1871)から昭和40年代ま
での旧村々及び開成町に関する史料

◇自然編　開成町　1994.11　370p
22cm
内容 平成2年から実施した調査に基づく
もの

◇通史編　開成町　1999.3　17, 794,
95p　22cm
内容 無土器から昭和60年(1985)まで
/年表

◇民俗編　開成町　1994.11　545p
22cm

[内容] 平成2年度から4年度まで実施した調査に基づくもの

## 【箱根町】

箱根町誌　箱根町誌編纂委員会編

◇第1巻　角川書店　1967.3　254p　22cm
[内容] 旧石器時代から歴史時代までの遺跡に関する論文、石仏、石造塔・彫刻、絵巻に関する論文

◇第2巻　角川書店　1971.9　480p　22cm
[内容] 仏像、美術工芸品、中世城郭、北条五代と早雲寺などに関する論文集

◇第3巻　角川書店　1984.3　430p　22cm
[内容] 縁起文芸、箱根早雲寺、関所、宿などに関する論文集

箱根仙石原村史略　勝俣久作

◇勝俣久作　1965.2　117,7p　20cm
[内容] 村名文字考/慶長より正保までの概況・古文書/本村と其の領主/社寺/天保飢饉/年貢のこと/境界論/仙石原村 村かがみ/方言集、近世仙石原村の事項・古文書・村名について・方言集、昭和22年雑誌「日本の言葉」所載 筆者筆の仙石原村方言集を付載

## 【真鶴町】

真鶴町史

◇資料編　真鶴町　1993.3　918p　22cm
[内容] 原始：縄文時代から平安時代までの遺跡・遺物/古代・中世：奈良時代から天正18年(1590)までの古記録・古文書・文学作品など/近世：天正18年(1590)から明治4年(1871)までの史料/近・現代：明治4年(1871)から昭和31年(1956)までの史料

◇通史編　真鶴町　1995.9　16,860p　22cm

[内容] 先史時代から新町発足までの町域（旧真鶴町・旧岩村）を主体とする歴史

## 【湯河原町】

湯河原町史　湯河原町町史編さん委員会編

◇第1巻 原始・古代・中世・近世資料編　湯河原町　1984.3　3,835p　22cm
[内容] 原始資料編：縄文・古墳時代などの遺跡・遺物/古代・中世資料編：万葉集、治承4年(1180)から天正18年(1590)までの記録・古文書/近世資料編：天正18年(1590)から明治4年(1871)まで旧村々に関する史料

◇第2巻 近現代資料編　湯河原町　1985.9　28,854p　22cm
[内容] 明治5年(1872)から昭和35年(1960)まで

◇第3巻 通史編　湯河原町　1987.3　15,914p　22cm
[内容] 原始時代から昭和61年頃まで

## 【愛川町】

細野区100年史　愛川町細野区編

◇愛川町細野区　2004.10　156p　27cm
[内容] 縄文時代から21世紀までの区の歩み、地名、産業、災害、教育、史蹟、宮ヶ瀬ダムほか

愛川町郷土誌　愛川町教育委員会,愛川町郷土誌編纂委員会編

◇愛川町　1982.3　701p 図版8枚　27cm
[内容] 沿革、自然、行政区域・人口、先史から大正8年(1919)までの歴史/近代以降の教育、産業、行財政など

◇資料編1　愛川町　1979　30,43,96p　27cm

五泉町誌　佐藤俊英著

◇正　五泉町社会教育委員会　1949

159p　19cm
- ◇続　五泉町社会教育委員会　1950.9　204p, 図版7枚　19cm

## 【清川村】

神奈川県愛甲郡清川村史　清川村, 服部清道
- ◇1　清川村教育委員会　1985　270p　26cm
- ◇2　清川村教育委員会　1985　571p　26cm

## 【城山町】

町史の窓　復刻版　城山町教育委員会教育部生涯学習課社会教育班編
- ◇城山町教育委員会　2006.3　151p　30cm

城山町史　城山町編
- ◇1 資料編 考古・古代・中世　城山町　1992.3　25, 802p　22cm
  - 内容 考古編：考古学研究史、旧石器時代から平安時代とその後の遺跡/古代・中世：古代・中世の文書・記録、金石文、仏像、遺跡、石造物など
- ◇2 資料編 近世　城山町　1990.3　830p　22cm
  - 内容 天正18年(1590)から明治6年(1873)頃までの史料
- ◇3 資料編 近現代　城山町　1993.3　44, 693p　22cm
  - 内容 明治4年(1871)から昭和61年(1986)までの史料
- ◇4 資料編 民俗　城山町　1988.3　650p　22cm
  - 内容 従来からの調査を参考に昭和59年から61年にかけて行われた補充調査をもとにまとめたもの
- ◇5 通史編 原始・古代・中世　城山町　1995.3　23, 461p　22cm
  - 内容 旧石器時代から天正18年(1590)まで
- ◇6 通史編 近世　城山町　1997.3　726p　22cm
  - 内容 天正18年(1590)から明治4年(1871)までの通史、文化・信仰
- ◇7 通史編 近現代　城山町　1997.3　629p　22cm
  - 内容 明治元年(1868)から昭和61年(1986)3月まで

## 【藤野町】

藤野町史　藤野町編
- ◇資料編 上　藤野町　1994.3　21, 790, 10p　22cm
  - 内容 原始・古代：縄文時代から平安時代までの遺跡・遺物、古代の文献史料/中世：治承4年(1180)から天正18年(1590)までの史料と板碑・仏像/近世：慶長9年(1604)から明治5年(1872)までの文書及び古民家・美術・工芸他/寺社：町内旧7ヵ村の社寺に関係する近世の史料
- ◇資料編 下　藤野町　1994.3　813p　22cm
  - 内容 近現代：明治2年(1869)から昭和61年(1986)までの史料/民俗：衣食住、生産、交通、社会生活、信仰ほか
- ◇通史編　藤野町　1995.3　33, 1019p　22cm
  - 内容 自然環境：位置、地形、地層、気象、動植物ほか/原始～現代：旧石器時代から昭和60年頃まで/民俗：村とムラ、農民生活、人の一生と年中行事、芸能、娯楽遊戯ほか

## 【愛甲郡】

愛甲郡制誌　愛甲郡役所編
- ◇名著出版　1973.3　3, 3, 8, 538p 図版8枚　22cm

内容 愛甲郡役所編纂 大正14年刊の複刻

愛甲郡制誌　愛甲郡教育会編
　◇愛甲郡教育会　1925　538p　A5

愛甲郡誌　村瀬米之助著
　◇竹村書店　1910.7　93p　地図　20cm

## 【足柄上郡】

足柄上郡誌　足柄上郡編纂
　◇足柄上郡教育会　1924　1冊　22cm
　◇千秋社　1987.5　494p　22cm

足柄上郡誌・足柄下郡史　復刻版　足柄上郡教育会, 社団法人足柄下郡教育会編
　◇名著出版　1975.2　494, 310p　肖像, 地図5枚(折込み)　22cm
　　内容 足柄上郡教育会編大正12年刊の「足柄上郡誌」と社団法人足柄下郡教育会編昭和4年刊の「足柄下郡史」を原本として合本で復刻したもの

## 【足柄下郡】

足柄下郡史　足柄下郡教育会編
　◇足柄下郡教育会　1929　310p　23cm

足柄下郡誌　函左教育会編
　◇伊勢治書店　1899.8　11丁　23cm

足柄下郡誌　足柄下郡教育会編
　◇足柄下郡教育会　1899

## 【中郡】

神奈川縣中郡勢誌　神奈川県中地方事務所編
　◇東京印書館史誌センター　1977.1　6, 404p　図版　22cm
　　内容 神奈川県中地方事務所編集発行(1953年刊)のものの覆刻版 総説：地形・地質・河川など 原始から明治11年(1878)までの郡誌/各説：郡勢・町村誌

## 【三浦郡】

神奈川縣三浦郡志　復刻版　神奈川県三浦郡教育会編纂
　◇千秋社　1996.10　192p　図版8枚　22cm
　　内容 大正7年(1918)に三浦郡教育会によって作成された「三浦郡志」の復刻

三浦郡誌　神奈川県三浦郡教育会編
　◇横須賀印刷　1918　192p　22cm
　◇名著出版　1974　192p　図　地図1枚　22cm

# 新潟県

## 稿本新潟県史　新潟縣編

◇第1巻 県治・拓地・勧農　国書刊行会　1991.6　540p　27cm
　内容 明治元年(1868)から明治15年(1882)まで

◇第2巻 工業1　国書刊行会　1991.6　346p　27cm
　内容 明治2年(1869)から明治12年(1879)まで

◇第3巻 工業2　国書刊行会　1991.7　386p　27cm
　内容 明治13年(1880)から明治15年(1882)まで

◇第4巻 褒賞1　国書刊行会　1991.7　447p　27cm
　内容 明治5年(1872)から明治10年(1877)まで

◇第5巻 褒賞2　国書刊行会　1991.8　370p　27cm
　内容 明治元年(1868)から明治14年(1881)まで

◇第6巻 賑恤・祭典・神社沿革・戸口・民俗　国書刊行会　1991.8　387p　27cm
　内容 明治元年(1868)から明治15年(1882)まで

◇第7巻 学校　国書刊行会　1991.10　579p　27cm
　内容 明治5年(1872)から明治15年(1882)まで

◇第8巻 駅逓　国書刊行会　1991.10　490p　27cm
　内容 明治5年(1872)から明治13年(1880)まで

◇第9巻 警保・忠孝節義・騒擾事変・孝子貞婦義僕調・孝義善行付録　国書刊行会　1991.11　450p　27cm
　内容 明治5年(1872)から明治15年(1882)まで

◇第10巻 租法　国書刊行会　1991.　285p　27cm
　内容 明治2年(1869)から明治13年(1880)まで

◇第11巻 職制1　国書刊行会　1992.2　476p　27cm

◇第12巻 職制2　国書刊行会　1992.2　395p　27cm

◇第13巻 禄制・兵制・会計　国書刊行会　1992.2　333p　27cm
　内容 明治2年(1869)から明治14年(1881)まで

◇第14巻 禁令　国書刊行会　1992.2　495p　27cm
　内容 慶応4年(1872)から明治15年(1882)まで

◇第15巻 居留地・交際・港則・貿易・駐剳各国領事任罷録　国書刊行会　1992.4　12, 414p　27cm
　内容 明治元年(1868)から明治6年(1873)まで

◇第16巻 官員履歴・図書目録　国書刊行会　1992.4　3, 322p　27cm
　内容 明治元年(1868)から明治13年(1880)まで

◇別冊 解題・総索引　国書刊行会　1992.10　228p　27cm
　内容 慶応4年から明治16年(1883)まで

## 新潟県史　新潟県編

◇資料編1 原始・古代1 考古編　新潟県　1983.3　122p　22cm
　内容 旧石器時代、縄文時代、弥生時代、古墳時代

◇資料編2 原始・古代2 文献編　新潟県　1981.3　642, 37p　22cm
　内容 孝元7年から文治元年まで

◇資料編3 中世1 文書編1　新潟県　1982.3　763, 32p　22cm

全国地方史誌総目録　397

◇資料編 4 中世 2 文書編 2　新潟県
1983.3　801, 43p　22cm
内容 建久3年から元和5年まで

◇資料編 5 中世 3 文書編 3　新潟県
1984.3　982, 61p　22cm
内容 天喜2年から慶長5年まで

◇資料編 6 近世 1 上越編　新潟県
1981.3　955p　22cm
内容 慶長3年から万延元年まで

◇資料編 7 近世 2 中越編　新潟県
1981.3　958p　22cm
内容 慶長5年から万延元年まで

◇資料編 8 近世 3 下越編　新潟県
1980.3　1409p　22cm
内容 慶長3年から慶応4年まで

◇資料編 9 近世 4 佐渡編　新潟県
1981.3　1032p　22cm
内容 慶長4年から慶応3年まで

◇資料編 10 近世 5 流通編　新潟県
1984.3　1006p　22cm
内容 慶長4年から慶応4年まで

◇資料編 11 近世 6 文化編　新潟県
1983.3　953p　22cm
内容 元禄年間から明治4年(1871)まで

◇資料編 12 近世 7 幕末編　新潟県
1984.3　957p　22cm
内容 天保元年から慶応3年まで

◇資料編 13 近代 1 明治維新編 1　新潟県　1980.3　1111p　22cm
内容 明治元年(1868)から明治6年(1873)まで

◇資料編 14 近代 2 明治維新編 2　新潟県　1983.3　985p　22cm
内容 明治4(1871)年の廃藩置県から明治11(1878)年の三新法制定まで

◇資料編 15 近代 3 政治編 1　新潟県
1982.3　977p　22cm
内容 明治11(1878)年の三新法制定から大正3(1914)年の第一次世界大戦勃発まで

◇資料編 16 近代 4 政治編 2　新潟県
1985.3　969p　22cm
内容 大正3(1914)年の第一次世界大戦勃発から昭和20(1945)年8月15日の終戦まで

◇資料編 17 近代 5 産業経済編 1　新潟県　1982.3　655p　27cm
内容 明治16年から昭和15年まで

◇資料編 18 近代 6 産業経済編 2　新潟県　1984.3　1022p　22cm
内容 明治11(1878)年の三新法制定から昭和20(1945)年の第二次世界大戦終結まで

◇資料編 19 近代 7 社会文化編　新潟県
1983.3　54, 948p　22cm
内容 明治11(1878)年の三新法制定から昭和20(1945)年の第二次世界大戦終結まで

◇資料編 20 現代 1 政治経済編　新潟県
1982.3　974p　22cm
内容 終戦から昭和51年3月まで

◇資料編 21 現代 2 社会文化編　新潟県
1985.3　1022p　22cm
内容 昭和20年8月15日の終戦から昭和51年3月まで

◇資料編 22 民俗・文化財 1　新潟県
1982.3　1078p　22cm
内容 越後の民俗事象を、社会伝承・生活伝承・文化伝承にまとめて収録

◇資料編 23 民俗・文化財 2　新潟県
1984.3　1052p　22cm
内容 佐渡の民俗事象と越後及び佐渡にかかわる民族文献資料を収録

◇資料編 24 民俗・文化財 3　新潟県
1986.3　660p　22cm
内容 原始・古代:旧石器時代から平安後期まで/中世:建治3年から天正6年まで/近世:元和年間から寛永17年まで/近代:明治元年(1868)から明治40年(1907)まで

◇新潟県のあゆみ : 概説　新潟県
1990.10　571, 17p　22cm
内容 旧石器時代から昭和63年(1988)まで

◇通史編 1 原始・古代　新潟県　1986.3　788,50p　22cm
　内容 原始時代から平安時代末期まで

◇通史編 2 中世　新潟県　1987.3　802,51p　22cm
　内容 鎌倉幕府創設から、16 世紀末に上杉景勝が陸奥会津に国替えになるまで

◇通史編 3 近世 1　新潟県　1987.3　851,47p　22cm
　内容 慶長 3 年堀氏の入封から正徳年間まで

◇通史編 4 近世 2　新潟県　1988.3　872,47p　22cm
　内容 享保元年から文化・文政期まで

◇通史編 5 近世 3　新潟県　1988.3　884,49p　22cm
　内容 天保期から慶応 3 年まで

◇通史編 6 近代 1　新潟県　1987.3　872,43p　22cm
　内容 北越戊辰戦争が勃発した明治元年(1868)から市制・町村制が施行された明治 22 年(1889)まで

◇通史編 7 近代 2　新潟県　1988.3　867,51p　22cm
　内容 明治憲法が発布された明治 22 年から米騒動が全国的に起こった大正 7 年まで

◇通史編 8 近代 3　新潟県　1988.3　884,53p　22cm
　内容 大正 8 年からポツダム宣言を受諾した昭和 20 年 8 月 15 日まで

◇通史編 9 現代　新潟県　1988.3　884,50p　22cm
　内容 昭和 20 年 8 月 15 日の終戦から、立県 100 年を迎えた昭和 51 年 3 月まで

◇別編 1 年表・索引　新潟県　1989.3　585p　22cm
　内容 旧石器時代から昭和 51 年(1976)まで

◇別編 2 資料所在目録　新潟県　1989.3　780p　22cm
　内容 新潟県に関する歴史資料の所在状況を県内と県外に分けて紹介

◇別編 3 人物編　新潟県　1987.3　802,66p　22cm
　内容 文禄 3 年から大正 13 年(1924)までの越佐の人物についての基礎的史料を収載

新潟県百年のあゆみ

◇新潟県　1971.6　671p　22cm
　内容 慶応 3 年から昭和 44 年(1969)まで

訂正越後頸城郡誌稿　越後頸城郡誌稿刊行会

◇上巻　豊島書房　1969.11　1071p　22cm
　内容 文武朝から享保年間までの市政、民政ほか

◇下巻　豊島書房　1969.11　1077-1908p　22cm
　内容 昭和 2 年刊の復刻、大化 6 年から明治 2 年(1869)までの関所、騒動、人物ほか

新潟県史要　斎藤秀平著

◇新潟県教育会　1936　62p　A5

【新潟市】

追録中之口村誌　追録中之口村誌編さん委員会編

◇新潟市　2006.3　172p, 図版 2 枚　27cm
　内容 昭和 60 年(1985)から平成 17 年(2005)新潟市への編入合併まで

新潟市史

◇資料編 1 原始古代中世　新潟市　1994.3　785p　22cm
　内容 縄文時代から慶長 3 年まで

◇資料編 2 近世 1　新潟市　1990.3　755p　22cm
　内容 慶長 3 年から慶応 3 年までの新潟町

全国地方史誌総目録　399

◇資料編 3 近世 2　新潟市　1992.3　775p　22cm
　内容 慶長 3 年から慶応 3 年までの東新潟

◇資料編 4 近世 3　新潟市　1993.2　779p　22cm
　内容 慶長 3 年から慶応 3 年までの西新潟

◇資料編 5 近代 1　新潟市　1990.12　759p　22cm
　内容 慶応 4 年から明治 21 年(1887)まで

◇資料編 6 近代 2　新潟市　1993.2　769p　22cm
　内容 明治 22 年(1889)から大正 8 年(1919)まで

◇資料編 7 近代 3　新潟市　1994.2　757p　22cm
　内容 大正 9 年(1920)から昭和 20 年(1945)まで

◇資料編 8 現代 1　新潟市　1991.3　771p　22cm
　内容 政治経済編：昭和 20 年(1945)の終戦から平成元年(1989)まで

◇資料編 9 現代 2　新潟市　1993.3　741p　22cm
　内容 社会文化編：昭和 20 年(1945)の終戦から平成元年(1989)まで

◇資料編 10 民俗 1　新潟市　1991.2　773p　22cm
　内容 沼垂地区以外の東新潟地域の社会・人、衣・食・住、生産と交通ほか

◇資料編 11 民俗 2　新潟市　1994.3　759p　22cm
　内容 沼垂地区及び信濃川以西の西新潟地区の社会・人、衣・食・住、生産と交通ほか

◇資料編 12 自然　新潟市　1991.11　367p　27cm
　内容 地学：地形、地質、気候、海ほか/生物：植物、哺乳類、鳥類ほか

◇資料編 12 自然(別冊)　新潟市　1991.11　150p　27cm
　内容 新潟市災害年表、(明治 19 年(1886)から平成元年(1989)まで)、新潟市植物目録

◇通史編 1 原始古代中世・近世(上)　新潟市　1995.3　521, 48p　22-27cm
　内容 旧石器時代から正徳年間まで

◇通史編 2 近世(下)　新潟市　1997.1　509, 72p　22-27cm
　内容 享保年間から慶応 3 年まで

◇通史編 3 近代(上)　新潟市　1996.3　495, 73p　22-27cm
　内容 戊辰戦争の始まりから大正前期まで

◇通史編 4 近代(下)　新潟市　1997.3　463, 84p　22-27cm
　内容 大正前期から昭和 20 年 8 月 15 日の敗戦まで

◇通史編 5 現代　新潟市　1997.3　497, 66p　22-27cm
　内容 昭和 20 年 8 月 15 日から、市政 100 周年に当たる平成元年度まで

◇別編 1 図説新潟市史　新潟市　1989.9　249p　27cm
　内容 縄文時代から昭和 63 年(1988)まで

◇別編 2 年表・索引　新潟市　1998.3　277p　22-27cm
　内容 原始時代から平成 2 年(1990)3 月まで

新潟市史　新潟市編纂

◇上巻　新潟市　1934.5　1161p　23cm
　内容 慶長年間から昭和 5 年(1930)までの港湾、政治

◇下巻　新潟市　1934.12　1062, 83p　23cm
　内容 天正年間から昭和 5 年(1930)までの神社宗教、教育及び文学、産業、風俗他

新潟略史　風間正太郎著
◇新潟市役所　1911　194p　B6

## 【新潟市北区】

豊栄市史　豊栄市編
◇資料編 1 考古編　豊栄市　1988.3

591p　22cm
　　内容 縄文時代から近世に至る考古資料

◇資料編 2 近世編　豊栄市　1990.3
817p　22cm
　　内容 慶長3年から明治3年(1870)まで

◇資料編 3 近現代編　豊栄市　1993.3
831p　22-27cm
　　内容 明治元年(1868)から平成2年(1990)まで

◇通史編　豊栄市　1998.3　756, 34p
22cm
　　内容 自然環境,縄文時代から平成5年(1983)まで

◇民俗編　豊栄市　1999.3　549p
27cm
　　内容 豊栄市の民俗,福島潟の民俗

## 【新潟市江南区】

横越町史　横越町史編さん委員会編

◇資料編　横越町　2000.3　1100p
26cm
　　内容 縄文時代から昭和60年(1985)まで

◇通史編　横越町　2003.3　1024p
26cm
　　内容 自然：地形と地質,横越の生物/縄文時代から平成11年(1999)まで

亀田の歴史　亀田町史編さん委員会編

◇資料編　亀田町　1990.3　578p
22cm
　　内容 原始・古代・中世編：縄文時代から永正14年まで/近世編：天正7年から嘉永4年まで/近・現代編：明治元年(1868)から昭和43年(1968)まで/民俗編：人生儀礼,衣食住,生業と民具,年中行事ほか

◇通史編　上巻　亀田町　1988.9　383, 11p　22cm
　　内容 縄文時代から天保10年の年貢軽減要求騒動まで

◇通史編　下巻　亀田町　1988.9　449, 23p　22cm
　　内容 慶応3年から昭和61年(1986)まで

亀田町史　小村弌編

◇亀田町公民館　1959.1　488, 10p 図
22cm
　　内容 縄文時代から昭和30年(1955)まで

横越村誌　横越公民館編

◇横越公民館　1952.11　2, 2, 6, 372p
図版2枚　19cm
　　内容 寛永10年から昭和22年(1947)まで

## 【新潟市秋葉区】

おらが村　中新田村誌

◇中新田村誌編纂委員会　2003.3　133p
26cm

新津市史　新津市史編さん委員会編

◇資料編 第1巻 原始・古代・中世　新津市　1989.2　481p　22cm
　　内容 自然：地形,気候/考古：縄文時代から室町時代までの遺跡/文献：崇神朝から慶長3年まで

◇資料編 第2巻 近世1　新津市
1987.11　896p　22cm
　　内容 慶長3年から慶応4年までの支配,郷村の姿

◇資料編 第3巻 近世2　新津市　1990.2
931p　22cm
　　内容 慶長3年から慶応4年までの産業と交通,社会と生活,宗教と学芸

◇資料編 第4巻 近現代1　新津市
1986.10　1003p　22cm
　　内容 慶応4年から明治44年(1911)まで

◇資料編 第5巻 近現代2　新津市
1991.3　977p　22cm
　　内容 明治41年(1908)から昭和51年(1976)まで

◇資料編 第6巻 民俗・文化財　新津市
1991.3　685p　22cm

│内容│社会の民俗,生活の民俗,信仰と文化,文化財

◇通史編 上巻　新津市　1993.3　999, 17p　22cm
│内容│郷土の自然：地形,丘陵,平野と河川,気候/縄文時代から慶応3年まで

◇通史編 下巻　新津市　1994.3　999, 20p　22cm
│内容│慶応3年から昭和56年(1981)まで

市史にいつ　新津市史編さん室編

◇第1集　新津市教育委員会　1983.3　22cm

◇第2集　新津市教育委員会　1984.3　98p　21cm

◇第3集　新津市教育委員会　1985.3　95p　21cm

小須戸町史

◇小須戸町　1983.2　921, 22p　22cm
│内容│旧石器時代から昭和55年(1980)まで

新津市誌　新津市図書館

◇[正]　新津市　1952.6　783p　22cm
│内容│建仁元年から昭和26年(1951)まで

◇金津・小合・新関地区編　新津市役所　1979.3　1521p　23cm
│内容│康平年間から昭和22年(1947)ころまでの金津・小合・新関各村の概況

新津市のあゆみ　新津市史略年表　新津市立記念図書館編

◇新津市　1975　263p　22cm

## 【新潟市南区】

味方村誌　味方村誌編纂委員会編

◇通史編　味方村　2000.7　851p 図版　27cm

│内容│縄文時代から平成11年(1999)まで

白根市史　白根市史編さん室編

◇巻1 古代・中世・近世史料　白根市　1985.9　1526p　27cm
│内容│和銅4年から安永2年まで

◇巻2 近世史料　白根市　1985.9　1509p　27cm
│内容│安永3年から天保15年まで

◇巻3 近世史料　白根市　1986.11　1272, 85, 39, 4p　27cm
│内容│弘化2年から慶応2年まで

◇巻4 近世・近代史料　白根市　1986.11　1404p　27cm
│内容│慶応3年から明治22年(1889)まで

◇巻5 近代史料　白根市　1987.10　1404p　27cm
│内容│明治22年(1889)から大正15年(1926)まで

◇巻6 近代現代史料　白根市　1988.10　87, 1324p　27cm
│内容│大正15年(1926)から昭和30年(1955)まで

◇巻7 通史　白根市　1989.3　1085, 45p　27cm
│内容│明応・永正年間から昭和63年(1988)まで

月潟村誌　月潟村誌編輯委員会編

◇月潟村　1978.10　583p, 図版4枚　22cm
│内容│奈良時代から昭和52年(1977)まで

## 【新潟市西区】

黒埼百年　村をおこし町をつくった人々のものがたり　黒埼町編集

◇黒埼町　2000.12　78p　30cm
│内容│縄文時代から平成12年まで

黒埼町史　黒埼町町史編さん原始・古

代・中世部会編
- ◇資料編1 原始・古代・中世　黒埼町　1998.3　630p　27cm
  - 内容 縄文時代から慶長3年まで
- ◇資料編2 近世　黒埼町　1996.3　675p　27cm
  - 内容 1598年から1868年まで
- ◇資料編3 近代　黒埼町　1994.3　897p　27cm
  - 内容 1868年から1945年(昭和20)まで
- ◇資料編4 現代　黒埼町　1995.3　565p　27cm
  - 内容 1945年(昭和20)から1989年(昭和63)まで
- ◇資料編5 自然　黒埼町　1994.3　386p　26cm
  - 内容 大地と気象, 生物の世界
- ◇資料編6 民俗　黒埼町　1998.3　528p　27cm
  - 内容 村・家・人, 衣・食・住, 生業と労働, 交通と交易ほか
- ◇通史編　黒埼町　2000.11　751p　27cm
  - 内容 縄文時代から平成11年(1999)まで
- ◇通史編 附録別編　黒埼町　2000.11　142p　27cm
  - 内容 統計資料, 行政・議会・選挙ほか
- ◇別巻 自由民権編　黒埼町　2000.10　628p　27cm
  - 内容 明治8年(1875)から明治24年(1891)まで

**越後木場の郷土誌**　木場の郷土誌編集委員会編
- ◇黒埼町公民館木場分館　1975.10　411p 図版[6]p　22cm
  - 内容 天正年間から昭和46年(1971)まで

**内野町誌**
- ◇内野町　1960　124p 図版　22cm

## 【新潟市西蒲区】

**西川町史考**　西川町文化財調査審議会編
- ◇その1 西川町の地名1　西川町教育委員会　1970.3　21p　26cm
- ◇その2 史料・民具紹介と古老の話　西川町教育委員会　1973.5　89p　26cm
- ◇その3 史料・民具紹介と古老の話　西川町教育委員会　1974.3　67p　26cm
- ◇その4 史料・民具紹介と古老の話　西川町教育委員会　1975.3　55p　26cm
- ◇その5 史料・民具紹介と古老の話　西川町教育委員会　1976.3　81p　26cm
- ◇その6 史料・民具紹介と古老の話　西川町教育委員会　1978.3　94p　26cm
- ◇その7 史料・民具紹介と古老の話　西川町教育委員会　1979.3　69p　26cm
- ◇その8 史料・民具紹介と古老の話　西川町教育委員会　1980.3　61p　26cm
- ◇その9 史料・民具紹介と古老の話　西川町教育委員会　1981.3　66p　26cm
- ◇その10 史料・民具紹介と古老の話　西川町教育委員会　1982.3　99p　26cm
- ◇その11 史料・民具紹介と古老の話　西川町教育委員会　1983.3　109p　26cm
- ◇その12 史料・民具紹介と古老の話　西川町教育委員会　1984.3　123p　26cm
- ◇その13 史料・民具紹介と古老の話　西川町教育委員会　1985.3　70p　26cm
- ◇その14 史料・民具紹介と古老の話　西川町教育委員会　1986.3　104p　26cm
- ◇その15 史料・民具紹介と古老の話　西川町教育委員会　1987.3　89p　26cm
- ◇その16 史料・民具紹介と古老の話　西川町教育委員会　1988.3　98p　26cm

◇その17 史料・民具紹介と古老の話 西川町教育委員会 1989.3 151p 26cm

◇その18 史料・民具紹介と古老の話 西川町教育委員会 1990.3 89p 26cm

◇その19 史料・民具紹介と古老の話 西川町教育委員会 1991.3 95p 26cm

◇その20 史料・民具紹介と古老の話 西川町教育委員会 1992.3 136p 26cm

◇その21 西川町教育委員会 1993.3 68p 26cm

◇その22 西川町教育委員会 1994.3 63p 26cm

◇その23 西川町教育委員会 1995.3 46p 26cm

◇その24 西川町教育委員会 1996 141p 26cm

◇その25 西川町教育委員会 1997 141p 26cm

◇その26 西川町教育委員会 1998 121p 26cm

◇その27 西川町教育委員会 1999 73p 26cm

◇その28 西川町教育委員会 2000.3 75p 26cm

◇その29 西川町教育委員会 2001.3 86p 26cm

◇その30 西川町教育委員会 2002.3 147p 26cm

◇その31 西川町教育委員会 2003.3 118p 26cm

◇その32 西川町教育委員会 2004.3 96p 26cm

巻町史　巻町編

◇資料編1 考古　巻町 1994.3 707p 27cm

内容 地形・地質,考古資料/旧石器時代から近代まで

◇資料編2 古代・中世・近世1　巻町 1988.3 841p 22cm
内容 崇峻2年から慶応3年まで

◇資料編3 近世2　巻町 1990.3 798p 27cm
内容 元禄2年から明治3年(1870)まで

◇資料編4 近・現代1　巻町 1988.3 860p 27cm
内容 明治10(1878)から昭和30年(1955)までの新聞資料

◇資料編5 近・現代2　巻町 1990.3 877p 22cm
内容 明治4年(1871)から昭和58年(1983)まで

◇資料編6 民俗　巻町 1992.3 862p 22cm
内容 社会伝承,生活伝承,文化伝承

◇通史編 上　巻町 1994.3 846p 22cm
内容 自然と風土,旧石器時代から慶応3年まで

◇通史編 下　巻町 1994.3 834p 22cm
内容 明治元年(1868)から平成2年(1990)まで

潟東村誌　潟東村誌編さん室編

◇潟東村 1989.10 637p 図版 27cm
内容 17世紀初頭から昭和63年(1988)まで

改訂中之口村誌　改訂中之口村誌編集委員会編

◇中之口村 1987.3 766p 26cm

岩室村史　岩室村史編纂委員会編

◇岩室村 1974.3 983p 22cm
内容 縄文時代から昭和46年(1971)まで

◇史料　岩室村 1974.3 235p 22cm

新潟県　　　　　　　　　　　　　　　　　　　　　　　　　　　　　長岡市

　|内容| 垂仁天皇 23 年から昭和 48 年 (1973) まで

## 中之口村誌

◇[中之口村]　1969.12　239p, 図 7 枚　26cm
　|内容| 大化 2 年から昭和 43 年 (1968) まで

## 間瀬郷土史　間瀬村郷土史研究委員編

◇間瀬公民館　1954　183p　25cm
　|内容| 天平 11 から昭和 29 年 (1954) 閉村前年まで

## 岩室村村誌　岩室村教育会編

◇岩室村教育会　1933　399p　22cm

# 【長岡市】

## 長岡市政 100 年のあゆみ　長岡市

◇長岡市　2006.3　327p　27cm
　|内容| 長岡市政 100 年のあゆみ、明治 39 年から平成 14 年まで

## 越路町史　越路町編

◇資料編 1 原始・古代・中世　越路町　1998.3　650p　23-27cm
　|内容| 考古編：縄文時代から安土桃山時代まで/文献編：文武天皇元年から文久 3 年まで

◇資料編 2 近世　越路町　1999.11　980p　23cm
　|内容| 堀秀治が入国した慶長 3 年から明治 4 年 (1871) の廃藩置県まで

◇資料編 3 近代・現代　越路町　1999.3　864p　23-27cm
　|内容| 明治 4 年 (1871) から昭和 61 年 (1986) まで

◇通史編 上巻　越路町　2001.11　667, 11p　23cm
　|内容| 自然環境、縄文時代から慶応 3 年まで

◇通史編 下巻　越路町　2001.11　559, 15p　23-27cm

　|内容| 慶応 3 年から平成 6 年 (1994) まで

◇別編 1 自然　越路町　1998.3　471p　27cm
　|内容| 越路町の大地, 気象と生活, 越路町のきのこほか

◇別編 2 民俗　越路町　2001.3　705p　23cm
　|内容| 戦前のくらし, 変貌する暮らし

## 与板町史　与板町編

◇資料編 上巻 原始古代・中世・近世　与板町　1993.3　750p　22cm
　|内容| 縄文時代から元治元年まで

◇資料編 下巻 近世・近代・現代　与板町　1993.3　681p　22cm
　|内容| 文化 5 年から昭和 35 年 (1960) まで

◇通史編 上巻 自然・原始古代・中世・近世　与板町　1999.3　736p　22cm
　|内容| 自然編：風土, 植物, 動物/縄文時代から明治 4 年 (1871) まで

◇通史編 下巻 近代・現代　与板町　1999.3　655, 42p　22cm
　|内容| 嘉永 6 年から昭和 52 年 (1977) まで

◇文化財編　与板町　1995.3　133p　22cm
　|内容| 県指定文化財, 町指定文化財, 有形文化財

◇民俗編　与板町　1995.3　520p　22cm
　|内容| 地域と民俗, 生産の民俗, 信仰と民俗, 人の生涯と儀礼の民俗ほか

## 和島村史　和島村編

◇資料編 1 自然 原始時代・中世 文化財　和島村　1996.2　739p　27cm
　|内容| 自然編：地形・地質, 気候, 植物, 昆虫ほか/旧石器時代から慶応 2 年まで

◇資料編 2 近世　和島村　1994.3　810p　27cm
　|内容| 慶長 3 年から慶応 3 年まで

全国地方史誌総目録　405

◇資料編 3 近現代 民俗　和島村
1993.3　729p　27cm
内容 慶応4年から平成4年(1992)まで/民俗編:地域と民俗,生活と社会,生活と時間,生活と心ほか

◇通史編　和島村　1997.3　767, 28p　27cm
内容 旧石器時代から平成2年(1990)まで

## 長岡市史　長岡市編

◇長岡市　1931.8　1020p　23cm
内容 大化元年から昭和5年(1930)まで

◇資料編 1　長岡市　1992.3　845, 26p　23cm
内容 旧石器時代から慶長9年ごろまで

◇資料編 2 古代・中世・近世 1　長岡市　1993.3　873p　23cm
内容 大化3年から寛政12年まで

◇資料編 3 近世 2　長岡市　1994.8　887p　23cm
内容 享和元年から明治3年(1870)まで

◇資料編 4 近代 1　長岡市　1993.3　1075p　23cm
内容 明治3年(1870)から大正15年(1926)まで

◇資料編 5 近代 2・現代　長岡市　1994.3　956p　23cm
内容 昭和元年(1926)から昭和61年(1986)まで

◇通史編 上巻　長岡市　1996.3　796, 16p　23cm
内容 旧石器時代から明治2年(1869)まで

◇通史編 下巻　長岡市　1996.3　965, 10p　23cm
内容 明治3年(1870)から昭和61年(1986)まで

◇別編 文化財　長岡市　1992.2　105p　23cm
内容 長岡市の文化財を写真中心に配列

◇別編 民俗　長岡市　1992.2　705p　23cm

内容 地域と民俗,生活と社会,生活と時間,生活と心ほか

## 郷土誌福戸のあゆみ　農民の手づくり

◇福戸公民館　1992.7　370p　26cm
内容 大化3年から平成3年(1991)

## 寺泊町史　寺泊町編

◇資料編 1 原始・古代・中世　寺泊町　1991.3　569p　22cm
内容 縄文時代から中世に至るまで

◇資料編 2 近世　寺泊町　1990.3　928p　22cm
内容 慶長3年から慶応4年まで

◇資料編 3 近・現代　寺泊町　1989.2　768p　22cm
内容 明治元(1868)から昭和50年(1975)

◇資料編 4 民俗・文化財　寺泊町　1988.3　777p　22cm
内容 社会伝承,生活伝承,文化伝承,文化財

◇通史編 上巻　寺泊町　1992.3　672p　22cm
内容 縄文時代から慶応2年寺泊の打ち壊しまで

◇通史編 下巻　寺泊町　1992.3　605, 36p　22cm
内容 明治元年(1868)から平成3年(1991)まで

## ふるさと長岡のあゆみ　2版　ふるさと長岡のあゆみ編集委員会編

◇長岡市　1988.4　279p　27cm
内容 縄文時代から昭和57年(1982)まで

## 中之島村史　中之島村史編纂委員会編

◇民俗・資料　中之島町　1988.1　911p　22cm
内容 民俗編:年中行事,人の一生,社会伝承,生活伝承ほか/資料編:寛文年間から大正年間まで

◇上巻　中之島町　1988.3　896p　22cm
　内容 自然と風土, 古墳時代から明治3年（1870）まで

◇下巻　中之島町　1986.9　1066p　22cm
　内容 慶応3年から昭和60年（1985）まで

## 山古志村史　山古志村史編集委員会編

◇史料1　山古志村　1981.8-　543p　22cm
　内容 元禄15年から1871（明治4)年まで

◇史料2　山古志村　1981.8-　444p　22cm
　内容 明治12年（1879）から昭和2年（1927）まで

◇通史　山古志村　1985.11　999, 9p　22cm
　内容 自然、先土器文化から1980（昭55）まで

◇民俗　山古志村　1983.7　611p　22cm
　内容 昭和54年12月から56年3月までの調査をもとにして編集

## 岡南の郷土誌　岡南の郷土誌編集委員会編

◇岡南中学校後援会　1985.10　871p　22cm
　内容 縄文時代から昭和59年（1984）まで

## 三島町史　三島町史編集委員会編

◇上　三島町　1984.6　716p　27cm
　内容 縄文時代から昭和57年（1982）まで

◇下　三島町　1984.6　530p　27cm
　内容 昭和22年（1947）から昭和57年（1982）まで

## 桐沢史　桐沢史編纂委員会編

◇桐沢史編纂委員会　1983.11　422p　22cm
　内容 縄文時代から昭和57年（1982）まで

## 栃尾市史　栃尾市史編集委員会編

◇年表・索引　栃尾市役所　1981.3　185p　22cm
　内容 重文時代から昭和50年まで

◇上巻　栃尾市役所　1977.3　1212, 11p　22cm
　内容 縄文時代から明治4年（1871）まで

◇中巻　栃尾市役所　1979.3　940, 8p　22cm
　内容 明治4年（1871）から昭和12年（1937）まで

◇下巻　栃尾市役所　1980.3　741, 10p　22cm
　内容 昭和2年（1927）から昭和49年（1974）まで

◇別巻1　栃尾市役所　1978.3　766p　22cm
　内容 口承文芸、社会生活、年中行事ほか

◇別巻2　栃尾市役所　1981.3　10, 1061p　22cm
　内容 天和六年

## 小国町史　小国町史編集委員会学編

◇史料編　小国町　1976　679p　22cm

◇史料編　補遺1　小国町　1980.12　81p　21cm

◇本文編　小国町　1976　856p　22cm

## 与板町史　前波善学編

◇正　与板町教育委員会　1961　17cm

◇続　与板町教育委員会　1965　17cm

## 関原町誌

◇関原町　1957　138p　21cm

## 岩塚村誌　岩塚村教育委員会編

◇岩塚村教育委員会　1955.4　506p　22cm

内容 石器時代から昭和29年(1954)まで

## 長岡の今昔　長岡市編

◇長岡市　1939　55p　A5

## 深才郷土誌

◇深才村　1929.9　15, 2, 4, 335p 図版、地図　23cm
　　内容 大化元年から昭和3年(1928)まで

## 【三条市】

### 三条市史　三条市史編修委員会編

◇上巻　三条市　1983.7　935, 18p　22cm
　　内容 旧石器時代から明治4年(1871)まで

◇下巻　三条市　1983.7　957, 20p　22cm
　　内容 明治5年(1872)から昭和57年(1982)まで

◇資料編 第1巻 考古・文化　三条市　1981.7　693, 6p　22cm
　　内容 地質・地形、考古遺物遺跡、建造物、仏教美術、など

◇資料編 第2巻 古代中世　三条市　1979.3　376, 21p　22cm
　　内容 宝亀11年から天正16年まで

◇資料編 第3巻 近世1　三条市　1980.2　938p　22cm
　　内容 慶長3年から文政2年まで

◇資料編 第4巻 近世2　三条市　1980.3　881, 38p　22cm
　　内容 天保元年から明治4年(1871)まで

◇資料編 第5巻 近現代1　三条市　1978.3　973, 9p　22cm
　　内容 明治5年(1872)から明治45年(1912)まで

◇資料編 第6巻 近現代2　三条市　1979.2　786, 8p　22cm
　　内容 大正元年(1912)から大正15年(1926)まで

◇資料編 第7巻 近現代3　三条市　1981.3　1161, 14p　22cm
　　内容 昭和2年(1927)から昭和25年(1950)まで

◇資料編 第8巻 民俗　三条市　1982.3　744p　22cm
　　内容 社会の民俗、生活の民俗、文化の民俗

### 栄村誌　栄村誌編さん委員会編集

◇民俗・文化史料篇　栄村誌編さん委員会　1982.8　819, 7p　22cm
　　内容 生活と民俗：農耕とくらし、人の一生/村の文化遺産

◇上巻　栄村誌編さん委員会　1981.8　1084, 13p　22cm
　　内容 縄文時代から文政13(天保元)年まで

◇下巻　栄村誌編さん委員会　1982.2　1209, 13p　22cm
　　内容 天文4年から昭和56年(1981)まで

### 大崎村史　大崎村史編纂委員会編

◇三条市大崎公民館　1974　327p 図　21cm

### 下田村史　下田村史編集委員会編

◇下田村史刊行委員会　1971.3　912p　22cm
　　内容 無土器時代から昭和44年(1969)まで

### 大面村誌　三南地方の歴史　大面村誌編集委員会編

◇栄村公民館大面支館　1966.9　1074p　26cm
　　内容 文治2年から昭和32年(1957)まで

## 【柏崎市】

### 柏崎市史　柏崎市市史編さん委員会編著

◇資料集 考古篇1 考古資料 図・拓本・説明　[柏崎市]市史編さん室　1987　476p　26cm

◇資料集 考古篇2 上 考古資料　[柏崎市]市史編さん室　1982　294p　26cm

◇資料集 地質篇 柏崎の地質　[柏崎市]市史編さん室　1983　586p　26cm

◇資料集 古代中世篇 柏崎の古代中世史料　[柏崎市]市史編さん室　1987　290p　26cm

◇資料集 近世篇1 下 柏崎の近世史料 天和検地帳　[柏崎市]市史編さん室　1984　833p　26cm

◇資料集 近世篇1 上 柏崎の近世史料 支配・検地　[柏崎市]市史編さん室　1984　825p　26cm

◇資料集 近世篇2 上 柏崎の近世史料 貢租・町村概況　[柏崎市]市史編さん室　1985　739p　26cm

◇資料集 近世篇2 下 柏崎の近世史料 産業・騒動・交通　[柏崎市]市史編さん室　1985　761p　26cm

◇資料集 近世篇3 柏崎町会所御用留 寛政12年～嘉永元年　[柏崎市]市史編さん室　1979　356p　26cm

◇資料集 近世篇4 柏崎町会所御用留 嘉永元年～安政3年　[柏崎市]市史編さん室　1980　688p　26cm

◇資料集 近世篇5 柏崎町会所御用留 安政4年～慶応4年　[柏崎市]市史編さん室　1980　688p　26cm

◇資料集 近現代篇1　[柏崎市]市史編さん室　1986　782p　26cm

◇資料集 近現代篇2 柏崎県史資料　[柏崎市]市史編さん室　1982　633p　26cm

◇資料集 近現代篇3 下 明治・大正・昭和　[柏崎市]市史編さん室　1985　947p　26cm

◇資料集 近現代篇3 上 明治・大正・昭和　[柏崎市]市史編さん室　1985　474p　26cm

◇資料集 民俗篇　[柏崎市]市史編さん室　1986　1046p　26cm

◇上巻　[柏崎市]市史編さん室　1990.3　766, 43, 13, 10p　22cm
　内容 人と風土：民俗事項／大地：地質・地層／旧石器時代から文禄4年まで

◇中巻　[柏崎市]市史編さん室　1990.3　1089, 8, 6, 2p　22cm
　内容 慶長3年から安政2年まで

◇下巻　[柏崎市]市史編さん室　1990.3　889, 122, 12, 2, 8, 2p　22cm
　内容 慶応3年から平成元年(1989)まで

高柳町史　高柳町史編集委員会編

◇史料編　高柳町　1985.3　875p　22cm
　内容 天和4年から昭和59年(1984)まで

◇本文編　高柳町　1985.3　1521p　22cm
　内容 序編：地勢地質, 気象, 動植物縄文時代から昭和55年(1980)まで

西山町誌　続「西山町誌」編集委員会

◇西山町役場　1963.3　856p　22cm
　内容 縄文時代から昭和37年(1962)まで

◇続　西山町　1980.3　378p　22cm

中鯖石村誌　郷土誌

◇柏崎郷土資料刊行会　1979.11　290p　21cm

荒浜村誌

◇柏崎郷土資料刊行会　1978.8　115p　22cm

岡野町史　磯貝文嶺著

◇岡野町区　1978.1　414p　26cm
　内容 縄文時から昭和51年(1976)まで

比角村史誌　笹川芳三補筆

◇柏崎市中央公民館図書刊行会　1971.7

全国地方史誌総目録　409

270p  21cm

北条町史　北条町史編纂委員会編
- ◇北条町　1971.4　702p 図版　22cm
  - 内容 文武天皇元年から昭和43年(1968)まで

柏崎編年史　新沢佳大, 前川禎治編著
- ◇上巻　柏崎市　1970.11　609p　22cm
  - 内容 縄文時代から1926年(大正15)まで
- ◇下巻　柏崎市　1970.11　292p　22cm
  - 内容 昭和元年(1926)から昭和44年(1969)まで

荒浜村誌　荒浜村誌編纂委員会編
- ◇荒浜村誌編纂委員会　1912　167丁 B5

## 【新発田市】

加治川村誌　増補版　加治川村生誕50周年・合併記念事業推進委員会, 加治川村生誕50周年・合併記念事業推進プロジェクトチーム編
- ◇加治川村役場総務課　2005.2　12, 530p　27cm
  - 内容 縄文時代から平成14年(2002)まで

城下町新発田400年のあゆみ　城下町400年記念　新発田市教育委員会編
- ◇新発田市　1998.6　75p　30cm
  - 内容 室町時代から平成10年(1998)まで

豊浦町史　豊浦町史編さん委員会編集・編さん
- ◇豊浦町　1987.2　825p　27cm
  - 内容 自然と風土, 縄文時代から昭和59年(1984)まで

加治川村誌　加治川村誌編さん委員会編
- ◇加治川村役場総務課　1986　447p　27cm

紫雲寺町誌　紫雲寺町史編さん委員会編
- ◇紫雲寺町　1982.4　444p 図版　27cm
  - 内容 縄文時代から昭和52年(1977)まで

新発田市史　新発田市史編纂委員会編
- ◇上巻　新発田市　1980.11　1015p　27cm
  - 内容 先土器時代から安政年間まで
- ◇下巻　新発田市　1981.7　986p　27cm
  - 内容 慶応3年から昭和55年(1980)まで

## 【小千谷市】

東蒲原郡史　東蒲原郡史編さん委員会
- ◇資料編1 原始　東蒲原郡史編さん委員会　2006.3　794, 18p　27cm
  - 内容 旧石器時代から平安時代まで

マイおぢやグラフ この美しき野に　小千谷市50周年記念誌　小千谷市
- ◇小千谷市　2005.3　109p　30cm
  - 内容 平安時代から2004年(平成16年)まで

小千谷市史　小千谷市教育委員会編, 渡辺三省監修
- ◇索引集　小千谷市　2001　146p　22cm
- ◇上巻　国書刊行会　1981　1197p　22cm
  - 内容 昭和44年小千谷市刊の複製版
- ◇下巻　国書刊行会　1981　830p　22cm
  - 内容 昭和44年小千谷市刊の複製版

小千谷市史　小千谷市史編修委員会編
- ◇史料集　小千谷市教育委員会　1972　652p　22cm
  - 内容 慶長2年から慶応4年まで

◇本編 上巻 小千谷市 1969.11 1197p 22cm
　内容 無土器時代から文久2年打毀しまで

◇本編 下巻 小千谷市 1967.12 830p 22cm
　内容 明治元年(1868)から昭和40年(1975)まで

小千谷の歴史　市制施行十周年記念
小千谷市史編修委員会編

◇小千谷市 1964.8 158p 21cm
　内容 無土器時代から昭和31年(1956)まで

小千谷町史　小千谷町編

◇小千谷町 176p A6

【加茂市】

加茂市史　加茂市史編集委員会編

◇資料1 古代・中世 加茂市 2005.3.12, 329p, 図版6枚 23cm
　内容 崇峻2年から慶長3年まで

◇上 加茂市 1975.2 1107p 22cm
　内容 縄文時代から昭和47年(1972)まで

◇下 加茂市 1975.3 941p 22cm
　内容 天文11年から昭和46年(1971)までの須田地域, 七谷地域

【十日町市】

十日町市史　十日町市史編さん委員会編

◇資料編1 自然 十日町市役所 1992.3 686p 22cm
　内容 十日町の大地, 気候と気象, ゆたかな緑ほか

◇資料編2 考古 十日町市役所 1996.7 763p 22cm
　内容 旧石器時代から近世までの考古に関する資料

◇資料編3 古代・中世 十日町市役所 1992.3 776p 22cm
　内容 崇神天皇10年から寛永19年まで

◇資料編4 近世1 十日町市役所 1992.3 856p 22cm
　内容 慶長16年から慶応3年まで

◇資料編5 近世2 十日町市役所 1993.3 800p 22cm
　内容 元禄2年から明治19年(1886)まで

◇資料編6 近・現代1 十日町市役所 1993.10 810p 22cm
　内容 慶応4年から昭和19年(1944)まで

◇資料編7 近・現代2 十日町市役所 1995.3 845p 22cm
　内容 明治5年(1872)から平成6年(1994)まで

◇資料編8 民俗 十日町市役所 1995.3 968p 22cm
　内容 家とムラ, 人の一生, きもの・食べもの・住まい, 日々の暮らし, 神と仏ほか

◇通史編1 自然・原始・古代・中世 十日町市役所 1987.8 589p 22cm
　内容 自然：大地の成立ち, 丘陵, 河岸段丘ほか/旧石器時代から天正6年まで

◇通史編2 近世1 十日町市役所 1995.3 559p 22cm
　内容 元和6年から安政6年ごろまで

◇通史編3 近世2 十日町市役所 1996.7 557p 22cm
　内容 慶長2年から慶応4年まで

◇通史編4 近・現代1 十日町市役所 1996.3 519p 22cm
　内容 明治元年(1868)から大正15年(1926)まで

◇通史編5 近・現代2 十日町市役所 1997.8 542p 22cm
　内容 大正12年(1923)から平成8年(1996)まで

◇通史編6 織物 十日町市役所 1997.6 727, 12p 22cm
　内容 縄文時代から平成8年(1996)まで

松之山町史　松之山町史編さん委員会編

◇松之山町 1991.6 1161p, 図 27cm

全国地方史誌総目録　411

内容 自然：地形・地質, 気候・水文, 動物, 植物/縄文時代から昭和58年(1983)まで

## 松代町史　松代町史編纂委員会編

◇上巻　松代町　1989.3　629p　26cm
　　内容 自然：地形・地質, 河川と水質, 気象・気候ほか/歴史：縄文時代から慶応3年まで

◇下巻　松代町　1989.3　686p　26cm
　　内容 慶応2年から昭和62年(1987)まで/教育, 民俗, 文化財

## 中里村史　中里村史専門委員会編

◇資料編 上巻　中里村史編さん委員会　1985.3　351p　22cm
　　内容 旧石器時代から古墳時代までの遺跡, 崇神天皇10年から天正7年まで

◇資料編 下巻　中里村史編さん委員会　1987.5　1341p　22cm
　　内容 近世：慶長3年から慶応3年まで/近代・現代：慶応4年から昭和59年(1984)まで

◇通史編 上巻　中里村史編さん委員会　1988.5　1038p　22cm
　　内容 自然：位置と地形, 地形, 気候, 植物, 動物/旧石器時代から慶応元年まで

◇通史編 下巻　中里村史編さん委員会　1989.3　1280p　22cm
　　内容 戊辰戦争から平成元年(1989)まで

## 川西町史　川西町史編さん委員会編

◇資料編 上巻　川西町　1986.10　804p　22cm
　　内容 縄文時代, 応長元年から明治元年(1868)まで

◇資料編 下巻　川西町　1986.10　844p　22cm
　　内容 慶応4年から昭和59年(1984)まで

◇通史編 上巻　川西町　1987.3　1085p　22cm
　　内容 縄文時代から慶応3年まで

◇通史編 下巻　川西町　1987.3　816p　22cm
　　内容 天保2年から昭和60年(1985)まで

## 水澤村史　水沢村史調査委員会編

◇水沢村史刊行会　1970.2　510, 313p, 図版4枚　22cm
　　内容 無土器時代から昭和36年(1961)まで/民俗篇：信濃川の水運, 水沢村の芸能, 伝説

## 浦田村誌

◇浦田村　1955　138p 図版12枚 地図　22cm

## 【見附市】

### 見附市史　見附市史編集委員会

◇史料1　見附市　1981.3　596p　22cm
　　内容 文治2年から慶応4年まで

◇史料2　見附市　1982.3　750p　22cm
　　内容 明治5年(1872)から昭和20年(1945)まで

◇年表・索引　見附市　1984.3　165p　22cm
　　内容 先土器時代から昭和5年(1980)まで

◇上巻1　見附市　1981.3　691, 6p　22cm
　　内容 先土器時代から享保期まで/民俗

◇上巻2　見附市　1981.3　695, 4p　22cm
　　内容 宝暦・天明期から明治4年(1871)まで

◇下巻1　見附市　1983.3　736, 7p　22cm
　　内容 明治4年(1871)から昭和5年(1930)まで

◇下巻2　見附市　1983.3　846, 8p　22cm

新潟県　　　　　　　　　　　　　　　　　　　　　　　　燕市

　　内容 明治40年(1907)から昭和52年
　　(1977)まで

続五泉町誌　佐藤俊英編

　◇五泉町社會教育委員會　1950.9　204p
　　19cm
　　内容 村々の沿革：万治2年から昭和24
　　年(1949)まで

五泉町誌　佐藤俊英編

　◇五泉町社會教育委員會　1949.9　159p
　　19cm
　　内容 貞治3年から昭和23年(1948)まで

## 【村上市】

村上市史　村上市編

　◇資料編1 古代中世編　村上市　1993.3
　　608p　22-30cm
　　内容 大化3年から天正19年まで

　◇資料編2 近世1藩世編　村上市
　　1992.3　1130p　22-30cm
　　内容 慶長3年から寛永20年まで

　◇資料編3 近世2町・村, 戊辰戦争編
　　村上市　1994.3　1137p　22-30cm
　　内容 寛永12年から慶応4年まで

　◇資料編4 近現代1 御用日記 上巻　村
　　上市　1988.10　610p　22cm
　　内容 明治元年から4年

　◇資料編5 近現代2 御用日記 下巻　村
　　上市　1989.3　762p　22cm
　　内容 明治5年から9年

　◇資料編6 近代現行政資料編 上巻　村
　　上市　1990.10　761p　22-30cm
　　内容 明治元年(1868)から明治45年
　　(1912)まで

　◇資料編7 近現代 行政資料編 下巻　村
　　上市　1991.3　948, 64p　22-30cm
　　内容 大正3年(1914)から昭和60(1985)
　　まで

　◇資料編8 近現代5経済産業編　村上市

　　1993.3　782p　22cm
　　内容 明治32年(1899)から昭和29年
　　(1954)まで

　◇資料編9 近現代6教育文化人物編　村
　　上市　1992.3　727p　22-30cm
　　内容 教育編：安政2年から平成元年
　　(1989)まで／文化編：昭和23年(1948)か
　　ら平成3年(1991)まで／人物編：文化年間
　　から昭和54年(1979)ごろまで

　◇通史編1 原始・古代・中世　村上市
　　1999.2　535, 37p　22-30cm
　　内容 縄文時代から慶長3年まで

　◇通史編2 近世　村上市　1999.2　746,
　　38p　22-30cm
　　内容 天正13年から慶応3年まで

　◇通史編3 近代　村上市　1999.2　717,
　　42p　22-30cm
　　内容 安政4年から昭和20年(1945)まで

　◇通史編4 現代　村上市　1999.2　540,
　　37p　22-30cm
　　内容 昭和20年(1945)から平成4年
　　(1992)まで

　◇民俗編 上巻　村上市　1989.10　699p
　　22-30cm
　　内容 社会伝承, 生活伝承1,2

　◇民俗編 下巻　村上市　1990.3　545p
　　22-30cm
　　内容 生活伝承2, 文化伝承1,2

村上郷土史　村上本町教育委員会

　◇村上本町教育会　1931　384p　A5

　◇村上本町教育会　1974.9　384p
　　23cm
　　内容 石器時代から昭和5年(1930)まで

## 【燕市】

分水町史　分水町編

　◇資料編1 自然　分水町　2004.6　349p
　　27cm
　　内容 気象と大地, 植物の世界, 動物の世界

全国地方史誌総目録　413

◇資料編 1 考古・古代・中世　分水町
2004.6　309p　27cm
内容 旧石器時代から慶長 3 年まで

◇資料編 2 近世　分水町　2005.3　641p
27cm
内容 堀秀治が入国した慶長 3 年から大政奉還のあった慶応 3 年まで

◇資料編 3 近現代　分水町　2005.3
621p　27cm
内容 慶応 4 年(1868)から平成 16 年(2004)まで

◇資料編 4 民俗・人物　分水町　2003.3
604p　27cm
内容 民俗編：人・家・村・町, 人の一生と社会, 衣・食・住ほか/人物編：分水町に関わって業績を残した人

◇通史編　分水町　2006.3　678p
27cm
内容 自然編：自然の環境とおいたち, 植物, 動物/旧石器時代から平成 17 年(2005), 燕市誕生まで

## 吉田町史　吉田町編

◇資料編 1 考古・古代・中世　吉田町
2000.3　477, 7, 132p　27cm
内容 縄文時代から文禄 4 年まで

◇資料編 2 近世 1　吉田町　1999.3
540p　27cm
内容 慶長 7 年から慶応 2 年まで

◇資料編 3 近世 2　吉田町　2001.3
568p　27cm
内容 天和 4 年から慶応 4 年まで

◇資料編 4 近代 1　吉田町　1999.3
573p　27cm
内容 明治維新期から大正期まで

◇資料編 5 近代 2・現代　吉田町
2001.3　632p　27cm
内容 大正 12 年(1923)から平成 7 年(1995)まで

◇資料編 6 民俗　吉田町　2002.3　423p
27cm
内容 交通・交易, 生産, ムラと家, 人の一生ほか

◇資料編 7 自然　吉田町　2004.2　534p
27cm
内容 気候, 地形, 地質, 大地のめぐみと地盤災害ほか

◇通史編 上巻　吉田町　2003.6　578p
27cm
内容 縄文時代から慶応 3 年まで

◇通史編 下巻　吉田町　2004.3　545p
27cm
内容 明治維新から平成 6 年まで

## 燕市史　燕市編

◇資料編 1 前近代編　燕市　1988.3
557p　27cm
内容 崇峻天皇 2 年から明治 16 年(1883)まで

◇資料編 2 近現代編　燕市　1989.3
615p　27cm
内容 明治 5 年(1872)から昭和 20 年(1945)まで

◇資料編 2 近現代編 別冊　燕市
[1989.3]　214p　27cm
内容 皇国地誌：明治 10〜18 年/村定：大正 4〜大正 7

◇通史編　燕市　1993.3　996p　27cm
内容 自然：地形, 土壌, 気象/原始・古代・中世：大化元年から昭和 63 年(1988)まで

◇民俗・社会・文化財編　燕市　1990.3
417p　27cm
内容 社会伝承, 生活伝承, 文化伝承, 文化財

## 国上村郷土史　国上村教育会編

◇第 2—3 輯　国上村教育会　1937-1938
2 冊　B5（謄）

## 【糸魚川市】

## 糸魚川市史　糸魚川市役所編

◇資料集 1　[1] 文書編　糸魚川市役所

1986.3　386p　27cm

◇資料集 1　[2] 考古編　糸魚川市役所
1986.3　148p　27

◇資料集 2 文書編・民俗編　糸魚川市役所　1987.3　413, 124p　27

◇昭和編 1　糸魚川市役所　2004.10
161p　30cm
内容 大正12年(1923)から平成10年(1998)まで

◇昭和編 2　糸魚川市役所　2006.3
167p　30cm
内容 大正10年(1921)ごろから平成12年(2000)までの商工業、交通・通信、災害ほか

◇昭和編 3　糸魚川市役所　2006.3
147p　30cm
内容 昭和3年(1928)から平成12年(2000)までの教育、文化

◇1 自然・古世・中世　糸魚川市役所
1972.3　524p　27-30cm
内容 縄文時代から天正15年、越後統一まで

◇2 近世 1　糸魚川市役所　1977.3
544p 図p　27-30cm
内容 慶長初年、上杉景勝の転封から、享保2年松平藩成立前まで

◇3 近世 2　糸魚川市役所　1978.11
542p　27cm
内容 天正18年から天保年間まで

◇4 近世 3　糸魚川市役所　1979.11
544p　27-30cm
内容 宝永元年から明和年間まで

◇5 近世 4　糸魚川市役所　1981.8
541p　27cm
内容 安永年間から慶応4年まで

◇6 近世　糸魚川市役所　1984.3　532p　27cm

内容 慶応3年から大正11年(1922)まで

能生町史　能生町史編さん委員会編
◇上巻　能生町　1986.6　493p　26cm
内容 自然, 縄文時代から天保4年まで
◇下巻　能生町　1986.6　469p　26cm
内容 明治2年(1869)から昭和60年(1985)まで

## 【妙高市】

妙高村史　妙高村編さん委員会編
◇妙高村　1994.3　22, 1040p　27cm
内容 自然編：地形・地質, 気象・水文, 動物, 植物/歴史編：縄文時代から平成4年(1992)まで

妙高区史　赤倉分湯として生まれて
◇妙高区協議会　1992.3　159p　27cm

妙高高原町史　妙高高原町史編集委員会編
◇妙高高原町　1986.9　945p　27cm
内容 自然：妙高高原の大地, 水質, 気候, 生物, 縄文時代から昭和53年(1978)まで

新井市史　新井市史編修委員会編
◇上巻　新井市　1973.3　920, 11p　22cm
内容 縄文時代から明治4年(1871)まで
◇下巻　新井市　1971.3　796, 17p　22cm
内容 明治元年(1868)から昭和43年(1968)まで

名香山村史　名香山村史編纂委員会
◇妙高高原町役場　1951.12　855p 図版　22cm
内容 地誌：地形・地質・気象ほか/政治・行政の変遷：和銅5年から昭和29年

(1954)まで

和田村誌　和田村村誌編纂委員会編

◇第1—13篇　和田村村誌編纂委員会〔昭和前期〕　9冊　B5　和（謄）

## 【五泉市】

五泉市史　五泉市編

◇資料編1 原始・古代・中世　五泉市　1994.2　581p　22-27cm
[内容]考古資料：縄文時代から中世まで／金石資料：文亀2年から慶長元年まで／城館跡：15世紀から16世紀まで／編年資料：古墳時代から慶長3年まで

◇資料編2 近世(1)　五泉市　1993.3　798p　22-27cm
[内容]慶長3年から慶応3年まで

◇資料編3 近世(2)　五泉市　1997.12　817p　22-27cm
[内容]元禄11年から明治15年(1883)まで

◇資料編4 近・現代(1)　五泉市　1993.3　1096p　22-27cm
[内容]明治10年代から1993年(平5)頃まで

◇資料編4 近・現代(1) 付録資料　五泉市　1996.3　86p　22cm
[内容]明治43年(1910)から昭和63年(1988)まで

◇資料編5 近・現代(2)　五泉市　1991.7　730p　27cm
[内容]明治14年(1881)から大正15年(1926)までの新潟新聞の記事を選択

◇通史編　五泉市　2002.3　766, 18p　22-27cm
[内容]旧石器時代から平成12年(2000)まで

◇民俗編　五泉市　1999.3　746p　22cm
[内容]生活空間と衣・食、家とムラ、生産と生業、時間と民俗ほか

村松町史　村松町史編纂委員会編

◇資料編 第1巻 考古・古代・中世　村松町教育委員会事務局　1980.3　525p　22cm
[内容]先土器時代から元禄年間

◇資料編 第2巻 近世第1　村松町教育委員会事務局　1976　610p　22cm

◇資料編 第3巻 近世第2　村松町教育委員会事務局　1978　748p　22cm

◇資料編 第4巻 近現代　村松町教育委員会事務局　1977　800p　22cm

◇資料編 第5巻 民俗　村松町教育委員会事務局　1979　786p　22cm

◇上巻　村松町教育委員会事務局　1983.3　1001, 10p　22cm
[内容]先土器時代から慶応4年まで

◇下巻　村松町教育委員会事務局　1982.3　1045, 15p　22cm
[内容]慶応3年から昭和55年(1980)

## 【上越市】

上越市史　上越市史編さん委員会編

◇資料編1 自然　上越市　2002.3　613, 6p 図版　27cm
[内容]地形・地質, 気候, 水文, 動物, 植物

◇資料編1 自然 別冊　上越市　1999.3-79p 図版　22cm
[内容]植物目録

◇資料編2 考古　上越市　2003.3　751p 図版　22cm
[内容]旧石器時代から平安時代まで

◇資料編3 古代・中世　上越市　2002.3　753p 図版　22cm
[内容]孝元紀7年から慶長3年まで

◇資料編4 近世1　上越市　2001.3　688, 12p 図版　22cm

- ◇資料編5 近世2　上越市　2002.3　707, 15p 図版　22-27cm
  - 内容 慶長3年の堀氏入封から明治4年7月廃藩置県までの郷村と広域流通に関する史料, 付図あり
- ◇資料編6 近代　上越市　2002.3　718p 図版　22-27cm
  - 内容 明治4年(1871)から昭和20(1945)の敗戦まで
- ◇資料編7 現代　上越市　2001.3　774p 図版　22-27cm
  - 内容 昭和20(1945)から平12年(2000)まで
- ◇通史編1 自然・原始・古代　上越市　2004.12　581, 37p 図版　22cm
  - 内容 自然：上越市の自然の生い立ち, 大地の生い立ちほか/旧石器時代から, 文明12年まで
- ◇通史編2 中世　上越市　2004.12　646, 15p 図版　22cm
  - 内容 11世紀末から上杉景勝が会津へ転封する慶長3年まで
- ◇通史編3 近世1　上越市　2003.3　641, 18p 図版　22cm
  - 内容 堀秀治が春日山へ入封した慶長3年から廃藩置県が行われた明治4年(1871)まで
- ◇通史編4 近世2　上越市　2004.3　765, 18p 図版　22-27cm
  - 内容 堀秀治が春日山へ入封した慶長3年から, 廃藩置県が行われた明治4年(1871)まで
- ◇通史編5 近代　上越市　2004.3　725, 26p 図版　22-27cm
  - 内容 明治4年(1871)から昭和20(1945)の敗戦まで
- ◇通史編6 現代　上越市　2002.3　602, 30p 図版　22-27cm
  - 内容 昭和20(1945)から平成10(1998)まで
- ◇通史編7 民俗　上越市　2004.9　639, 23p 図版　22-27cm
  - 内容 自然とつきあう, 仕事をする人々, 生活の時間, 癒しと楽しみ, 祈りと願いほか
- ◇別編1 上杉氏文書集1　上越市　2003.3　712p 図版　22cm
  - 内容 天文12年から天正6年までの謙信関係の史料
- ◇別編1 上杉氏文書集1 別冊　上越市　2003.3　150p 図版　22cm
  - 内容 上杉謙信の発給文書の写真版を主に収録
- ◇別編2 上杉氏文書集2　上越市　2004.3　838p 図版　22cm
  - 内容 天正6年から慶長3年まで景虎・景勝関係の史料, 付図あり
- ◇別編2 上杉氏文書集2 別冊　上越市　2004.3　94p 図版　22cm
  - 内容 収録した写真は, 上杉景虎と景勝の発給文書のうち主なもの
- ◇別編3 寺社資料1　上越市　2001.3　776p 図版　22cm
  - 内容 上越市内の神社と堂に関する資料
- ◇別編4 寺社資料2　上越市　2003.3　790p 図版　22-27cm
  - 内容 上越市内の寺院に関する資料
- ◇別編5 藩政資料1　上越市　1999.3　682, 54p 図版　22-27cm
  - 内容 天正18年から享保3年まで
- ◇別編6 藩政資料2　上越市　2000.3　773, 45p 図版　22-27cm
  - 内容 寛保元年から明治4年(1871)まで
- ◇別編7 兵事資料　上越市　2000.3　662p 図版　22-27cm
  - 内容 昭和2年(1927)からアジア太平洋戦争終結まで

**安塚町史**　安塚町史編集委員会編

- ◇資料編　安塚町　2004.11　554p 27cm
  - 内容 縄文時代から平成14年(2002)まで

◇通史編　安塚町　2004.11　633, 14p　27cm
　内容 縄文時代から平成11年(1999)まで

◇民俗・自然編　安塚町　2004.11　572p　27cm
　内容 民俗編：雪国の生活と風俗・習慣、方言と言い伝えほか/特編：食糧増産時代、アメリカ小麦の侵攻と輸出戦略ほか/自然：地形・地質、気候・気象、動物、植物

柿崎町史　柿崎町町史編さん委員会編

◇柿崎町史編纂会　1938.1　1010p 図版　23cm
　内容 天暦年間から昭和12年(1937)まで

◇資料編1　柿崎町　2004.3　696p　27cm
　内容 縄文時代から明治8年(1875)まで

◇資料編2　柿崎町　2004.3　719p　27cm
　内容 堀氏入国の慶長3年から平成14年(2002)までの交通・運輸、宗教・文化、行政・政治ほか

◇自然・民俗編　柿崎町　2004.3　544p　27cm
　内容 自然編：地形・地質、気候、植物、ほか/民俗編：一年のあゆみ、暮らしとしくみ、信仰、伝説等

◇通史編　柿崎町　2004.3　816, 30p　27cm
　内容 縄文時代から平成15年(2003)まで

板倉町史　板倉町史編さん委員会編

◇資料編　板倉町　2003.3　744, 62p　27cm
　内容 縄文時代から平成9年(1997)まで/民俗, 自然

◇自然・通史編　板倉町　2003.3　864p　27cm
　内容 自然：地形・地質、気候・水質、植物、動物/通史：旧石器時代から慶応3年まで

◇通史編　板倉町　2003.3　681p　27cm
　内容 慶応4年(1868)から平成12年(2000)まで文化財, 民俗, 人物

◇別巻 集落誌　板倉町　2001.3　2, 602p　27cm
　内容 人々のなりわいや、伝承、習慣など民俗にかかわることを多く記述

三和村史　三和村史編さん委員会編

◇資料編　三和村　2002.3　638p　27cm
　内容 14世紀中期から昭和4年(1929)まで

◇自然・考古編　三和村　2002.3　384p　27cm
　内容 自然編：地形・地質、気候・水文、動物, 植物/考古編：縄文時代から延長5年まで

◇通史編　三和村　2002.3　919p　27cm
　内容 縄文時代から平成12年(2000)まで

牧村史　牧村史編さん委員会編

◇資料編　牧村　1998.3　640p　27cm
　内容 寛文11年から昭和14年(1939)まで

◇通史編　牧村　1998.3　1173p　27cm
　内容 自然：地形・地質、気候・水文、動物、植物/縄文時代から平成7年(1995)まで/民俗：村落の構造、衣生活、食生活、住生活ほか

名立町史　名立町史編さん専門委員会編

◇名立町　1997.3　20, 838p　27cm
　内容 自然編：自然のなりたち, 地形・地質・水質・海洋, 気象・気候ほか/通史編：縄文時代から平成8年(1998)まで

吉川町史　吉川町史編さん委員会編

◇第1巻　吉川町　1996.3　973p　27cm
　内容 自然, 縄文時代から安政5年まで

◇第2巻　吉川町　1996.3　861, 25p　27cm
　内容 慶応3年から平成5年(1993)まで

新潟県　　　　　　　　　　　　　　　　　　　　　　　　　　　　　　　　上越市

◇第 3 巻　吉川町　1996.3　466p
27cm
内容 孝元 7 年から平成 6 年(1994)までの資料

**大潟町史**　大潟町史編さん委員会編

◇資料編　大潟町　1988.5　315p
27cm
内容 縄文時代から昭和 51 年(1976)まで

◇自然編・歴史編　大潟町　1988.5
831p　27cm
内容 自然編：地形・地質,湖沼・水質,気象,植物,動物ほか/歴史編：縄文時代から昭和 61 年(1986)まで

**頸城村史**　頸城村史編さん委員会編

◇資料編　頸城村　1988.2　581p
27cm
内容 縄文時代から昭和 32 年(1957)まで/自然

◇通史編　頸城村　1988.2　940p
27cm
内容 自然編：地形,地質,気候と陸水,生物/歴史編(第 1 部)：縄文時代から昭和 60 年(1985)まで/歴史編(第 2 部)：民俗,人物誌,人口・世帯と集落名

**浦川原村史**　浦川原村史編纂室編

◇浦川原村　1984.8　909p,図版 [39]p
27cm
内容 地形・地質,河川・水質,気候,生物,縄文時代から昭和 58 年(1983)まで

**清里村史**

◇上巻　清里村　1983.11　549p　22cm
内容 和銅元年から昭和 24 年(1949)まで

◇下巻　清里村　1983.12　562p　22cm
内容 明治 5 年(1872)から昭和 49 年(1974)まで

**高田市史**　高田市史編集委員会編

◇[本文]　新潟県高田市教育会　1914.5
21, 669, 3p 図版 19 枚　23cm
内容 大化改新から大正 2 年(1913)まで

◇大正編目次(高田市史原稿)　高田市教育会　1941　1 冊　B5

◇第 1 巻　高田市　1958.5　856p
22cm
内容 大化元年から明治 43 年(1910)まで

◇第 2 巻　高田市　1958　760p　22cm
内容 明治 44 年(1911)から昭和 31 年(1956)まで

◇第 3 巻　高田市　1980　938p　22cm
内容 昭和 32 年(1957)から昭和 46 年(1971)直江津市と合併上越市誕生まで

**中郷村史**　中郷村史編修会編修

◇中郷村　1978.7　698, 7p　27cm
内容 自然,縄文時代から昭和 50 年(1975)まで

**安塚町誌**　安塚町教育委員会編

◇新潟県東頸城郡安塚町　1976.3　928p
22cm
内容 地理・自然：位置と面積,地勢,集落形態と字名ほか/縄文時代から昭和 49 年(1974)まで

**牧村史稿**　牧村史公民館編

◇第 1 輯　牧村　1962　69p　26cm

◇第 2 輯 教育文化編 第 1　牧村　1965
13p　26cm

◇第 2 輯 教育文化編 第 2　牧村　1973
26p　26cm

◇第 3 輯　牧村　1966　111p　26cm

◇農業編　牧村　1969　10p　25cm

**続柿崎町史**　加藤万治編

◇続・柿崎町史刊行会　1955.9　8,
516p,図版　22cm
内容 昭和 12 年(1937)から昭和 30 年

全国地方史誌総目録　419

(1955)まで

直江津町史　直江津町編
　◇直江津町　1954　946p　22cm

名立町史　阿部美代松編
　◇名立町役場　1928　292p　A5

新潟県中頸城郡三郷村誌　三郷村教育
会編
　◇三郷村教育会　1926　196p　A5

## 【阿賀野市】

笹神村史　笹神村編
　◇資料編1 原始・古代・中世 付図5枚
　　笹神村　2003.5　475p　27cm
　　内容 原始から古代・中世の資史料を収めた

　◇資料編2 近世　笹神村　2003.12
　　611p　27cm
　　内容 寛文5年から明治6年(1873)まで

　◇資料編3 近現代　笹神村　2002.3
　　613p　27cm
　　内容 慶応4年から平成10年(1998)まで

　◇資料編4 民俗　笹神村　2002.3　511p
　　27cm
　　内容 社会伝承,生活伝承,文化伝承

　◇資料編5 自然　笹神村　2004.3　433p
　　27cm
　　内容 気象と大地,生物

　◇通史編　笹神村　2004.3　691p
　　27cm
　　内容 自然の環境,大地の移りかわり,植物,動物,旧石器時代から平成15年(2003)まで

安田町のあゆみ　安田町史略年表
　◇安田町　2004.2　2,1,310p　26cm

　　内容 天平8年から平成16年(2004)まで

安田町史
　◇近世編1　安田町　1997.3　212p
　　26cm
　　内容 慶長3年から明治15年(1883)まで

　◇近世編2　安田町　1997.3　336p
　　26cm
　　内容 慶安元年から慶応4年までの保田町と村々の概況資料

　◇近世編3　安田町　1997.3　340p
　　26cm
　　内容 正徳2年から明治元年(1868)までの資料

　◇近世編4　安田町　2004.2　407p
　　26cm
　　内容 寛文7年から明治9年(1876)までの史料

　◇近代編1・教育編　安田町　1997.3
　　82, 203p　26cm
　　内容 明治元年(1868)から明治22年(1889)まで/教育編：明治5年(1872)から平成6年(1994)までの史料

　◇中世編　安田町　1997.3　252p
　　26cm
　　内容 文治元年から慶長3年まで

　◇民俗編　安田町　1997.3　258p
　　26cm
　　内容 社会伝承,生活伝承,文化伝承

水原町編年史　水原町史編さん委員会編
　◇第1巻　水原町　1978　831p　22cm
　◇第2巻　水原町　1980.2　951p
　　22cm
　　内容 明治元年より同35年までの越後府,水原県,廃藩置県,戸籍編成・学制頒布ほか

　◇第3巻　水原町　1982.3　903p
　　22cm
　　内容 明治36年(1903)より大正15(1926)までの日露戦争,財政,文化ほか

◇第 4 巻 水原町 1984.1 916p 22cm
内容 昭和元年(1926)から昭和 25 年(1950)までの,学校紛争と小作争議,満州事変,大政翼賛体制ほか

## 【佐渡市】

真野町誌 真野町誌編纂委員会編
◇近代編 真野町教育委員会 2004.2 338, 70p, 図版 1 枚 27cm
内容 自然編：動物、植物、地形、地質/行政編/産業編、交通・運輸編ほか：明治 19(1886)から昭和 61 年(1986)

佐渡 相川の歴史 相川町史編纂委員会
◇資料集 1 金泉近世文書 相川町史編纂委員会 1971.11 587p 図版 22cm
◇資料集 2 墓と石造物 新潟県佐渡郡相川町 1973.4 776p 22cm
内容 相川の墓と石造物、墓と石造物台帳、石屋の系譜と民俗ほか
◇資料集 3 佐渡金山史料 相川町史編纂委員会 1973.3 647p 図版 22cm
◇資料集 4 高千・外海府近世文書 相川町史編纂委員会 1976.4 878p 図版 地図 22cm
◇資料集 5 二見・相川近世文書 相川町史編纂委員会 1983.2 820 図版 地図 22cm
◇資料集 6 相川県史 相川町史編纂委員会 1975.2 720p 図版 22cm
◇資料集 7 佐渡一国天領 相川町史編纂委員会 1978.10 884p 図版 22cm
◇資料集 8 相川の民俗 1 新潟県佐渡郡相川町 1986.2 1070p 22cm
内容 ムラの構成となりわい、年齢集団、家族と親族、人の一生ほか
◇資料集 9 相川の民俗 相川町 1981.3 760p 図版 22cm
◇資料集 10 金銀山水替人足と流人 相川町 1984 517p 図版 22cm
◇通史編 近・現代 相川町 1995.2 938p 図版 22cm
◇別冊 佐渡相川郷土史事典 相川町 2002 749p 付(2 枚) 22cm

佐和田町史 佐和田町史編さん委員会編
◇資料編 上巻 佐和田町教育委員会 1982.11 637p 22cm
内容 天正 2 年から明治元年(1868)まで
◇資料編 下巻 佐和田町教育委員会 1996.3 735p 22cm
内容 明治・大正から昭和 29 年の町村合併に至る間の史料を収録
◇通史編 1 佐和田町教育委員会 1988.3 544p 22cm
内容 縄文時代から平安時代まで/自然
◇通史編 2 佐和田町教育委員会 1991.3 107, 848p 22cm
内容 正中 3 年から明治元年(1868)まで
◇通史編 3 佐和田町教育委員会 2001.7 725p 22cm
内容 明治・大正から昭和 29 年の町村合併に至るまで

佐渡羽茂の民間信仰 堂と講・野の石仏 羽茂町誌別冊 羽茂町史編さん委員会編
◇羽茂町教育委員会 1997.3 369p 26cm

羽茂町誌 羽茂町史編さん委員会編
◇第 1 巻 おけさ柿物語 羽茂町 1985.3 642p 図版 4 枚 22cm
内容 島に生きる, 農業立村, おけさ柿の生誕, 産地つくりほか
◇第 2 巻 通史編 古代中世の羽茂 羽茂町 1989.3 458p 図版 4 枚 22cm
内容 縄文時代から慶長 5 年
◇第 3 巻 通史編 近世の羽茂 羽茂町 1993.3 825p 図版 4 枚 22cm

## 赤泊村史　赤泊村史編纂委員会編

- ◇別冊　赤泊村生活誌　赤泊村教育委員会　[1987]　133p　22cm
  - 内容 写真集

- ◇上巻　赤泊村教育委員会　1982.3　674p　22cm
  - 内容 宝暦元年佐渡産物の多国出し許可から昭和55年(1980)までの上浦, 赤泊, 徳和, 三川, 川茂

- ◇下巻　赤泊村教育委員会　1989.3　774p　22cm
  - 内容 縄文時代から昭和54年(1979)まで

## 両津市誌　両津市誌編さん委員会編

- ◇資料編　両津市役所　1984.9　734p　22cm
  - 内容 文禄3年から慶応4年まで

- ◇資料編　両津市役所　1984.9　734p　22cm

- ◇町村編 下巻　両津市役所　1983.7　728p　22cm
  - 内容 両津・加茂・内外海府三地区の全大字と一部小字の概説(江戸期から昭和50年代まで)

- ◇別冊 年表　両津市役所　1989.3　142p　21cm

- ◇上巻　両津市役所　1987.3　820p　22cm
  - 内容 原始時代(縄文)から江戸時代末(大政奉還)まで

- ◇下巻　両津市役所　1989.3　810p　22cm
  - 内容 明治維新から現代(昭和60年ころ)まで

## 畑野町史　畑野町史編さん委員会編

- ◇松ヶ崎篇　畑野町　1982　698p 写真　22cm

- ◇信仰篇　畑野町　1985.10　419p　22cm
  - 内容 安寿塚の歴史, 信仰習俗, 山伏と巡礼, 神社ほか

- ◇総篇 波多　畑野町　1988.2　720p　22cm
  - 内容 地域の特質：自然, 人文概説/歴史的展望：縄文時代から昭和59年(1984)まで/部落史：江戸期以後の各家々の移り変り

## 新穂まち今昔　新穂まち編集委員会

- ◇新穂まち編集委員会　1983.8　415p　25cm
  - 内容 養老年間から昭和55年(1980)まで

## 真野町史　真野町史編纂委員会編

- ◇上巻　真野町教育委員会　1976.10　459, 281p　22cm
  - 内容 縄文時代から天保15年まで

- ◇下巻　真野町教育委員会　1983.3　676p　22cm
  - 内容 明治元年(1868)から昭和55年(1980)まで

- ◇別巻 年表　真野町教育委員会　1981.8　478p　27cm
  - 内容 縄文時代から昭和55年(1980)まで

## 佐渡小木町史　小木町史編纂委員会編

- ◇史料集 上巻　小木町　1976　482p　22cm

- ◇史料集 下巻　小木町　1977　490p　22cm

- ◇村の歴史 上　小木町史編纂委員会　1973　615p(図版共)　22cm

- ◇村の歴史 下　小木町史編纂委員会　1974　571p(図版共)　22cm

- ◇上巻　小木町　1979.2　362p　22cm
  - 内容 古墳時代から天文年間まで

- ◇下巻　小木町　1981.3　319, 10p　22cm

[内容] 享保年間から明治25年(1892)まで

## 佐渡金井町史　金井町史編纂委員会編
◇金井町教育委員会　1979.4　848p 図版　22cm
[内容] 縄文時代から明治8年(1875)ごろまで

## 新穂村史　新穂村史編さん委員会編
◇新穂村　1976.3　1322p　22cm
[内容] 本編：縄文時代から昭和50年(1975)まで/資(史)料編：慶安2年から昭和49年(1974)まで

## 佐渡風土記　佐渡郡教育会
◇臨川書店　1974.4　293, 113, 142p　22cm
[内容] 文武天皇元年から寛延3年まで

## 佐渡岩首村史
◇岩首村公民館　1973.11　519p　19cm
[内容] 天平8年から昭和43年(1968)まで

## 佐渡國誌 全　佐渡郡
◇名著出版　1973　568p　22cm
[内容] 大正11年刊の復刻、石器時代から天保19年ごろまで

## 佐渡郡赤泊村山田の郷土史　山田の郷土史編集委員会編
◇山田の郷土史編集委員会　1972.4　227p　19cm
[内容] 貞享元年から昭和44年(1969)まで

## 両津町史
◇両津市立中央公民館　1969.4　662p, 図版2枚　22cm
[内容] 養老5年から昭和30(1955)まで

## 加茂村誌　加茂村誌編纂委員編纂
◇両津市加茂公民館　1964.4　778p　22cm

[内容] 縄文時代から昭和34年(1959)まで

## 佐渡島中世迄のおいたち　橘正隆編
◇河崎公民館　1959.11　658, 132p　22cm
[内容] 縄文時代から慶長5年まで

## 高千村史　浜口一夫編
◇高千公民館　1957.10　11, 4, 462, 4p, 図版4枚　22cm
[内容] 村の民俗：年中行事,民謡,昔話,俗信/村の歴史：欽明天皇5年から昭和27年(1952)まで

## 羽茂村誌　羽茂村村誌編纂委員会編
◇羽茂村村誌編纂委員会　1956.3　661p 図版 [2]p　22cm
[内容] 雄略12年から昭和30年(1955)まで

## 宿根木村誌　有田楽山著
◇宿根木青年会　1948　268p 肖像　22cm

## 二宮村誌　二宮村教育会編
◇二宮村教育会　1938　1230p　A5

## 金泉郷土史　金泉村教育会編
◇金泉村教育会　1937　450p　A5

## 高千村誌
◇〔高千村〕　〔1937〕　134p　25cm

## 嶋郷土誌　佐渡郡新穂村長畝嶋農区編
◇佐渡郡新穂村長畝嶋農区　1937　164p　A5

## 相川町誌　岩木擴編輯主任
◇相川町役場　1927.7　5, 5, 455p　23cm

永仁2年から大正15年(1926)まで

**吉井村現勢**　吉井村教育会編
◇吉井村教育会　1927　194p　B6

**真野村志 改訂版**　真野村教育会編
◇真野村教育会　1927　250p　A5

**佐渡国誌**　佐渡郡編
◇佐渡郡　1922　568p　A5

**真野村志**　真野村教育会編
◇真野村教育会　1922　258p　A5

**両津町誌**　羽田清次著
◇両津町役場　1918　92p　B6

**畑野村志**　畑野村教育会編
◇畑野村教育会　328p　A5

## 【魚沼市】

**入広瀬の近世**　本山幸一執筆, 入広瀬村教育委員会編
◇第1編　入広瀬村教育委員会　1998.12　453p　22cm
内容 慶長3年から慶応4年まで
◇第2編 上巻　入広瀬村教育委員会　1998.3　550p　22cm
内容 慶長3年から慶応3年までの文書資料
◇第2編 下巻　入広瀬村教育委員会　1998.3　591p　22cm
内容 承応3年から慶応4年までの文書資料

**小出町史**　小出町教育委員会編
◇上巻 序説・原始・古代・中世・近世・民俗　小出町　1996.12　1248p　22cm
内容 旧石器時代から慶応3年まで/民俗：村の構成, 衣食住, 生業, 人生儀礼ほか

◇下巻 近代・現代・人物　小出町　1998.3　1277p　22cm
内容 慶応4年から平成2年(1990)まで

**堀之内町史**　堀之内町編
◇堀之内町役場　1959.1　23, 1033p, 図版[17]p　27cm
内容 慶雲3年から昭和32年(1957)まで
◇資料編 上巻　堀之内町　1995.2　972p　22cm
内容 旧石器時代から文久2年まで
◇資料編 下巻　堀之内町　1995.2　1046p　22cm
内容 文政13年から昭和5年(1983)まで/民俗：社会生活, 衣・食・住, 生産と生業ほか
◇通史編 上巻　堀之内町　1997.2　931p　22cm
内容 旧石器時代から慶応2年まで
◇通史編 下巻　堀之内町　1997.2　981p　22cm
内容 慶応4年から平成4年(1992)まで/堀之内の民俗：村や町のしくみ, 暮らしのなかの衣食住, 仕事と暮らしほか

**広神村史**　広神村史編さん委員会編
◇史料編　広神村　1980.3　784p　22cm
内容 正中2年から昭和53年(1978)まで
◇上巻　広神村　1980.3　768p　22cm
内容 先土器時代から文化6年まで
◇下巻　広神村　1980.3　830p　22cm
内容 文政8年から昭和52年(1977)まで

**越後入廣瀬村編年史**　瀧澤健三郎執筆, 入廣瀬村教育委員會編
◇中世編　入広瀬村　1979.8　259p　22cm
内容 貞治2年から慶長19年まで

**守門村史**　穴澤吉太郎編著
◇守門村　1961.3　1470p　22cm

内容 縄文時代から昭和 31 年(1956)まで

広瀬村誌　広瀬村教育会編

◇広瀬村教育会　1932　786p　A5

## 【南魚沼市】

塩澤町史　塩沢町編

◇資料編 上巻　塩沢町　1997.10　797, 10p　22cm

内容 旧石器時代から貞享 5 年まで

◇資料編 下巻　塩沢町　2000.2　900p　22cm

内容 貞享期から平成 10 年(1998)まで

◇通史編 上巻　塩沢町　2002.12　776p　22cm

内容 自然：地形と地質, 気象と気候, 植物, 動物ほか/民俗：『北越雪譜』と塩沢の民俗, 雪中の里, 家のなりわいほか/旧石器時代から慶長 3 年まで

◇通史編 下巻　塩沢町　2003.2　647p　22cm

内容 慶長 3 年から平成 12 年(2000)まで

一村尾風土記　一村尾風土記編集委員会

◇一村尾風土記編集委員会　1997.3　763p　27cm

内容 縄文時代から昭和 61 年(1986)まで

大和町史　穴沢吉太郎編

◇本編 上巻　大和町　1977.9　1315p　22cm

内容 縄文時代から天正 12 年まで

◇中巻　大和町　1991.3　1315p　22cm

内容 慶長 3 年から明治 18 年(1885)まで

塩沢町誌(復刻)

◇第 1 巻　塩沢町教育委員会　1983　654p　22cm

◇第 2 巻　塩沢町教育委員会　1981　397p　22cm

◇第 3 巻　塩沢町教育委員会　1980.7　332,52p　22cm

西泉田誌

◇西泉田誌編集委員会　1980.6　404p, 図版 [1]p　22cm

内容 天文 2 年から昭和 50 年(1975)まで

六日町誌　町村合併前　六日町誌編集委員会編

◇六日町誌編集委員会　1976.9　32, 577p 図版　22cm

内容 大化 3 年から昭和 31 年(1956)まで

上田村郷土誌　上田村郷土誌編集委員会著

◇塩沢町教育委員会　1976.8　781p　22cm

内容 縄文時代から昭和 50 年(1975)まで

塩沢町誌　町制五十周年記念刊行　塩沢町編

◇上, 下巻, 年表　塩沢町　1950　3 冊　25cm

## 【胎内市】

中条町史　中条町史編さん委員会編

◇資料編 第 1 巻 考古・古代・中世　中条町　1982.7　844p　22cm

内容 先土器時代から平安時代までの遺跡, 大化 3 年から天正 15 年までの文献史料

◇資料編 第 2 巻 近世 上　中条町　1984.7　1230p　22cm

内容 慶長 3 年から明治 5 年(1872)まで

◇資料編 第 3 巻 近世 下　中条町　1985.9　1026p　22cm

内容 天和 2 年から明治 4 年(1871)まで

◇資料編 第 4 巻 近現代　中条町　1989.3　1144, 31p　22cm

全国地方史誌総目録　425

|内容| 明治4年(1871)の廃藩置県から昭和57年(1982)まで

◇資料編 第5巻 民俗・文化財 中条町 2002.3 988p 22cm

|内容| 社会組織、生業、衣食住、人生儀礼、信仰ほか

◇通史編 中条町 2004.3 1083p 22cm

|内容| 旧石器時代から昭和63年(1988)まで

黒川村誌 黒川村誌編集委員会編

◇[本編] 黒川村 1979.3 376p 27cm

|内容| 縄文時代から昭和53年(1978)

◇第2集 黒川村 1982 301p 27cm

## 【聖籠町】

新潟県北蒲原郡是 新潟県北蒲原郡役所

◇復刻版 千秋社 多田屋 2002.8 1038p 22cm

|内容| 大正5年刊の復刻版、文治2年から大正2年(1913)まで

聖籠町誌 増補版 聖篭町誌編さん委員会

◇聖籠町公民館 1978.5 12, 18, 310p 図版 27cm

|内容| 縄文時代から昭和51年(1976)まで

聖籠村誌

◇聖籠村公民館 1967 290p 22cm

北蒲原郡史

◇第3巻 蓮池文庫 1937 688p 23cm

## 【弥彦村】

弥彦村史 岡真須徳編

◇古代・中世資料編 弥彦村教育委員会 1992 74p 26cm

|内容| 崇神10年から慶長2年まで

◇資料編 第1集 近世・近代1 史料目録一覧 弥彦村教育委員会 1995.3 192p 26cm

|内容| 慶長3年から明治11年(1878)まで

西蒲原郡志 西蒲原郡教育会編纂

◇臨川書店 1973.1 14, 332, 4p 22cm

|内容| 延暦3年から明治38年まで(明治40年刊の復刻)

弥彦村誌 弥彦村誌編纂委員会編

◇弥彦村 1971.6 388p 図版 22cm

|内容| 崇峻2年から昭和45年(1970)まで

西蒲原郡誌

◇新潟県立巻高等学校創立五十周年記念刊行会 1957 183p 図版 22cm

西蒲原郡志補遺 西蒲原郡教育会郡志補正委員会編

◇第1輯 西蒲郡教育会 1935 39p A5

西蒲原郡誌 西蒲原郡教育会編

◇西蒲原郡教育会 1907 332p A5

## 【田上町】

新潟県南蒲原郡史 復刻版 上野柏郎〔著〕

◇千秋社 2001.10 178p 22cm

田上の文化財 田上町編

◇別編 文化財 田上町 1994.3 107p 21cm

|内容| 縄文時代から平安時代まで

田上町史 田上町編

◇資料編 田上町 1992.3 875p 22cm

|内容| 大化3年から昭和48年(1973)まで

新潟県　　　　　　　　　　　　　　　　　　　　　　　　　　　　　出雲崎町

　　◇通史編　田上町　1994.3　806, 23p
　　　22cm
　　　[内容] 自然：風土と人々のいとなみ, 地形
　　　と地質, 河川/縄文時代から昭和60(1985)
　　　まで

南蒲原郡史　上野柏郎著
　　◇歴史図書社　1978.6　178p　20cm

南蒲原郡史　上野柏郎編
　　◇上野竹次郎　1915　178p　19cm

## 【阿賀町】

津川町の歴史と文化財　津川町文化財
調査審議委員編
　　◇津川町教育委員会　2004.4　200p
　　　27cm
　　　[内容] 縄文時代から平成14年(2002)まで

阿賀の里　図説・東蒲原郡史　東蒲原
郡史編さん委員会編
　　◇上巻　東蒲原郡史編さん委員会
　　　1978.12　262p　27cm
　　◇下巻　東蒲原郡史編さん委員会
　　　1985.10　270p　27cm

資料上川村史　上川村教育委員会
　　◇上川村教育委員会　1984.11　566p　図
　　　版3枚　22cm
　　　[内容] 康永4年から大正15年(1926)まで

津川町史　津川史編さん委員会著
　　◇津川町　1969　242p　図版　22cm

東蒲原郡史蹟誌　東蒲原郡教育会編
　　◇東蒲原郡教育会　1928　330p　A5

## 【出雲崎町】

出雲崎町史　出雲崎町史編さん委員会編
　　◇資料編1 原始・古代・中世・近世1
　　　出雲崎町　1988.11　655p　27cm
　　　[内容] 旧石器時代から慶応3年まで
　　◇資料編2 近世2　出雲崎町　1990.3
　　　788p　27cm
　　　[内容] 慶長3年から慶応3年まで
　　◇資料編3 近代・現代　出雲崎町
　　　1989.10　628p　27cm
　　　[内容] 明治元年から昭和60年まで
　　◇通史編　上巻　出雲崎町　1993.9
　　　900p　27cm
　　　[内容] 自然：地形・地質, 気候・気象/縄文
　　　時代から文政11年まで
　　◇通史編　下巻　出雲崎町　1993.3
　　　638p　27cm
　　　[内容] 慶応元年から平成3年(1991)まで
　　◇民俗・文化財編　出雲崎町　1987.6
　　　584p　27cm
　　　[内容] 社会伝承, 生活伝承, 文化伝承, 文
　　　化財
　　◇追補　出雲崎町　2004.3　57p　27cm
　　　[内容] 慶長3年から延宝3年まで

町史追補　近世初期の地方資料　出雲
崎町教育委員会編
　　◇出雲崎町　2004.3　57p　26cm

新潟県精髄三島郡誌　復刻版
　　◇千秋社　2000.12　980p　22cm

三島郡誌　近藤勘治郎編
　　◇三島郡教育會　1937.11　11, 21,
　　　1173p, 図版19枚　23cm
　　　[内容] 皇極天皇元年から昭和8年(1933)まで

まで

羽黒町誌　出雲崎史料　渡辺民吉編
◇天屋書店　1934　43p　22cm

出雲崎夜話　佐藤吉太郎著
◇出雲崎町教育会　1933　101p　A5

小木の城山　西越郷土誌編纂会編
◇西越村教育会　1926　298p　A5

## 【川口町】

新潟県北魚沼郡志　復刻版　北魚沼郡教育會編
◇千秋社　1998.10　362, 277, 47, 5, 2p　22cm
内容　寛永年間から明治32年(1899)ころまで

田麦山村誌　田麦山郷土史研究会編
◇田麦山地区総代　1989.5　157p　26cm

川口町史　川口町史編さん委員会編
◇川口町　1986.1　1198p　22cm
内容　自然と風土、旧石器時代から昭和59年(1984)まで／民俗

北魚沼郡誌　北魚沼郡教育会編
◇名著出版　1973　1冊　22cm

北魚沼郡志　北魚沼郡教育会編
◇巻1―2　北魚沼郡教育会　1906　2冊　A5

## 【湯沢町】

湯沢町史　湯沢町史編さん室編
◇資料編　上巻　湯沢町教育委員会　2004.3　601p　22cm
内容　旧石器時代から慶長2年まで

◇資料編　下巻　湯沢町教育委員会　2004.3　704p　22cm
内容　幕末から2000(平成12)年にいたる資料

◇通史編　上巻　湯沢町教育委員会　2005.9　546, 11p　22cm
内容　旧石器時代から幕藩体制が崩壊する慶応4年まで

◇通史編　下巻　湯沢町教育委員会　2005.9　633, 12p　22cm
内容　明治元年(1868)から平成12年(2000)まで

両山　土樽村郷土史　細矢菊治編著
◇細矢菊治　1978.12　494p　22cm

湯沢町誌　湯沢町誌編集委員会著
◇南魚沼郡湯沢町教育委員会　1978.7　12, 1165p, 図版 [1] p　22cm
内容　縄文時代から昭和51年(1976)まで

南魚沼郡誌　南魚沼郡誌編集委員会著
◇続編　上巻　新潟県魚沼郡町村会　1971.3　756p　22cm
内容　天務天皇期から昭和45年(1970)まで

◇続編　下巻　新潟県魚沼郡町村会　1971.3　837p　22cm
内容　明治12年(1879)から昭42年(1967)までの教育文化、民俗、史跡、観光ほか

南魚沼郡志　南魚沼郡教育会編
◇南魚沼郡教育会　1920.3　4, 2, 18, 1087p 図版 [4] p　22cm
内容　成務天皇5年から大正6年(1917)まで

## 【津南町】

津南町史　津南町史編さん委員会編
◇資料編　上巻　津南町　1984.2　911p　27cm
内容　旧石器時代から古墳時代、中世の遺跡、大化元年から明治4年(1871)までの

文献史料

◇資料編 下巻　津南町　1984.2　879p　27cm
　内容 明治5年(1872)から昭和55年(1980)まで

◇通史編 上巻　津南町　1985.9　730p　27cm
　内容 石器時代から明治4年(1871)まで

◇通史編 下巻　津南町　1985.9　760p　27cm
　内容 明治4年(1871)から昭和55年(1980)まで/民俗編

中魚沼郡誌　復刻版　中魚沼郡教育会編

◇上巻　妻有の文化遺産を守る会, 中央出版　1973.9　700, 28p　22cm
　内容 天武天皇期から明治29年(1896)まで

◇下巻　妻有の文化遺産を守る会, 中央出版　1973.10　1465, 28p　22cm
　内容 元禄年間から大正3年(1914)までの人事, 教育, 生産, 土木交通ほか

中魚沼郡誌　中魚沼郡教育会編
◇中魚沼郡教育会　1919　1493p　A5

## 【刈羽村】

刈羽村物語　刈羽村物語編さん委員会編
◇刈羽村　1971.3　402p　22cm
　内容 縄文時代から昭和42年(1967)まで

刈羽村誌　刈羽村編
◇刈羽村　1955.7　117p　21cm

刈羽郡旧蹟志　山田八十八郎編
◇上, 下巻　刈羽郡役所　1909　2冊　A5

## 【関川村】

関川村史　関川村村史編さん委員会編
◇通史編　関川村　1992.2　26, 1142p, 写真8p　22cm
　内容 自然：位置と地勢, 気候と風土, 河川と山岳ほか/旧石器時代から昭和61年(1986)まで

## 【荒川町】

荒川町史　荒川町史編纂委員会編
◇資料編1　荒川町　1986.2　539p　22cm
　内容 万治2年から寛政10年まで

◇資料編2　荒川町　1986.12　621p　22cm
　内容 元禄7年から明治5年(1872)まで

◇資料編3　荒川町　1968.3　492p　22cm
　内容 元禄12年から明治29年(1896)まで

◇資料編4　荒川町　1989.3　644p　22cm
　内容 宝暦10年から明治7年(1874)までの御用留

◇資料編5　荒川町　1990.3　513p　22cm
　内容 享保2年から明治11年(1878)までの出入, 普請

◇資料編6　荒川町　1992.2　492p　22cm
　内容 宝永3年から平成3年(1991)までの御林, 湊関係, 文書, 寺社文書ほか

◇資料編7　荒川町　1993.3　489p　22cm
　内容 建治3年から明治16年(1883)までの御大法定書, 常松文書, 御巡見御案内ほか

◇資料編8　荒川町　2001.3　502p　22cm
　内容 文政13年から明治20年(1887)まで

の御用留, 宗門人別御改帳ほか

荒川町郷土史
- ◇荒川町　1974.6　461p　22cm
  内容 文武天皇12年から昭和47(1972)まで
- ◇補槌編　荒川町　1978.6　206p　22cm
  内容 貞観5年から天正18年まで

## 【神林村】

神林村誌　神林村史編纂委員会編
- ◇資料編 上巻　神林村　1982.3　423p　22cm
  内容 宝暦4年から寛文11年まで
- ◇資料編 下巻　神林村　1983.3　397p　22cm
  内容 慶安2年から慶応3年まで
- ◇通史編　神林村　1985.3　858p　22cm
  内容 自然環境：神林村の自然, 地形, 気候/旧石器時代から昭和53年(1978)まで

## 【朝日村】

朝日村史
- ◇朝日村教育委員会　1980.2　1015p　22cm
  内容 自然：県最北東の山野と河川, 気候風土ほか/縄文時代から昭和54年(1979)まで

## 【山北町】

山北町史　山北町史編さん委員会編
- ◇資料編　山北町　1987.12　520p　22cm
  内容 承応4年から昭和20年(1945)まで
- ◇資料編 続編1　山北町　1991.6　30p　21cm
  内容 雷村本田畑検地帳：寛文2年

- ◇通史編　山北町　1987.12　989, 23p　21-22cm
  内容 自然：地形・地質, 土地利用, 気候/縄文時代から昭和60年(1985)まで

## 【中蒲原郡】

新潟県精髄中蒲原郡誌　復刻版　新潟県中蒲原郡
- ◇上編　千秋社　2000.8　758p　22cm
- ◇中編　千秋社　2000.8　892p　22cm
- ◇下編　千秋社　2000.8　1260p　22cm

中蒲原郡誌　復刻版　中蒲原郡役所編
- ◇上編　名著出版　1973.5　1369p　22cm
  内容 明治30年(1897)から大正元年(1912)まで
- ◇中編　名著出版　1973.5　856p　22cm
  内容 明治30年(1867)から明治43年(1910)まで
- ◇下編　名著出版　1973.5　1014p　22cm
  内容 明治初年から明治43年(1910)まで

中蒲原郡誌　中蒲原郡編
- ◇上, 中, 下編　中蒲原郡　1918-1925　3冊　A5

## 【中頸城郡】

新潟県精髄中頸城郡誌　復刻版　新潟県中頸城郡教育会
- ◇千秋社　1999.10　1166p　22cm

中頸城郡誌　復刻　新潟県中頸城郡教育会編
- ◇第1巻　名著出版　1973.4　789p　22cm
  内容 崇神朝から大正5年まで(昭和15,16年刊の複刻)

◇第 2 巻　名著出版　1973.4　1630p　22cm

内容 文禄 4 年から昭和 10 年までの廻米, 郷蔵, 通用金銀, 騒動ほか(昭和 15,16 年刊の複刻)

◇第 3 巻　名著出版　1973.4　1127p　22cm

内容 大宝年間から大正 5 年までの責租, 地形・地質・気候, 交通運輸, 兵事ほか(昭和 15,16 年刊の複刻)

◇第 4 巻　名著出版　1973.4　1916, 5p　22cm

内容 推古天皇 6 年から大正 13 年までの衛生, 神社, 宗教, 天災地変ほか(昭和 15,16 年刊の複刻)

中頸城郡誌

◇第 1—4 巻　新潟県中頸城郡教育会　1940-1941　4 冊　A5

中頸城郡誌　新潟県中頸城郡教育会編

◇第 1,2 巻　新潟県中頸城郡教育会　1940　2 冊　23cm

郷土誌　中頸城郡中部教員協議会編

◇中頸城郡中部教員協議会　1933　29p　A5

郷土史稿　長沼賢海著

◇中頸城郡教育会　1918　126p　A5

【西頸城郡】

新潟県西頸城郡誌　復刻版　西頸城郡教育会〔編〕

◇千秋社　1999.12　770p　22cm

新潟県西頸城郡郷土誌稿

◇〔1—3〕　西頸城郡教育会　1936-1941　3 冊　B6

西頸城郡誌　新潟県西頸城郡教育会編

◇新潟県西頸城郡教育会　1930　770p　22cm

【東頸城郡】

新潟県精髄東頸城郡誌　復刻版　東頸城郡教育會〔編〕

◇千秋社　1999.8　878p　22cm

東頸城郡誌　復刻版　東頸城郡教育会編

◇名著出版　1973.10　3, 3, 3, 2, 6, 14, 1216, 20p 図版 [13]p　22cm

内容 文武天皇元年から大正 9 年(1920)まで

東頸城郡誌　東頸城郡教育会編

◇東頸城郡教育会　1923　1246p　A5

# 富山県

遺跡が語る富山の歴史　富山県教育委員会

◇富山県教育委員会　1991.3　107p　27cm
[内容] 発掘調査の成果を親しみ易く理解されることを目的、旧石器時代から中世まで

富山県史　富山県編

◇史料編1 古代編　富山県　1970.3　1冊　22-27cm

◇史料編1 考古編　富山県　1972.3　653, 184, 36p　22-27cm
[内容] 富山県内考古資料の図録と解説、平安時代末期までの遺跡・遺物

◇史料編2 中世　富山県　1975.12　1210, 158, 12p　22-27cm
[内容] 文治元年(1185)より天正9年(1581)までの史料、付録1(銘文抄)、付録2(古記録等)

◇史料編3 近世 上　富山県　1980.3　44, 1220, 161p　22-27cm
[内容] 加賀藩上：加賀藩領に関する藩政・土地・年貢・村・農業関係、天正9年より慶応4年まで

◇史料編3 近世 上 付録　富山県　1980.3　334p　22-27cm
[内容] 近世史料編年目録(越中国加賀藩領分)ほか諸資料

◇史料編4 近世 中　富山県　1978.3　32, 1267, 5p　22-27cm
[内容] 加賀藩下：加賀藩領に関する町・産業・交通・騒動・文化・寺社関係、天正9年より慶応4年まで

◇史料編4 近世 中 付録　富山県　1978.3　111p　22-27cm
[内容] 越中道記、新川郡諸商売取調理書上申帳、城端町組中人々手前品々覚書帳

◇史料編5 近世 下　富山県　1974.3　32, 1448, 30, 3p　22-27cm
[内容] 富山藩：加賀藩から分藩した寛永16年より慶応4年まで

◇史料編6 近代 上　富山県　1978.10　21, 1502, 15, 4p　22-27cm
[内容] 明治初年から明治45年(1912)に至る文書、文献史料

◇史料編7 近代 下　富山県　1983.3　40, 1576, 28, 5p　22-27cm
[内容] 大正初年から昭和20年(1945)に至る文書、文献史料

◇史料編7 近代 下 付録 統計図表　富山県　1983.3　9, 431p　27cm
[内容] 「富山県史」史料編6・7近代上・下巻の付録、明治元年から昭和20年(1945)まで

◇史料編8 現代　富山県　1980.2　24, 1460p　22-27cm
[内容] 昭和20年(1945)8月から昭和53年(1978)ごろまでの史料を収録

◇史料編8 現代 付録 統計図表　富山県　1980.2　15, 429p　22-27cm
[内容] 「富山県史」史料編8現代の付録、昭和20年(1945)から昭和50年(1975)すぎまで

◇通史編1 原始・古代　富山県　1976.12　26, 1255, 10p　22-27cm
[内容] 先土器文化から文治元年(1185)まで

◇通史編2 中世　富山県　1984.3　16, 1226, 6p　22-27cm
[内容] 文治元年(1185)の鎌倉政権の成立から天正9年(1581)の佐々成政の越中入部まで

◇通史編3 近世 上　富山県　1982.3　23, 1378p　22-27cm
[内容] 天正9年(1581)の佐々成政の越中入部以来、封建支配、農政、村と町、農業・鉱業・水産業・林業

◇通史編4 近世 下　富山県　1983.3　23, 1170p　22-27cm

富山県　　　　　　　　　　　　　　　　　　　　　　　富山市

　　内容 天正9年(1581)から慶応3年(1867)
　　までの越中の商品生産と流通、交通と運
　　輸、学芸と信仰、藩政の動揺と終息
◇通史編5 近代 上　富山県　1981.3
　20, 1092, 16, 7p　22-27cm
　　内容 明治期を対象、明治維新から明治後
　　期の教育と文化まで
◇通史編6 近代 下　富山県　1984.3
　26, 1236, 18, 6p　22-27cm
　　内容 大正元年(1912)から昭和20年
　　(1945)ごろまで
◇通史編7 現代　富山県　1983.3　25,
　1188p　22-27cm
　　内容 昭和20年(1945)8月の終戦から昭和
　　55年(1980)前後まで
◇年表　富山県　1987.3　437p
　22-27cm
　　内容 原始・古代から昭和60年(1985)まで
◇民俗編　富山県　1973.3　17, 1305,
　9p　22-27cm
　　内容 衣食住、生業と労働、社会生活、交
　　通・交易、信仰、芸能・娯楽・遊戯、人
　　の一生、年中行事、口頭伝承
◇索引　富山県　1985.3　580p
　22-27cm
　　内容 原始・古代、中世、近世、近代、現
　　代、考古、民俗

越中史料　富山県編纂
◇第1巻　名著出版　1972.4　3, 71,
　898, 4p　22cm
　　内容 明治42年刊の復刻、自神代至正親
　　町天皇天正14年
◇第2巻　名著出版　1972.4　43, 849,
　2p　22cm
　　内容 明治42年刊の復刻、自後陽成天皇
　　天正15年至桜町天皇延享3年
◇第3巻　名著出版　1972.4　37, 910,
　18p　22cm
　　内容 明治42刊の復刻、自桃園天皇延享4
　　年至明治天皇明治4年

◇第4巻　名著出版　1972.4　40, 993,
　61, 3, 66p　22cm
　　内容 明治42年刊の復刻、自明治天皇明
　　治5年至同明治40年
◇第5巻 富山県紀要　学海堂書店
　1972.4　4, 1, 11, 318p　22cm
　　内容 明治42年刊の復刻、明治42年3月
　　までの地理・沿革・名所・旧蹟現勢を略述

中越史料綜覧稿　木倉豊信
◇木倉豊信　1937.5　1冊　24cm
　　内容 神代から寛永17年10月前田利次の
　　就封まで

越中郷土史　林喜太郎
◇学海堂書店　1936.5　248p　23cm
　　内容 太古及び上世・中世・近世：石器時
　　代から廃藩置県

富山県概観　富山県編
◇富山県　1936　129p　B6

新富山県　富山県統計課編
◇富山県統計課　1931　391p　A5

富山県　富山県知事官房統計課編
◇富山県知事官房統計課　1929　359p
　A5

富山県誌要 改訂版　富山県編
◇富山県　1928　319p　B6

富山県誌要　富山県編
◇富山県　1924　313p　A5

越中史料　富山県編
◇第1—5巻　富山県　1909　5冊　A5

【富山市】

細入村史　細入村史編纂委員会編
◇続編 通史編　細入村　2005.3　408p
　27cm

全国地方史誌総目録　433

内容 昭和60年(1985)から平成17年(2005)まで／通史編・史料編(補遺)・歴史探訪(文化財、集落)

◇上巻　通史編　細入村　1987.3　27, 1020p　27cm
　内容 生活の舞台、村のあゆみ(先土器時代から昭和60年ころまで)、村の生物、村の習俗、文化財、村落と人びと

◇下巻　史料編　細入村　1989.10　14, 423p　27cm
　内容 近世文書(慶長10年～元治元年)、近現代文書(慶応2年～昭和59年)、村の民俗、統計

**拓け行く清水野　清水村史**　清水村史編集委員会編

◇小矢部市　2004.9　381p　31cm

**荏原町誌**　荏原町誌編集委員会編

◇荏原町内会　1999.3　140p　30cm

**仁歩郷土誌**　中山間集落機能強化等推進委員会編

◇仁歩地区集落機能強化等推進委員会　1997.3　543p　図版　22cm
　内容 仁歩村の歴史(11世紀ころから昭和末ごろまで)、教育、生業、文化、村々のあゆみ、人物、団体

**婦中町史**　婦中町史編纂委員会編

◇資料編　婦中町　1997.3　14, 967p　27cm
　内容 考古資料、古代・中世資料、近世資料、近現代資料、民俗・宗教資料、地区別年表、名簿・統計

◇通史編　婦中町　1996.7　1288p　27cm
　内容 自然、先史、古代、中世、近世、近現代、町と村の生活：旧石器時代から平成8年(1996)まで

◇上巻　婦中町　1967.1　778p　図　27cm

◇下巻　婦中町　1968.6　1025p　図　27cm
　内容 町のうごき

**広田郷土史**　広田郷土史編纂委員会編

◇広田校下自治振興会　1996.7　799p, 図版4枚　22cm
　内容 旧石器時代から平成7年(1995)ころまで／故郷を創った川、民俗と信仰ほか

**太田村史**　太田村史編纂委員会編集

◇太田村史刊行委員会　1991.10　3, 890, 11p　22cm
　内容 自然環境、中世以前、近世、近代・現代、社寺と石仏・石碑ほか：原始時代から昭和末ごろまで

**大山の歴史**　大山の歴史編集委員会編

◇大山町　1990.3　953p　27cm
　内容 大山のあけぼの、古代・中世、近世、近現代、資料編：旧石器時代から平成元年(1989)ころまで

**熊野郷土史**　熊野郷土史編纂委員会編

◇熊野校下自治振興会　1989.12　614p, 図版4枚　22cm
　内容 時代の流れの中での郷土／発展する郷土／郷土の宗教と文化：古代から平成元年(1989)まで

**太田郷土史**　太田郷土史編纂委員会編纂

◇太田自治振興会　1987.7　577p, 図版4枚　22cm
　内容 郷土のむかし、村の生活、発展する太田：古代から昭和60年(1985)ころまで

**富山市史**　富山市史編さん委員会編

◇通史　上巻　富山市　1987.1　27, 1432p　22cm
　内容 原始・古代・中世・近世：旧石器時代から幕末期まで

◇通史　下巻　富山市　1987.1　33, 1511p　22cm

内容 近代・現代・民俗：慶応3年(1867)
　　　の大政奉還から昭和61年(1986)ころまで

**大沢野町誌**　大沢野町誌編纂委員会編

◇現代編　大沢野町　1986.12　561,
　189, 17p　22cm
　　内容 本編：昭和30年(1955)4月1日から
　　昭和51年(1976)3月31日まで/資料編

◇上巻　大沢野町　1958.3　13, 631p
　22cm
　　内容 石器時代から近世まで/用水と新田、
　　民俗志、旧蹟・名所・伝説、行政(明治か
　　ら昭和29年まで)

◇下巻　大沢野町　1958.3　10, 506,
　130, 3p　22cm
　　内容 産業、教育、宗教、交通・運輸・通
　　信ほか、明治から昭和32年(1957)まで

**山田村史**　山田村史編纂委員会編

◇上巻　山田村　1984.12　37, 936p
　22cm
　　内容 本文編：縄文時代から昭和58年
　　(1983)ころまで/ふるさとの先賢、民俗、
　　集落誌、特別研究

◇下巻　山田村　1981.12　14, 510p
　22cm
　　内容 史料編：考古～近代・現代、統計編

**富山市大泉東町一丁目町史**

◇富山市大泉東町1丁目自治会
　1980.11　307p　26cm

**新庄町史**　新庄校下自治振興会

◇新庄校下自治振興会　1975.4　552p
　図2枚　22cm
　　内容 原始時代から昭和49年(1975)ころ
　　まで

**八尾町史**　八尾町史編纂委員会編

◇[正編]　八尾町　1967.8　17, 921p
　22cm
　　内容 石器時代から幕末期(一部は近代)ま
　　で/民俗、神社と寺院

◇続　八尾町　1973.10　1121p　22cm
　　内容 明治維新から昭和47年(1972)ころま
　　での自然と人口、行政、産業・経済ほか

**蜷川の郷土史**　蜷川校下史編纂委員会編

◇蜷川校下自治振興会　1968.7　561p
　22cm
　　内容 古代から昭和40年(1965)ころまで

**水橋町郷土史**

◇第1巻　水橋町　1966.3　732p
　25cm
　　内容 旧水橋町編：昭和29年刊「水橋町
　　郷土史第1, 第2編」の再刊、往古から昭
　　和28年(1953)まで

◇第2巻　水橋町　1966.3　821p
　25cm
　　内容 旧三郷村誌：古代から昭和29年
　　(1954)ころまで/旧上条村誌：近世初期か
　　ら昭和30年代ころまで

**大山町史**　大山町史編纂委員会編

◇大山町　1964.11　1717p 図版　22cm
　　内容 原始と古代、中世、近世、明治以
　　後、生活、宗教・文化ほか 無土器時代か
　　ら昭和38年(1963)ころまで

**大久保町郷土誌**　大久保町誌編纂委員
會編

◇大久保町　1954.1　272p, 図版6枚 地
　図1枚　22cm
　　内容 郷土の歴史、行政、学校教育、産
　　業、交通運輸通信、社会文化、生活ほ
　　か、縄文時代から昭和28年(1953)まで

**卯花村誌**　卯花村誌編纂委員会編

◇卯花村　1951　397p 図版　21cm

**島村史**　富山県上新川郡島村編

◇島村　1942　71p　22cm

**富山市史**　富山市編

◇中田書店　1909　512p 図版10枚
　23cm

内容 富山の起源(中世後期)より明治42年3月市区拡張まで

◇富山市　1936　725p　23cm

◇附録　富山市　1937　588p　23cm
内容 正甫竜沢二公及利寛公子伝、史料、年表

**野積村誌**　野積村役場編

◇野積村役場　1933　302p　A5

**新保村史**　上新川郡新保村役場編

◇上新川郡新保村役場　1923

**四方町沿革誌**　四方町役場編

◇四方町役場　1919　449p　A6

**蚕都**　八尾町役場編

◇八尾町役場　1918　60p　B6

**越中婦負郡志**　婦負郡役所編

◇婦負郡役所　1909　578p　A5

## 【高岡市】

**西藤平蔵村誌**　西藤平蔵村誌編纂委員会編

◇西藤平蔵村誌編纂委員会　2004.5　458p、[図版3枚]　27cm
内容 郷土のあゆみ(縄文時代から平成15年まで)、農業基盤整備、二十一世紀初頭の西藤平蔵、郷土に残る古い資料

**下島郷土誌**　下島郷土誌編纂委員会編

◇下島町自治会　1996.5　192p　27cm
内容 起源・沿革・事績と伝承、諸行事と随筆、付章:近世初期から昭和戦後ころまで

**年輪**　明園町開町二十周年記念町誌　明園町二十周年記念町誌編集委員会編

◇明園町自治会　1988.10　119p　22cm

**東西砺波地方史料**　新興出版社

◇新興出版社　1987.9　8, 132, 104, 392p　23cm
内容 「越中砺波誌」(和田文次郎著、明治32年刊)「砺波要覧」(北浦忠雄編著、大正12年刊)「砺波町村資料」(高畠幸吉編著、昭和7年刊)の三書を合本にした復刻版解題

**越中二塚史**　車政雄

◇越中二塚史刊行委員会　1985.9　866p　22cm
内容 郷土編史:古代から昭和50年代頃まで/教育編史/百周年記念特集編/資料編

**高岡市史**　増補版　高岡市史編纂委員会編

◇青林書院新社　1982.11　53p　22cm
内容 伏木港の今昔、大伴家持

◇上巻　青林書院新社　1982.11　815, 11p　22cm
内容 縄文文化の時代から江戸時代の初期まで

◇中巻　青林書院新社　1982.11　17, 1188, 14p　22cm
内容 藩政時代:町の性格、行政・財政、司法・厚生、文化、世局の推移(藩政前期から明治維新まで)

◇下巻　青林書院新社　1982.11　21, 1243, 9p　22cm
内容 近代:明治維新、政治、経済、交通、文教、社会、時局の推移(昭和20年まで)

**戸出町史**　高岡市戸出町史編纂委員会編

◇高岡市戸出町史刊行委員会　1972.6　1459, 32p 図　22cm
内容 自然、近世から昭和40年(1965)こ

ろまでの宗教、文化財、人物

**福岡町史　福岡町史編纂委員会編**

◇福岡町　1969.8　1367, 24p 図版 22cm

内容 本文編：無土器時代から昭和43年(1968)ころまで/校下誌編、資料編

**中田町誌　中田町誌編纂委員会編**

◇中田町誌刊行会　1968.5　9, 965, 9p, 図版15枚　22cm

内容 郷土のすがた、古代から昭和41年(1966)の高岡市編入前後までくすりの町中田、開けゆく郷土ほか

**国吉小史　国吉小史刊行委員会**

◇国吉小史刊行委員会　1966.7　10, 730, 87, 3p　22cm

内容 原始から中世まで、近世、明治百年史抄、別編：縄文時代から高岡市編入まで

**守山村誌　守山村教育会編**

◇上　守山村教育会　1932　33p　A5

**高岡要覧　高岡市編**

◇高岡市　1917-1928　2冊　B6

**石堤村誌　西礪波郡石堤村役場編**

◇西礪波郡石堤村役場　1917　225p　B6

## 【魚津市】

**片貝郷土史　片貝郷土史編纂委員会編**

◇魚津市立片貝公民館　1997.7　748p, 図版3枚　22cm

内容 自然、沿革、行政、産業、治山治水、教育、福祉厚生ほか、縄文時代から平成8年(1996)まで

**魚津区域郷土誌　魚津区域郷土読物**

魚津区域小学校長会　魚津区域国語教育研究部

◇新興出版社　1983.3　104, 242, 58p　22cm

内容「魚津区域郷土誌」(昭和5年刊)と、「魚津区域郷土読物」(昭和12年刊)の合本復刻

**西布施郷土史　西布施郷土史編纂委員会編**

◇西布施公民館　1982.12　10, 457p　22cm

内容 行政、教育、交通と通信、農政、土地改良事業、産業、考古、民俗、文化財：明治から昭和55年(1980)ころまで

**魚津市史　魚津市史編纂委員会編**

◇史料編　魚津市　1982.3　17, 970, 22p　22cm

内容 考古から現代及び民俗に関する史料、先土器時代から昭和55年(1980)まで

◇上巻　魚津市　1968.3　16, 970, 15p　22cm

内容 魚津のあけぼの・開けゆく魚津・武士の世・藩政のころ、縄文文化から近世まで

◇下巻 近代のひかり　魚津市　1972.3　865p　22cm

内容 明治維新から第二次世界大戦まで

◇下巻 現代のあゆみ　魚津市　1972.3　593, 20p　22cm

内容 第二次世界大戦後から昭和44年(1969)ころまで

**魚津町誌　魚津町役場蔵版　新興出版社**

◇新興出版社　1982.1.10　14, 1102p　22cm

内容 魚津町役場明治43年刊の復刻、地理・藩制前・藩制時代・維新後

**魚津町誌　魚津町役場編**

◇魚津町役場　1910　1102p　A5

## 【氷見市】

氷見市史　氷見市史編さん委員会編

- ◇1 通史編1 古代・中世・近世　氷見市　2006.3　871p 挿図　22-27cm
  - 内容 原始・古代：旧石器時代から平安期まで/中世：院政期から織豊政権期まで/近世：天正13年(1585)の前田氏越中封入から明治4年(1871)の廃藩置県まで

- ◇2 通史編2 近・現代　氷見市　2006.3　936p 挿図　22-27cm
  - 内容 明治4年(1871)の廃藩置県以降から平成17年(2005)まで

- ◇3 資料編1 古代・中世・近世(1)　氷見市　1998.1　1003p 挿図　22-27cm
  - 内容 古代：養老2年(718)から永暦元年(1160)まで/中世：寿永2年(1183)から天正13年(1585)まで/近世1：天正13年から明治4年(1871)までの市外所在の史料/石動山関係史料

- ◇4 資料編2 近世(2) 別冊憲令要略　氷見市　2003.3　345p, 図版1枚　21cm

- ◇4 資料編2 近世(2)　氷見市　2003.3　681p 挿図　22-27cm
  - 内容 加賀藩前田氏支配の天正13年9月から明治4年7月までの藩政期史料

- ◇5 資料編3 近・現代　氷見市　2003.9　859p 挿図　22-27cm
  - 内容 明治4年(1871)より平成11年(1999)までの政治・行政、産業・経済、教育・文化、社会・生活

- ◇6 資料編4 民俗、神社・寺院　氷見市　2000.7　1019p 挿図　22-27cm
  - 内容 民俗編：昭和10年代前半を基準/神社・寺院編：近世の文書史料を中心に収録

- ◇7 資料篇5 考古　氷見市　2002.10　776p 挿図　22-27cm
  - 内容 市内の遺跡についての調査成果を収録、縄文時代から安土桃山時代までを対象とし、一部江戸時代の資料も収録

- ◇8 資料編6 絵図・地図　氷見市　2004.7　397p 挿図　22-27cm
  - 内容 氷見市域に関する絵図・地図、解読および絵図的考察、特論、別刷図版あり

- ◇9 資料編7 自然環境　氷見市　1999.3　506p 挿図　22-27cm
  - 内容 地形と地質、気象と災害、植物、昆虫、海のさかな、虻が島の生き物、貝類、淡水魚、鳥獣、自然との共生

熊無村史　熊無村史編集委員会編

- ◇熊無村史刊行委員会　1997.8　726p, 図版4枚　22cm
  - 内容 自然環境、歴史の歩み(太古より現状まで)、部門誌(明治以後)、史資料集

宮田村史　宮田村史編纂委員会編纂

- ◇宮田校下自治会連絡協議会　1995.4　470p, 図版3p　27cm
  - 内容 自然環境、通史(縄文時代から明治維新まで)、自治の発達(明治から昭和戦後まで)、農林業商工業ほか

久目村史　久目村史編集委員会編

- ◇久目村史刊行委員会　1990.8　692p 挿図　22cm
  - 内容 現況史、通史、特別寄稿、村落史・家名表、資料・年表：縄文時代から昭和末ごろまで

氷見百年史　氷見百年史編修委員会編

- ◇氷見市　1972.8　27, 1055p,：地図　22cm
  - 内容 慶応3年(1867)の大政奉還から昭和47年(1972)まで

加納史話　加納史話編集委員会編

- ◇加納振興会　1970.10　372p, 図版[1]p　22cm
  - 内容 概観、村の歴史(原始から昭和42年まで)、行政と経済、農事、教育兵事ほか

氷見市史　氷見市史編修委員会編

- ◇氷見市役所　1963.4　1420p 図版　22cm

富山県　　　　　　　　　　　　　　　　　　　　　　　　　　　　　黒部市

　　内容 前編：氷見市の誕生、郷土の概観、旧町村の全貌/後編：原始から昭和37年(1962)まで/史料

**氷見町史考　宮永善仁編**

◇宮永善仁　1925　232p　20cm

## 【滑川市】

**ふるさと今昔　山加積地区誌　山加積地区誌編集委員会編**

◇山加積地域づくり推進委員会　2003.12　100p　31cm

**滑川市史　滑川市史編さん委員会編**

◇考古資料編　滑川市　1979.3　213, 256, 20, 30, 12, 32, 15p　27cm
　　内容 地理の概要、遺跡概観、遺跡・遺物解説

◇史料編　滑川市　1982.12　17, 720p　27cm
　　内容 古代・中世：天平20年(748)から天正10年(1582)まで/近世：天正11年(1583)から慶応3年(1867)まで/近代：明治元年(1868)から昭和20年(1945)まで

◇通史編　滑川市　1985.12　684p　27cm
　　内容 先土器時代から現代(昭和59年ごろ)まで

**滑川町誌　滑川町〔編〕**

◇新興出版社　1982.5　1冊　23cm
◇上, 下　滑川町役場　1913　2冊　A5

## 【黒部市】

**嘉例沢村誌　嘉例沢集落足跡石碑建立記念**

◇嘉例沢集落歴史保存会事務局　2005.9　84p　31cm

**くろべ水の里50年　黒部市総務部総務課**

◇黒部市制施行50周年記念誌　黒部市総務部総務課　2004.11　55p　31cm
　　内容 黒部市誕生(昭和29年)から50年の歩みを、写真や年表で紹介

**東布施村誌　東布施村誌編集委員会**

◇東布施振興会　1994.10　504p　27cm
◇東布施振興会　2004.11　504p　27cm
　　内容 自然、行政、生産、教育、交通通信、民俗、神事・信仰、文化財、遺跡：明治4年(1871)から平成4年(1992)ころまで

**下立村史**

◇下立地区自治振興会　2004.3　[15], 425p, 図版8枚　27cm
　　内容 概況、行政、農業、林制と林業、産業、道路・交通ほか：明治から平成15年(2003)ころまで

**村椿村史　村椿村史編纂委員会編**

◇村椿振興会　2001.3　434p, 図版6枚　27cm
　　内容 原始・古代、中世、近世、近代、現代、民俗：縄文時代から平成12年(2000)まで

**黒部市史　黒部市史編纂委員会編纂**

◇資料編　黒部市　1994.10　34, 983, 82p　22cm
　　内容 明治以降の「資料」と「付・統計」、政治・産業と経済・交通通信・社会と生活・教育文化

◇自然編　黒部市　1988.10　14, 676p　22cm
　　内容 地形・地質・気候、動物、植物、自然と生活、景観と保護

◇歴史民俗編　黒部市　1992.3　20, 1438p　22cm
　　内容 歴史編：明治維新から平成2年(1990)ころまで

**追録 宇奈月町史　宇奈月町史追録編纂**

全国地方史誌総目録　439

委員会編

- ◇自然編　宇奈月町　1989.3　222p　27cm
  - 内容 地学的環境、植物、鳥獣、昆虫、集落
- ◇文化編　宇奈月町　1989.3　360p　27cm
  - 内容 民話・人々のくらし・民家・方言・うた・獅子舞・石仏と石碑・文学・美術・人物・信仰・文化財
- ◇歴史編　宇奈月町　1989.3　568p　27cm
  - 内容 原始・古代、中世、近世、近代・現代：縄文時代から昭和63年(1988)まで

大布施村誌　大布施村誌編集委員会編

- ◇大布施振興会　1985.7　549p　22cm

黒部市誌　黒部市誌編纂委員会編

- ◇黒部市　1964　983p(図版共)　22cm
- ◇大和学芸図書　1982.5　15, 983p　22cm
  - 内容 黒部市 昭和39年刊の複刊、縄文時代から現況(昭和30年代ころ)まで

三日市町誌　付旧三日市信用農協誌
本多重郎著

- ◇旧三日市信用農業協同組合　1971　76, 39p 図　22cm

宇奈月町史　宇奈月町史編纂委員会編

- ◇宇奈月町　1969.12　1067p　22cm
  - 内容 自然、歴史(縄文時代から藩政時代まで)、現況(明治から昭和43年ころまで)、校下誌、信仰、観光ほか

【砺波市】

砺波市五十年史　砺波市五十年史編纂委員会編

- ◇砺波市　2004.3　637p, 図版15p　27cm
  - 内容 砺波市政のあゆみ、市政の展開：昭和29年(1954)の市政施行前後から平成15年(2003)まで

砺波市50年の歩み

- ◇砺波市　2004　33p　30cm
  - 内容 昭和29年(1954)の砺波市誕生から平成15年(2003)まで

庄川町史　庄川町史編さん委員会編

- ◇上巻　庄川町　1975.6　10, 961p　22cm
  - 内容 自然/縄文時代から太平洋戦争敗戦まで/信仰と民俗
- ◇下巻　庄川町　1975.6　13, 900, 62, 10p　22cm
  - 内容 木工の町庄川、庄川種もみと農業、在来の産業、交通と通信、庄川の水力発電ほか、明治から昭和40年代ころまで
- ◇続巻　庄川町　2002.11　26, 923p　22cm
  - 内容 町制施行五十周年記念事業、昭和48年(1973)ころから平成14年(2002)まで

中野村史　中野村史編纂委員会編

- ◇中野村史刊行委員会　2001.3　697p(図版とも)　22cm
  - 内容 村の位置と自然環境/村の成り立ち(天正期ころ)から明治維新まで/明治維新以降(平成10年ころまで)

柳瀬村史　柳瀬村史編集委員会編

- ◇柳瀬村史刊行委員会　2000.12　628p, 図版8枚　22cm
  - 内容 村々の起こり、加賀藩時代、柳瀬村の誕生、産業と経済ほか：中世後期(文亀元年)から平成12年(2000)まで

砺波市史　砺波市史編纂委員会編

- ◇資料編1 考古、古代・中世　砺波市　1990.3　12, 924, 10, 4p　22cm
  - 内容 考古：旧石器時代から中世まで/古代：利波臣について、利波郡川上里木簡

ほか/中世：治承・寿永の源平争乱、徳大寺家領般若野荘について、ほか

◇資料編 2 近世　砺波市　1991.3　3, 1019, 21, 6p　22cm
　内容 個別史料：事項によって分類し編年順に配列/家わけ文書(5家)、砺波郡史料(19点)

◇資料編 3 近現代　砺波市　1993.3　14, 1140p　22cm
　内容 明治期、大正・昭和前期、昭和後期：明治2年(1869)から昭和32年(1957)まで

◇資料編 4 民俗・社寺　砺波市　1994.3　5, 1169, 4p　22cm
　内容 民俗：通論・民俗誌・資料/神社：地区別・集落別/寺院：地区別・集落別

◇資料編 5 集落　砺波市　1996.3　4, 1171, 9p　22cm
　内容 17地区の94集落を対象とし、各マチ・ムラの概要、構成、動態などを記載

**南般若村誌**　南般若村誌編纂委員会編

◇南般若自治振興会　1990.7　665, 115p 図版[2]p　22cm
　内容 近世初期から昭和末ごろまで

**東中村史**　東中村史編集委員会編

◇東中　1988.10　271p　22cm
　内容 古代・中世、近世、近代、戦後、諸録

**砺波の歴史**　砺波市史編纂委員会編

◇砺波市　1988.1　212p　21cm
　内容 「砺波市史」(昭和40年刊、59年復刻)の簡略版、旧石器時代から昭和60年(1985)ころまで

**礪波町村資料**　高畠幸吉

◇礪波資料刊行会　1987.9　406p　19cm
　内容 元和五年各町村家数、寛永十一年砺波拾弐組村名附帳、延享五年御借帳、明和九年庄川洪水状況

**砺波市史**　砺波市史編纂委員会編

◇砺波市　1965　1030, 20, 18p 図版 地図　22cm

◇国書刊行会　1984.4　1030, 20p 図版 2枚　22cm
　内容 1965年砺波市刊の復刻、自然、原始、古代、中世、近世、近代、戦後：縄文時代から昭和30年代まで

**庄下村史誌**　庄下村史誌編纂委員会編

◇庄下地区自治振興会　1979.11　892p 図版3枚　22cm
　内容 前編：近代以前の庄下地区(古代から幕末維新期まで)/本編：庄下村史(廃藩置県から昭和50年ごろまで)/別編

**栴檀山村史**　栴檀山村史編集部編

◇栴檀山村史刊行会　1976　518p 図　22cm

**東野尻村史**　東野尻村教育会編

◇東野尻村教育会　1934　1091p　B6

## 【小矢部市】

**小矢部市史**　小矢部市史編集委員会編

◇おやべ風土記編　小矢部市　2002.12　495p 図版　31cm
　内容 おやべの風土記：おやべの歴史(原始～現代)、おやべの遺跡/地区・集落史

◇市政四十年史編　小矢部市　2002.12　463p 図版　31cm
　内容 新しい小矢部の都市づくり：小矢部市の誕生から平成12年(2000)の市政の現況まで

◇上巻　小矢部市　1971.3　14, 958p　22cm
　内容 小矢部市の山河、先土器文化から近世まで/交通、文化と芸能、神社と寺院

◇下巻　小矢部市　1971.8　17, 900p　22cm

内容 幕末期から昭和44年(1969)ころまで/郷土に輝く人びと、観光と伝説、文化財

**薮波村史** 薮波村史編纂委員会編

◇薮波村史刊行委員会 1968.7 720p 図版 22cm
内容 旧石器時代から昭和30年代ころまで

## 【南砺市】

**続福野町史** 福野町史編さん委員会編

◇写真・統計編 南砺市 2005.9 138, 90p 図版 22-27cm
内容 写真:福野町のあゆみ(平成2年から平成16年まで)、福野の文化財/統計(平成元〜15年度)

◇通史編 南砺市 2005.9 446, 9p 図版 22-27cm
内容 福野町のあゆみ:平成2年(1990)から平成16年(2004)11月の南砺市発足まで/福野の文化財

**城端町の歴史と文化** 城端町史編集委員会編

◇城端町教育委員会 2004.10 599p 27cm
内容 自然環境、城端の村と町、城端の歴史、城端の文化:旧石器時代から平成15年(2003)まで

◇資料編 城端町教育委員会 2004.10 465p 図版 4p 27cm
内容 町内外に残る町域に関する文書資料を中心に掲載、寛政期から昭和初期まで

**利賀村史** 利賀村史編纂委員会編

◇1 自然・原始・古代・中世 利賀村 2004.10 11, 420p 22cm
内容 歴史の舞台、郷土のあけぼの、真宗と五ケ山:旧石器時代から戦国期まで

◇2 近世 利賀村 1999.3 10, 566p 22cm

内容 利賀谷組の村々—藩政下の姿(藩政の展開、産業、土地制度、農民の生活、交通、幕末の世情)

◇3 近・現代 利賀村 2004.10 30, 1132p 22cm
内容 利賀村の成立と発展、新しい村づくり、村の生活と伝承、集落と団体、利賀村から南砺市へ:明治から平成16年(2004)の南砺市設立による閉村まで

**竹林村史** 竹林村史編集委員会編

◇竹林村方 2002.11 214p 31cm

**栄町史誌** 栄町編集委員会編

◇栄町町内会 1999.6 110p 22cm

**井口村史** 井口村史編纂委員会編

◇上巻 通史編 井口村 1995.3 24, 1056p 22cm
内容 旧石器時代から平成4年(1992)まで

◇下巻 史料編 井口村 1992.8 22, 1040p 22cm
内容 考古資料、文書史料、集落誌、地名、民俗・文化財、名簿・統計

**福野町史** 福野町史編纂委員会編

◇福野町 1964.9 8, 728, 18p 22cm
内容 無土器文化から昭和39年(1964)ころまで

◇古文書編 福野町役場 1991.12 35, 641p 図版 22-27cm
内容 おもに近世を対象として収録、支配、町・村政、戸口、土地、貢租ほか

◇写真・統計編 福野町役場 1991.12 216p 図版 22-27cm
内容 写真:ふるさとの山河、祖先の足跡、藩政期の福野町ほか/統計:福野町に関する現代の主要な統計

◇通史編 福野町役場 1991.12 1005, 22p 図版 22-27cm

富山県　　　　　　　　　　　　　　　　　　　　　　　　　　　　射水市

|内容| 旧石器時代から昭和末ごろまで

城端町史　城端町史編纂委員会編

◇国書刊行会　1990.12　1427, 27p　22cm
|内容| 昭和34年刊の復刻、縄文文化から昭和32年(1957)ころまで

越中五箇山平村史

◇上巻　平村　1985.5　31, 1342p　22cm
|内容| 自然環境、原始・古代〜昭和戦後、民俗、文化の伝承：縄文時代から昭和59年(1984)ころまで

◇下巻　平村　1983.4　7, 1274p　22cm
|内容| 資料編：集落誌、民俗資料、史・資料目録、古文書資料、近・現代資料ほか

ジュニア版・福光町史　ジュニア版・福光町史編集委員会編

◇福光町教育センター　1983.3　104, 14p　21cm

上平村誌　上平村役場編

◇上平村　1982.3　568p, 図版3枚　22cm
|内容| 郷土のむかし(縄文時代から明治維新まで)、上平村ができてから(明治から昭和55年まで)、自然と民俗、集落史、資料集

吉江の昔と今　「吉江の昔と今」編集委員会編

◇吉江自治振興会　1979.8　573p　22cm
|内容| 吉江の村落、産業、教育と文化、社会福祉と保健、交通、信仰と民俗/人物：古代から昭和53年(1978)まで

諌鼓鶏　城端町西下町史 西下町の移り変り　松島直重監修

◇西下町　1978.11　143p　27cm

福光町史

◇上巻　福光町　1971.8　18, 1179, 39p　22cm
|内容| 自然、原始と古代、中世、近世：先土器文化から明治初年(一部昭和初期)まで

◇下巻　福光町　1971.8　22, 1150, 21p　22cm
|内容| 近世の生活と文化、近代、現代：近世から昭和45年(1970)まで

井波町史　井波町史編纂委員会編

◇上巻　井波町　1970.5　26, 1448p　22cm
|内容| 原始古代、中世、近世、近代、現代　縄文文化から昭和44年(1969)まで

◇下巻　井波町　1970.2　22, 1020, 42, 13p　22cm
|内容| 上巻通史篇に利用した文書・記録類を年代順に配列(建武3年から明治41年まで)

城端町史　城端町史編纂委員会編

◇城端町編纂委員会　1959.9　1427p　図版　22cm

井波誌　宇野柏里

◇町立井波図書館館友会　1937.5　384p　22cm
|内容| 井波草創の瑞泉寺を中心として宗教・戦役・文学・教育・町勢・産業・人物に刊する史実を網羅

## 【射水市】

下村史

◇下村　1986.7　1054p　22cm
|内容| 自然、原始・古代、中世、近世、近代、現代、民俗：先土器時代から昭和50年代ころまで

全国地方史誌総目録　443

射水市　　　　　　　　　　　　　　　　　　　富山県

○続　下村役場　2005.10　550p, 図版7枚　22cm
　内容 下村のあゆみ：昭和末期から平成17年(2005)まで/下村加茂遺跡の発掘と文化財保護、集落史

大門町史　大門町教育委員会編

◇大門町　1981.11　30, 1079p　22-31cm
　内容 自然、時代の流れと郷土のすがた、くらしのあゆみ、伸びゆく大門町、資料編：先土器時代から昭和55年(1980)ころまで

◇続巻　大門町　2005.9　411, 63p　22-31cm
　内容 昭和29年(1954)の新大門町誕生から平成17年(2005)まで

雄飛に富んだ海老江のあゆみ　海老江の歴史編さん委員会編さん

◇[本編]　海老江地区自治振興会　2000.6　11, 503p　30-31cm
　内容 前史：中世から江戸時代まで/海老江史：明治から平成12年(2000)まで

◇資料編　海老江地区自治振興会　2000.6　64p　30-31cm
　内容 古文書の部：近世編・近代編/図表の部、年表

小杉町史　小杉町史編纂委員会編

◇通史編　小杉町　1997.3　1245, [78], 76p　22cm
　内容 原始・古代・中世、近世、近・現代：旧石器時代から平成8年(1996)ころまで

新湊市史　新湊市史編纂委員会編

◇[原始・古代・中世・近世]　新湊市　1964.8　988p　22cm
　内容 太古・上代・中世・近世(縄文文化から王政復古まで)

◇近現代　新湊市　1992.3　1224, 32p　22cm
　内容 明治維新から平成3年(1991)まで

/政治・経済・社会・教育と文化

小杉町史　小杉町史編纂委員会編

◇新興出版社　1983.3　374, 348, 12, 10p　23cm
　内容 昭和34年刊の復刻、前編(縄文文化から廃藩置県まで)、後編(明治から昭和34年まで)

新湊市史　新湊市編

◇大和学芸図書　1982.5　988p　22cm
　内容 新湊市昭和39年刊の複製、太古・上代・中世・近世(縄文時代から王政復古まで)

射水郡誌　復刻版　富山県射水郡編

◇上巻　名著出版　1978.11　4, 2, 2, 18, 290p　22cm
　内容 明治42年刊の復刻、総論・地理・沿革(上古から明治まで)・名所旧蹟・人物

◇下巻　名著出版　1978.11　466, 9p　22cm
　内容 明治42年刊の復刻、財政勧業・教育衛生兵事・神社宗教・風俗習慣・雑事

大島村史　大島村役場編

◇大島村役場　1963.9　860p　22cm
　内容 縄文時代から昭和38年(1963)まで

小杉町史　小杉町史編纂委員会編

◇小杉町　1959.3　374, 348p 図版 地図　22cm

堀岡村史　竹脇敬茂著

◇堀岡村　1940　145p　23cm

大島村誌　大島村役場編

◇大島村役場　1916　122p　B6

射水郡誌　射水郡役所編

◇上, 下　射水郡役所　1909　2冊　A5

444　全国地方史誌総目録

富山県　　　　　　　　　　　　　　　　　　　　　　　　　　　　　　　立山町

## 【舟橋村】

舟橋村誌　舟橋村編

- ◇舟橋村　1928　252p 図版15枚 地図1枚　23cm
- ◇第2編　舟橋村　1963　452p 図版8枚　22cm

## 【上市町】

新上市町誌　新上市町誌編纂委員会編

- ◇上市町　2005.9　921, 28p, 図版8枚　22cm +CD1枚(12cm)
  - 内容 自然および通史・新町制五十年史・暮らしの変容：旧石器時代から平成15年(2003)まで/付録CD-ROMあり

音杉地区誌　音杉公民館ふるさとに学ぶ地誌教室編

- ◇音杉公民館　1995.3　80p　26cm

上市町誌　上市町誌編纂委員会編

- ◇上市町　1970.2　1385, 14p 図版2枚　22cm
  - 内容 自然、歴史、発展のすがた、民俗、名所・伝説：先土器文化から昭和44年(1969)まで

## 【立山町】

大石原村史　村史編集委員編

- ◇立山町大石原自治会　2004.12　119p 図版4p　30cm
  - 内容 自然環境、沿革、産業経済ほか、近世から平成16年(2004)まで

立山町史

- ◇別冊　立山町　1984.2　10, 377p　22cm
  - 内容 立山曼荼羅絵図解説、方言の特色、伝説、民謡・わらべ唄・雅楽、町内の文化財、戦没者名簿ほか

- ◇上巻　立山町　1977.10　25, 923p　22cm
  - 内容 地形・地質、先土器時代から戦国時代まで/芸術・工芸、立山信仰
- ◇下巻　立山町　1984.2　48, 1868p　22cm
  - 内容 江戸時代から現代(昭和50年代ころ)までの通史と文化・伝承関係

立山町誌　新興出版社

- ◇新興出版社　1982.9　184, 6, 135, 300p　22cm
  - 内容 「五百石町誌」(五百石尋常高等小学校編纂、昭和6年刊)と「五百石地方郷土史要」(五百石区域小学校長会郷土史研究部編輯兼発行、昭和10年刊)の両書を合本にして復刻

東中野新史　特に旧立山村史の一部
石原与作著

- ◇東中野新史刊行委員会　1974　222p 図　26cm

下段村誌　富山県中新川郡下段村編

- ◇富山県中新川郡下段村　1937　211p　23cm

上段村誌　上段村教育會編輯

- ◇上段村教育會　1935.6　7, 503p, 図版36枚　23cm
  - 内容 自然、住民、社会、生業、沿革：石器時代から昭和8年(1933)まで

東谷村誌　東谷村編

- ◇東谷村　1926.12　3, 190p, 図版14枚　23cm
  - 内容 沿革、土地、村民、交通、産業、教育、社寺、兵事、村政ほか、明治から大正まで

## 【入善町】

入善町史　入善町史編さん室編

◇資料編 1 自然・考古　入善町　1986.6　1冊 p　27cm
[内容] 黒部川扇状地の地下水、入善町吉原沖海底林、杉沢の植物、遺跡、付資料(調査報告書ほか)

◇資料編 2 歴史史料　入善町　1988.3　16, 713p　27cm
[内容] 古代・中世・近世・近代・現代：天平宝字 3 年(759)から昭和 47 年(1972)まで

◇通史編　入善町　1990.10　13, 715p　27cm
[内容] 原始・古代・中世・近世・近代・現代、民俗：旧石器時代から昭和 30 年代ころまで

入善町誌　入善町誌編纂委員会編

◇入善町　1967.8　8, 1313p, 図版 [1] p　22cm
[内容] 縄文時代から昭和 41 年(1966)ころまで

## 【朝日町】

三枚橋村誌　三枚橋村誌編集委員会編

◇三枚橋町内会　1993.8　118p　26cm

朝日町誌　朝日町編

◇自然編　朝日町　1984.8　212p　26cm
[内容] 地形・気候・自然災害・地質・土壌・植生・動物・昆虫・魚介類

◇文化編　朝日町　1984.8　5, 455p　26cm
[内容] 文芸、芸能・文化、方言、民俗、美術

◇歴史編　朝日町　1984.8　3, 679p　26cm
[内容] 朝日町文化のあけぼの・古代・中世・近世・近代(含現代)・産業史：旧石器時代から昭和 57 年(1982)ころまで

宮崎村の歴史と生活　舟と石垣の村
宮崎村誌編纂委員会編

◇宮崎村　1954.8　586p　22cm
[内容] 古代から昭和 28 年(1953)ころまで／農漁民等の庶民生活に重点をおいて生活史的観点より編纂

## 【下新川郡】

下新川郡史稿

◇上巻　新興出版社　1984.4　2, 4, 4, 40, 1210p　22cm
[内容] 富山県下新川郡役所明治 42 年刊の復刻、地理・沿革史・制度及産業史(石器時代から明治 42 年まで)

◇下巻　新興出版社　1984.4　27, 530, 8p　22cm
[内容] 富山県下新川郡役所明治 24 年刊の復刻、町村誌(魚津町以下 43 町村)

下新川郡史稿　富山県下新川郡役所編

◇上巻　名著出版　1972.5　2, 4, 4, 40, 1220p　22cm
[内容] 明治 42 年刊の復刻、地理(現況及古来変遷)、沿革史(織豊時代以前)、制度産業史(徳川時代以後)

◇下巻　名著出版　1972.5　27, 530, 8p　22cm
[内容] 明治 42 年刊の復刻、町村誌(魚津町など 43 町村)

下新川郡史稿　下新川郡役所編

◇上, 下　下新川郡役所　1909　2冊　A5

## 【東礪波郡】

東西砺波地方史料　新興出版社

◇新興出版社　1987.9　8, 132, 104, 392p　23cm
[内容] 「越中砺波誌」(和田文次郎著、明

治32年刊)「砺波要覧」(北浦忠雄編著、大正12年刊)「砺波町村資料」(高畠幸吉編著、昭和7年刊)の三書を合本にした復刻版解題

## 【氷見郡】

氷見郡志　氷見郡役所編
　◇氷見郡役所　1909　218p　A5

# 石川県

## 石川県史

◇現代篇1　石川県　1962.10　2, 4, 1098p　22cm
　内容 総説編：大正時代から昭和までの風土と住民, 時代概説/政治編：大正時代から昭和までの政党政派, 県議会, 行財政, 治安, 軍事/経済編：大正時代から昭和までの農業と畜産

◇現代篇2　石川県　1963.3　6, 1309p　22cm
　内容 経済編：大正時代から昭和までの林業, 漁業, 鉱業, 商業, 金融, 陸上交通, 海軍, 航海・通信, 土木建設・観光/文化編：大正時代から昭和までの教育, 文芸, 宗教, 文化財

◇現代篇3　石川県　1964.1　8, 1236, 46p　22cm
　内容 経済編：大正時代から昭和までの工業/文化編：大正時代から昭和までの学術, 美術, 体育(スポーツ), 保健・衛生他/社会編：大正時代から昭和までの社会の動き, 戦後社会の動き, 社会事業と社会福祉他

◇現代篇4　石川県　1972.2　13, 1267p　22cm
　内容 政治編：1960年代の県政/経済編：昭和33年(1958)から昭和43年(1968)までの農業, 林業, 漁業, 鉱業, 工業他/文化編：昭和33年(1958)から昭和43年(1968)までの文学・演劇, 美術・工芸, 文化財他/社会編：昭和33年(1958)から昭和43年(1968)までの人口動態, 保健衛生, 社会福祉他

◇現代篇5　石川県　1984.3　12, 1425p　22cm
　内容 政治編：1970年代の県政, 行財政, 治安/経済編：昭和44年(1969)から昭和54年(1979)までの農業, 林業, 漁業, 鉱業, 建設業, 商業他/文化編：昭和44年(1969)から昭和54年(1979)までの文学, 舞台芸術, 美術, 音楽他/社会編：人口の動態, 保

健衛生, 社会福祉, 社会事象他

◇現代篇6　石川県　1995.3　1229p　22cm

　内容　政治編：昭和54年(1979)から平成元年(1989)までの県議会の動向、選挙、行財政の展開, 市町村の動き/経済編：昭和54年(1979)から平成元年(1989)までの県民の経済生活, 農業, 林業, 水産業他/文化編：昭和54年(1979)から平成元年(1989)までの文学・美術, 博物館・文化財, 音楽他/社会編：昭和54年(1979)から平成元年(1989)までの人口の動態, 保健・衛生と医療, 社会福祉の時代へ他

◇資料編　石川県教育委員会　1968　466p　22cm

## 実録石川県史1868-1989　激動の明治・大正・昭和全記録　『実録・石川県史』編集委員会編

◇能登印刷・出版部　1991.11　708,22p　31cm

## 石川縣年表　石川県史編集室編

◇大正篇　石川県教育委員会　1956.8　346p　22cm

　内容　大正元年(1912)から大正15年(1926)までの政治, 経済, 文化, 社会

◇昭和篇1　石川県教育委員会　1957.11　720p　22cm

　内容　昭和元年から(1926)から昭和16年(1941)までの政治, 経済, 文化, 社会

◇昭和篇2　石川県教育委員会　1958.11　837p　22cm

　内容　昭和17年(1942)から昭和32年(1957)までの政治, 経済, 文化, 社会

◇昭和篇3　石川県教育委員会　1970.12　375p　22cm

　内容　昭和33年(1958)から昭和43年(1968)までの政治, 経済, 文化, 社会

◇昭和篇4　石川県教育委員会　1981.3　509p　22cm

　内容　昭和44年(1969)から昭和54年(1979)までの政治, 経済, 文化, 社会

## 十年のあゆみ　昭和43-54年　石川県立郷土資料館編

◇石川県立郷土資料館　1980.3　155p　26cm

　内容　昭和43年(1968)から昭和54年(1979)までの石川県立郷土資料館のあゆみ

## 石川縣史

◇第1編　石川県　1927　16, 9, 1295p　22cm

　内容　戦国以前：大化以前から戦国時代まで

◇第2編　石川県　1928.3　18, 9, 1665p　22cm

　内容　藩治時代(上)：天正11年(1583)から明治4年(1871)まで, 令主及び領土, 加賀藩治創始期, 大聖寺藩治一班

◇第3編　石川県　1929.12　18, 9, 1446p　22cm

　内容　藩治時代(下)：天正11年(1583)から明治4年(1871)まで, 制度法規, 儀式慣習, 学事宗教, 美術工藝, 殖産製造, 経済交通

◇第4編　石川県　1931.3　14, 10, 1387p　22cm

　内容　明治時代：明治4年(1971)7月藩を廃して県を置いた時から明治45年(1912)明治大帝崩御の時まで

◇第5編　石川県　1933.3　16, 5, 1230p　22cm

　内容　風土誌：県勢, 自然, 土俗, 考古

## 石川県史要　石川県編

◇石川県　1932　267p　A5

## 石川県志要　石川県編

◇石川県　1909　203p　A5

## 【金沢市】

金沢市史　金沢市史編さん委員会編

◇資料編1 古代・中世1　金沢市
1998.3　781,11p　22-31cm
内容 欽明天皇31年(570)から文明9年(1477)までの金沢市域にかかわる史資料

◇資料編2 中世2　金沢市　2001.3
776,13p　22-31cm
内容 文明10年(1478)から天正11年(1583)までの金沢市域にかかわる史資料

◇資料編3 近世1　金沢市　1999.3　20,781,20p　22-31cm
内容 天正11年(1593)から明治4年(1871)までの前田家の藩主の系譜・書状・日記,前田家と藩主の人生儀礼・主従関係・住居生活など

◇資料編4 近世2　金沢市　2001.3　12,17,805p　22-31cm
内容 天正9年(1581)から明治4年(1871)までの国格類聚,藩政機構の確立と展開

◇資料編5 近世3　金沢市　2003.3　10,14,777p　22-31cm
内容 天正9年(1581)から明治4年(1871)までの前田家直臣の勤仕・由緒・生活,陪臣の由緒・生活,絶家録

◇資料編6 近世4　金沢市　2000.3　12,16,766,12p　22-31cm
内容 天正11年(1583)から明治4年(1871)までの町政と町域に関する史料

◇資料編7 近世5　金沢市　2002.3　12,24,785,20p　22-31cm
内容 天正11年(1583)から明治4年(1871)までの金沢町の商工業と町人生活に関する史料

◇資料編8 近世6　金沢市　1997.3　24,783,22p　22-31cm
内容 天正11年(1583)から明治4年(1871)までの宮腰・大野の町政・産業・生活文化,海運に関する史料

◇資料編9 近世7　金沢市　2002.3　16,24,772,19p　22-31cm
内容 藩政期(慶長3年(1598)から明治初期までの)村方支配,生産と流通

◇資料編10 近世8　金沢市　2003.7　16,26,763,30p　22-31cm
内容 藩政期(慶長3年(1598)から明治初期までの)生産と流通(つづき),村の生活

◇資料編11 近代1　金沢市　1999.3
806p　22-31cm
内容 1871年(明治4年)から1945年(昭和20年)までの政治・行政,産業・経済,金沢論,軍事・戦争,商工業名簿

◇資料編12 近代2　金沢市　2003.3　16,781p　22-31cm
内容 明治から終戦までの市民生活,社会のさまざまな動向/終戦から現在までの金沢市政,産業・経済,社会・文化など

◇資料編13 寺社　金沢市　1996.3　30,759,17p　22-31cm
内容 寺院文書,天台宗・真言宗,禅宗,浄土宗他,神社文書,寺社奉行と触頭,造営と遷宮,吉田家と社家他

◇資料編14 民俗　金沢市　2001.3
761,12p　22-31cm
内容 大正・昭和から現代を中心とした,町の組織と運営,生産と商い,衣・食・すまい,人の一生他

◇資料編15 学芸　金沢市　2001.3　12,10,776,12p　22-31cm
内容 文学:古典及び藩政期の文学,近現代の文学/芸能・文化:藩政期の諸芸,近現代の文化とスポーツ/学事:藩政期の学術・教育・出版,近代教育制度への対応と展開,戦後の教育

◇資料編16 美術工芸　金沢市　2001.2
509p　31cm
内容 古代・中世から近代までの美術工芸,美術工芸品の収集

◇資料編17 建築・建設　金沢市
1998.3　421p　22-31cm
内容 藩政時代から昭和20年(1945)までの建築:城郭建築・社寺建築・武士住宅,町家他/建設:都市形成,交通・街路,各種土木施設,公園緑地

金沢市　　　　　　　　　　　　　　　　　　　　　　　　　石川県

◇資料編 18 絵図・地図　金沢市
　1999.3　134p　22-31cm
　内容 近世絵図, および明治期以降の地図・空中写真の資料と解説・解題

◇資料編 19 考古　金沢市　1999.3
　818p　22-31cm
　内容 旧石器時代から近世までの考古資料

◇通史編 1 原始・古代・中世　金沢市
　2004.3　12, 722, 24p　22-31cm
　内容 原始から中世まで

◇通史編 2 近世　金沢市　2005.12　18, 944, 25p　22-31cm
　内容 天正 11 年(1583)から明治 4 年(1871)まで

◇通史編 3 近代　金沢市　2006.3　15, 994, 21p　22-31cm
　内容 明治から昭和後期

金沢市史　金沢市史編さん審議委員会編

◇現代編 上　金沢市　1969　760p　22cm

◇現代編 続編　金沢市　1989.12　1667p　22cm

◇現代編 下　金沢市　1969　1146p　22cm

二塚郷土史　二塚郷土史編集委員会編集

◇二塚農業協同組合　1978.3　771p　22cm
　内容 古代から昭和 51 年までの郷土の姿, 産業と生活, くらしと文化他

金沢市大野町史　大野町史編集委員会編

◇大野町史編集委員会　1976.10　1412p 図　22cm
　内容 通史編：原始から近代までの自然, 海運, 行政・産業経済, 学校教育他／資料編：江戸時代から昭和までの港海運関係, 行政関係, 産業・経済関係他

金沢市史 稿本

◇[1] 政治編第 1　名著出版　1973.7　9, 372p　22cm
　内容 明治初頭から明治 22 年(1889)4 月まで區政時代の概要, 政治と政黨

◇[2] 政治編第 2　名著出版　1973.7　9, 322p　22cm
　内容 明治 22 年(1889)4 月以降から明治 33 年(1900)11 月までの自治制の確立と市政概要, 政治と政黨

◇[3] 風俗編第 1　名著出版　1973.7　14, 230p　22cm
　内容 江戸時代の総説, 武士及び町人・賤民, 自治, 消防, 年中行事他

◇[4] 風俗編第 2　名著出版　1973.7　16, 231～608p　22cm
　内容 江戸時代の服飾, 頭髪, 飲食, 住居他

◇[5] 工藝編　名著出版　1973.7　7, 338p　22cm
　内容 藩政時代の刀剣, 甲冑, 彫刻, 陶器他

◇[6] 寺社編　名著出版　1973.7　16, 426p　22cm
　内容 神社：県社, 郷社, 村社, 無格社他／佛寺：天台宗, 真言宗, 曹洞宗, 浄土宗他

◇[7] 學事編第 1　名著出版　1973.7　8, 182p　22cm
　内容 明治維新以前の教育, 学校興造の由来, 学校の興造, 政堂の造営他

◇[8] 學事編第 2　名著出版　1973.7　23, 183～552p　22cm
　内容 明治維新以前の教育, 明倫堂の授業, 明倫堂の試業, 藩主学校新臨他

◇[9] 學事編第 3　名著出版　1973.7　22, 553～1022p　22cm
　内容 明治維新以後の教育, 学制實施時代の小学教育, 教育令實施時代の小学教育

◇[10] 學事編第 4　名著出版　1973.7　28, 1023～1592p　22cm
　内容 明治維新以後の教育, 小学校令實施時代の小学教育, 市立實業学校, 舊區立, 市立学校

◇[11] 市街編第 1　名著出版　1973.7　13, 286p　22cm

[内容] 古代から明治までの位置, 地勢, 地質, 地域他

◇ [12] 市街編第2　名著出版　1973.7
14, 287～578p　22cm
　　[内容] 藩政時代から明治までの區劃, 町地の易置及町名の改廢, 各町の位置及町名の起因他

◇ [13] 市街編第3　名著出版　1973.7
22, 579～858p　22cm
　　[内容] 藩政時代から明治までの各町の位置及町名の起因, 戸口

◇ [14] 市街編第4　名著出版　1973.7
21, 859～1260, 2p　22cm
　　[内容] 江戸時代から明治までの城址, 公園, 舊蹟

## 内川の郷土史

◇内川村史発刊委員会　1971.8
981p(図共)　22cm
　　[内容] 大化二年(646)から昭和46年(1971)までの内川の風土, 内川の植物と鳥類, 産業経済の発達他

## 金沢の百年　年表　金沢市史編さん室編さん

◇明治編　金沢市　1965.6　203p　22cm
　　[内容] 慶応4年・明治元年(1868)から明治45年・大正元年(1912)までの政治・経済/慶応4年・明治元年(1868)から明治45年・大正元年(1912)までの社会・文化

◇大正・昭和編　金沢市　1967.5　521p　22cm
　　[内容] 大正元年(1912)から昭和42年(1967)までの政治・経済/大正元年(1912)から昭和41年(1966)までの社会・文化

## 石川県押野村史　地方都市近郊農村の総合調査　石川県五学会連合押野村調査委員会, 石川県石川郡押野村史編集委員会編

◇石川県石川郡押野村史編集委員会

　1964　722p 図版　22cm

## 戸板村史　金沢市役所戸板支所編

◇戸板支所　1944　625p　A5

◇金沢市役所戸板支所　1945.4　3, 3, 7, 625p, 図版 [10] p　22cm
　　[内容] 江戸時代から昭和初期までの土木及通軍, 村政, 財政, 教育, 産業他

## 金石町誌　中崎善治郎著

◇石川県石川郡金石町　1941.4　13, 25, 821p, 図版47枚　23cm
　　[内容] 上編：地勢, 戸口, 神社誌他/中編：町政誌, 諸施設, 銀行・会社ほか/下編：海運誌, 港湾誌, 交通・通信誌ほか

## 高儀町誌　高儀会編纂

◇高儀会　1940　66p　19cm

## 稿本金沢市史　金沢市史編纂委員会編

◇第1―14　金沢市役所　1916-1936
14冊　A5

## 石川県大野町誌　大野町役場編

◇大野町役場　1926　187p　B6

## 石川県河北郡花園村誌

◇石川県河北郡花園村　1925　286p　22cm

## 金沢郷土誌　石川県教育会編

◇明治印刷　1919　30p　A5

## 上金石町誌　小原恒貞著

◇小原恒貞　1918　14p　20cm

## 【七尾市】

## 新修七尾市史　七尾市史編さん専門委員会編集

◇1 考古編　七尾市役所　2002.2　589p　27cm
　　[内容] 縄文時代から近世までの考古

- ◇2 古代・中世編　七尾市役所　2003.3　562p　27cm
  - 内容 崇峻2年(589)から永正3年(1506)までの史料
- ◇3 武士編　七尾市役所　2001.8　622p　27cm
  - 内容 天正9年(1581)から明治4月(1871)までの武士史料
- ◇5 町方編　七尾市役所　2003.3　598p　27cm
  - 内容 天正19年(1591)から明治12年(1879)までの町方史(年代特定できない史料あり)
- ◇7 七尾城編　七尾市役所　2006.3　387, 240p　27cm
  - 内容 文献史料編：永正元年(1504)から天正10年(1582)までの史料/考古資料編：昭和48年(1973)から近代までの七尾城跡遺構の測量・発掘調査, 遺跡群の遺構・遺物に関する発掘成果
- ◇9 海運編　七尾市役所　1999.7　595p　27cm
  - 内容 天正9年(1581)から平成5年(1993)までの海運史料
- ◇11 教育文化編　七尾市役所　2002.7　648p　27cm
  - 内容 天正9年(1581)から平成10年(1998)までの教育文化史
- ◇12 造形文化編　七尾市役所　2004.6　600p　27cm
  - 内容 絵画, 仏教絵画, 書跡・典籍, 彫刻, 工芸, 石造, 瓦礫遺物
- ◇13 民俗編　七尾市役所　2003.3　643p　27cm
  - 内容 七尾の民俗研究のあゆみ, 漁村の民俗, 山村の民俗, 農村の民俗, 町の民俗, 民間知識・口頭伝承, 人生儀礼, 信仰と祭礼
- ◇17 図説七尾の歴史と文化：七尾港開港100周年・七尾市制施行60周年記念　七尾市　1999.7　283p　27cm

**中島町史**　中島町史編纂専門委員会編

- ◇資料編 上巻　中島町役場　1995.3　10, 887p　22cm
  - 内容 自然, 考古, 古代・中世, 造形文化, 近世寺社, 民俗
- ◇資料編 下巻　中島町役場　1994.3　9, 1088p　22cm
  - 内容 近世史料編：瀬嵐 瀬森邦夫家文書, 深浦 梶本小沢家文書, 小牧 小牧区有文書他/近現代史料編：政治, 産業, 教育・文化
- ◇通史編　中島町役場　1996.3　24, 1037p　22cm
  - 内容 原始・古代から近現代

**能登島町史**　能登島町史専門委員会編

- ◇資料編 第1巻　能登島町　1982.3　982p　22cm
  - 内容 自然：地形・地質, 気候, 植物, 動物/考古編：縄文文化, 弥生文化, 古墳文化, 能登島の土器製塩, ほか/造形文化資料編：中世から近世の彫刻, 工芸, 絵画, 書跡, 石造遺物/中世・寺社史料：七尾湾地域の中世史料, 能登島の近世寺院史料, 能登島の近世神社史料
- ◇資料編 第2巻　能登島町　1983.3　1032p　22cm
  - 内容 近世編：天正9年(1581)より明治4年(1871)までの能登島町全域史料, 各地域史料/近現代編：明治から現在までの政治関係資料, 産業関係資料, 教育関係資料/民俗編：島の社会伝承, 島の経済伝承, 島の儀式伝承他
- ◇通史編　能登島町　1985.3　1001p　22cm
  - 内容 原始・古代から近現代まで

**七尾町誌**

- ◇七尾町役場　1909　205p　A5
- ◇七尾町役場　1916　141p　B6
- ◇新興出版社　1984.3　205, 141p　図版

38枚　23cm

七尾市史　七尾市史編纂専門委員会編

◇[通史編]　七尾市　1974.3　846, 24p　22cm
　内容　原始時代から近現代まで

◇資料編 第1巻　七尾市　1968.11　502, 6p　22cm
　内容　藩政期の七尾町方文書

◇資料編 第2巻　七尾市　1971.3　484, 20p　22cm
　内容　天正11年から明治初期までの天領村方文書

◇資料編 第3巻　七尾市　1973.3　494, 21p　22cm
　内容　天正13年(1585)から明治12年(1879)までの藩領村方文書

◇資料編 第4巻　七尾市　1970.3　5, 446p　22cm
　内容　自然編：地形と地質, 気象, 植物他/考古編：原始時代, 古墳文化, 古代

◇資料編 第5巻　七尾市　1972.3　496p　22cm
　内容　中世の寺院, 神社, 造形文化

◇資料編 第6巻　七尾市　1972.3　514p　22cm
　内容　明治の終りから現代までの地理, 民俗史料

田鶴浜町史　田鶴浜町史編さん委員会編

◇田鶴浜町　1974.3　1092p, 図版10枚　22cm
　内容　原始・古代から近代まで

石川県中島町史　中島町史編集委員会編

◇資料編　中島町　1966　811p 図版　22cm

【小松市】

新修小松市史　新修小松市史編集委員会編

◇資料編1 小松城　小松市　1999.3　435, 26p　27cm
　内容　政治編：天正3年(1575)から明治42年(1909)まで/信長・秀吉の時代, 利常在城の時代, 城代・城番の時代, 小松城の廃止, 城郭編：小松城と城下の変遷, 建造物の圖, 小松城の遺構・遺物

◇資料編2 小松町と安宅町　小松市　2000.3　494, 14p　27cm
　内容　小松町, 安宅町, 地誌と紀行

◇資料編3 九谷焼と小松瓦　小松市　2001.3　421p　27cm
　内容　中世から近世・近代までの考古資料, 近世から現代までの文献史料

◇資料編4 国府と荘園　小松市　2002.3　454, 8p　27cm
　内容　古代から中世まで 江沼郡の黎明と能美の人々, 国府・国分寺の成立と展開など

◇資料編5 曳山　小松市　2003.3　342p　27cm
　内容　近世から現代まで 小松の発展と産土社, 曳山の成立と特色, 子供狂言の変遷, 曳山を動かす人々他,CD-ROMあり

◇資料編6 水運　小松市　2004.4　453, 10p　27cm
　内容　近世から大正時代までの海運.河川水運の史・資料

◇資料編7 文芸　小松市　2006.5　460p　27cm
　内容　江戸時代から近現代まで 古典文芸にみる小松, 連歌と俳諧, 漢詩, 文芸活動など

安宅新町史　岡田孝監修・編集

◇安宅新町　1994.8　307p　27cm

高堂町史　菊野寛正

◇小松市高堂町　西出亨　1991.12　546p　22cm
　内容　古代から平成3年(1991)まで、高堂町の移り変わり、産業・交通・通信・運

輪、町の自治と施設・諸団体の沿革と活動、宗教・教育

## 小松市　小松市編

◇小松市　1991.3　948p　26cm
[内容] 昭和15年(1940)から平成2年(1990)12月まで 産業と経済, 建設と開発, 教育・文化スポーツ, 文化財, 歴史他

## 羽咋市新保町史　西克信著

◇西克信　1977.2　77p　図　22cm

## 中海町史　川良雄著

◇中海町公民館　1976　399p　図　22cm

## 金野乃郷土史　川良雄著

◇金野の郷土史編集委員会　1975.12　9, 641p　22cm
[内容] 原始時代から昭和50年(1975)までの歴史, 教育と文化, 鉱山と鉱毒, 集落

## 蛭川町史　蛭川町史編輯委員会編

◇蛭川町公民館　1973　581p　図18枚　22cm

## 川北郷土史　北田八州治

◇川北農業協同組合　1972.3　220p　22cm
[内容] 霊亀2年(716)から昭和46年(1971)まで、自然と環境、事蹟・史跡・伝説・人物、農業、教育他

## 小松市滝ケ原史　中川富士郎著

◇滝ケ原町々内会　1971.9　221p　図版　22cm
[内容] 古代から昭和45年(1970)まで

## 波佐谷町史　明治百年記念　川良雄編著

◇小松市波佐谷町公民館　1969.9　255p, 図版　19cm
[内容] 奈良時代から現代まで/経済, 文化・社会, 風習と伝承他

## 小松市史　川良雄編著

◇第1巻　小松市教育委員会　1950.5　457p　21cm

◇第2巻 沿革篇 下　石川県小松市教育委員会　1956　533p 図版 地図　22cm

◇第3巻　小松市教育委員会　1963.3　417p　21cm
[内容] 市政篇(川良雄編)

◇第4巻　小松市教育委員会　1965.3　422p　21cm
[内容] 風土・民俗篇(川良雄編)

◇第5巻 補遺篇　小松市教育委員会　1968.3　584p　22cm

## 日末町史　川良雄〔等〕編

◇日末町公民館　1962　392p 地図　19cm

## 木場町史　川良雄編

◇木場公民館　1959.2　11, 347p　18cm
[内容] 上代から昭和34年(1959)までの学校と教育, 農業, 厚生と治安, 生活と言葉他

## 西尾村史　川良雄編

◇小松市西尾出張所　1958.9　572p　22cm
[内容] 歴史編：原始から現代まで/各編：神社と寺院, 教育と文化, 鉱業, 農業他/部落編：光谷, 池城, 松岡, 布橋他

## 月津村史　月津村編

◇月津村　1957　127p 図版　22cm

## 千代町史　広田外次編

◇千代公民館　1957　143p 図版 地図

石川県

22cm

国府村史　国府村史編纂委員会編
◇国府村役場　1956.9　810p. 図　22cm
　内容 原始時代から昭和初期まで

小松史　小松町役場編
◇史料上, 下　小松町役場　1940　2冊　A5

月津村誌　蔦江玉吉編
◇月津村交友会　1924　118p　23cm

【輪島市】

新修門前町史　門前町史編さん専門委員会編
◇資料編1 考古・古代・中世　石川県門前町　2003.10　8, 392p　27cm
　内容 原始・古代から中世までの考古, 文献, 造形文化分野など
◇資料編2 総持寺　石川県門前町　2004.3　8, 364p　27cm
　内容 中世から近現代まで 総持寺の開創から, 曹洞宗大本山の神奈川県鶴見への移転, 別院成立とその後にいたるまでの史・資料
◇資料編3 近世　石川県門前町　2005.3　8, 388p　27cm
　内容 天正9年(1581)から明治6年(1873)まで 村と戸口, 租税と御蔵, 漁業・製塩, 寺院のあゆみ他
◇資料編4 海運　石川県門前町　2005.1　8, 338p　27cm
　内容 文書史料：船頭・水主と浦役人, 造船と船売買, 富山藩米大阪運送他/造形資料：棟札・祈祷札, 船絵馬, 船道具, 石造貴物
◇資料編5 近現代　石川県門前町　2004.9　8, 351p　27cm
　内容 明治以降から現在までの政治・行政, 産業・経済, 社会・教育

◇資料編6 民俗　石川県門前町　2005.11　8, 349p　27cm
　内容 門前町の民俗, ムラといとなみ, 働く人々の生活, 祭り, 仏事と年中行事, 人生の儀礼について他
◇図説門前町の歴史 ： 町制施行50周年記念　石川県門前町　2004.12　151p　27cm
　内容 原始・古代・中世, 近世, 近現代, 民俗
◇通史編　石川県門前町　2006.1　815p　27cm
　内容 原始から現代(平成18年)まで

輪島町史
◇新興出版社　1984.4　560p　22cm
　内容 昭和29年(1954)3月の復刻版, 輪島の黎明, 藩政と輪島村, 近代と輪島町, 輪島町の今日, 明日の課題に関する資料他

黒島村小史　中谷藤作著
◇黒島村小史複刊委員会　1978.6　261p, 図版3枚　22cm
　内容 永正年間以前から昭和初期

諸岡村史　諸岡村史編集委員会
◇諸岡村史発刊委員会　1977.12　1530p, 図版[12]p　22cm + 別冊(1冊20cm)
　内容 旧石器時代から現代までの歴史, 村の自然, 神社・寺院・文化財, 民俗, 人物

輪島市史　輪島市史編纂専門委員会編
◇[7 通史編・民俗文化財編]　輪島市　1976.2　937p　22cm
　内容 原始から現代まで
◇資料編 第1巻 奥能登十村土筆　輪島市　1971.11　697p　22cm
◇資料編 第2巻 村役人家文書　輪島市　1972.11　723p　22cm
　内容 藩政期から明治初期までの農林業, 農民生活, 海運, 商業・出稼ぎ関係の史料
◇資料編 第3巻 考古・古文献資料　輪

全国地方史誌総目録　455

島市　1974.3　708p　22cm
　内容 考古資料,古代史料,中世史料,造形文化資料,近世社寺資料

◇資料編 第4巻 近世町方海運・近現代　輪島市　1975.3　903p　22cm
　内容 近代町方文書,近代海運関係と補遺文書,近代資料,近代補遺資料

◇資料編 第5巻 自然環境資料　輪島市　1973.3　551p　22cm
　内容 位置,地質,地形,災害

◇資料編 第6巻 輪島漆器資料　輪島市　1973.3　844p　22cm
　内容 近世・近代初期の文書,各組合の規約類と塗師職工に関する記録,輪島漆器に関する郷土先人の意見ほか

## 門前町史　門前町史編集委員会編

◇門前町　1970.1　842p 図版　27cm
　内容 先史時代から近代

## 西保村史　伊藤和吉ほか編

◇西保公民館　1960.11　16, 516p, 図版4枚　22cm
　内容 大化元年(645)から昭和30年(1955)までの風土と住民,郷土のあゆみ,産業の発達,他

## 町野村誌　江尻寅次郎編

◇町野史談会　1926　448p　23cm

# 【珠洲市】

## 珠洲市史　珠洲市史編さん専門委員会編

◇第1巻 資料編 自然・考古・古代　珠洲市　1976.9　1086p　22cm
　内容 自然編:気象,地形と地質,植物/考古学編:原始時代の遺跡・遺物,古墳文化,集落遺跡と土器製塩遺跡,珠洲古窯跡/古代編:「越」についての古代貴族の印象,能登国の成立,律令政治と能登古代文学にあらわれた"珠洲"

◇第2巻 資料編 中世・寺院・歴史考古　珠洲市　1975.3　730p　22cm
　内容 中世編:平安・鎌倉時代から戦国時代までの史料/寺院編:寺院史料,個別寺院誌,仏教伝承/歴史考古学編:彫刻,工芸,書跡,石造遺物

◇第3巻 資料編 近世古文書　珠洲市　1978.8　817p　22cm
　内容 天正6年(1578)から明治5年(1872)までの史料

◇第4巻 資料編 神社・製塩・民俗　珠洲市　1979.2　1264p　22cm
　内容 神社編:珠洲市の神社概観,神家所蔵史料,神社由緒並史料/製塩編:藩政期における製塩業,近代における製塩業/民俗編:衣食住の変遷,人の一生と世間,歳時の習俗ほか

◇第5巻 資料編 近・現代　珠洲市　1979.9　1088p　22cm
　内容 近代から現代の政治,経済,教育,文化

◇第6巻 通史・個別研究　珠洲市　1980.3　994p　22cm
　内容 通史編:原始時代から近・現代まで/個別研究編:珠洲地方の神道文化,須須神社の成立について,勅定山青竜寺の所在ほか

## 珠洲市十年誌　珠洲市史編さん委員会編

◇珠洲市　1966.3　17, 7, 16, 1600, 4p　22cm
　内容 昭和29年(1954)7月から昭和39年(1964)7月まで

## 上戸村史　若林喜三郎,斎藤晃吉編集

◇上戸村史刊行会　1956.12　15, 534p 図版8p　22cm
　内容 古代から昭和29年(1954)までの風土と住民,発展,産業の発達,風俗・慣習の近代化など

# 【加賀市】

山中町　50年のあゆみ 塗りものといで湯のまち 山中町町村合併50周年

記念
- ◇山中町　2005.5　79p　26cm
  内容 昭和30年(1955)から平成17年(2005)まで

橋立町史　橋立町史編集委員会編
- ◇橋立町編纂委員会　1997.3　[16], 847p, 図版4枚　22cm
  内容 古代から平成9年(1997)までの自然, あゆみ, 生活の移り変わり

山中町史　山中町史編纂委員会編
- ◇山中町史刊行会　1959.1　24, 886p 図版20枚　22cm
  内容 原始から昭和30年(1955)
- ◇現代編　山中町　1995.3　872p, 図版[11]p　22cm
  内容 昭和30年(1955)から平成6年(1994)まで

杉水の歴史　杉水の歴史編集委員会編
- ◇杉水の歴史編集委員会　1991.12　395p, 図版2枚　22cm
  内容 原始から近代まで

石川県江沼郡誌　復刻版　江沼郡編纂
- ◇臨川書店　1985.10　9, 16, 1088p　22cm
  内容 政治, 教育, 兵事, 社寺他, 各町村別の歴史, 民俗, 文化他

石川県大内村誌　石川県大内村誌編纂委員会編
- ◇大内会　1983.3　273p　21cm

加賀市史　加賀市史編纂委員会編
- ◇資料編 第1巻　加賀市　1975.4　511p　22cm
  内容 加賀江沼志稿：天保末年に完成した大聖寺藩領について最も詳細な地誌/山代志：嘉永七年(1854), 山代を中心とした地域誌
- ◇資料編 第2巻　加賀市　1976.4　593p　22cm
  内容 吉田屋文書：宝暦六年(1756)から明治までの吉田屋窯に関する文書/伊東家文書：大聖寺藩時代の伊東交實氏所蔵文書
- ◇資料編 第3巻　加賀市　1977.3　672p　22cm
  内容 寺院文書：寺庵由緒史料, 大聖寺藩宗教統制史料, 宗派行政史料, 教義教化史料
- ◇資料編 第4巻　加賀市　1978.3　8, 731p　22cm
  内容 寛政から明治20年代までの海運経営のあり方, 江戸時代から明治30年代までの「北前船」の商内・経営, 海航記など
- ◇通史 上巻　加賀市　1978.2　1123p　22cm
  内容 原始から明治43年(1910)まで
- ◇通史 下巻　加賀市　1979.10　981p　22cm
  内容 明治維新から昭和まで

加賀市の歴史　加賀市史編纂委員会編
- ◇加賀市　1978.10　299p　22cm
  内容 縄文期から古墳時代の漁・農耕生活を経て,「江渟(えぬ)のくに」に及ぶこと, 平安末期から室町時代の武家政治, 一向一揆時代のこと, 大聖寺藩の政治, 産業, 教育, 学芸, 明治から昭和前期の政治, 産業, 教育, 文化, 第二次大戦後の民主化, 経済の復興, 地方自治と市の誕生

三木村志　三木村志編纂委員会編
- ◇三木村公民館　1957.12　269p　22cm
  内容 弘仁14年(823)から昭和31年(1956)まで　わが村のすがた, 環境のあらまし, 村びとの仕事, 社寺と信仰他

月津村史　月津村編
- ◇月津村　1957　127p 図版　22cm

片山津町史
- ◇石川県江沼郡片山津町　1954.11　130p　21cm

内容 太古から昭和29年(1954)まで

石川県江沼郡誌　江沼郡役所編
　◇江沼郡役所　1925　1088p　A5

月津村誌　蔦江玉吉編
　◇月津村交友会　1924　118p　23cm

石川県江沼郡大聖寺町沿革並事蹟概要　大聖寺町役場編
　◇大聖寺町役場　1909　30p　A5

江沼郡史　江沼郡小学校職員協議会編
　◇吉本次郎兵衛　1892.10　18丁　19cm

【羽咋市】

一ノ宮の歴史　能登一宮・温故集成　羽咋市立一ノ宮公民館編
　◇羽咋市立一ノ宮公民館　2001.3　294p, 図版1枚　26cm
　　内容 原始時代から近世まで/民俗・宗教・文化

旧越路野村史　越路野の歴史編纂委員会編
　◇羽咋市立越路野公民館　1994.1　322p 図版　22cm
　　内容 柳田の瓦工業の歴史, 越路野の織物工業の盛衰, 邑知潟の漁業他

千里浜のれきし　千里浜のれきし刊行委員会編
　◇羽咋市千里浜町　1991.2　241p　22cm
　　内容 縄文時代から平成2年(1990)まで/物語編:自然と風土, 大昔のちりはま, 昔のくらし, 衣食住と伝説など/史料編:近世文書, 刊本等文献史料ほか

羽咋市史　羽咋市史編さん委員会編
　◇近世編　羽咋市　1974.7　986p 22cm
　　内容 通史編:天正3年(1575)から明治5年(1872)まで/個別編:加賀藩財政と産物方政策の動向, 滝村の海事史, 御蔵・町蔵と米輸送他/資料編:巨細帳, 村鑑帳, 支配関係史料, 土地・新開・用水関係史料他
　◇原始・古代編　羽咋市　1973.9　697p 22cm
　　内容 通史編:原始から古代/個別編:自然, 植物とその推移, 野鳥他
　◇現代編　羽咋市　1972.9　967p 22cm
　　内容 通史編:明治12年(1879)から昭和47年(1972)まで/資料編:政治, 経済, 教育と文化
　◇中世・社寺編　羽咋市　1975.3　975p 22cm
　　内容 中世編:古代から江戸時代(慶長8年)まで/社寺編:神社・仏教, 造形文化資料と建造物

【かほく市】

たかまつの礎　自然・歴史・文化 高松町史
　◇高松町　2004.2　259p　25cm

宇ノ気町史　宇ノ気町史編纂委員会編集
　◇[1]　宇ノ気町　1970.11　873p 図　22cm
　　内容 通史編:自然の概観, 原始より古代へ, 中世の村々, 一向一揆の崩壊ほか/個別史編:河北郡十村土筆, 人絹時代, 寺院史, 教育の発達他/資料編:近世古文書, 統計と一覧
　◇第2輯　宇ノ気町　1990.4　1135p 22cm
　　内容 昭和35年(1960)から平成2年(1990)までの行財政と公共事業, 産業と経済, 福祉と厚生, 教育・文化・宗教ほか
　◇第2輯 別巻 集落誌　宇ノ気町　1991

冊　22cm

高松町史　高松町史編纂委員会編

◇史料編　高松町　1983.5　463p
22cm

七塚町史　七塚町史編纂専門委員会編

◇七塚町　1976.5　1581p　22cm
内容 自然環境, 人口, 歴史, 現況, 集落と町民, 史料, 年表ほか

石川県高松町史　高松町史編纂委員会編

◇[正編]　高松町　1974.11　1302p 図
22cm
内容 文明15年(1483)から昭和48年(1973)までの歴史, 風土, 産業経済, 教育文化, 社会, 民俗

南大海村史　金田孝順編

◇高松町大海公民館　1971.1　455p, 図版[5]p　22cm
内容 原始時代から近代まで/産業経済の変遷, 教育と文化, 交通通信その他など

## 【白山市】

図説 吉野谷村の歴史　吉野谷村史編纂専門委員会編

◇吉野谷村　2004.2　179p　27cm
内容 村史の写真を中心としたダイジェスト版/原始から現代まで(平成15年(2003)頃)/村のあいさつ言葉, 年表

吉野谷村史　吉野谷村史編纂専門委員会編

◇史料編(前近代)　吉野谷村　2000.3
501p　27cm
内容 考古: 縄文時代・歴史時代の遺跡/古代・中世: 天正10年(1582)までの史料/近世: 慶長5年(1600)から明治9年(1876)までの文書

◇史料編(近現代)　吉野谷村　2001.3
519p　27cm
内容 大正6年(1917)から平成12年(2000)までの行政, 産業と経済, 社会と文化, 教育と文化他

◇史料編(近現代 補遺)　吉野谷村
2003.3　96p　27cm
内容 村会・行政機構, 財政, 教育, 国有林野などに関する近現代史料

◇自然・生活文化・集落編　吉野谷村
2002.3　495p　27cm
内容 自然: 山・河川・温泉・植物・動物ほか/生活文化: 民俗, 文字と絵にみる生活文化ほか/集落: 地区別のすがた, なりわい, あゆみ

◇通史編　吉野谷村　2003.3　493p
27cm
内容 考古(自然), 古代から現代まで(2003年(平成15年)まで)

蝶屋の歴史　蝶屋村史編纂専門委員会,
蝶屋村史編纂委員会編

◇集落・資料編　美川町　2002.9　433p,
図版2枚　27cm
内容 集落編: 長屋町, 手取川, 井関町, 末正町他/資料: 原始・古代から現代まで, 民俗

相川新町史　相川新町史編纂委員会編纂

◇松任市相川新町内会　1999.11　501p
22cm

鶴来町史　鶴来町史編纂室編

◇現代篇　鶴来町　1984.11　1190p
22cm
内容 昭和29年(1954)から昭和59年(1984)までの行政, 産業・経済, 社会, 福祉他

◇歴史篇 原始・古代・中世　鶴来町
1989.11　628p　22cm
内容 鶴来町域における古代・中世の歩み, 鶴来町の原始・古代遺跡, 中世社会の形成と鶴来, 守護・一向一揆時代の鶴来他

◇歴史篇 近世・近代　鶴来町　1997.3
648p　22cm

全国地方史誌総目録　459

白山市　　　　　　　　　　　　　　　　　　　　　　　　　　　　　　　石川県

> 内容 藩政時代の政治と社会, 在郷町周辺の生活文化, 明治・大正・昭和の時代他

## 白峰村史　白峰村史編集委員会編

◇第 3 巻　白峰村　1991.3　1345p　22cm
> 内容 村史編：昭和 36 年(1961)以降の自然, 通史, 個別研究

◇上巻　白峰村　1962.1　859p 図版 48p　22cm

◇下巻　白峰村　1959.4　924p　22cm
> 内容 資料編：部落別民家配置図, 社会, 農林業, 交易・商工業, 衣・食・住, 民謡, 伝説と昔話, 方言, 地名図, 文化財(附・銘文編), 古文書選集, 村誌の原稿(抄)

## 石川県鳥越村史　飴野一郎編

◇鳥越村　1972.5　1406p　22cm
> 内容 原始時代から昭和 47 年(1942)まで

◇白山麓を走った鉄道 金名線　鳥越村教育委員会　1990.3　184p　21cm
> 内容 大正 13 年(1924)から平成元年(1989)まで

## 笠間郷土史　笠間郷土史編さん委員会編

◇松任市笠間公民館　1986.12　770p, 図版 6 枚　22cm
> 内容 古代から昭和 29 年(1954)まで/村の行財政, 町村合併, 選挙制度, 教育ほか

## 福正寺村誌　福田与盛編

◇福田与盛　1986.4　322p　22cm

## 松任町史　中本恕堂編著

◇松任町役場　1941　767p　A5

◇国書刊行会　1985.6　781p 図版 25 枚　22cm
> 内容 昭和 16 年(1941)4 月に発行された中本恕堂編者「松任町史」の復刻版, 古代から昭和 15 年(1940)まで

## 河内村史　河内村史編集委員会編

◇上巻　河内村　1981.3　860p　22cm
> 内容 明治から昭和までの学校教育, 戦前・戦後の社会教育, 原始から昭和期までの河内村のうつりかわり

◇下巻(民俗編)　河内村　1983.3　1109p　22cm
> 内容 往古より現在までの自然, 沿革のあらまし, 旧事, 神社と寺院等他

## 松任市史　二十六年の歩み

◇現代編 上巻　松任市　1981.10　1059p　22cm
> 内容 昭和 29 年(1954)から昭和 53 年(1978)3 月までの自然環境, 行政区域・戸口, 行財政, 治安と防災他

◇現代編 下巻　松任市　1983.3　925p　22cm
> 内容 昭和 29 年(1954)11 月から昭和 53 年(1978)3 月までの郷土の産業, 土木・開発, 交通・運輸・通信, 市民の健康と福祉ほか

## 白峰村史　復刻版　白峰村史編集委員会編

◇上巻　白峰村　1982.6　859p　22cm
> 内容 1962 年刊の復刻, 沿革編：自然環境, 村のすがた(町村制以後), 村のおいたち(町村制以前)

◇下巻　白峰村　1981.7　924p　22cm

## 石川県尾口村史　尾口村史編纂専門委員会編

◇第 1 巻 資料編 1　尾口村　1978.2　947p　22cm
> 内容 原始時代から現代までの自然, 考古, 古代・中世文献史料, 近世古文書, 近・現代行財政資料ほか

◇第 2 巻 資料編 2　尾口村　1979.2　937p　22cm
> 内容 原始時代から現代までの社寺, 産業, 民俗など

◇第 3 巻 通史編　尾口村　1981.12　937p　22cm

460　全国地方史誌総目録

内容 原始から近現代まで

水島町誌
- ◇水島町誌編集委員会　1979.12　177p　22cm

蔵山郷土誌　蔵山郷土誌編纂委員会 編
- ◇蔵山公民館　1979.5　22, 1048p, 図版[11]p　22cm
  - 内容 養老元年(718)から昭和54年(1979)まで 自然と環境, 行政の移り変わり, 蔵山の行政, 教育他

石川県中奥村誌　中奥村誌編集委員会編
- ◇松任市中奥公民館　1972.3　10, 608p, 図版6枚　22cm
  - 内容 古代から昭和46年(1971)までの村政と経済, 農業の発達, 生活の移りかわり, 郷土の人物ほか

宮保の歴史　宮保村史編輯委員会編
- ◇松任市宮保公民館　1971.3　404p 図22cm
  - 内容 原始から現在までの宮保村の現況, 産業と経済, 部落の沿革, 神社の歴史他

美川町文化誌　美川町文化誌編集委員会編集
- ◇美川町役場　1969.3　583p, 32p　22cm
  - 内容 文化史的変遷, 文書と記録, 神社と寺院, 美術・工芸, 芸能, 教育, 言葉

新松任町史　中本恕堂編
- ◇松任町　1958　255p 図版14枚　22cm

美川町史　田中鉄太郎
- ◇美川町　1940　1141p　22cm
  - 内容 町役場が田中鉄太郎に依嘱

山島村誌　中村喜正編
- ◇山島村役場　1928　148p　A5

鶴来町誌　鶴来町役場編
- ◇鶴来町役場　1925

松任町誌　城丸花仙著
- ◇松任町商工会　1916　286p 図版　22cm

石川郡誌　和田文次郎
- ◇加賀誌 第3編　修盛館　1902　1141p　22cm

能美誌　和田文次郎
- ◇加賀誌 第2編　宇都宮書店　1900　102p　23cm

## 【能美市】

辰口町史　辰口町史編纂専門委員会編
- ◇第1巻 自然・民俗・言語編　辰口町　1983.12　810, 7p　22cm
  - 内容 地形と地質, 気象と災害, 植物, 民俗, 口頭伝承, 辰口町のことば他
- ◇第2巻 前近代編　辰口町　1988.2　842, 23p　22cm
- ◇第3巻 近代編　辰口町　1986.9　414, 26p　22cm
- ◇第4巻 現代編　辰口町　1982.6　915, 21p　22cm
  - 内容 昭和31年(1956)から昭和57年(1982)までの行政, 経済, 社会と福祉, 教育・文化, 長期計画
- ◇第5巻 集落編　辰口町　1985.10　961p　22cm
  - 内容 和佐谷, 岩本, 灯台笹, 大口, 宮竹他
- ◇第6巻 続現代編　辰口町　2005.3

719p　22cm

**新修根上町史**　新修根上町史編纂専門委員会編

◇史料編 上　根上町　1993.3　826, 32p　22cm
内容 古代から前近代までの史料

◇史料編 下　根上町　1994.3　644, 11p　22cm
内容 明治時代から平成までの史料

◇集落編　根上町　1992.3　633p　22cm
内容 赤井町, 西任町, 五間堂町, 中庄町他

◇図説根上町の歴史　根上町　1996.3　143p　26cm
内容 3世紀後半から平成7年(1995)まで

◇通史編　根上町　1995.3　711, 19p　22cm
内容 古代から現代まで

**寺井町史**　寺井町史編纂委員会編集

◇第1巻 歴史編　寺井町　1992.3　690p　22cm
内容 原始・古代から明治維新前後まで

◇第2巻 現代編　寺井町　1993.3　804p　22cm
内容 明治以降から平成4年(1992)までの行財政, 産業・経済, 土木・開発, 教育・文化, 福祉・衛生他

◇第3巻 自然・民俗・集落編　寺井町　1994.3　876p　22cm
内容 自然編：郷土を抱く自然環境, 植物, 動物, 気象/民俗編：衣食住の生活, 年中行事, 生産・生業, 人の一生他/集落編：寺井, 小長野, 大長野他

**上開発部落史**　上開発部落史編集委員会編

◇辰口町上開発区　1980.2　291p, 図版1枚　22cm
内容 自然環境, 藩政期以前, 明治期以降, 農林業, 衣食住, 戦争と生活ほか, 年表

など

**根上町史**　川良雄編

◇根上町　1974　1550p　22cm

**寺井町史**　横山辰次郎, 南清英編

◇寺井町　1967.4　9, 442p　22cm
内容 前編 寺井町10年の歩み：昭和31年(1956)9月から昭和42年(1967)までの風土, 沿革, 行政, 選挙, 財政他/後編 部落史(補輯)：旧久常村, 秋常区, 末寺区, 新保区他

**国府村史**　国府村史編纂委員会編

◇国府村役場　1956.9　810p　図　22cm
内容 原始時代から昭和初期まで

**寺井野町史**　川良雄編

◇寺井野町　1956.2　465p　22cm
内容 古代大和時代から昭和30年(1955)まで

## 【川北町】

**図説川北町の風土と歴史**　川北町史編纂専門委員会

◇川北町　1999.3　159p　27cm
内容 原始から近現代までの自然, 歴史, 生活

**川北町史**　川北町史編纂専門委員会編

◇第1巻 自然・生活編　川北町　1995.3　883p　22cm
内容 第一編 自然環境：地形と地質, 気象, 植物, 動物他/第二編 手取川と生活：手取川の洪水と流路の変化, 水害復旧事業, 手取川治水と行政他/第三編 生活：年中行事, 人の一生, 衣食住の生活他

◇第2巻 近・現代編　川北町　1996.3　1089p　22cm
内容 第一編 近代：川北村の成立, 農業の動向, 商工業, 人口と社会他/第二編 現

代：行財政の推移,町政と議会,選挙,各種の産業他
  ◇第3巻 集落編 川北町 1997.3
    966p 22cm
    内容 藤蔵,中島,三反田,サンコーポラス川北他
  ◇第4巻 通史編 川北町 1998.3
    1113p 22cm
    内容 古代から近代まで

川北村史　川北村史編さん委員会編
  ◇川北村 1970.11 1192p 22cm
    内容 古代から昭和45年(1970)までの自然環境,集落誌,村政と経済,生活と文化他

## 【野々市町】

野々市町史　野々市町史編纂専門委員会
  ◇資料編1 考古/古代・中世 野々市町 2003.3 586p 27cm
    内容 縄文時代から中世までの遺跡,古代から中世までの史料
  ◇資料編2 近世 野々市町 2001.3
    495,43p 27cm
    内容 近世(1583年(天正11年)から1871年(明治4年)まで)の古文書,造形資料
  ◇資料編3 近代・現代 野々市町 2002.3 504p 27cm
    内容 近代から現代までの政治・行政,産業・経済,社会,教育他
  ◇集落編 野々市町 2004.3 483p 27cm
    内容 野々市,富奥,郷,押野
  ◇通史編 石川県野々市町 2006.11
    826p 27cm
    内容 原始から現代
  ◇民俗と暮らしの事典 石川県野々市町 2006.3 316,11p 27cm
    内容 大正時代から現代のひとの一生、家族と社会、すまい、祭りと行事他

図説 野々市町の歴史　野々市町合併50周年記念　野々市町史編纂専門委員会
  ◇通史編 石川県野々市町 2005.3
    201p 27cm
    内容 原始から現代

富奥郷土史　富奥郷土史編纂会編
  ◇富奥農業協同組合 1975.7 1391p,図版6枚 22cm
    内容 古代から明治以降

石川県押野村史　地方都市近郊農村の総合調査　石川県五学会連合押野村調査委員会,石川県石川郡押野村史編集委員会編
  ◇石川県石川郡押野村史編集委員会 1964 722p 図版 22cm

野々市町小史　行野小太郎著
  ◇野々市町 1953.7 254p 22cm
    内容 平安時代から昭和28年(1953)

## 【津幡町】

津幡町史　津幡町自然調査会編
  ◇[本編] 石川県津幡町 1974.3 6,975p 22cm
    内容 古代から昭和49年(1974)までの町史のあらまし,個別研究,郷土のおもかげ,資料
  ◇自然編 石川県津幡町 1984.3 273p 22cm

## 【内灘町】

内灘町史　内灘町史編さん専門委員会編
  ◇内灘町 1982.1 1318p 22cm
    内容 通史編：縄文時代から昭和57年(1982)まで/資料編：自然,考古と造形文化資料,神社と寺院,生活と民俗他
  ◇第二編 内灘町 2005.6 858p 22cm

内容 昭和57年(1982)以降から平成16年(2004)まで 行財政, 少子高齢社会と地域医療・福祉, 産業, 社会他

内灘町　町勢要覧　まちづくり政策部情報政策課

◇内灘町　2005　14p　30cm
内容 行政機構・議会, 財政, 医療, 福祉他

砂丘に生きる町　ビジュアル内灘町史

◇内灘町　2003.3　207p　30cm
内容 縄文時代から平成14年(2002)まで自然とたたかった町, 産業の振興と歴史, 行政の今と歩み, 自然と地形他

内灘郷土史　復刻版　中山又次郎著

◇内灘町　1974.9　933, 52p, 図版4枚　27cm
内容 古代から昭和37年(1962)までの総説, 教育, 神社・寺院, 交通・衛生, 漁業他

内灘郷土史　中山又次郎著

◇内灘町　1963.12　933p　27cm
◇補遺　内灘町　1967.11　52p　27cm
内容 古代から昭和37年(1962)までの概論, 歴史

## 【志賀町】

志賀町史　志賀町史編纂委員会, 志賀町史編纂専門委員会編

◇第1巻 資料編　石川県羽咋郡志賀町　1974.11　1036p　22cm
内容 地形・気象・地質, 生物, 考古資料, 文化資料, 古代・中世史料他

◇第2巻 資料編　石川県羽咋郡志賀町　1976.3　1028p　22cm
内容 天正年間から明治初年に至る約三百年間の文書635件

◇第3巻 資料編　石川県羽咋郡志賀町　1977.10　1006p　22cm
内容 政治関係：行政, 財政, 厚生・福祉他／産業関係：農業, 養蚕・畜産, 林業, 水産他

◇第4巻 資料編　石川県羽咋郡志賀町　1979.3　1047p　22cm
内容 近代から現代まで 教育, 社会, 文化, 美術, 民俗, 社会

◇第5巻 沿革編　石川県羽咋郡志賀町　1980.11　1041p　22cm
内容 古代から近・現代まで

富来町史　富来町史編纂委員会, 富来町史編纂専門委員会編

◇資料編　富来町　1974.10　1069p　22cm
内容 原始から近世までの地質と気象, 考古資料, 神社史料, 近世文書他

◇続資料編　富来町　1976.3　1206p　22cm
内容 近・現代資料：政治関係資料, 産業関係資料, 教育関係資料／中・近世資料：社家文書選, 寺院由緒と文書ほか

◇通史編　富来町　1977.6　1191p　22cm
内容 原始時代から昭和52年(1977)まで

## 【宝達志水町】

図説押水のあゆみ　石川県押水町　押水町史編纂委員会編

◇押水町　2001.5　205p　26cm
内容 原始・古代から現代までの自然, 歴史

押水町史　押水町史編纂委員会編

◇押水町　1974.12　993p 図　22cm
内容 原始・古代から昭和49年(1974)まで

石川県志雄町史　石川県志雄町史編纂専門委員会編

◇志雄町　1974.11　1217p, 図版[14]p　22cm
内容 原始時代から昭和49年まで

## 【中能登町】

鹿西町史　鹿西町史編纂委員会編集

◇鹿西町　1991.2　970p, 図版 8 枚　22cm
内容　通史編：自然環境, 原始から昭和末まで/資料編：文書, 年表ほか

鳥屋町史　若林喜三郎編

◇[正]　鳥屋町　1955.11　813p　22cm
内容　大化元年(645)から昭和 30 年(1955)までの風土と住民, 町のあゆみ, 産業の発達, 他

◇現代編　鳥屋町　1989.11　817p　22cm
内容　昭和 20 年(1945)から平成元年(1989)までの行政, 経済, 社会生活, 教育

鹿島町史　石川県鹿島町史編纂専門委員会編

◇資料編 続 上巻　鹿島町　1982.10　1078p　22cm
内容　原始から近世までの自然, 考古, 歴史考古資料, 中世, 近世の史料

◇資料編 続 下巻　鹿島町　1984.3　1174p　22cm
内容　近世から現代までの鹿島市全域, 各地域史料, 政治関係, 産業関係, 文化関係資料

◇石動山資料編　鹿島町　1986.3　1062p　22cm
内容　石動山の自然環境, 石動山縁起, 古代, 中世, 近世史料, 造形史料他

◇通史・民俗編　鹿島町　1985.8　1343p　22cm
内容　通史編：原始から現代まで/民俗編：原始から現代までの社会生活の諸相, 生産と生業, 人の人生, 年中行事, 口頭伝承

金丸村史　若林喜三郎編

◇金丸村史刊行委員会　1959.1　8, 536p 図版　22cm
内容　大化二年(646)から昭和 31 年(1956), 金丸村の概観, 村の沿革, 産業の発達, 風俗の変遷と社会の進歩

能登部町誌　清水一布

◇能登部神社々務所　1936　345p　23cm

## 【穴水町】

穴水町十年誌　布施丑雄編

◇石川県穴水町　1964.7　459p, 図版 2 枚　22cm
内容　昭和 29 年(1954)から昭和 39 年(1964)までの歩み

諸橋村史

◇諸橋村　1955　373p　19cm

## 【能登町】

内浦町史　内浦町史編纂専門委員会編

◇第 1 巻 資料編(自然・考古・社寺)　内浦町　1981.3　1032p　22cm
内容　自然：地形・地質・気候, 植物, 動物/考古編：内浦町の考古学研究の足跡, 内浦町の先土器・縄文時代, 内浦町の集落遺跡と古墳他/歴史考古編：彫刻, 工芸, 絵画他/神社編：小木地区の神社と祭礼, 白木地区の神社と祭礼, 秋吉地区の神社と祭礼他

◇第 2 巻 資料編(近世・近現代・民俗)　内浦町　1982.10　1041p　22cm
内容　近世古文書編：松波地区, 秋吉地区, 不動寺地区, 白丸地区/近・現代編：政治・行政, 産業・経済, 教育/民俗編：衣食住の変遷, 人の一生と儀礼, 年中行事, 民間信仰他

◇第 3 巻 通史・集落編　内浦町　1984.11　980p　22cm
内容　通史編：古代から近現代/集落編：松波地区, 不動寺地区, 秋吉地区, 白丸地

区, 小木地区

能都町史　能都町史編集専門委員会編

◇第1巻 資料編 自然・民俗・地誌　能都町　1980.5　1044p　22cm
内容 地形と地質, 気象と災害, 植物, 動物他

◇第2巻 漁業編　能都町　1981.5　1040p　22cm
内容 能都町の漁業の概要, 環境と漁業資源, 漁具・漁法, 魚種別漁獲高と漁業の変動他

◇第3巻 歴史編　能都町　1982.4　1226p　22cm
内容 考古資料, 中世・近世史料, 神社史料, 寺院資料

◇第4巻 近現代編　能都町　1982.10　1218p　22cm
内容 近現代の政治, 行財政, 産業・経済, 交通・通信, 教育・文化

◇第5巻 通史・人物誌編　能都町　1983.3　1196p　22cm
内容 通史編：先史, 古代, 中世, 近世, 近現代／人物誌編：藩政時代から現代までの三故人の人物誌

柳田村史　柳田村史編纂委員会編

◇柳田村　1975.3　1494p, 図版6枚　22cm
内容 原始時代から昭和49年(1974)まで 柳田村概観, 歴史的背景, 産業の発達, 民族と文化他

能都町の歴史　能都町教育委員会編

◇能都町教育委員会　1967.4　242p　21cm
内容 原始から戦後までの能登のあゆみ

小木町誌　石川県珠洲郡小木町役場編

◇石川県珠洲郡小木町役場　1943　159p　A5

## 【石川郡】

石川縣石川郡誌　[復刻]　石川郡自治協会編

◇石川郡公民館協議会　1970.3　2, 4, 2, 1220, 16p 図版 [2]p　22cm
内容 各町村の政治, 教育, 兵事, 産業, 文化ほか

石川郡誌

◇石川教育協会　1911.12　30,75,19p 図版 地図　22cm

## 【鹿島郡】

石川県鹿島郡誌　石川県鹿島郡誌編纂委員会編

◇上巻　国書刊行会　1984.2　6, 1031p　22cm
内容 沿革, 政治・産業・宗教・民俗他

◇下巻　国書刊行会　1984.2　709, 3p　22cm
内容 鹿島郡全域の32町村(当時)別の歴史, 民俗・文化他

鹿島郡誌　鹿島郡役所編

◇鹿島郡役所　1909　112p　A5

## 【河北郡】

石川県河北郡誌　復刻版　河北郡編纂

◇臨川書店　1985.10　3, 4, 12, 995p　22cm
内容 政治, 教育, 産業, 交通他, 各町村別の歴史, 民俗, 文化他

石川県河北郡誌　河北郡役所編

◇河北郡役所　1920　995p　A5

## 【能美郡】

石川縣能美郡誌

◇大和学芸図書　1981.4　3, 5, 17, 1590,

6p 図版 [1]p  22cm
[内容] 政治, 教育, 兵事, 社寺他, 各町村別の歴史, 民俗, 文化他

石川県能美郡誌　能美郡役所編
◇能美郡役所　1923　1590p　A5

## 【羽咋郡】

石川県羽咋郡誌　復刻版　羽咋郡編纂
◇臨川書店　1985.11　6, 19, 1160p　22cm
[内容] 現制, 交通, 産業, 経済他, 各町村別の歴史, 民俗, 文化他

羽咋郡郷土誌　西川嘉一郎著
◇石川県教育会羽咋郡支所　1926　27p　A5

石川県羽咋郡誌　日置謙編
◇羽咋郡役所　1917　1160p　A5

羽咋郡誌
◇羽咋郡役所　1909　89p　A5
◇石川県羽咋郡　1909.9　105p　23cm

## 【鳳至郡】

石川県鳳至郡誌　石川県鳳至郡編
◇鳳至郡役所　1923　1324p　A5
◇名著出版　1973.1　3, 4, 18, 1324p 図版1枚　22cm
[内容] 古代から大正初期までの政治, 教育, 兵事, 社寺, 迷信他

鳳至郡志　和田文次郎著
◇鳳至郡役所　1911　83p　A5

## 【鳳珠郡】

石川県珠洲郡誌　復刻版　珠洲郡編纂
◇臨川書店　1985.11　8, 811p　22cm
[内容] 政治, 教育, 兵事, 社寺他, 各町村別の歴史, 民俗, 文化他

石川県珠洲郡志　珠洲郡役所編
◇珠洲郡役所　1923　811p　A5

珠洲郡志　和田文次郎著
◇増訂版　珠洲郡役所　1915　64p　A5 (和)

## 福井県

**福井県史** 福井県編

◇福井県 1920-1922 4冊 A5

◇資料編1 古代 福井県 1987.5 8, 1078p 図版 22-37cm
  [内容] 文治元年(1185)までの若狭・越前, 北陸道に関する史料

◇資料編2 中世 福井県 1986.3 23, 998p 図版 22-37cm
  [内容] 文治元年(1185)から慶長5年(1600)まで, 文書が中心

◇資料編3 中・近世1 福井県 1982.3 31, 938p 図版 22-37cm
  [内容] 寛永期以前の史料を原則としてすべて京都日記, 明石家文書ほか

◇資料編4 中・近世2 福井県 1984.1 33, 1007p 図版 22-37cm
  [内容] 吉田・坂井両郡内に現存する史料, 昌茂寺, 永平寺ほかの文書

◇資料編5 中・近世3 福井県 1985.3 39, 971p 図版 22-37cm
  [内容] 鯖江市・丹生郡内に現存する史料, 安楽寺・越知神社・相木惣兵衛家ほかの文書

◇資料編6 中・近世4 福井県 1987.3 45, 989p 図版 22-37cm
  [内容] 武生市・今立郷・南条郡に現存する史料, 慶長5年(1600)までの史料は原則としてすべて, それ以降のものは特色のある家の文書

◇資料編7 中・近世5 福井県 1992.4 49, 1074p 図版 22-37cm
  [内容] 平安時代から織豊時代, 大野市・勝山市・足羽郡・大野郡内に現存する史料, 慶長5年(1600)までは原則すべて

◇資料編8 中・近世6 福井県 1989.3 55, 1047p 図版 22-37cm
  [内容] 平安時代から織豊時代, 敦賀市・三方郡内に現存する文書

◇資料編9 中・近世7 福井県 1990.9 59, 1125p 図版 22-37cm
  [内容] 平安時代から織豊時代までの小浜市・遠敷郡・大飯郡内に現存する史料, 安倍伊右衛門家ほか文書

◇資料編10 近現代1 福井県 1983.3 31, 961, 40, 41p 図版 22-37cm
  [内容] 江戸時代から明治時代, 政治・社会, 産業・経済

◇資料編11 近現代2 福井県 1985.3 35, 902, 49, 45p 図版 22-37cm
  [内容] 明治時代から昭和5年(1930)前後まで, 政治・社会, 産業・経済

◇資料編12 上 近現代3 福井県 1988.3 21, 979, 66, 47p 図版 22-37cm
  [内容] 昭和5年(1930)前後から昭和20年(1945)戦争終了時まで, 社会運動と教化動員, 農業・水産業, 戦時下の県民生活ほか

◇資料編12 下 近現代4 福井県 1991.3 23, 738, 288, 47p 図版 22-37cm
  [内容] 昭和20年(1945)戦争終了時から昭和35年(1960)ころまで, 行財政, 教育, 農業・水産業ほか

◇資料編13 考古 本文編 福井県 1986.3 33, 505, 13p 図版 22-37cm
  [内容] 先土器・縄文時代から中世まで, 各遺跡

◇資料編13 考古 図版編 福井県 1986.3 16, 735p 図版 22-37cm
  [内容] 先土器・縄文時代から中世まで

◇資料編14 建築・絵画・彫刻等 福井県 1989.7 55, 956, 24p 図版 22-37cm
  [内容] 先史時代から近世までの建築, 伝統的建造物群, 仏像ほか

◇資料編15 民俗 福井県 1984.3 14, 215, 826p 図版 22-37cm
  [内容] 大正時代から昭和までの衣食住, 年中行事, 口承文芸ほか

◇資料編16 上 絵図・地図 福井県 1990.2 47枚 22-37cm

◇資料編 16 下 条里復原図　福井県
　1992.3　129 枚　22-37cm

◇資料編 17 統計　福井県　1993.3　24,
　906p 図版　22-37cm
　内容 明治14年(1881年)から平成までの
　県勢・行政, 産業・経済, 教育・社会ほか
　の統計

◇図説 福井県史　福井県　1998.2
　271p 図版　30cm
　内容 縄文時代から現代までの概観

◇通史編 1 原始・古代　福井県　1993.3
　29, 900, 9p 図版　22-37cm
　内容 旧石器時代から平安時代末期まで

◇通史編 2 中世　福井県　1994.3　37,
　1083, 20p 図版　22-37cm
　内容 院政期(平安末)から戦国末期まで

◇通史編 3 近世 1　福井県　1994.11
　28, 822, 18p 図版　22-37cm
　内容 天正期(織豊政権)から18世紀初め
　まで

◇通史編 4 近世 2　福井県　1996.3　29,
　928, 20p 図版　22-37cm
　内容 17世紀終わり頃から幕末まで

◇通史編 5 近現代 1　福井県　1994.11
　29, 983, 19p 図版　22-37cm
　内容 明治時代から昭和初期まで

◇通史編 6 近現代 2　福井県　1996.3
　27, 1007, 16p 図版　22-37cm
　内容 おもに昭和期

◇年表　福井県　1998.1　487p 図版
　22-37cm
　内容 考古年表(16世紀まで), 歴史年表(平
　成7年まで), 年号一覧

◇索引 県史編さん記録　福井県　1998.2
　471p 図版　22-37cm

## 福井県史

◇第 1 冊 第 1 編 藩政時代以前　福井県
　史復刻刊行会　1920.9　6, 18, 308, 3p
　23cm

　内容 藩政時代以前, 上古時代, 班田及びそ
　の他の諸田, 社寺及び宗教ほか

◇第 2 冊 第 2 編 藩政時代　福井県史復
　刻刊行会　1970.4　24, 774, 264p
　23cm
　内容 藩政時代, 幕末維新に於ける各藩の
　兵制・軍役及び水戸浪士の西下ほか

◇第 3 冊 第 3 編 県治時代　福井県史復
　刻刊行会　1970.4　2, 24, 601, 47, 57p
　23cm
　内容 県の成立及戸口の発達, 産業の進歩,
　社寺・宗教の概要ほか

◇第 4 冊 附図　福井県史復刻刊行会
　1970.4　4 枚 p　23cm
　内容 古代遺跡遺物分布図, 信仰寺院分布
　図, 藩領図など

## 大正昭和福井県史　福井県編纂

◇上巻　福井県　1956.12　16, 873p
　22cm
　内容 大正時代から昭和30年代まで, 概
　説・政治・財政・経済ほか

◇下巻　福井県　1957.3　16,
　882p　22cm
　内容 大正時代から昭和, 災害・建設, 福井
　大地震と火災, 人物ほか

## 稿本福井市史　福井市役所編

◇上, 下　福井市役所　1941　2 冊　A5

## 若越小誌　福井縣編

◇福井県　1909.9　2, 10, 754p 図版 8 枚
　23cm
　内容 石器時代から明治時代まで/荘園関
　係文書, 地勢, 沿革, 行政・交通ほか

## 福井県歴史　福井県編

◇福井県　1883　3 冊

## 敦賀県歴史　敦賀県編

◇敦賀県　1876　2 冊

## 【福井市】

福井市史　福井市編

◇資料編 1 考古　福井市　1990.3　24,
943p　22-31cm
　内容 原始から近世まで,福井市の主要遺跡・置物ほか

◇資料編 1 考古補遺　福井市　1996.3
21p　22-31cm
　内容 免鳥 5 号墳,一乗谷地

◇資料編 2 古代・中世　福井市　1989.
6, 1029p　22-31cm
　内容 古代から江戸時代まで,継体天皇関係史料,軍記,三門徒法脈ほか

◇資料編 3 近世 1 福井市の古文書　福井市　1986.3　17, 449, 11p　22cm
　内容 中世末期から明治初期まで,文化・風俗,書状ほか

◇資料編 4 近世 2 藩と藩政（上）　福井市　1988.3　9, 978p　22cm
　内容 家系・由緒,日記ほか

◇資料編 5 近世 3 藩と藩政（下）　福井市　1990.3　13, 944p　22cm
　内容 慶長 5 年(1600)から幕末まで,職制と財政,幕末の政局ほか

◇資料編 6 近世 4 上　福井市　1997.3
23, 772p　22-31cm
　内容 江戸時代(慶長から天明まで),法令

◇資料編 6 近世 4 下　福井市　1999.3
25, 771p　22-31cm
　内容 江戸時代から明治時代,法令

◇資料編 7 近世 5 町方　福井市
2002.3　3, 866p, 図版 4 枚　22cm
　内容 江戸時代から明治時代,福井城下寄合所文書,安政元年塩町大火書付ほか

◇資料編 8 近世 6　福井市　2004.3
12, 1046, 13p　22-31cm
　内容 安土桃山時代から昭和まで,太閤検地帳,名寄帳,百姓一揆ほか

◇資料編 9 近世 7 学問と文化　福井市
1994.3　9, 874p　22-31cm
　内容 室町時代から明治時代の学問・教育,宗教,風俗など

◇資料編 10 近現代 1　福井市　1991.7
14, 938p　22-31cm
　内容 明治 4 年(1871)から明治 22 年(1889)まで,足羽県時代概況,政治・行政など

◇資料編 11 近現代 2　福井市　1994.3
14, 1058p　22-31cm
　内容 明治 22 年(1889)から昭和 12 年(1937)まで,政治・行政,産業・経済ほか

◇資料編 12 近現代 3　福井市　1998.3
14, 1113p　22-31cm
　内容 昭和 12 年(1937)から昭和 43 年(1968)まで,政治・行政,産業・経済ほか

◇資料編 13 民俗　福井市　1988.3　91,
902p　22-31cm
　内容 写真でみる民俗,口承文芸ほか

◇資料編 別巻 絵図・地図　福井市
1989.3　10, 268p　22-31cm
　内容 古代・中世から昭和まで,城下絵図,市街図,地形図ほか

◇通史編 1 古代・中世　福井市　1997.3
29, 881, 30p　22-31cm
　内容 先土器時代から慶長 6 年(1601)ころまで,黎明期の福井,城下町北庄の形成ほか

◇通史編 2 近現代　福井市　2004　950,
26p　22-31cm

◇通史編 3 近現代　福井市　2004.3
24, 950, 26p　22-31cm
　内容 明治維新から平成 14 年(2000)ころまで,近代福井の出発,21 世紀を迎えた福井市ほか

うらがまち日之出地区誌　日之出地区誌編集委員会編

◇「うらがまちづくり」日之出地区委員会　1998.10　304p　27cm

足羽町史　足羽町史編纂委員会編

◇福井市　1997.10　1029p　22cm

|内容|古代から昭和まで,古代・中世・近世・近代・戦後の足羽,民俗史ほか

**和田区史**　和田区史編纂委員会編
◇和田公民館　1992.10　335p　27cm

**越廼村誌**　越廼村誌編集委員会編
◇史料編　越廼村　1986.2　27, 738p　22cm
|内容|室町時代から昭和まで/大味区協議録,越廼小学校ほか,すべての文書(慶長期以前の史料はすべて)
◇本編　越廼村　1988.3　22, 909p　22cm
|内容|原始時代から現代まで,自然環境,漁業,海運業,文化財・民俗ほか

**美山町史**
◇上巻　美山町史編さん委員会　1984.9　17, 944p　22cm
|内容|原始・古代から現代まで,郷土の歴史,村落の成立,美しい山の町づくり活動ほか
◇下巻　美山町史編さん委員会　1984.9　12, 838p　22cm
|内容|古代から近現代まで,地区の歴史,社寺別の全尊像の概要ほか

**国見の歴史**　内山正編著
◇福井市国見公民館　1983.6　591p　図版 [10p]　22cm
|内容|縄文時代から現代まで,地名の由来,伊能忠敬海岸の測量,発展する地元産業ほか

**円山東村史**　円山東村史編纂委員会〔編〕
◇歴史篇　福井市円山公民館　1980.11　741p　図版13枚　22cm

**清水町史**　清水町史編さん委員会編
◇上巻　〔清水町(福井県)〕　1978.12　1566p　22cm

◇下巻　〔清水町(福井県)〕　1979.12　1694p　22cm
◇補遺　〔清水町(福井県)〕　1980.6　380p　22cm

**新修福井市史**　福井市史編さん委員会編
◇1　福井市　1970　1344p(図版共)　26cm
◇2　福井市　1976　2冊(付録共)　27cm

**敦賀郡東郷村誌**　公民館村誌編集委員会編
◇東郷公民館　1973.4　13, 832p　22cm
|内容|古代から現代まで,山村の推移,金ヶ崎落城と瓜生一族,郷土を担った人達ほか

**福井縣足羽郡誌**　石橋重吉編纂
◇前篇　臨川書店　1943.7　10, 12, 578p　22cm
|内容|藩政以前から昭和まで,地勢,文学・芸術,史蹟・名勝ほか
◇後篇　臨川書店　1972.12　17, 676p　22cm
|内容|藩政以前から昭和まで,村治,教育,古文書ほか

**西藤島村史**　野村英一著
◇福井市西藤島公民館,西藤島村史編纂委員会　1971.3　957p　22cm
|内容|縄文時代から昭和まで

**西谷村誌**　羽田光義著 吉田森編
◇西谷村誌編集委員会　1958.7　220p　20cm
|内容|古代から昭和まで,先住民族,平家の伝説,水戸浪士との関係ほか
◇上巻　福井県大野郡西谷村　1970.10　14, 786p　22cm
|内容|縄文時代から近代まで,自然環境,大東亜戦争後の西谷ほか

◇下巻　福井県大野郡西谷村　1970.10　5, 455p　22cm
　内容 縄文時代から歴史時代, 民謡, 大庄屋御用留ほか

棄村誌　棄村誌編集委員会編
◇棄村誌刊行委員会　1966　2冊　22cm

川西町史　川端太平執筆
◇川西町　1964.3　848p　22cm
　内容 原始時代から昭和までの歴史の黎明, 近代社会形成と現代への展開ほか

森田町誌　再版　町誌編纂委員会編
◇森田町　1954.11　9, 540p　22cm
　内容 昭和29年(1954)11月刊の復刻, 古代から昭和まで, 史蹟と伝説, 福井地方大震災, 復興の歩みほか

福井県足羽郡誌　足羽郡教育会編
◇足羽郡教育会　1909　239p　A5
◇上, 下　足羽郡教育会　1943　2冊　A5

稿本福井市史　福井市編
◇上巻　福井市　1941.5　8, 24, 880p　23cm
　内容 藩政以前から昭和14年(1939)ころ
◇下巻　福井市　1941.7　34, 1120, 3p　23cm
　内容 皇室, 表彰, 兵制, 司法及警防, 社寺, 教育, 学芸, 交通及通信, 衛生, 名勝及史蹟, 民俗, 伝説及歌謡, 古文書, 収録, 追録

鷹巣村誌　鷹巣村誌編纂部編
◇福井県坂井郡鷹巣村　1937.12　24, 23, 522p 図版　23cm
　内容 上古時代から昭和まで, 南北時代に於ける越前の古蹟, 政治・経済ほか

【敦賀市】

敦賀市史　敦賀市史編さん委員会編
◇史料編　第1巻　敦賀市　1977.3　27, 780p　22cm
　内容 江戸時代から明治時代まで, 旧敦賀町内に現存する史料, 岩谷末雄ほかの文書
◇史料編　第2巻　敦賀市　1978.3　18, 779p　22cm
　内容 江戸時代から明治時代, 旧敦賀町内に関する史料, 石井左近ほか文書
◇史料編　第3巻　敦賀市　1980.10　33, 751, 36p　22cm
　内容 北朝時代から明治時代, 旧松原村内に所在の遊津隆治郎ほかの文書
◇史料編　第4巻　上　敦賀市　1982.3　28, 810p　22cm
　内容 室町時代から明治時代, 旧東浦・東郷村内に所在の浅井善太郎ほかの文書
◇史料編　第4巻　下　敦賀市　1983.10　20, 838p　22cm
　内容 江戸時代から明治時代, 旧中郷・愛発・粟野村内に所在する莇生野区有文書ほか
◇史料編　第5巻　敦賀市　1979.3　16, 878p　22cm
　内容 江戸時代から昭和まで, 寛文雑記, 遠目鏡, 敦賀志ほか
◇通史編　上巻　敦賀市　1985.6　19, 919, 17p　22cm
　内容 原始から近世後期まで
◇通史編　下巻　敦賀市　1988.3　23, 664, 34p　22cm
　内容 明治維新から近代・現代まで
◇年表・索引・総目次　敦賀市　1988.3　156p　22cm
　内容 1世紀から昭和61年(1986)迄の年表, 索引, 総目次

敦賀市通史　敦賀市教育委員会編
◇名著出版　1974.6　5, 20, 6, 602, 2p

22cm
　内容 古代から現代まで

敦賀郡誌　福井縣敦賀郡役所編

◇敦賀郡役所　1915　1211p　A5

◇福井縣敦賀郡役所　1972.6　6, 16, 1177, 34p　23cm
　内容 上古から大正時代まで, 沿革, 郡治, 社寺・古蹟ほか

福井縣敦賀郡誌　敦賀郡編

◇名著出版　1915.10　3, 6, 16, 1177, 34p 図版 [7]p　22cm
　内容 太古から明治時代まで, 沿革, 郡治, 社寺・古蹟ほか

## 【小浜市】

小浜市史　小浜市史編纂委員会編

◇絵図地図編 図版・解題　小浜市　1993.6　100, 9p　22cm
　内容 小浜市および若狭の歴史にかかわる絵図・地図(近世以前に作成された地図)

◇金石文編　小浜市　1974.3　14, 232p　22cm
　内容 正応2年から元禄15年

◇史料編 1　小浜市　1971.11　710p　22cm
　内容 稚狭考, 若狭国志, 若狭県志, 若州官民伝, 雲浜八景, 嶺南全般・若狭三郡に跨がって記載, 漢文体と漢字仮名交りのものとを採択

◇社寺文書編　小浜市　1976.4　50, 920, 11p　22cm
　内容 中世以前(原則としてすべて採)から近世以降(市史に関係の深いもの, 各社寺の由緒に関する文書や所領の内容・推移に関するものを主とし, その他それぞれ特色ある史料を選択)

◇諸家文書編 1　小浜市　1979.2　26, 839, 8p　22cm
　内容 旧小浜町関係の諸家の文書, 天文から明治まで

◇諸家文書編 2　小浜市　1980.6　20, 957, 3p　22cm
　内容 旧西津村・内外海村(田烏地区を除く)諸家文書, 市場仲買文書を収録, 室町時代から明治まで

◇諸家文書編 3　小浜市　1981.12　4, 50, 712, 46p　22cm
　内容 中世から近世まで

◇諸家文書編 4　小浜市　1987.12　15, 3, 1089p　22cm
　内容 平安時代から明治まで

◇通史編 上巻　小浜市　1992.3　24, 1052, 14p　22cm
　内容 縄文時代から幕末まで

◇通史編 下巻　小浜市　1998.3　26, 667, 46p　22cm
　内容 明治維新期から現在までの近現代史

◇年表・総目次・通史編索引　小浜市　1998.8　277p　22cm
　内容 天智天皇6年(667)から平成10年(1998)まで

◇藩政史料編 1　小浜市　1983.6　28, 623, 28p　22cm
　内容 酒井家, 酒井忠勝手下, 幕府軍役, 藩主酒井氏略譜, 解説, 花押・印章一覧ほか

◇藩政史料編 2　小浜市　1985.5　15, 878, 38p　22cm
　内容 安永3年(1774)小浜藩家臣由緒書, 小浜藩家臣分限帳, 諸家文書, 解説, 「小浜藩家臣由緒書」人名索引

◇藩政史料編 3　小浜市　1990.2　8, 1042, 26p　22cm
　内容 天正から明治まで

国富郷土誌　国富郷土誌編纂委員会編

◇小浜市国富公民館　1992.10　9, 534, 6p　22cm
　内容 古代から現代, 自然環境, 歴史, 産業, 教育ほか

わかさ宮川の歴史　わかさ宮川の歴史

編纂委員会編

◇宮川公民館　1988.3　8, 763p　22cm
[内容] 原始時代から現代まで, 産業経済の変遷, くらしの今昔, 社寺・民俗・文化財ほか

口名田村誌　福井県遠敷郡口名田村役場編纂

◇口名田公民館らくんぼの会　1972　136p 地図　21cm

宮川村誌　参河安治郎, 西尾定吉著

◇宮川村　1919　355p　23cm

今富村誌　小林彦, 神戸太一著

◇今富村　1915　253p　23cm

松永村誌　松永村役場編

◇松永村役場　1914

福井県遠敷郡口名田村誌　口名田村役場編

◇口名田村役場　1914　236p　A5

# 【大野市】

大野市史　大野市史編さん委員会編

◇(第1巻) 社寺文書編　大野市　1978.3　33, 654, 5p　22-27cm
[内容] 江戸時代から明治時代

◇(第2巻) 諸家文書編一　大野市　1980.3　21, 1099p　22-27cm
[内容] 江戸時代から明治時代, 旧上庄・小山・阪谷・五箇・西谷地区の各家が所蔵する文書

◇(第3巻) 諸家文書編二　大野市　1981.3　5, 19, 1158p　22-27cm
[内容] 江戸時代から明治時代, 旧大野・下庄・富田・乾側地区の各家が所蔵する文書

◇(第4巻) 藩政史料編一　大野市　1983.3　5, 1125p　22-27cm

[内容] 江戸時代, 越前大野藩主土井家の藩侯・領知・藩士関係の史料

◇(第5巻) 藩政史料編二　大野市　1984.3　5, 1147p　22-27cm
[内容] 江戸時代から明治時代まで, 越前大野藩主土井家の藩政・財政・軍事関係の史料

◇(第6巻) 史料総括編　大野市　1985.3　14, 865p　22-27cm
[内容] 古代から近世まで, 木簡, 系譜, 地誌ほか

◇(第7巻) 図録 文化財編　大野市　1987.3　440p　22-27cm
[内容] 大野市内および市外の個人・公共機関等が所蔵または管理する有形文化財, 民俗文化財, 記念物を集録

◇(第8巻) 地区編　大野市　1991.3　6, 809, 49p　22-27cm
[内容] 原則として昭和30年(1955)までとした大野・下庄・乾側・小山・上庄・富田・五箇・西谷地区の概況および地籍図・小字・寺社などの地区誌

◇(第9巻) 用留編　大野市　1995.3　991, 41p　22-27cm
[内容] 江戸時代から明治時代まで, 大野藩の町年寄や大庄屋の「御用留」および諸記録より重要なものを抜粋

◇(第10巻) 新聞資料編　大野市　2000.3　36, 1012p　22-27cm
[内容] 明治5年(1872)から昭和20年(1945)8月15日までに発刊された新聞の中から現在の大野市域に関する記事を抜粋したもの

◇(第11巻) 自然編　大野市　2001.3　10, 288p　22-27cm
[内容] 大野市地域・その周辺の地形環境, 地質と鉱物, 気候, 動物, 植物について

◇(第12巻) 方言編　大野市　2006.3　30, 500p　22-27cm

[内容] 生活語彙,生活小会話ほか

### 和泉村史

◇和泉村　1975.3　17, 790, 12p　22cm
[内容] 原始時代から近代までの自然環境,歴史,民俗ほか

### 福井県大野郡下穴馬村誌　下穴馬村編

◇下穴馬村　1921　62p

## 【勝山市】

### 勝山市史

◇資料篇 第1巻 藩庁・町方　勝山市　1977.11　1036, (19)p　22cm
[内容] 江戸時代から明治時代

◇資料篇 第2巻 村方1・勝山領　勝山市　1982.5　21, 865p　22cm
[内容] 江戸時代から明治時代まで

◇資料篇 第3巻 村方2・幕府領 鯖江領 郡上領　勝山市　1985.11　995p　22cm
[内容] 江戸時代から明治時代まで

◇資料篇 第4巻 宗教・武家等　勝山市　2000.8　25, 882, 4p　22cm
[内容] 室町時代から明治時代まで

◇図説 勝山市史　勝山市　1997.3　11, 408, 12p 図版　27cm
[内容] 原始から21世紀へ向けてまで,図・表・写真を中心とし,簡単な説明を加えて目で見て勝山市の歴史が理解できる

◇第1巻 風土と歴史　勝山市　1974.9　32, 1104, (18)p　22cm
[内容] 古代から近代まで,風土,植物,くらしと言葉,村の歴史と生活ほか

◇第2巻 原始～近世　勝山市　2006.3　29, 801, 7p　22cm
[内容] 原始・古代の勝山,平泉寺の誕生と発展,戦国争乱期の白山麓地域ほか

◇第3巻 近代・現代(明治・大正・昭和)　勝山市　1992.3　23, 843p　22cm

[内容] 大政一新,町村制の成立と展開,近代化される機業ほか

### 龍谷区誌　越前大野郡龍谷村の五百年　竜谷区誌編集委員会編

◇福井県勝山市野向町竜谷区　2004.11　587p　22cm

### 平泉寺史　平泉寺町昭和史編纂委員会 編

◇平泉寺史要 昭和編　勝山市　2001.9　22, 556, 13p　22cm
[内容] 原始時代から昭和期まで,史跡と風土,米づくり戦後50年ほか

### 平泉寺史要　再版　勝山市元平泉寺村編

◇勝山市平泉寺町昭和史編纂委員会　1987.1　33, 1070, 41, 3p　22cm
[内容] 上古時代から県治時代までの地方の統治,平泉寺滅亡,人物ほか(昭和5年刊の複製)

### 勝山の歴史　勝山市教育委員会編

◇勝山市教育委員会　1970.8　10, 362, 20p　21cm
[内容] 原始時代から現代まで,勝山のあけぼの,郷土の近代化,市制のスタート他

### 平泉寺史要　平泉寺史編纂部編

◇平泉寺史編纂部　1930　1111p　A5

## 【鯖江市】

### 歴程　新横江地区誌　新横江地区誌刊行会編

◇新横江地区誌刊行会　2004.10　13, 189p　30cm

### 鯖江市史　鯖江市史編さん委員会編

◇史料編 第1巻 民俗編　鯖江市　1973　620p, 図版 地図　22cm

◇史料編 第2巻 諸家文書編1　鯖江市　1986.3　53, 678p　22cm
[内容] 旧河和田村・旧北中山村・旧片上

鯖江市　　　　　　　　　　　　　　　　　　　　　　　　　　　　　福井県

村・旧中河村・旧新横江村に現存する資料(現存しないものは, 写真などから採録したもの

◇史料編 第3巻 諸家文書編2　鯖江市　1988.3　75, 873p　22cm
　内容 旧鯖江町・旧舟津村・旧神明村・旧立待村・旧吉川村・旧豊村と, 補遺として旧新横江村・旧河和田町・旧中河村に現存する史料(現存しないものは写真などから採録)

◇史料編 第4巻 藩政史料編1　鯖江市　1984.3　42, 647p　22cm
　内容 江戸時代から明治までの藩領・財政, 藩法・五人組帳前書・家臣

◇史料編 第5巻 藩政史料編2 鯖江藩御家人帳(上)　鯖江市　1978.4　558p　22cm
　内容 寛政改御家人帳1の上から3の下

◇史料編 第5巻 藩政史料編2 鯖江藩御家人帳(下)　鯖江市　1978.4　572, 39p　22cm
　内容 寛政改御家人帳4の上から6の下, 天保改御家人帳7の上, 安政改御家人帳7の下

◇史料編 第6巻 藩政史料編3 小頭以下代数書　鯖江市　1979.3　546, 34p　22cm
　内容 江戸時代から明治時代まで/足軽・中間と呼ばれた階層の系譜

◇史料編 第7巻 近現代編1　鯖江市　1989.7　36, 858p　22cm
　内容 明治時代の政治, 社会, 産業・経済など

◇史料編 第8巻 近現代編2　鯖江市　1990.12　22, 774p　22cm
　内容 大正初年(1912)から昭和30年代, 政治, 社会, 産業・経済など

◇史料編 別巻 地誌類編　鯖江市　1974.11　220p, 図 地図　22cm

◇通史編 上巻　鯖江市　1993.3　16, 762, 13p　22cm
　内容 原始・古代から近世末期まで

◇通史編 下巻　鯖江市　1999.3　16, 899, 13p　22cm
　内容 明治維新から今日までの鯖江市の歩み

郷土誌下新庄　郷土誌下新庄編集委員会編

◇下新庄壮年会　1985.2　326p　22cm
　内容 縄文時代から昭和まで, 古墳は語る, 文化と芸能, 世に顕れた人たちほか

鯖江今昔　鯖江今昔刊行会編

◇鯖江今昔刊行会　1981.7　355, 15p　22cm
　内容 古代から昭和まで, 鯖江落政史, 文化財, 伝説ほか

神明郷土誌　神明郷土誌編纂委員会編

◇福井県鯖江市神明公民館　1972.2　539p 図版2枚　22cm
　内容 先土器時代から近代まで, 古事記と大彦命, 皇室と神明, 伝説ほか

鯖江郷土誌　鯖江町役場編輯

◇鯖江町　1955.9　15, 835p 図版15枚　22cm
　内容 古代から明治時代まで/鯖江の巻, 舟津の巻, 新横江の巻, 伝記と戦没者名列, 大鯖江の出現

吉川村郷土誌　加藤真一著

◇1—4輯　吉川村役場　1932-1940　4冊　(謄)

河和田村勢　河和田村編

◇河和田村　1934　77p

河和田村誌　河和田村編

◇河和田村　1932　429p

片上村誌　宮本清十郎編纂

◇片上村誌刊行会　1931　336p　22cm

福井県　　　　　　　　　　　　　　　　　　　　　　　　　　　越前市

## 【あわら市】

芦原町史　芦原町史編纂委員会編
　◇芦原町教育委員会　1973.10　819, 16p　22cm
　　内容 縄文時代から近世まで,郷土の自然・歴史,郷土の将来ほか

細呂木村誌　細呂木村誌委員会編
　◇細呂木村誌委員会　1963.12　8, 716, 35p 図版1枚　22cm
　　内容 石器時代から昭和まで

金津町史　伊東尚一著
　◇金津町教育委員会事務局　1958.2　7, 731p 折込み地図1枚　22cm
　　内容 原始時代から近世まで,有史以前の郷土,近世の地方政治,産業ほか

剣岳村誌　剣岳村誌編纂部編
　◇剣岳村誌編纂部　1955.1　12, 12, 533, 5p　22cm
　　内容 先史時代から現代,石斧の発見,権世の大火,農業・経済ほか

伊井村誌　斎藤与次兵衛編纂者代表
　◇伊井村役場　1954.4　14, 14, 648p　22cm
　　内容 縄文時代から現代まで、自然環境,福井烈震,神社・寺院ほか

## 【越前市】

武生市史　武生市史編さん委員会編
　◇概説篇　武生市　1976.12　37, 868p　22cm
　　内容 地誌の概要,原始および古代,中世,近世,近代,現代
　◇資料篇 越前打刃物関係文書并記録　武生市　1964.3　10, 541p　22cm
　　内容 文書・日記・記録など,越前打刃物関係文書,越前打刃物関係記録
　◇資料篇 府中藩政并本保陣屋諸記録　武生市　1968.3　11, 525p　22cm
　　内容 藩政に属する記録及び本保陣屋の日記,天保の災害記録等
　◇資料篇 人物・系譜・金石文　武生市　1966.2　38, 501p　22cm
　　内容 略傳及び系譜・金石文等,人物之部,系譜之部,金石文之部,燈籠,塔婆など
　◇資料篇 諸家文書(1)　武生市　1970.10　13, 527p　22cm
　　内容 西部地区(坂口・白山・王子保・神山・大虫・吉野)および舊武生市内の諸家文書
　◇資料篇 諸家文書(2)　武生市　1972.3　9, 525p　22cm
　　内容 東部地区(味眞野・北新庄・北日野・國高)に属する諸家の文書・諸家文書(1)に漏れたもの
　◇資料篇 神社・仏寺所蔵文書　武生市　1965.3　18, 472, 22p　22cm
　　内容 神社・佛寺所蔵の古文書731点(神社92,佛寺39),寺社之部,仏寺之部,附録武生市神社・佛寺一覧
　◇資料編 検地帳・村明細帳等　武生市　1996.2　16, 1035p　22cm
　　内容 慶長3年(1598)から明治3年(1870)まで
　◇資料編 小字名一覧　武生市　1982.3　5, 4, 90, 83p　22cm
　　内容 明治9年(1876)作成「字限地籍絵図」を使用,明治9年のものが保管されていない村落はこれに近い改正地籍図,市街部は明治8年(1875)の「越前国武生市街地分間図」
　◇資料編 社寺の由緒　武生市　1987.2　319, 10p　27cm
　　内容 神社：祭神,由緒,規模等(境内地を除く所有地・財産等の記載はすべて省略),寺院：宗派,由緒,境内坪数,檀信徒数(財産,規則,教義などは省略)
　◇民俗篇　武生市　1974.3　27, 485, 13p　22cm
　　内容 総観,衣・食・住,生産・生業,交通・運輸,交易,社会生活,信仰,民俗知識,遊

びと芸能, 人の一生, 武生の方言, 付記, 附表

今立町誌　今立町誌編さん委員会編
◇第1巻 本編　今立町役場　1982.3　21, 1130p　22cm
内容 原始・古代から現代まで, 自然環境, 歴史・地理, 文化財・民俗・方言ほか

◇第2巻 史料編　今立町役場　1981.3　30, 711p　22cm
内容 中世から近代まで, 地理的概要, 中世史料から近代史料の概要ほか

◇第3巻 写真・図録編　今立町役場　1981.3　13, 200p　22cm
内容 木造十一面観音立像ほかの彫刻, 史跡・名勝ほか

白山村誌　白山村誌編纂委員会編
◇白山村誌刊行会　1978.7　733p　22cm
内容 古代から現代まで, 集落と遺跡, 一向一揆と白山, 寺院と神社ほか

王子保村誌　王子保村誌刊行会編
◇王子保村誌刊行会　1962.11　8, 19, 811p 図版　22cm
内容 藩政以前から昭和まで, 太閤検地, 産業, 神社・仏閣ほか

岡本村史　小葉田淳編著
◇史料篇　岡本村史刊行會　1956.9　1, 264p　22cm
内容 文明18年(1486)から明治9年(1876)まで

◇本篇　岡本村史刊行會　1956.9　3, 4, 433p　22cm
内容 古代から明治維新

南中山村誌　南中山小学校編
◇南中山村　1938　484p　23cm

男大迹部志　伊藤百助著
◇福井県粟田部町　1931　608p

【坂井市】

新修坂井町誌　越前町編さん委員会編
◇資料編　坂井町(福井県)　2005.3　32, 992p　22cm
内容 古代から現代まで, 町内・外, 諸家文書, 年次別工業の状況ほか

丸岡町史　増補改訂版　丸岡町史編集委員会編
◇丸岡町　1989.10　845, 17p　22cm
内容 原始時代から近世まで, 仏教の発達, 近世の交通と宿場ほか

三国町百年史　三国町百年史編纂委員会編
◇三国町　1989.4　915p 図版　22cm

黒目区誌　米崎弥四郎編著
◇黒目区　1984.10　290p　22cm
内容 奈良時代から昭和まで, 村の形成, 年貢, 昭和の耕地整理ほか

三国町史　修訂　三国町史編纂委員会編
◇国書刊行会　1983.5　39, 1057p　22cm
内容 古代から近代まで, 三国の自然, 宗教, 教育ほか

坂井町誌　限定版　坂井町誌編纂委員会編
◇坂井町　1973.12　35, 1526p 地図　22cm
内容 原始から現代まで, 自然, 歴史, 部落史ほか

春江町史　齋藤與次兵衞編
◇春江町　1969.5　1308p　22cm
内容 原始から現代まで, 自然, 災害, 歴史, 部落史ほか

三国町史　三国町史編纂委員会編
◇三国町教育委員会　1964.3　37, 1057,

20p 図版 51 枚　22cm
　　内容 古代から近代まで,三国の自然,宗教,教育ほか

木部村誌　全　木部村誌編纂委員編
◇重森弥兵衛　発行 , 斎藤与次兵衛　編纂　坂井町木部支所　1962.10　31, 862p 図版　22cm
　　内容 縄文時代から現代まで,自然・歴史・社会環境,伝説ほか

鳴鹿村誌　伊東尚一ほか編
◇鳴鹿村　1952.5　333p 図版 [4]p　22cm
　　内容 古代から近世,仏教の推移,明治以後の大洪水,口碑伝説ほか

三国町誌稿　三国町教育会編
◇三国町教育会　1938　204p　（謄）

三国町概観　三国町役場編
◇三国町役場　1925　40p　A5

高椋村村是　坂井郡高椋村役場編
◇坂井郡高椋村役場　1909　191p

【永平寺町】

永平寺町史
◇史料編　永平寺町　1987.10　17, 555p　22cm
　　内容 中世から近世まで,永平寺町内・外,福井県外文書
◇通史編　永平寺町　1984.3　858p　22cm
　　内容 考古時代から近世まで

吉田郡誌　吉田郡編纂
◇臨川書店　1986.1　628p　22cm

上志比村史　上志比村史編集委員会
◇上志比村　1978.12　1133p 図版 4 枚　22cm

内容 古代から近世まで,古代の耕地と農民,村制の変容,近世の社会生活ほか

松岡町史　野村英一著
◇上巻　松岡町　1978.3　825p 22cm
　　内容 縄文時代から幕末まで,古墳からみた松岡の古代,藩政下の生活ほか
◇下巻（近代・現代編）　松岡町　1972.12　518p 22cm
　　内容 明治時代から現代まで/明治新政の誕生と地方自治,現代とその背景ほか
◇風土編　松岡町　1975.5　249p 22cm
　　内容 歴史をつくる力,地質と地形環境ほか

松岡町誌　橋川時雄著
◇概述篇 第 1 郷土松岡　松岡町誌編纂会　1947　117p 22cm

淨法寺村誌　淨法寺村誌編纂部編
◇福井県吉田郡淨法寺村, 淨法寺村誌編纂部　1941.6　16, 453p 21cm
　　内容 古代から近世まで,地形及び地質,産業,社寺ほか

吉田郡誌
◇吉田郡　1909　628p 表 地図　23cm

【池田町】

越前国今立郡誌　今立郡編纂
◇今立郡役所　1909　415p　A5
◇臨川書店　1986.12　415p 図版 20 枚　22cm

池田町史　池田町史編纂委員会編
◇福井県郷土誌出版委員会　1982.7　1190p　22cm
　　内容 古代から近世まで,自然・おいたち,社寺ほか
◇史料篇　福井県郷土誌出版研究会

全国地方史誌総目録　479

1982.3　704p　22cm
- 内容 江戸時代から明治まで

今立郡誌　福井県今立郡誌編纂部編纂
- ◇臨川書店　1973　415p 図・肖像 18 枚 地図　22cm

上池田村誌　西村佐太郎編
- ◇今立郡池田村　1910　551p　A5
- ◇西村佐太郎　1932　246p 図版 11 枚 23cm

## 【南越前町】

河野村誌　河野村誌編さん委員会編
- ◇河野村　1984.3　12, 1329p　22cm
  - 内容 古代から現代まで, 自然・歴史, 江戸時代からの産業, 明治以降に於ける漁業ほか
- ◇資料篇　河野村　1980.8　854p　22cm
  - 内容 中世以降から明治時代まで, 諸家文書, 浦方資料, 廻船, 馬借
- ◇資料篇 2　河野村　1983.10　22, 895p　22cm
  - 内容 中世以降から大正時代まで, 右近家文書, 浦方資料, 廻船, 馬借

福井県今庄町誌　今庄町誌編さん委員会編
- ◇今庄町　1979.4　1524p 図版 3 枚　22cm
  - 内容 原始古代から現代まで, 自然, 宗教と民俗, 文学ほか

南条町誌　南条町史編集委員会編
- ◇南条町教育委員会　1976.3　944p　22cm
  - 内容 村の歴史と人, 三村合併, 古文書ほか

福井縣南條郡誌　南條郡教育會編纂
- ◇名著出版　1975.10　2, 1, 2, 26, 1488p 図版 [7]p　22cm
  - 内容 古代から昭和まで, 全郡誌, 災害, 風俗ほか

南条町史　南条町教育委員会編集
- ◇別冊 史跡杣山城と瓜生保　南条町　1973.3　125p　22cm
  - 内容 鎌倉時代から昭和まで, 鎌倉幕府の滅亡, 城跡の現況ほか

南条郡誌　南条郡教育会編
- ◇南条郡教育会　1934　1488p　A5

今庄村誌　庭本雅夫編
- ◇村誌刊行会　1929　437p　23cm

## 【越前町】

越前町織田史　越前町教育委員会編
- ◇古代・中世編　越前町　2006.12　20, 388, 12p　22cm
  - 内容 旧石器時代から江戸開幕まで, 位置と環境, 古代の生活と信仰, 研究史ほか

朝日町誌　朝日町誌編纂委員会編
- ◇資料編 1 幸若関係　朝日町　1995.10　16, 796p 図版　22cm
  - 内容 江戸時代から明治時代まで, 幸若諸家系図・由緒書・文書, 幸若舞曲ほか
- ◇資料編 2 越知山関係他　朝日町　1998.3　20, 729p　22cm
  - 内容 鎌倉時代から明治時代, 越知山山岳信仰関係文書, 町外中世文書ほか
- ◇資料編 3 諸家文書他　朝日町　1999.3　27, 730p　22cm
  - 内容 江戸時代から明治時代まで, 諸家文書, 近世の貢租, 用水関係, 俳諧ほか
- ◇通史編　朝日町　2003.3　25, 661p　22cm
  - 内容 原始時代から近世まで

織田町史　織田町史編集委員会編
- ◇丸山学芸図書　1984.10　322p　22cm

内容 古代から昭和まで, 戦後の教育, 社寺と遺跡, 郷土の逸話ほか

◇史料編 上巻　織田町史編集委員会
1994.3　682p　22cm
　　内容 鎌倉時代から明治時代, 劒神社文書, 丹生郡誌所収写本ほか

◇史料編 中巻　織田町史編集委員会
1991.8　831p　22cm
　　内容 安土桃山時代から明治時代まで, 反広支巳家・佐々木三助家文書ほか

◇史料編 下巻　織田町史編集委員会
2000.3　915p　22cm
　　内容 江戸時代から明治時代まで, 関新兵衛家・久守弥右衛門文書ほか

越前町史　越前町史編纂委員会編

◇上巻　越前町　1977.6　1406p　22cm
　　内容 古代から江戸時代まで, 上古の生活, 千石船, 伊能忠敬の測量ほか

◇下巻　越前町　1977.12　1124p　22cm
　　内容 明治維新から昭和まで, 維新の大変革, 時勢と共に進む産業ほか

◇続巻　越前町　1993.10　1398p　22cm
　　内容 江戸時代から昭和まで/村役人, 大庄屋, 高札ほか, 歴史のあけぼの, 庄の崩壊, 村の習俗と信仰ほか

宮崎村誌　宮崎村誌編さん委員会編

◇上巻　宮崎村　1984.9　12, 785p　22cm
　　内容 原始から近世まで, 自然, 地形と地質, 宮崎村の中世ほか

◇中巻　宮崎村　1985.5　8, 839p　22cm
　　内容 近世から現代, 近世農民とその生活, 明治・大正の越前焼ほか

◇下巻　宮崎村　1988.5　16, 851p　22cm
　　内容 明治時代から昭和まで, 明治・大正・昭和初期の農業, 教育ほか

◇別巻　宮崎村　1987.3　16, 936p　22cm
　　内容 古代から昭和まで, 民俗, 民話伝説, 文芸ほか

丹生郡誌　丹生郡教育会編纂

◇臨川書店　1986.1　1冊　22cm

朝日村志　丹生郡朝日村編纂

◇丸山学芸図書　1983.10　6, 2, 8, 270p 図版　22cm
　　内容 藩政以前から大正時代まで, 沿革志, 人物・軍人ほか

福井県丹生郡誌　丹生郡誌編集委員会編

◇大和学芸図書　1979.11　20, 1160p 図版 [5]p　22cm
　　内容 古代から昭和まで, 石器時代遺物, 明治の新政と町村の変貌ほか

丹生郡人物誌・丹生郡　山田秋甫著

◇歴史図書社　1976　196, 243p 図 地図　22cm

朝日町史　朝日町史編纂委員会編

◇朝日町　1976　594p 図　22cm

城崎村誌　山田秋甫著

◇丹生郡城崎村役場　1931　296p　A5

越前国丹生郡朝日村誌　朝日村役場編

◇朝日村役場　1920　270p　A5

丹生郡誌

◇福井県丹生郡教育会　1909.9　243p 図版18p 地図　22cm

【美浜町】

わかさ美浜町誌　美浜町誌編纂委員会編

◇〈美浜の文化〉第一巻 暮らす・生きる　美浜町　2002.3　582, 28p　22cm

|内容| 大正時代末から昭和30年代(を中心),運搬,交易の種類と方法,本家と分家ほか

◇〈美浜の文化〉第二巻 祈る・祀る 美浜町 2006.3 8,601,16p 22cm
|内容| 古代から近世,山の信仰・野の信仰,野辺の神々と仏たち,寺の春夏秋冬ほか

◇〈美浜の文化〉第三巻 拝む・描く 美浜町 2005.3 59,540,11p 22cm
|内容| 古代から近世まで,社寺の変遷,さまざまな仏像,絵馬ほか

◇〈美浜の文化〉第五巻 語る・歌う 美浜町 2003.3 596,11p 22cm
|内容| 美浜町方言,口承文芸,習わしと背景ほか

◇〈美浜の文化〉第八巻 著す・伝える 美浜町 2004.3 578,13p 22cm
|内容| 戦国時代から近現代まで/戦国時代の若狭国,草莽の詩人たちの活動,さまざまな「いしぶみ」ほか

◇〈美浜の歴史〉第二巻 写されたわかさ 美浜 美浜町 2001.3 441,12p 31cm
|内容| 明治時代から現代まで,福井県の成立と行政制度の変遷,変わり行く美浜,町おこしほか

福井県三方郡誌
◇福井県三方郡教育会 1911.10 551p 図版 地図 23cm

## 【高浜町】

高浜町誌 高浜町編
◇高浜町 1985.11 5,786p 27cm
|内容| 縄文時代から近世(昭和59年(1984)度)まで,部落解放への歩み,信仰と民俗,文化財と人物ほか

## 【おおい町】

わかさ名田庄村誌 名田庄村編
◇名田庄村 1971.3 9,574p 27cm
|内容| 原始時代から現代まで,自然環境,荘園としての名田庄,有形文化財ほか

◇2 名田庄村 2004.10 9,587p 27cm
|内容| 現代,新しい名田庄村の歩み,自然環境の変化,史(資)料ほか

大飯町誌 大飯町誌編さん委員会編集
◇大飯町 1989.3 14,748p 27cm
|内容| 先土器時代から昭和期まで,自然・地理,歴史,文化財・民俗ほか

大飯郡誌 福井縣大飯郡教育會編
◇名著出版 1973.2 8,740p 図版3枚 22cm
|内容| 古代から近世まで,人物と教育,名勝故蹟,産業ほか

郷土誌大飯 郷土誌大飯編集委員会編
◇大飯町教育委員会 1971.3 513p 27cm
|内容| 創始の時代から近世,ふるさとの生い立ち,産業のうつりかわり,文化財ほか

知三村誌 小野喜久三著
◇知三村 1915 333p 23cm

## 【若狭町】

三方町史 三方町史編集委員会編
◇三方町 1990.3 20,1290p 図版9枚 22cm
|内容| 原始時代から現代まで,三方の歴史,近代三方の歩みほか

熊川村誌
◇上中町教育委員会 1973 226p 図 26cm

野木村誌 福井県遠敷郡野木村教育会編
◇若狭史学会 1973 306p 図 22cm

上中町郷土史 上中町文化財保護委員

会編

　◇福井県遠敷郡上中町住民センター
　　1964.11　626p　22cm
　　内容 考古時代から明治(明治以後の事項
　　は割愛)

福井縣三方郡西田村誌　西田村誌編纂
會編纂

　◇西田村誌編纂會　1955.4　536p
　　21cm
　　内容 古代から昭和まで,西田村の発展,地
　　質と植物ほか

野木村誌　福井県遠敷郡野木村教育会編

　◇福井県遠敷郡野木村教育会　1922
　　306p 図版12枚　22cm

三宅村誌

　◇三宅村　1919　220,56p　23cm

鳥羽村誌　鳥羽村編

　◇鳥羽村　1917　279,72p　23cm

【大野郡】

福井縣大野郡誌　大野郡教育会編

　◇名著出版　1972.6　21,1481,4p 図版
　　[5]p　22cm
　　内容 石器時代から明治時代まで,全郡誌,
　　町村誌,人情風俗他

福井県大野郡阪谷五箇村誌　福井県大
野郡阪谷五箇両村組合編

　◇阪谷五箇両村組合　1929　1冊　23cm

【遠敷郡】

若狭遠敷郡誌　遠敷郡教育会編

　◇遠敷郡教育会　1922　764p　A5

　◇名著出版　1972.9　17,764p 図版9枚
　　22cm

　　内容 考古時代から大正時代まで,郡治大
　　安,人物名家誌,民俗誌ほか

【坂井郡】

新考坂井郡誌　2版　福井県坂井郡社会
科研究会〔編〕

　◇安田書店　1977.3　890p 図　22cm

福井縣坂井郡誌 福井縣吉田郡誌　坂
井郡教育会編纂,吉田郡編

　◇名著出版　1976.1　4,628p 図版
　　22cm
　　内容 有史以前から明治時代まで,明治の
　　二大戦役,名勝・古蹟ほか

新考坂井郡誌

　◇福井県坂井郡社会科研究会　1950
　　890p 図版 地図　22cm

坂井郡誌　福井県坂井郡教育会編

　◇福井県坂井郡教育会　1912　577p 図
　　版　22cm

# 山梨県

## 山梨県史　山梨県編

◇資料編1 原始・古代1 考古(遺跡)　山梨県　1998.3　31, 1085p 挿図　22-27cm
　内容 奈良・平安時代に至る遺跡

◇資料編2 原始・古代2 考古(遺構・遺物)　山梨県　1999.3　18, 1091p 挿図　27cm
　内容 考古学史/旧石器時代から奈良・平安時代に至る遺跡のうち、主要な遺構, 遺物

◇資料編3 原始・古代3 文献・文字資料　山梨県　2001.2　1224, 17p 挿図　27cm
　内容 文献史料編(編年)：神話・伝承, 飛鳥・奈良・平成・平安時代の史料, 駒牽関係史料/文献史料編(類別)：奈良・平安時代を中心に物語・和歌, 系図, 長寛勘文/文字資料編：墨書・刻書土器, 漆紙文書, 金石文・焼き印ほか

◇資料編4 中世1 県内文書　山梨県　1999.3　57, 1152p 挿図　22cm
　内容 治承4年(1180)から天正18年(1590)まで(一部慶長期まで)の甲斐に関する県内所在の文書

◇資料編4 中世1 別冊写真集　山梨県　1999.3　293p 挿図　22-27cm
　内容 文書：「資料編4 中世1」に収録した資料のうち, 原本の現存する文書についてその写真図版/花押, 印章：収録した資料の花押・印章

◇資料編5 中世2 上 県外文書　山梨県　2005.3　72, 948p 挿図　22-27cm
　内容 治承4年(1180)から天正18年(1590)までの甲斐に関する県外所在の文書

◇資料編5 中世2 下 県外文書　山梨県　2005.3　45, 578p 挿図　22-27cm
　内容 治承4年(1180)から天正18年(1590)までの甲斐に関する県外所在の文書

◇資料編5 中世2 中世2 別冊写真集　山梨県　2005.3　283p 挿図　22-27cm
　内容 文書：「資料編5 中世2」に収録した資料のうち, 原本の現存する文書の写真図版/花押・印章：武田氏及びその家臣, 関係僧侶の花押・印章

◇資料編6 中世3 上 県内記録　山梨県　2001.5　31, 1050p 挿図　22-27cm
　内容 治承4年(1180)から天正18年(1590)までの県内に残る記録類・奥書類

◇資料編6 中世3 下 県外記録　山梨県　2002.12　12, 1014p 挿図　22-27cm
　内容 治承4年(1180)から天正18年(1590)までの県外に残る記録類・奥書類

◇資料編7 中世4 考古資料　山梨県　2004.3　6, 3, 1136p 挿図　22-27cm
　内容 考古資料：城館跡・都市遺跡, 宗教関係遺跡, 治水・利水遺跡, 金山, 口留番所など/石造物：紀年銘のある石塔・板碑・石仏・石鳥居・石祠など/在銘資料：仏像・梵鐘・絵画, 棟札, 刀剣など

◇資料編7 中世4 別冊 甲斐の中世石幢　山梨県　2004.3　165p, [16]枚　26cm
　内容 平7年4月から平成15年3月までの調査による甲斐の石幢概観/資料解説

◇資料編8 近世1 領主　山梨県　1998.3　43, 1496p 挿図　22-27cm
　内容 領主支配関係文書/大名領の時代, 幕府領の時代/参考資料：甲斐国旗本領一覧, 甲府勤番支配就任者変遷一覧ほか

◇資料編9 近世2 甲府町方　山梨県　1996.3　80, 1409, 9p 挿図　22-27cm
　内容 甲府町方関係文書(甲府徳川家の時代, 柳沢家の時代, 甲府勤番支配の時代)

◇資料編10 近世3 在方1　山梨県　2002.10　45, 1173p 挿図　22-27cm
　内容 栗原筋, 大石和筋, 小石和筋, 万力筋, 北山筋, 逸見筋, 中郡筋の在方文書

◇資料編11 近世4 在方2　山梨県　2000.3　34, 1048p 挿図　22-27cm
　内容 河内領, 西郡筋, 武川筋の在方文書

山梨県　　　　　　　　　　　　　　　　　　　　　　山梨県

◇資料編 12 近世 5 在方 3　山梨県　2001.4　31, 1019p 挿図　22-27cm
　内容 郡内領の在方文書

◇資料編 13 近世 6 上 全県　山梨県　2004.3　18, 1089p 挿図　22-27cm
　内容 甲斐一国について，普請，天保騒動，教育，文化，慶安の蝕書に関する史料

◇資料編 13 近世 6 下 全県　山梨県　2004.3　25, 1004p 挿図　22-27cm
　内容 (甲斐一国について)甲州三法・武田浪人・革奔諸隊や塩と廻米，宗教に関する史料，近世の遺跡

◇資料編 14 近現代 1 政治行政 1　山梨県　1996.3　18, 974p 挿図　22-27cm
　内容 明治元年(慶応 4 年 1868)から昭和初期までの県の政治・行政に関する資料

◇資料編 15 近現代 2 政治行政 2　山梨県　1999.3　26, 1492p 挿図　22-27cm
　内容 昭和初年から昭和 50 年代までの県の政治・行政に関する資料

◇資料編 16 近現代 3 経済社会 1　山梨県　1998.3　22, 1050p 挿図　22-27cm
　内容 明治元年(1868)から大正 7 年(1918)までの県の経済・社会に関する資料

◇資料編 17 近現代 4 経済社会 2　山梨県　2000.3　24, 1086p 挿図　22-27cm
　内容 大正 8 年(1919)から昭和 20 年(1945)までの県の経済・社会に関する資料

◇資料編 18 近現代 5 経済社会 3　山梨県　2003.3　38, 1009, 38p 挿図　22-27cm
　内容 昭和 20 年(1945)から 1980 年代までの県の経済・社会に関する資料/付録 CD-ROM：統計資料・データベース資料・地図資料

◇資料編 18 近現代 5 経済社会 3 別冊 山梨県富士工業技術センター所蔵 郡内織物関係資料集　山梨県　2003.3　243p, 図版 1 枚　22cm
　内容 大正元年(1912)から昭 47 年(1972)まで

◇資料編 19 近現代 6 教育・文化　山梨県　2002.5　31, 1352p 挿図　22-27cm
　内容 教育編：学ぶ側・教える側から見た学校，山梨教育の設計，占領軍から見た戦後教育改革/文化編：文芸，世相・教育，新聞・雑誌，郷土研究と文化財保護の歩み，スポーツ，音楽・芸能・美術/別冊付録：山梨(県)教育会機関誌総目次

◇資料編 19 近現代 6 教育・文化 別冊 山梨(県)教育会機関誌総目次　山梨県　2002.5　156p 挿図　22-27cm
　内容 明治 17 年に創刊され昭和 19 年 7 月まで月刊で発行された「山梨(県)教育会」機関誌の総目次

◇通史編 1 原始・古代　山梨県　2004.3　46, 1014p 挿図　22-27cm
　内容 自然環境および旧石器時代から平安時代まで

◇通史編 3 近世 1　山梨県　2006.3　18, 960p 挿図　22-27cm
　内容 天正 18 年(1590)から慶応 3 年(1867)までの領主支配の変遷・甲州三法・城下町甲府と谷村・近世の村・地域の産業・山・治水と水利

◇通史編 5 近現代 1　山梨県　2005.3　13, 803p 挿図　22-27cm
　内容 明治期から大正期までの県の成立，藤村県政，甲州財閥日露戦争，大水害・御料林下戻問題，社会と文化ほか

◇通史編 6 近現代 2　山梨県　2006.3　18, 1007p 挿図　22-27cm
　内容 昭和の戦前期・戦後期の昭和恐慌による製糸・養蚕業への打撃，天野県政期・田辺県政期ほか

◇文化財編　山梨県　1999.3　5, 920p 挿図　22-27cm
　内容 建造物，絵画，彫刻，工芸品，書跡，庭園

◇民俗編　山梨県　2003.3　13, 1170, 32p 挿図　22-27cm

全国地方史誌総目録　485

山梨県　　　　　　　　　　　　　　　　　　　　　　　　山梨県

　　[内容] 江戸時代以降の文字資料にみる民俗

**山梨県市郡村誌**　島崎博則編纂

◇山梨県市郡村誌出版所　1892　9冊　19cm
　[内容] 甲府市・西山梨郡各村誌、東山梨郡各村誌、東八代郡各村誌、西八代郡各村誌、南巨摩郡各村誌ほか

◇千秋社　1985.7　3冊　22cm

**山梨縣市郡村誌**　島崎博則

◇上巻(復刻版)　千秋社　1985.7　1039p　22cm
　[内容] 明治25年8月に刊行されたものの復刻版、山梨県1市9郡245ヵ村(当時)の地籍、うち、甲府市、西山梨郡、東山梨郡、北巨摩郡の村々

◇中巻(復刻版)　千秋社　1985.7　1085p　22cm
　[内容] 明治25年8月に刊行されたものの復刻版、山梨県1市9郡245ヵ村(当時)の地籍、うち、甲府市、西八代郡、南巨摩郡、中巨摩郡の村々

◇下巻(復刻版)　千秋社　1985.7　870p　22cm
　[内容] 山梨市郡村誌出版所明治25～27年刊の複製

**山梨鑑(復刻版)**　小幡宗海, 安藤誠治

◇上巻　国書刊行会　1982　554p　27cm

◇下巻　国書刊行会　1982　565p　27cm

**甲斐史**　土屋操

◇名著出版　1975.7　13, 499p,　22cm
　[内容] 大正4年に土屋操著により刊行されたものを原本として復刻、古代から明治末年まで、年表

**山梨県史**　山梨県立図書館編

◇第1巻 明治元～2年　山梨県立図書館　1958.12　18, 818p　22cm
　[内容] 政治部：明治元年(1868)から明治13年(1880)/制度部：明治元年から明治2年(1869)の史料

◇第2巻 明治3～5年　山梨県立図書館　1959.11　1108p　22cm
　[内容] 政治部・制度部：明治3年(1870)から5年(1875)の史料

◇第3巻 明治6～7年　山梨県立図書館　1960.11　974p　22cm
　[内容] 政治部・制度部：明治6年(1873)から7年(1874)の史料

◇第4巻 明治8～9年　山梨県立図書館　1963.11　812p　22cm
　[内容] 政治部・制度部：明治8年(1875)から9年(1876)の史料

◇第5巻 明治9～10年　山梨県立図書館　1962.11　790p　22cm
　[内容] 政治部・制度部：明治9年(1876)から10年(1877)の史料

◇第6巻 明治10年　山梨県立図書館　1961.11　786p　22cm
　[内容] 政治部・制度部：明治10年(1877)の史料

◇第7巻 明治11年　山梨県立図書館　1964.10　792p　22cm
　[内容] 政治部・制度部：明治11年(1878)の史料

◇第8巻 明治11～12年　山梨県立図書館　1965　761p 図版　22cm
　[内容] 明治11年(1878)から明治12年(1879)までの史料

**西郡地方誌**　山梨縣立巨摩高等女學校編輯

◇山梨縣立巨摩高等女學校　1940.1　7, 354p, 図版2枚　23cm
　[内容] 自然/歴史：先史時代から明治時代まで/産業/行政と経済/人口と集落/交通

/社会と文化昭和14年頃まで

山梨県郷土誌　日本青年教育会編

◇日本青年教育会　1939　157p　A5

大正 山梨県誌　佐藤源太郎

◇資料編　佐藤源太郎　1927　558p　22cm

# 【甲府市】

甲府市史　甲府市市史編さん委員会編

◇史料編 第1巻 原始 古代 中世　甲府市　1989.3　49, 1092p　22cm
　内容 考古資料：縄文時代から近世に至る主要な遺跡・中近世城館/古代・中世：大化前代から天正10年(1582)までの文献史料/古代・中世の文学：上代・中古・中世の文学, 武田氏一族の文芸

◇史料編 第2巻 近世1(町方1)　甲府市　1987.3　13, 759p　22cm
　内容 武田氏滅亡後の甲府統治, 甲府藩領時代の支配, 藩府藩領時代と甲府勤番支配, 城下町甲府の発展

◇史料編 第3巻 近世2(町方2)　甲府市　1987.3　13, 820p　22cm
　内容 商工業と町の生活, 交通と運輸

◇史料編 第4巻 近世3(町方3)　甲府市　1987.3　8, 780p　22cm
　内容 災害と疫病・騒動と事件、教育と文化, 甲府の文芸

◇史料編 第5巻 近世4(村方)　甲府市　1989.3　869p　22cm
　内容 武田氏滅亡後の村方統治, 近世村落の成立と推移, 村のようす, 産業・交通・運輸, 農民の生活

◇史料編 第6巻 近代　甲府市　1989.3　25, 1014p　22cm
　内容 明治元年(1868)から昭和20年(1945)までの政治・行政, 産業・経済, 教育, 社会・風俗, 文芸

◇史料編 第7巻 現代1　甲府市　1990.3　17, 826p　22cm
　内容 昭和20年(1945)から昭和35年(1960)までの敗戦と戦災復興, 占領軍と市民・戦後民主主義と市民福祉, 市勢の発展と苦悩ほかの史料

◇史料編 第8巻 現代2　甲府市　1992.1　21, 927p　22cm
　内容 昭和36年(1961)から平成元年(1989)までの平和と国際親善, 近代的都市づくり, 経済環境と商工業, 農林業, 祭りと観光, 教育, 文芸ほかの史料

◇通史編 第1巻 原始 古代 中世　甲府市　1991.4　22, 808p　22cm
　内容 自然と生活環境/先土器時代から中世(天正10年武田氏滅亡まで)

◇通史編 第2巻 近世　甲府市　1992.3　18, 949p　22cm
　内容 天正10年(1582)から慶応4年(1868)まで

◇通史編 第3巻 近代　甲府市　1990.3　25, 939p　22cm
　内容 慶応4年(1868)から昭和20年(1945)まで

◇通史編 第4巻 現代　甲府市　1993.3　24, 1083p　22cm
　内容 昭和20年(1945)から平成3年まで(1991)

◇別冊 甲府市の統計　甲府市　1993.3　229p　27cm
　内容 甲府市域, 人口・労働, 産業, 工業, 商業, 金融, 運輸・通信, 電力・ガス, 市民生活, 財政, 選挙, 行政

◇別編1 民俗　甲府市　1988.3　506p　22cm
　内容 社会生活, 経済生活, 信仰生活, 言語生活

◇別編2 美術 工芸　甲府市　1988.3　526p　22cm
　内容 建築：社寺建造物, 近現代建築/彫刻：社寺彫刻, 近世・近代彫刻, 市域の立体造形/絵画：古絵画, 近代絵画/工芸：甲府工芸史, 中世～近・現代の工芸

◇別編 3 甲府の歴史　甲府市　1993.3　615p　22cm
　内容 原始から平成2年(1990)頃までの重要と思われる事柄やエポックを浮き出たせ要約したもの/資料：歴代市長・議長、指定文化財、町村合併表ほか

◇別編 4 年表・索引　甲府市　1993.3　337p　22cm
　内容 先史時代から現代(平4.3)までの年表/『甲府市史』通史編全4巻、別編1、別編2の計6冊の事項・人名・地名等の索引

## まんが甲府の歴史　甲府市編

◇上　古代-近世編　甲府市　1989.10　143p　26cm
　内容 古代から明治維新期までの歴史まんがと年表

◇下　近代-現代編　甲府市　1989.10　159p　26cm
　内容 明治から昭和までの歴史まんがと年表

## 上九一色村誌　山梨日日新聞社編

◇上九一色村誌編纂委員会　1985.3　1853p 図版8枚　22cm
　内容 総説/自然と環境/村の歴史：先土器時代から昭和42年頃まで/集落と人口/政治/産業と経済/生活と文化 ほか

## 中道町史　中道町史編纂委員会編

◇上　中道町　1975.3　11, 1250p　22cm
　内容 環境：自然環境、人口と集落、交通と産業 ほか/考古：先土器から古墳時代まで/歴史：古代から大正時代まで/生活と文化：民俗、民話と伝説

◇下　中道町　1976.10　24, 1180p　22cm
　内容 現在の町、資料：近世・近代の史料ほか

## 西山梨郡志 (複刻版)　山梨県教育会西山梨郡支会編纂

◇名著出版　1974.1　1384, 5p, 図版43枚　22cm
　内容 通史：上古より現代(大正15年)/地誌/政治誌/村誌/産業誌/治水誌/文書誌ほか(大正15年に刊行されたものを原本として複刻)

## 甲府市史

◇甲府市史刊行委員会　1964　31, 2004p　22cm
　内容 明治22年(1889)市制施行以来、75年間にわたる歴史を中心に記述/年表

## 甲府市制六十年誌　甲府市役所

◇甲府市役所　1949.10　11, 1177p, 22cm
　内容 総説：伝説荘園時代から昭和14年頃までの沿革、土地、戸口ほか/市政六十年：前史から昭和24年までの沿革、市政、農業、観光ほか/戦災及復興：第2次世界大戦について

## 甲府市制四十年記念誌　甲府市役所

◇甲府市　1928　964p　23cm

## 西山梨郡志　西山梨郡教育支会編

◇西山梨郡教育支会　1926　1384p　A5

## 上曽根村外二ケ村組合村誌　角田義孝著

◇上曽根村外二ケ村組合　1921　154p 図版13枚　24cm

## 甲府略史　甲府市役所

◇甲府市役所　1918.11　2, 6, 352p, 22cm
　内容 土地篇：位置・地質・気候ほか、起源篇：中世の城の沿革中心、政治沿革篇：中世以降の歴史、各町沿革、教育、交通ほか

## 【富士吉田市】

富士吉田市史　富士吉田市史編さん委員

会編

◇行政編・上巻　富士吉田市　1979.2　11, 1355p　22cm
　内容 昭和26年(1951)市制施行前後から昭和53年(1978)まで

◇行政編・下巻　富士吉田市　1979.2　6, 536p　22cm
　内容 昭和26年(1951)市制施行前後から昭和53年(1978)まで

◇史料編 第1巻 自然・考古　富士吉田市　1998.3　19, 809p　22cm
　内容 自然編：気象・植物・地史/考古編：縄文時代から近世までの遺跡・遺物, 金石資料(板碑・懸仏)/附図：富士吉田周辺第四紀地質図, 富士吉田市遺跡分布図

◇史料編 第2巻 古代・中世　富士吉田市　1992.3　42, 652p　22cm
　内容 古代：大化前代から久安5年(1149)までの文献史料/中世：治承4年(1180)から天正10年(1582)までの文献史料

◇史料編 第3巻 近世1　富士吉田市　1994.3　29, 803p　22cm
　内容 天正19年(1591)から明治元年(1867)までの領主の郡内統治, 交通と運輸, 自然と村の生活条件, 村と山, 水と生活に関する史料

◇史料編 第4巻 近世2　富士吉田市　1994.3　39, 867p　22cm
　内容 天正11年(1583)から慶応3年(1867)までの村政と村役人制度, 村の産業・金融, 商品流通・生活と文化, 寺社運営に関する史料

◇史料編 第5巻 近世3　富士吉田市　1997.3　22, 1161p　22cm
　内容 天正20年(1592)から慶応4年(1868)までの近世の富士信仰に関する史料など

◇史料編 第6巻 近・現代1　富士吉田市　1993.3　19, 924p　22cm
　内容 明治元年(1868)から昭和20年(1945)8月15日までの史料の明治前期の村々・旧3ヵ村の成立と発展, 北麓開発と地域社会, 不況と戦時下の富士山麓

◇史料編 第7巻 近・現代2　富士吉田市　1995.3　14, 1005p　22cm
　内容 現代編：昭和20年(1945)から昭和48年(1973)ころまでの市の発足, 変貌する富士山麓, 北富士演習場ほかに関する史料/富士信仰編：近代以降の御師の布教と活動, 導者受容と信仰の姿, 山内の諸施設, 導者の奉納物ほかに関する史料

◇通史編 第1巻 原始・古代・中世　富士吉田市　2000.10　17, 694p　22cm
　内容 地形・地質/旧石器時代から中世(天正10年武田氏滅亡まで)

◇通史編 第2巻 近世　富士吉田市　2001.3　18, 887p　22cm
　内容 天正10年(1582)から慶応4年(1868)まで

◇通史編 第3巻 近・現代　富士吉田市　1999.7　12, 723p　22cm
　内容 明治元年(1867)から昭和20年(1945)8月15日まで

◇民俗編 第1巻　富士吉田市　1996.3　23, 805p　22cm
　内容 社会構成, 人生儀礼, 生業, 衣食住

◇民俗編 第2巻　富士吉田市　1996.3　18, 844p　22cm
　内容 年中行事, 信仰, 芸能, 口承文芸

【都留市】

都留市史　都留市史編纂委員会編

◇資料編 地史・考古　都留市　1986.3　537p　27cm
　内容 地史：自然環境, 基盤岩類, 被覆層/考古：市における考古学調査のあゆみ, 先土器時代から歴史時代の遺跡/付図：地質図 あり

◇資料編 近現代　都留市　1993.3　19, 1072p　22-27cm
　内容 明治・大正・昭和期の政治・行政, 産業・経済, 学校, 衛生, 社会などに関する史料

◇資料編 古代・中世 近世1　都留市

1992.3　32，855p　22-27cm
　内容 古代・中世：古代から天正10年 (1582)までの史料ほか/近世Ⅰ：天正10年(1582)から文化9年(1812)までの領主と支配，城下町と村むらに関する史料

◇資料編　近世2　都留市　1994.3　37，920p　22-27cm
　内容 元禄6年(1693)から明治13年(1880)までの陣屋支配と郡内，谷村町と人々，郡内絹の生産と流通，山と水ほかに関する史料

◇資料編　都留郡村絵図　村明細帳集　都留市　1988.3　15，430p　22×30cm
　内容 村絵図：都留市，富士吉田市，河口湖町，足和田村ほかの近世村絵図など/村明細帳：都留市，道志村大月市ほかの村明細帳，書上帳など/附図：屋敷割絵図，平栗村絵図

◇資料編　民家・民俗　都留市　1989.3　6，681p　27cm
　内容 民家：都留市民家の特色・解説，市内の洋風建築/民俗：家と親族，晴れの日の生活石船神社の祭祀と落人伝承谷村の民俗 ほか

◇通史編　都留市　1996.3　24，1073p　22-27cm
　内容 原始・古代から昭和29年の都留市の誕生まで

## 【山梨市】

山梨市史　山梨市役所編

◇史料編　近世　山梨市　2004.10　938，17p　22-27cm
　内容 天正18年(1590)から慶応3年(1867)まで

◇史料編　考古・古代・中世　山梨市　2005.3　36，776p　22-27cm
　内容 考古：旧石器時代から近世に至る主要な遺跡，中・近世の城館跡，中世の石造物/古代：飛鳥・奈良・平安時代の史料/中世：治承4年(1180)から天正18年(1590)までの史料

◇史料編　近代・現代　山梨市　2003.5　23，990p　22-27cm
　内容 明治元年(1868)から昭和61年(1986)までの史(資)料

◇文化財・社寺編　山梨市　2005.3　7，579p　22-27cm
　内容 文化財：建造物・絵画・彫刻，工芸，歴史資料，名勝/社寺：市域の神社，寺院・廃寺の由緒・史料など

◇民俗編　山梨市　2005.3　718，8p　22-27cm
　内容 平成9年から平成15年の調査による社会構成，人生儀礼，生業，衣食住，年中行事，信仰ほか

三富村誌　山梨日日新聞社編

◇上巻　三富村教育委員会　1996.3　10，995p　22cm
　内容 自然・環境/歴史：原始から現代まで(平成2年頃)

◇下巻　三富村教育委員会　1996.3　9，1655p　22cm
　内容 村の現在：昭和期から平成7年(1995)頃まで/教育と文化/民俗と宗教

山梨市誌　市政三十年のあゆみ　山梨市誌編さん委員会編

◇行政編　山梨市　1985.6　1357p，図版6枚　22cm
　内容 昭和29年山梨市の誕生から昭和59年まで

牧丘町誌　牧丘町誌編纂委員会編

◇牧丘町　1980.6　1594p，図版 [16] p　22cm
　内容 自然と環境，町の歴史，集落と人口，政治，産業と経済，生活と文化 ほか

日川村誌　日川村誌編纂委員会編纂兼

◇日川村誌編纂委員会　1959.10　4，966p，図版6枚　22cm
　内容 総説/自然と環境/村の起源と発達：原始時代から昭和はじめまで/村勢一斑：

明治期から昭和20年代まで/社会と文化/水災誌ほか

日下部町誌　飯島茂治編兼発行者
◇日下部町　1952.5　4, 442p, 図版11枚　22cm
内容 総説/自然と環境/町の起源：原始時代から昭和7年(1932)まで/町勢一斑：昭和8年(1933)から昭和26年(1951)まで/社会と文化

中牧村郷土誌　御大典記念　中牧教育會編
◇中牧教育會　1929.10　88, 8, 1, 2, 2, 12, 608p　27cm
内容 戸数・人口, 戸地, 産業, 村治沿革, 財政, 教育, 人情風俗, 芸術ほか

## 【大月市】

ふるさと駒橋　駒橋区誌　駒橋区誌編集委員会編
◇大月市駒橋区誌編纂委員会　〔199-〕255p　26cm

大月市史　大月市史編纂室編
◇史料編　大月市史編纂委員会　1976.3　1102p　22cm
内容 社会史：原始～現代1969年頃(戦後), 文学・絵図・地図, 百姓一揆, 村方騒動年表, 統計/自然史：地学・植物
◇通史編　大月市史編纂委員会　1976.12　1249p　22cm
内容 先土器時代から昭和50年(1970)頃まで

## 【韮崎市】

韮崎市誌　韮崎市誌編纂専門委員会編
◇資料編　韮崎市　1979.3　696p　27cm
内容 考古編：縄文時代から平安時代の遺跡/古代編：中世編・中世編・近世編・近代編：弘仁3年から大正11年までの史料/金石文編/年表/付録(別紙)：年貢割付一覧表
◇上巻　韮崎市　1978.3　8, 641p　27cm
内容 総説/自然環境/歴史：先史から現代(昭和29年)/人口と土地と水
◇中巻　韮崎市　1978.9　9, 758p　27cm
内容 市の行政/産業と経済/教育と文化
◇下巻　韮崎市　1979.1　9, 816p　27cm
内容 厚生/交通・運輸・通信/治安と消防/宗教/人物/家と生活

## 【南アルプス市】

芦安村誌　芦安村編
◇芦安村　1994.1　7, 1226p 図版12枚　27cm
内容 自然環境/村の歴史：原始時代から平成5年まで/集落と人口/産業と経済/生活と文化/南アルプス登山史 ほか

若草町誌　若草町誌編纂委員会編
◇若草町　1990.12　128, 1610p 図版128p　27cm
内容 ふるさとを見る：町の歴史や行政を綴ったグラビアページほか/ふるさとを知る：自然環境, 町の歴史, 行政/家と生活ほか

甲西町誌　甲西町誌編集委員会編
◇甲西町　1973.7　1917p 図版[23]p　27cm
内容 自然と環境/町の歴史：先史時代から昭和35年頃まで/政治/産業と経済/生活と文化ほか
◇資料編　甲西町　1973.7　310p　27cm
内容 中世・近世・近代：弘治3年(1557)か

八田村誌
- ◇八田村役場　1972.3　1024p 図版 22cm
  - 内容 総説/自然環境/鎌倉時代から昭和45年頃まで

白根町誌　白根町誌編纂委員会編
- ◇白根町　1969.12　1455p　27cm
  - 内容 総説/自然環境/歴史：先史時代から昭和34年頃まで/政治/産業と経済/教育と文化/家と生活ほか
- ◇資料編　白根町　1969.10　539p　27cm
  - 内容 中世の銘文・古文書, 近世から明治36年までの古文書 など

櫛形町誌　櫛形町誌編纂委員会編
- ◇櫛形町　1966.6　1856p　22cm
  - 内容 自然と環境/町の歴史：先史時代から昭和40年頃まで/人口と土地と水/行政/産業と経済/家と生活 ほか
- ◇史料編　櫛形町　1966.10　706p　22cm
  - 内容 中世・近世・近代：天福元年(1233)から明治42年(1909)までの史料

豊村　豊村編纂委員会編兼発行人
- ◇豊村　1960.1　1328, 385p　22cm
  - 内容 村の概観：位置・自然ほか/村の沿革：原始時代から昭和34年頃/人口と土地と水/産業と経済/家と生活/合併の経過ほか

藤田村誌　郷土全一教育資料　田中金重編
- ◇藤田村社会教育委員会　1936　137p　23cm

ら明治39年(1906)までの古文書, 古記録

【北杜市】

須玉町史　須玉町史編さん委員会編
- ◇史料編　第1巻　考古・古代・中世　須玉町　1998.6　33, 929p　22cm
  - 内容 考古：縄文時代から近世に至る遺跡城館跡, 鉱山跡ほか/古代・中世：景行40年から天正18年(1590)までの文献史料
- ◇史料編　第2巻　近世　須玉町　1998.6　37, 963p　22cm
  - 内容 村, 入会山, 用水, 生産, 交通, 信仰, 芸術などに関する史料
- ◇史料編　第3巻　近代・現代　須玉町　1998.6　19, 1225p　22cm
  - 内容 明治初年(1868)から昭和53年(1978)頃まで
- ◇社寺・石造物編　須玉町　2001.5　3, 661p　22cm
  - 内容 社寺：町域に所在する神社・寺院・堂宇・廃寺/石造物：町域に所在する石仏, 石神, 石塔や寺社奉納石製品, 記念碑 等
- ◇通史編　第1巻　序編　原始・古代・中世・近世　須玉町　2002.3　13, 1141p　22cm
  - 内容 自然と環境/原始・古代から慶応4年(1868)の明治新政府成立以前の近世まで
- ◇通史編　第2巻　須玉町　2001.6　10, 921p　22cm
  - 内容 明治元年(1868)以降の町域の歴史・学芸
- ◇民俗編　須玉町　2002.3　11, 732p　22cm
  - 内容 ムラの歴史と民俗, イエと生活, 生業と日々の生活, ヤマと生活折々の祭りと行事ほか

新装 明野村誌　新装明野村誌編纂委員会編
- ◇資料編　明野村　1994.3　8, 1175p　22cm
  - 内容 中世・近世：支配, 村, 寺社, 郡中惣代, 朝穂堰, 茅山麓入会ほかに関する史料

山梨県　　　　　　　　　　　　　　　　　　　　　　　　　　　　　　　　　　　北杜市

◇石造物編　明野村　1995.3　16, 723p　22cm
　内容 造塔/造容/造形/信仰関係塔, 石祠など/道標, 記念碑, 石垣など

◇本誌編　明野村　1996.3　44, 1466p　22cm
　内容 自然と環境/村の歴史：旧石器時代から近世の遺跡, 古代から平成5年頃まで/村のつくりと住民/堰と溜池/行政 ほか

## 高根町誌

◇近世史料 五町田村編　高根町　1982.3　255, 57p　22-27cm
　内容 村政, 土地, 戸口関係, 役金, 災害, 水利, 農家経済, 商工業, 寺社, 講組などに関する史料

◇通史編 上巻　高根町　1990.11　11, 953p　22-27cm
　内容 自然と環境/集落と人口/町の歴史：先史から昭和60年頃まで/行政/山と水

◇通史編 下巻　高根町　1989.10　6, 1064p　22-27cm
　内容 産業と経済, 観光/交通・運輸・通信/教育/治安と消防/厚生/宗教/生活と文化/第41回国民体育大会

◇民間信仰と石造物編　高根町　1984.3　425p　22-27cm
　内容 道祖神, 地蔵, 庚申塔, 石仏, 修験, 供養塔, 石造奉賽物, 慰霊碑, 石祠 ほか

## 長坂町誌　長坂町誌編纂委員会編

◇上巻　長坂町　1990.3　762p　27cm
　内容 自然と環境/集落と人口/町の歴史：先史から昭和62年まで/行政

◇下巻　長坂町　1990.3　1096p　27cm
　内容 産業と経済/保健衛生と民生/交通/教育と文化/治安/民俗/宗教ほか

## 大泉村誌　大泉村誌編纂委員会編

◇上巻　大泉村　1989.3　12, 1160p　22cm
　内容 自然と環境/村の歴史：原始時代から昭和21年頃まで/集落/行政/産業と経済

◇下巻　大泉村　1989.3　13, 1140p　22cm
　内容 交通/教育と文化/宗教/衛生と民生/治安と消防/生活 ほか

## 武川村誌　武川村誌編纂委員会編

◇資料編　武川村　1989.3　12, 780p　27cm
　内容 考古編：真原・向原・宮間田遺跡の発掘調査/古文書編：中世から明治まで/石造物編：石塔, 仏像, 鳥居, 石像など/補遺編：方言, 断金隊, 民間信仰

◇上巻　武川村　1986.3　17, 1123p　27cm
　内容 総説/自然と環境/村の歴史：原始時代から昭和時代(58年頃まで)/集落の成立と変遷

◇下巻　武川村　1986.3　14, 1005p　27cm
　内容 交通・運輸・通信/教育と文化/衛生と民生/治安と消防/宗教/生活

## 白州町誌　白州町誌編纂委員会編

◇白州町　1986.3　6, 1466p　27cm
　内容 自然と環境/町の歴史：原始時代から昭和30年代まで/集落と人口/行政/産業と経済/教育と文化/生活と民俗ほか

◇資料編　白州町　1986.3　13p　27cm
　内容 古文書編：中世から明治初年までの史料/金石文編：筆塚, 史魂碑, 記念碑, 鐘銘ほか

## 小淵沢町誌　小淵沢町誌編集委員会編

◇小淵沢町　1983.11　2冊　27cm

◇小淵沢町　2006.3　5, 849p, 27cm
　内容 町制施行(昭和29年3月)から北杜市との合併(平成18年3月)まで

## 須玉町誌　須玉町誌編纂委員会編

◇須玉町　1975　1902p　22cm

## 増富村誌　植松森一著

◇増富村誌研究会　1971.3　186p, 図版

25cm

[内容] 原始時代から現代(昭和45年)/宗教/生活と文化/将来の展望

**明野村誌　明野村誌編纂委員会編**

◇明野村役場　1963.3　17, 1400, 39p 図版14枚　22cm

[内容] 自然と環境/村の沿革:原始時代から昭和36年まで/教育/産業/交通/保健/社会/三ヵ村合併

**大泉村史　小池信繁編**

◇概説　小池信繁　1948　77p　21cm

◇続編　小池信繁　1956　112p　22cm

**若神子村誌　岩下万次編**

◇若神子村役場　1955.3　7, 476, 37p 図版　22cm

[内容] 自然環境, 原始時代から須玉町の設置まで(昭和30年)

**大泉村史概説　小池信繁著**

◇大泉村　1948　77p　21cm

## 【甲斐市】

**双葉町誌　双葉町誌編集委員会編**

◇双葉町　1977.5　12, 1118p　22cm

[内容] 自然環境/町の発展:縄文時代から昭和49年頃まで/町のようす/産業経済/福利厚生/教育文化 ほか

**龍王町史　龍王町編**

◇龍王町　1976.9　1300p　22cm

[内容] 町の沿革, 町政の機関, 財政, 一般町政, 民間事業, 人物ほか

**敷島町誌　敷島町編**

◇敷島町役場　1966.10　1223p, 図版8枚 地図1枚　27cm

[内容] 総説/自然環境/昭和29年から昭和41年までの町のようすほか/歴史:先史時代から昭和20年代まで/ほか

**玉幡村誌　玉幡村役場編**

◇新海文三郎　1955.1　344p 図版10枚　22cm

[内容] 総説:位置, 地勢, 気候, 動植物/中世から昭和28年頃までの変遷, 水利, 自治, 産業, 教育など/文化ほか

**龍王村史　龍王村編**

◇龍王村　1955　1112p　22cm

[内容] 前編 明治以前:先住民時代からの歴史的変遷, 水利, 交通・宗教 ほか/後編 大正以後:自然環境, 村政機構, 一般行政, 社会事象ほか昭和30年頃まで

**鹽崎村志　高柳彌三郎編**

◇山梨県北巨摩郡鹽崎村役場　1927.12　16, 238p　23cm

[内容] 総説:地理的概観, 歴史的概観(各村の沿革)/各説:神仏, 村治, 村勢, 産業, 教育, 兵事, 衛生, 河川, 名所, 古書類古器物ほか/明治8年以降大正期頃まで 余説:社会風潮, 年中行事ほか

## 【笛吹市】

**石和町誌　石和町誌編さん委員会編**

◇第1巻 自然編 歴史編　石和町　1987.11　13, 1348p　22cm

[内容] 自然編:位置と境域, 自然地理, 地質, 動植物 ほか/歴史編:原始時代から昭和30年代まで

◇第2巻 社会・文化編 現代編　石和町　1991.3　28, 1176p　22cm

[内容] 社会・文化編:集落の形成と変遷, 習俗, 言語生活, 宗教, 文化財ほか/現代編:昭和34年から現在(平成初年頃)

◇第3巻 資料編　石和町　1994.8　27, 1008p　22cm

[内容] 自然:甲府盆地地下水管理計画資料ほか/考古:縄文時代から近世までの遺跡/古代から現代:古代から昭和33年(1958)までの文献資料

◇別冊 年表・索引編 石和町 1994.8 96, 37p 22cm
  内容 年表：原始時代から現代(平4.11)まで/索引：「石和町誌」第一・二巻の中より主要な事項・人名・地名等

芦川村誌　山梨日日新聞社編集制作
◇上巻 芦川村村誌編纂委員会 1992.3 961p 22cm
  内容 自然と環境/歴史：原始時代から昭和19年頃まで/集落と人口/行政/産業/交通・運輸・通信
◇下巻 芦川村芦川村村誌編纂委員会 1992.3 1031p 22cm
  内容 教育と文化/福祉と厚生/治安・消防/宗教/民俗

境川村誌　境川村編
◇資料編 境川村 1990.2 806p 図版10枚 27cm
  内容 考古編：縄文時代から歴史時代の遺跡/古文書：中世・近世・社寺・近代応永2年(1395)から昭和10年(1935)まで/年表・信玄関係地名図・名簿など
◇本編 境川村 1978 1071p 27cm

春日居町誌　春日居町誌編集委員会編
◇春日居町 1988.3 12, 1419p 図版8枚 27cm
  内容 総説/自然環境/町の歴史：先土器時代から昭和20年頃まで/集落と人口/自治のあゆみ/産業と経済/民俗/人物ほか

八代町誌　八代町誌編纂室編
◇上巻 八代町役場 1975.10 1519p 27cm
  内容 自然と環境/集落と人口/町の歴史：旧石器時代から昭和30年前まで/新町のあゆみ：昭和28年から昭和48年まで/産業と経済
◇下巻 八代町 1976.3 1329p 27cm
  内容 農業構造の変革/民生/教育/交通/治安と消防/宗教/生活と文化

御坂町誌　御坂町誌編纂委員会編
◇資料編 御坂町 1972.3 7, 611p 27cm
  内容 中世・近世の古文書・古記録, 役職員名簿 等
◇本誌編 御坂町 1971.4 1990p 27cm
  内容 自然環境, 町の歴史, 集落と人口, 自治の歩み, 産業と経済, 習俗ほか

一宮町誌　島崎博則
◇一宮町役場 1967.12 15, 1453p 27cm
  内容 自然と環境/町の歴史：先史時代から昭和29年まで/集落, 土地, 水, 人口/合併後の町：昭和29年頃から昭和41年頃まで/生活と文化ほか
◇資料編 一宮町 1968.8 1453p 27cm

御代咲村史　伊東英俊著
◇御代咲村立農業青年學校青窓會 1938 794p 23cm
  内容 総説：古代から明治までの沿革,、村の生活, 用水と入会山, 昭和13年頃までの教育・団体ほか/資料編：宝永2年(1705)から明治3年(1870)の古文書

【上野原市】

秋山村誌
◇秋山村誌編纂委員会 1992.5 1552p, 図版12枚 22cm
  内容 自然環境/村の歴史：原始時代から平成2年頃まで/集落と人口/政治/産業と経済/生活と文化 ほか

上野原町誌　上野原町誌編纂委員会編
◇上 上野原町誌刊行委員会 1975.7 746p 27cm
  内容 総説/自然/町の歴史：先史時代から現代(昭和40年代)

◇中　上野原町誌刊行委員会　1975.7　997p　27cm
[内容] 行政、産業と経済

◇下　上野原町誌刊行委員会　1975.7　1259p　27cm
[内容] 衛生と民生/交通と通信/教育と文化/社会生活/習俗・習慣/宗教/治安と消防/町の年表

**北都留郡誌　全 —複刻版—**　山梨県北都留郡誌編纂会編

◇名著出版　1973.11　1337p, 図版16枚　22cm
[内容] 位置/土地/気象/官公署/郡治/町村治/交通/教育/産業/宗教/古代の遺物/鉱泉/古文書/年表ほか(大正14年に刊行されたものを原本として複刻)

**上野原町誌**　上野原町誌編纂委員会編

◇上野原町　1955.3　1190p, 図版32枚　22cm
[内容] 総説/自然/歴史：先史時代から昭和27年頃まで/政治/教育と文化/産業/交通/郷土の鑑/古文書ほか

**山梨県北都留郡誌**　山梨県北都留郡誌編纂会編

◇山梨県北都留郡誌編纂会　1925　1337p　図版　22cm

## 【甲州市】

**塩山市史**　塩山市史編さん委員会編

◇史料編 第1巻 原始・古代・中世　塩山市　1996.3　34, 724, 33p 図版　22cm
[内容] 考古：縄文時代から近世までの遺跡、中近世の城館跡や用水、石造物・銅鐘・鉱山跡/古代・中世：飛鳥・奈良時代から慶長15年(1610)までの文献史料

◇史料編 第1巻 別冊　塩山市　1996.3　141p 図版　22cm
[内容] 文書史料, 非文書史料, 花押・印象, (写真のみ)/第1巻本編の本文と対照できるよう写真を掲載

◇史料編 第2巻 近世　塩山市　1995.3　31, 1010, 20p 図版　22cm
[内容] 慶長6年(1601)から明治4年(1871)までの徳美藩と幕府領, 旗本領, 村の支配・ようす, 荻原山と黒川金山, 青梅住還と村々ほか

◇史料編 第3巻 近・現代　塩山市　1995.9　27, 938, 6p 図版　22cm
[内容] 明治元年(1868)から昭和50年代までの政治・社会, 経済・産業, 教育, 交通・水利

◇通史編 上巻　塩山市　1999.3　22, 986, 7p 図版　22cm
[内容] 自然環境/旧石器時代から近世(慶応3年)まで

◇通史編 下巻　塩山市　1998.6　78, 1014, 7p 図版　22cm
[内容] 近・現代編：明治維新から平成初年頃まで/民俗編：市域の民俗, 概観と市域の特色ある民俗出産と婚姻, 生業と生産, 家の構造ほか

◇文化財編　塩山市　1996.3　483, 3p 図版　22cm
[内容] 有形文化財, 民俗文化財, 史跡・名勝・天然記念物

**大和村誌**　山梨日日新聞社編

◇上巻　大和村役場　1996.2　7, 1116p 図版　22cm
[内容] 自然/歴史：原始から現代まで(昭52年頃)/村の現在：昭和期から平成5年(1993)頃まで

◇下巻　大和村役場　1996.2　4, 903p 図版　22cm
[内容] 教育・文化：明治以降学校教育, 文芸・美術, 文化財ほか/民俗・宗教：村と人, 人の一生, 生業と生活, 信仰ほか

**勝沼町誌**　勝沼町誌刊行委員会編

◇勝沼町役場　1962.5　1435p 図版16枚　26cm
[内容] 先史時代から昭和29年(1954)頃ま

での歴史/町村合併以後の政治/町と葡萄の歴史/習俗・習慣/自然と環境 ほか

## 【中央市】

豊富村誌　豊富村誌編さん委員会

◇上巻　豊富村役場　2000.3　967, 20p　27cm

◇下巻　豊富村役場　2000.3　992p　27cm

玉穂町誌　企画編集：玉穂町誌編さん委員会

◇玉穂町　1997.11　1765p 図版 14 枚　27cm

内容 自然環境/原始時代から昭和60年頃までの歴史/集落と人口/町の行政/産業と経済/生活と文化ほか

田富町誌　田富町誌編纂委員会編

◇田富町役場　1981.10　1318p, 図版 8 枚　27cm

内容 自然環境/町の歴史：縄文時代から昭和50年代前半まで/政治/産業と経済/教育と文化/家と生活/年表 ほか

豊富村建村百年誌　豊富村建村百年編さん委員会

◇豊富村建村百年祭実行委員会　1974　95p　28cm

## 【市川三郷町】

六郷町誌

◇六郷町　1982.10　1755p　22cm

内容 総説/自然と環境/町の歴史：先史時代から昭和56年まで/集落と人口/政治/産業と経済/交通/教育と文化/生活と文化 ほか

三珠町誌　三珠町誌編纂委員会編

◇三珠町　1980.3　1497p 図版 20 枚　27cm

内容 自然環境/歴史：先史時代から昭和29年(1954)頃まで/政治/産業と経済/交通/教育と文化/宗教/生活と文化ほか

市川大門町誌

◇市川大門町誌刊行委員会　1967.2　36, 916p　22cm

内容 地誌：自然環境, 集落と人口/古代から昭和30年代までの歴史ほか/産業と経済/教育/生活と民俗ほか

岩間村誌　佐藤森三著

◇岩間村　1951　351p 図版 地図　19cm

西八代郡誌　西八代郡連合教育会編

◇山梨県西八代郡役所　1912　147p　A5

◇第1輯　西八代郡連合教育会　1941　149p　A5

山梨県甲斐国西八代郡誌　山梨県西八代郡役所

◇西桂町　1912　215p　23cm

## 【増穂町】

春米区史　ふるさと綴方　増穂町春米区編

◇増穂町　1992.3　321p 図版 14 枚　27cm

増穂町誌　増穂町誌編集委員会編

◇史料編　増穂町　1977.3　16, 475p　27cm

内容 中世編・近世編：中世から明治初期までの史料

◇上巻　増穂町　1977.1　10, 1102p　27cm

内容 自然と環境, 町の歴史, 集落, 行政, 産業と経済

◇下巻　増穂町　1976.6　14, 119p　27cm

|内容| 教育と文化, 厚生, 交通, 治安と消防, 宗教, 家と生活, 人物 ほか

## 【鰍沢町】

鰍沢町誌　鰍沢町誌編さん委員会企画編集

- ◇上巻　鰍沢町　1996.3　1012p　27cm
  |内容| 総説/自然と環境/町の歴史：先土器時代から昭和33年(1758まで)/富士川水運

- ◇下巻　鰍沢町　1996.3　963p　27cm
  |内容| 集落と人口/町の行政/産業と経済/交通/教育と文化/宗教/家と生活/人物 ほか

鰍沢町誌　町制六十周年記念　鰍沢町役場編纂

- ◇鰍沢町役場　1959.6　970p, 図版26枚　22cm
  |内容| 序説：近世期から昭和29年(1954)頃まで/自然環境/富士川水運史/水運と角倉氏/水運史年表, 資料 ほか

## 【早川町】

早川町誌　早川町教育委員会編

- ◇早川町誌編纂委員会　1980.1　1670p 図版22枚　22cm
  |内容| 自然環境/町の歴史：先土器時代から昭和31年頃まで/集落と人口/自治の歩み/産業と経済/社会生活ほか

西山村誌　西山村誌刊行委員会編

- ◇農鳥山他二十五山恩賜県有財産保護管理会　1960.2　100, 412p 図版10枚 折込み地図2枚
  |内容| 西山村政90年誌：明治より昭和31年までの行政, 財政教育, 産業など/西山村総合調査報告書：昭和33年3月に山梨県教育委員会より刊行された「西山村総合調査報告書」と同一

## 【身延町】

身延町誌　身延町誌編集委員会編

- ◇身延町　1970.2　1264p　27cm
  |内容| 総説/自然/歴史：先土器時代から昭和30年(1955)頃まで/集落と人口/自治のあゆみ/産業と経済/教育と文化/家と生活/資料ほか

- ◇資料編　身延町　1996.3　23, 1065p　27cm
  |内容| 考古・古代：縄文時代以降の, 古代・中世の遺跡・古代の文献史料/中世から現代：文献史料

下部町誌　下部町誌編纂委員会編

- ◇下部町(山梨県)　1981.12　1938p 図11枚　27cm
  |内容| 自然環境/町の歴史：無土器文化時代から昭和31年まで/集落と人口/自治のあゆみ：昭和55年頃まで/家と生活 ほか

中富町誌　中富町誌編纂委員会編兼発行人

- ◇中富町役場　1971.12　1687p 図版[18]p　22cm
  |内容| 地誌：地質, 気象, 生物/町の歴史：原始時代から昭和22年頃まで/行政/産業と経済/教育と文化ほか

## 【南部町】

富沢町誌

- ◇上巻　富沢町　2002.9　945p　27cm
  |内容| 自然環境/町の歴史：原始時代から昭和32年頃/集落と人口/政治

- ◇下巻　富沢町　2002.9　954p　27cm
  |内容| 産業と経済/交通/教育と文化/福祉/治安と消防/宗教/生活と文化

南部町誌　南部町誌編纂審議委員会編

- ◇南部町　1964.7　23, 1009p 図版　22cm
  |内容| 自然/町の歴史：先史時代から昭和34年まで/集落と人口/自治の歩み：昭和

38年頃まで/産業と経済/文化と社会ほか

万沢村誌　佐野幸知編
◇佐野幸知　1932　254p　23cm

## 【昭和町】

昭和町誌　昭和町役場企画調整室編
◇昭和町　1990.3　20, 1762p 図版8枚　22cm
　内容 自然と環境/町の歴史:原始時代から昭和62年頃まで/集落と人口/政治/産業と経済/交通/教育・文化/生活と文化ほか

中巨摩郡誌　山梨県中巨摩郡聯合教育会編纂
◇千秋社　1987.11　1冊　22cm
　内容 山梨県中巨摩郡聯合教育会昭和3年刊の複製

昭和村誌　昭和村々誌編纂委員会編
◇昭和村　1958.7　28, 1283p　22cm
　内容 自然/原始時代から昭和33年頃まで/神仏・教育/現政諸般/開拓と農業の変遷 ほか

中巨摩郡志　山梨縣中巨摩郡聯合教育會編纂
◇山梨縣中巨摩郡聯合教育會　1928.12　2248p　23cm
　内容 大正時代までの通史, 地誌, 政治誌, 村誌, 産業誌, 文書誌, 社会誌 ほか

中巨摩郡誌　武井元右衛門著
◇中巨摩郡役所　1926　462p　A5

## 【西桂町】

西桂町誌　西桂町, 西桂町誌編さん委員会
◇資料編 第1巻 自然 地質 原始・古代　西桂町　1999　517p　22cm

◇資料編 第2巻 中世・近世　西桂町　2002　936p　22cm
◇資料編 第3巻 近現代 民俗　西桂町　1999　1017p　22cm
◇本編1 自然とあゆみ　西桂町　2003　329p　22cm
◇本編2 山・川・織物と生活文化史　西桂町　2003　686p　22cm

## 【忍野村】

忍野村誌　忍野村編
◇第1巻　忍野村　1989.3　8, 865p　27cm
　内容 自然, 村の歴史, 行政, 産業と経済, 衛生と民生
◇第2巻　忍野村　1989.3　7, 910p　27cm
　内容 交通, 教育と文化, 社会生活, 習俗, 習慣, 宗教, 村内諸施設 ほか

## 【山中湖村】

山中湖村史　山中湖村史編集委員会編
◇資料　山中湖村　1994　4, 6, 757p　22cm
　内容 平野村文書・山中村文書・長池村文書支配関係文書
◇第1巻　山中湖村村役場　1979.10　7, 411p　22cm
　内容 近世から現代(昭和50年代)の歴史概要, 自然と人文/近世紀旧村々の概況, 領主支配
◇第2巻　山中湖村　1977.10　11, 835p　22cm
　内容 近世期における家と村の社会構造・駄賃稼ぎと商品流通
◇第3巻　山中湖村　1978.10　15, 1054p　22cm
　内容 近世:近世入会の成立過程, 紛争, 諸形態/民俗:生活・年中行事・習俗, 組織と規範ほか

◇第4巻　山中湖村　1992.12　7, 582p　22cm
[内容]観光地発展史：近世以降現代まで/近世における地境・国境紛争

◇第5巻　山中湖村　1997.3　2, 7, 872p　22cm
[内容]地方体制の確立と中野村, 明治政府の土地変革と山梨県

## 【鳴沢村】

鳴沢村誌　山梨日日新聞社編集・制作

◇第1巻　鳴沢村　1988.1　1020p　22cm
[内容]自然と環境/村の歴史：先史から昭和61年頃まで/集落と人口/政治/産業と経済

◇第2巻　鳴沢村　1988.1　822p　22cm
[内容]交通/教育と文化/福利厚生/治安と消防/宗教/生活と文化　ほか

◇第3巻　資料編　鳴沢村　1995.4　1305p　22cm
[内容]考古編：遺跡, 遺物の拓本, 石鏃/古文書編：古代から昭和14年(1939)まで/自然編：富士山の自然　調査報告などほか

## 【富士河口湖町】

勝山村史　発行者勝山村史編さん委員会編

◇上巻　勝山村　1999.5　1372p　22-27cm
[内容]自然と環境, 村の歴史, 集落と人口, 村の政治

◇下巻　勝山村　1999.5　1271p　22-27cm
[内容]産業と経済, 交通, 教育と文化, 福利と厚生, 治安と消防, 宗教, 生活と文化ほか

◇別冊　勝山記　勝山村　1992.3　154p　27cm

[内容]中世史料：富士御室浅間神社蔵『勝山記』の影印と翻刻

上九一色村誌　山梨日日新聞社編

◇上九一色村誌編纂委員会　1985.3　1853p 図版8枚　22cm
[内容]総説/自然と環境/村の歴史：先土器時代から昭和42年頃まで/集落と人口/政治/産業と経済/生活と文化　ほか

河口湖町史　萱沼英雄著

◇河口湖町　1966.9　701p　22cm
[内容]本文：町のあらまし, 地質時代, 原始時代から現在(昭和40年), あすの河口湖町を築く/参考資料：歴史年表, 古文書目録, 参考文献目録

## 【小菅村】

小菅村郷土小誌　宇重保作

◇小菅村　1983.2　11, 469p　22cm
[内容]自然環境/村の歴史：原始時代から昭和50年代後半まで/産業/医療/教育/交通/通信/治安/生活と文化ほか

## 【丹波山村】

丹波山村誌　丹波山村誌編纂委員会

◇丹波山村　1981.3　12, 195, 7p 図版2枚　22cm
[内容]総説：近世初頭から昭和54年までの歴史ほか/自然環境/生活文化/村落構造/生活の都市化　ほか

## 【北巨摩郡】

精髄北巨摩郡誌　精髄復刻版　北巨摩郡聯合教育會編纂

◇続　千秋社　1995.8　717p　22cm
[内容]総説：土地・住民/交通/産業/教育/神社及宗教/民情風俗(昭和5年に北巨摩郡教育会によって発行された「北巨摩郡勢一班」の中から内容を抽出して再編

集し、改題復刻したもの)

北巨摩郡誌　復刻版　山梨教育会北巨摩支会編

◇千秋社　1989.1　6, 7, 410p 図版 10 枚　22cm

内容 総説：古代から大正初期までの沿革・郡治、産業、民俗、教育など/町村誌：村沿革、村治、土木、人物誌など全 41 町村について(大正 4 年に山梨教育会北巨摩支会によって発行されたものの復刻版)

郷土誌　山梨県教育会北巨摩郡第一支会郷土部編

◇山梨県教育会北巨摩郡第一支会郷土部　1937　228p　A5

北巨摩郡勢一班　北巨摩郡聯合教育會

◇中巻(復刻版)　北巨摩郡聯合教育會　1930.3　1356, 39p　22cm

内容 総説：土地、住民/郡治、財政、交通、産業、教育、民情風俗ほか

北巨摩郡誌　青柳晴雄著

◇山梨教育会北巨摩支部　1915　410p　A5

【東八代郡】

東八代郡誌　復刻版　山梨教育会東八代支会編

◇千秋社　1987.11　2, 2, 12, 1102p　22cm

内容 天然地理：位置面積, 地勢, 地質, 気象ほか/人文地理：郡の沿革, 郡治, 町村誌, 土地, 教育, 人物・風俗ほか(大正 3 年に山梨教育会東八代支会によって発行されたものの復刻版)

東八代郡誌　山梨教育会八代支会編

◇秀英舎　1924　1102p　A5

【東山梨郡】

東山梨郡誌　復刻版　山梨教育会東山梨支会編

◇千秋社　1987.11　8, 21, 1088p　22cm

内容 総説：位置, 地勢, 戸数人口, 産業, 郡治, 教育, 宗教, 人情風俗ほか/町村誌：全 23 町村ことの沿革, 村治, 産物, 建物など(大正 5 年に山梨教育会東山梨支会によって刊行されたものの復刻版)

東山梨郡誌　山梨教育会東山梨支会編

◇山梨教育会東山梨支会　1926　1088p　A5

【南巨摩郡】

南巨摩郡郷土史概要　南巨摩郡連合教育会編

◇萩原右三郎　1934　90p　A5

【南都留郡】

南都留郡誌　山梨県教育会南都留支会編

◇内藤加我　1909　112p　A5

## 長野県

**長野県史**　長野県編

◇近世史料編 第1巻1 東信地方　長野県史刊行会　1971.12　3, 1023p　22cm
　内容 天正18年から慶応3年までの領知, 戸口, 土地ほか

◇近世史料編 第1巻2 東信地方　長野県史刊行会　1972.3　4, 4, 956, 35, 8p　22cm
　内容 天正18年から慶応3年までの大名, 旗本, 幕府領

◇近世史料編 第2巻1 東信地方　長野県史刊行会　1978.3　4, 1024p　22cm
　内容 天正18年から慶応3年までの大名, 旗本, 幕府領

◇近世史料編 第2巻2 東信地方　長野県史刊行会　1979.2　3, 6, 1014, 59, 11p　22cm
　内容 天正18年から慶応3年までの大名, 旗本, 幕府領

◇近世史料編 第3巻1 南信地方　長野県史刊行会　1977.1　1275, 38p　22cm
　内容 天正18年から慶応3年まで大名, 旗本, 幕府領

◇近世史料編 第4巻1 南信地方　長野県史刊行会　1977.1　3, 6, 1275, 38, 7p　22cm
　内容 天正18年から慶応3年までの大名, 旗本, 幕府領

◇近世史料編 第4巻2 南信地方　長野県史刊行会　1982.7　3, 4, 1044p　22cm
　内容 天正18年から慶応3年までの大名, 旗本, 幕府領

◇近世史料編 第4巻3 南信地方　長野県史刊行会　1983.3　3, 6, 1042, 77, 11p　22cm
　内容 天正18年から慶応3年までの大名, 旗本, 寺社, 幕府領

◇近世史料編 第5巻1 中信地方　長野県史刊行会　1973.8　3, 3, 1018p　22cm
　内容 天正18年から慶応3年までの大名領など

◇近世史料編 第5巻2 中信地方　長野県史刊行会　1974.3　3, 3, 977p　22cm
　内容 天正19年から慶応3年までの大名, 旗本幕府領

◇近世史料編 第5巻3 中信地方　長野県史刊行会　1974.9　3, 4, 990, 68, 9p　22cm
　内容 天正18年から慶応3年までの大名領, 旗本領, 幕府領

◇近世史料編 第6巻1 中信地方　長野県史刊行会　1979.12　3, 774, 26, 6p　22cm
　内容 天正18年から慶応3年までの徳川家康領, 尾張領

◇近世史料編 第7巻1 北信地方　長野県史刊行会　1981.2　3, 4, 1020p　22cm
　内容 天正18年から慶応3年までの大名, 旗本, 寺社, 幕領

◇近世史料編 第7巻2 北信地方　長野県史刊行会　1981.9　4, 989p　22cm
　内容 天正18年から慶応3年までの大名, 旗本, 幕府領

◇近世史料編 第7巻3 北信地方　長野県史刊行会　1982.3　3, 5, 1033, 99, 14p　22cm
　内容 天正18年から慶応3年までの大名, 旗本, 寺社, 幕府領

◇近世史料編 第8巻1 北信地方　長野県史刊行会　1975.9　4, 3, 830p　22cm
　内容 天正18年から慶応3年までの大名領, 旗本領

◇近世史料編 第8巻2 北信地方　長野県史刊行会　1976.3　5, 822, 55, 10p　22cm
　内容 天正18年から慶応3年までの大名、幕府領
◇近世史料編 第9巻 全県　長野県史刊行会　1984.2　987, 4p　22cm
　内容 天正18年から慶応3年までの領和、諸産業、流通経済、交通運輸ほか、付、絵図
◇近代史料編 第1巻 政治・行政 維新　長野県史刊行会　1980.3　1226, 70, 9p　22cm
　内容 幕末から明治4年(1871)まで
◇近代史料編 第2巻1 政治・行政 県政　長野県史刊行会　1981.10　1155, 34, 8p　22cm
　内容 明治4年(1871)から昭和20年(1945)まで
◇近代史料編 第2巻2 政治・行政 郡政　長野県史刊行会　1982.12　792, 46, 7p　22cm
　内容 明治11年(1878)の「郡区町村編制法」制定時から大正15年(1926)の郡役所廃止まで
◇近代史料編 第2巻3 政治・行政 市町村政　長野県史刊行会　1984.3　1090, 54, 10p　22cm
　内容 明治4年(1871)の区制施行から昭和20年(1945)まで
◇近代史料編 第3巻1 政治・行政 民権・選挙　長野県史刊行会　1983.12　1023, 25, 9p　22cm
　内容 明治5年(1872)から昭和20年まで
◇近代史料編 第3巻2 政治・行政 地租改正・税制　長野県史刊行会　1987.3　1021, 30, 10p　22cm
　内容 地租改正は明治5年(1872)から明治40年(1907)まで、税制は明治4年(1871)から昭和20年(1945)まで
◇近代史料編 第4巻 軍事・警察・司法　長野県史刊行会　1988.3　1001, 19, 10p　22cm
　内容 明治4年(1871)から昭和20年(1945)まで
◇近代史料編 第5巻3 産業 蚕糸業　長野県史刊行会　1980.3　1010, 125, 8p　22cm
　内容 明治元年(1868)から昭和20年(1945)まで
◇近代史料編 第5巻4 産業 林業・水産業・鉱工業　長野県史刊行会　1986.3　1043, 20, 18p　22cm
　内容 明治4年(1871)から昭和20年(1945)まで
◇近代史料編 第5巻2 産業 農業　長野県史刊行会　1989.3　1045, 17, 10p　22cm
　内容 明治2年(1869)から昭和20年(1945)まで
◇近代史料編 第5巻1 産業 産業政策・産業団体　長野県史刊行会　1991.3　1, 2, 2, 1047, 16, 10p　22cm
　内容 明治2年(1869)から昭和20年(1945)まで
◇近代史料編 第6巻 流通経済 商業・金融　長野県史刊行会　1990.4　1, 3, 3, 1042, 10, 15p　22cm
　内容 明治元年(1868)から昭和20年(1945)まで
◇近代史料編 第7巻 交通・通信　長野県史刊行会　1981.12　932, 59, 10p　22cm
　内容 明治元年(1868)から昭和20年(1945)まで
◇近代史料編 第8巻3 社会 社会運動・社会政策　長野県史刊行会　1984.10　1, 3, 3, 1203, 31, 9p　22cm
　内容 明治14年(1881)から昭和20年(1945)まで
◇近代史料編 第8巻1 社会 戸口・社会集団　長野県史刊行会　1987.1　1056, 7, 24p　22cm
　内容 明治元年(1868)から昭和20年(1945)まで

◇近代史料編 第 8 巻 2 社会 衛生・防災　長野県史刊行会　1987.12　969, 17, 10p　22cm
　内容　明治元年(1868)から昭和 20 年(1945)

◇近代史料編 第 9 巻 教育　長野県史刊行会　1985.10　1026, 27, 10p　22cm
　内容　明治 3 年(1870)から昭和 20 年(1945)まで

◇近代史料編 第 10 巻 1 文化 宗教　長野県史刊行会　1982.5　1018, 31, 11p　22cm
　内容　明治元年(1868)から昭和 20 年(1945)まで

◇近代史料編 第 10 巻 2 文化 学芸・スポーツ　長野県史刊行会　1990.9　1092, 29, 7p　22cm
　内容　明治 3 年(1870)から昭和 20 年(1945)まで

◇近代史料編 別巻 統計 1　長野県史刊行会　1989.10　850, 4p　27cm
　内容　明治初年から昭和 20 年(1945)までの土地, 気候, 人口, 行財政ほか

◇近代史料編 別巻 統計 2　長野県史刊行会　1985.3　12, 816, 4p　27cm
　内容　明治初期から昭和 20 年(1945)まで

◇考古資料編 1 遺跡地名表　長野県史刊行会　1981.3　917p　27cm
　内容　遺跡地名表, 長野県考古学関係文献目録

◇考古資料編 2 主要遺跡 北・東信　長野県史刊行会　1982.12　11, 825p　27cm
　内容　先土器時代から歴史時代まで

◇考古資料編 3 主要遺跡 中信　長野県史刊行会　1983.3　3, 5, 345p　27cm
　内容　先土器時代から歴史時代まで

◇考古資料編 3 主要遺跡 南信　長野県史刊行会　1983.3　5, 12, 1329p　27cm
　内容　先土器時代から歴史時代まで

◇考古資料編 4 遺構・遺物　長野県史刊行会　1988.3　1095, 8p 挿図 (8 枚)　27cm
　内容　先土器時代から奈良・平安時代にいたる主要な遺構・遺物を集成

◇通史編 第 1 巻 原始・古代　長野県史刊行会　1989.3　18, 907, 21, 11, 8, 13p　22cm
　内容　4 万年前から平安時代末期まで

◇通史編 第 2 巻 中世 1　長野県史刊行会　1986.3　12, 595, 19, 6, 6, 9, p　22cm
　内容　平安末期(12 世紀後半)から鎌倉末期(14 世紀前半)まで

◇通史編 第 3 巻 中世 2　長野県史刊行会　1987.3　6, 696, 9, 7, 11p　22cm
　内容　南北朝の内乱(14 世紀前半)から天正 18 年の後北条氏滅亡まで

◇通史編 第 4 巻 近世 1　長野県史刊行会　1987.3　10, 650, 42, 8, 6, 8p　22cm
　内容　豊臣政権の信濃支配(16 世紀末)から元禄年間(17 世紀末)まで

◇通史編 第 5 巻 近世 2　長野県史刊行会　1988.3　9, 657, 4, 8, 5, 9p　22cm
　内容　元禄年間(17 世紀末)から天明年間(18 世紀末)まで

◇通史編 第 6 巻 近世 3　長野県史刊行会　1989.3　13, 922, 4, 9, 5, 10p　22cm
　内容　18 世紀末の天明飢饉から明治維新前夜まで

◇通史編 第 7 巻 近代 1　長野県史刊行会　1988.3　19, 863, 9, 6, 15p　22cm
　内容　明治維新から日露戦争後の明治 40 年(1907)ごろまで

◇通史編 第 8 巻 近代 2　長野県史刊行会　1989.3　16, 791, 8, 6, 14p　22cm

長野県　　　　　　　　　　　　　　　　　　　　　　　　　長野県

　[内容] 大正 3 年(1914)から大正 15 年
　　(1926)まで
◇通史編 第 9 巻 近代 3　長野県史刊行
　会　1990.3　13, 630, 8, 5, 10p
　22cm
　[内容] 昭和戦前期(大正 8 年)から昭和 20
　　年(1945)ころまで
◇通史編 別巻 年表・索引 年表　長野県
　史刊行会　1992.2　2, 2, 949, 3p
　22cm
　[内容] 原始・古代から昭和 20 年(1945)まで
◇通史編 別巻 年表・索引 索引　長野県
　史刊行会　1992.2　2, 337p　22cm
　[内容] 原始・古代から昭和 20 年(1945)まで
◇美術建築資料編 1 美術工芸 写真集
　長野県史刊行会　1992.3　11, 648p
　31cm
　[内容] 絵画, 彫刻, 金工, 漆工ほか
◇美術建築資料編 1 美術工芸 解説　長
　野県史刊行会　1992.3　9, 377, 4, 25p
　31cm
　[内容] 絵画, 彫刻, 金工, 漆工, 陶磁ほか
◇美術建築資料編 2 建築 写真集　長野
　県史刊行会　1990.3　280p　31cm
　[内容] 宗教建築, 城郭, 殿舎・陣屋・藩校・
　　関所ほか
◇美術建築資料編 2 建築 解説　長野県
　史刊行会　1990.3　2, 6, 437, 4, 4p
　31cm
　[内容] 宗教建築, 城郭, 殿舎, その他など
◇方言編 全 1 巻　長野県史刊行会
　1992.3　1, 11, 944, 8, 3p　22cm
　[内容] 長野県各地の方言, 長野県言語地図,
　　テキスト方言訳
◇民俗編 第 1 巻 1 東信地方 日々の生活
　長野県史刊行会　1986.3　2, 1, 2, 3,
　16, 22, 692, 14, 21, 24p, 図版 9 枚
　22cm
　[内容] 社会生活, 人の一生, 住居, 衣生活, 食
　　生活
◇民俗編 第 1 巻 2 東信 地方 仕事と行事

長野県史刊行会　1986.12　691, 26,
27, 22p, 図版 11 枚　22cm
　[内容] 生産：生業, 交通・交易, 年中行事,
　　民間信仰
◇民俗編 第 1 巻 3 東信地方 ことばと伝
　承　長野県史刊行会　1987.3　1, 2, 4,
　9, 543, 4, 15, 7, 12p, 図版 11 枚
　22cm
　[内容] 民俗知識, 民俗芸能, 口頭伝承
◇民俗編 第 2 巻 1 南信地方 日々の生活
　長野県史刊行会　1988.1　996, 30,
　37p, 図版 11 枚　22cm
　[内容] 社会生活, 人の一生, 住居, 衣生活, 食
　　生活
◇民俗編 第 2 巻 2 南信地方 仕事と行事
　長野県史刊行会　1988.7　857, 30,
　32p, 図版 11 枚　22cm
　[内容] 社会生活, 人の一生, 住居, 衣生活, 食
　　生活
◇民俗編 第 2 巻 3 南信地方 ことばと伝
　承　長野県史刊行会　1989.2　1, 2, 4,
　11, 670, 4, 20, 6, 16p, 図版 11 枚
　22cm
　[内容] 民俗知識, 民俗芸能, 口頭伝承
◇民俗編 第 3 巻 1 中信地方 日々の生活
　長野県史刊行会　1989.3　2, 1, 2, 4,
　17, 24, 915, 26, 36p, 図版 11 枚
　22cm
　[内容] 社会生活, 人の一生, 住居, 衣生活, 食
　　生活
◇民俗編 第 3 巻 2 中信地方 仕事と行事
　長野県史刊行会　1989.9　822, 29,
　23p, 図版 11 枚　22cm
　[内容] 生産・生業, 交通・交易, 年中行事,
　　民間信仰
◇民俗編 第 3 巻 3 中信地方 ことばと伝
　承　長野県史刊行会　1990.2　1, 2, 4,
　10, 510, 4, 18, 7, 11, 64p, 図版 11 枚
　22cm
　[内容] 民俗知識, 民俗芸能, 口頭伝承
◇民俗編 第 4 巻 1 北信地方 日々の生活
　長野県史刊行会　1984.3　779, 22,

25p, 図版4枚　22cm
　内容　社会生活, 人の一生, 住居, 衣生活, 食生活

◇民俗編 第4巻2 北信地方 仕事と行事　長野県史刊行会　1985.3　765, 26, 30p, 図版8枚　22cm
　内容　生産・生業, 文通・交易, 年中行事, 民間信仰

◇民俗編 第4巻3 北信地方 ことばと伝承　長野県史刊行会　1986.3　555, 4, 43, 14p, 図版8枚　22cm
　内容　民俗知識, 民俗芸能, 口頭伝承

◇民俗編 第5巻 総説1 概説　長野県史刊行会　1991.4　2, 15, 25, 903, 4, 10, 13p　22cm
　内容　日々の生活, 仕事と行事, ことばと伝承

◇民俗編 第5巻 総説2 さまざまな暮らし　長野県史刊行会　1991.12　15, 573, 40, 3, 6, 7, 249p　22cm
　内容　自然と伝承, 暮らしと伝承, こころと伝承

信州の昭和史　長野県近代百年の記録
◇毎日新聞社　1982.9　2冊　31cm

諏訪史　鳥井竜蔵等編
◇第1—3巻　信濃教育会諏訪部会　1924-1954　4冊　A5

信濃郷土誌　信濃教育会編
◇信濃毎日新聞社　1939　164p　A5

躍進長野県誌　長野県誌編纂所編
◇長野県誌編纂所　1939　1961p　B5

長野県町村誌　長野県編
◇1—3　昭11　3冊　B5

【長野市】

新諏訪町七十周年記念誌　新諏訪町七十周年記念誌編集委員会
◇長野市新諏訪町　2006.9　6, 859p　22cm
　内容　弥生時代から平成18年まで

長野市誌　長野市誌編さん委員会編
◇第1巻 自然編　長野市　1997.10　9, 568, 13p　27cm
　内容　地形・地質, 土壌, 陸水, 気象ほか

◇第2巻 歴史編 原始・古代・中世　長野市　2000.1　18, 1147, 20p　22-27cm
　内容　旧石器時代から戦国時代まで

◇第3巻 歴史編 近世1　長野市　1991.2　16, 912, 19p　22-27cm
　内容　慶長3年から慶応4年までの政治, 町と村, 諸産業, 水と山の利用, 街道と宿駅など

◇第4巻 歴史編 近世2　長野市　2004.1　16, 914, 20p　22-27cm
　内容　慶長3年から慶応4年までの商品流通, 諸災害, 民衆信仰ほか

◇第5巻 歴史編 近代1　長野市　1997.10　12, 822, 18p　22-27cm
　内容　明治維新から明治30年代まで

◇第6巻 歴史編 近代2　長野市　2000.12　11, 898, 21p　22-27cm
　内容　明治40年代から日中戦争の敗戦まで

◇第7巻 歴史編 現代　長野市　2004.1　11, 914, 23p　22-27cm
　内容　昭和20年(1945)から平成12年(2000)ころまで

◇第8巻 旧市町村史編 旧水内郡旧上高井郡　長野市　1997.10-2005.1　56, 968, 15p　22-27cm
　内容　各地区のあらまし, 遺跡と遺稿, 神社と寺院, 村(町)のようすと騒動ほか

◇第9巻 旧市町村史編 旧更級郡旧埴科郡　長野市　2001.2　64, 934, 18p　22-27cm

[内容] 各地区のあらまし,遺跡と遺構,神社と寺院,村(町)のようすと騒動ほか

◇第10巻 民俗編 長野市 1998.12 10, 898, 24, 15p 22-27cm
[内容] 長野市の民俗,民俗の諸相

◇第11巻 資料編 自然 長野市 2000.12 4, 457, 13p 22-27cm
[内容] 地形・地質,土壌,陸水,気象,植物,動物,付図あり

◇第12巻 資料編 原始・古代・中世 長野市 2003.3 14, 696, 27p 22-27cm
[内容] 考古資料:旧石器時代から近世まで/文献資料:景行天皇40年から慶長3年まで

◇第13巻 資料編 近世 長野市 1997.10 6, 2, 939, 43, 21p
[内容] 慶長6年から慶応3年まで

◇第14巻 資料編 近現代 長野市 2002.2 8, 887, 25, 12p 22-27cm
[内容] 明治2年(1869)から平成10年(1998)まで

◇第15巻 総集編 長野市 2004.12 16, 488, 20p 22-27cm
[内容] 長野市の文化財と史跡,長野市域の自然,歴史,民俗

◇第16巻 歴史編 年表 長野市 2005.1 6, 3, 850, 28, 18p 22-27cm
[内容] 旧石器時代から平成16年(2004)まで

鬼無里村誌 鬼無里村誌編纂委員会,鬼無里村誌編集委員会編
◇鬼無里村 2004.12 512p 27cm
[内容] 自然:地形・地質,気象,生物/歴史:長禄2年から平成16年(2004)まで/民俗:民俗,口碑・伝説,文化財・文芸

区誌・広町のあゆみ 広町区誌編集委員会編
◇広町区誌刊行会 2004.3 115p 27cm

大岡村誌 大岡村誌編纂委員会編
◇自然編 大岡村誌刊行会 2003 374p 22cm
[内容] 縄文時代から平成9年(1997)まで
◇歴史編 大岡村誌刊行会 1998.3 764p 図版 22cm
[内容] 縄文時代から平成9年(1997)まで

豊野町誌 豊野町誌刊行委員会編
◇1 豊野町の自然 豊野町誌刊行委員会 1997.3 17, 317p 図版 27cm
[内容] 地形・地質,気象・気候,陸水,植物ほか
◇2 豊野町の歴史 豊野町誌刊行委員会 2000.3 13, 895p, 図版8枚 27cm
[内容] 旧石器時代から平成11年(1999)まで
◇3 豊野町の民俗と地区誌 豊野町誌刊行委員会 1998.3 16, 699p, 図版4枚 27cm
[内容] 生活と民族:衣生活,食生活,住生活,生産生業ほか/さまざまな民俗,地区誌
◇4 豊野町の年表 豊野町誌刊行委員会 1995.3 6, 506p, 図版4枚 27cm
[内容] 旧石器時代から平成6年(1994)まで
◇5 豊野町の資料1 豊野町誌刊行委員会 2001.3 545p 27cm
[内容] 旧石器時代から慶長3年まで
◇6 豊野町の資料2 豊野町誌刊行委員会 1996.3 553p 27cm
[内容] 慶長7年から平成7年(1995)まで

御幣川区誌 御幣川区誌編纂委員会編
◇御幣川区誌刊行委員会 1998.3 268p 27cm

田野口区史 田野口区史刊行会編
◇田野口区 1998.3 468p 図版 27cm

## 南堀区誌　南堀区誌編纂委員会編

◇長野市南堀区　1997.6　273p　27cm
  [内容] 縄文時代から平成9年(1997)まで

## わがまち芝澤のあゆみ　長野市篠ノ井芝沢区誌編集委員会著

◇長野市篠ノ井芝沢区　1996.3　20, 265p　27cm
  [内容] 自然と生活, 縄文時代から昭和63年(1988)まで

## 松代町史　大平喜間多編纂

◇上巻　松代町　1972.10　12, 18, 710p　22cm
  [内容] 地誌, 縄文時代から昭和3年(1928)ころまで(昭和4年刊の複刻)

◇下巻　松代町　1972.10　29, 693, 55p　22cm
  [内容] 宝暦年間から大正14年(1925)ごろまでの教育, 衛生, 交通運輸, 殖産興業ほか

◇続巻　臨川書店　1987.5　7, 954, 146p　22cm
  [内容] 大正期の松代の状況にはじまり, 昭和41年(1966)長野市合併まで

## 七瀬町誌　七瀬町誌編集委員会編

◇七瀬町公民館　1984.11　159p　26cm
  [内容] 自然, 慶長3年から昭和59年(1984)まで

## とよさか誌　とよさか誌編集委員会編

◇とよさか誌編集実行委員会　1982.9　23, 1192p, 図版2枚　22cm
  [内容] 自然：地形, 地質, 気象, 動植物/歴史：旧石器時代から昭和56年(1981)まで

## 古牧誌　古牧誌編集委員会編集

◇古牧誌刊行会　1981.12　12, 760p, 図版4枚　22cm
  [内容] 自然編：地形及び地質他/歴史編：大化元年から1979(昭54)まで

## 三水村誌　三水村誌編纂委員会編

◇三水村　1980.3　1649p 図版　22cm
  [内容] 自然編：地勢, 気象, 用水と溜池, 植物, 動物/歴史編：縄文時代から昭和52年(1977)まで

## 長野市史　長野市役所編

◇明治文献　1974.4　342, 35, 43p　22cm
  [内容] 弥生時代から大正8年(1919)まで

## 七二会村史　七二会村史編さん委員会編

◇七二会村史編さん委員会　1971.4　18, 1054p, 図版2枚　22cm
  [内容] 自然編：地質, 応用, 気象, 縄文から昭和41(1966)まで

## 塩崎村史　塩崎村史編集委員編

◇塩崎村史刊行会　1971　776p 図　27cm

## 鬼無里村史　鬼無里村史編集委員会編

◇鬼無里村　1967.4　764p 図版　22cm
  [内容] 地理と気象, 先土器(旧石器)時代から昭和40年(1965)まで

## 柵村誌　柵村誌編集委員会編

◇柵村誌刊行委員会　1967.4　4, 695p, 図版 [8]p　22cm
  [内容] 縄文時代から昭和32年(1957)まで

## 小田切村誌　小田切村誌編纂委員会編

◇小田切村誌刊行委員会　1965.8　12, 461p, 図版 [11]p　22cm
  [内容] 縄文時代から昭和40年(1965)まで

## 戸隠村誌　戸隠村誌刊行会編

◇戸隠村　1962.11　24, 4, 221p　22cm

内容 康平元年から昭和32年(1957)まで

豊野町誌　豊野町公民館郷土調査部編

◇豊野町公民館郷土調査部　1960.5　12, 711p, 図版18枚　22cm
内容 地文：地質, 植物, 動物, 天災／通史：縄文時代から昭和34年(1959)まで

昭和初十年の長野市　長野市役所

◇1940

〔水内郡腰村〕村誌　腰村編

◇新井義雄　1938

松代町史　大平喜間太編

◇上, 下巻　松代町役場　1929　2冊　A5

最近十年間の長野市　長野市役所編

◇長野市役所　1928

長沼村誌　成田篤信, 半田要太郎編

◇長沼村　1928　1冊　24cm

長野市史　長野市役所編

◇長野市役所　1925　420p　A5

二十年間の長野市　長野市役所編

◇長野市役所　1917　311p　A5

【松本市】

開村130年のあゆみ　安曇村(長野県)編

◇安曇村　2005　72p　30cm
内容 明治元年(1868)から平成17年(2005)まで

松本東町三丁目　東町三丁目町誌

◇東町三丁目町会　2000.9　117p　27cm

梓川村誌　梓川村誌編さん委員会編

◇自然・民俗編　梓川村誌編さん委員会　1993.5　335p　27cm
内容 自然編：地形・地質, 気象, 植物, 動物／民俗編：ムラのしくみとなりわい, 毎日のくらし, 生きる喜びと悲しみ

◇歴史編　梓川村誌編さん委員会　1994.3　957p 図版　27cm
内容 旧石器時代から昭和30年(1955)まで

◇続編　梓川村誌編さん委員会　1999.3　913p, 図版　27cm
内容 昭和30年(1955)から平成10年(1998)まで

安曇村誌　安曇村誌編纂委員会編

◇第1巻 自然　安曇村　1998.3　3, 718p　22cm
内容 地形, 地質, 気象, 陸水, 温泉, 植物, 動物

◇第2巻 歴史 上　安曇村　1997.3　17, 712p　22cm
内容 縄文時代から安永9年ごろまで

◇第3巻 歴史 下　安曇村　1998.3　27, 833p　22cm
内容 明治4年(1871)の廃藩置県から平成8年(1996)まで

◇第4巻 民俗　安曇村　1998.3　35, 829p　22cm
内容 村の環境と民俗, ムラのしくみと生活, 作子・働く, 交通・交易, 衣食住ほか

松本市史　松本市編

◇第1巻 自然編　松本市　1996.9　912p　22cm
内容 総説, 地形・地質, 土壌, 気象, 陸水ほか

◇第2巻 歴史編1 原始・古代・中世　松本市　1996.9　920p　22cm
内容 旧石器時代から戦国時代の天正18年まで

◇第2巻 歴史編2 近世　松本市　1995.11　994p　22cm
内容 天正10年から明治4年(1871)まで

◇第 2 巻 歴史編 3 近代　松本市
1995.11　950p　22cm
内容 明治元年(1868)から昭和 20 年(1945)まで

◇第 2 巻 歴史編 4 現代　松本市
1997.9　986p　22cm
内容 昭和 20 年(1945)から平成 8 年(1996)まで

◇第 3 巻 民俗編　松本市　1997.9
896p　22cm
内容 松本市域に生きる,分布図でみる松本の民俗

◇第 4 巻 旧市町村編 1　松本市　1995.3
960p　22cm
内容 松本町,松本村,旧松本市の旧石器時代から平成 6 年(1994)まで

◇第 4 巻 旧市町村編 2　松本市　1994.3
926p　22cm
内容 島内,島立,新村,和田,今井の 5 地区の旧石器時代から平成 5 年(1993)ころまで

◇第 4 巻 旧市町村編 3　松本市
1993.11　1074p　22cm
内容 神林・笹賀・芳川・寿・内田の 5 地区の縄文時代から昭和 57 年(1982)ごろまで

◇第 4 巻 旧市町村編 4　松本市　1994.9
978p　22cm
内容 中山・岡田・入山辺・里山辺・本郷の 5 地区の旧石器時代から平成 4 年(1992)ころまで

◇第 5 巻 地名・年表・索引　松本市
1998.3　871p　22cm
内容 地名:明治 18 年(1885)から昭和 53 年(1978)まで/年表:40 万年前から平成 9 年(1997)まで

奈川　奈川村誌　奈川村誌編纂委員会編

◇自然編　奈川村誌刊行委員会
1992.11　181p　27cm
内容 地形と地質,気候・気象,動物,植物

◇民俗編　奈川村誌刊行委員会
1996.11　345p　27cm

内容 村の組織と生業,村人の生活,人の一生ほか

◇歴史編　奈川村誌刊行委員会　1994.5
627p　27cm
内容 縄文時代から平成 5 年(1993)まで

和田の歴史　松本市和田地区歴史資料編纂会編

◇松本市和田地区歴史資料編纂会
1995.2　886p,図版 4 枚　27cm
内容 縄文時代から平成 6 年(1994)まで

開村 120 年のあゆみ　安曇村編

◇安曇村　1994.10　56p　30cm
内容 明治 7 年(1874)から平成 6 年(1994)まで

今井地区誌　今井地区誌編纂会編

◇今井地区誌編纂会　1990.3　1015p　22cm

東筑摩郡・松本市・塩尻市誌　東筑摩郡・松本市・塩尻市郷土資料編纂会編

◇第 1 巻 自然　信毎書籍出版センター　1984.4　1182p 図版　22cm
内容 地形地質,土壌,陸水,気候,動物,植物

◇第 2 巻 歴史 上　信毎書籍出版センター　1984.10　6, 31, 1242p 図版　22cm
内容 先土器時代から天正 17 年,兵農分離まで

◇第 2 巻 歴史 下　信毎書籍出版センター　1985.2　6 冊 図版　22cm
内容 天正 18 年石川数正の松本城入部にはじまり,明治 2 年(1869)戸田光則の版籍奉還までPG：6,23,1218p

◇第 3 巻 現代 上　信毎書籍出版センター　1984.6　36, 1221p 図版　22cm
内容 明治元年(1868)から昭和 32 年(1957)ころまで

◇第 3 巻 現代 下　信毎書籍出版セン

ター　1984.9　39, 1186p 図版　22cm
　内容 明治5年(1872)から昭和37年(1962)まで
◇第4巻 年表・索引　信毎書籍出版センター　1985　11, 681, 20p 図版　22cm
　内容 年表：推古3年から昭和49年(1984)まで

**本郷村誌**　本郷村誌編纂会編
◇本郷村誌編纂会　1983.5　52, 1328p 図版2枚　22cm
　内容 自然：地形と地質, 陸水, 気候, 植物, 動物/歴史：縄文時代から昭和48年(1973)まで

**四賀村誌**　四賀村誌編纂会
◇四賀村　1978.3　18, 956, 46p 図版20枚　22cm
　内容 自然：地形と地質, 土壌, 気候, 動物, 植物/歴史：縄文時代から1977年(昭和52)まで

**松本市史**　限定版　松本市役所編
◇上巻　名著出版　1973.9　900p　22cm
　内容 縄文時代から慶応3年まで
◇下巻　名著出版　1973.9　1030p　22cm
　内容 現代：明治元年(1868)から昭和3年(1973)まで, 社寺教会ほか

**安曇村誌**　栗岩英治等著
◇安曇村　1940　287p　B6

**芳川村誌**　相場兵一郎編
◇相場兵一郎　1936　278, 20p　23cm

**松本市史**　松本市編
◇上, 下巻　松本市　1933　2冊　23cm

**松本**　松本市役所編
◇松本市役所　1931　50p　B6

## 【上田市】

**上田市誌**　上田市誌編さん委員会編集
◇自然編 資料　上田市, 上田市誌刊行会　2002.3　110p　26cm
　内容 上田の地質と土壌, 上田の気象と川や湖, 上田の動物と植物
◇1. 自然編(1)上田の地質と土壌　上田市, 上田市誌刊行会　2002.3　11, 204p　26cm
　内容 上田の地質, 上田の土壌
◇2. 自然編(2)上田の気象と川や湖　上田市, 上田市誌刊行会　1999.11　11, 223p 図版　26cm
　内容 上田の気象, 上田の川や湖
◇3. 自然編(3)上田の動物と植物　上田市, 上田市誌刊行会　2001.3　12, 276p　26cm
　内容 上田の動物, 上田の植物
◇4. 歴史編(1)上田盆地のあけぼの　上田市, 上田市誌刊行会　2000.3　14, 219p 図版　26cm
　内容 旧石器時代の始期から, 縄文時代の終期まで
◇5. 歴史編(2)上田の弥生・古墳時代　上田市, 上田市誌刊行会　2000.11　15, 202p 図版　26cm
　内容 弥生時代の初めから古墳時代の終わりまで
◇6. 歴史編(3)東山道と信濃国分寺　上田市, 上田市誌刊行会　2000.11　16, 213p 図版　26cm
　内容 奈良時代の初めから平安時代の終わりまで
◇7. 歴史編(4)上田の荘園と武士　上田市, 上田市誌刊行会　2001.10　220p 挿図　26cm
　内容 鎌倉時代の初めから南北朝時代の終わりまで
◇8. 歴史編(5)室町・戦国時代の争乱　上田市, 上田市誌刊行会　2001.10

211p 挿図 26cm
　内容 室町時代の初めから戦国時代の終わりまで

◇ 9. 歴史編(6)真田氏と上田城　上田市,上田市誌刊行会　2002.10　198p 挿図　26cm
　内容 天文15年前後から元和8年ころまで

◇ 10. 歴史編(7)城下町上田　上田市,上田市誌刊行会　2002.10　235p 挿図　26cm
　内容 元和8年から江戸時代末まで

◇ 11. 歴史編(8)近世の交通と上田宿　上田市,上田市誌刊行会　2003.10　16, 195p, 巻頭図版2枚 挿図　26cm
　内容 慶長6年から明治初期まで

◇ 12. 歴史編(9)近世の農民生活と騒動　上田市,上田市誌刊行会　2003.10　18, 231p, 巻頭図版2枚 挿図　26cm
　内容 天正期から明治初年頃まで

◇ 13. 歴史編(10)近世の庶民文化　上田市,上田市誌刊行会　2004.3　13, 194p, 図版 [2]枚　26cm
　内容 文化文政期の前後の庶民文化

◇ 14. 近現代編(1)新しい社会を求めて　上田市,上田市誌刊行会　2002.10　24, 272p 図版2枚　26cm
　内容 江戸後期から平成9年(1997)まで

◇ 15. 近現代編(2)蚕都上田の栄光　上田市,上田市誌刊行会　2003.3　18, 216p, 図版2枚 図版　26cm
　内容 古代から現代(平成14年)までの蚕糸業のあゆみ

◇ 16. 近現代編(3)現代産業へのあゆみ　上田市,上田市誌刊行会　2002.10　24, 275p, 巻頭図版2枚 挿図　26cm
　内容 明治から平成10年代までの産業発達の変遷

◇ 17. 近現代編(4)変わる人や物の流れ　上田市,上田市誌刊行会　2003.10　20, 220p, 図版2枚　26cm
　内容 明治2年(1869)から平成8年(1996)ごろまで

◇ 18. 近現代編(5)生涯学習と文化活動　上田市,上田市誌刊行会　2001.3　21, 228p, 図版2枚　26cm
　内容 明治初期から平成初期まで

◇ 19. 近現代編(6)上田の風土と近代文学　上田市,上田市誌刊行会　2000.3　26, 217p 図版　26cm
　内容 明治時代から昭和戦前まで

◇ 20. 近現代編(7)上田市民のくらしと戦争　上田市,上田市誌刊行会　2000.11　21, 219p 図版　26cm
　内容 慶応年間から平成10年(1998)まで

◇ 21. 近現代編(8)学校教育のあゆみ　上田市,上田市誌刊行会　2003.10　20, 219p 図版　26cm
　内容 江戸時代後期から平成時代初期にいたるまで

◇ 22. 近現代編(9)人権の確立と女性のあゆみ　上田市,上田市誌刊行会　2002.3　21, 236p, 図版2枚　26cm
　内容 江戸時代から昭和時代の終わりまで

◇ 23. 民俗編(1)人の一生と社会生活　上田市,上田市誌刊行会　2000.3　28, 164p 図版　26cm
　内容 社会生活,人の一生

◇ 24. 民俗編(2)衣食住とくらし　上田市,上田市誌刊行会　2001.3　22, 220p, 図版2枚　26cm
　内容 衣生活,食生活,住生活

◇ 25. 民俗編(3)信仰と芸能　上田市,上田市誌刊行会　2002.3　28, 196p 図版2枚　26cm
　内容 年中行事,民間信仰,民俗芸能

◇ 26. 民俗編(4)昔語りや伝説と方言　上田市,上田市誌刊行会　2003.3　18, 212p 図版2枚　26cm
　内容 民俗知識,口頭伝承,方言

◇ 27. 文化財編 上田市の文化財　上田市,上田市誌刊行会　1999.11　18,

264p 図版　26cm
[内容] 国・県・市で指定された建造物, 美術工芸品, 古文書, 民俗文化財, 記念物, 付文化財編資料

◇28. 人物編 明日をひらいた上田の人びと　上田市, 上田市誌刊行会　2003.3 15, 269p 図版 2 枚　26cm
[内容] 上田市内, 市外生まれ市内外で活躍した人物

◇29. 別巻(1)総説上田の歴史　上田市, 上田市誌刊行会　2004.3　19, 247p, 図版 [2]枚　26cm
[内容] 上田盆地の原始時代から 2000 年まで

◇30. 別巻(2) 図でみる街や村のうつりかわり　上田市, 上田市誌刊行会　1999.11　219p 図版　37cm
[内容] 明治 20 年代から平成 10 年(1998)までの地区別に収載

◇31. 別巻(3)上田市の年表付索引　上田市, 上田市誌刊行会　2004.11　7, 213p, 図版 [1]枚　26cm
[内容] 旧石器文化から平成 16 年(2004)まで

**長島区誌**　長島区誌編集委員会編

◇長島区誌刊行会　2003.5　734p, 図版 4 枚　22cm
[内容] 縄文時代から平成 11 年(1999)まで

**真田町誌**　真田町誌編纂委員会編

◇近代・現代編　真田町誌刊行会　2002.3　648, 6p　22cm
[内容] 明治元年から平成 10 年まで

◇自然編　真田町誌刊行会　1997.1 588, 14p　22cm
[内容] 地形と地質, 土壌, 河川と水質, 気候, 植物, 脊椎動物ほか

◇民俗編　真田町誌刊行会　2000.3 609, 14p　22cm
[内容] 社会生活, 人の一生, 住居, 衣生活, 食生活, 生産・生業ほか

◇歴史編 上　真田町誌刊行会　1998.3 685, 8p　22cm
[内容] 旧石器時代から天正 10 年まで

◇歴史編 下　真田町誌刊行会　1999.3 630, 8p　22cm
[内容] 慶長 20 年から明治 2 年(1869)まで

**上田小県誌**　上田小県誌刊行会編

◇第 1 巻 歴史編 上 2 古代・中世　小県上田教育会　1980.5　1049, 4p　22cm

◇第 2 巻 歴史編 下　小県上田教育会 1960　804p 図版 地図　21cm
[内容] 政治とそのしくみ, 検地, 貢租, 村と農民, 入会と山論ほか

◇第 3 巻 社会編　小県上田教育会 1968　1321p 図版　22cm
[内容] 政治, 人口と集落, 産業と経済, 交通通信, 教育と文化ほか

◇第 4 巻 自然篇　小県上田教育会 1963　910p 図版　22cm
[内容] 地形, 地質, 土壌, 陸水, 気候, 植物, 動物

◇第 5 巻 補遺・資料篇　小県上田教育会 1973　2 冊　22cm
[内容] 歴史・社会, 住居, 民俗, 社会篇資料, 自然ほか

◇第 6 巻 歴史編 上 1 考古　小県上田教育会　1995.3　1274p　22cm

**丸子町誌**　丸子町誌編纂委員会編

◇自然編　丸子町, 丸子町誌刊行会 1992.11　505p　27cm
[内容] 地理, 地形, 地質, 土壌, 陸水, 気象ほか

◇民俗編　丸子町, 丸子町誌刊行会 1992.11　458p　27cm
[内容] 衣食住, 生産・生業, 交通・交易, 民間信仰, 民俗知識ほか

◇歴史資料編　丸子町, 丸子町誌刊行会 1992.3　356, 116p　27cm

内容 縄文時代から平成3年(1991)まで
◇歴史編 上　丸子町, 丸子町誌刊行会
　1992.3　606p　27cm
　　　内容 縄文時代から慶応2年まで
◇歴史編 下　丸子町, 丸子町誌刊行会
　1992.3　550p　27cm
　　　内容 慶応3年から平成元年(1989)まで

川辺町史　川辺町史編纂委員会編
◇川辺町史編纂委員会　1990.7　372p
　27cm
　　　内容 縄文時代から平元年(1989)まで, 農業・山林, 商業, 工業, 交通・通信, 教育ほか

武石村誌
◇第1篇 自然と風土　武石村誌刊行会
　1989.12　15, 470p　22cm
　　　内容 地勢, 川, 気象, 植物, 動物
◇第2篇 村の歴史　武石村誌刊行会
　1989.12　9, 515p　22cm
　　　内容 縄文時代から元治2年ごろまで
◇第3篇 民俗　武石村誌刊行会
　1989.12　17, 308p　22cm
　　　内容 年中行事, 人の一生, 衣食住, 生産・生業ほか
◇第4篇 現代　武石村誌刊行会
　1989.12　18, 624p　22cm
　　　内容 明治維新から平成元年(1989)まで

神科村誌　神科村誌編集委員会編
◇神科村誌刊行会　1968.11　11, 481p, 図版21枚　22cm
　　　内容 明治元年(1868)から昭和42年(1967)まで

長村誌
◇長野県小県郡真田町長財産区　1967.7
　32, 764, 14p, 図版 [5]p　22cm
　　　内容 無土器時代から昭和41年(1966)まで
◇補遺　長野県小県郡真田町長財産区
　1967.7　25p, 図版 [5]p　22cm

　　　内容 補遺, 越の日記

上田市史　上田市編
◇上巻　1940　1129p　22cm
◇下巻　1940　1370p　22cm

上田市史　上田市編輯
◇上巻　1974　1110p　22cm
　　　内容 昭和15年刊の複製
◇下巻　1974　1352p　22cm
　　　内容 昭和15年刊の複製

【岡谷市】

新倉区誌　新倉区誌編纂委員会編
◇新倉区　2001.10　737p　22cm

岡谷区誌　岡谷区誌編纂委員会編
◇岡谷市岡谷区　1996.9　23, 808p, 図版8枚　22cm
　　　内容 縄文時代から平成7年(1995)まで

東堀区誌　東堀区誌編纂委員会編纂
◇岡谷市長地東堀区　1988.11　7, 439p, 図版4枚　22cm
　　　内容 先土器時代から昭和60年(1985)まで

岡谷市史　復刻　岡谷市編
◇上巻　岡谷市　1984.7　16, 1059p　22cm
　　　内容 縄文時代から明治4年(1871)まで
◇中巻　岡谷市　1984.7　7, 984p　22cm
　　　内容 安政6年から昭和20年(1945)まで

平野村誌　復刻　長野県諏訪郡平野村編纂
◇上巻　岡谷市　1984.7　10, 14, 562p　23cm
　　　内容 地理, 平安時代から昭和5年(1930)まで

◇下巻　岡谷市　1984.7　7, 567p　23cm
　内容 岡谷地方製糸業発達の沿革：永禄年中から明治7年(1874)まで

花岡区誌　花岡区誌編集委員会編
◇花岡区誌編集委員会　1983.12　21, 675p　22cm
　内容 縄文時代から昭和58年(1983)まで

岡谷市史　岡谷市編
◇上巻　岡谷市　1973　1145p　22cm
◇中巻　岡谷市　1976　1001p　22cm
◇下巻　岡谷市　1982.3　6, 1008p　22cm
　内容 昭和20年(1945)から昭和53年(1978)まで

横川区誌　横川区誌編纂委員会編
◇岡谷市長地横川区　1976.12　800p, 図版5枚　22cm
　内容 旧石器時代から1976(昭和51)年まで

川岸村誌　川岸村誌刊行会編
◇川岸村誌刊行会　1953　602p　22cm
　内容 縄文時代から文政年間まで
◇続　川岸村誌刊行会　1955.1　7, 534p　22cm
　内容 明治4年(1971)から昭和30年(1955)まで/交通史・蚕糸業史

平野村誌　平野村役場編
◇上, 下　平野村役場　1932　2冊　A5

【飯田市】

飯田市丸山誌　丸山誌編集委員会編
◇丸山誌刊行委員会, 南信州新聞社出版局　2000.1　401p, 図版4枚　27cm
　内容 自然編：地形・地質, 気象, 植物, 動物/縄文時代から平成10年(1998)まで

名古熊区誌　名古熊区誌編纂委員会編
◇名古熊区誌刊行委員会　2000.1　615p　27cm

龍江村誌　龍江村誌編纂委員会編
◇龍江村誌刊行委員会　1997.2　670p, 図版2枚　27cm
　内容 自然環境, 縄文時代から平成7年(1995)まで

座光寺村史　座光寺村史編纂委員会編
◇座光寺村史刊行委員会　1993.1　2冊(別冊とも)　27cm

上久堅村誌　上久堅村誌編纂委員会編纂
◇上久堅村誌刊行委員会　1992.1　779p, 図版16枚　27cm

三穂村史　三穂村史編纂刊行会編纂
◇三穂村史編纂刊行会　1988.7　18, 651p　27cm
　内容 旧石器時代から昭和31年(1956)飯田市合併まで

川路村誌　川路村誌編纂委員会編纂
◇川路村誌刊行委員会　1988.3　46, 600p　27cm

鼎町史　鼎町史編纂委員会編
◇上巻　飯田市鼎公民館　1986.3　12, 636p　22cm
　内容 旧石器時代から明治4年(1871)まで
◇下巻　飯田市鼎公民館　1986.3　12, 1311p　22cm
　内容 明治8年(1875)から昭和59年(1984)まで

南信濃村史　遠山
◇南信濃村　1983.4　733p　27cm
　内容 自然：地形, 地質, 気象, 動植物, 歴史：縄文時代から昭和50年(1975)まで,

民俗

**松尾村誌** 松尾村誌編集委員会編
- ◇松尾村誌刊行委員会 1982.2 5, 898p, 図版 5 枚 22cm
- 内容 旧石器時代から昭和 31 年(1956)まで

**上郷史** 上郷史編集委員会編
- ◇上郷史刊行委員会 1978 13, 855p 22cm

**伊賀良村史** 伊賀良村史編纂委員会編
- ◇伊賀良村史刊行会 1973.8 17, 1270p 図 22cm
- 内容 自然環境, 縄文時代から昭和 39 年 (1964)ころまで

**下久堅村誌** 下久堅村誌編纂委員会編纂
- ◇下久堅村誌刊行会 1973.2 13, 855p, 図版 3 枚 22cm
- 内容 地理的位置, 地形, 気象ほか/1 万数千年前から昭和 46 年(1971)まで

**鼎町誌** 鼎町誌編纂委員会編
- ◇鼎町誌編纂委員会 1969 823p 図版 22cm

**竜丘村誌** 竜丘村誌編纂委員会編纂
- ◇甲陽書房 1968.11 1267p (図版共) 22cm
- 内容 縄文時代から昭和 31 年(1956)まで

**千代村誌** 千代村誌編纂委員会編
- ◇千代村誌刊行会 1965.5 10, 832p, 図版 [10]p 22cm
- 内容 神護慶雲 2 年から昭和 39 年(1964)まで

**山本村誌** 山本村誌編纂委員会編
- ◇山本村誌編纂委員会 1957.10 6, 18, 714, 5p, 図版 [12]p 22cm
- 内容 自然:地形と地質, 気象, 植物と動物/縄文時代から昭和 30 年(1965)まで

**龍江村史** 村沢武夫著, 龍江村公民館編纂
- ◇甲陽書房 1952.12 9, 253p 図版 [1]p 19cm
- 内容 縄文時代から昭和 27 年(1952)まで

**飯田町史**
- ◇伊那公論社 1937 1 冊 23cm

## 【諏訪市】

**澁崎 渋崎 100 年史** 渋崎 100 年史編集委員会編
- ◇渋崎区 1997.9 173p 図版 27cm
- 内容 明治 31 年(1898)から平成 8 年 (1996)まで

**諏訪市史** 諏訪市史編纂委員会編纂
- ◇年表 明治以降編 諏訪市 1972 1140p 18cm
- ◇上巻 原始・古代・中世 諏訪市 1995.3 60, 1216p 22cm
- 内容 旧石器時代から慶長 6 年まで
- ◇中巻 近世 諏訪市 1988.3 1243, 30p 22cm
- 内容 天正 18 年から明治 4 年の廃藩置県まで
- ◇下巻 近現代 諏訪市 1976 1081p 図 22cm
- 内容 慶応 3 年から昭和 30 年の合併まで

**諏訪史** 鳥居龍蔵著
- ◇第 1 巻 信濃教育会諏訪部会 1924.12 210, 12, 8, 3p 27cm
- 内容 石器時代(縄文)から弥生時代
- ◇第 2 巻 前編 信濃教育会諏訪部会 1931.2 316, 30p 27cm
- 内容 諏訪の地理的環境, 諏訪地方の原始信仰, 諏訪神社の鎮座ほか

◇第 2 巻 後編　信濃教育会諏訪部会
1937.12　792p　27cm
[内容] 祭神考, 大祝考, 社殿考, 造宮考, 祭祀考

◇第 3 巻　信濃教育会諏訪部会　1954.3
506p　27cm
[内容] 承久 3 年から天正 11 年まで

◇第 4 巻　信濃教育会諏訪部会　1966.3
838p　27cm
[内容] 天正 3 年から明治 3 年(1870)まで

◇第 5 巻　信濃教育会諏訪部会　1986.7
928p　27cm
[内容] 嘉永 6 年から昭和 49 年(1954)まで, 民俗

中洲村史　細野正夫, 今井広亀共著
◇中洲公民館　1985.9　15, 886p　22cm
[内容] 古墳時代から昭和 59 年(1984)まで

諏訪史年表　諏訪教育会著
◇諏訪教育会　1938.12　330p　23cm
[内容] 崇神朝から昭和 11 年(1936)まで

【須坂市】

村石町区誌　大笹街道新田村の発展
村石町区誌編纂委員会編
◇村石町区誌編纂委員会　2003.12
853p 図版 10 枚　22cm

東横町区誌　須坂中心市街地の歩み
東横町区誌編集委員会編
◇東横町区誌編集委員会　2000.11
438p　22cm

野辺町区誌　椚原荘から一千年　野辺町区誌編纂委員会編
◇野辺町区誌編纂委員会　1998.12
921p　22cm

信州墨坂の里『屋部町誌』　百々川扇状地のむらの歩み　屋部町誌編纂委員会編
◇屋部町誌発刊委員会　1995.3　611p　22cm

上八町区誌　積石塚の郷
◇上八町区誌編纂委員会　1992.11
754p　22cm

須坂市史　須坂市史編纂委員会編
◇須坂市　1981.3　33, 1034, 66p, 図版 2 枚　22cm
[内容] 先土器時代から昭和 54 年(1979)まで

下八町史　須坂市下八町史編集委員会編
◇須坂市下八町史編集委員会　1977.5
376p　22cm
[内容] 縄文時代から昭和 34 年(1959)まで

豊洲村の歩み　開村記念　松倉専右エ門編
◇上高井郡豊洲村　1954.2　176p, 図版 1 枚　22cm
[内容] 天正 10 年から昭和 26 年(1951)まで

すざか　田中邦治著
◇須坂町役場　1934

日野村誌　日野村役場編
◇日野村役場　1917　304p　B5

【小諸市】

小諸市誌　小諸市誌編纂委員会編
◇近・現代篇　小諸市教育委員会
2003.7　17, 1098p　22cm
[内容] 明治維新から平成 10 年前後まで

◇考古篇　小諸市教育委員会　1974-
22, 520p　22cm
[内容] 縄文時代から延長 5 年ごろまで

◇自然篇　小諸市教育委員会　1986.3
10, 613p　22cm

内容 地形地質, 土壌, 陸水, 気象, 植物, 動物, 火山学

◇歴史篇1　小諸市教育委員会　1979.5
18, 389p　22cm
　内容 養老5年から弘安2年ころまで

◇歴史篇2　小諸市教育委員会　1984.3
30, 692, 90, 26p　22cm
　内容 延徳年間から慶長8年まで

◇歴史篇3 近世史　小諸市教育委員会
1991.12　12, 1098p　22cm
　内容 天正18年から明治4年(1871)まで

◇歴史篇 地方史年表　小諸市教育委員会　1990.3　389p　22cm
　内容 旧石器時代から明治4年(1871)まで

小諸市誌　限定版　小諸市誌編纂委員会編

　◇歴史篇3 近世史資料 小諸城城郭絵図　小諸市教育委員会　1992.3　100p　26×37cm

與良區誌　与良清ほか編

　◇小諸市与良区　1969.8　10, 197p, 図版 [1]p　22cm
　内容 縄文時代から昭和43年(1968)まで

川辺村誌　村誌編纂会編集

　◇川辺村誌編纂会　1957.8　6, 408p, 図版 [1]p　22cm
　内容 縄文時代から昭和29年(1954)まで, 自然

【伊那市】

西町区百年誌　伊那市西町区制百周年記念　西町区百年誌編集委員会編

　◇[長野県伊那市西町区]　2002.10　454p, 図版16p　27cm
　内容 縄文時代から平成13年(2001)まで

長谷村誌　長谷村誌刊行委員会編纂

　◇第2巻 自然編 現代社会編　長谷村誌刊行委員会　1994.5　671p　22cm
　内容 自然編:地形・地質, 自然災害からみた安全環境, 陸水ほか/現代社会編:明治9年(1876)ごろから平成2年(1990)まで

　◇第3巻 歴史編 上　長谷村誌刊行委員会　1997.9　536p　22cm
　内容 旧石器時代から元禄2年まで

　◇第3巻 歴史編 下　長谷村誌刊行委員会　1997.9　1468p　22cm
　内容 天正10年から平成9年(1997)まで

丘を拓いて　五十年のあゆみ ますみケ丘区誌　ますみが丘区誌編集委員会編

　◇伊那市ますみケ丘区　1996.11　412p　22cm

坂下区誌　坂下区誌編集特別委員会編

　◇坂下区誌刊行委員会　1994.8　505p　27cm

若宮区史　若宮区史刊行委員会編

　◇若宮区史刊行委員会　1993.2　12, 388p, 図版3枚　22cm
　内容 鎌倉時代から昭和60年(1985)まで

高遠町誌　高遠町誌編纂委員会編

　◇人物篇　高遠町誌刊行会　1986.3　13, 634p　22cm
　内容 高遠関係の人物を集大成

　◇上巻 歴史1　高遠町誌刊行会　1983.3　6, 900p　22cm
　内容 先土器時代から明治2年(1869)版籍奉還まで

　◇上巻 歴史2　高遠町誌刊行会　1983.3　8, 958p　22cm
　内容 縄文時代から明治2年(1869)まで

　◇下巻 自然・現代・民俗　高遠町誌刊行会　1979.7　36, 15, 37p　22cm
　内容 自然編:位置, 地形, 地質, 赤石山脈, 伊那山脈ほか/現代編:明治2年(1869)か

長野県　　　　　　　　　　　　　　　　　　　　　駒ヶ根市

　ら昭和 50 年(1975)まで

伊那市史　伊那市史編纂委員会編纂

　◇現代編　伊那市史刊行会　1982.11　9,
　　1341p　22cm
　　内容 明治 8 年(1875)から昭和 55 年
　　(1980)までの戸口,政治,産業経済,交通
　　運輸・通信・報道ほか

　◇自然編　伊那市史刊行会　1981.7　6,
　　711, 34p　22cm
　　内容 地形・地質,気象・気候,植物,動物

　◇歴史編　伊那市史刊行会　1984.9　10,
　　1329, 5p　22cm
　　内容 先土器時代から明治 2 年(1869)まで

芝平誌　芝平誌編集委員会編集

　◇芝平誌刊行委員会　1984.8　327p, 図
　　版 5 枚　22cm
　　内容 自然：位置,地形,動植物/歴史：元
　　久元年から昭和 57 年(1982)まで

西町区誌　伊那市西町区　西町区誌編
纂委員会編

　◇長野県伊那市西町区　1982.2　517p
　　図版 11 枚　22cm

みすゞ　みすゞ村誌編纂委員会編

　◇その自然と歴史　甲陽書房　1961.12
　　462p　22cm
　　内容 自然編：みすゞの位置と日本の生い
　　立ち,伊那の地形と地質,みすゞの地形と
　　土壌ほか/歴史編：縄文時代から寛永 20
　　年ころまで

　◇その成立と発展　美篶村誌編纂委員会
　　1972.7　8, 828p 図版 4 枚　22cm
　　内容 弘仁 3 年から昭和 46 年(1971)まで,
　　民俗

東春近村誌　東春近村誌編纂委員会編

　◇東春近村誌刊行委員会　1972.1　16,
　　1066p 図版 4 枚　22cm
　　内容 自然編：位置と境域,地形地質,気象,
　　植物,動物/歴史編：縄文時代から昭和 36

　　年(961)まで/文化編：教育,宗教/民俗
　　編：生活,伝説,方言,俚謡,芸能

藤澤村史　皇紀二六〇〇年紀念　宮下
一郎編著

　◇藤澤村史刊行會　1942.8　7, 6, 940p,
　　図版 1 枚　21cm
　　内容 養老 5 年から昭和 12 年(1937)まで

藤沢村　宮下一郎著

　◇藤沢村史刊行会　1942　231p　B6

伊那町誌　武田宗男編

　◇伊那町　1930.10　8, 231p, 図版 10 枚
　　19cm
　　内容 平安時代から昭和 3 年(1928)ころ
　　まで

三義村誌　三義村〔編〕

　◇三義村　1930　330,10p 図版　24cm

【駒ヶ根市】

駒ケ根市誌　駒ケ根市誌編纂委員会編集

　◇近世編 1　駒ケ根市教育委員会
　　1989.3　18, 669p 挿図　22cm
　　内容 天正 10 年から享保年間ころまで

　◇近世編 2　駒ケ根市教育委員会
　　1992.12　23, 755p 挿図　22cm
　　内容 寛保年間から慶応 4 年まで

　◇現代編 上巻　駒ケ根市教育委員会
　　1979.9　37, 1376p 挿図　22cm
　　内容 明治維新期から昭和 50 年(1975)まで

　◇現代編 下巻　駒ケ根市誌刊行会
　　1974　699p 図　22cm

　◇古代・中世編 別編年表　駒ケ根市教育
　　委員会　1989.3　13, 581p 挿図
　　22cm
　　内容 古墳時代中期から天正 10 年まで

　◇自然編 1 中央アルプスの自然　駒ケ根
　　市教育委員会,駒ケ根市立博物館
　　2005.3　344p　30cm

全国地方史誌総目録　519

上穂町区誌　上穂町区誌編纂委員会編纂

◇駒ヶ根市上穂町区　1999.12　653p　22cm

中沢村史

◇中沢村役場　1922　123p　A5

## 【中野市】

金井区史

◇金井区史刊行委員会　2006.3　14, 769p, 図版4枚　22cm
　内容 古墳時代から2005年(平17)まで

間山区史　間山区史編纂委員会編

◇間山区史刊行会　2005.7　25, 1088p, 図版8枚　22cm
　内容 縄文時代から2005年(平成17)まで

竹原区史

◇竹原区史刊行委員会　2002.11　841p　22cm

草間区誌　中野市草間区誌編纂委員会編

◇中野市草間区誌刊行委員会　1999.12　588p　22cm

田上区史

◇田上区史編纂刊行委員会　1993.12　445p　22cm

中野市誌　中野市誌編纂委員会編

◇自然編　中野市　1981.3　22, 559p　22cm
　内容 地形地質, 陸水, 気候, 植物, 動物ほか

◇歴史編 前編　中野市　1981.3　32, 1115p　22cm
　内容 旧石器時代から明治4年(1861)まで

◇歴史編 後編　中野市　1981.3　43, 1007p　22cm
　内容 明治元年(1868)から昭和53年(1978)まで

豊田村誌

◇豊田村誌刊行会　1963.8　6, 1014p 図版2枚　22cm
　内容 自然環境, 生物, 通史：旧石器時代から昭和35年(1960)まで

中野町誌　丸山久保吉, 綿貫市郎編

◇中野町　1919　15, 380p 図版　22cm

平岡村誌　下高井郡平岡村誌編纂会編

◇下高井郡平岡村誌編纂会　1917

倭村誌　須藤伊三郎編

◇倭村役場　1917　362p　B5

## 【大町市】

美麻村誌　美麻村誌編纂委員会編

◇自然編　美麻村誌刊行会　2000　601p　27cm
　内容 地形, 地質, 気象, 陸水, 植物, 動物ほか

◇民俗編　美麻村誌刊行会　1999.12　678p　27cm
　内容 村のすがた, 日々の暮らし, 家と人の一生, 信仰と伝能, 口頭伝承と言葉

◇歴史編　美麻村誌刊行会　2000.3　714p　27cm
　内容 縄文時代から平成11年(1999)まで

八坂村誌　八坂村誌編纂委員会編

◇自然編・自然編 資料　八坂村誌刊行会　1993.11　800p　22cm
　内容 地形, 地質, 気象, 植物, 動物

◇民俗編・民俗編 資料　八坂村誌刊行会　1993.11　720p　22cm
　内容 村のすがた, 日々の暮らし, 家と人, 信仰と芸能ほか

◇歴史編　八坂村誌刊行会　1993.11　766p　22cm
　内容 旧石器時代から昭和63年(1988)まで
◇歴史編 資料　八坂村誌刊行会　1993.3　587p　22cm
　内容 旧石器時代から明治21年(1888)まで

## 大町市史

◇第1巻 自然環境　大町市　1984.7　36, 1239p　22cm
　内容 地形地質, 気象, 陸水, 植物, 動物ほか
◇第2巻 原始・古代・中世　大町市　1985.9　13, 721p　22cm
　内容 旧石器時代から戦国時代まで
◇第2巻 原始・古代・中世 資料　大町市　1985.9　295p　22cm
　内容 考古資料：旧石器時代から平安時代まで/歴史資料：天平宝字8年から慶長19年まで
◇第3巻 近世　大町市　1986.3　10, 855p　22cm
　内容 慶長3年から慶応3年までの政治, 農林業, 交通・運輸, 災害・騒動ほか
◇第3巻 近世 資料　大町市　1986.3　568p　22cm
　内容 慶長8年から明治2年(1869)まで
◇第4巻 近代・現代　大町市　1985.9　33, 1315p　22cm
　内容 幕末を含め明治から近代・現代(昭和59)まで
◇第4巻 近代・現代 資料　大町市　1985.9　6, 206p　22cm
　内容 明治3年(1870)から昭和22年(1947)まで
◇第5巻 民俗・観光　大町市　1984.7　25, 1244p　22cm
　内容 民俗編：村と町, 家と人, 毎日の暮らし, 信仰と芸能, 口頭伝承, 方言/観光編：観光の歴史, 主な史跡と文化財, 観光と年中行事ほか
◇第5巻 民俗・観光 資料　大町市　1984.7　10, 266p　22cm
　内容 民俗資料, 観光資料

## 大町市史自然環境

◇第1巻 自然環境 資料　大町市　1984.7　8, 253p　22cm
　内容 大町市産植物目録, 大町市産動物目録

## 【飯山市】

飯山市誌　飯山市誌編纂専門委員会年表編集委員会編

◇自然環境編　飯山市　1991.11　19, 741p 図版　27cm
　内容 地形・地質, 気象・気候, 陸水, 植物, 動物
◇歴史編 上　飯山市　1993.3.1　13, 896p 図版　27cm
　内容 旧石器時代から慶応2年まで
◇歴史編 下　飯山市　1995.1　25, 982p 図版　27cm
　内容 慶応3年から平成5年(1993)まで/民俗：日常生活, 人の一生, 民間信仰ほか
◇歴史編 別冊 飯山市歴史年表　飯山市　1995.1　111p　27cm
　内容 旧石器時代から平成5年(1993)まで

新編瑞穂村誌　新編瑞穂村誌刊行会編

◇新編瑞穂村誌刊行会　1980.6　26, 1101p 図版 [7]p　22cm
　内容 自然編：地形, 地質, 気候, 植物, 動物/歴史編：明治25年(1892)から昭和29年(1954)まで/民俗編：年中行事, 生業と生活, 人の一生

木島村誌　江口善次編集

◇飯山市公民館木島分館　1972.10　10, 1042p, 図版6枚　22cm
　内容 自然：地形と地質, 気候, 生物/通史：縄文時代から昭和29年(1954)飯山市へ

の合併まで

**柳原村誌**　柳原村誌編纂委員会編

◇飯山市公民館柳原分館　1970　1093p 図版　22cm

**村史ときわ**

◇常盤村史刊行委員会　1968.8　1586p 図版 地図　22cm
内容 旧石器時代から昭和43年(1968)まで

**秋津村誌**　秋津村誌編纂委員会編

◇飯山市公民館秋津分館　1966.11　6, 917p, 図版4枚　22cm
内容 縄文時代から昭和33年(1958)まで 自然環境, 生物

**外様村史**　江口善次著

◇飯山市公民館外様支館　1957.3　850p 図版, 折込図表　22cm
内容 自然, 縄文時代から昭和29年(1954)まで

**飯山町誌**　田中修一編

◇[飯山市公民館]　1955.11　8, 564p, 図版[2]p　22cm
内容 大化3年から1954年(昭29)まで

**瑞穂村誌**　長野県下高井郡瑞穂村編

◇長野県下高井郡瑞穂村　1939　657p 23cm

**飯山史**　飯島貴著

◇飯山町役場　1913

## 【茅野市】

**安国寺区誌**　安国寺区誌作成委員会編纂

◇茅野市安国寺区　2002.3　606p 22cm

**茅野市史**

◇史料集 中世・近世・近現代　茅野市　1991.3　1042p　22cm
内容 貞観5年から天正10年まで

◇上巻 原始・古代　茅野市　1986.3　14, 965p　22cm
内容 先土器時代から平治元年まで

◇中巻 中世・近世　茅野市　1987.11　16, 1175, 12p　22cm
内容 永承6年から明治4年(1871)まで

◇下巻 近現代・民俗　茅野市　1988.3　21, 1088, 12p　22cm
内容 慶応3年から昭和62年(1987)まで

◇別巻 自然　茅野市　1986.2　466p　27cm
内容 地質, 陸水, 気象, 植物, 動物

**湖東村史**　湖東公民館編

◇上　湖東公民館　1961.10　254p 26cm
内容 縄文時代から明治元年(1868)まで

◇下　湖東公民館　1961.10　214p 26cm
内容 明治2年(1869)から昭和30年(1955)の町村合併芽野町湖東となるまで

## 【塩尻市】

**木曽・楢川村誌**　楢川村誌編纂委員会編纂

◇第1巻 自然編 大地と生物　長野県木曽郡楢川村　1996.3　18, 651p 図版　27cm
内容 地形・地質, 気候, 植物, 動物

◇第2巻 原始・古代・中世編 村に根づいた人々　長野県木曽郡楢川村　1993.8　18, 621p　22cm
内容 旧石器時代から慶長8年まで

◇第3巻 近世編 桧物と宿でくらす人々　長野県木曽郡楢川村　1998　1168p　22cm
内容 天正18年から明治元年(1868)まで

長野県　　　　　　　　　　　　　　　　　　　　　　　　　塩尻市

- ◇第4巻 近代編 村を築いた人々　長野県木曽郡楢川村　1994.3　14, 964, 5, 4p 図版　22cm
  - 内容 明治元年(1868)から昭和20年(1945)まで

- ◇第5巻 現代編 伝統と谷を生かして　長野県木曽郡楢川村　1996.12　31, 1362p 図版　22cm
  - 内容 昭和21年(1946)から平成元年(1989)まで

- ◇第6巻 民俗編 暮らしのデザイン　長野県木曽郡楢川村　1998.3　37, 1397p, 図版4枚　22cm
  - 内容 集落のありかた, 暮らしのささえ, 住まいと暮らし, 食の文化, 衣生活ほか

- ◇第7巻 補遺・索引編 村誌を読む手引　長野県木曽郡楢川村　2000.9　13, 608p, 図版4枚　22cm
  - 内容 補遺：補足と訂正, 楢川村公文書の概要, 楢川村の基礎資料・統計資料ほか

## 野村区誌　野村区誌編纂委員会編

- ◇野村区　1997.2　375p, 図版[8]枚　27cm
  - 内容 自然：地形・地質・気象, 植物・動物, 歴史：先土器時代から1995年(平成7)まで

## 塩尻市誌　塩尻市誌編纂委員会編

- ◇第1巻 自然　塩尻市　1991.1　39, 1004p 図版　27cm
  - 内容 地形・地質, 土壌, 陸水, 気候, 動物, 植物, 付図あり

- ◇第2巻 歴史　塩尻市　1995.2　32, 1028p 図版　27cm
  - 内容 旧石器時代から明治4年(1871)まで

- ◇第3巻 近代・現代　塩尻市　1992.12　40, 1046p 図版　27cm
  - 内容 慶応4年から平成3年(1991)まで

- ◇第4巻 民俗・文化財・史・資料等　塩尻市　1993.6　40, 1051p 図版　27cm
  - 内容 民俗：塩尻に生きる, 村の生活, 文化財, 史資料(旧石器時代から昭和36年まで), 方言・俚諺, 俚謡

- ◇別冊 塩尻市の年表 集落の歴史・索引　塩尻市　1995.6　1, 748p 図版　27cm
  - 内容 塩尻市の年表：推古3年から1994年(平成6)まで

## 楢川村目で見る100年史

- ◇楢川村　1989.11　54p　30cm

## 北小野地区誌　北小野地区誌編纂会編

- ◇北小野地区誌編纂会　1987.3　38, 949p 図版8枚　22cm
  - 内容 自然篇：位置・面積・地勢, 地形・地質・土壌, 陸水, 気候, 動物, 植物/歴史篇：縄文時代から昭和61年(1986)まで/社寺・民俗篇：小野神社, その外の社寺, 年中行事ほか

## 東筑摩郡・松本市・塩尻市誌　東筑摩郡・松本市・塩尻市郷土資料編纂会編

- ◇第1巻 自然　信毎書籍出版センター　1984.4　1182p 図版　22cm
  - 内容 地形地質, 土壌, 陸水, 気候, 動物, 植物

- ◇第2巻 歴史 上　信毎書籍出版センター　1984.10　6, 31, 1242p 図版　22cm
  - 内容 先土器時代から天正17年, 兵農分離まで

- ◇第2巻 歴史 下　信毎書籍出版センター　1985.2　6冊 図版　22cm
  - 内容 天正18年石川数正の松本城入部にはじまり, 明治2年(1869)戸田光則の版籍奉還までPG：6,23,1218p

- ◇第3巻 現代 上　信毎書籍出版センター　1984.6　36, 1221p 図版　22cm
  - 内容 明治元年(1868)から昭和32年(1957)ころまで

- ◇第3巻 現代 下　信毎書籍出版センター　1984.9　39, 1186p 図版　22cm
  - 内容 明治5年(1872)から昭和37年(1962)まで

◇第4巻 年表・索引　信毎書籍出版センター　1985　11, 681, 20p 図版 22cm
　内容 年表：推古3年から昭和49年(1984)まで

宗賀村誌　宗賀村誌編纂会編
◇宗賀村誌編纂会　1961.8　347, 12p (図版共) 地図　21cm
　内容 自然編：地形・地質, 土壌, 陸水, 気象ほか/歴史編：縄文時代から昭和34年(1959)まで

鹽尻町誌　大森利球治, 三澤勝衛共著
◇鹽尻町誌刊行會　1937.7　9, 4, 914p 図版 [2]p 22cm
　内容 自然篇：風土植物目録, 蝶類, 地名考, 歴史篇：縄文時代から昭和10年(1935)まで

## 【佐久市】

佐久市44年のあゆみ　佐久市閉市記念誌
◇1961-2005　[佐久市]　2005　87p 30cm
　内容 1961年(昭和36)から2005(平成17)まで(奥付なし, 序相当文は平成17年3月付)

臼田町誌　臼田町誌自然編編纂委員会編
◇第1巻 自然編　臼田町誌刊行会　2004.3　14, 471p, 図版4枚　27cm
　内容 地形・地質, 土壌, 陸水, 天文・気象ほか

望月町誌　望月町誌編纂委員会編
◇第1巻 自然編　望月町誌刊行会　1994.3　20, 700, 11p 27cm
　内容 位置・面積, 地形・地質, 土壌, 陸水, 気候, 植物, 動物, 付図あり

◇第2巻 民俗編　望月町誌刊行会　1996.3　20, 536, 9, 87p　27cm
　内容 社会生活, 衣生活, 食生活, 住居, 生産・生業ほか

◇第3巻 原始・古代中世編　望月町誌刊行会　1994.12　24, 632, 18p 27cm
　内容 縄文時代から天正17年まで

◇第4巻 近世編　望月町誌刊行会　1997.3　23, 756, 13p　27cm
　内容 天正11年から慶応3年まで

◇第5巻 近現代編　望月町誌刊行会　1999.7　25, 780, 21p　27cm
　内容 明治維新より1995(平成7)年まで

◇別巻1 年表　望月町誌刊行会　1999.9　7, 539, 7p　27cm
　内容 旧石器時代から平成10年(1998)まで

◇別巻2 写真にみる望月の二十世紀　望月町誌刊行会　2003.7　8, 281p, 図版8枚　27cm
　内容 明治15年(1882)から平成14年(2002)まで, CD-ROM付

佐久市志　佐久市志編纂委員会
◇自然編　佐久市志刊行会　1988.3　23, 1136p 図版　22cm
　内容 位置・面積, 地形・地質, 土壌, 陸水, 気候, 植物, 動物

◇美術・建築編　佐久市志刊行会　1995.2　18, 662p 図版　22-31cm
　内容 美術：絵画, 彫刻, 書籍・典籍, 金工ほか/建築：宗教建築, 民家, 武家遺構, 近代建築

◇民俗編 上　佐久市志刊行会　1990.2　23, 880p 図版　22-31cm
　内容 土地と生活, 社会集団, 清算と労働, 年中行事と人生儀礼ほか

◇民俗編 下　佐久市志刊行会　1990.2　8, 1706, 31, 18p 図版　22-31cm
　内容 芸能, 口承芸能, 方言, 民俗の地域性

◇歴史年表　佐久市志刊行会　2003.3　6, 516, 101, 4p　22cm
　内容 旧石器時代から平成14年(2002)

長野県　千曲市

◇歴史編 1 原始古代　佐久市志刊行会
　1995.9　24, 656, 10p 図版　22-31cm
　内容 旧石器時代から平安時代の武士の発生前まで

◇歴史編 2 中世　佐久市志刊行会
　1993.7　23, 763, 33, 16p 図版
　22-31cm
　内容 建永元年から天正 18 年仙石秀久の小諸入部まで

◇歴史編 3 近世　佐久市志刊行会
　1992.3　27, 1275, 23, 22p 図版
　22-31cm
　内容 天正 18 年から慶応 3 年まで

◇歴史編 4 近代　佐久市志刊行会
　1996.3　34, 1210p 図版　22-31cm
　内容 慶応 4 年から昭和 20 年(1945)まで

◇歴史編 5 現代　佐久市志刊行会
　2003.3　37, 1048p 図版　22-31cm
　内容 昭和 20 年(1945)の太平洋戦争終結時から平成 14 年(2002)末まで

下小田切村誌　下小田切文化財保存会編
◇下小田切地区　1997.11　228p 図版
　22cm
　内容 弥生時代から平成 9 年(1997)まで, 村の信仰生活, 文化財など

跡部区誌　跡部区誌編集委員会編
◇前編　長野県佐久市跡部区　1982.3
　248p　22cm
◇後編　長野県佐久市跡部区　1989.3
　315p　22cm

岸野村誌　岸野村誌編纂委員会編纂
◇岸野村誌刊行会　1987.12　27, 1317p
　図版 4 枚　22cm
　内容 自然編：位置と面積, 地形と地質, 気象, 陸水, 植物, 動物/歴史編：弥生時代から昭和 60 年(1985)まで/民俗編：衣食住生活, 生産生業, 交通と交易, 地域社会, 信仰ほか

旧桜井新田村誌　岩井伝重, 臼田都雄編著
◇旧桜井新田村誌発行委員会　1981.10
　198p　22cm

平賀村誌　平賀村誌刊行委員会編
◇平賀村誌刊行委員会　1969.11　7,
　633p　22cm
　内容 無土器時代から昭和 39 年(1964)まで

下小田切村―江戸時代中心―　南佐々教育会編
◇南佐々教育会　1935　200p　B6

【千曲市】

戸倉町誌　戸倉町誌編纂委員会編
◇第 1 巻 自然編　戸倉町誌刊行会
　1991.3　9, 397p　27cm
　内容 地形, 地質, 気候, 土壌, 陸水, 動物, 植物

◇第 1 巻 民俗編　戸倉町誌刊行会
　1991.3　6, 328p　27cm
　内容 衣生活, 食生活, 住居, 生産生業, 交通・交易ほか

◇第 2 巻 歴史編 上　戸倉町誌刊行会
　1999.3　28, 906p　27cm
　内容 旧石器時代から慶応 4 年まで

◇第 3 巻 歴史編 下　戸倉町誌刊行会
　1991.3　18, 848p　27cm
　内容 慶応 3 年から平成 9 年(1997)まで

更埴市史　更埴市史編纂委員会編
◇第 1 巻 古代・中世編　更埴市　1994.7
　11, 741p　27cm
　内容 大地, 植物, 旧石器時代から慶長 3 年まで

◇第 2 巻 近世編　更埴市　1988.3　10,
　753p　27cm
　内容 慶長 3 年から慶応 3 年まで

◇第 3 巻 近・現代編　更埴市　1991.9
　10, 932p　27cm

[内容]慶応4年から平成元年(1989)まで

上山田町史 上山田力石合併記念 中島惣左衛門，小宮山光雄編纂
　◇臨川書店　1988.1　1195p　22cm
　　[内容]上山田町昭和38年刊の複製

杭瀬下村誌 杭瀬下村誌刊行会編
　◇杭瀬下村誌刊行会　1986.3　495p　22cm

稲荷山四百年の歩み 郷土歴史「稲荷山四百年の歩み」編纂出版委員会編
　◇「稲荷山四百年の歩み」編纂出版委員会　1974.4　646p 図版　22cm
　　[内容]天正11年から昭和34年(1959)まで

桑原村誌 更埴市桑原村誌編纂委員会編
　◇更埴市　1967.7　4, 11, 1033p, 図版3枚　22cm
　　[内容]自然編：地形, 地質, 水質, 気候ほか／歴史編：縄文時代から昭和21年(1946)まで

上山田町史 上山田力石合併記念 上山田町史編纂委員会編
　◇上山田町　1963.3　1195p 図版　22cm
　　[内容]縄文時代から昭和30年(1955)まで

八幡村誌 更級郡八幡村村誌編集委員会編
　◇第1集　八幡村教育委員会　1959.6　102p　21cm
　　[内容]自然環境, 貞観6年から昭和32年(1957)まで
　◇第2集　八幡村教育委員会　1960　58p　21cm

埴生村誌 埴科郡埴生村編
　◇埴科郡埴生村　1918　166p　A5

【東御市】

北御牧村誌 北御牧村誌編纂委員会編集
　◇自然編　北御牧村誌刊行会　1999.19, 474p　27cm
　　[内容]地形・地質, 土壌, 陸水, 気象, 植物, 動物
　◇民俗編　北御牧村誌刊行会　2000.37, 442p, 12p　27cm
　　[内容]村のすがた, ムラの生活, 人の一生, 衣・食・住, 生産・生業ほか
　◇歴史編1　北御牧村誌刊行会　1997.57, 544p　27cm
　　[内容]縄文時代から明治2年(1869)まで
　◇歴史編2　北御牧村誌刊行会　1999.58, 531p　27cm
　　[内容]明治元年から平成5年まで

東部町誌 東部町誌編纂委員会編
　◇自然編　東部町誌刊行会　1989.3　7, 430p　27cm
　　[内容]地形・地質, 陸水, 気象, 植物, 動物
　◇社会編　東部町誌刊行会　1988.3　7, 654p　27cm
　　[内容]明治維新(1868)から昭和62年(1987)まで
　◇民俗編　東部町誌刊行会　1989.7　448p　27cm
　　[内容]衣・食・住, ムラのくらし, 生産・生業, 交通・交易, 民間信仰, 年中行事ほか
　◇歴史編 上　東部町誌刊行会　1990.310, 769p　27cm
　　[内容]旧石器時代から慶長2年まで
　◇歴史編 下　東部町誌刊行会　1990.37, 932p　27cm
　　[内容]慶長8年から慶応3年まで

図説北御牧村の歴史 北御牧村村史編集委員会編
　◇北御牧村　1989.3　10, 343p 図版　26cm

長野県　　　　　　　　　　　　　　　　　　　　　　　　　安曇野市

[内容] 縄文時代から昭和62年(1987)まで

東部町誌東部町歴史年表　東部町誌編纂委員会編

◇東部町歴史年表　東部町誌刊行会　1986.9　594p 図版1枚　27cm
[内容] 旧石器時代から昭和61年(1986)まで

東深井区誌　歴史は語る　東深井区誌編集委員会編

◇東部町教育委員会　1975　104p 図　21cm

和村誌　和村誌編集委員会編集

◇現代編　和村誌編集委員会　1963.11　6, 384p 図版　22cm
[内容] 慶応4年から昭和35年(1960)まで

◇歴史編　和村誌編集委員会　1959.3　4, 248p 図版　22cm
[内容] 縄文時代から天保年間まで

## 【安曇野市】

三郷村誌　三郷村誌編纂会編

◇1 小倉・温・明盛村　三郷村教育委員会　1980.9　20, 948p 図版 [4]p　27cm
[内容] 自然的環境：地形と地質，気候，生物／歴史：縄文時代から昭和29年(1954)まで

◇2 第1巻 自然編　三郷村教育委員会三郷村誌編纂会　2004.12　15, 549p　27cm
[内容] 地形・地質，土壌，気象，陸水，植物，動物ほか

◇2 第1巻 自然編 資料編　三郷村教育委員会三郷村誌編纂会　2004.12　121p　27cm
[内容] 陸水，植物，動物(CD-ROM付)

◇2 第2巻 歴史編 上　三郷村教育委員会三郷村誌編纂会　2006.3　32, 709p　27cm

[内容] 旧石器時代から明治4年(1871)まで

◇2 第3巻 歴史編 下　三郷村誌刊行会　2006.3　38, 862p　27cm
[内容] 明治初期から平成17年の安曇野市誕生まで

◇2 第4巻 村落誌編　三郷村教育委員会三郷村誌編纂会　2006.3　7, 766p　27cm
[内容] 三郷村の14区それぞれの原始から現在(平成17年)まで

◇2 第5巻 民俗編　三郷村教育委員会三郷村誌編纂会　2004.9　24, 593p　27cm
[内容] 三郷村の日々：日々のくらし，仕事とまつり，信い伝え／三郷村に生きる：自然とともに，暮らしのかたち，こころの風景

豊科町誌　豊科町誌編纂委員会編

◇豊科町　1955.12　10, 843p, 図版9枚　22cm
[内容] 自然・文亀元年から昭和30年(1955)まで

◇近現代編　豊科町誌刊行会　1997.1　6, 674p　27cm
[内容] 慶応3年から平成6年(1994)まで

◇自然編　豊科町誌刊行会　1995.10　4, 295p　27cm
[内容] 地形・地質，気候，動物，植物

◇歴史編・民俗編・水利編(付図)　豊科町誌刊行会　1995.10　10, 895p　27cm
[内容] 歴史編：縄文時代から明治2年(1869)まで／民俗編：人の一生，衣・食・住，年中行事ほか／水利編：各集落の成り立ち，付図あり

◇歴史編・民俗編・水利編　豊科町誌刊行会　1999.3　4, 244p　27cm
[内容] 生業，社会生活，民間信仰，民俗芸能，言語伝承

◇別編(民俗2)　豊科町誌刊行会

1999.3　244p　27cm

穂高町誌　穂高町誌編纂委員会編
　◇［第1巻］自然編　穂高町誌刊行会
　　1991.1　10, 214p　27cm
　　内容 地形と地質, 陸水と土壌, 気候, 動物, 植物
　◇第2巻 歴史編 上・民俗編　穂高町誌刊行会　1991.1　6, 777p　27cm
　　内容 歴史編：縄文時代から明治39年(1906)まで／民俗編：衣生活, 食生活, 住まいとくらし, 生産・生業ほか
　◇第3巻 歴史編 下　穂高町誌刊行会　1991.1　8, 761p　27cm
　　内容 明治2年(1869)から平成元年(1989)まで

堀金村誌　堀金村誌編纂委員会編
　◇上巻 自然・歴史編　堀金村誌刊行会　1991　1079p　22cm
　◇下巻 近現代・民俗編　堀金村誌刊行会　1991　1080p　22cm

明科町史　明科町史編纂会編集
　◇上巻　明科町史刊行会　1984.3　1216p　22cm
　　内容 自然・歴史編
　◇下巻　明科町史刊行会　1985.7　1188p　22cm
　　内容 現代・民俗編

目で見る明科史　目で見る明科史発行委員会編
　◇目で見る明科史発行委員会　1977.3　219p(おもに図)　30cm

有明村誌　學校創設五十年紀念　宮坂亮編
　◇有明村役場　1923.10　4, 192p, 図版[3]p　23cm
　　内容 慶応3年から大正9年(1920)まで

【小海町】

小海町志　小海町教育委員会編
　◇1 川東編　小海町志刊行委員会　1967　358p　22cm
　◇2 川西編　小海町志刊行委員会　1968　334p　22cm
　◇3 社会編　小海町志刊行委員会　1973　672p　22cm
　◇4 近・現代編　小海町志刊行委員会　1997　796p　27cm

【川上村】

川上村誌　川上村誌刊行会編
　◇資料編 梓山川上澄雄家文書 上　川上村誌刊行会　1995.3　37, 729p　22cm
　　内容 貞享4年から明治8年(1875)
　◇資料編 梓山川上澄雄家文書 下　川上村誌刊行会　1996.3　9, 950p　22cm
　　内容 寛永6年から明治10年(1877)まで
　◇資料編 上田家文書歌文集　川上村教育委員会　1997.3　6, 742p　22cm
　　内容 慶長11年から明治39年(1906)まで
　◇資料編 居倉林野保護組合原房一郎家文書　川上村誌刊行会, 川上村教育委員会　2001.3　14, 950p　22cm
　　内容 寛永6年から明治元年(1868)まで
　◇資料編 樋沢林野保護組合・林毅家・川端下林太一郎家・林康一郎家他文書　川上村教育委員会　2003.3　10, 447p　22cm
　　内容 慶長11年から明治9年(1876)まで
　◇資料編 秋山川上百樹家文書 上　川上村教育委員会　1998.3　30, 748p　22cm
　　内容 慶長19年から明治5年(1872)まで
　◇資料編 秋山川上百樹家文書 中　川上村教育委員会　1999.3　6, 962p

22cm
　　内容 寛永6年から明治7年(1874)まで

◇資料編 秋山川上百樹家文書 下 林亀美夫家文書　川上村教育委員会　2000.3
12, 954p　22cm
　　内容 慶長16年から明治6年(1873)まで

◇資料編 原大深山文書　川上村教育委員会　2004.3　8, 558p　22cm
　　内容 寛永8年から明治10年(1877)まで

◇資料編 御所平林野保護組合文書 上　川上村誌刊行会, 川上村教育委員会　1990.8　49, 810p　22cm
　　内容 寛文2年から明治11年(1878)まで

◇資料編 御所平林野保護組合文書 下　川上村誌刊行会, 川上村教育委員会　1993.3　14, 952p　22cm
　　内容 寛永8年から明治2年(1869)まで

◇資料編 大深山・原林野保護組合文書　川上村誌刊行会　1994.3　19, 862p　22cm
　　内容 文和9年から明治15年(1882)ごろまで

◇先土器時代編　川上村誌刊行会　1992.3　19, 450 図版48p　27cm
　　内容 先土器時代研究の歩み, 先土器時代の概観, 川上村の自然, 川上村の先土器時代遺跡ほか

◇民俗編　川上村誌刊行会　1986.2　14, 1229p　22cm
　　内容 衣食住, 生産・生業, 交通・交易, 社会生活, 信仰ほか

【南牧村】

南牧村誌　南牧村誌編さん委員会編

◇南牧村誌刊行会　1986.3　21, 1479p　22cm
　　内容 自然編：村の自然と地理, 動物, 植物, 地質/歴史編：先土器時代から昭和59年(1984)まで, 民俗編：村の社寺と信仰, 民俗

【南相木村】

南相木村誌　南相木村教育委員会編

◇南相木村誌編纂会　1961.2　298p　19cm
　　内容 自然、地史、地質・鉱物、地理、文化/縄文時代から昭和34年まで

◇南相木の自然　南相木村教育委員会　2006.10　18, 572, 19p　27cm
　　内容 地形・地質、陸水、土壌、天体・気候、植物動物

◇南相木の民俗習俗　南相木村　2003.2　9, 409p, 図版3枚　27cm
　　内容 社会生活, 人生の節目節目, 住居, 衣生活, 食生活, 生産生業ほか

【北相木村】

北相木村誌　菊池清人編

◇北相木村誌刊行委員会　1977.12　9, 401p　22cm
　　内容 無土器時代から昭和50年(1975)まで

【佐久穂町】

佐久町誌　佐久町誌刊行会編

◇自然編　佐久町誌刊行会　1990.3　7, 697p　22cm
　　内容 地形, 地質, 陸水, 植物, 動物

◇民俗編　佐久町誌刊行会　1982.5　22, 744p　22cm
　　内容 衣と食と住, 生産・生業, 交通・交易, 社会生活, 民俗知識ほか

◇歴史編1 原始・古代・中世　佐久町誌刊行会　2004.3　687p　22cm
　　内容 旧石器時代から天正14年まで

◇歴史編2 近世　佐久町誌刊行会　2005.3　951p　22cm
　　内容 天正18年から慶応3年まで

八千穂村誌　八千穂村誌編纂委員会編

◇第1巻 今昔編　八千穂村誌刊行会

2000.8　9, 355p　27cm
　内容 明治33(1900)年から平成11(1999)まで

◇第2巻 自然編　八千穂村誌刊行会
2001.10　18, 515p　27cm
　内容 大地と空, 土壌, 水と生活, 植物, キノコと食生活, 動物, 昆虫

◇第3巻 民俗編　八千穂村誌刊行会
2002.11　9, 597p　27cm
　内容 衣生活, 食生活, 住居, 社会生活, 生産・生業, 交通・運搬・交易ほか

◇第4巻 歴史編　八千穂村誌刊行会
2003.9　8, 647p　27cm
　内容 旧石器時代から平成15年(2003)まで

◇別巻 自然編 資料集　八千穂村誌刊行会　2002.9　319p　27cm
　内容 地質・気象・土壌, 陸水, 植物, キノコ, 動物, 昆虫

## 【軽井沢町】

軽井沢町誌

◇長野県　1923

◇自然編　軽井沢町誌刊行委員会
1987.3　388p　22cm
　内容 地形, 地質, 浅間山, 土壌, 陸水, 気候, 植物, 動物

◇民俗編　軽井沢町誌刊行会
1989.3　836p　22cm
　内容 自然とくらし, ムラのしくみと生業, 家の生活ほか

◇歴史編(近・現代編)　軽井沢町誌刊行委員会　1988.3　754p　22cm
　内容 明治初期から昭和60年(1985)まで

軽井澤町誌　泉喜太郎編

◇軽井澤町誌編纂會　1953.9　480p 図版　19cm
　内容 仁治2年から昭和26年(1951)まで

## 【御代田町】

御代田町誌　御代田町誌編纂委員会編纂

◇史料編　御代田町誌刊行会　2002.3　8, 479p　27cm
　内容 縄文時代から明治元年(1868)まで

◇自然編　御代田町誌刊行会　1995.2　7, 419p　27cm
　内容 地形と地質, 土壌, 陸水, 気候と気象ほか

◇図説編　御代田町誌刊行会　1992.8　8, 384p　27cm
　内容 200万年前から平成4年(1992)まで

◇地誌編　御代田町誌刊行会　2000.12　5, 448, 16p　27cm
　内容 風土と人びとのくらし, 産業と経済の発展, 人口と集落の推移ほか

◇民俗編　御代田町誌刊行会　1996.3　6, 547, 20p　27cm
　内容 衣食住をみつめる, ムラの仕組み, 人の一生ほか

◇歴史編 上 原始・古代・中世　御代田町誌刊行会　1998.3　4, 562, 9p　27cm
　内容 縄文時代から天正10年ごろまで

御代田村誌

◇歴史篇 現代篇　御代田村誌編纂委員会　1958.2　10, 3, 578p, 図版2枚　22cm
　内容 弥生時代から昭和28年(1953)まで

## 【立科町】

立科町誌　立科町誌編纂委員会編

◇自然編　立科町誌刊行会　1995.10　2, 409p　27cm
　内容 地形と地質, 土壌, 陸水, 気候, 植物, 動物付図あり

◇民俗編　立科町誌刊行会　1995.12　11, 456p　27cm
　内容 ムラのつきあい, 墓とクルワ, 水のめぐみ, なりわい, 人の往来ほか

◇歴史編(上)　立科町誌刊行会　1997.3
9, 622p　27cm
内容 旧石器時代から幕末まで

◇歴史編(下)　立科町誌刊行会　1997.3
7, 517p　27cm
内容 慶応3年から平成5年(1993)まで

◇歴史年表　立科町誌刊行会　1997.3
252p　27cm
内容 先土器時代から1995年(平成7)まで

## 【青木村】

青木村誌　青木村誌編纂委員会編

◇自然編　青木村誌刊行会　1993.12
415p　27cm
内容 地形と地質, 陸水, 気象, 植物, 動物

◇民俗・文化財編　青木村誌刊行会
1994.3　101p　27cm
内容 民俗編：年中行事, 人の一生, 衣・食・住, 生産・生業, 民間信仰ほか／文化財編：指定文化財, 仏像と石造文化財

◇歴史編　上　青木村誌刊行会　1994.3
508p　27cm
内容 縄文時代から文化12年まで, 付図あり

◇歴史編　下　青木村誌刊行会　1992.9
523p　27cm
内容 明治維新(1868)から平成4年(1992)まで

## 【長和町】

新編長門町誌　新編長門町誌編纂委員会編

◇新編長門町誌刊行会　1989.10　18, 1028p, 図版4枚　22cm
内容 自然環境, 歴史：縄文時代から昭和61年(1986)まで／民俗

和田村村誌　和田村村誌編纂委員会編

◇和田村教育委員会　1977.7　3, 1016p, 図版 [2]p　22cm
内容 自然／先土器時代から昭和47年(1972)まで

長門町誌　長門町教育委員会編

◇長門町教育委員会　1961.9　254p, 図版4枚　21cm
内容 縄文時代から昭和31年(1956)まで

## 【下諏訪町】

下諏訪町誌　下諏訪町誌民俗編編纂委員会編纂

◇民俗編　下諏訪町　2000.3　939, 52p　22cm

◇上巻　甲陽書房　1963.9　1140p　22cm
内容 地誌／旧石器時代から織豊時代まで

◇下巻　甲陽書房　1969.3　1667p　22cm
内容 崇神朝から昭和44年(1969)まで

社東町区誌　社東町区制一〇〇周年記念出版　社東町区誌編纂委員会編纂

◇下諏訪町社東町　1996.10　230p, 図版2枚　22cm
内容 明治9年(1876)から平成5年(1993)まで

下諏訪町誌　増訂版　下諏訪町誌増補版編纂審議会編纂

◇上巻　甲陽書房　1985.3　1187p　22cm
内容 地誌／縄文時代から明治10年(1878)まで

◇中巻　甲陽書房　1989.11　808p　22cm
内容 慶長6年から慶応4年まで

◇下巻　甲陽書房　1990.11　858p　22cm
内容 慶長6年から慶応4年まで

## 【富士見町】

富士見町史　長野県諏訪郡富士見町編

　◇上巻［本文編］　富士見町　1991.3　13, 1323p　27cm
　　内容 自然：地形と地質, 陸水, 気象, 動物, 植物/旧石器時代から明治5年(1872)まで

　◇上巻 史料編　富士見町　1991.3　253p　27cm
　　内容 享禄元年から弘化3年まで

　◇下巻　富士見町　2005　20, 1069p　27cm

松目区史　四百年の歩み　松目区史編纂委員会

　◇松目区　2000.11　251p　27cm
　　内容 永正16年から平成11年(1999)まで

御射山神戸区史　小林浦光, 伊藤勘編集

　◇御射山神戸区　1961.4　7, 162p, 図版12p　22cm
　　内容 大同元年から昭和34年(1959)まで

富士見村誌　細川隼人編

　◇［正］富士見村誌刊行会　1961.3　10, 666p 図版 地図　22cm
　　内容 自然, 縄文時代から文政年間ころまで

　◇続　富士見村誌刊行会　1961.3　4, 379p 図版 地図　22cm
　　内容 元治元年から昭和35年(1960)まで

立沢村の歴史　立沢文化財保護委員会編集

　◇諏訪郡富士見町立沢区　1958.11　131p, 図版9p　22cm
　　内容 縄文時代から慶応元年まで

## 【原村】

原村誌　原村編

　◇上巻　原村　1985.7　1163p　22cm

　　内容 自然：位置, 地形・地質, 陸水, 気象, 動物, 植物/先土器時代から慶応4年まで

　◇下巻　原村　1993.3　1360p　22cm
　　内容 明治元年(1868)から平成4年(1992)まで

## 【辰野町】

辰野町誌　辰野町誌編纂専門委員会編

　◇近現代編　辰野町誌刊行委員会　1988.9　24, 1167p　22cm
　　内容 明治以来, 昭和60年(1985)まで

　◇自然編　辰野町誌刊行委員会　1989.9　16, 666p　22cm
　　内容 地形地質, 気象, 陸水, 植物, 動物

　◇歴史編　辰野町誌刊行委員会　1990.9　13, 1219p　22cm
　　内容 先土器時代から平成2年(1990)まで

上辰野区史　区史編集委員会編

　◇上辰野区　1965.11　478p, 図版3枚　22cm
　　内容 縄文時代から昭和39年(1964)まで

小野村史　小野村役場編

　◇小野村役場　1928　52p　A5

## 【箕輪町】

木下区誌　木下区誌編集委員会編

　◇木下区誌刊行会　1995.8　14, 605p, 図版4枚　22cm
　　内容 縄文時代から平成6年(1994)まで/自然

箕輪町誌　箕輪町誌編纂刊行委員会編

　◇第1巻 自然編 現代編　箕輪町誌編纂刊行委員会　1976.9　7, 1086p　22cm
　　内容 自然篇：地質, 土壌, 陸水, 気象, 植物, 動物/現代篇：慶応3年から昭和40年(1965)まで, 民俗

◇[第2巻] 歴史編　箕輪町誌編纂刊行委員会　1986.3　17, 1333p　22cm
内容 先土器時代から明治9年(1876)まで

## 【飯島町】

飯島町誌　飯島町誌編纂刊行委員会編纂

◇上巻 自然/原始・古代編　飯島町　1990.12　745p　22cm
内容 自然：地形地質, 植物, 動物, 陸水, 気象, 先土器・縄文・弥生各時代から平安時代まで

◇中巻 中世・近世編　飯島町　1996.2　931p　22cm
内容 中世編：鎌倉時代から戦国時代まで, 近世編：天正10年から慶応2年まで

◇下巻 現代/民俗編　飯島町　1993.3　1203p　22cm
内容 現代編：伊那県, 政治, 戸口, 保健衛生ほか/民俗編：ムラと家, 日々の生活, 生活の折り目ほか

飯島村史　長野県上伊那郡飯島尋常高等小学校編

◇長野県上伊那郡飯島尋常高等小学校　1936　381p 図版　23cm

飯島村史蹟踏査要項　飯島氏・西岸寺・飯島陣屋・伊那県　上伊那史談会編

◇上伊那史談会　1936　224p　23cm

## 【南箕輪村】

南箕輪村誌　南箕輪村誌編纂委員会編

◇上巻 自然編 遺跡編 信仰生活編 民俗編　南箕輪村　1984.12　848p　27cm
内容 自然編：地形地質, 土壌, 陸水, 気象と気候ほか/信仰生活編：神社, 寺院, 民間信仰/民俗編：衣生活, 食生活, 住生活, 生産生業ほか/遺跡編：先土器時代から11世紀末葉ころ

◇下巻 歴史編　南箕輪村　1985.10　19, 1057p　27cm
内容 大宝元年から昭和60年(1984)まで

## 【中川村】

中川村誌　中川村誌編纂刊行委員会編

◇上巻 自然編　中川村　2003.12　494p　27cm
内容 地形・地質, 植物, 動物, 陸水, 気象

◇中巻 原始・古代編 中世編 近世編　中川村　2006.3　12, 473p　27cm
内容 旧石器時代から慶応4年まで

◇下巻 近代・現代編 民俗編　中川村　2005.3　13, 726p　27cm
内容 天保5年から平成16年(2004)まで/民俗編：山里の暮らしと人と物の交流, なりわいほか

片桐村誌　中川西公民館編

◇中川西公民館　1966.7　14, 858p 図版6枚　22cm
内容 自然編：位置と地形地質, 気象, 植物, 動物/歴史編：縄文時代から昭和30年(1955)まで/民俗：年中行事, 人の一生, 片桐の特色の出ている民俗ほか

南向村誌　南向村誌編纂委員会編

◇中川東公民館　1966.3　778p 図版[4]p　22cm
内容 自然：位置, 地形・地質, 気候, 植物, 動物/歴史：縄文時代から昭和33年(1958)片岡村と合併まで

南向村史　寺平幾治郎編

◇南向村　1940　291p　A5

## 【宮田村】

宮田村誌　宮田村誌編纂委員会編

◇資料編　宮田村誌刊行会　1995.2　16, 474p　27cm
内容 元禄11年から平成3年(1991)まで

◇上巻 考古〜近世　宮田村誌刊行会
　　1982.5　14, 878p　27cm
　　内容 自然編：地形, 陸水, 地質, 登峡, 登山道, 気象ほか/原始編：縄文時代から古墳時代まで/古代編〜近世編：誉田別天皇40年から明治3年(1870)まで

　◇下巻 現代・民俗　宮田村誌刊行会
　　1983.2　14, 850p　27cm
　　内容 慶応4年から昭和56年(1981)まで

## 【松川町】

生田村誌　生田村誌編纂委員会編

　◇生田村誌刊行委員会　1981.9　1446p　22cm

松川町小史　小海町教育委員会編

　◇松川町教育委員会　1971.1　125p　22cm
　　内容 歴史上から見た松川町

上片桐村誌　上片桐村誌編纂委員会編

　◇上片桐村誌編纂委員会　1965.7　956p　図版7枚　22cm
　　内容 自然編：位置・面積, 地形・地質, 気象, 植物と動物/歴史編：縄文時代から昭和30年(1955)ころまで

大島村誌　大島村誌編纂委員会編

　◇大島村役場　1956.8　767p, 図版3枚　22cm
　　内容 自然篇：地形地質, 気象, 植物, 動物/歴史篇：縄文時代から昭和30年(1955)まで

## 【高森町】

高森町史　高森町史編纂委員会編

　◇上巻 前篇　高森町史刊行会　1972.1　737p　22cm
　　内容 縄文時代から慶応元年まで

　◇上巻 後篇　高森町史刊行会　1972.1　1403p　22cm

　　内容 天正年間から慶応3年までの民政, 住民, 土地, 貢租ほか

　◇下巻　高森町史刊行会　1975.9　1092p　22cm
　　内容 慶応3年から昭和49年(1974)までの市田宿, 山論・境論, 用水・水論ほか

## 【阿南町】

阿南町誌　阿南町町誌編纂委員会編

　◇上巻　阿南町　1987.10　6, 959p　22cm
　　内容 自然：地形・地質, 気象・陸水, 生物/歴史：縄文時代から慶応3年まで

　◇下巻　阿南町　1987.10　9, 1335p　22cm
　　内容 明治元年(1868)から昭和61年(1986)まで

大下条村誌

　◇大下条村誌刊行会　1916　280p　A5

　◇大下条村史編纂委員会　1961　469p　図版 地図　22cm

## 【清内路村】

清内路村誌　清内路村誌編纂委員会編纂

　◇上巻 自然編 歴史編　清内路村誌刊行会　1982.3　8, 479p　27cm
　　内容 自然：位置と面積, 地形と地質, 気象, 植物, 動物/村の歴史：縄文時代から明治2年(1869)まで

　◇下巻 近・現代編 民俗編　清内路村誌刊行会　1982.3　10, 491p　27cm
　　内容 明治11年(1878)から昭和52年(1977)まで/民俗

## 【阿智村】

阿智村誌　阿智村誌編集委員会編

　◇上巻 自然・通史　阿智村誌刊行委員会　1984.3　915p　22cm

[内容] 位置と自然,縄文時代から明治3年
　　(1870)まで

　◇下巻 近代・民俗他 阿智村誌刊行委員
　　会 1984.3 902p 22cm
　　[内容] 明治4年(1871)から昭和55年
　　(1980)ころまで,民俗・文化財

　◇別冊 年表 阿智村誌刊行委員会
　　1984.3 114p 22cm
　　[内容] 景行40年から1982年(昭和57)まで

　浪合村誌 浪合村誌編集委員会編

　◇上巻 歴史編 浪合村誌刊行会 1984.3
　　10, 549p 21cm
　　[内容] 自然環境,旧石器時代から慶応3年
　　まで

　◇下巻 浪合村誌刊行会 1984.3 3,
　　1619p 21cm
　　[内容] 明治元年(1868)から昭和55年
　　(1980)まで

　智里村誌 市村咸人校

　◇智里村青年会 1934 483p 図版
　　23cm

## 【平谷村】

　平谷村誌 平谷村誌編纂委員会編纂

　◇上巻 平谷村誌刊行委員会 1996.6
　　12, 494p 27cm
　　[内容] 自然環境,縄文時代から明治元年
　　(1868)まで/民俗

　◇下巻 平谷村誌刊行委員会 1996.6
　　15, 561p 27cm
　　[内容] 明治元年(1868)から平成7年(1995)
　　まで

## 【根羽村】

　根羽村誌 根羽村誌編纂委員会編纂

　◇上巻 自然編 歴史編 根羽村誌刊行委
　　員会 1993.3 16, 533p 27cm
　　[内容] 自然：地形と地質,気象と気候,植物
　　ほか/先土器時代から明治2年(1869)まで

　◇下巻 近代編 現代・教育編 民俗・文化
　　財編 根羽村誌刊行委員会 1993.3
　　612p 27cm
　　[内容] 明治元年(1868)から平成2年(1990)
　　まで/民俗と文化財

　根羽村村誌

　◇根羽村役場 1955.1 86p 20cm

## 【下條村】

　下条村の百年 写真集 村制百周年記
　念誌刊行部会企画編集

　◇下条村 1990.3 158p 31cm
　　[内容] 1868(明治元)年から1990(平成2)年
　　まで

　下条村誌 下条村誌編集委員会編

　◇上巻 下条村誌刊行会 1977.7 16,
　　864p 22cm
　　[内容] 自然環境：地形・地質,気候,植物,
　　動物/旧石器時代から安政6年ころまで

　◇下巻 下条村誌刊行会 1977.7 6,
　　1468p 22cm
　　[内容] 明治2年(1869)から昭和49年
　　(1974)ころまで/民俗

## 【売木村】

　売木村誌 売木小中学校編

　◇売木村 1968 237p 図版 地図
　　27cm

## 【天龍村】

　天龍村史 天龍村史編纂委員会編纂

　◇上巻 天龍村 2000.11 1265p
　　22cm
　　[内容] 自然：地形と地質,気象,動物,植物
　　/歴史：縄文時代から安永9年ごろまで

　◇下巻 天龍村 2000.11 1412p
　　22cm

## 【泰阜村】

泰阜村誌　泰阜村誌編さん委員会編

◇上巻　泰阜村　1984.11　10, 542p　22cm
　内容　自然：位置・面積,地形地質,気象,動物と植物/縄文時代から安政7年ごろまで

◇下巻　泰阜村　1984.11　19, 900p　22cm
　内容　文久3年から昭和55年(1980)まで

## 【喬木村】

喬木村誌　喬木村誌編纂委員会編纂

◇上　喬木村誌刊行会　1979.5　1001p　22cm
　内容　自然：位置・面積,地形・地質,気象,植物,動物/考古編：縄文時代から古墳時代まで/古代・中世社会：崇神天皇期から元治元年まで

◇下　喬木村誌刊行会　1979.5　826p　22cm
　内容　明治元年(1868)から昭和50年(1975)まで

## 【豊丘村】

豊丘村誌　豊丘村誌編纂委員会編

◇上巻　豊丘村誌刊行会　1975　742p　22cm
　内容　旧石器時代から慶応3年まで

◇下巻　豊丘村誌刊行会　1975.12　1589p　22cm
　内容　慶応3年から昭和50年(1975)まで

## 【大鹿村】

大鹿村誌　大鹿村誌編纂委員会編

◇上巻　大鹿村誌刊行委員会　1984.1　12, 804p　26cm
　内容　縄文時代から慶応2年まで

◇中巻　大鹿村誌刊行委員会　1984.11　21, 897p　26cm
　内容　明治元年(1868)から昭和55年(1980)まで

◇下巻　大鹿村誌刊行委員会　1984.11　9, 414p　26cm
　内容　社寺・文化財・文芸,自然,民俗

## 【上松町】

上松町誌　上松町誌編纂委員会編

◇第1巻 自然編　上松町教育委員会,上松町誌編纂委員会　1995.3　403p　27cm
　内容　地形地質,気象,動物,植物,付図あり

◇第2巻 民俗編　上松町教育委員会,上松町誌編纂委員会　2000.7　534p　27cm
　内容　社会生活,交通・運輸・通信・交易,衣食住,人の一生ほか/CD付

◇第3巻　上松町教育委員会,上松町誌編纂委員会　2006.2　790p　27cm
　内容　旧石器時代から平成17年(2005)まで

◇別編　上松町の石造文化財　上松町教育委員会　1983.6　385p　28cm
　内容　仏像,庚申塔,夜塔,一里塚,供養塔ほか

◇別編　上松町の神社と仏閣　上松町教育委員会　1985.3　143p　26cm
　内容　神社,寺・堂,失われた寺堂

## 【南木曽町】

南木曽町誌　南木曽町誌編さん委員会編

◇資料編　南木曽町誌編さん委員会　1982.3　6, 867p　22cm
　内容　自然：地学,動物,植物/考古：遺跡一覧表,発掘調査報告,遺跡紹介/近世：村方,宿方,山方/近代/教育/民俗ほか

◇通史編　南木曽町誌編さん委員会

1982.3　18, 1179p　22cm
　内容 旧石器時代から昭和54年(1979)まで

田立村史　田立村史編集委員会編

◇田立公民館　1954.6　307p, 図版5枚　22cm
　内容 縄文時代から昭和28年(1953)まで

## 【木祖村】

木祖村誌　木祖村誌編纂委員会編

◇源流の村の自然　木祖村誌編纂委員会　1997.11　464p　挿図　27cm
　内容 四季と自然環境, 地形と地質, 陸水, 気象, 植物, 動物ほか

◇源流の村の民俗 民俗編　木祖村誌編纂委員会　1998.8　547, 15p 挿図　27cm
　内容 ムラで暮らす, 喜びと悲しみ, 暮らしのくふう, 人と物の交わり, 山で生きる, 木と暮らしほか

◇源流の村の歴史 上 古代・中世・現世編　木祖村誌編纂委員会　2001.3　592, 23p　27cm
　内容 縄文時代から慶応3年まで

◇源流の村の歴史 下 近・現代編　木祖村誌編纂委員会　2000.2　810p　27cm
　内容 明治元年(1868)から平成12年(2000)まで

## 【王滝村】

村誌王滝　王滝村編

◇上巻　王滝村　1961.1　7, 956p　22cm
　内容 大宝2年から文化年間まで

◇下巻　王滝村　1961.2　8, 1904, 2p　22cm
　内容 慶応3年から昭和34年(1959)まで

## 【大桑村】

大桑村誌　大桑村編

◇上巻　大桑村　1988.6　782p　22cm
　内容 自然：地形・地質, 気象, 植物, 動物, 縄文時代から昭和20年(1945)まで

◇下巻　大桑村　1988.6　842p　22cm
　内容 昭和20年(1945)から昭和60年(1985)まで

須原　須原明治百年記念事業委員会編

◇須原公民館　1969.12　439p, 折込み図版1枚　22cm
　内容 縄文時代から昭和43年(1968)まで

## 【木曽町】

日義村誌　日義村誌編纂委員会編

◇自然編　日義村誌編纂委員会　2005.2　10, 338p　27cm
　内容 地形地質, 気象, 動物, 植物

◇民俗編　日義村誌編纂委員会　1998.6　299p　27cm
　内容 ムラの暮らし, 衣・食・住, 生産・生業, 交通・交易ほか

◇歴史編 上巻　日義村誌編纂委員会　1998.6　10, 517p　27cm
　内容 旧石器時代から明治元年(1868)まで

◇歴史編 下巻　日義村誌編纂委員会　2004.3　10, 515p　27cm
　内容 明治元年(1868)から平成10年(1998)まで

三岳村誌　三岳村誌編さん委員会編

◇上巻　三岳村誌編さん委員会　1987.10　916p　22cm
　内容 自然, 民俗, 石造物, 御嶽の信仰と登山の歴史

◇下巻　三岳村誌編さん委員会　1988.10　1093p　22cm

麻績村　　　　　　　　　　　　　　　　　　　　　　　　　　　　　長野県

　　内容 縄文時代から昭和62年(1987)まで

木曽福島町史　木曽福島町教育委員会編

◇第1巻 歴史編　木曽福島町　1982.3
12, 992p　22cm
　　内容 縄文時代から明治4年(1871)廃藩置県まで

◇第2巻 現代編1　木曽福島町
1982.10　9, 1030p　22cm
　　内容 明治元年(1868)から昭和42年(1967)までの戸数・人口, 政治, 木曽福島町編年史

◇第3巻 現代編2　木曽福島町　1983.3
19, 1301p　22cm
　　内容 明治5年(1872)から昭和42年(1967)までの災害と消防, 兵事, 産業, 交通の変遷, 教育文化ほか

開田村誌　長野県木曽郡開田村役場村誌編纂委員会編

◇上巻　長野県木曽郡開田村役場村誌編纂委員会　1980.10　10, 1213p　22cm
　　内容 自然：地質・地形・河川・気象, 動植物ほか/民俗と民具：年中行事, 宗教と村人, 方言と訛語, 民話と伝説ほか/縄文時代から明治11年(1878)まで

◇下巻　長野県木曽郡開田村役場村誌編纂委員会　1980.10　14, 1354p　22cm
　　内容 明治2年(1869)から昭和54年(1979)まで, 村政：大宝2年から昭和31年(1956)まで

【麻績村】

麻績村誌　麻績村誌編纂会編

◇上巻 自然編・歴史編　麻績村誌編纂会
1989.6　8, 509p　27cm
　　内容 自然：地形と地質, 気候, 植物, 動物/歴史：先土器時代から明治4年(1871)まで

◇下巻 近・現代編、民俗編　麻績村誌編纂会　1989.11　14, 531p　27cm
　　内容 明治2年(1869)から昭和63年(1988)まで/民俗

【生坂村】

生坂村誌　生坂村誌編纂委員会編

◇自然編　生坂村誌刊行会　1992.3
340p　27cm
　　内容 地形・地質, 気象, 陸水, 動物, 植物

◇文化財編　生坂村誌刊行会　1999.12, 534p　27cm
　　内容 社寺堂, 石造, 自然・無形・その他, 資料

◇歴史・民俗編　生坂村誌刊行会
1997.3　12, 787p　27cm
　　内容 縄文時代から平成8年(1996)まで/民俗：社会生活, 人の一生, 年中行事ほか

【波田町】

波田町誌　波田町誌編纂委員会編

◇自然民俗編　波田町　1983.3　703p　27cm
　　内容 自然編：地形地質, 気象, 動物, 植物/民俗編：社会生活, 衣生活, 食生活, 住生活, 生産生業ほか

◇歴史現代編　波田町　1987.3　1373p　27cm
　　内容 縄文時代から昭和61年(1986)まで

【山形村】

村誌やまがた　山形村誌編集委員会編

◇山形村誌編纂会　1980.5　601, 96p　27cm

【朝日村】

朝日村史　明治百年記念　朝日村史編纂会編

◇朝日村史刊行会　1968.8　9, 797p 図

538　全国地方史誌総目録

版 4 枚　22cm
　　　内容 縄文時代から昭和 30 年(1955)辰野町との合併まで

## 【筑北村】

**本城村誌**　本城村誌編纂委員会編集

◇自然編　本城村誌刊行委員会　1998.3.4, 232p　27cm
　　内容 地形と地質, 気象と天体, 植物, 動物

◇写真集　本城村誌刊行委員会　2002.3　184p　27cm
　　内容 明治以降平成 14 年(2002)まで

◇民俗編　本城村誌刊行委員会　1998.3.5, 228p　27cm
　　内容 むらのしくみ, 人の一生, 一年間の行事, 衣食住, 生産生業ほか

◇歴史編　本城村誌刊行委員会　2002.3　658p　27cm
　　内容 旧石器時代から平成 12 年(2000)まで

**村誌さかきた**　坂北村村誌編纂会編

◇上巻 自然編・民俗編　坂北村村誌編纂会　1990.2　9, 502p　27cm
　　内容 自然編：地形, 地質, 土壌, 気象ほか／民俗編：年中行事, 通過儀礼, 衣生活ほか

◇下巻 自然編・民俗編　坂北村村誌編纂会　1997　739, 37p　27cm

◇別冊　坂北村村誌編纂会　1997　67p　27cm

**坂井村誌**　坂井村誌編纂会編

◇坂井村　1992.3　1322p　22cm

## 【池田町】

**池田町誌**　池田町誌編纂委員会編

◇自然編　池田町　1988.5　11, 339p　22cm
　　内容 地形と地質, 気候, 植物, 動物

◇歴史編 1(原始～近世)　池田町　1992.2　16, 1458p　22cm
　　内容 縄文時代から慶応 3 年まで

◇歴史編 2(近代～現代)　池田町　1990.3　17, 1201p　22cm
　　内容 明治元年(1868)から平成元年(1989)まで

**写真が語る池田町誌**　池田町誌編纂委員会編

◇池田町　1985.5　285p　27cm

## 【松川村】

**松川村誌**　松川村誌編纂委員会編

◇自然環境編・民俗編　松川村誌刊行会　1988.2　15, 625p　22cm
　　内容 自然環境編：地形と地質, 気象, 植物, 動物／民俗編：松川村のすがた, 家と人, 日々の暮らし, 信仰と芸能, 口頭伝承

◇歴史編　松川村誌刊行会　1988.2　7, 871p　22cm
　　内容 先土器時代から昭和 62 年(1987)まで

## 【白馬村】

**白馬の歩み　白馬村誌**　「白馬の歩み」編纂委員会編

◇第 1 巻(自然環境編)　白馬村　1996.10　618p 図版 40p　27cm

◇第 2 巻(社会環境編 上)　白馬村　2000.3　520p　27cm

◇第 3 巻(社会環境編 下)　白馬村　2003.3　518p　27cm

◇第 4 巻(観光・登山・スキー編)　白馬村　1994.10　362p　27cm

## 【小谷村】

**小谷村誌**　小谷村誌編纂委員会編

◇自然編　小谷村誌刊行委員会　1993.9　660p　22cm

[内容] 地形地質, 陸水, 気象, 動物, 植物, 付
　　図あり
◇社会編　小谷村誌刊行委員会　1993.9
　897p　22cm
　　[内容] 明治2年(1869)から平成4年(1992)
　　まで
◇歴史編　小谷村誌刊行委員会　1993.9
　538p　22cm
　　[内容] 旧石器時代から慶応2年まで

## 【坂城町】

坂城町誌　坂城町誌刊行会編
◇上巻 自然編 民俗編　坂城町誌刊行会
　1979.4　27, 756p　22cm
　　[内容] 自然編：地形, 地質, 土壌, 陸水, 気象
　　ほか／民俗編：村の起りとその動き, 家の
　　関係, 村のつきあいほか
◇中巻 歴史編1　坂城町誌刊行会
　1981.4　21, 874p　22cm
　　[内容] 旧石器時代から明治2年(1869)まで
◇下巻 歴史編2　坂城町誌刊行会
　1981.10　29, 991p　22cm
　　[内容] 慶応4年から昭和55年(1980)まで

更級埴科地方誌　更級埴科地方誌刊行
会編
◇第1巻 自然編　更級埴科地方誌刊行会
　1968.12　26, 737p　22cm
　　[内容] 地形, 地質, 土壌, 陸水, 気象, 動物, 植
　　物ほか
◇第2巻 原始古代中世編　更級埴科地方
　誌刊行会　1978.8　39, 1329p　22cm
　　[内容] 旧石器時代から慶長7年まで
◇第3巻 近世編 上　更級埴科地方誌刊
　行会　1980　894p　22cm
◇第3巻 近世編 下　更級埴科地方誌刊
　行会　1981　850p　22cm
◇第4巻 現代編　更級埴科地方誌刊行会
　1967.10　31, 1163p　22cm

　　[内容] 慶応2年から昭和41年(1966)まで

埴科郡志　復刻版　埴科郡編
◇名著出版　1973.8　349, 141p　22cm
　　[内容] 崇神天皇朝から明治42年(1909)ま
　　で(明治43年刊の複刻)

埴科郡志　埴科郡役所編
◇埴科郡役所　1910　558p　A5(和)

## 【小布施町】

小布施町史　小布施町史現代編編纂委員
会編
◇小布施町史刊行会　1975.11　934p, 図
　版 [4] p　22cm
　　[内容] 旧石器時代から昭和50年(1975)まで
◇現代編　小布施町　2004.11　[14],
　12, 519p, 図版4枚　22cm
　　[内容] 昭和51年(1976)から平成16年
　　(2004)まで

## 【山ノ内町】

宇木区史
◇宇木区史刊行委員会　1996.12　18,
　882p, 図版4枚　22cm
　　[内容] 縄文時代から1994年(平6)まで

上条区誌
◇上条区誌刊行会　1994.9　970p, 図版
　4枚　27cm
　　[内容] 縄文時代から昭和63年(1988)

山ノ内町誌　山ノ内町誌刊行会編
◇山ノ内町　1973.3　10, 1416p, 図版
　[3]p　22cm
　　[内容] 自然篇：地形, 地質, 土壌, 陸水, 気
　　候, 植物, 動物／歴史篇：古墳時代から昭
　　和43年(1968)まで

## 【木島平村】

木島平村誌　木島平村誌刊行会編

◇木島平村誌刊行会　1980.9　1408p，図版 7 枚　22cm
[内容] 縄文時代から昭和 55 年(1980)まで／自然編：地形，地質，土壌，陸水ほか

上木島村誌　下高井郡上木島村役場編

◇上木島村　1918　268p　B5

## 【野沢温泉村】

新編瑞穂村誌　新編瑞穂村誌刊行会編

◇新編瑞穂村誌刊行会　1980.6　26，1101p 図版 [7]p　22cm
[内容] 自然編：地形，地質，気候，植物，動物／歴史：明治 25 年(1892)から昭和 29 年(1954)まで／民俗編：年中行事，生業と生活，人の一生

野沢温泉村史　野沢温泉村史編纂委員会編纂

◇野沢温泉村　1974.3　722p　22cm
[内容] 自然：地形・地質，気象，自然災害ほか，先土器時代から昭和 43 年(1968)まで

瑞穂村誌　長野県下高井郡瑞穂村編

◇長野県下高井郡瑞穂村　1939　657p　23cm

## 【信州新町】

信州新町史　信州新町教育委員会編

◇上巻　信州新町　1979.3　1531p　22cm
[内容] 自然編：地形および地質，土壌，陸水，気候，植物／縄文時代から昭和 51 年(12 月)まで

◇下巻　信州新町　1979.3　1584p　22cm
[内容] 明治 2 年(1869)から昭和(49)まで

## 【信濃町】

柏原町区誌

◇柏原町区　1988.2　1152p 図版 12 枚　27cm
[内容] おらが里(地誌)，光と影と(自然)，縄文時代から昭和 62 年(1987)まで

信濃町誌　信濃町誌編纂委員会編

◇信濃町　1968.12　16，1374p，図版 2 枚　22cm
[内容] 自然：地勢，気象，植物／歴史：旧石器時代から昭和 43 年(1968)まで

## 【小川村】

小川村誌　小川村誌編纂委員会編

◇小川村　1975.10　1635p，図版 [2] p　22cm
[内容] 自然，歴史：縄文時代から昭和 50 年(1975)まで

## 【中条村】

中条村誌　中条村誌編さん委員会編

◇中条村　1980.2　1394p　22cm

## 【飯綱町】

中宿のあゆみ　区誌　中宿区誌編纂委員会編

◇中宿区誌編纂委員会　2005.3　85p，図版 4 枚　30cm
[内容] 旧石器時代から平成 17 年(2005)まで

牟礼村誌　牟礼村誌・学校史編纂委員会編

◇上 自然，原始，古代，中世，近世　牟礼村　1997.10　12，913p 図版　22cm
[内容] 自然：地形と地質，気象，生物／おいたち：縄文時代から明治 3 年(1870)まで

◇下 近代 現代　牟礼村　1997.10　11，960p 図版　22cm

|内容|明治4年(1871)から平成7年(1995)
まで

## 【栄村】

下水内郡誌 補遺下水内郡誌　復刻版
下水内郡教育会編
　◇名著出版　1973.8　217, 104p 図版18
　　枚　27cm
　　|内容|弥生時代から明治40年(1907)まで

栄村史　栄村史堺編編集委員会編
　◇堺編　栄村　1964.11　1060p　21cm
　　|内容|自然環境, 通史：縄文時代から昭和
　　39年(1964)まで

　◇水内編　栄村　1960　392p　22cm

下水内郡誌
　◇長野県下水内郡教育会　1913　2冊(補
　　遺共)　26-27cm

## 【上伊那郡】

長野県上伊那誌　上伊那誌編纂会編著
　◇第1巻 自然篇　上伊那誌刊行会
　　1962.5　48, 1052p　22cm
　　|内容|地形地質, 土壌, 陸水, 気象, 植物,
　　動物

　◇第2巻 歴史篇　上伊那誌刊行会
　　1965.10　40, 1366p　22cm
　　|内容|旧石器時代から明治元年(1868)まで

　◇第3巻 現代社会篇 [本編]　上伊那誌
　　刊行会　1967.1　66, 1410p　22cm
　　|内容|慶応3年から1964(昭和39)年まで

　◇第4巻 人物篇　上伊那誌刊行会
　　1970.12　29, 553p　22cm
　　|内容|人物志, 寺子屋師匠一覧表ほか

　◇第5巻 民俗篇(上)　上伊那誌刊行会
　　1980.1　39, 1467p　22cm
　　|内容|村の生活, 家の生活, 衣食住ほか

　◇第5巻 民俗篇(下)　上伊那誌刊行会

1980.1　7, 676p　22cm
　|内容|方言：音韻, アクセント, 語法ほか

上伊那郡誌　唐沢貞治郎編
　◇上伊那教育会　1921　1364p　A5

伊那郡誌　小林憲雄著
　◇上伊那篇　日新堂　1917　286p
　　19cm

## 【上高井郡】

長野縣上高井郡誌　復刻版　〔上高井
郡教育会編纂〕
　◇千秋社　1999.11　899p　22cm

長野県上高井誌　[複製版]　上高井教
育会編
　◇自然編　国書刊行会　1983.11　4, 12,
　　498p 図版　22cm
　　|内容|地形・地質, 気候, 生物

　◇社会編　国書刊行会　1983.11　6, 14,
　　960p 図版　22cm
　　|内容|明治元年(1868)から昭和35年
　　(1960)まで

　◇歴史編　国書刊行会　1983.11　14,
　　1040, 21p 図版　22cm
　　|内容|縄文時代から明治4年(1871)まで

上高井郡誌
　◇長野県上高井郡教育会　1914　899p
　　図版18枚 表 地図　23cm

## 【上水内郡】

長野県上水内郡誌　復刻版
　◇千秋社　1999.2　345p　27cm

長野県上水内郡誌　上水内郡誌編集会編
　◇現代篇　上水内郡誌編集会　1979.8
　　1498p　22cm

長野県　　　　　　　　　　　　　　　　　　　　　　　　　　北佐久郡

◇自然篇　上水内郡誌編集会　1970
　1019p 図版　22cm
◇歴史編　上水内郡誌編集会　1976
　1263p 図　22cm

**上水内郡誌　復刻版　上水内郡役所編**

◇名著出版　1973.11　345p 図版 [3]p
　27cm
　[内容] 推古 15 年から明治 40 年(1907)まで

**上水内郡及長野市旧町村誌　長野県上水内教育部会編**

◇1—6　長野県上水内教育部会　1934
　6 冊　A5 和（膳）

**上水内郡誌　上水内郡役所編**

◇上水内郡役所　1908　345p　A5

## 【木曽郡】

**長野県西筑摩郡誌　現在の木曽郡　復刻版　長野県西筑摩郡編**

◇千秋社　2001.12　694p　22cm

**西筑摩郡誌　長野県西筑摩郡役所編**

◇西筑摩郡　1915.10　5, 24, 666p, 図版
　[7]p　23cm
　[内容] 大化年間から明治 45 年(1912)まで

## 【北安曇郡】

**北安曇誌　北安曇誌編纂委員会編**

◇第 1 巻 自然　北安曇誌編纂委員会
　1971.12　37, 1161p　22cm
　[内容] 地形地質, 土壌, 陸水, 気候, 植物,
　動物
◇第 3 巻 近世編　長野県北安曇教育会
　2005　1035p　22cm
◇第 4 巻 近代・現代 上　北安曇誌編纂
　委員会　1980.3　47, 1517p　22cm
　[内容] 慶応 3 年から昭和 27 年(1952)まで

◇第 5 巻 近代・現代 下　北安曇誌編纂
　委員会　1974.6　23, 1373p　22cm
　[内容] 明治 2 年(1869)から昭和 55 年
　(1980)ごろまでの交通通信, 教育文化, 宗
　教, 観光, 民俗

**長野県北安曇郡志　復刻版**

◇千秋社　2000.11　967p　22cm
　[内容] 地理篇：自然地理, 人文地理/歴史：
　石器時代から大正 12 年(1923)まで

**北安曇郡郷土誌稿　信濃教育会北安曇部会編**

◇第 1—8 輯　郷土研究社　1930-1937
　8 冊　B6

**北安曇郡誌　北安曇郡役所編**

◇北安曇郡役所　1923　1196p　A5

## 【北佐久郡】

**北佐久郡志　北佐久郡志編纂会編**

◇第 1 巻 自然篇　国書刊行会　1983.9
　24, 579p　22cm
　[内容] 気象, 地質, 浅間火山, 北佐久の土, 陸
　水, 動物, 植物ほか(昭和 30～32 年刊の復
　刻)
◇第 2 巻 歴史篇　国書刊行会　1983.9
　20, 666p　22cm
　[内容] 縄文時代から慶応 3 年まで(昭和 30
　～32 年刊の復刻)
◇第 3 巻 社会篇　国書刊行会　1983.9
　12, 686p　22cm
　[内容] 明治元年(1868)から昭 28 年(1953)
　まで(昭和 30～32 年刊の復刻)
◇第 4 巻 研究調査篇　国書刊行会
　1983.9　10, 519p　22cm
　[内容] 佐久風景論, 望月牧阯考, 水田水路
　志, 北佐久郡に於ける中山道の宿, 駅ほか
　7 編(昭和 30～32 年刊の復刻)

**北佐久郡制史　限定版　北佐久郡役**

全国地方史誌総目録　543

所編
　◇文献出版　1977.2　169, 330p　図　肖像　22cm
　　内容 慶応3年から大正11年(1922)まで(大正12年刊の復刻)

北佐久郡志　長野縣北佐久郡役所編
　◇長野縣北佐久郡　1915.12　6, 22, 363, 267, 99, 398p, 図版[18]　23cm
　　内容 地理篇：郡の現状/歴史篇：石器時代から明治末期まで/人物篇：郡内生れまたは活動した偉人/町村篇：各町村の特色

【更級郡】

長野県更級郡誌　復刻版　更級郡〔編〕
　◇千秋社　1998.8　1冊　22cm

更級埴科地方誌　更級埴科地方誌刊行会編
　◇第1巻 自然編　更級埴科地方誌刊行会　1968.12　26, 737p　22cm
　　内容 地形, 地質, 土壌, 陸水, 気象, 動物, 植物ほか
　◇第2巻 原始古代中世編　更級埴科地方誌刊行会　1978.8　39, 1329p　22cm
　　内容 旧石器時代から慶長7年まで
　◇第3巻 近世編 上　更級埴科地方誌刊行会　1980　894p　22cm
　◇第3巻 近世編 下　更級埴科地方誌刊行会　1981　850p　22cm
　◇第4巻 現代編　更級埴科地方誌刊行会　1967.10　31, 1163p　22cm
　　内容 慶応2年から昭和41年(1966)まで

更級郡誌　長野県更級郡役所編
　◇更級郡役所　1912　516p　A5
　◇明治文献　1973.12　4, 10, 4, 251, 2, 408, 1, 108p 図版2枚　22cm
　　内容 地理：気象, 山川瀑布, 湖沼池, 井泉ほか/歴史：貞観年間から明治44年(1911)まで

更級郡史　更級郡役所編
　◇更級郡役所　1914　767p　A5

【下伊那郡】

下伊那誌　下伊那教育会地理委員会編
　◇地理編　下伊那誌編纂会　1994.3　9, 468p 図版4枚　27cm
　　内容 自然環境, 人口分布・動態と集落立地ほか

下伊那史　下伊那教育会編
　◇第1巻 考古編　下伊那誌編纂会　1991.3　23, 1211p　27cm
　　内容 旧石器時代・縄文時代・弥生時代・補遺
　◇第2巻 原史時代 上　下伊那誌編纂会　1955.5　16, 572p　22cm
　　内容 環境, 縄文時代から古墳時代まで
　◇第3巻 原史時代 下　下伊那誌編纂会　1955.12　15, 1143, 24p　22cm
　　内容 古墳(続), 特殊遺跡など
　◇第4巻 原始・古代編　下伊那誌編纂会　1961　1冊 p　22cm
　　内容 古墳(続), 特殊遺跡など
　◇第5巻　下伊那誌編纂会　1967.7　796p　22-27cm
　　内容 文治2年から嘉元元年までの鎌倉時代
　◇第6巻　下伊那誌編纂会　1970.10　928p　22cm
　　内容 元弘3年から天正18年まで
　◇第7巻　下伊那誌編纂会　1980.11　1163p　22-27cm
　　内容 天正10年から元和9年まで

南伊那農村誌　竹内利美, 長田尚夫, 井上正文著
　◇慶友社　1975　332p　19cm

## 【下高井郡】

長野県下高井郡誌　復刻版　〔下高井郡〕〔編纂〕
- ◇千秋社　1999.7　668p　22cm

下高井郡誌　長野県下高井郡編
- ◇下高井郡役所　1922　668p　A5
- ◇名著出版　1973.1　4, 6, 668p 図版 9 枚　22cm
  - 内容 地誌：位置，広袤，地形，水誌，気候/歴史：弥生時代から大正10年(1921)まで

## 【諏訪郡】

諏訪郡誌　平林峰太郎編
- ◇上原書店　1901.3　31p　23cm

## 【小県郡】

長野県小縣郡史　復刻版　長野縣小縣郡〔著〕
- ◇千秋社　1998.3　1245p　22cm

小県郡史　長野県小県郡役所編
- ◇明治文献　1973.8　1245p　22cm
  - 内容 地貌：領域，位置・面積，境界ほか石器時代から大正9年(1920)まで
- ◇余篇　明治文献　1973.8　10, 1017p　22cm
  - 内容 地勢，交通，産業，社寺，塚墓ほか

小県郡史　小県郡役所編
- ◇本篇, 余篇　小県時報社　1922-1923　2冊　A5

小縣郡史　小山眞夫編
- ◇小縣郡役所　1922.10　1245p　23cm
  - 内容 地貌：領域，位置・面積，境界ほか石器時代から大正9年(1920)まで

## 【東筑摩郡】

東筑摩郡・松本市・塩尻市誌　東筑摩郡・松本市・塩尻市郷土資料編纂会編
- ◇第1巻 自然　信毎書籍出版センター　1984.4　1182p 図版　22cm
  - 内容 地形地質，土壌，陸水，気候，動物，植物
- ◇第2巻 歴史 上　信毎書籍出版センター　1984.10　6, 31, 1242p 図版　22cm
  - 内容 先土器時代から天正17年，兵農分離まで
- ◇第2巻 歴史 下　信毎書籍出版センター　1985.2　6冊 図版　22cm
  - 内容 天正18年石川数正の松本城入部にはじまり，明治2年(1869)戸田光則の版籍奉還までPG：6,23,1218p
- ◇第3巻 現代 上　信毎書籍出版センター　1984.6　36, 1221p 図版　22cm
  - 内容 明治元年(1868)から昭和32年(1957)ころまで
- ◇第3巻 現代 下　信毎書籍出版センター　1984.9　39,1186p 図版　22cm
  - 内容 明治5年(1872)から昭和37年(1962)まで
- ◇第4巻 年表・索引　信毎書籍出版センター　1985　11, 681, 20p 図版　22cm
  - 内容 年表：推古3年から昭和49年(1984)まで

東筑摩郡誌　竹内利美著
- ◇信濃教育会東筑摩部会　1919　739p　A5
- ◇別篇 第1 東筑摩郡家名一覧　郷土研究社　1929　239　19cm
- ◇別篇 第2 農村信仰誌庚申念仏篇　六人社　1943　376　19cm
- ◇別篇 第2 庚申念仏篇 農村信仰誌 復刻

慶友社　1975　372,10p 図　19cm

東筑摩郡村誌　東筑摩郡教育部會編

◇第1輯　東筑摩郡教育部會　1934.12
188p　23cm
内容 天正年間から明治10年ころまで

◇第2輯　東筑摩郡教育部會　1934.12
192p　23cm
内容 天正年間から明治10年ころまで

◇第3輯　東筑摩郡教育部會　1934.12
204p　23cm
内容 天正年間から明治10年ころまで

◇第4輯　東筑摩郡教育部會　1934.12
254p　23cm
内容 天正年間から明治10年ころまで

## 【南安曇郡】

南安曇郡誌　南安曇郡誌改訂編纂会編

◇第1巻　南安曇郡誌改訂編纂会　1956
1030p 図版　22cm

◇第2巻 上　南安曇郡誌改訂編纂会
1968　711p 図版11枚 地図　22cm

◇第2巻 下　南安曇郡誌改訂編纂会
1962　792p 図版　22cm

南安曇郡誌　南安曇郡教育会編

◇南安曇郡教育会　1923　1028p 図版
23cm

## 【南佐久郡】

南佐久郡誌　長野県南佐久郡誌編纂委員
会編

◇近世編　長野県南佐久郡誌刊行会
2002.3　1238p　22cm
内容 天正18から慶応3年まで

◇古代・中世編　長野県南佐久郡誌刊行
会　1985.9-　24, 1141p　22cm
内容 景行天皇40年から天和8年まで

◇考古編　長野県南佐久郡誌刊行会
1998.3　1011p　22cm
内容 旧石器時代から天正10年ころまで

◇自然編(上)　長野県南佐久郡誌刊行会
1991.11　869p　22cm
内容 地形・地質, 土壌, 陸水, 気候, 付図
あり

◇自然編(下)　長野県南佐久郡誌刊行会
199411　952p　22cm
内容 植物, 動物

◇方言編　長野県南佐久郡誌刊行会
1996.5　793p　22cm
内容 佐久方言の特質, 音声・音韻・アク
セント, 語法・文法ほか

長野縣南佐久郡誌　復刻版

◇千秋社　1997.12　1006,13p　22cm

南佐久郡志　復刻版　長野県南佐久
郡編

◇名著出版　1973.9　8, 1006, 2p 図版9
枚　22cm
内容 崇神期から大正7年(1918)まで, 地
理篇

南佐久郡誌　南佐久郡役所編

◇南佐久郡役所　1919　1006p　A5

# 自治体名索引

# 【あ】

相川新町(石川県)　→白山市 ………459
合川町(秋田県)　→北秋田市 ………124
愛川町(神奈川県) ………394
相川町(新潟県)　→佐渡市 ………421
愛甲郡(神奈川県) ………395
相去村(岩手県)　→北上市 ………76
会津高田町(福島県)　→会津美里町 ………169
会津坂下町(福島県) ………168
会津美里町(福島県) ………169
会津若松市(福島県) ………149
相内村(北海道)　→北見市 ………10
愛別町(北海道) ………32
青ヶ島村(東京都) ………366
青木村(長野県) ………531
青森県 ………49
青森市(青森県) ………51
赤井川村(北海道) ………28
赤川町(北海道)　→函館市 ………4
赤城根村(群馬県)　→沼田市 ………239
赤城村(群馬県)　→渋川市 ………242
赤坂区(東京都)　→港区 ………338
明科町(長野県)　→安曇野市 ………527
吾妻郡(群馬県) ………253
吾妻町(群馬県)　→東吾妻町 ………250
赤泊村(新潟県)　→佐渡市 ………421
阿賀野市(新潟県) ………420
赤羽村(群馬県)　→館林市 ………241
赤平市(北海道) ………15
赤堀村(群馬県)　→伊勢崎市 ………236
阿賀町(新潟県) ………427
阿寒町(北海道)　→釧路市 ………9
秋保町(宮城県)　→仙台市太白区 ………96
秋川市(東京都)　→あきる野市 ………362
昭島市(東京都) ………356
秋田県 ………112
秋田市(秋田県) ………113
秋津村(長野県)　→飯山市 ………521
秋山村(山梨県)　→上野原市 ………495
あきる野市(東京都) ………362
飽海郡(山形県)　→遊佐町 ………146

上尾市(埼玉県) ………272
明園町(富山県)　→高岡市 ………436
明野町(茨城県)　→筑西市 ………194
明野村(山梨県)　→北杜市 ………492
上松町(長野県) ………536
阿気村(秋田県)　→横手市 ………117
朝霞市(埼玉県) ………276
浅川町(福島県) ………172
浅草区(東京都)　→台東区 ………341
旭川市(北海道) ………7
旭市(千葉県) ………307
朝日町(北海道)　→士別市 ………16
旭町(東京都)　→八王子市 ………354
朝日町(山形県) ………141
朝日町(富山県) ………446
朝日町(福井県)　→越前町 ………480
朝日村(山形県)　→朝日町 ………141
旭村(茨城県)　→鉾田市 ………200
朝日村(新潟県) ………430
朝日村(福井県)　→越前町 ………480
朝日村(長野県) ………538
麻布区(東京都)　→港区 ………338
朝里村(北海道)　→小樽市 ………6
足尾町(栃木県)　→日光市 ………212
足利市(栃木県) ………209
足利町(栃木県)　→足利市 ………209
鰺ヶ沢町(青森県) ………61
鰺ヶ沢村(青森県)　→鰺ヶ沢町 ………61
味方村(新潟県)　→新潟市南区 ………402
足柄上郡(神奈川県) ………396
足柄下郡(神奈川県) ………396
芦川村(山梨県)　→笛吹市 ………494
芦別市(北海道) ………14
芦安村(山梨県)　→南アルプス市 ………491
足寄町(北海道) ………46
梓川村(長野県)　→松本市 ………509
吾妻郡(群馬県)　→東吾妻町 ………250
東町(茨城県)　→稲敷市 ………197
吾嬬町(東京都)　→墨田区 ………341
東村(茨城県)　→稲敷市 ………197
東村(群馬県)　→伊勢崎市 ………236
東村(群馬県)　→みどり市 ………246

| あすま | 自治体名索引 | | |
|---|---|---|---|
| 東村(群馬県) →東吾妻町 | 250 | 荒沢村(岩手県) →八幡平市 | 81 |
| 安曇野市(長野県) | 527 | 荒浜村(新潟県) →柏崎市 | 408 |
| 安曇村(長野県) →松本市 | 509 | 桐町(山形県) →上山市 | 138 |
| 足羽郡(福井県) →福井市 | 470 | 新屋村(秋田県) →秋田市 | 113 |
| 足羽町(福井県) →福井市 | 470 | 有明村(長野県) →安曇野市 | 527 |
| 麻生町(茨城県) →行方市 | 199 | 安房郡(千葉県) →鋸南町 | 326 |
| 安蘇郡(栃木県) →佐野市 | 210 | 粟田部町(福井県) →越前市 | 477 |
| 安宅新町(石川県) →小松市 | 453 | 粟野町(栃木県) →鹿沼市 | 211 |
| 足立区(東京都) | 353 | 粟野村(福島県) →伊達市 | 161 |
| 安達郡(福島県) →大玉村 | 164 | あわら市(福井県) | 477 |
| 安達郡(福島県) →二本松市 | 158 | 芦原町(福井県) →あわら市 | 477 |
| 阿智村(長野県) | 534 | 安中市(群馬県) | 245 |

## 【い】

| | | | |
|---|---|---|---|
| 厚木市(神奈川県) | 386 | 飯岡町(千葉県) →旭市 | 307 |
| 厚岸町(北海道) | 46 | 飯島町(長野県) | 533 |
| 厚沢部町(北海道) | 24 | 飯島村(長野県) →飯島町 | 533 |
| 熱塩加納村(福島県) →喜多方市 | 156 | 飯綱町(長野県) | 541 |
| 厚田村(北海道) →石狩市 | 20 | 飯田川町(秋田県) →潟上市 | 122 |
| 厚真町(北海道) | 40 | 飯田市(長野県) | 515 |
| 厚真村(北海道) →厚真町 | 40 | 飯舘村(福島県) | 175 |
| 温海町(山形県) →鶴岡市 | 133 | 飯田町(長野県) →飯田市 | 515 |
| 跡部区(長野県) →佐久市 | 524 | 飯豊町(山形県) | 145 |
| 穴水町(石川県) | 465 | 飯豊村(岩手県) →北上市 | 76 |
| 阿南町(長野県) | 534 | 飯野村(福島県) | 164 |
| 阿仁町(秋田県) →北秋田市 | 124 | 伊井村(福井県) →あわら市 | 477 |
| 姉体村(岩手県) →奥州市 | 81 | 飯山市(長野県) | 521 |
| 網走市(北海道) | 13 | 飯山村(長野県) →飯山市 | 521 |
| 網走町(北海道) →網走市 | 13 | 井荻町(東京都) →杉並区 | 348 |
| 我孫子市(千葉県) | 312 | 伊香保町(群馬県) →渋川市 | 242 |
| 安平町(北海道) | 41 | 伊賀良村(長野県) →飯田市 | 515 |
| 虻田町(北海道) →洞爺湖町 | 40 | 井川町(秋田県) | 128 |
| 虻田村(北海道) →洞爺湖町 | 40 | 伊具郡(宮城県) | 110 |
| 油川町(青森県) →青森市 | 51 | 生坂村(長野県) | 538 |
| 天津小湊町(千葉県) →鴨川市 | 313 | 生田原町(北海道) →遠軽町 | 38 |
| 余目町(山形県) →庄内町 | 145 | 生田村(長野県) →松川町 | 534 |
| 阿見町(茨城県) | 203 | 池上町(東京都) →大田区 | 344 |
| 綾織村(岩手県) →遠野市 | 77 | 池田町(北海道) | 45 |
| 綾瀬市(神奈川県) | 389 | 池田町(福井県) | 479 |
| 新井市(新潟県) →妙高市 | 415 | 池田町(長野県) | 539 |
| 荒雄村(宮城県) →大崎市 | 104 | 池田村(群馬県) →沼田市 | 239 |
| 荒川区(東京都) | 351 | 池田村(福井県) →池田町 | 479 |
| 荒川村(新潟県) | 429 | | |
| 荒川村(埼玉県) →秩父市 | 264 | | |

| | | | |
|---|---|---|---|
| 胆沢郡(岩手県) | →金ケ崎町 …………86 | 一戸町(岩手県) | …………………90 |
| 胆沢町(岩手県) | →奥州市 …………81 | 一宮町(千葉県) | …………………325 |
| 石和町(山梨県) | →笛吹市 …………494 | 一宮町(山梨県) | →笛吹市 …………494 |
| 石岡市(茨城県) | …………………183 | 一迫町(宮城県) | →栗原市 …………102 |
| 石狩市(北海道) | …………………20 | 市原郡(千葉県) | →市原市 …………310 |
| 石狩町(北海道) | →石狩市 …………20 | 市原市(千葉県) | …………………310 |
| 石川郡(福島県) | …………………176 | 五日市町(東京都) | →あきる野市 ……362 |
| 石川郡(石川県) | …………………466 | 一已村(北海道) | →深川市 …………18 |
| 石川県 | …………………447 | 糸魚川市(新潟県) | …………………414 |
| 石川町(青森県) | →弘前市 …………53 | 糸之瀬村(群馬県) | →昭和村 …………251 |
| 石川町(福島県) | …………………172 | 稲井町(宮城県) | →石巻市 …………96 |
| 石下町(茨城県) | →常総市 …………186 | 稲垣村(青森県) | →つがる市 ………59 |
| 石越町(宮城県) | →登米市 …………101 | 田舎館村(青森県) | …………………62 |
| 石越村(宮城県) | →登米市 …………101 | 稲川町(秋田県) | →湯沢市 …………119 |
| 石堤村(富山県) | →高岡市 …………436 | 稲城市(東京都) | …………………362 |
| 石鳥谷町(岩手県) | →花巻市 …………74 | 稲城町(東京都) | →稲城市 …………362 |
| 石巻市(宮城県) | …………………96 | 伊那市(長野県) | …………………518 |
| 石橋町(栃木県) | →下野市 …………218 | 稲敷市(茨城県) | …………………197 |
| 泉崎村(福島県) | …………………170 | 伊奈町(茨城県) | →つくばみらい市…201 |
| 泉市(宮城県) | →仙台市泉区 ……96 | 伊奈町(埼玉県) | …………………285 |
| いすみ市(千葉県) | …………………322 | 伊那町(長野県) | →伊那市 …………518 |
| 夷隅郡(千葉県) | …………………327 | 井波町(富山県) | →南砺市 …………442 |
| 夷隅町(千葉県) | →いすみ市 ………322 | 伊南村(福島県) | →南会津町 ………166 |
| 和泉村(福井県) | →大野市 …………474 | 伊奈村(茨城県) | →つくばみらい市…201 |
| 出雲崎町(新潟県) | …………………427 | 猪苗代町(福島県) | …………………168 |
| 伊勢崎市(群馬県) | …………………236 | 犬伏町(栃木県) | →佐野市 …………210 |
| 伊勢原市(神奈川県) | …………………387 | 井口村(富山県) | →南砺市 …………442 |
| 伊勢原町(神奈川県) | →伊勢原市 ………387 | 茨城県 | …………………178 |
| 板荷村(栃木県) | →鹿沼市 …………211 | 茨城町(茨城県) | …………………202 |
| 板倉町(群馬県) | …………………252 | 今市市(栃木県) | →日光市 …………212 |
| 板倉町(新潟県) | →上越市 …………416 | 今金町(北海道) | …………………24 |
| 潮来市(茨城県) | …………………193 | 今庄町(福井県) | →南越前町 ………480 |
| 潮来町(茨城県) | →潮来市 …………193 | 今庄村(福井県) | →南越前町 ………480 |
| 板橋区(東京都) | …………………351 | 今立郡(福井県) | →池田町 …………479 |
| 板橋町(東京都) | →板橋区 …………351 | 今立町(福井県) | →越前市 …………477 |
| 板柳町(青森県) | …………………63 | 今富村(福井県) | →小浜市 …………473 |
| 市貝町(栃木県) | …………………221 | 今別町(青森県) | …………………60 |
| 市谷薬王寺町(東京都) | →新宿区 …………339 | 射水郡(富山県) | →射水市 …………443 |
| 市川市(千葉県) | …………………300 | 射水市(富山県) | …………………443 |
| 市川大門町(山梨県) | →市川三郷町 ……497 | 入新井町(東京都) | →大田区 …………344 |
| 市川三郷町(山梨県) | …………………497 | 入広瀬村(新潟県) | →魚沼市 …………424 |
| 一関市(岩手県) | …………………78 | 入間川町(埼玉県) | →狭山市 …………270 |

| いるま | 自治体名索引 | | |
|---|---|---|---|

| 入間郡(埼玉県) | 293 | 上野原市(山梨県) | 495 |
| 入間市(埼玉県) | 275 | 上野原町(山梨県) →上野原市 | 495 |
| 岩井市(茨城県) →坂東市 | 195 | 上野村(茨城県) →筑西市 | 194 |
| 岩泉町(岩手県) | 88 | 植野村(栃木県) →佐野市 | 210 |
| 岩井町(茨城県) →坂東市 | 195 | 上野村(群馬県) | 248 |
| 石城郡(福島県) →いわき市 | 153 | 魚津市(富山県) | 437 |
| いわき市(福島県) | 153 | 魚津町(富山県) →魚津市 | 437 |
| 岩木町(青森県) →弘前市 | 53 | 魚沼市(新潟県) | 424 |
| 岩城町(秋田県) →由利本荘市 | 120 | 鶯沢町(宮城県) →栗原市 | 102 |
| 岩切村(宮城県) →仙台市宮城野区 | 96 | 羽後町(秋田県) | 129 |
| 岩首村(新潟県) →佐渡市 | 421 | 氏家町(栃木県) →さくら市 | 217 |
| 岩崎町(秋田県) →湯沢市 | 119 | 牛久市(茨城県) | 190 |
| 岩崎村(青森県) →深浦町 | 61 | 牛込区(東京都) →新宿区 | 339 |
| 岩崎村(岩手県) →北上市 | 76 | 牛込町(東京都) →新宿区 | 339 |
| 岩島村(群馬県) →東吾妻町 | 250 | 牛堀町(茨城県) →潮来市 | 193 |
| 磐清水村(岩手県) →藤沢町 | 87 | 碓氷郡(群馬県) →安中市 | 245 |
| 岩代町(福島県) →二本松市 | 158 | 臼田町(長野県) →佐久市 | 524 |
| 岩瀬郡(福島県) | 176 | 薄根村(群馬県) →沼田市 | 239 |
| 岩瀬村(茨城県) →桜川市 | 197 | 歌志内市(北海道) | 18 |
| 岩瀬村(福島県) →須賀川市 | 155 | 歌津町(宮城県) →南三陸町 | 110 |
| 岩塚村(新潟県) →長岡市 | 405 | 歌登町(北海道) →枝幸町 | 35 |
| 岩槻市(埼玉県) →さいたま市岩槻区 | 261 | 内浦町(石川県) →能登町 | 465 |
| 岩手郡(岩手県) | 90 | 内灘町(石川県) | 463 |
| 岩手県 | 70 | 内野村(新潟県) →新潟市西区 | 402 |
| 岩手町(岩手県) | 85 | 内原町(茨城県) →水戸市 | 180 |
| 岩出山町(宮城県) →大崎市 | 104 | 宇都宮市(栃木県) | 208 |
| 岩内町(北海道) | 27 | 海上町(千葉県) →旭市 | 307 |
| 岩沼市(宮城県) | 101 | 宇奈月町(富山県) →黒部市 | 439 |
| 岩沼市(宮城県) →岩沼市 | 101 | 鵜の木町(東京都) →大田区 | 344 |
| 岩舟町(栃木県) | 224 | 宇ノ気町(石川県) →かほく市 | 458 |
| 岩間町(茨城県) →笠間市 | 188 | 卯花村(富山県) →富山市 | 433 |
| 岩間村(山梨県) →市川三郷町 | 497 | 浦臼町(北海道) | 29 |
| 岩見沢市(北海道) | 12 | 浦臼村(北海道) →浦臼町 | 29 |
| 岩室村(新潟県) →新潟市西蒲区 | 403 | 浦河町(北海道) | 42 |
| 印西市(千葉県) | 317 | 浦川原村(新潟県) →上越市 | 416 |
| 印西町(千葉県) →印西市 | 317 | 浦郷村(神奈川県) →横須賀市 | 377 |
| 印旛郡(千葉県) | 327 | 浦田村(新潟県) →十日町市 | 411 |
| 印旛村(千葉県) | 323 | 浦幌町(北海道) | 46 |
| | | 浦安市(千葉県) | 315 |

【う】

| 上田市(長野県) | 511 | 浦和市(埼玉県) →さいたま市浦和区 | 259 |
|---|---|---|---|
| 上戸村(石川県) →珠洲市 | 456 | 瓜連町(茨城県) →那珂市 | 194 |
| | | 雨竜町(北海道) | 30 |

自治体名索引　　おおた

雨龍村(北海道)　→雨竜町 ……………30
売木村(長野県) ……………………535
上段村(富山県)　→立山町 ……………445
上穂町(長野県)　→駒ヶ根市 …………519

【え】

永平寺町(福井県) …………………479
江刺郡(岩手県) ……………………90
江刺市(岩手県)　→奥州市 ……………81
江差町(北海道) ……………………23
枝幸町(北海道) ……………………35
枝幸村(北海道)　→枝幸町 ……………35
江釣子村(岩手県)　→北上市 …………76
越前市(福井県) ……………………477
越前町(福井県) ……………………480
江戸川区(東京都) …………………354
江名町(福島県)　→いわき市 …………153
恵庭市(北海道) ……………………19
江沼郡(石川県)　→加賀市 ……………456
荏原郡(東京都) ……………………366
荏原郡(東京都)　→品川区 ……………343
荏原郡(富山県)　→富山市 ……………433
海老名市(神奈川県) ………………388
海老名村(神奈川県)　→海老名市 ……388
江部乙町(北海道)　→滝川市 …………17
江部乙村(北海道)　→滝川市 …………17
江別市(北海道) ……………………15
えりも町(北海道) …………………42
遠軽町(北海道) ……………………38
塩山市(山梨県)　→甲州市 ……………496
円山東村(福井県)　→福井市 …………470
遠別町(北海道) ……………………35

【お】

おいらせ町(青森県) ………………66
追分町(北海道)　→安平町 ……………41
王子町(東京都)　→北区 ………………350
奥州市(岩手県) ……………………81
王滝村(長野県) ……………………537
雄武町(北海道) ……………………39
青梅市(東京都) ……………………356
邑楽郡(群馬県) ……………………253
邑楽町(群馬県) ……………………253

大網白里町(千葉県) ………………324
大洗町(茨城県) ……………………202
大石田町(山形県) …………………141
大泉町(群馬県) ……………………253
大泉村(山梨県)　→北杜市 ……………492
大磯町(神奈川県) …………………391
おおい町(福井県) …………………482
大井町(埼玉県)　→ふじみ野市 ………284
大井町(東京都)　→品川区 ……………343
大井町(神奈川県) …………………392
大飯町(福井県)　→おおい町 …………482
大内町(秋田県)　→由利本荘市 ………120
大内村(秋田県)　→由利本荘市 ………120
大内村(石川県)　→加賀市 ……………456
大江町(山形県) ……………………141
大岡村(長野県)　→長野市 ……………506
大潟町(新潟県)　→上越市 ……………416
大川村(宮城県)　→石巻市 ……………96
大河原町(宮城県) …………………106
大久保町(富山県)　→富山市 …………433
大熊町(福島県) ……………………174
大蔵村(山形県) ……………………143
大桑村(長野県) ……………………537
大越町(福島県)　→田村市 ……………159
大胡町(群馬県)　→前橋市 ……………230
大崎市(宮城県) ……………………104
大崎町(東京都)　→品川区 ……………343
大里郡(埼玉県) ……………………293
大郷町(宮城県) ……………………108
大里村(埼玉県)　→熊谷市 ……………263
大沢野町(富山県)　→富山市 …………433
大鹿村(長野県) ……………………536
王子保村(福井県)　→越前市 …………477
大島町(東京都) ……………………364
大島村(富山県)　→射水市 ……………443
大島村(長野県)　→松川町 ……………534
大下条村(長野県)　→阿南町 …………534
大空町(北海道) ……………………39
大多喜町(千葉県) …………………326
大滝村(北海道)　→伊達市 ……………19
大滝村(埼玉県)　→秩父市 ……………264
大田区(東京都) ……………………344

| | | | |
|---|---|---|---|
| 太田市(群馬県) | 238 | 大鰐町(青森県) | 62 |
| 大館市(秋田県) | 118 | 小笠原島(東京都) →小笠原村 | 366 |
| 大館村(青森県) →八戸市 | 55 | 小笠原村(東京都) | 366 |
| 太田町(秋田県) →大仙市 | 123 | 男鹿市(秋田県) | 119 |
| 大玉村(福島県) | 164 | 雄勝町(秋田県) →湯沢市 | 119 |
| 太田村(岩手県) →盛岡市 | 71 | 雄勝町(宮城県) →石巻市 | 96 |
| 太田村(富山県) →富山市 | 433 | 小鹿野町(埼玉県) | 289 |
| 大田原市(栃木県) | 215 | 岡野町(新潟県) →柏崎市 | 408 |
| 大月市(山梨県) | 491 | 岡本村(福井県) →越前市 | 477 |
| 大槌町(岩手県) | 88 | 岡谷市(長野県) | 514 |
| 大利根町(埼玉県) | 291 | 小川町(茨城県) →小美玉市 | 201 |
| 大沼郡(福島県) | 176 | 小川町(栃木県) →那珂川町 | 225 |
| 大野郡(福井県) | 483 | 小川町(埼玉県) | 286 |
| 大野市(福井県) | 474 | 緒川村(茨城県) →常陸大宮市 | 194 |
| 大野町(北海道) →北斗市 | 20 | 小川村(長野県) | 541 |
| 大野町(石川県) →金沢市 | 449 | 沖郷村(山形県) →南陽市 | 139 |
| 大野村(北海道) →北斗市 | 20 | 小木町(新潟県) →佐渡市 | 421 |
| 大野村(岩手県) →洋野町 | 89 | 小木町(石川県) →能登町 | 465 |
| 大野村(福島県) →相馬市 | 157 | 奥尻町(北海道) | 24 |
| 大野村(茨城県) →鹿嶋市 | 192 | 奥多摩町(東京都) | 364 |
| 大迫町(岩手県) →花巻市 | 74 | 奥玉村(岩手県) →一関市 | 78 |
| 大畑町(青森県) →むつ市 | 58 | 尾口村(石川県) →白山市 | 459 |
| 大原町(岩手県) →一関市 | 78 | 奥戸村(東京都) →葛飾区 | 353 |
| 大原町(千葉県) →いすみ市 | 322 | 小国町(山形県) | 145 |
| 大平町(栃木県) | 223 | 小国町(新潟県) →長岡市 | 405 |
| 大衡村(宮城県) | 108 | 桶川市(埼玉県) | 278 |
| 大布施村(富山県) →黒部市 | 439 | 桶川村(埼玉県) →桶川市 | 278 |
| 大船渡市(岩手県) | 73 | 置戸町(北海道) | 37 |
| 大穂町(茨城県) →つくば市 | 190 | 置戸村(北海道) →置戸町 | 37 |
| 大曲市(秋田県) →大仙市 | 123 | 小河内村(東京都) →奥多摩町 | 364 |
| 大曲町(秋田県) →大仙市 | 123 | 越生町(埼玉県) | 286 |
| 大町市(長野県) | 520 | 興部町(北海道) | 39 |
| 大松沢村(宮城県) →大郷町 | 108 | 長村(長野県) →上田市 | 511 |
| 大間町(青森県) | 66 | 牡鹿郡(宮城県) →女川町 | 109 |
| 大間々町(群馬県) →みどり市 | 246 | 牡鹿町(宮城県) →石巻市 | 96 |
| 大湊市(青森県) →むつ市 | 58 | 押野村(石川県) →金沢市 | 449 |
| 大宮市(埼玉県) →さいたま市大宮区 | 258 | 押野村(石川県) →野々市町 | 463 |
| 大宮町(茨城県) →常陸大宮市 | 194 | 忍野村(山梨県) | 499 |
| 大面村(新潟県) →三条市 | 408 | 尾島町(群馬県) →太田市 | 238 |
| 大森区(東京都) →大田区 | 344 | 押水町(石川県) →宝達志水町 | 464 |
| 大森町(秋田県) →横手市 | 117 | 長万部町(北海道) | 23 |
| 大山町(富山県) →富山市 | 433 | 忍路郡(北海道) →小樽市 | 6 |

## 自治体名索引　かたか

| | |
|---|---|
| 小高町(福島県)　→南相馬市 …………160 | 桂萱村(群馬県)　→前橋市 …………230 |
| 小田切村(長野県)　→長野市 …………506 | 甲斐市(山梨県)………………………494 |
| 織田町(福井県)　→越前町 …………480 | 海上郡(千葉県)　→旭市 ……………307 |
| 尾田蒔村(埼玉県)　→秩父市 …………264 | 開成町(神奈川県)……………………393 |
| 小谷村(長野県)………………………539 | 開田村(長野県)　→木曽町 …………537 |
| 小樽市(北海道)………………………  6 | 加賀市(石川県)………………………456 |
| 小田原市(神奈川県)…………………381 | 鏡石町(福島県)………………………165 |
| 小田原町(神奈川県)　→小田原市 ……381 | 柿崎町(新潟県)　→上越市 …………416 |
| 小千谷市(新潟県)……………………410 | 角田市(宮城県)………………………100 |
| 小千谷町(新潟県)　→小千谷市 ………410 | 角田村(北海道)　→夕張市 …………  12 |
| 音威子府村(北海道)…………………  34 | 角館町(秋田県)　→仙北市 …………125 |
| 音江村(北海道)　→深川市 …………  18 | 神楽村(北海道)　→東神楽町 ………  31 |
| 音更町(北海道)………………………  43 | 笠懸村(群馬県)　→みどり市 ………246 |
| 乙部町(北海道)………………………  24 | 風間浦村(青森県)……………………  67 |
| 女川町(宮城県)………………………109 | 笠間市(茨城県)………………………188 |
| 鬼石町(群馬県)　→藤岡市 …………243 | 鰍沢町(山梨県)………………………498 |
| 遠敷郡(福井県)………………………483 | 加治川村(新潟県)　→新発田市 ……410 |
| 男沼村(埼玉県)　→熊谷市 …………263 | 鹿島郡(石川県)………………………466 |
| 尾上町(青森県)　→平川市 …………  60 | 鹿嶋市(茨城県)………………………192 |
| 小野上村(群馬県)　→渋川市 ………242 | 鹿島台町(宮城県)　→大崎市 ………104 |
| 小野田町(宮城県)　→加美町 ………108 | 鹿島台村(宮城県)　→大崎市 ………104 |
| 小野田村(宮城県)　→加美町 ………108 | 鍛冶町(北海道)　→函館市 …………  4 |
| 小野町(福島県)………………………173 | 鹿島町(福島県)　→南相馬市 ………160 |
| 小野村(長野県)　→辰野町 …………532 | 鹿島町(茨城県)　→鹿嶋市 …………192 |
| 尾花沢市(山形県)……………………139 | 鹿島町(石川県)　→中能登町 ………465 |
| 小浜市(福井県)………………………473 | 柏倉門伝村(山形県)　→上山市 ……138 |
| 帯広市(北海道)………………………  10 | 柏崎市(新潟県)………………………408 |
| 小平町(北海道)………………………  34 | 柏市(千葉県)…………………………309 |
| 小布施町(長野県)……………………540 | 柏原町(長野県)　→信濃町 …………541 |
| 小見川町(千葉県)　→香取市 ………319 | 春日居町(山梨県)　→笛吹市 ………494 |
| 小美玉市(茨城県)……………………201 | 春日部市(埼玉県)……………………269 |
| 麻績村(長野県)………………………538 | 粕壁町(埼玉県)　→春日部市 ………269 |
| 表郷村(福島県)　→白河市 …………154 | 粕川村(宮城県)　→大郷町 …………108 |
| 御鉾内町(北海道)　→岩内町 ………  27 | 粕川村(群馬県)　→前橋市 …………230 |
| 雄物川町(秋田県)　→横手市 ………117 | 鹿角郡(秋田県)　→小坂町 …………127 |
| 小矢部市(富山県)……………………441 | 鹿角市(秋田県)………………………120 |
| 小山市(栃木県)………………………214 | かすみがうら市(茨城県)……………197 |
| 下立村(富山県)　→黒部市 …………439 | 霞ヶ浦町(茨城県)　→かすみがうら市 ‥197 |
| 御宿町(千葉県)………………………326 | 加須市(埼玉県)………………………267 |
| 音別町(北海道)　→釧路市 …………  9 | 片貝町(千葉県)　→山武市 …………321 |
| | 潟上市(秋田県)………………………122 |
| 【か】 | 片上村(福井県)　→鯖江市 …………475 |

全国地方史誌総目録　555

| | |
|---|---|
| 片桐村(長野県) →中川村 …………533 | 鎌ケ谷市(千葉県) ………………………314 |
| 片品村(群馬県) …………………………251 | 鎌倉市(神奈川県) ………………………379 |
| 潟東村(新潟県) →新潟市西蒲区 …403 | 鎌倉町(神奈川県) →鎌倉市 …………379 |
| 片山津町(石川県) →加賀市 …………456 | 蒲田町(東京都) →大田区 ……………344 |
| 勝浦市(千葉県) …………………………310 | 上池田村(福井県) →池田町 …………479 |
| 葛飾区(東京都) …………………………353 | 上磯郡(北海道) …………………………48 |
| 刈田郡(宮城県) …………………………110 | 上磯町(北海道) →北斗市 ………………20 |
| 勝田市(茨城県) →ひたちなか市 ……191 | 上市町(富山県) …………………………445 |
| 甲地村(青森県) →東北町 ………………65 | 上伊那郡(長野県) ………………………542 |
| 勝沼町(山梨県) →甲州市 ……………496 | 神岡町(秋田県) →大仙市 ……………123 |
| 勝山市(福井県) …………………………475 | 上片桐村(長野県) →松川町 …………534 |
| 勝山村(山梨県) →富士河口湖町 ……500 | 上金石町(石川県) →金沢市 …………449 |
| 桂村(茨城県) →城里町 ………………202 | 上川沿村(秋田県) →大館市 …………118 |
| 香取郡(千葉県) …………………………327 | 上河内村(栃木県) →宇都宮市 ………208 |
| 香取市(千葉県) …………………………319 | 上川町(北海道) …………………………32 |
| 金井区(長野県) →中野市 ……………520 | 神川町(埼玉県) …………………………289 |
| 金泉村(新潟県) →佐渡市 ……………421 | 上川村(新潟県) →阿賀町 ……………427 |
| 金井町(新潟県) →佐渡市 ……………421 | 上木島村(長野県) →木島平村 ………541 |
| 金石町(石川県) →金沢市 ……………449 | 上北郡(青森県) …………………………69 |
| 鼎町(長野県) →飯田市 ………………515 | 上北町(青森県) →東北町 ………………65 |
| 神奈川県 …………………………………367 | 上九一色村(山梨県) →甲府市 ………487 |
| 金木町(青森県) →五所川原市 …………56 | 上九一色村(山梨県) →富士河口湖町 ‥500 |
| 金木村(青森県) →五所川原市 …………56 | 加美町(宮城県) …………………………111 |
| 金砂郷村(茨城県) →常陸太田市 ……186 | 上小阿仁村(秋田県) ……………………127 |
| 金沢市(石川県) …………………………449 | 上郷村(岩手県) →遠野市 ………………77 |
| 金津町(福井県) →あわら市 …………477 | 上里町(埼玉県) …………………………290 |
| 金谷村(千葉県) →富津市 ……………315 | 上郷町(長野県) →飯田市 ……………515 |
| 河南町(宮城県) →石巻市 ………………96 | 上郊村(群馬県) →高崎市 ……………231 |
| 蟹田町(青森県) →外ヶ浜町 ……………61 | 神科村(長野県) →上田市 ……………511 |
| 鹿沼市(栃木県) …………………………211 | 上志比村(福井県) →永平寺町 ………479 |
| 金ケ崎町(岩手県) ………………………86 | 上士幌町(北海道) ………………………43 |
| 金ケ崎村(岩手県) →金ケ崎町 …………86 | 神栖市(茨城県) …………………………199 |
| 金丸村(石川県) →中能登町 …………465 | 上砂川町(北海道) ………………………28 |
| 金山町(山形県) …………………………142 | 神栖町(茨城県) →神栖市 ……………199 |
| 金山町(福島県) …………………………169 | 上曽根村(山梨県) →甲府市 …………487 |
| 和村(長野県) →東御市 ………………526 | 上高井郡(長野県) ………………………542 |
| 神谷村(福島県) →いわき市 …………153 | 上平村(富山県) →南砺市 ……………442 |
| 河北郡(石川県) …………………………466 | 上辰野区(長野県) →辰野町 …………532 |
| かほく市(石川県) ………………………458 | 上都賀郡(栃木県) →西方町 …………220 |
| 河北町(宮城県) →石巻市 ………………96 | 上中町(福井県) →若狭町 ……………482 |
| 河北町(山形県) …………………………140 | 上三川町(栃木県) ………………………219 |
| 釜石市(岩手県) ……………………………80 | 上ノ国町(北海道) …………………………23 |

自治体名索引　きせむ

| | |
|---|---|
| 上ノ国村(北海道)　→上ノ国町 | 23 |
| 上山市(山形県) | 138 |
| 上山町(山形県)　→上山市 | 138 |
| 神林村(新潟県) | 430 |
| 上久堅村(長野県)　→飯田市 | 515 |
| 上福岡市(埼玉県)　→ふじみ野市 | 284 |
| 上富良野町(北海道) | 32 |
| 上閉伊郡(岩手県)　→大槌町 | 88 |
| 上発知村(群馬県)　→沼田市 | 239 |
| 加美町(宮城県) | 108 |
| 上水内郡(長野県) | 542 |
| 上山田町(長野県)　→千曲市 | 525 |
| 上湧別町(北海道) | 38 |
| 亀田町(秋田県)　→由利本荘市 | 120 |
| 亀田町(新潟県)　→新潟市江南区 | 401 |
| 神恵内村(北海道) | 27 |
| 鴨川市(千葉県) | 313 |
| 加茂市(新潟県) | 411 |
| 加茂村(新潟県)　→佐渡市 | 421 |
| 唐桑町(宮城県)　→気仙沼市 | 99 |
| 烏山町(栃木県)　→那須烏山市 | 218 |
| 苅野村(福島県)　→浪江町 | 175 |
| 狩太町(北海道)　→ニセコ町 | 25 |
| 刈羽郡(新潟県)　→刈羽村 | 429 |
| 刈羽村(新潟県) | 429 |
| 軽井沢町(長野県) | 530 |
| 軽米町(岩手県) | 89 |
| 嘉例沢村(富山県)　→黒部市 | 439 |
| 川井村(岩手県) | 89 |
| 川内町(青森県)　→むつ市 | 58 |
| 川内町(福島県) | 174 |
| 川内町(群馬県)　→桐生市 | 234 |
| 川内町(群馬県)　→みどり市 | 246 |
| 川上村(長野県) | 528 |
| 川岸村(長野県)　→岡谷市 | 514 |
| 川北町(石川県) | 462 |
| 川北村(石川県)　→川北町 | 462 |
| 河口湖町(山梨県)　→富士河口湖町 | 500 |
| 川口市(埼玉県) | 263 |
| 川口町(新潟県) | 428 |
| 川越市(埼玉県) | 262 |
| 川崎市(神奈川県) | 376 |

| | |
|---|---|
| 川崎市幸区(神奈川県) | 377 |
| 川崎町(宮城県) | 106 |
| 川崎町(福島県)　→二本松市 | 158 |
| 川里町(埼玉県)　→鴻巣市 | 271 |
| 川里村(埼玉県)　→鴻巣市 | 271 |
| 川島町(埼玉県) | 287 |
| 川路村(長野県)　→飯田市 | 515 |
| 川田村(群馬県)　→沼田市 | 239 |
| 河和田村(福井県)　→鯖江市 | 475 |
| 河内郡(栃木県)　→上三川町 | 219 |
| 河内町(茨城県) | 203 |
| 河内町(栃木県) | 220 |
| 河内村(石川県)　→白山市 | 459 |
| 川西町(山形県) | 144 |
| 川西町(新潟県)　→十日町市 | 411 |
| 川西町(福井県)　→福井市 | 470 |
| 川西村(秋田県)　→由利本荘市 | 120 |
| 川場村(群馬県) | 251 |
| 河東町(福島県)　→会津若松市 | 149 |
| 河辺郡(秋田県)　→秋田市 | 113 |
| 河辺町(秋田県)　→秋田市 | 113 |
| 川辺町(長野県)　→上田市 | 511 |
| 川辺村(長野県)　→小諸市 | 517 |
| 川前村(福島県)　→いわき市 | 153 |
| 川俣町(福島県) | 164 |
| 川本町(埼玉県)　→深谷市 | 272 |
| 門崎村(岩手県)　→一関市 | 78 |
| 神流町(群馬県) | 248 |
| 金成町(宮城県)　→栗原市 | 102 |
| 甘楽郡(群馬県) | 253 |
| 甘楽町(群馬県) | 249 |

【き】

| | |
|---|---|
| 木古内町(北海道) | 22 |
| 騎西町(埼玉県) | 291 |
| 象潟町(秋田県)　→にかほ市 | 125 |
| 木更津市(千葉県) | 302 |
| 岸野村(長野県)　→佐久市 | 524 |
| 木島平村(長野県) | 541 |
| 木島村(長野県)　→飯山市 | 521 |
| 木造町(青森県)　→つがる市 | 59 |
| 木瀬村(群馬県)　→前橋市 | 230 |

全国地方史誌総目録　557

| | |
|---|---|
| 木曽郡(長野県) ……………………543 | 木場町(石川県) →小松市 ………453 |
| 木曽福島町(長野県) →木曽町 ………537 | 木部村(福井県) →坂井市 ………478 |
| 木曽町(長野県) ……………………537 | 君津郡(千葉県) ……………………327 |
| 木祖村(長野県) ……………………537 | 君津市(千葉県) ……………………314 |
| 北相木村(長野県) …………………529 | 君津町(千葉県) →君津市 ………314 |
| 北会津郡(福島県) →会津若松市 …149 | 喜茂別町(北海道) ………………… 26 |
| 北会津村(福島県) →会津若松市 …149 | 京ケ島村(群馬県) →高崎市 ………231 |
| 北秋田郡(秋田県) …………………129 | 京極町(北海道) …………………… 26 |
| 北秋田市(秋田県) …………………124 | 行田市(埼玉県) ……………………264 |
| 北安曇郡(長野県) …………………543 | 京橋区(東京都) →中央区 ………337 |
| 北足立郡(埼玉県) →鴻巣市 ………271 | 共和町(北海道) …………………… 26 |
| 北茨城市(茨城県) …………………187 | 協和町(秋田県) →大仙市 ………123 |
| 北魚沼郡(新潟県) →川口町 ………428 | 協和町(茨城県) →筑西市 ………194 |
| 北浦町(茨城県) →行方市 ………199 | 共和村(北海道) →共和町 ……… 26 |
| 喜多方市(福島県) …………………156 | 協和村(秋田県) →大仙市 ………123 |
| 北方村(宮城県) →登米市 ………101 | 清川村(神奈川県) …………………395 |
| 北葛飾郡(埼玉県) …………………294 | 清里町(北海道) …………………… 37 |
| 北上市(岩手県) …………………… 76 | 清里村(新潟県) →上越市 ………416 |
| 北上町(宮城県) →石巻市 ……… 96 | 清瀬市(東京都) ……………………361 |
| 北蒲原郡(新潟県) →聖籠町 ………426 | 鋸南町(千葉県) ……………………326 |
| 北区(東京都) ………………………350 | 桐沢村(新潟県) →長岡市 ………405 |
| 北巨摩郡(山梨県) …………………500 | 桐生市(群馬県) ……………………234 |
| 北埼玉郡(埼玉県) …………………294 | 金田一村(岩手県) →二戸市 ……… 81 |
| 北佐久郡(長野県) …………………543 | **【く】** |
| 北条町(新潟県) →柏崎市 ………408 | 杭瀬下村(長野県) →千曲市 ………525 |
| 北相馬郡(茨城県) →利根町 ………204 | 国上村(新潟県) →燕市 …………413 |
| 北橘村(群馬県) →渋川市 ………242 | 茎崎町(茨城県) →つくば市 ………190 |
| 北多摩郡(東京都) …………………366 | 茎崎村(茨城県) →つくば市 ………190 |
| 北津軽郡(青森県) ………………… 69 | 久喜市(埼玉県) ……………………278 |
| 北都留郡(山梨県) →上野原市 ……495 | 日下部町(山梨県) →山梨市 ………490 |
| 北豊島郡(東京都) …………………366 | 草津町(群馬県) ……………………249 |
| 北檜山町(北海道) →せたな町 …… 24 | 櫛形町(山梨県) →南アルプス市 ……491 |
| 北広島市(北海道) ………………… 19 | 櫛形村(茨城県) →日立市 ………181 |
| 北見市(北海道) …………………… 10 | 久慈市(岩手県) …………………… 77 |
| 北御牧村(長野県) →東御市 ………526 | 櫛引町(山形県) →鶴岡市 ………133 |
| 北村(北海道) →岩見沢市 ……… 12 | 九十九里町(千葉県) ………………324 |
| 北村山郡(山形県) →大石田町 ……141 | 釧路市(北海道) …………………… 9 |
| 北本市(埼玉県) ……………………279 | 釧路町(北海道) …………………… 46 |
| 喜連川町(栃木県) →さくら市 ……217 | 釧路村(北海道) →釧路町 ……… 46 |
| 鬼無里村(長野県) →長野市 ………506 | 葛生町(栃木県) →佐野市 ………210 |
| 木下区(長野県) →箕輪町 ………532 | 葛巻町(岩手県) …………………… 84 |
| 黄海村(岩手県) →藤沢町 ……… 87 | |

自治体名索引　　　　こしし

| | |
|---|---|
| 口名田村(福井県)　→小浜市 | 473 |
| 倶知安町(北海道) | 26 |
| 国立市(東京都) | 359 |
| 国田村(茨城県)　→水戸市 | 180 |
| 国見町(福島県) | 164 |
| 六合村(群馬県) | 250 |
| 国吉村(富山県)　→高岡市 | 436 |
| 九戸郡(岩手県) | 91 |
| 九戸村(岩手県) | 89 |
| 頸城村(新潟県)　→上越市 | 416 |
| 熊石町(北海道)　→八雲町 | 22 |
| 熊谷市(埼玉県) | 263 |
| 熊谷町(埼玉県)　→熊谷市 | 263 |
| 熊川村(福井県)　→若狭町 | 482 |
| 熊無村(富山県)　→氷見市 | 438 |
| 久目村(富山県)　→氷見市 | 438 |
| 倉石村(青森県)　→五戸町 | 67 |
| 倉淵村(群馬県)　→高崎市 | 231 |
| 栗駒町(宮城県)　→栗原市 | 102 |
| 栗沢町(北海道)　→岩見沢市 | 12 |
| 久里浜村(神奈川県)　→横須賀市 | 377 |
| 栗原郡(宮城県) | 111 |
| 栗原市(宮城県) | 102 |
| 栗源町(千葉県)　→香取市 | 319 |
| 栗山町(北海道) | 29 |
| 栗山村(栃木県)　→日光市 | 212 |
| 久留馬村(群馬県)　→高崎市 | 231 |
| 黒石市(青森県) | 56 |
| 黒磯市(栃木県)　→那須塩原市 | 216 |
| 黒川郡(宮城県) | 111 |
| 黒川村(秋田県)　→横手市 | 117 |
| 黒川村(新潟県)　→胎内市 | 425 |
| 黒埼町(新潟県)　→新潟市西区 | 402 |
| 黒島村(石川県)　→輪島市 | 455 |
| 黒羽町(栃木県)　→大田原市 | 215 |
| 黒部市(富山県) | 439 |
| 黒保根村(群馬県)　→桐生市 | 234 |
| 黒前村(茨城県)　→高萩市 | 187 |
| 黒松内町(北海道) | 25 |
| 桑原村(長野県)　→千曲市 | 525 |
| 訓子府町(北海道) | 37 |
| 群馬郡(群馬県)　→高崎市 | 231 |
| 群馬県 | 226 |
| 群馬町(群馬県)　→高崎市 | 231 |

【け】

| | |
|---|---|
| 気仙郡(岩手県)　→住田町 | 87 |
| 気仙沼市(宮城県) | 99 |
| 剣淵町(北海道) | 33 |

【こ】

| | |
|---|---|
| 小石川区(東京都)　→文京区 | 340 |
| 肥塚村(埼玉県)　→熊谷市 | 263 |
| 小出町(新潟県)　→魚沼市 | 424 |
| 小糸町(千葉県)　→君津市 | 314 |
| 甲西町(山梨県)　→南アルプス市 | 491 |
| 神崎町(千葉県) | 324 |
| 高座郡(神奈川県)　→寒川町 | 390 |
| 麹町区(東京都)　→千代田区 | 337 |
| 甲州市(山梨県) | 496 |
| 更埴市(長野県)　→千曲市 | 525 |
| 神津島村(東京都) | 365 |
| 国府津村(神奈川県)　→小田原市 | 381 |
| 江東区(東京都) | 342 |
| 江南町(埼玉県) | 290 |
| 鴻巣市(埼玉県) | 271 |
| 河野村(福井県)　→南越前町 | 480 |
| 甲府市(山梨県) | 487 |
| 小海町(長野県) | 528 |
| 桑折町(福島県) | 163 |
| 郡山市(福島県) | 152 |
| 古河市(茨城県) | 182 |
| 小金井市(東京都) | 357 |
| 五霞町(茨城県) | 203 |
| 五霞村(茨城県)　→五霞町 | 203 |
| 国府村(群馬県)　→高崎市 | 231 |
| 国府村(石川県)　→小松市 | 453 |
| 国府村(石川県)　→能美市 | 461 |
| 国分寺市(東京都) | 359 |
| 国分寺町(栃木県)　→下野市 | 218 |
| 小牛田町(宮城県)　→美里町 | 109 |
| 小坂町(秋田県) | 127 |
| 越谷市(埼玉県) | 274 |
| 越路野村(石川県)　→羽咋市 | 458 |
| 越路町(新潟県)　→長岡市 | 405 |

全国地方史誌総目録　559

| | |
|---|---|
| 越廼村(福井県)　→福井市 …………470 | さいたま市岩槻区(埼玉県)………261 |
| 小清水町(北海道) ………………… 37 | さいたま市浦和区(埼玉県)………259 |
| 腰村(長野県)　→長野市 …………506 | さいたま市大宮区(埼玉県)………258 |
| 古城村(千葉県)　→旭市 …………307 | さいたま市中央区(埼玉県)………259 |
| 五城目町(秋田県) …………………128 | さいたま市西区(埼玉県)…………258 |
| 五所川原市(青森県) ……………… 56 | 埼玉県 ………………………………255 |
| 五所川原町(青森県)　→五所川原市 … 56 | 在府町(青森県)　→弘前市 ……… 53 |
| 小杉町(富山県)　→射水市 ………443 | 西明寺村(秋田県)　→仙北市 ……125 |
| 小菅村(山梨県) ……………………500 | 佐井村(青森県) …………………… 67 |
| 小須戸町(新潟県)　→新潟市秋葉区…401 | 斎村(山形県)　→鶴岡市 …………133 |
| 五泉市(新潟県) ……………………416 | 蔵王町(宮城県) ……………………105 |
| 五泉町(新潟県)　→見附市 ………412 | 境川村(山梨県)　→笛吹市 ………494 |
| 御前山村(茨城県)　→常陸大宮市…194 | 坂井郡(福井県) ……………………483 |
| 小平市(東京都) ……………………357 | 坂井市(福井県) ……………………478 |
| 小平町(東京都)　→小平市 ………357 | 坂井町(福井県)　→坂井市 ………478 |
| 児玉郡(埼玉県) ……………………294 | 境野村(群馬県)　→桐生市 ………234 |
| 児玉町(埼玉県)　→本庄市 ………268 | 境町(茨城県) ………………………203 |
| 犢橋村(千葉県)　→千葉市花見川区…299 | 境町(群馬県)　→伊勢崎市 ………236 |
| 琴丘町(秋田県)　→三種町 ………128 | 坂井村(長野県)　→筑北村 ………539 |
| 琴似町(北海道)　→札幌市北区 …  3 | 坂上村(群馬県)　→東吾妻町 ……250 |
| 琴似町(北海道)　→札幌市西区 …  4 | 寒河江市(山形県) …………………137 |
| 琴似兵村(北海道)　→札幌市西区 …  4 | 栄町(千葉県) ………………………324 |
| 琴似村(北海道)　→札幌市北区 …  3 | 栄町(富山県)　→南砺市 …………442 |
| 琴似村(北海道)　→札幌市西区 …  4 | 栄村(山形県)　→庄内町 …………145 |
| 小泊村(青森県)　→中泊町 ……… 63 | 栄村(新潟県)　→三条市 …………408 |
| 金浦町(秋田県)　→にかほ市 ……125 | 栄村(長野県) ………………………542 |
| 五戸町(青森県) …………………… 67 | 坂北村(長野県)　→筑北村 ………539 |
| 湖東村(長野県)　→茅野市 ………522 | 坂城町(長野県) ……………………540 |
| 小淵沢町(山梨県)　→北杜市 ……492 | 酒田市(山形県) ……………………135 |
| 狛江市(東京都) ……………………360 | 酒田町(山形県)　→酒田市 ………135 |
| 狛江村(東京都)　→狛江市 ………360 | 坂戸市(埼玉県) ……………………282 |
| 駒ヶ根市(長野県) …………………519 | 相模湖町(神奈川県)　→相模原市…384 |
| 小松川町(東京都)　→江戸川区 …354 | 相模原市(神奈川県) ………………384 |
| 小松市(石川県) ……………………453 | 坂本村(宮城県)　→大崎市 ………104 |
| 小松町(石川県)　→小松市 ………453 | 坂元村(宮城県)　→山元町 ………107 |
| 駒寄村(群馬県)　→吉岡町 ………248 | 佐久市(長野県) ……………………524 |
| 子持村(群馬県)　→渋川市 ………242 | 佐久穂町(長野県) …………………529 |
| 小諸市(長野県) ……………………517 | 佐久町(長野県)　→佐久穂町 ……529 |
| 古里村(東京都)　→奥多摩町 ……364 | 作谷沢村(山形県)　→山辺町 ……140 |
| 衣川村(岩手県)　→奥州市 ……… 81 | 桜井新田村(長野県)　→佐久市 …524 |
| | 桜川市(茨城県) ……………………197 |
| 【さ】 | 佐倉河村(岩手県)　→奥州市 …… 81 |

自治体名索引　　　　　　　　　　しから

| さくら市(栃木県) | 217 |
| 佐倉市(千葉県) | 306 |
| 佐倉町(千葉県)　→佐倉市 | 306 |
| 桜村(茨城県)　→つくば市 | 190 |
| 鮭川村(山形県) | 144 |
| 座光寺村(長野県)　→飯田市 | 515 |
| 笹神村(新潟県)　→阿賀野市 | 420 |
| 指扇村(埼玉県)　→さいたま市西区 | 258 |
| 猿島郡(茨城県) | 204 |
| 猿島町(茨城県)　→坂東市 | 195 |
| 幸手市(埼玉県) | 282 |
| 幸手町(埼玉県)　→幸手市 | 282 |
| 札幌市(北海道) | 2 |
| 札幌市北区(北海道) | 3 |
| 札幌市白石区(北海道) | 4 |
| 札幌市手稲区(北海道) | 4 |
| 札幌市豊平区(北海道) | 4 |
| 札幌市西区(北海道) | 4 |
| 札幌市東区(北海道) | 3 |
| 札幌市南区(北海道) | 4 |
| 札幌村(北海道)　→札幌市東区 | 3 |
| 佐渡郡(新潟県)　→佐渡市 | 421 |
| 佐渡市(新潟県) | 421 |
| 里見村(秋田県)　→横手市 | 117 |
| 里美村(茨城県)　→常陸太田市 | 186 |
| 里見村(群馬県)　→高崎市 | 231 |
| 真田町(長野県)　→上田市 | 511 |
| 佐野市(栃木県) | 210 |
| 佐野村(茨城県)　→ひたちなか市 | 191 |
| 佐野村(群馬県)　→高崎市 | 231 |
| 鯖江市(福井県) | 475 |
| 鯖江町(福井県)　→鯖江市 | 475 |
| 座間市(神奈川県) | 388 |
| 様似町(北海道) | 42 |
| 三水村(長野県)　→長野市 | 506 |
| 寒川町(神奈川県) | 390 |
| 鮫川村(福島県) | 171 |
| 狭山市(埼玉県) | 270 |
| 更級郡(長野県) | 544 |
| 更別村(北海道) | 44 |
| 沙流郡(北海道) | 48 |
| 猿払村(北海道) | 35 |

| 佐呂間町(北海道) | 38 |
| 沢内村(岩手県)　→西和賀町 | 85 |
| 佐波郡(群馬県)　→伊勢崎市 | 236 |
| 佐和田町(新潟県)　→佐渡市 | 421 |
| 佐原市(千葉県)　→香取市 | 319 |
| 砂原町(北海道)　→森町 | 22 |
| 佐原町(千葉県)　→香取市 | 319 |
| 三郷村(新潟県)　→上越市 | 416 |
| 三条市(新潟県) | 408 |
| 三島郡(新潟県)　→出雲崎町 | 427 |
| 山内村(秋田県)　→横手市 | 117 |
| 三戸郡(青森県) | 69 |
| 三戸町(青森県) | 67 |
| 山武郡(千葉県) | 328 |
| 山武町(千葉県)　→山武市 | 321 |
| 山北町(新潟県) | 430 |
| 三本木町(宮城県)　→大崎市 | 104 |
| 三枚橋村(富山県)　→朝日町 | 446 |
| 山武市(千葉県) | 321 |
| 三陸町(岩手県)　→大船渡市 | 73 |
| 三和町(茨城県)　→古河市 | 182 |
| 三和村(新潟県)　→上越市 | 416 |

【し】

| 市浦村(青森県)　→五所川原市 | 56 |
| 紫雲寺町(新潟県)　→新発田市 | 410 |
| 塩竈市(宮城県) | 98 |
| 塩釜市(宮城県)　→塩竈市 | 98 |
| 塩川町(福島県)　→喜多方市 | 156 |
| 塩崎村(山梨県)　→甲斐市 | 494 |
| 塩沢町(新潟県)　→南魚沼市 | 425 |
| 塩尻市(長野県) | 522 |
| 塩原町(栃木県)　→那須塩原市 | 216 |
| 志雄町(石川県)　→宝達志水町 | 464 |
| 紫尾村(茨城県)　→桜川市 | 197 |
| 塩谷町(栃木県) | 224 |
| 鹿追町(北海道) | 43 |
| 鹿部町(北海道) | 22 |
| 志賀町(石川県) | 464 |
| 色麻町(宮城県) | 108 |
| 四賀村(長野県)　→松本市 | 509 |
| 柵村(長野県)　→長野市 | 506 |

全国地方史誌総目録　561

| | | |
|---|---|---|
| 志木市(埼玉県) | | 276 |
| 敷島町(山梨県) | →甲斐市 | 494 |
| 敷島村(群馬県) | →渋川市 | 242 |
| 酒々井町(千葉県) | | 322 |
| 志津川町(宮城県) | →南三陸町 | 110 |
| 雫石町(岩手県) | | 84 |
| 静内町(北海道) | →新ひだか町 | 42 |
| 志田郡(宮城県) | →大崎市 | 104 |
| 下田村(新潟県) | →三条市 | 408 |
| 下段村(富山県) | →立山町 | 445 |
| 下谷区(東京都) | →台東区 | 341 |
| 七ケ宿町(宮城県) | | 106 |
| 七ケ宿町(宮城県) | →七ケ宿町 | 106 |
| 七ヶ浜町(宮城県) | | 107 |
| 七戸町(青森県) | | 64 |
| 品川区(東京都) | | 343 |
| 品川町(東京都) | →品川区 | 343 |
| 信濃町(長野県) | | 541 |
| 篠津兵村(北海道) | →新篠津村 | 21 |
| 信夫郡(福島県) | | 176 |
| 芝区(東京都) | →港区 | 338 |
| 新発田市(新潟県) | | 410 |
| 柴田郡(宮城県) | | 111 |
| 柴田町(宮城県) | | 106 |
| 芝村(埼玉県) | →川口市 | 263 |
| 芝山町(千葉県) | | 325 |
| 渋川市(群馬県) | | 242 |
| 渋川町(群馬県) | →渋川市 | 242 |
| 渋崎区(長野県) | →諏訪市 | 516 |
| 渋谷区(東京都) | | 347 |
| 標茶町(北海道) | | 47 |
| 士別市(北海道) | | 16 |
| 標津町(北海道) | | 48 |
| 士幌村(北海道) | →士幌町 | 43 |
| 士幌町(北海道) | | 43 |
| 島牧村(北海道) | | 25 |
| 島村(富山県) | →富山市 | 433 |
| 清水町(北海道) | | 44 |
| 清水町(福井県) | →福井市 | 470 |
| 清水町(青森県) | →弘前市 | 53 |
| 清水村(富山県) | →富山市 | 433 |
| 占冠村(北海道) | | 33 |

| | | |
|---|---|---|
| 下穴馬村(福井県) | →大野市 | 474 |
| 下有住村(岩手県) | →住田町 | 87 |
| 下伊那郡(長野県) | | 544 |
| 下忍村(埼玉県) | →行田市 | 264 |
| 下忍村(埼玉県) | →鴻巣市 | 271 |
| 下小田切村(長野県) | →佐久市 | 524 |
| 下川町(北海道) | | 34 |
| 下川淵村(群馬県) | →前橋市 | 230 |
| 下郷町(福島県) | | 165 |
| 下條村(長野県) | | 535 |
| 下条村(長野県) | →下條村 | 535 |
| 下諏訪町(長野県) | | 531 |
| 下曽我村(神奈川県) | →小田原市 | 381 |
| 下高井郡(長野県) | | 545 |
| 下館市(茨城県) | →筑西市 | 194 |
| 下館町(茨城県) | →筑西市 | 194 |
| 下田町(青森県) | →おいらせ町 | 66 |
| 下都賀郡(栃木県) | | 225 |
| 下野市(栃木県) | | 218 |
| 下妻市(茨城県) | | 185 |
| 下新川郡(富山県) | | 446 |
| 下仁田町(群馬県) | | 248 |
| 下久堅村(長野県) | →飯田市 | 515 |
| 下総町(千葉県) | →成田市 | 304 |
| 下閉伊郡(岩手県) | | 91 |
| 下部町(山梨県) | →身延町 | 498 |
| 下水内郡(長野県) | →栄村 | 542 |
| 下村(富山県) | →射水市 | 443 |
| 積丹町(北海道) | | 27 |
| 車力村(青森県) | →つがる市 | 59 |
| 斜里町(北海道) | | 37 |
| 十王町(茨城県) | →日立市 | 181 |
| 十文字町(秋田県) | →横手市 | 117 |
| 十文字村(秋田県) | →横手市 | 117 |
| 十里塚村(山形県) | →酒田市 | 135 |
| 宿根木村(新潟県) | →佐渡市 | 421 |
| 上越市(新潟県) | | 416 |
| 庄川町(富山県) | →砺波市 | 440 |
| 庄下村(富山県) | →砺波市 | 440 |
| 常総市(茨城県) | | 186 |
| 庄内町(山形県) | | 145 |
| 沼南町(千葉県) | →柏市 | 309 |

| | | |
|---|---|---|
| 城端町(富山県) | →南砺市 | 442 |
| 菖蒲町(埼玉県) | | 292 |
| 浄法寺町(岩手県) | →二戸市 | 81 |
| 浄法寺村(福井県) | →永平寺町 | 479 |
| 常北町(茨城県) | →城里町 | 202 |
| 昭和町(秋田県) | →潟上市 | 122 |
| 昭和町(山梨県) | | 499 |
| 昭和村(福島県) | | 169 |
| 昭和村(群馬県) | | 251 |
| 昭和村(山梨県) | →昭和町 | 499 |
| 初山別村(北海道) | | 35 |
| 白岩村(秋田県) | →仙北市 | 125 |
| 白老町(北海道) | | 40 |
| 白岡町(埼玉県) | | 292 |
| 白河市(福島県) | | 154 |
| 白子町(千葉県) | | 326 |
| 白沢村(福島県) | →本宮市 | 162 |
| 白沢村(群馬県) | →沼田市 | 239 |
| 白鷹町(山形県) | | 145 |
| 白滝村(北海道) | →遠軽町 | 38 |
| 白糠町(北海道) | | 47 |
| 白糠村(北海道) | →白糠町 | 47 |
| 白根町(山梨県) | →南アルプス市 | 491 |
| 白浜町(千葉県) | →南房総市 | 318 |
| 白峰村(石川県) | →白山市 | 459 |
| 白山村(福井県) | →越前市 | 477 |
| 知内町(北海道) | | 22 |
| 尻岸内町(北海道) | →函館市 | 4 |
| 尻岸内村(北海道) | →函館市 | 4 |
| 白井市(千葉県) | | 317 |
| 白石市(宮城県) | | 99 |
| 白石町(宮城県) | →白石市 | 99 |
| 白石村(北海道) | →札幌市白石区 | 4 |
| 白井町(千葉県) | →白井市 | 317 |
| 城崎村(福井県) | →越前町 | 480 |
| 城里町(茨城県) | | 202 |
| 白根町(新潟県) | →新潟市南区 | 402 |
| 城山町(神奈川県) | | 395 |
| 紫波郡(岩手県) | | 91 |
| 紫波町(岩手県) | | 85 |
| 志波姫町(宮城県) | →栗原市 | 102 |
| 新郷村(青森県) | | 68 |

| | | |
|---|---|---|
| 深才村(新潟県) | →長岡市 | 405 |
| 新篠津村(北海道) | | 21 |
| 信州新町(長野県) | | 541 |
| 新宿区(東京都) | | 339 |
| 新庄市(山形県) | | 137 |
| 眞城村(岩手県) | →奥州市 | 81 |
| 新庄町(山形県) | →新庄市 | 137 |
| 新庄町(富山県) | →富山市 | 433 |
| 新成村(秋田県) | →羽後町 | 129 |
| 新地町(福島県) | | 175 |
| 榛東村(群馬県) | | 247 |
| 新得町(北海道) | | 43 |
| 新十津川町(北海道) | | 29 |
| 新十津川村(北海道) | →新十津川町 | 29 |
| 新ひだか町(北海道) | | 42 |
| 新保町(石川県) | →小松市 | 453 |
| 新保村(富山県) | →富山市 | 433 |
| 新町(群馬県) | →高崎市 | 231 |
| 新湊市(富山県) | →射水市 | 443 |

## 【す】

| | | |
|---|---|---|
| 水原町(新潟県) | →阿賀野市 | 420 |
| 水府村(茨城県) | →常陸太田市 | 186 |
| 須賀川市(福島県) | | 155 |
| 須加村(埼玉県) | →行田市 | 264 |
| 杉戸町(埼玉県) | | 293 |
| 杉並区(東京都) | | 348 |
| 杉水町(石川県) | →加賀市 | 456 |
| 須坂市(長野県) | | 517 |
| 須坂町(長野県) | →須坂市 | 517 |
| 逗子市(神奈川県) | | 383 |
| 逗子町(神奈川県) | →逗子市 | 383 |
| 珠洲市(石川県) | | 456 |
| 須玉町(山梨県) | →北杜市 | 492 |
| 寿都町(北海道) | | 25 |
| 須藤村(栃木県) | →茂木町 | 221 |
| 砂川市(北海道) | | 18 |
| 砂川町(北海道) | →砂川市 | 18 |
| 墨田区(東京都) | | 341 |
| 住田町(岩手県) | | 87 |
| 隅田町(東京都) | →墨田区 | 341 |
| 守門村(新潟県) | →魚沼市 | 424 |

諏訪郡(長野県)･･････････････････545
諏訪市(長野県)･･････････････････516

## 【せ】

清内路村(長野県)････････････････534
聖籠町(新潟県)･･････････････････426
聖籠村(新潟県)　→聖籠町･･････426
関川村(新潟県)･･････････････････429
関城町(茨城県)　→筑西市･･････194
関原町(新潟県)　→長岡市･･････405
関宿町(千葉県)　→野田市･･････303
世田谷区(東京都)････････････････346
勢多郡(群馬県)･･････････････････254
せたな町(北海道)････････････････ 24
瀬棚町(北海道)　→せたな町････ 24
節婦町(北海道)　→新冠町･･････ 42
瀬峰町(宮城県)　→栗原市･･････102
仙石原村(神奈川県)　→箱根町･･394
泉津村(東京都)　→大島町･･････364
仙台市(宮城県)･･････････････････ 94
仙台市青葉区(宮城県)･･････････ 96
仙台市泉区(宮城県)････････････ 96
仙台市太白区(宮城県)･･････････ 96
仙台市宮城野区(宮城県)････････ 96
千代町(石川県)　→小松市･･････453
千駄ヶ谷町(東京都)　→渋谷区･･347
栴檀山村(富山県)　→砺波市････440
仙南村(秋田県)　→美郷町･･････129
千畑村(秋田県)　→美郷町･･････129
仙北市(秋田県)･･････････････････125
仙北村(秋田県)　→大仙市･･････123
千厩町(岩手県)　→一関市･･････ 78

## 【そ】

草加市(埼玉県)･･････････････････273
草加市(埼玉県)　→草加市･･････273
宗賀村(長野県)　→塩尻市･･････522
匝瑳郡(千葉県)･･････････････････328
匝瑳市(千葉県)･･････････････････319
総社町(群馬県)　→前橋市･･････230
壮瞥町(北海道)･･････････････････ 40
壮瞥村(北海道)　→壮瞥町･･････ 40
相馬郡(福島県)･･････････････････176

相馬市(福島県)･･････････････････157
相馬村(青森県)　→弘前市･･････ 53
総和町(茨城県)　→古河市･･････182
袖ケ浦市(千葉県)････････････････316
袖ケ浦村(千葉県)　→袖ケ浦市･･316
外旭川村(秋田県)　→秋田市････113
外ヶ浜町(青森県)････････････････ 61

## 【た】

大栄町(千葉県)　→成田市･･････304
大樹町(北海道)･･････････････････ 44
大子町(茨城県)･･････････････････202
大聖寺町(石川県)　→加賀市････456
大信村(福島県)　→白河市･･････154
大成町(北海道)　→せたな町････ 24
大仙市(秋田県)･･････････････････123
台東区(東京都)･･････････････････341
大東町(岩手県)　→一関市･･････ 78
胎内市(新潟県)･･････････････････425
大門町(富山県)　→射水市･･････443
大雄村(秋田県)　→横手市･･････117
大洋村(茨城県)　→鉾田市･･････200
平市(福島県)　→いわき市･･････153
平館村(青森県)　→外ヶ浜町････ 61
平村(富山県)　→南砺市･･････････442
大和村(宮城県)･･････････････････108
高岡市(富山県)･･････････････････436
高儀村(石川県)　→金沢市･･････449
喬木村(長野県)･･････････････････536
多賀郡(茨城県)　→日立市･･････181
高崎市(群馬県)･･････････････････231
高郷村(福島県)　→喜多方市････156
高階村(埼玉県)　→川越市･･････262
高篠村(埼玉県)　→秩父市･･････264
高島町(北海道)　→小樽市･･････  6
高清水町(宮城県)　→栗原市････102
多賀城市(宮城県)････････････････100
鷹栖町(北海道)･･････････････････ 31
鷹栖村(北海道)　→鷹栖町･･････ 31
鷹巣村(福井県)　→福井市･･････470
高田市(新潟県)　→上越市･･････416
高千村(新潟県)　→佐渡市･･････421

| | |
|---|---|
| 高遠町(長野県)　→伊那市　……………518 | 辰野町(長野県)　………………………532 |
| 高梨村(秋田県)　→大仙市　……………123 | 田鶴浜町(石川県)　→七尾市　…………451 |
| 高根沢町(栃木県)　………………………224 | 舘岩村(福島県)　→南会津町　…………166 |
| 高根町(山梨県)　→北杜市　……………492 | 楯岡町(山形県)　→村山市　……………138 |
| 鷹巣町(秋田県)　→北秋田市　…………124 | 伊達郡(福島県)　…………………………176 |
| 高萩市(茨城県)　…………………………187 | 伊達市(北海道)　…………………………19 |
| 高畠町(山形県)　…………………………144 | 伊達市(福島県)　…………………………161 |
| 高浜町(福井県)　…………………………482 | 立科町(長野県)　…………………………530 |
| 高椋村(福井県)　→坂井市　……………478 | 館林市(群馬県)　…………………………241 |
| 高松町(石川県)　→かほく市　…………458 | 館林町(群馬県)　→館林市　……………241 |
| 田上町(新潟県)　…………………………426 | 伊達町(北海道)　→伊達市　……………19 |
| 高森町(長野県)　…………………………534 | 伊達町(福島県)　→伊達市　……………161 |
| 高柳町(新潟県)　→柏崎市　……………408 | 館山市(千葉県)　…………………………302 |
| 高山村(群馬県)　…………………………250 | 立山町(富山県)　…………………………445 |
| 高堂村(石川県)　→小松市　……………453 | 多度志町(北海道)　→深川市　…………18 |
| 滝ケ原町(石川県)　→小松市　…………453 | 田富町(山梨県)　→中央市　……………497 |
| 滝川市(北海道)　…………………………17 | 棚倉町(福島県)　…………………………171 |
| 瀧川市(北海道)　→滝川市　……………17 | 田無市(東京都)　→西東京市　…………363 |
| 滝沢村(岩手県)　…………………………85 | 田名部町(青森県)　→むつ市　…………58 |
| 滝根町(福島県)　→田村市　……………159 | 谷内村(岩手県)　→花巻市　……………74 |
| 滝上町(北海道)　…………………………39 | 田沼町(栃木県)　→佐野市　……………210 |
| 瀧上町(北海道)　→滝上町　……………39 | 種市町(岩手県)　→洋野町　……………89 |
| 滝野川町(東京都)　→北区　……………350 | 田野口区(長野県)　→長野市　…………506 |
| 武石村(長野県)　→上田市　……………511 | 多野郡(群馬県)　…………………………254 |
| 竹林村(富山県)　→南砺市　……………442 | 田野畑村(岩手県)　………………………89 |
| 武生市(福井県)　→越前市　……………477 | 丹波山村(山梨県)　………………………500 |
| 多古町(千葉県)　…………………………324 | 玉浦村(宮城県)　→岩沼市　……………101 |
| 田沢湖町(秋田県)　→仙北市　…………125 | 玉川村(福島県)　…………………………172 |
| 田島町(福島県)　→南会津町　…………166 | 多摩市(東京都)　…………………………361 |
| 田尻町(宮城県)　→大崎市　……………104 | 玉造郡(宮城県)　→大崎市　……………104 |
| 田代町(秋田県)　→大館市　……………118 | 玉造町(茨城県)　→行方市　……………199 |
| 田立村(長野県)　→南木曽町　…………536 | 玉野村(山形県)　→尾花沢市　…………139 |
| 只見町(福島県)　…………………………165 | 玉幡村(山梨県)　→甲斐市　……………494 |
| 多々良村(群馬県)　→館林市　…………241 | 玉穂町(山梨県)　→中央市　……………497 |
| 立川市(東京都)　…………………………354 | 玉村町(群馬県)　…………………………251 |
| 立川町(山形県)　→高畠町　……………144 | 玉里村(岩手県)　→奥州市　……………81 |
| 立川町(山形県)　→庄内町　……………145 | 玉里村(茨城県)　→小美玉市　…………201 |
| 龍江村(長野県)　→飯田市　……………515 | 田麦山村(新潟県)　→川口町　…………428 |
| 竜丘村(長野県)　→飯田市　……………515 | 田村郡(福島県)　…………………………176 |
| 田子町(青森県)　…………………………67 | 田村市(福島県)　…………………………159 |
| 立沢村(長野県)　→富士見町　…………532 | 田老町(岩手県)　→宮古市　……………71 |
| 辰口町(石川県)　→能美市　……………461 | 伊達崎村(福島県)　→桑折町　…………163 |

| | |
|---|---|
| 端野町(北海道)　→北見市 ……………… 10 | 千代村(長野県)　→飯田市 ………………515 |
| 端野村(北海道)　→北見市 ……………… 10 | |

## 【つ】

| | |
|---|---|
| | 対雁村(北海道)　→江別市 ……………… 15 |

## 【ち】

| | |
|---|---|
| 小県郡(長野県) ………………………………545 | 都賀町(栃木県) ………………………………224 |
| 茅ヶ崎市(神奈川県) …………………………382 | つがる市(青森県) …………………………… 59 |
| 筑西市(茨城県) ………………………………194 | 津川町(新潟県)　→阿賀町 ………………427 |
| 筑北村(長野県) ………………………………539 | 月形町(北海道) ……………………………… 29 |
| 千曲市(長野県) ………………………………525 | 月形町(北海道)　→月形町 ……………… 29 |
| 千倉町(千葉県)　→南房総市 ……………318 | 月潟村(新潟県)　→新潟市南区 …………402 |
| 智里村(長野県)　→阿智村 ………………534 | 月津村(石川県)　→小松市 ………………453 |
| 秩父郡(埼玉県) ………………………………294 | 月津村(石川県)　→加賀市 ………………456 |
| 秩父市(埼玉県) ………………………………264 | 築館町(宮城県)　→栗原市 ………………102 |
| 秩父別村(北海道)　→秩父別町 ………… 30 | 月館町(福島県)　→伊達市 ………………161 |
| 秩父別町(北海道) …………………………… 30 | 附馬牛村(岩手県)　→遠野市 …………… 77 |
| 千歳市(北海道) ……………………………… 17 | 月夜野町(群馬県)　→みなかみ町 ………251 |
| 千歳村(東京都)　→世田谷区 ……………346 | 津久井町(神奈川県)　→相模原市 ………384 |
| 茅野市(長野県) ………………………………522 | 筑波郡(茨城県) ………………………………205 |
| 千葉郡(千葉県) ………………………………328 | つくば市(茨城県) ……………………………190 |
| 千葉県 …………………………………………295 | 筑波町(茨城県)　→つくば市 ……………190 |
| 千葉市(千葉県) ………………………………298 | つくばみらい市(茨城県) ……………………201 |
| 千葉市中央区(千葉県) ………………………299 | 都田村(神奈川県)　→横浜市都筑区 ……376 |
| 千葉市花見川区(千葉県) ……………………299 | 土浦市(茨城県) ………………………………182 |
| 千葉市緑区(千葉県) …………………………299 | 土崎港町(秋田県)　→秋田市 ……………113 |
| 千葉町(千葉県)　→千葉市中央区 ………299 | 土樽村(新潟県)　→湯沢町 ………………428 |
| 知三村(福井県)　→おおい町 ……………482 | 津南町(新潟県) ………………………………428 |
| 中央区(東京都) ………………………………337 | 常澄村(茨城県)　→水戸市 ………………180 |
| 中央市(山梨県) ………………………………497 | 津幡町(石川県) ………………………………463 |
| 忠類村(北海道)　→幕別町 ……………… 45 | 燕市(新潟県) …………………………………413 |
| 鳥海町(秋田県)　→由利本荘市 …………120 | 津別町(北海道) ……………………………… 36 |
| 鳥海村(岩手県)　→一戸町 ……………… 90 | 嬬恋村(群馬県) ………………………………249 |
| 銚子市(千葉県) ………………………………300 | 津山町(宮城県)　→登米市 ………………101 |
| 長生郡(千葉県) ………………………………328 | 鶴居村(北海道) ……………………………… 47 |
| 長生村(千葉県) ………………………………326 | 鶴岡市(山形県) ………………………………133 |
| 長南町(千葉県) ………………………………326 | 鶴岡町(山形県)　→鶴岡市 ………………133 |
| 調布市(東京都) ………………………………357 | 敦賀郡(福井県)　→敦賀市 ………………472 |
| 蝶屋村(石川県)　→白山市 ………………459 | 敦賀市(福井県) ………………………………472 |
| 千代川村(茨城県)　→下妻市 ……………185 | 鶴ヶ島市(埼玉県) ……………………………283 |
| 千代田区(東京都) ……………………………337 | 鶴川村(東京都)　→町田市 ………………357 |
| 千代田町(群馬県) ……………………………253 | 剣岳村(福井県)　→あわら市 ……………477 |
| 千代田村(茨城県)　→かすみがうら市 ‥197 | 鶴来町(石川県)　→白山市 ………………459 |
| 千代田村(群馬県)　→千代田町 …………253 | 都留市(山梨県) ………………………………489 |

| | |
|---|---|
| 鶴田町(青森県) ………………… 63 | 東和町(福島県)　→二本松市 ……158 |
| 鶴田村(青森県)　→鶴田町 ……… 63 | 十日市場村(神奈川県)　→横浜市緑区 ‥375 |
| 鶴巻町(東京都)　→新宿区 ………339 | 十日町市(新潟県) ………………411 |
| 鶴見町(神奈川県)　→横浜市鶴見区 …373 | 遠田郡(宮城県) …………………111 |
| 【て】 | 遠野市(岩手県) ………………… 77 |
| 手稲町(北海道)　→札幌市西区 ………  4 | 遠野町(岩手県)　→遠野市 ……… 77 |
| 手稲町(北海道)　→札幌市手稲区 ………  4 | 戸隠村(長野県)　→長野市 ………506 |
| 出来島村(埼玉県)　→熊谷市 ……263 | 利賀村(富山県)　→南砺市 ………442 |
| 天塩町(北海道) ………………… 35 | ときがわ町(埼玉県) ……………288 |
| 弟子屈町(北海道) ……………… 47 | 都幾川村(埼玉県)　→ときがわ町 …288 |
| 出島村(茨城県)　→かすみがうら市 …197 | 富来町(石川県)　→志賀町 ………464 |
| 寺井町(石川県)　→能美市 ………461 | 常葉町(福島県)　→田村市 ………159 |
| 寺内町(秋田県)　→秋田市 ………113 | 常盤村(青森県)　→藤崎町 ……… 62 |
| 寺泊町(新潟県)　→長岡市 ………405 | 常磐村(長野県)　→飯山市 ………521 |
| 天栄村(福島県) …………………165 | 徳田村(岩手県)　→矢巾町 ……… 85 |
| 天童市(山形県) …………………139 | 戸倉町(長野県)　→千曲市 ………525 |
| 天童町(山形県)　→天童市 ………139 | 戸倉村(東京都)　→あきる野市 …362 |
| 天王町(秋田県)　→潟上市 ………122 | 所沢市(埼玉県) …………………266 |
| 天間林村(青森県)　→七戸町 …… 64 | 常呂村(北海道)　→北見市 ……… 10 |
| 天龍村(長野県) …………………535 | 常呂町(北海道)　→北見市 ……… 10 |
| 【と】 | 外様村(長野県)　→飯山市 ………521 |
| 戸板村(石川県)　→金沢市 ………449 | 戸沢村(山形県) …………………144 |
| 戸出町(富山県)　→高岡市 ………436 | 豊島区(東京都) …………………349 |
| 戸井町(北海道)　→函館市 ………  4 | 利島村(東京都) …………………365 |
| 東海村(茨城県) …………………202 | 戸田市(埼玉県) …………………275 |
| 東金市(千葉県) …………………307 | 栃尾市(新潟県)　→長岡市 ………405 |
| 東京都 ……………………………329 | 栃木県 ……………………………205 |
| 東郷村(福井県)　→福井市 ………470 | 栃木市(栃木県) …………………209 |
| 藤田村(山梨県)　→南アルプス市 …491 | 戸塚町(東京都)　→新宿区 ………339 |
| 東庄町(千葉県) …………………324 | 戸塚町(神奈川県)　→横浜市戸塚区 …375 |
| 東部町(長野県)　→東御市 ………526 | 鳥取村(北海道)　→釧路市 ………  9 |
| 当別村(北海道)　→当別町 ……… 20 | 鳥取町(北海道)　→釧路市 ………  9 |
| 当別町(北海道) ………………… 20 | 椴法華村(北海道)　→函館市 ……  4 |
| 東北町(青森県) ………………… 65 | 砺波市(富山県) …………………440 |
| 当麻村(北海道) ………………… 31 | 礪波町(富山県)　→砺波市 ………440 |
| 当麻町(北海道)　→当麻町 ……… 31 | 利南村(群馬県)　→沼田市 ………239 |
| 東御市(長野県) …………………526 | 都南村(岩手県)　→盛岡市 ……… 71 |
| 洞爺湖町(北海道) ……………… 40 | 利根郡(群馬県) …………………254 |
| 洞爺村(北海道)　→洞爺湖町 …… 40 | 利根町(茨城県) …………………204 |
| 東和町(岩手県)　→花巻市 ……… 74 | 利根村(群馬県)　→沼田市 ………239 |
| 東和町(宮城県)　→登米市 ………101 | 鳥羽村(福井県)　→若狭町 ………482 |
| | 苫小牧市(北海道) ……………… 13 |

| | |
|---|---|
| 苫小牧町(北海道) →苫小牧市 | 13 |
| 苫前町(北海道) | 34 |
| 泊村(北海道) | 27 |
| 富浦町(千葉県) →南房総市 | 318 |
| 富岡市(群馬県) | 244 |
| 富岡町(福島県) | 174 |
| 富里市(千葉県) | 318 |
| 富里町(千葉県) →富里市 | 318 |
| 富沢町(山梨県) →南部町 | 498 |
| 富谷町(宮城県) | 108 |
| 富山町(千葉県) →南房総市 | 318 |
| 戸米川村(秋田県) →秋田市 | 113 |
| 登米郡(宮城県) →登米市 | 101 |
| 登米市(宮城県) | 101 |
| 登米町(宮城県) →登米市 | 101 |
| 友部町(茨城県) →笠間市 | 188 |
| 富山県 | 432 |
| 富山市(富山県) | 433 |
| 豊浦町(北海道) | 39 |
| 豊浦町(新潟県) →新発田市 | 410 |
| 豊岡町(埼玉県) →入間市 | 275 |
| 豊岡村(栃木県) →日光市 | 212 |
| 豊岡村(千葉県) →茂原市 | 303 |
| 豊丘村(長野県) | 536 |
| 豊川村(秋田県) →大仙市 | 123 |
| 豊頃町(北海道) | 45 |
| 豊頃村(北海道) →豊頃町 | 45 |
| 豊栄区(長野県) →長野市 | 506 |
| 豊栄市(新潟県) →新潟市北区 | 400 |
| 豊里町(茨城県) →つくば市 | 190 |
| 豊里村(山形県) →鮭川村 | 144 |
| 豊科町(長野県) →安曇野市 | 527 |
| 豊洲村(長野県) →須坂市 | 517 |
| 豊多摩郡(東京都) | 366 |
| 豊田村(長野県) →中野市 | 520 |
| 豊富町(北海道) | 36 |
| 豊富村(山梨県) →中央市 | 497 |
| 豊成村(千葉県) →東金市 | 307 |
| 豊野町(長野県) →長野市 | 506 |
| 豊平町(北海道) →札幌市豊平区 | 4 |
| 鳥越村(石川県) →白山市 | 459 |
| 取手市(茨城県) | 188 |
| 鳥屋町(石川県) →中能登町 | 465 |
| 十和田湖町(青森県) →十和田市 | 57 |
| 十和田市(青森県) | 57 |
| 十和田村(青森県) →十和田市 | 57 |

## 【な】

| | |
|---|---|
| 奈井江町(北海道) | 28 |
| 直江津町(新潟県) →上越市 | 416 |
| 中新井村(東京都) →練馬区 | 352 |
| 長井市(山形県) | 138 |
| 中井町(神奈川県) | 392 |
| 中井村(神奈川県) →中井町 | 392 |
| 中魚沼郡(新潟県) →津南町 | 428 |
| 中海町(石川県) →小松市 | 453 |
| 長岡市(新潟県) | 405 |
| 中奥村(石川県) →白山市 | 459 |
| 中川町(北海道) | 34 |
| 那珂川町(栃木県) | 225 |
| 中川村(群馬県) →高崎市 | 231 |
| 中川村(埼玉県) →秩父市 | 264 |
| 中川村(長野県) | 533 |
| 中蒲原郡(新潟県) | 430 |
| 中頸城郡(新潟県) | 430 |
| 中郡(神奈川県) | 396 |
| 中郷村(新潟県) →上越市 | 416 |
| 中巨摩郡(山梨県) →昭和町 | 499 |
| 長坂町(山梨県) →北杜市 | 492 |
| 長崎町(東京都) →豊島区 | 349 |
| 中札内村(北海道) | 44 |
| 中里村(青森県) →中泊町 | 63 |
| 中里村(新潟県) →十日町市 | 411 |
| 中鯖石村(新潟県) →柏崎市 | 408 |
| 中沢村(長野県) →駒ヶ根市 | 519 |
| 那珂市(茨城県) | 194 |
| 中標津町(北海道) | 48 |
| 中島町(石川県) →七尾市 | 451 |
| 中島村(福島県) | 170 |
| 中条町(新潟県) →胎内市 | 425 |
| 中条村(長野県) | 541 |
| 中田村(新潟県) →新潟市秋葉区 | 401 |
| 中洲村(長野県) →諏訪市 | 516 |
| 中仙町(秋田県) →大仙市 | 123 |

| 中埣村(宮城県) →美里町 | 109 |
|---|---|
| 中田町(宮城県) →登米市 | 101 |
| 中田町(富山県) →高岡市 | 436 |
| 中津軽郡(青森県) | 69 |
| 中津山村(宮城県) →石巻市 | 96 |
| 長門町(長野県) →長和町 | 531 |
| 中泊町(青森県) | 63 |
| 中富町(山梨県) →身延町 | 498 |
| 長瀞町(埼玉県) | 289 |
| 中頓別町(北海道) | 35 |
| 中新田町(宮城県) →加美町 | 108 |
| 長沼町(北海道) | 29 |
| 長沼町(福島県) →須賀川市 | 155 |
| 長沼村(北海道) →長沼町 | 29 |
| 長沼村(山形県) →鶴岡市 | 133 |
| 長沼村(長野県) →長野市 | 506 |
| 中野区(東京都) | 347 |
| 中之口村(新潟県) →新潟市西蒲区 | 403 |
| 長野県 | 502 |
| 長野市(長野県) | 506 |
| 中野市(長野県) | 520 |
| 中之島町(新潟県) →長岡市 | 405 |
| 中之条町(群馬県) | 249 |
| 中能登町(石川県) | 465 |
| 長野原町(群馬県) | 249 |
| 中野町(東京都) →中野区 | 347 |
| 中野町(長野県) →中野市 | 520 |
| 中野村(岩手県) →盛岡市 | 71 |
| 中野村(富山県) →砺波市 | 440 |
| 長橋村(青森県) →五所川原市 | 56 |
| 中原町(神奈川県) →横浜市磯子区 | 374 |
| 中富良野町(北海道) | 33 |
| 中富良野村(北海道) →中富良野町 | 33 |
| 中牧村(山梨県) →山梨市 | 490 |
| 那珂町(茨城県) →那珂市 | 194 |
| 中道町(山梨県) →甲府市 | 487 |
| 那珂湊市(茨城県) →ひたちなか市 | 191 |
| 中山町(山形県) | 140 |
| 名香山村(新潟県) →妙高市 | 415 |
| 長柄町(千葉県) | 326 |
| 流山町(千葉県) | 311 |
| 流山町(千葉県) →流山市 | 311 |

| 名川町(青森県) →南部町 | 68 |
|---|---|
| 長和町(長野県) | 531 |
| 奈川村(長野県) →松本市 | 509 |
| 南木曽町(長野県) | 536 |
| 名栗村(埼玉県) →飯能市 | 267 |
| 那須烏山市(栃木県) | 218 |
| 那須郡(栃木県) | 225 |
| 那須塩原市(栃木県) | 216 |
| 那須町(栃木県) | 225 |
| 名田庄村(福井県) →おおい町 | 482 |
| 名立町(新潟県) →上越市 | 416 |
| 南都田村(岩手県) →奥州市 | 81 |
| 棗村(福井県) →福井市 | 470 |
| 名取郡(宮城県) | 111 |
| 名取市(宮城県) | 100 |
| 七飯町(北海道) | 22 |
| 七飯村(北海道) →七飯町 | 22 |
| 七尾市(石川県) | 451 |
| 七尾町(石川県) →七尾市 | 451 |
| 七会村(茨城県) →城里町 | 202 |
| 七北田村(宮城県) →仙台市泉区 | 96 |
| 七瀬町(長野県) →長野市 | 506 |
| 七塚町(石川県) →かほく市 | 458 |
| 七和村(青森県) →青森市 | 51 |
| 七和村(青森県) →五所川原市 | 56 |
| 七二会村(長野県) →長野市 | 506 |
| 七日市村(秋田県) →北秋田市 | 124 |
| 浪合村(長野県) →阿智村 | 534 |
| 浪江町(福島県) | 175 |
| 浪岡町(青森県) →青森市 | 51 |
| 行方市(茨城県) | 199 |
| 滑川町(埼玉県) | 286 |
| 滑川村(埼玉県) →滑川町 | 286 |
| 滑川市(富山県) | 439 |
| 滑川町(富山県) →滑川市 | 439 |
| 名寄市(北海道) | 16 |
| 楢川村(長野県) →塩尻市 | 522 |
| 習志野市(千葉県) | 308 |
| 楢葉町(福島県) | 174 |
| 成田市(千葉県) | 304 |
| 業平町(東京都) →墨田区 | 341 |
| 鳴鹿村(福井県) →坂井市 | 478 |

なるこ　　自治体名索引

|  |  |  |
|---|---|---|
| 鳴子町(宮城県) | →大崎市 | 104 |
| 鳴沢村(山梨県) | | 500 |
| 鳴瀬町(宮城県) | →東松島市 | 103 |
| 成東町(千葉県) | →山武市 | 321 |
| 南外村(秋田県) | →大仙市 | 123 |
| 南郷町(宮城県) | →美里町 | 109 |
| 南郷村(青森県) | →八戸市 | 55 |
| 南郷村(宮城県) | →美里町 | 109 |
| 南郷村(福島県) | →南会津町 | 166 |
| 南条郡(福井県) | →南越前町 | 480 |
| 南条町(福井県) | →南越前町 | 480 |
| 南砺市(富山県) | | 442 |
| 南部町(青森県) | | 68 |
| 南部町(山梨県) | | 498 |
| 南幌町(北海道) | | 28 |
| 南牧村(群馬県) | | 249 |
| 南陽市(山形県) | | 139 |

【に】

|  |  |  |
|---|---|---|
| 新潟県 | | 397 |
| 新潟市(新潟県) | | 399 |
| 新潟市秋葉区(新潟県) | | 401 |
| 新潟市北区(新潟県) | | 400 |
| 新潟市江南区(新潟県) | | 401 |
| 新潟市西蒲区(新潟県) | | 403 |
| 新潟市西区(新潟県) | | 402 |
| 新潟市南区(新潟県) | | 402 |
| 新冠町(北海道) | | 42 |
| 新冠村(北海道) | →新冠町 | 42 |
| 新座市(埼玉県) | | 278 |
| 新里村(岩手県) | →宮古市 | 71 |
| 新里村(群馬県) | →桐生市 | 234 |
| 新島村(東京都) | | 365 |
| 新月村(宮城県) | →気仙沼市 | 99 |
| 新津市(新潟県) | →新潟市秋葉区 | 401 |
| 新鶴村(福島県) | →会津美里町 | 169 |
| 新治村(茨城県) | →土浦市 | 182 |
| 新穂村(新潟県) | →佐渡市 | 421 |
| にかほ市(秋田県) | | 125 |
| 仁賀保町(秋田県) | →にかほ市 | 125 |
| 仁木町(北海道) | | 27 |
| 二宮村(新潟県) | →佐渡市 | 421 |

|  |  |  |
|---|---|---|
| 西会津町(福島県) | | 167 |
| 西磐井郡(岩手県) | →平泉町 | 86 |
| 西浦村(神奈川県) | →横須賀市 | 377 |
| 西岡町(北海道) | →剣淵町 | 33 |
| 西興部村(北海道) | | 39 |
| 西尾村(石川県) | →小松市 | 453 |
| 西方町(栃木県) | | 220 |
| 西桂町(山梨県) | | 499 |
| 西川田村(栃木県) | →宇都宮市 | 208 |
| 西川町(北海道) | →岩見沢市 | 12 |
| 西川町(新潟県) | →新潟市西蒲区 | 403 |
| 西川町(山形県) | | 141 |
| 西蒲原郡(新潟県) | →弥彦村 | 426 |
| 西木村(秋田県) | →仙北市 | 125 |
| 西頸城郡(新潟県) | | 431 |
| 西郷村(山形県) | →上山市 | 138 |
| 西郷村(福島県) | | 170 |
| 西越村(新潟県) | →出雲崎町 | 427 |
| 西島牧村(北海道) | →島牧村 | 25 |
| 西下町(富山県) | →南砺市 | 442 |
| 西白河郡(福島県) | | 177 |
| 西仙北町(秋田県) | →大仙市 | 123 |
| 西谷村(福井県) | →福井市 | 470 |
| 西多摩郡(東京都) | | 366 |
| 西多摩村(東京都) | →羽村市 | 362 |
| 西田村(福井県) | →若狭町 | 482 |
| 西銚子町(千葉県) | →銚子市 | 300 |
| 西津軽郡(青森県) | | 69 |
| 西東京市(東京都) | | 363 |
| 西礪波郡(富山県) | →高岡市 | 436 |
| 西那須野町(栃木県) | →那須塩原市 | 216 |
| 西根町(岩手県) | →八幡平市 | 81 |
| 西原新町(群馬県) | →沼田市 | 239 |
| 西藤島村(福井県) | →福井市 | 470 |
| 西保村(石川県) | →輪島市 | 455 |
| 西村山郡(山形県) | | 146 |
| 西目町(秋田県) | →由利本荘市 | 120 |
| 西目村(秋田県) | →由利本荘市 | 120 |
| 西目屋村(青森県) | | 61 |
| 西八代郡(山梨県) | →市川三郷町 | 497 |
| 西山梨郡(山梨県) | →甲府市 | 487 |
| 西山町(新潟県) | →柏崎市 | 408 |

570　全国地方史誌総目録

自治体名索引　　　　　　　　　　　はちし

西山村(山梨県)　→早川町 ……………498
西和賀町(岩手県) ……………………… 85
ニセコ町(北海道) ……………………… 25
二双子村(青森県)　→黒石市 ………… 56
日光市(栃木県) ………………………212
新田郡(群馬県) ………………………254
新田町(群馬県)　→太田市 …………238
新田村(宮城県)　→登米市 …………101
二戸郡(岩手県)　→一戸町 …………… 90
二戸市(岩手県) ………………………… 81
二宮町(栃木県) ………………………220
二宮町(神奈川県) ……………………392
日本橋区(東京都)　→中央区 ………337
二本松市(福島県) ……………………158
丹生郡(福井県)　→越前町 …………480
入善町(富山県) ………………………446
韮崎市(山梨県) ………………………491

【ぬ】

沼貝村(北海道)　→美唄市 …………… 14
沼田市(群馬県) ………………………239
沼田町(北海道) ………………………… 30
沼田町(群馬県)　→沼田市 …………239

【ね】

根上町(石川県)　→能美市 …………461
婦負郡(富山県)　→富山市 …………433
根白石村(宮城県)　→仙台市泉区 …… 96
根羽村(長野県) ………………………535
根室市(北海道) ………………………… 17
練馬区(東京都) ………………………352

【の】

能生町(新潟県)　→糸魚川市 ………414
野木町(栃木県) ………………………223
野木村(福井県)　→若狭町 …………482
野栄町(千葉県)　→匝瑳市 …………319
野沢温泉村(長野県) …………………541
野沢村(青森県)　→新郷村 …………… 68
能代市(秋田県) ………………………116
野積村(富山県)　→富山市 …………433
野田市(千葉県) ………………………303
野田村(岩手県) ………………………… 89

野付牛町(北海道)　→北見市 ………… 10
野幌兵村(北海道)　→江別市 ………… 15
能登島町(石川県)　→七尾市 ………451
能登町(石川県) ………………………465
能登部町(石川県)　→中能登町 ……465
能都町(石川県)　→能登町 …………465
野々市町(石川県) ……………………463
野辺地町(青森県) ……………………… 63
登別市(北海道) ………………………… 19
登別町(北海道)　→登別市 …………… 19
能美郡(石川県) ………………………466
能美市(石川県) ………………………461
野村区(長野県)　→塩尻市 …………522

【は】

芳賀郡(栃木県) ………………………226
芳賀町(栃木県) ………………………221
萩荘村(岩手県)　→一関市 …………… 78
羽咋郡(石川県) ………………………467
羽咋市(石川県) ………………………458
白山市(石川県) ………………………459
白州町(山梨県)　→北杜市 …………492
白馬村(長野県) ………………………539
羽黒町(山形県)　→鶴岡市 …………133
函館区(北海道)　→函館市 …………… 4
函館市(北海道) ………………………… 4
箱根町(神奈川県) ……………………394
波崎町(茨城県)　→神栖市 …………199
波佐谷町(石川県)　→小松市 ………453
迫町(宮城県)　→登米市 ……………101
階上町(青森県) ………………………… 68
階上村(青森県)　→階上町 …………… 68
橋立町(石川県)　→加賀市 …………456
蓮田市(埼玉県) ………………………281
蓮沼村(千葉県)　→山武市 …………310
長谷村(長野県)　→伊那市 …………518
秦野市(神奈川県) ……………………385
畑野町(新潟県)　→佐渡市 …………421
畑野村(新潟県)　→佐渡市 …………421
波田町(長野県) ………………………538
八王子市(東京都) ……………………354
八丈島(東京都)　→八丈町 …………365

全国地方史誌総目録　571

| | |
|---|---|
| 八丈町(東京都) | 365 |
| 八戸市(青森県) | 55 |
| 八戸町(青森県)　→八戸市 | 55 |
| 八幡平市(岩手県) | 81 |
| 八森町(秋田県)　→八峰町 | 128 |
| 八竜町(秋田県)　→三種町 | 128 |
| 八郎潟町(秋田県) | 128 |
| 八田村(山梨県)　→南アルプス市 | 491 |
| 八峰町(秋田県) | 128 |
| 馬頭町(栃木県)　→那珂川町 | 225 |
| 鳩ヶ谷市(埼玉県) | 276 |
| 鳩ケ谷市(埼玉県)　→鳩ヶ谷市 | 276 |
| 鳩山町(埼玉県) | 288 |
| 花泉町(岩手県)　→一関市 | 78 |
| 花園村(埼玉県)　→深谷市 | 272 |
| 花園村(石川県)　→金沢市 | 449 |
| 花巻市(岩手県) | 74 |
| 花山村(宮城県)　→栗原市 | 102 |
| 塙町(福島県) | 171 |
| 埴科郡(長野県)　→坂城町 | 540 |
| 羽生市(埼玉県) | 271 |
| 羽生町(埼玉県)　→羽生市 | 271 |
| 埴生村(長野県)　→千曲市 | 525 |
| 波浮港村(東京都)　→大島町 | 364 |
| 羽幌町(北海道) | 34 |
| 浜頓別町(北海道) | 35 |
| 浜中町(北海道) | 47 |
| 浜益村(北海道)　→石狩市 | 20 |
| 浜町(東京都)　→中央区 | 337 |
| 羽村市(東京都) | 362 |
| 羽村町(東京都)　→羽村市 | 362 |
| 羽茂町(新潟県)　→佐渡市 | 421 |
| 早川町(山梨県) | 498 |
| 早来町(北海道)　→安平町 | 41 |
| 葉山町(神奈川県) | 390 |
| 原町(群馬県)　→東吾妻町 | 250 |
| 原町市(福島県)　→南相馬市 | 160 |
| 原村(長野県) | 532 |
| 春江町(福井県)　→坂井市 | 478 |
| 磐梯町(福島県) | 168 |
| 坂東市(茨城県) | 195 |

| | |
|---|---|
| 飯能市(埼玉県) | 267 |

## 【ひ】

| | |
|---|---|
| 美瑛町(北海道) | 32 |
| 東吾妻町(群馬県) | 250 |
| 東旭川村(北海道)　→旭川市 | 7 |
| 東茨城郡(茨城県) | 205 |
| 東磐井郡(岩手県)　→藤沢町 | 87 |
| 東置賜郡(山形県) | 146 |
| 東神楽町(北海道) | 31 |
| 東葛飾郡(千葉県) | 328 |
| 東頸城郡(新潟県) | 431 |
| 東川町(北海道) | 32 |
| 東川村(北海道)　→東川町 | 32 |
| 東蒲原郡(新潟県)　→阿賀町 | 427 |
| 東久留米市(東京都) | 361 |
| 東白川郡(福島県) | 177 |
| 東瀬棚町(北海道)　→せたな町 | 24 |
| 東鷹栖町(北海道)　→旭川市 | 7 |
| 東鷹栖村(北海道)　→鷹栖町 | 31 |
| 東谷村(富山県)　→立山町 | 445 |
| 東筑摩郡(長野県) | 545 |
| 東津軽郡(青森県) | 69 |
| 東通村(青森県) | 66 |
| 東礪波郡(富山県) | 446 |
| 東中村(富山県)　→砺波市 | 440 |
| 東那須野村(栃木県)　→那須塩原市 | 216 |
| 東成瀬村(秋田県) | 129 |
| 東根市(山形県) | 139 |
| 東根村(山形県)　→東根市 | 139 |
| 東野尻村(富山県)　→砺波市 | 440 |
| 東春近村(長野県)　→伊那市 | 518 |
| 東布施村(富山県)　→黒部市 | 439 |
| 東松島市(宮城県) | 103 |
| 東松山市(埼玉県) | 269 |
| 東山郡(山形県) | 146 |
| 東村山市(東京都) | 358 |
| 東藻琴村(北海道)　→大空町 | 39 |
| 東八代郡(山梨県) | 501 |
| 東山梨郡(山梨県) | 501 |
| 東山町(岩手県)　→一関市 | 78 |
| 東大和市(東京都) | 360 |

自治体名索引　ふくし

| | |
|---|---|
| 東由利町(秋田県)　→由利本荘市 ……… 120 | 平潟村(茨城県)　→北茨城市 ……… 187 |
| 東横野村(群馬県)　→安中市 ……… 245 | 平賀町(青森県)　→平川市 ……… 60 |
| 干潟町(千葉県)　→旭市 ……… 307 | 平鹿町(秋田県)　→横手市 ……… 117 |
| 光町(千葉県)　→横芝光町 ……… 325 | 平賀村(長野県)　→佐久市 ……… 524 |
| 日川村(山梨県)　→山梨市 ……… 490 | 平川市(青森県) ……… 60 |
| 彦部村(岩手県)　→紫波町 ……… 85 | 平川町(千葉県)　→千葉市緑区 ……… 299 |
| 菱町(群馬県)　→桐生市 ……… 234 | 平田町(山形県)　→酒田市 ……… 135 |
| 菱村(群馬県)　→桐生市 ……… 234 | 平田村(福島県) ……… 172 |
| 日末町(石川県)　→小松市 ……… 453 | 平塚市(神奈川県) ……… 378 |
| 比角村(新潟県)　→柏崎市 ……… 408 | 平取町(北海道) ……… 41 |
| 日高市(埼玉県) ……… 284 | 平取村(北海道)　→平取町 ……… 41 |
| 日高町(北海道) ……… 41 | 平内町(青森県) ……… 60 |
| 日高町(埼玉県)　→日高市 ……… 284 | 平野村(長野県)　→岡谷市 ……… 514 |
| 日高村(北海道)　→日高町 ……… 41 | 平谷村(長野県) ……… 535 |
| 常陸太田市(茨城県) ……… 186 | 蛭川町(石川県)　→小松市 ……… 453 |
| 常陸大宮市(茨城県) ……… 194 | 広尾町(北海道) ……… 45 |
| 日立市(茨城県) ……… 181 | 広神村(新潟県)　→魚沼市 ……… 424 |
| ひたちなか市(茨城県) ……… 191 | 弘前市(青森県) ……… 53 |
| 比布町(北海道) ……… 31 | 広島町(北海道)　→北広島市 ……… 19 |
| 比布村(北海道)　→比布町 ……… 31 | 広島村(北海道)　→北広島市 ……… 19 |
| 人見村(千葉県)　→君津市 ……… 314 | 広瀬村(新潟県)　→魚沼市 ……… 424 |
| 比内町(秋田県)　→大館市 ……… 118 | 洋野町(岩手県) ……… 89 |
| 檜枝岐村(福島県) ……… 165 | 広野町(福島県) ……… 174 |
| 桧枝岐村(福島県)　→檜枝岐村 ……… 165 | 広淵村(宮城県)　→石巻市 ……… 96 |
| 日野市(東京都) ……… 358 | 広山田村(秋田県)　→秋田市 ……… 113 |
| 日の出町(東京都) ……… 363 | **【ふ】** |
| 檜原村(東京都) ……… 364 | 風連町(北海道)　→名寄市 ……… 16 |
| 日野町(東京都)　→日野市 ……… 358 | 笛吹市(山梨県) ……… 494 |
| 日野村(長野県)　→須坂市 ……… 517 | 深浦町(青森県) ……… 61 |
| 美唄市(北海道) ……… 14 | 深川区(東京都)　→江東区 ……… 342 |
| 美唄町(北海道)　→美唄市 ……… 14 | 深川市(北海道) ……… 18 |
| 美深町(北海道) ……… 34 | 深谷市(埼玉県) ……… 272 |
| 碑衾町(東京都)　→目黒区 ……… 344 | 深谷町(埼玉県)　→深谷市 ……… 272 |
| 美幌町(北海道) ……… 36 | 吹上町(埼玉県)　→鴻巣市 ……… 271 |
| 美幌村(北海道)　→美幌町 ……… 36 | 福井県 ……… 468 |
| 氷見郡(富山県) ……… 447 | 福井市(福井県) ……… 470 |
| 氷見市(富山県) ……… 438 | 福岡町(富山県)　→高岡市 ……… 436 |
| 氷見町(富山県)　→氷見市 ……… 438 | 福岡村(埼玉県)　→ふじみ野市 ……… 284 |
| 日義村(長野県)　→木曽町 ……… 537 | 福島県 ……… 147 |
| 平泉町(岩手県) ……… 86 | 福島市(福島県) ……… 148 |
| 平磯町(茨城県)　→ひたちなか市 ……… 191 | 福島町(北海道) ……… 21 |
| 平岡村(長野県)　→中野市 ……… 520 | |

全国地方史誌総目録　573

ふくし　　自治体名索引

| 福正寺村(石川県)　→白山市 | 459 |
| 福地村(青森県)　→南部町 | 68 |
| 福野町(富山県)　→南砺市 | 442 |
| 福光町(富山県)　→南砺市 | 442 |
| 福山村(北海道)　→松前町 | 21 |
| 鳳至郡(石川県) | 467 |
| 藤岡市(群馬県) | 243 |
| 藤岡町(栃木県) | 223 |
| 富士河口湖町(山梨県) | 500 |
| 藤坂村(青森県)　→十和田市 | 57 |
| 藤崎町(青森県) | 62 |
| 藤里町(秋田県) | 128 |
| 藤里村(宮城県)　→栗原市 | 102 |
| 藤沢市(神奈川県) | 380 |
| 藤沢町(岩手県) | 87 |
| 藤沢村(埼玉県)　→深谷市 | 272 |
| 藤沢村(長野県)　→伊那市 | 518 |
| 藤島町(山形県)　→鶴岡市 | 133 |
| 藤代町(茨城県)　→取手市 | 188 |
| 藤代村(青森県)　→弘前市 | 53 |
| 藤野町(神奈川県) | 395 |
| 藤原町(栃木県)　→日光市 | 212 |
| 藤原村(栃木県)　→日光市 | 212 |
| 富士見市(埼玉県) | 280 |
| ふじみ野市(埼玉県) | 284 |
| 富士見町(長野県) | 532 |
| 富士見村(群馬県) | 247 |
| 富士見村(長野県)　→富士見町 | 532 |
| 富士吉田市(山梨県) | 488 |
| 普代村(岩手県) | 89 |
| 二塚村(富山県)　→高岡市 | 436 |
| 二ツ井町(秋田県)　→能代市 | 116 |
| 双葉郡(福島県) | 177 |
| 双葉町(福島県) | 175 |
| 双葉村(山梨県)　→甲斐市 | 494 |
| 府中市(東京都) | 356 |
| 婦中町(富山県)　→富山市 | 433 |
| 福生町(東京都) | 359 |
| 福生町(東京都)　→福生市 | 359 |
| 富津市(千葉県) | 315 |
| 舟形町(山形県) | 143 |
| 船橋市(千葉県) | 301 |

| 船橋町(千葉県)　→船橋市 | 301 |
| 舟橋村(富山県) | 445 |
| 船澤村(青森県)　→弘前市 | 53 |
| 船引町(福島県)　→田村市 | 159 |
| 富良野市(北海道) | 18 |
| 古川市(宮城県)　→大崎市 | 104 |
| 古川町(宮城県)　→大崎市 | 104 |
| 古殿町(福島県) | 173 |
| 古平町(北海道) | 27 |
| 文京区(東京都) | 340 |
| 分水町(新潟県)　→燕市 | 413 |

## 【へ】

| 平泉寺町(福井県)　→勝山市 | 475 |
| 平泉寺村(福井県)　→勝山市 | 475 |
| 別海町(北海道) | 48 |

## 【ほ】

| 北条町(千葉県)　→館山市 | 302 |
| 鳳珠郡(石川県) | 467 |
| 宝泉村(群馬県)　→太田市 | 238 |
| 宝達志水町(石川県) | 464 |
| 保谷市(東京都)　→西東京市 | 363 |
| 北斗市(北海道) | 20 |
| 北杜市(山梨県) | 492 |
| 北竜町(北海道) | 30 |
| 鉾田市(茨城県) | 200 |
| 鉾田町(茨城県)　→鉾田市 | 200 |
| 細入村(富山県)　→富山市 | 433 |
| 細呂木村(福井県)　→あわら市 | 477 |
| 穂高町(長野県)　→安曇野市 | 527 |
| 北海道 | 1 |
| 保原町(福島県)　→伊達市 | 161 |
| 穂別町(北海道)　→むかわ町 | 41 |
| 堀岡村(富山県)　→射水市 | 443 |
| 堀金村(長野県)　→安曇野市 | 527 |
| 堀之内町(新潟県)　→魚沼市 | 424 |
| 幌加内村(北海道)　→幌加内町 | 31 |
| 幌加内町(北海道) | 31 |
| 幌延町(北海道) | 35 |
| 本郷区(東京都)　→文京区 | 340 |
| 本郷町(福島県)　→会津美里町 | 169 |
| 本郷村(長野県)　→松本市 | 509 |

| | | | |
|---|---|---|---|
| 本荘市(秋田県) | →由利本荘市 120 | 松田町(神奈川県) | 393 |
| 本庄市(埼玉県) | 268 | 松任市(石川県) | →白山市 459 |
| 本荘町(秋田県) | →由利本荘市 120 | 松任町(石川県) | →白山市 459 |
| 本庄町(埼玉県) | →本庄市 268 | 松戸市(千葉県) | 302 |
| 本城村(長野県) | →筑北村 539 | 松永市(福井県) | →小浜市 473 |
| 本所区(東京都) | →墨田区 341 | 松之山町(新潟県) | →十日町市 411 |
| 本田町(東京都) | →葛飾区 353 | 松葉町(東京都) | →台東区 341 |
| 本納町(千葉県) | →茂原市 303 | 松伏町(埼玉県) | 293 |
| 本別町(北海道) | 46 | 松前郡(北海道) | →松前町 21 |
| | | 松前町(北海道) | 21 |

## 【ま】

| | | | |
|---|---|---|---|
| | | 松目区(長野県) | →富士見町 532 |
| 前沢町(岩手県) | →奥州市 81 | 松本市(長野県) | 509 |
| 前橋市(群馬県) | 230 | 松山町(宮城県) | →大崎市 104 |
| 前羽村(神奈川県) | →小田原市 381 | 松山町(山形県) | →酒田市 135 |
| 前谷地村(宮城県) | →石巻市 96 | 真鶴町(神奈川県) | 394 |
| 真壁町(茨城県) | →桜川市 197 | 真野町(新潟県) | →佐渡市 421 |
| 牧丘町(山梨県) | →山梨市 490 | 真野村(新潟県) | →佐渡市 421 |
| 巻町(新潟県) | →新潟市西蒲区 403 | 馬橋村(東京都) | →杉並区 348 |
| 牧村(新潟県) | →上越市 416 | 真室川町(山形県) | 143 |
| 幕別町(北海道) | 45 | 馬屋町(青森県) | →弘前市 53 |
| 幕別村(北海道) | →幕別町 45 | 間山区(長野県) | →中野市 520 |
| 増毛町(北海道) | 34 | 丸岡町(福井県) | →坂井市 478 |
| 益子町(栃木県) | 220 | 丸子町(長野県) | →上田市 511 |
| 増田町(秋田県) | →横手市 117 | 丸瀬布町(北海道) | →遠軽町 38 |
| 増富村(山梨県) | →北杜市 492 | 丸森町(宮城県) | 106 |
| 増穂町(山梨県) | 497 | 丸山町(千葉県) | →南房総市 318 |
| 間瀬村(新潟県) | →新潟市西蒲区 403 | 万沢村(山梨県) | →南部町 498 |
| 眞瀧村(岩手県) | →一関市 78 | 万場町(群馬県) | →神流町 248 |
| 町田市(東京都) | 357 | | |

## 【み】

| | | | |
|---|---|---|---|
| 町野村(石川県) | →輪島市 455 | | |
| 松井田町(群馬県) | →安中市 245 | 美麻村(長野県) | →大町市 520 |
| 松岡町(福井県) | →永平寺町 479 | 三浦郡(神奈川県) | 396 |
| 松尾町(千葉県) | →山武市 321 | 三浦市(神奈川県) | 385 |
| 松尾村(岩手県) | →八幡平市 81 | 三笠市(北海道) | 17 |
| 松尾村(長野県) | →飯田市 515 | 三方郡(福井県) | →美浜町 481 |
| 真狩村(北海道) | 26 | 三方町(福井県) | →若狭町 482 |
| 松川町(長野県) | 534 | 三川町(山形県) | 145 |
| 松川村(長野県) | 539 | 美川町(石川県) | →白山市 459 |
| 松沢村(東京都) | →世田谷区 346 | 三木村(石川県) | →加賀市 456 |
| 松島町(宮城県) | 107 | 三国町(福井県) | →坂井市 478 |
| 松代町(長野県) | →長野市 506 | 御坂町(山梨県) | →笛吹市 494 |
| 松代町(新潟県) | →十日町市 411 | 岬町(千葉県) | →いすみ市 322 |

| | |
|---|---|
| 三郷市(埼玉県) …………………280 | 皆野町(埼玉県) …………………288 |
| 美郷町(秋田県) …………………129 | 南相木村(長野県) ………………529 |
| 美里町(宮城県) …………………109 | 南会津郡(福島県) ………………177 |
| 箕郷町(群馬県)　→高崎市 ………231 | 南会津町(福島県) ………………166 |
| 美里町(埼玉県) …………………289 | 南秋田郡(秋田県) ………………129 |
| 三郷村(長野県)　→安曇野市 ……527 | 南足柄市(神奈川県) ……………389 |
| 御射山神戸区(長野県)　→富士見町 …532 | 南安曇郡(長野県) ………………546 |
| 三沢市(青森県) ………………… 58 | 南足立郡(東京都)　→足立区 ……353 |
| 三沢村(埼玉県)　→皆野町 ………288 | 南アルプス市(山梨県) …………491 |
| 三島町(福島県) …………………169 | 南魚沼郡(新潟県)　→湯沢町 ……428 |
| 三島町(新潟県)　→長岡市 ………405 | 南魚沼市(新潟県) ………………425 |
| 水沢市(岩手県)　→奥州市 ……… 81 | 南越前町(福井県) ………………480 |
| 水沢町(岩手県)　→奥州市 ……… 81 | 南方町(宮城県)　→登米市 ………101 |
| 水沢村(新潟県)　→十日町市 ……411 | 南葛飾郡(東京都) ………………366 |
| 水島町(石川県)　→白山市 ………459 | 南茅部町(北海道)　→函館市 ……  4 |
| 美篶村(長野県)　→伊那市 ………518 | 南河内町(栃木県)　→下野市 ……218 |
| 水橋町(富山県)　→富山市 ………433 | 南蒲原郡(新潟県)　→田上町 ……426 |
| 瑞穂町(東京都) …………………363 | 南巨摩郡(山梨県) ………………501 |
| 瑞穂村(千葉県)　→香取市 ………319 | 南埼玉郡(埼玉県) ………………294 |
| 瑞穂村(長野県)　→飯山市 ………521 | 南佐久郡(長野県) ………………546 |
| 瑞穂村(長野県)　→野沢温泉村 …541 | 南三陸町(宮城県) ………………110 |
| 簾舞村(北海道)　→札幌市南区 …  4 | 南信濃村(長野県)　→飯田市 ……515 |
| 水元村(青森県)　→鶴田町 ……… 63 | 南相馬市(福島県) ………………160 |
| 三鷹市(東京都) …………………355 | 南多摩郡(東京都) ………………366 |
| 三岳村(長野県)　→木曽町 ………537 | 南津軽郡(青森県) ………………  69 |
| 三種町(秋田県) …………………128 | 南都留郡(山梨県) ………………501 |
| 三珠村(山梨県)　→市川三郷町 …497 | 南中山村(福井県)　→越前市 ……477 |
| 三石町(北海道)　→新ひだか町 … 42 | 南那須町(栃木県)　→那須烏山市 …218 |
| 三石村(北海道)　→新ひだか町 … 42 | 南富良野町(北海道) ……………  33 |
| 三日市町(富山県)　→黒部市 ……439 | 南富良野村(北海道)　→南富良野町 …  33 |
| 水海道市(茨城県)　→常総市 ……186 | 南房総市(千葉県) ………………318 |
| 見附市(新潟県) …………………412 | 南牧村(長野県) …………………529 |
| 御堂村(岩手県)　→岩手町 ……… 85 | 南村山郡(山形県) ………………146 |
| 水戸市(茨城県) …………………180 | 南箕輪村(長野県) ………………533 |
| 三富村(山梨県)　→山梨市 ………490 | 峰浜村(秋田県)　→八峰町 ………128 |
| みどり市(群馬県) ………………246 | 身延町(山梨県) …………………498 |
| 美土里村(群馬県)　→藤岡市 ……243 | 美野里町(茨城県)　→小美玉市 …201 |
| 南向村(長野県)　→中川村 ………533 | 三の輪町(東京都)　→台東区 ……341 |
| みなかみ町(群馬県) ……………251 | 箕輪町(長野県) …………………532 |
| 水上町(群馬県)　→みなかみ町 …251 | 三橋村(埼玉県)　→さいたま市西区 …258 |
| 皆瀬村(秋田県)　→湯沢市 ………119 | 三橋村(埼玉県)　→さいたま市大宮区 …258 |
| 港区(東京都) ……………………338 | 美浜町(福井県) …………………481 |

自治体名索引　ものう

| | |
|---|---|
| 三春町(福島県)‥‥‥‥‥‥173 | 武川村(山梨県)　→北杜市‥‥492 |
| 壬生町(栃木県)‥‥‥‥‥‥222 | 武蔵野市(東京都)‥‥‥‥‥354 |
| 美浦村(茨城県)‥‥‥‥‥‥203 | 武蔵野市(東京都)　→武蔵野市‥354 |
| 三穂村(長野県)　→飯田市‥‥515 | 武蔵村山市(東京都)‥‥‥‥361 |
| 宮川村(福井県)　→小浜市‥‥473 | 睦沢町(千葉県)‥‥‥‥‥‥325 |
| 宮城郡(宮城県)‥‥‥‥‥‥111 | 睦沢村(千葉県)　→睦沢町‥‥325 |
| 宮城県‥‥‥‥‥‥‥‥‥‥ 92 | むつ市(青森県)‥‥‥‥‥‥ 58 |
| 宮城町(宮城県)　→仙台市青葉区‥ 96 | 村上市(新潟県)‥‥‥‥‥‥413 |
| 宮城村(群馬県)　→前橋市‥‥230 | 村上本町(新潟県)　→村上市‥413 |
| 三宅島(東京都)　→三宅村‥‥365 | 村田町(宮城県)‥‥‥‥‥‥106 |
| 三宅村(東京都)‥‥‥‥‥‥365 | 村椿村(富山県)　→黒部市‥‥439 |
| 三宅村(福井県)　→若狭町‥‥482 | 村松町(新潟県)　→五泉市‥‥416 |
| 宮古市(岩手県)‥‥‥‥‥‥ 71 | 村山市(山形県)‥‥‥‥‥‥138 |
| 都路村(福島県)　→田村市‥‥159 | 村山町(東京都)　→武蔵村山市‥361 |
| 宮崎町(宮城県)　→加美町‥‥108 | 牟礼村(長野県)　→飯綱町‥‥541 |
| 宮崎村(富山県)　→朝日町‥‥446 | 室田町(群馬県)　→高崎市‥‥231 |
| 宮崎村(福井県)　→越前町‥‥480 | 室蘭市(北海道)‥‥‥‥‥‥ 8 |
| 宮代町(埼玉県)‥‥‥‥‥‥292 | |
| 宮田村(富山県)　→氷見市‥‥438 | 【め】 |
| 宮田村(長野県)‥‥‥‥‥‥533 | 明和町(群馬県)‥‥‥‥‥‥253 |
| 宮床村(宮城県)　→大和町‥‥108 | 明和町(群馬県)　→明和町‥‥253 |
| 宮保村(石川県)　→白山市‥‥459 | 目黒区(東京都)‥‥‥‥‥‥344 |
| 美山町(福井県)　→福井市‥‥470 | 目黒区(東京都)　→目黒区‥‥344 |
| 宮守村(岩手県)　→遠野市‥‥ 77 | 妻沼町(埼玉県)　→熊谷市‥‥263 |
| 妙義町(群馬県)　→富岡市‥‥244 | 女満別町(北海道)　→大空町‥ 39 |
| 妙高高原町(新潟県)　→妙高市‥415 | 芽室町(北海道)‥‥‥‥‥‥ 44 |
| 妙高市(新潟県)‥‥‥‥‥‥415 | |
| 妙高村(新潟県)　→妙高市‥‥415 | 【も】 |
| 御代咲村(山梨県)　→笛吹市‥494 | 真岡市(栃木県)‥‥‥‥‥‥215 |
| 三芳町(埼玉県)‥‥‥‥‥‥285 | 最上郡(山形県)‥‥‥‥‥‥146 |
| 三好村(青森県)　→五所川原市‥ 56 | 最上町(山形県)‥‥‥‥‥‥143 |
| 三芳村(千葉県)　→南房総市‥318 | 妹背牛町(北海道)‥‥‥‥‥ 30 |
| 三義村(長野県)　→伊那市‥‥518 | 妹背牛村(北海道)　→妹背牛町‥ 30 |
| 御代田村(長野県)‥‥‥‥‥530 | 望月町(長野県)　→佐久市‥‥524 |
| 御代田村(長野県)　→御代田町‥530 | 茂木町(栃木県)‥‥‥‥‥‥221 |
| 美和村(茨城県)　→常陸大宮市‥194 | 本埜村(千葉県)‥‥‥‥‥‥323 |
| 三厩村(青森県)　→外ヶ浜町‥ 61 | 本宮市(福島県)‥‥‥‥‥‥162 |
| | 本宮町(福島県)　→本宮市‥‥162 |
| 【む】 | 本吉郡(宮城県)‥‥‥‥‥‥112 |
| 六日町(新潟県)　→南魚沼市‥425 | 本吉町(宮城県)‥‥‥‥‥‥110 |
| むかわ町(北海道)‥‥‥‥‥ 41 | 桃生郡(宮城県)‥‥‥‥‥‥112 |
| 鵡川町(北海道)　→むかわ町‥ 41 | 桃生町(宮城県)　→石巻市‥‥ 96 |
| | 桃生町(宮城県)　→石巻市‥‥ 96 |

全国地方史誌総目録　577

| | | |
|---|---|---|
| 茂原市(千葉県) | | 303 |
| 茂原町(千葉県) | →茂原市 | 303 |
| 百石町(青森県) | →おいらせ町 | 66 |
| 盛岡市(岩手県) | | 71 |
| 森田町(福井県) | →福井市 | 470 |
| 森田村(青森県) | →つがる市 | 59 |
| 森町(北海道) | | 22 |
| 守谷市(茨城県) | | 193 |
| 守谷町(茨城県) | →守谷市 | 193 |
| 守山村(富山県) | →高岡市 | 436 |
| 森吉町(秋田県) | →北秋田市 | 124 |
| 諸岡村(石川県) | →輪島市 | 455 |
| 諸橋村(石川県) | →穴水町 | 465 |
| 茂呂村(群馬県) | →伊勢崎市 | 236 |
| 毛呂山町(埼玉県) | | 286 |
| 門前町(石川県) | →輪島市 | 455 |
| 紋別市(北海道) | | 16 |
| 紋別町(北海道) | →紋別市 | 16 |
| 門別町(北海道) | →日高町 | 41 |

## 【や】

| | | |
|---|---|---|
| 矢板市(栃木県) | | 216 |
| 矢板町(栃木県) | →矢板市 | 216 |
| 八重畑村(岩手県) | →花巻市 | 74 |
| 矢口町(東京都) | →大田区 | 344 |
| 八雲町(北海道) | | 22 |
| 八坂村(長野県) | →大町市 | 520 |
| 八郷町(茨城県) | →石岡市 | 183 |
| 八潮市(埼玉県) | | 279 |
| 矢島町(秋田県) | →由利本荘市 | 120 |
| 泰阜村(長野県) | | 536 |
| 安塚町(新潟県) | →上越市 | 416 |
| 安田町(新潟県) | →阿賀野市 | 420 |
| 八千穂村(長野県) | →佐久穂町 | 529 |
| 八街市(千葉県) | | 317 |
| 八街町(千葉県) | →八街市 | 317 |
| 谷地町(山形県) | →河北町 | 140 |
| 八千代市(千葉県) | | 312 |
| 八千代町(茨城県) | | 203 |
| 八尾町(富山県) | →富山市 | 433 |
| 八代町(山梨県) | →笛吹市 | 494 |
| 八基村(埼玉県) | →深谷市 | 272 |

| | | |
|---|---|---|
| 柳津町(福島県) | | 169 |
| 梁川町(福島県) | →伊達市 | 161 |
| 柳田村(石川県) | →能登町 | 465 |
| 柳原村(長野県) | →飯山市 | 521 |
| 柳瀬村(富山県) | →砺波市 | 440 |
| 矢巾町(岩手県) | | 85 |
| 矢巾村(岩手県) | →矢巾町 | 85 |
| 弥彦村(新潟県) | | 426 |
| 矢吹町(福島県) | | 170 |
| 藪塚本町(群馬県) | →太田市 | 238 |
| 藪波村(富山県) | →小矢部市 | 441 |
| 山形県 | | 130 |
| 山形市(山形県) | | 131 |
| 山方町(茨城県) | →常陸大宮市 | 194 |
| 山形村(長野県) | | 538 |
| 山北町(神奈川県) | | 393 |
| 山倉村(千葉県) | →香取市 | 319 |
| 耶麻郡(福島県) | | 177 |
| 山古志村(新潟県) | →長岡市 | 405 |
| 山下村(宮城県) | →山元町 | 107 |
| 山島村(石川県) | →白山市 | 459 |
| 山田郡(群馬県) | →みどり市 | 246 |
| 山田町(岩手県) | | 88 |
| 山田町(千葉県) | →香取市 | 319 |
| 山田村(富山県) | →富山市 | 433 |
| 矢祭町(福島県) | | 171 |
| 大和市(神奈川県) | | 387 |
| 山都町(福島県) | →喜多方市 | 156 |
| 大和町(東京都) | →東大和市 | 360 |
| 大和町(新潟県) | →南魚沼市 | 425 |
| 大和村(茨城県) | →桜川市 | 197 |
| 大和村(山梨県) | →甲州市 | 496 |
| 倭村(長野県) | →中野市 | 520 |
| 山中湖村(山梨県) | | 499 |
| 山中町(石川県) | →加賀市 | 456 |
| 山梨県 | | 484 |
| 山梨市(山梨県) | | 490 |
| 山ノ内町(長野県) | | 540 |
| 山辺町(山形県) | | 140 |
| 山部村(北海道) | →富良野市 | 18 |
| 山前村(栃木県) | →足利市 | 209 |
| 山本郡(秋田県) | | 129 |

自治体名索引　　　よのし

| 山元町(宮城県) …………………107 | 横瀬町(埼玉県) …………………288 |
| 山本町(秋田県)　→三種町 ……128 | 横瀬町(埼玉県)　→横瀬町 ……288 |
| 山本村(長野県)　→飯田市 ……515 | 横手市(秋田県) …………………117 |
| 矢本町(宮城県)　→東松島市 …103 | 横手町(秋田県)　→横手市 ……117 |
| 八幡町(山形県)　→酒田市 ……135 | 横野村(群馬県)　→渋川市 ……242 |
| 八幡村(福島県)　→相馬市 ……157 | 横浜市(神奈川県) ………………370 |
| 八幡村(長野県)　→千曲市 ……525 | 横浜市旭区(神奈川県) …………375 |
| 谷和原村(茨城県)　→つくばみらい市‥201 | 横浜市泉区(神奈川県) …………376 |

【ゆ】

| 　 | 　 |
|---|---|
| 結城市(茨城県) …………………184 | 横浜市磯子区(神奈川県) ………374 |
| 夕張市(北海道) ………………… 12 | 横浜市神奈川区(神奈川県) ……374 |
| 夕張町(北海道)　→夕張市 …… 12 | 横浜市港南区(神奈川県) ………375 |
| 湧別町(北海道) ………………… 39 | 横浜市港北区(神奈川県) ………375 |
| 湧別兵村(北海道)　→上湧別町 … 38 | 横浜市瀬谷区(神奈川県) ………376 |
| 雄和町(秋田県)　→秋田市 ……113 | 横浜市都筑区(神奈川県) ………376 |
| 湯川村(福島県) …………………169 | 横浜市鶴見区(神奈川県) ………373 |
| 湯河原町(神奈川県) ……………394 | 横浜市戸塚区(神奈川県) ………375 |
| 遊佐町(山形県) …………………146 | 横浜市中区(神奈川県) …………374 |
| 湯沢市(秋田県) …………………119 | 横浜市西区(神奈川県) …………374 |
| 湯沢町(新潟県) …………………428 | 横浜市保土ケ谷区(神奈川県) …374 |
| 湯津上村(栃木県)　→大田原市 …215 | 横浜市緑区(神奈川県) …………375 |
| 豊村(山梨県)　→南アルプス市 …491 | 横浜市南区(神奈川県) …………374 |
| 湯田町(岩手県)　→西和賀町 …… 85 | 横浜町(青森県) ………………… 65 |
| 由仁町(北海道) ………………… 29 | 吉井町(群馬県) …………………248 |
| 由仁村(北海道)　→由仁町 …… 29 | 吉井村(新潟県)　→佐渡市 ……421 |
| 湯本町(岩手県)　→花巻市 …… 74 | 吉岡町(群馬県) …………………248 |
| 閖上町(宮城県)　→名取市 ……100 | 吉岡村(群馬県)　→吉岡町 ……248 |
| 由利本荘市(秋田県) ……………120 | 吉川町(新潟県)　→上越市 ……416 |
| 由利町(秋田県)　→由利本荘市 …120 | 吉川村(福井県)　→鯖江市 ……475 |

【よ】

| 　 | 　 |
|---|---|
| 与板町(新潟県)　→長岡市 ……405 | 芳川村(長野県)　→松本市 ……509 |
| 余市町(北海道) ………………… 27 | 吉田郡(福井県)　→永平寺町 …479 |
| 八日市場市(千葉県)　→匝瑳市 …319 | 吉田町(埼玉県)　→秩父市 ……264 |
| 用土村(埼玉県)　→寄居町 ……290 | 吉田町(新潟県)　→燕市 ………413 |
| 四方町(富山県)　→富山市 ……433 | 吉野谷村(石川県)　→白山市 …459 |
| 横川区(長野県)　→岡谷市 ……514 | 良文村(千葉県)　→香取市 ……319 |
| 横越町(新潟県)　→新潟市江南区 …401 | 吉見町(埼玉県) …………………288 |
| 横越村(新潟県)　→新潟市江南区 …401 | 四街道市(千葉県) ………………316 |
| 横芝光町(千葉県) ………………325 | 四街道町(千葉県)　→四街道市 …316 |
| 横芝町(千葉県)　→横芝光町 …325 | 四谷区(東京都)　→新宿区 ……339 |
| 横須賀市(神奈川県) ……………377 | 米川村(宮城県)　→登米市 ……101 |
| 　 | 米沢市(山形県) …………………132 |
| 　 | 米山村(宮城県)　→登米市 ……101 |
| 　 | 与野市(埼玉県)　→さいたま市中央区‥259 |

全国地方史誌総目録　579

よもぎ　　　　　　　　　　自治体名索引

蓬田村(青森県)･･････････････ 61
輿良区(長野県)　→小諸市･･････517
寄居町(埼玉県)･･････････････290

【ら】

羅臼町(北海道)･･････････････ 48
羅臼村(北海道)　→羅臼町･･････ 48
蘭越町(北海道)･･････････････ 25
嵐山町(埼玉県)･･････････････286

【り】

陸前高田市(岩手県)･･････････ 80
陸別町(北海道)･･････････････ 46
淕別村(北海道)　→陸別町･･････ 46
利尻町(北海道)･･････････････ 36
利尻富士町(北海道)･･････････ 36
利府町(宮城県)･･････････････107
利府村(宮城県)　→利府町･･････107
竜王町(山梨県)　→甲斐市･･････494
竜王村(山梨県)　→甲斐市･･････494
龍ケ崎市(茨城県)････････････185
竜谷区(福井県)　→勝山市･･････475
両神村(埼玉県)　→小鹿野町････289
霊山町(福島県)　→伊達市･･････161
両津市(新潟県)　→佐渡市･･････421
両津町(新潟県)　→佐渡市･･････421

【る】

留寿都村(北海道)････････････ 26
留辺蘂町(北海道)　→北見市････ 10
留萌市(北海道)･･････････････ 13
留萌町(北海道)　→留萌市･･････ 13

【れ】

礼文町(北海道)･･････････････ 36

【ろ】

六郷町(山梨県)　→市川三郷町･･497
六郷町(秋田県)　→美郷町･･････129
六郷村(青森県)　→黒石市･･････ 56
六郷村(群馬県)　→館林市･･････241
鹿西町(石川県)　→中能登町････465
六戸町(青森県)･･････････････ 65

六ヶ所村(青森県)････････････ 66

【わ】

若草町(山梨県)　→南アルプス市･･491
和賀郡(岩手県)　→西和賀町････ 85
若狭町(福井県)･･････････････482
和賀町(岩手県)　→北上市･･････ 76
若松市(福島県)　→会津若松市･･149
若神子村(山梨県)　→北杜市････492
若美町(秋田県)　→男鹿市･･････119
若宮区(長野県)　→伊那市･･････518
若柳町(宮城県)　→栗原市･･････102
脇野沢村(青森県)　→むつ市････ 58
涌谷町(宮城県)･･････････････109
和光市(埼玉県)･･････････････277
輪島市(石川県)･･････････････455
和島村(新潟県)　→長岡市･･････405
鷲宮町(埼玉県)･･････････････292
渡辺町(福島県)　→いわき市････153
渡波町(宮城県)　→石巻市･･････ 96
和田町(千葉県)　→南房総市････318
和田村(北海道)　→根室市･･････ 17
和田村(山形県)　→高畠町･･････144
和田村(新潟県)　→妙高市･･････415
和田村(長野県)　→長和町･･････531
亘理郡(宮城県)･･････････････112
亘理町(宮城県)･･････････････107
稚内市(北海道)･･････････････ 14
稚内町(北海道)　→稚内市･･････ 14
和寒町(北海道)･･････････････ 33
和寒村(北海道)　→和寒町･･････ 33
蕨市(埼玉県)････････････････274

## 全国地方史誌総目録
### 北海道・東北・関東・北陸・甲信越

2007年6月25日 第1刷発行

編　集／日外アソシエーツ編集部
協　力／明治大学図書館
発行者／大高利夫
発　行／日外アソシエーツ株式会社
　　　　〒143-8550 東京都大田区大森北1-23-8 第3下川ビル
　　　　電話(03)3763-5241(代表)　FAX(03)3764-0845
　　　　URL　http://www.nichigai.co.jp/
発売元／株式会社紀伊國屋書店
　　　　〒163-8636 東京都新宿区新宿3-17-7
　　　　電話(03)3354-0131(代表)
　　　　ホールセール部(営業)　電話(044)874-9657

電算漢字処理／日外アソシエーツ株式会社
印刷・製本／株式会社平河工業社

不許複製・禁無断転載　　　　《中性紙H-三菱書籍用紙イエロー使用》
〈落丁・乱丁本はお取り替えいたします〉
ISBN978-4-8169-2051-6　　　　Printed in Japan, 2007

本書はディジタルデータでご利用いただくことができます。詳細はお問い合わせください。